TRANSAÇÃO E ARBITRAGEM TRIBUTÁRIAS

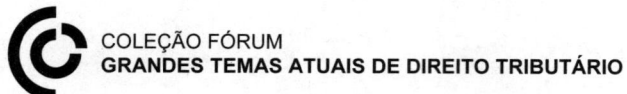

COLEÇÃO FÓRUM
GRANDES TEMAS ATUAIS DE DIREITO TRIBUTÁRIO

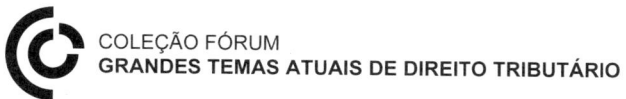

COLEÇÃO FÓRUM
GRANDES TEMAS ATUAIS DE DIREITO TRIBUTÁRIO

OSWALDO OTHON DE PONTES SARAIVA FILHO
Coordenador

Roberto Pasqualin
Prefácio

TRANSAÇÃO E ARBITRAGEM TRIBUTÁRIAS

2

FÓRUM
CONHECIMENTO JURÍDICO

COLEÇÃO FÓRUM
GRANDES TEMAS ATUAIS DE DIREITO TRIBUTÁRIO

FÓRUM
CONHECIMENTO JURÍDICO

Luís Cláudio Rodrigues Ferreira
Presidente e Editor

Coordenação editorial: Leonardo Eustáquio Siqueira Araújo
Aline Sobreira de Oliveira

Rua Paulo Ribeiro Bastos, 211 – Jardim Atlântico – CEP 31710-430
Belo Horizonte – Minas Gerais – Tel.: (31) 99412.0131
www.editoraforum.com.br – editoraforum@editoraforum.com.br

Técnica. Empenho. Zelo. Esses foram alguns dos cuidados aplicados na edição desta obra. No entanto, podem ocorrer erros de impressão, digitação ou mesmo restar alguma dúvida conceitual. Caso se constate algo assim, solicitamos a gentileza de nos comunicar através do *e-mail* editorial@editoraforum.com.br para que possamos esclarecer, no que couber. A sua contribuição é muito importante para mantermos a excelência editorial. A Editora Fórum agradece a sua contribuição.

Dados Internacionais de Catalogação na Publicação (CIP) de acordo com ISBD

T772	Transação e Arbitragem Tributárias / coordenado por Oswaldo Othon de Pontes Saraiva Filho. - Belo Horizonte : Fórum, 2023.
	408p. ; 17cm x 24cm. – (Coleção Fórum grandes temas atuais de Direito Tributário ; v.2) ISBN DA COLEÇÃO: 978-65-5518-466-2 ISBN: 978-65-5518-465-5
	1. Direito. 2. Direito tributário. I. Saraiva Filho, Oswaldo Othon de Pontes. II. Título. III. Série.
2022-2948	CDD 341.39 CDU 34:336.2

Elaborado por Vagner Rodolfo da Silva - CRB-8/9410

Informação bibliográfica deste livro, conforme a NBR 6023:2018 da Associação Brasileira de Normas Técnicas (ABNT):

SARAIVA FILHO, Oswaldo Othon de Pontes (coord.). *Transação e arbitragem tributárias*. Belo Horizonte: Fórum, 2023. (Coleção Fórum grandes temas atuais de Direito Tributário ; v.2). 408p. ISBN 978-65-5518-465-5.

SUMÁRIO

TRANSAÇÃO TRIBUTÁRIA NA EXPERIÊNCIA DO ESTADO E DO MUNICÍPIO DE SÃO PAULO – RELEVÂNCIA OU NÃO DA LEI COMPLEMENTAR Nº 24/1975 E DO ARTIGO 8º-A DA LEI COMPLEMENTAR Nº 116/2003?

COMPARAÇÃO ENTRE A TRANSAÇÃO DA LEI Nº 13.988/2020 E A TRANSAÇÃO PROPOSTA PELO PROJETO DE LEI Nº 5.082/2009

A LIVRE CONCORRÊNCIA COMO PRESSUPOSTO PARA A TRANSAÇÃO TRIBUTÁRIA

TRANSAÇÃO TRIBUTÁRIA E NEGÓCIO JURÍDICO PROCESSUAL

Com o propósito de disponibilizar, periodicamente, material doutrinário imparcial, relevante, atual e útil para os nossos distintos leitores, inauguramos a *Coleção Fórum Grandes Temas Atuais de Direito Tributário.*

Neste segundo volume, abalizados tributaristas discorrem sobre os relevantes temas da "Transação Tributária" e da "Arbitragem Tributária".

Assim é que serão abordados, dentre outros, os seguintes temas neste segundo volume de nossa coleção: a confissão de débito e a superveniência de declaração de inconstitucionalidade pelo STF; o pagamento do valor transacionado via precatório; aspectos processuais da transação tributária; o pressuposto da livre concorrência para a transação; o esclarecimento sobre o que se entente por "controvérsia jurídica relevante e disseminada"; a autonomia funcional e a responsabilidade do agente público em acordo de transação; a possibilidade de revisão do termo da transação tributária; a arbitragem tributária como instrumento de inovação do contencioso tributário no Brasil; os caminhos percorridos pela arbitragem tributária no Direito Brasileiro e no Direito Comparado.

Transmito o meu reconhecimento à Editora Fórum por continuar disponibilizando aos seus leitores, razão maior de nossas iniciativas, projetos de qualidade científica e de especial utilidade como este livro. Expresso, outrossim, minha gratidão aos eminentes autores pelas alentadas e brilhantes participações nesta obra, bem como saúdo o Instituto Brasileiro de Ensino, Desenvolvimento e Pesquisa – IDP e o Instituto Fórum de Integração Brasil-Europa – FIBE, por apoiarem a nossa coleção, cientes de sua excelência.

Oswaldo Othon de Pontes Saraiva Filho
Coordenador.

Foi com grande prazer e honra que aceitei o convite que me foi feito por Oswaldo Othon de Pontes Saraiva Filho para prefaciar este 2º volume de uma Coleção que nasce para reunir análises de autores experientes sobre grandes temas relacionados à matéria tributária e, especialmente, os de resolução adequada e extrajudicial das controvérsias que inevitavelmente surgem na relação jurídico-tributária entre fiscos e contribuintes no Brasil.

Textos elaborados em formato de artigo focando temas específicos na visão dos diferentes autores são de inestimável utilidade para o estudo de novos instrumentos colocados ou a serem colocados à disposição da sociedade e da administração pública – a *Transação Tributária*, já objeto de legislação em vigor há cerca de dois anos, após mais de cinco décadas permitida pelo artigo 156, III, do Código Tributário Nacional (Lei nº 5.172, de 1966,); e a *Arbitragem Tributária*, ainda em etapa de construção legislativa adequada a partir de dois Projetos de Lei em tramitação no Senado Federal e de anteprojetos de lei sendo elaborados por instituições de estudo acadêmico no trabalho de disseminação de seu conhecimento e de sua utilidade para superação de resistências de boa parte da administração pública tributária e de grande parcela da sociedade que paga tributos.

A *Transação Tributária* tem se mostrado instrumento eficiente na solução de conflitos entre fisco e contribuintes. Autorizado há mais de 50 anos pelo Código Tributário Nacional como forma de extinção do crédito tributário, esse instrumento permaneceu sem aplicação por mais de cinco décadas porque não estava regulado por lei ordinária que lhe desse utilidade prática para solução de conflitos no universo tributário brasileiro.

Autorizada por lei ordinária federal e por algumas (ainda poucas) leis estaduais e municipais, a Transação Tributária passou a ser regulamentada por legislação tributária infralegal, superando os obstáculos iniciais da inovação. O 'novo' instituto passou a estar dotado da segurança jurídica, que lhe foi atribuída por lei e pelas normas e regulamentos infralegais.

Como tem sido amplamente divulgado pela própria administração pública tributária, especialmente na esfera federal, essa 'nova' ferramenta produziu aumento da arrecadação para o governo e, crescentemente praticada pelos cidadãos contribuintes, afastou destes as contingências contábeis e a insegurança operacional de suas atividades pela incerteza e demora na solução das pendências fiscais.

Acrescente-se ainda que, solucionados litígios tributários por transação, deixaram de engrossar o volumoso, demorado e ineficiente contencioso tributário brasileiro, administrativo e judicial.

A respeito disso, diversas abordagens sobre a natureza, aplicação e dificuldades da prática da transação em matéria tributária são parte importante dos artigos reunidos neste 2º volume da Coleção, em muito boa hora organizada para debater e disseminar o conhecimento da Transação Tributária como implantada no Brasil.

Entre esses artigos também se aborda neste 2º Volume como a Transação Tributária pode ser praticada pela via do *Negócio Jurídico Processual*, alternativa que o Direito Processual Civil consagrou para dar às partes em litígio a faculdade de estabelecer o procedimento a ser praticado por elas na condução de sua solução, o que pode resultar em solução consensual do litígio pela via da transação, nas modalidades autorizadas pela lei tributária.

Este 2º volume traz também importantes artigos sobre a *Arbitragem Tributária*, sua natureza, suas dificuldades jurídicas e práticas na implantação do instituto para solução privada de litígios em matéria tributária através de árbitros privados escolhidos pelas partes em câmaras privadas de administração desses litígios, excluindo sua solução pela jurisdição administrativa e judicial, hoje as duas únicas exclusivas vias de solução desses litígios.

A abordagem da jurisdição arbitral é feita nestes artigos para, de um lado, expor como a Arbitragem Tributária é praticada em outros países e no Direito Arbitral Tributário Internacional e como podemos aprender da experiência no exterior para sua implantação adequada no Brasil.

De outro lado, há abordagem especialmente relevante, em alguns desses artigos, do trabalho de construção de legislação especial para que a Arbitragem Tributária atenda tanto às especificidades do Direito Arbitral quanto às especificidades do Direito Tributário e, ainda, do regramento brasileiro para o contencioso fiscal.

Estudam-se aqui, nesse aspecto da construção de legislação adequada, os projetos de lei em tramitação no Senado Federal autorizando o uso da arbitragem para decisão de litígios em matéria tributária (PLS nº 4.257/2019 e PLS nº 4.468/2020); como se desenvolve o estudo e a contribuição que possa ser dada pela academia e por instituições especializadas para ampliação da matéria tributária arbitrável, limitada nos dois projetos de lei; para que se atendam as regras de consensualidade, indispensável para a opção pela arbitragem; como se expressa a manifestação da vontade pela administração pública tributária que a vincule à adoção da via arbitral; para que se atendam a isonomia na solução dos litígios, a igualdade das partes, a imparcialidade dos árbitros, a ausência de instâncias recursais; e os efeitos da instituição da arbitragem para a suspensão da exigibilidade do crédito tributário e para sua extinção por sentença arbitral transitada em julgado, como previsto no artigo 156, X, do Código Tributário Nacional, eis que tem a mesma força da sentença judicial.

Cumprimento os autores deste 2º volume pela excelência de seu trabalho e pela importância da discussão e disseminação dos conceitos e da prática das soluções extrajudiciais e administrativas, bem como os idealizadores da "Coleção Fórum Grandes Temas Atuais do Direito Tributário", por abrir espaço para a abordagem da Transação e da Arbitragem Tributária. Faço aqui a sugestão para que esse espaço possa também abrigar outros métodos consensuais adequados de solução de litígios – a Mediação Tributária, a Conciliação Tributária e a Negociação em matéria Tributária – como instrumentos que possam permitir a composição de divergências entre fiscos e contribuintes, técnica, célere e imparcial.

São Paulo, 30 de março de 2022.

Roberto Pasqualin
Advogado tributarista e arbitralista em São Paulo. Presidente do Instituto Brasileiro de Arbitragem e Transação Tributárias (IBATT). Membro vitalício do Conselho Consultivo do Conselho Nacional das Instituições de Mediação e Arbitragem (CONIMA), que presidiu. Membro do Conselho Diretor e do Conselho Fiscal do Comitê Brasileiro de Arbitragem (CBAr). Fundador do Centro de Arbitragem e Mediação da Amcham – Câmara Americana de Comércio para o Brasil, que presidiu. Atua como árbitro e como advogado de parte no CAM CCBC, no CAM da Amcham, na CAM da B3, na CCMA da CIESP/FIESP, na CAM da FGV, na CAM do Instituto de Engenharia e na Corte Internacional de Arbitragem da ICC.

A CONFISSÃO DE DÉBITOS E A SUPERVENIENTE DECLARAÇÃO DE INCONSTITUCIONALIDADE PELO STF

FÁBIO MARTINS DE ANDRADE

Introdução

A confissão de dívida tem regramento em diferentes diplomas legais, desde a legislação esparsa tributária até a aplicação supletiva do Código de Processo Civil. Independentemente da modalidade, reflete geralmente a concordância e ausência de resistência pelo contribuinte à pretensão de cobrança de dívida tributária pela Fazenda Pública. Aqui, é importante registrar que existe necessariamente o deslocamento de um ambiente litigioso para uma relação consensual, cooperativa e não litigiosa. O caminho natural a ser seguido a partir de tal ponto, depois de reconhecido e confessado o débito tributário, refere-se ao modo de pagamento pelo contribuinte que, geralmente, acontece mediante parcelamento.

Não obstante esse caminho esperado de maior cooperação entre contribuinte e Fisco, com a concordância em torno do débito tributário pelas partes, ocorrem situações que fazem ressurgir o ambiente litigioso, seja durante o pagamento das parcelas mensais avençadas, seja depois de realizado o pagamento, desde que dentro do perío-do quinquenal referente à prescrição e à decadência. Isso ocorre quando é verificado pelo contribuinte algum excesso ou abuso por parte do Fisco, que pode ser objeto de questionamento judicial, ou mesmo em razão da posterior declaração de inconstitucio-nalidade pelo STF sobre a exação que foi objeto de confissão e adesão ao parcelamento.

Considerando a crescente frequência com que foram disponibilizados pelo gover-no os sucessivos programas de parcelamento para regularização das dívidas tributárias, focaremos os aspectos relacionados a eles e sobretudo à luz da confissão de dívida, com alguns questionamentos judiciais que ocorreram e foram objeto de exame e decisão pelo Poder Judiciário, especialmente o Superior Tribunal de Justiça (STJ), com vocação constitucional para dar a última palavra sobre os temas relacionados a tal matéria.

Cuidando-se da temática específica sobre parcelamento, muito poderia ser aduzido, sob diferentes ângulos e perspectivas. Um aspecto importante que poderia ser desde logo explicitado diz respeito ao evidente estímulo à sonegação e à vantagem concorrencial e competitiva da empresa que deixar de recolher para apostar na prescri-ção da dívida ou, se e quando identificado o débito, remanejá-lo com os benefícios dos programas de parcelamento. É lamentável a atual quadra em que chegou o exagero e o abuso desse tipo de socorro que, de excepcional para alcançar situações específicas e bem pontuadas, passou há tempo a ser considerado como parte do programa de governo com periodicidade cada vez mais reduzida, geralmente para atender agenda política de incremento de caixa.[1]

Durante a fase de regulamentação e implementação do complexo sistema previsto na Lei nº 11.941/09, escrevi ligeiro artigo na mídia impressa relatando algumas dificul-dades que, naquela ocasião, estavam sendo perpetradas tanto pelos atos regulamentares (Portaria PGFN/RFB nº 02/2011), como também pela atuação da PGFN (que naquela quadra se dedicava a levantar toda a sorte de óbices procedimentais ou formais), es-pecialmente no tocante à conversão dos depósitos em renda à União e o levantamento pelo contribuinte do saldo remanescente, quando cabível.[2]

Se, por um lado, o excesso de programas de parcelamentos afastou do âmbito do Poder Judiciário o pronunciamento pelos Tribunais Superiores (STF e STJ), mantendo na esfera administrativa do CARF o entendimento sobre certas questões importantes, como aquelas relacionadas ao planejamento tributário, lembradas pelo Professor Schoueri, como mencionaremos adiante; por outro, tal excesso (quase) anual de reite-rados programas de parcelamentos, há (quase) duas décadas, sem qualquer sombra de dúvida, acabou por criar uma jurisprudência "especializada" em torno de aspectos relacionados a tal temática.

Pertinente também é a provocação de que uma série de lides importantes que são iniciadas (e até finalizadas) na esfera administrativa sequer chegam (ou se chegam não

---

[1] Para aprofundamento: ANDRADE, Fábio Martins de. As distorções geradas pelos sucessivos programas de parcelamento. *Revista Consultor Jurídico*. São Paulo, 24.07.2015. Disponível em: http://www.conjur.com.br/2015-jul-24/fabio-andrade-distorcoes-programas-parcelamentos. Acesso em: 24 jul. 2015; ANDRADE, Fábio Martins de. Programas de parcelamentos tributários: distorções. *Jus Navigandi*. Teresina, ano 20, n. 4.434, 22 ago. 2015. Disponível em: http://jus.com.br/artigos/41179. Acesso em: 22 ago. 2015.

[2] ANDRADE, Fábio Martins de. Ainda o parcelamento. *Jornal Gazeta de Notícias*. Rio de Janeiro, 2ª Fase, Ano II, nº 365, 4 a 6.06.2011, p. 3 (Análise Financeira). Disponível em: http://www.jgn.com.br/colunista.php?codigo=10594. Acesso em: 04 jun. 2011.

amadurecem) perante os tribunais superiores para a última palavra. Assim, questões complexas e que envolvem vultosas quantias, ou seja, importantes para segmentos estratégicos da economia brasileira, muitas vezes se mantêm à margem de uma definição junto à cúpula do Poder Judiciário, considerando a periodicidade exagerada dos subsequentes parcelamentos que são disponibilizados pelo Governo.[3]

Em outras palavras, considerando a massa crítica de questões levadas ao conhecimento do Poder Judiciário, bem como o transcurso de tempo entre as primeiras versões dos programas de parcelamentos, contando com (quase) duas décadas, criou-se e sedimentou-se, inclusive junto ao STJ, a jurisprudência em torno de aspectos relacionados a tal tema.

Há diversas abordagens que têm sido decididas com frequência, em razão de crescente judicialização dos aspectos circundantes do tema.

Um aspecto que pode ser considerado central no parcelamento diz respeito à confissão de dívida, que geralmente vem acompanhada da desistência das ações e defesas que envolvam o tema objeto de adesão, bem como a renúncia ao direito sobre o que se funda a ação ou defesa. A confissão de dívida (irrevogável e irretratável) tornou-se, praticamente sozinha, um manancial de diferentes aspectos levados com frequência maior que a desejável ao socorro do Poder Judiciário. Como é prática corrente no Brasil, depois de surgir a novidade, ela vem acompanhada de uma série de abusos e excessos por parte da legislação e/ou regulamentação.

Desse modo, veremos como a confissão de dívida, inicialmente entendida por presunção como irrevogável e irretratável, foi se tornando passível de flexibilizar, especialmente à luz de situações específicas e bem pontuadas em um primeiro momento; para em seguida abranger situações mais gerais e indeterminadas, tal como ocorre com a superveniente declaração de inconstitucionalidade pelo STF.

Evolução legislativa sobre parcelamento

Vejamos em breves linhas a sucessão de diplomas que trouxeram distintos programas de parcelamento, agora com foco específico nos dispositivos que previram a confissão do débito que, embora tenham variado nas diferentes redações, trouxeram sempre o mesmo teor subjacente, qual seja, de que o pedido de parcelamento constitui confissão (irrevogável e irretratável) de dívida e instrumento hábil e suficiente para a exigência do crédito tributário.

A Lei nº 10.522/02 (art. 12) inaugurou essa sequência de programas de parcelamentos. Em seguida, a Lei nº 10.684/03 trouxe o PAES (Refis 2), com a previsão da confissão da dívida no §2º do art. 1º. A Medida Provisória nº 303/06 trouxe o PAEX (Refis 3), com a previsão constante no §6º do art. 1º. A Medida Provisória nº 449/08, depois convertida na Lei nº 11.941/09, veiculou o Refis da Crise, com a previsão no

---

[3] A provocação foi feita pelo Professor Schoueri, em artigo doutrinário que versou especificamente as questões relacionadas ao planejamento tributário. Para aprofundamento: SCHOUERI, Luís Eduardo. O Refis e a desjudicialização do planejamento tributário. *Revista Dialética de Direito Tributário*. São Paulo: Dialética, n. 232, p. 102-115, jan. 2015.

art. 5º. A Medida Provisória nº 472/09, convertida subsequentemente na Lei nº 12.249/10, traz a previsão no art. 65, §16. A Medida Provisória nº 766/17, que trouxe o Programa de Regularização Tributária (PRT), com a previsão no art. 1º, §3º, inciso I. A Medida Provisória nº 783/17, posteriormente convertida na Lei nº 13.496/17, que estabelece o Programa Especial de Regularização Tributária (PERT), traz o art. 1º, §4º, inciso I. E, recentemente, a Lei nº 13.988/20, que traz a possibilidade de transação tributária, com a previsão do art. 3º, §1º.[4]

Verificamos, portanto, que desde 2002 ocorreram sucessivos e permanentes programas de parcelamento, a viabilizar o pagamento em centenas de parcelas mensais, com descontos consideráveis, até para contrabalançar as autuações fiscais e cobranças, acrescidas de pesadas multas e demais encargos legais.

A jurisprudência nacional

Como parte inerente aos aspectos jurídicos da obrigação tributária, tem-se obviamente a discussão quanto à legitimidade (ou não) da exação que foi (ou está sendo) objeto de adesão ao programa de parcelamento. No caso de suas ilegitimidades, por ilegalidade ou por inconstitucionalidade, tal questionamento, obviamente, pode ser formulado junto ao Poder Judiciário. Isso porque a obrigação tributária é *ex lege*, consoante dispõe o art. 3º do CTN, e não resultado do simples ato de vontade (contratual).

Em importante precedente reconhecido pela sucessão de acórdãos posteriores, restou consignado que: "A confissão da dívida não inibe o questionamento judicial da obrigação tributária, no que se refere aos seus aspectos jurídicos. Todavia, no que se refere à matéria de fato, a confissão do contribuinte somente pode ser invalidada quando presente defeito causador de nulidade do ato jurídico".[5]

---

[4] Além de tais programas, cabe lembrar que há ainda outros, no bojo de leis que regulamentam assuntos específicos. Exemplo disso foi: a Lei nº 11.345/06, que cuida das entidades desportivas (Timemania), com a previsão no §3º do art. 4º; a Lei Complementar nº 123/06, que versa sobre o Simples Nacional, com a previsão de que a confissão irretratável configura confissão extrajudicial no §20 do art. 21; a Lei nº 12.688/12, que cuida das instituições de ensino superior, com a previsão no art. 14, §1º; a Lei nº 13.043/14, que dispõe sobre fundos e alienação de ações, estabeleceu o §14 do art. 42; a Lei nº 13.155/15, que versa sobre as entidades desportivas profissionais de futebol (Profut), prevê no §2º do art. 6º; a Lei Complementar nº 150/15, que cuida da Recuperação Previdenciária dos Empregadores Domésticos – Redom), com a previsão no art. 41, inciso I; a Lei nº 13.606/18, que estabelece o Programa de Regularização Tributária Rural – PRR, com o dispositivo constante no art. 1º, §3º, inciso I. Não identificamos o dispositivo referente à confissão da dívida no chamado Refis das Controladas, previsto pela Lei nº 12.865/13, até porque o débito poderia ser cindido para que parte fosse objeto de adesão ao programa de parcelamento e outra parte mantivesse a discussão na esfera que então se encontrava (administrativa ou judicial), bem como na Lei Complementar nº 162/18, que cuida do PERT referente ao Simples Nacional.

[5] No voto vencedor, o Relator explica que: "Realmente, considerando a natureza institucional (e não contratual) da obrigação tributária, não se pode certamente admitir a hipótese de sua criação por simples ato de vontade das partes. A legitimidade das fontes normativas que disciplinam a sua instituição é, por isso mesmo, passível de controle pelo Poder Judiciário. Todavia, no que se refere às circunstâncias fáticas sobre as quais incidem as normas tributárias, essas certamente são colhidas pela força vinculante da confissão de dívida e da cláusula de irretratabilidade. Não fosse assim, não teriam eficácia alguma as inúmeras disposições da legislação tributária, frequentes na esfera federal, estadual e municipal, prevendo essa espécie de confissão como condição indispensável para que o contribuinte possa usufruir de moratória ou de outros benefícios de natureza fiscal. Conforme se percebe das razões recursais, a causa de pedir a revisão do parcelamento não é a validade ou a invalidade da norma de incidência, mas sim a alegada não-configuração do fato gerador do tributo (fls. 5/6), matéria que está

Em outro importante caso submetido à apreciação do STJ, a Corte decidiu que:

TRIBUTÁRIO. CONFISSÃO DE DÍVIDA. PARCELAMENTO. REVISÃO JUDICIAL. POSSIBILIDADE. LIMITES.

1. Considerando a natureza institucional (e não contratual) da obrigação tributária – insuscetível, por isso mesmo, de criação por simples ato de vontade –, é cabível o controle da legitimidade das fontes normativas que disciplinam a sua instituição, mesmo quando há confissão de dívida. O que fica colhido pela força vinculante da confissão e da cláusula de irretratabilidade são as circunstâncias fáticas sobre as quais incidem as normas tributárias.

2. No caso, a revisão judicial da confissão da dívida tem por fundamento a ilegitimidade da norma que instituiu o tributo, e nesses limites é viável o controle jurisdicional.

3. Recurso especial a que se dá provimento.[6]

No mesmo sentido, especificamente considerando a declaração de inconstitucionalidade pelo STF do tributo cujo débito foi objeto de confissão e adesão (*in casu*, IPTU progressivo, TIP e TCLLP), o STJ reconhece a possibilidade de revisão, *verbis*:

TRIBUTÁRIO. CONFISSÃO DE DÍVIDA. PARCELAMENTO. CONTROLE JURISDICIONAL. INCONSTITUCIONALIDADE DA NORMA INSTITUIDORA DO TRIBUTO. POSSIBILIDADE. IPTU PROGRESSIVO, TIP, TCLLP. (...).

1. A confissão de dívida pelo contribuinte é condição imprescindível para fins de obtenção do parcelamento de débitos tributários, tendo força vinculante em relação à situação de fato sobre a qual incide a norma tributária, por isso que somente admite-se sua invalidação quando presente defeito causador de nulidade do ato jurídico. (...).

2. Ao revés, é possível o questionamento judicial no tocante à relação jurídico-tributária, como, por exemplo, a legitimidade da norma instituidora do tributo. Isso porque a obrigação tributária exsurge da imponibilidade da norma jurídico-tributária, vale dizer, não tem natureza contratual, mas *ex lege*.

3. *In casu*, o pleito de revisão judicial da confissão da dívida tem por fundamento a ilegitimidade das normas instituidoras dos tributos (IPTU progressivo, TIP e TCLLP), ressoando inequívoca a sua possibilidade.[7]

Se, de um lado, é possível o questionamento judicial em torno da constitucionalidade da exação que foi objeto de parcelamento pela confissão da dívida; por outro, é igualmente possível o questionamento judicial acerca da legalidade da exação. Nesse

---

coberta pela cláusula da irretratabilidade" (STJ – 1ª Turma, REsp. nº 927.097, Rel. Min. Teori Albino Zavascki, j. 08.05.2007, *DJe* 31.05.2007).

[6] O fundamento do voto vencedor do Relator foi a reprodução do voto naquele caso anterior, à exceção do trecho final, consoante reconheceu na conclusão: "No caso em exame, contudo, diversamente do que ocorreu no julgado acima referido, a causa de pedir a revisão do parcelamento é justamente a ilegitimidade da norma de incidência da contribuição previdenciária sobre a remuneração de administradores, avulsos e autônomos. Nesses limites, a confissão da dívida é suscetível de controle jurisdicional, sem ofensa à cláusula de irretratabilidade. Assim, deve ser reformado o acórdão recorrido para afastar esse empecilho ao exame do pedido, devendo os autos retornar ao tribunal de origem para prosseguir o julgamento do recurso" (STJ – 1ª Turma, REsp nº 948.094, Rel. Min. Teori Albino Zavascki, j. 06.09.2007, *DJe* 04.10.2007).

[7] No voto vencedor, que foi acompanhado unanimemente, o Relator consignou que se a obrigação tributária exsurge da imponibilidade da norma jurídico tributária, como *ex lege*, por óbvio que nas hipóteses em que ocorrer a declaração de inconstitucionalidade pelo STF, poderá a confissão da dívida submeter-se à revisão judicial, vez que versa sobre a ilegitimidade das normas instituidoras da exação (STJ – 1ª Turma, REsp nº 947.233, Rel. Min. Luiz Fux, j. 23.06.2009, *DJe* 10.08.2009).

sentido: "Trata-se de hipótese em que o contribuinte pretende a revisão do parcelamento com fundamento na ilegitimidade do processo de instituição do tributo, por não estar em conformidade com a legislação que rege a matéria".[8]

Há outra hipótese passível de revisão judicial e que foi reconhecida sob o regime dos recursos repetitivos. Em julgamento de recurso representativo de controvérsia (Tema nº 375), a respeito de auto de infração lavrado com base em declaração emitida com erro de fato noticiado ao Fisco e não corrigido, referente à inclusão equivocada pelo escritório de advocacia de estagiários como indivíduos habilitados ao exercício da atividade profissional, quando do preenchimento da RAIS, e que acarretou na majoração da base de cálculo do ISS, a 1ª Seção do STJ reconheceu que aquele vício macularia a posterior confissão de débitos para efeito de parcelamento, com a possibilidade de revisão judicial. Do trecho da ementa que interessa ao presente estudo, cabe registrar que:

> 5. A confissão da dívida não inibe o questionamento judicial da obrigação tributária, no que se refere aos seus aspectos jurídicos. Quanto aos aspectos fáticos sobre os quais incide a norma tributária, a regra é que não se pode rever judicialmente a confissão de dívida efetuada com o escopo de obter parcelamento de débitos tributários. No entanto, como na situação presente, a matéria de fato constante de confissão de dívida pode ser invalidada quando ocorre defeito causador de nulidade do ato jurídico (v.g. erro, dolo, simulação e fraude). Precedentes: (...).[9]

A força e a vinculação da confissão que, até aquele acórdão parecia ter efeito absoluto (apesar de, em tese, já se ter delineado que não seria, quando ocorresse defeito causador de nulidade do ato jurídico), aqui na situação do caso concreto ganhou

---

[8] STJ – 1ª Turma, RESp nº 1.074.186, Rel. Min. Denise Arruda, j. 17.11.2009, *DJe* 09.12.2009.

[9] Naquele caso, o Ministério Público Federal manifestou-se que não seria possível a revisão judicial da confissão de dívida, efetuada com o escopo de obter parcelamento de débitos tributários, quando o fundamento do reexame judicial fosse relativo à situação fática sobre a qual incidiria a norma tributária. O voto do Relator originário fixou o entendimento de que: "1. A *confissão de dívida* pelo contribuinte é condição imprescindível para fins de obtenção do parcelamento de débitos tributários, tendo *força vinculante* em relação à *situação de fato* sobre a qual incide a norma tributária, por isso que somente se admite a sua invalidação quando presente defeito causador de nulidade do ato jurídico. (...). 4. Destarte, o pleito de revisão judicial da confissão da dívida tem por fundamento matéria eminentemente fática, inapta a conjurar a novação eclipsada no parcelamento, até mesmo por preclusão lógica". O voto vencedor foi sensível à situação de erro de fato, inclusive diante da possibilidade de revisão pela Administração Tributária, especialmente à luz da legislação de regência e dos pareceres e soluções aplicáveis à hipótese, concluindo no ponto que: "Pois bem, no caso concreto a Administração Tributária *Municipal*, ao invés de corrigir o erro de ofício, ou a pedido do administrado, como era o seu dever, optou absurdamente pela lavratura de cinco autos de infração eivados de nulidade". Em seguida, fundamentou que: "Por força da existência desses autos de infração e pela necessidade premente de obtenção de certidão negativa, o contribuinte se viu forçado a pedir o parcelamento do débito, o que somente poderia ser feito mediante confissão, imaginando com isso obter de imediato a certidão positiva com efeitos de negativa de débitos para, posteriormente, impugnar os vícios constantes dos créditos tributários que se viu forçado a assumir". Acrescentou ainda que: "Sendo assim, já que a razão de ser da confissão foi a própria existência dos autos de infração lavrados com nulidade, isto é, se não houvesse os autos de infração a confissão inexistiria, entendo que *o vício contido nos autos de infração (erro de fato) foi transportado para a confissão de débitos feita por ocasião do pedido de parcelamento*. Esse vício, data vênia aos que pensam de modo diverso, é defeito causador da nulidade do ato jurídico". Aduziu, por fim, que: "Nem se diga que a posterior confissão por parte do contribuinte teria convalidado os autos de infração lavrados ou constituído novamente o crédito tributário sem vício algum". E aqui consta a parte mais importante de todo aquele acórdão: "Efetivamente, *a confissão de dívida para fins de parcelamento não tem efeitos absolutos, não podendo reavivar crédito tributário já extinto ou fazer nascer crédito tributário de forma discrepante de seu fato gerador,* (...)" (STJ – 1ª Seção, RESp nº 1.133.027, Rel. Min. Luiz Fux, Red.p/ac. Min. Mauro Campbell Marques, j. 13.10.2010, *DJe* 16.03.2011 – todos os grifos são originais).

contorno prático com clara e comprovada hipótese de erro. Na ocasião, por maioria, decidiu-se no sentido de que seria possível a revisão judicial.

A importância do julgamento desse recurso representativo de controvérsia consiste no reconhecimento claro de que a confissão "para fins de parcelamento não tem valor absoluto", bem como abrange situação de fato em situações extremas e excepcionais, passíveis de invalidação, como quando o defeito é capaz de macular de nulidade o ato jurídico, a exemplo de erro, dolo, simulação e fraude. Quanto à possível revisão judicial dos aspectos jurídicos da obrigação tributária, a jurisprudência já havia se consagrado firme anteriormente, como vimos.

Em outro caso analisado pela 1ª Seção do STJ também pela sistemática dos recursos repetitivos (Tema nº 604), restou decidido, à unanimidade, que o transcurso do prazo decadencial previsto no art. 173, inciso I, do CTN, impossibilita a constituição do crédito tributário, ainda que tenha sido feita pela posterior confissão de débitos tributários para efeito de parcelamento. Neste caso, constou na ementa o seguinte trecho, no que interessa ao presente estudo:

> 3. A decadência, consoante a letra do art. 156, V, do CTN, é forma de extinção do crédito tributário. Sendo assim, uma vez extinto o direito, não pode ser reavivado por qualquer sistemática de lançamento ou auto-lançamento, seja ela via documento de confissão de dívida, declaração de débitos, parcelamento ou de outra espécie qualquer (DCTF, GIA, DCOMP, GFIP, etc.).
> 4. No caso concreto o documento de confissão de dívida para ingresso do Parcelamento Especial (Paes – Lei n. 10.684/2003) foi firmado em 22.07.2003, não havendo notícia nos autos de que tenham sido constituídos os créditos tributários em momento anterior. Desse modo, restam decaídos os créditos tributários correspondentes aos fatos geradores ocorridos nos anos de 1997 e anteriores, consoante a aplicação do art. 173, I, do CTN.[10]

Aqui, embora já reconhecido anteriormente, sobressai a importância de que o crédito tributário não poderia ser "reavivado" de qualquer modo, à margem dos preceitos contidos no CTN (arts. 173, I, c/c 156, V). Com efeito, o entendimento contrário seria evidente burla aos dispositivos legais, com flagrante vantagem indevida à Administração Tributária.

Em sentido semelhante, agora cuidando da prescrição, em razão da inércia da Administração Tributária durante o lapso de tempo no qual esteve em vigor a medida liminar concedida em ação direta que questionou os dispositivos da norma que disciplinou o parcelamento, na medida em que não houve qualquer impedimento ao exame, pela Administração Tributária, acerca da concessão (ou não) do parcelamento

---

[10] Naquele caso, o ponto central da discussão foi prontamente identificado pelo Relator: "O tema tratado nos presentes autos é, em suma, a discussão a respeito da possibilidade de documento de confissão de dívida tributária poder constituir o crédito tributário mesmo após o prazo decadencial previsto no art. 173, I, do CTN. No caso específico, o documento foi apresentado em sede de pedido de parcelamento". Aplicando-se os artigos 173, I, c/c 156, V, ambos do CTN, chegou-se à conclusão de que o direito de a Fazenda Pública constituir o crédito tributário encontrava-se extinto. Em suma: "Se a Administração Tributária de conhecimento dos mesmos fatos confessados não pode mais lançar de ofício o tributo, por certo que este não pode ser constituído via auto-lançamento ou confissão de dívida existente dentro da sistemática do lançamento por homologação" (STJ – 1ª Seção, RESp nº 1.355.947, Rel. Min. Mauro Campbell Marques, j. 12.06.2013, *DJe* 21.06.2013 – grifos no original).

26 | OSWALDO OTHON DE PONTES SARAIVA FILHO (COORD.)
TRANSAÇÃO E ARBITRAGEM TRIBUTÁRIAS

ao contribuinte, e até mesmo que prosseguisse com a cobrança do crédito tributário. Nesse sentido, a 1ª Seção do STJ decidiu que:

> PROCESSUAL CIVIL E TRIBUTÁRIO. CONCESSÃO DE LIMINAR EM ADI QUE QUESTIONA DISPOSITIVOS DA NORMA QUE DISCIPLINOU PARCELAMENTO. SUSPENSÃO DA EXIGIBILIDADE DO CRÉDITO TRIBUTÁRIO. NÃO OCORRÊNCIA. PRESCRIÇÃO.
>
> 1. Trata-se de Recurso Especial que aponta violação do art. 151 do CTN. A recorrente afirma que somente a decisão judicial que versa sobre crédito tributário certo e determinado implica suspensão da sua exigibilidade.
>
> 2. O Tribunal *a quo* consignou que o tributo foi constituído por meio de confissão e reconhecimento de dívida em pedido de parcelamento, este último formulado pela empresa recorrente com base na Lei Complementar distrital 277/2000, a qual teve seus dispositivos suspensos em razão da concessão de liminar, posteriormente confirmada em sentença, em ADI ajuizada pela Procuradoria-Geral de Justiça do Distrito Federal e Territórios.
>
> 3. Concluiu que não houve prescrição porque, durante a vigência da liminar, decretou-se a inconstitucionalidade dos arts. 1º, 2º, 3º e 11 da Lei Complementar distrital 277/2000, de modo que era inviável a cobrança da exação, pois o fato de a lei concessiva do parcelamento encontrar-se *sub judice* impedia a análise do pedido de concessão do parcelamento.
>
> 4. A concessão de liminar em ADI que questiona a constitucionalidade da legislação que institui modalidade de parcelamento, evidentemente, não implica, por si só, a suspensão da exigibilidade do crédito tributário (há óbice não apenas para a celebração do parcelamento).
>
> 5. Nada impediria que a Administração Tributária prosseguisse com a cobrança do crédito tributário, na via administrativa ou judicial, ou mesmo que oferecesse ao contribuinte, caso existente, outra modalidade de parcelamento. Precedentes do STJ.
>
> 6. No caso dos autos, como o Fisco quedou-se inerte no período de 3.3.2000 a 15.8.2007, configurou-se a prescrição.
>
> 7. Recurso especial provido.[11]

Os dois últimos acórdãos transcritos trouxeram a incidência da decadência e da prescrição, seja para inviabilizar a possibilidade de "reavivar" crédito tributário extinto, seja pela inércia da Administração Tributária para prosseguir com a cobrança do crédito tributário.

Em outro caso, apesar de apenas citada a suposta "inconstitucionalidade da exação cobrada", o recurso foi rejeitado por razões processuais, na medida em que

---

[11] Em seu voto, o Relator traz os precedentes referidos, no sentido de que: a suspensão da lei que autoriza o parcelamento, por força de medida liminar deferida em ação direta de inconstitucionalidade, implica o imediato indeferimento daquele pedido (de parcelamento), razão pela qual a inércia da Fazenda Pública em examinar o requerimento, por mais de cinco anos, acarreta a prescrição do crédito tributário (RESp nº 1.389.795); o pedido de parcelamento implica reconhecimento dos débitos tributários correspondentes pelo devedor – que é causa de interrupção da prescrição, na forma do art. 174, inciso IV, do CTN – devendo ser reiniciada a contagem do lapso prescricional a partir da apresentação de tal requerimento administrativo (RESp nº 1.290.015); e "a concessão de medida cautelar em ADI que suspense a lei ensejadora do pedido de parcelamento (Lei Complementar Distrital 277/2000) não suspende a exigibilidade do crédito tributário, na medida em que esse provimento judicial não impede o fisco de indeferir, desde logo, o pedido administrativo e, ato contínuo, promover a respectiva execução. Isso porque '[o] deferimento de liminar, com eficácia *ex nunc*, em ação direta de inconstitucionalidade, constitui determinação dirigida aos aplicadores da norma contestada para que, nas suas futuras decisões, (a) deixem de aplicar o preceito normativo objeto da ação direta de inconstitucionalidade e (b) apliquem a legislação anterior sobre a matéria, mantidas, no entanto, as decisões anteriores em outro sentido (salvo se houver expressa previsão de eficácia *ex tunc*)' (AgRg no RMS 30.932/PR, Rel. Min. Teori Albino Zavascki, *DJe* 13/10/2011)" (STJ – 1ª Seção, RESp nº 1.391.277, Rel. Min. Herman Benjamin, j. 23.04.2014, *DJe* 17.06.2014).

não houve elementos suficientes para aferir a similitude entre a demanda e o acórdão comparado, com a transcrição de trechos do relatório e do voto dos acórdãos recorrido e paradigma, bem como o cotejo analítico entre ambos. Em aclaratórios que foram opostos contra aspectos específicos da decisão então recorrida, e terminou por ser recebido como agravo regimental quando do julgamento, com o seu desprovimento, restou consignado na ementa que:

> 2. Esta Corte Superior entende que é possível a extinção do processo por ausência de interesse de agir do contribuinte, porquanto a adesão a programa de parcelamento fiscal pressupõe o reconhecimento e a confissão irretratável da dívida. Precedentes.
> 3. Apesar da alegação da parte recorrente de que houve omissão quanto à análise de aresto paradigma, que relata suposta inconstitucionalidade da exação cobrada, não há elementos suficientes nos autos para aferir a similitude entre a presente demanda e o acórdão comparado.[12]

Em aplicação de precedente anteriormente mencionado, decidido sob o regime dos recursos repetitivos, o STJ entendeu pela possibilidade, em tese, de discussão judicial sobre confissão de dívida constante no pedido de parcelamento do débito tributário.[13]

Esse foi o recorte que selecionamos para trazer nesse estudo, perpassando diferentes aspectos jurídicos da obrigação tributária capazes de ensejar (ou não) a revisão judicial da confissão de dívida ocorrida nos programas de parcelamentos, especialmente considerando o Tribunal Superior com vocação constitucional e natural para dar a última palavra sobre tais temas (o STJ).

A corroborar (ou explicitar) a jurisprudência trazida do STJ, pinçamos alguns acórdãos provenientes dos tribunais regionais federais que entendemos pertinentes ao tema, de modo a enriquecer a compreensão sobre a confissão de dívida em programas de parcelamentos e a subsequente declaração de inconstitucionalidade pelo STF da exação. Com efeito, exemplificativamente, trazemos a hipótese padrão no seguinte trecho de ementa: "4. Inexigibilidade de parcelamento constituído com base em dispositivos legais declarados inconstitucionais pelo Excelso Pretório, ainda que a respectiva consolidação tenha sido efetivada em data anterior àquelas decisões".[14]

---

[12] Aqui foi precisamente a questão processual que obstaculizou a análise naquela situação: "A discrepância entre julgados deve ser comprovada, cabendo a quem recorre demonstrar as circunstâncias que identificam ou assemelham os casos confrontados, com indicação da similitude fática e jurídica entre eles. Indispensável a transcrição de trechos do relatório e do voto dos acórdãos recorrido e paradigma, realizando-se o cotejo analítico entre ambos, com o intuito de bem caracterizar a interpretação legal divergente. O desrespeito a esses requisitos legais e regimentais (art. 541, parágrafo único, do CPC, e art. 255 do RI/STJ) impede o conhecimento do Recurso Especial" (STJ – 2ª Turma, EDcl no RESp nº 1.487.412, Rel. Min. Herman Benjamin, j. 21.05.2015, *DJe* 30.06.2015).

[13] Consta claro no voto do Relator que: "O STJ ratificou, em julgamento de recurso repetitivo, a orientação jurisprudencial de que a confissão de dívida, para efeito de adesão ao parcelamento, não impede que o devedor acione o Poder Judiciário para discutir o *quantum debeatur* da exação, uma vez que os elementos da relação jurídica tributária obrigatoriamente encontram fundamento de validade na legislação ordinária e constitucional, não podendo ser afastados por simples acordo de vontade entre as partes" (STJ – 2ª Turma, RESp nº 1.724.932, Rel. Min. Herman Benjamin, j. 20.03.2018, *DJe* 23.11.2018).

[14] Em conclusão, constou naquele voto que: "E, como se isso não bastasse, na espécie, a Impetrante é beneficiária de decisão judicial transitada em julgado, mediante a qual foi declarada a inexistência de relação jurídica entre as partes que a obrigue ao recolhimento de contribuições para o Programa de Integração Social – PIS, nos moldes dos Decretos-lei nºs 2.445 e 2.449, ambos de 1998 e, assim sendo, a exigência do parcelamento em questão revela-se manifestamente inadmissível" (TRF 1 – 4ª Turma, Remessa *ex officio* em MS nº 1998.01.00.094132-0/MG, Rel. Juiz Mário César Ribeiro, j. 13.09.2000).

Com muito mais razão (e fundamento jurídico) quando, além da declaração de inconstitucionalidade da exação pelo STF, consta também a resolução do Senado Federal, *verbis*:

> EXECUÇÃO FISCAL E TRIBUTÁRIO – PIS – DECRETOS-LEIS NºS 2.445/88 E 2.449/88 – INCONSTITUCIONALIDADE DECLARADA PELO E. STF E RATIFICADA PELO SENADO FEDERAL – INSUBSISTÊNCIA DA CONFISSÃO DA DÍVIDA DECORRENTE DE PARCELAMENTO DE DÉBITOS – PRECEDENTES.[15]

No mesmo sentido:

> CONSTITUCIONAL. TRIBUTÁRIO. ADESÃO A PARCELAMENTO DE DÉBITO. CONFISSÃO DE DÍVIDA. INEXISTÊNCIA DE ÓBICE À DISCUSSÃO NA ESFERA JUDICIAL (CONSTITUCIONALIDADE). LEI 11.196/05. CONTRIBUIÇÃO PREVIDENCIÁRIA. EXERCENTES DE MANDATO ELETIVO. CONSTITUIÇÃO FEDERAL ART. 195, INCISO I. EMENDA CONSTITUCIONAL Nº 20/98. INCONSTITUCIONALIDADE DA LEI 9.506/97. RESOLUÇÃO DO SENADO 26/2005. LEI 10.887/2004. PRECEDENTES.[16]

Conclusão

A consequência lógica da confissão pelo contribuinte no processo é a concordância com a cobrança da dívida tributária pela Fazenda Pública, com o reconhecimento de sua correção quanto aos aspectos jurídicos envolvidos na obrigação tributária em questão. Com a adoção de tal instituto jurídico, a consequência lógica é o deslocamento do ambiente litigioso para aquele cooperativo, consensual. Isso porque uma vez confessada a dívida, logicamente a etapa seguinte é relacionada ao modo de pagamento. Além disso, considerando a enorme quantidade de programas de parcelamentos cada

---

[15] Colhe-se daquela ementa: "1 – Os Decretos-Leis nºs 2.445/88 e 2.449/88, que alteraram a sistemática da contribuição para o PIS, foram declarados inconstitucionais pelo Pretório Excelso, quando do julgamento do RE nº 148.754-2/RJ, de 24/6/93, em face da absoluta impropriedade destes veículos legislativos para o disciplinamento da matéria. Posteriormente, com o advento da Súmula nº 49 do Senado Federal [*sic*], datada de 10/10/95, foi suspensa a execução dos referidos decretos-leis, voltando a contribuição a ser exigida nos termos da LC nº 07/70 com as alterações promovidas pela LC nº 17/93. 2 – Diante dos efeitos *erga omnes* e da eficácia *ex tunc* decorrentes da declaração de inconstitucionalidade dos DDLL nºs 2.445/88 e 2.449/88 pelo E. STF, posteriormente ratificada pelo Senado, o parcelamento celebrado pelo Embargante, cujos valores foram calculados em conformidade com os referidos decretos, perdeu sua razão de ser, haja vista a ausência de base legal para a exigência do tributo. 3 – Apelação do Embargante provida. 4 – Sentença reformada" (TRF 1 – 7ª Turma, Ap. nº 2000.01.99.123629-9/ MG, Rel. Conv. Juiz Federal Francisco Renato Codevila Pinheiro Filho, j. 14.10.2008).

[16] Cabe registrar que: "1. O reconhecimento de dívida não afasta a possibilidade de discussão judicial quanto à validade do próprio ato e quanto à exigibilidade da exação (aspectos de legalidade/constitucionalidade). 2. Para a confissão de dívida efetivada mediante adesão ao parcelamento, não exige a lei de regência renúncia ao direito sobre o qual se fundaria ação ajuizável, nem mesmo exige a desistência daquelas já ajuizadas. De qualquer forma, na hipótese vertente, trata-se de parcelamento concedido a ente público municipal, sendo *'indisponível o direito'*. Logo *'não poderia o Município a ele renunciar. Doutrina. Não se pode, assim, admitir a renúncia administrativa como causa da extinção do processo com resolução de mérito'* (...). 3. Nesse diapasão, *'pelo princípio da legalidade estrita do Direito Tributário, é defeso ao Fisco cobrar direito prescrito, decadente ou cuja inconstitucionalidade foi reconhecida pelo STF e suspenso por Resolução do Senado Federal. Ainda que confessado, a higidez do débito tributário apanhado pela prescrição, decadência ou inconstitucionalidade não se restaura, sendo possível, mesmo parcelado o débito, sua discussão judicial'* (...)" (TRF 1 – 7ª Turma, AC nº 200440000018919/PI, Rel. Des. Fed. Reynaldo Fonseca, j. 14.09.2010).

vez mais disponibilizados pelo governo nas últimas duas décadas, geralmente sob a justificativa de necessário incremento emergencial de caixa, a confissão de dívida ali vem acompanhada de completa capitulação quanto a qualquer aspecto litigioso relacionado à exação objeto de adesão e parcelamento, com a desistência das petições e recursos em curso, bem como a renúncia sobre a qual se funda o direito relacionado ao tema.

Tal arranjo institucional deveria ser perene até a conclusão do pagamento das parcelas mensais e sucessivas pelo contribuinte, com o adimplemento do acordo formalizado através da adesão ao programa que trouxe fim às discussões em torno da exação. Ocorre que, considerando que tal relação perdura durante anos a fio, submetendo-se ainda ao prazo prescricional e decadência de cinco anos mesmo depois de pago (sobretudo quando o pagamento ocorre à vista), durante tal lapso de tempo, com frequência maior que a desejável, ocorre algum fato novo capaz de modificar a relação antes pacificada, como a expedição de atos normativos abusivos, geralmente extrapolando ou contradizendo o permissivo legal correspondente, ou mesmo a subsequente declaração de inconstitucionalidade pelo STF da exação em questão. Considerando a crescente veiculação de programas de parcelamentos nas últimas duas décadas, desde 2002, uma consequência natural foi a crescente judicialização de questões relacionadas aos sucessivos parcelamentos. A confissão de dívida tem sido um dos pontos sensíveis, até para que o questionamento levado ao Poder Judiciário possa ser analisado e decidido, já que previamente funcionava como um instrumento para pacificar a relação com o Fisco sobre o tema em debate.

Verifica-se que a jurisprudência, propositadamente transcrita a partir de acórdãos importantes emanados do Superior Tribunal de Justiça, órgão de cúpula do Poder Judiciário com vocação constitucional para dar a última palavra nos temas relacionados a tais questões (infraconstitucionais), caminhou durante os últimos quinze anos de maneira bastante coerente. À medida que surgiram casos específicos em torno de aspectos pontuais relacionados ao programa de parcelamento então sob escrutínio, foram se delineando os contornos do que seria possível e do que não seria.

Desse modo, em um primeiro momento, reconhecia-se que os aspectos jurídicos da obrigação tributária seriam passíveis de revisão judicial. Aqui, desde sempre foi considerado o questionamento em torno da ilegitimidade da exação que foi objeto de adesão, seja pela ilegalidade, seja pela inconstitucionalidade. Além disso, em razão de situações específicas relacionadas à matéria de fato, quando levam à possível invalidação por defeito causador de nulidade do ato jurídico, como na hipótese de erro, então igualmente devem se submeter à revisão judicial.

A declaração de inconstitucionalidade pelo STF sobre a exação que foi objeto de adesão decorre de consequência lógica do sistema de controle de constitucionalidade, na medida em que o efeito *ex tunc* (retroativo) é capaz de fulminá-la desde o seu nascimento, de modo que jamais "existiu". Como o tributo decorre de obrigação *ex lege*, por força do art. 3º do CTN, uma vez retirado do ordenamento jurídico, resta indevido o recolhimento de qualquer valor a seu título. Nessa hipótese, não ocorre a devolução do valor desse modo recolhido aos cofres públicos no período maior do último quinquênio anterior ao ajuizamento da ação questionando a sua legitimidade. Também não é decorrência natural da decisão de inconstitucionalidade, na medida em que resta ao contribuinte pleitear em juízo como reaver os valores indevidamente pagos. Nesse cenário, torna-se especialmente necessário o ajuizamento de ação para, pelo menos, regularizar a situação que então se modifica em razão de tal fato novo e relevante.

Verifica-se, portanto, que a revisão judicial é inerente a uma série de temas relacionados aos programas de parcelamentos existentes. É importante que assim seja, na medida em que se observam variados abusos e excessos quando da edição de atos normativos que pretendem regulamentar os diplomas legais correspondentes, bem como algumas exações objeto de adesões são posteriormente declaradas inconstitucionais pelo STF.

Seria recomendável que, depois de aderido o programa de parcelamento pelo contribuinte, ele não fosse surpreendido com atos normativos regulamentares, expedidos pelo Fisco, seja pela RFB, seja pela PGFN, que exorbitam ou extrapolam e contradizem os diplomas legais que lhe pretendem dar fundamento de validade. Neste estudo buscamos limitarmo-nos aos aspectos relacionados de algum modo à confissão de dívida, embora tenham variadas outras matérias também envolvidas nos programas de parcelamentos, como incidência (ou não) de honorários advocatícios e que parte levantar em benefício do contribuinte e converter em renda a favor da União nas situações que constam depósito judicial, entre várias outras.

Todavia, considerando o histórico evolutivo de como tais programas têm sido veiculados, e posteriormente regulamentados, é previsível especular que as lides em torno dos temas relacionados ao parcelamento tendem a aumentar, e não a diminuir. Diante disso, torna-se cada vez mais importante aos contribuintes atenção, sobretudo quanto aos aspectos jurídicos da obrigação tributária para que reivindique perante o Poder Judiciário a correção de rumo necessária diante de seu caso concreto, especialmente se declarada a inconstitucionalidade de referida exação pelo STF, ou reconhecida a sua ilegalidade pelo STJ.

Informação bibliográfica deste texto, conforme a NBR 6023:2018 da Associação Brasileira de Normas Técnicas (ABNT):

ANDRADE, Fábio Martins de. A confissão de débitos e a superveniente declaração de inconstitucionalidade pelo STF. *In*: SARAIVA FILHO, Oswaldo Othon de Pontes (coord.). *Transação e Arbitragem Tributárias*. Belo Horizonte: Fórum, 2023. (Coleção Fórum grandes temas atuais de Direito Tributário ; v.2). p. 19-30. ISBN 978-65-5518-465-5.

REPERCUSSÃO DA TRANSAÇÃO TRIBUTÁRIA NO PATRIMÔNIO DA PESSOA JURÍDICA TRANSIGENTE

EDISON CARLOS FERNANDES

Introdução

Sabemos que todo tributo repercute no patrimônio da pessoa jurídica. Essa repercussão, normalmente, é no sentido negativo, ao ser reconhecido o valor a pagar, o tributo devido. Acontece que o tributo também pode repercutir positivamente, aumento do patrimônio da pessoa jurídica. Esse efeito é verificado quando a pessoa jurídica reconhece, por exemplo, um crédito fiscal, especialmente no que diz respeito à recuperação de valores de tributos indevidamente recolhidos ou recolhidos a maior.

A par dessas situações, pode ocorrer de as medidas para suspensão ou extinção do crédito tributário contribuir, da mesma forma, para a elevação do patrimônio da pessoa jurídica. Dentre essas medidas, está exatamente a transação tributária, tal como regulamentada pela Lei nº 13.988, de 2020. Sendo assim, é necessário que sejam delimitados os efeitos (e as repercussões) dessa citada lei no patrimônio da pessoa jurídica, haja vista os impactos em outras relações jurídicas nas quais a pessoa jurídica se envolve. Podem ser citadas, por exemplo, a relação jurídica com os sócios – redução de tributo devido pode representar aumento do lucro a ser distribuído ao sócios –, relações jurídicas com os credores – equacionamento da dívida tributária pode contribuir para o cumprimento de cláusulas contratuais de proteção do crédito (*covenants*) – e até nas relações jurídicas com o Poder Público, não na seara tributária – prolongamento no prazo de recolhimento de tributo pode garantir o cumprimento de índices de liquidez para a habilitação econômico-financeiras em processos licitatórios.

Deve-se ter em mente que o patrimônio da pessoa jurídica é evidenciado (comprovado) pelo balanço patrimonial, a principal das demonstrações financeiras. Nesse documento juscontábil, a pessoa jurídica escritura todas as suas relações jurídicas, identificando os seus devedores (ativos), os seus credores (passivos) e os direitos ou deveres com seus sócios (patrimônio líquido). No fim de cada exercício social, a variação dos valores a receber, no presente ou no futuro (ativos) e dos valores a pagar, no presente ou no futuro (passivos) implicará a apuração de lucro ou de prejuízo: se durante o exercício social a pessoa jurídica gerou mais contas a receber do que contas a pagar, o resultado é positivo (lucro); caso contrário, o resultado é negativo (prejuízo). Daí decorrem duas conclusões: (i) o balanço patrimonial é a melhor medida do patrimônio da pessoa jurídica, por isso este texto adota a metodologia de avaliar a posição dos tributos nessa demonstração financeira; (ii) os tributos, como mencionado anteriormente, provocam variações nos ativos e nos passivos, impactando, por consequência, o resultado final das pessoas jurídicas.

O presente texto pretende exatamente deitar olhos sobre a repercussão da transação tributária, disciplinada pelo Código Tributário Nacional (CTN) e pela Lei nº 13.988, de 2020, sobre o patrimônio da pessoa jurídica. Como conclusão, almeja-se indicar caminhos para evitar efeitos lesivos às demais relações jurídicas firmadas pela pessoa jurídica.

Repercussão dos tributos no patrimônio da pessoa jurídica contribuinte

No início deste texto, comentou-se que a repercussão dos tributos no patrimônio da pessoa jurídica pode ser negativa ou positiva. Considerando o objeto do presente texto, qual seja, a transação tributária, é necessário apresentar a primeira limitação metodológica do conteúdo a ser tratado: o foco aqui deve ser as repercussões negativas dos tributos no patrimônio da pessoa jurídica, vale dizer, o reconhecimento do débito fiscal, da dívida tributária. Especialmente, porque esse débito fiscal será resolvido por meio da transação tributária.

Nesse sentido, o reconhecimento do débito fiscal representa a escrituração de um *passivo*, tendo como contrapartida ou a redução de receita ou efetivamente a despesa, conforme o tributo a ser considerado: os tributos que incidem sobre a receita bruta são apresentados como dedução dessa mesma receita; os tributos sobre a folha de salário, sobre o lucro e sobre o patrimônio são apresentados como despesa (ou custo, que não deixa de ser uma espécie de despesa). Graficamente, essa repercussão pode ser assim representada:

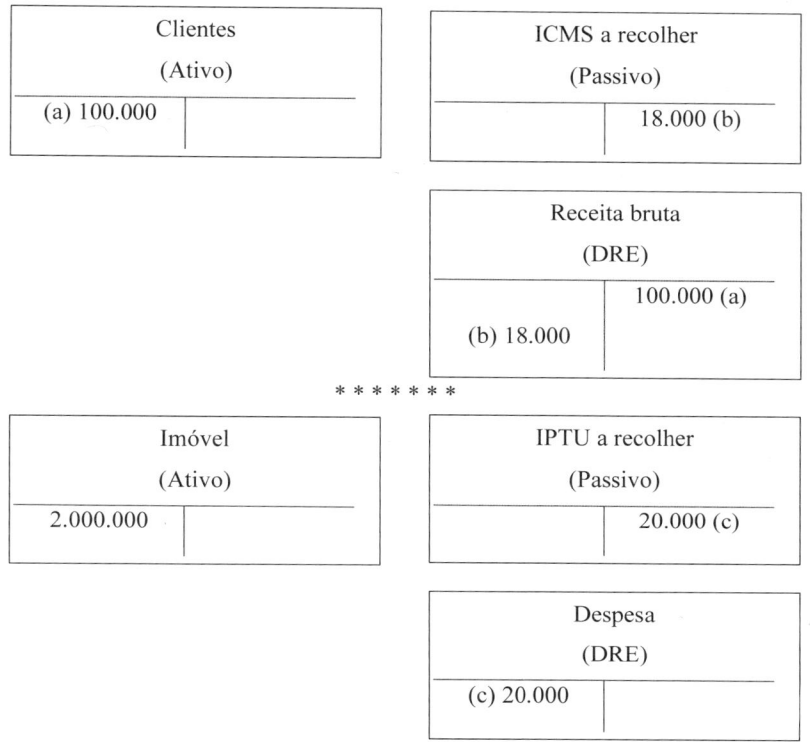

Nos casos em a pessoa jurídica discute administrativa ou judicialmente o crédito tributário, o *passivo* correspondente pode ou não ser desde logo reconhecido e, dessa forma, impactar o seu patrimônio. Caso se trate, ainda, de uma contingência, isto é, o efetivo recolhimento do tributo dependa de um evento futuro e incerto, que está fora do controle da pessoa jurídica contribuinte, deverá ser avaliado o risco, de acordo com os critérios da administração da pessoa jurídica, de esse pagamento ser devido. Em outras palavras, será avaliada a probabilidade do crédito tributário, sendo tal probabilidade classificada em provável, possível e remota.

Quando o crédito tributário for classificado como *obrigação provável*, a administração da pessoa jurídica fará escriturar uma provisão respectiva, que é um passivo e dessa forma repercute no seu patrimônio: a provisão reconhecida no passivo tem como contrapartida uma despesa, reduzindo o patrimônio da pessoa jurídica – assim como acontece no caso do reconhecimento do tributo a recolher. Embora essa despesa ainda não seja *realizada*, pois depende da confirmação ou não de um terceiro, já há impacto no resultado do exercício e, em decorrência, do patrimônio da pessoa jurídica.

Note-se que, pela abordagem negativa (passivo), os tributos podem repercutir no patrimônio da pessoa jurídica nas seguintes situações:

a) reconhecimento da dívida tributária (tributo declarado);
b) reconhecimento da dívida tributária suspensa em razão de parcelamento;
c) reconhecimento de *provável* dívida tributária suspensa em razão de recursos administrativos (auto de infração ou negativa de compensação);

d) reconhecimento de *provável* dívida tributária suspensa em razão de medida judicial.

Todas essas hipóteses estão sujeitas à transação tributária, nos termos do artigo 1º da Lei nº 13.988, de 2020, conforme se lê:

> Art. 1º (...)
> (...)
> §4º Aplica-se o disposto nesta Lei:
> I – aos créditos tributários não judicializados sob a administração da Secretaria Especial da Receita Federal do Brasil do Ministério da Economia;
> II – à dívida ativa e aos tributos da União, cujas inscrição, cobrança e representação incumbam à Procuradoria-Geral da Fazenda Nacional, nos termos do art. 12 da Lei Complementar nº 73, de 10 de fevereiro de 1993; e

Aderindo à transação tributária, a pessoa jurídica contribuinte terá o seu patrimônio impactado. Para a adequada compreensão desse impacto, convém identificar os direitos e os deveres relacionados à adesão à transação tributária.

Direitos, deveres e efeitos da transação tributária

De acordo com o Código Tributário Nacional (CTN), a *transação tributária* extingue o crédito tributário (artigo 156, III). Certamente, essa extinção depende da liquidação integral do débito fiscal correspondente, nos termos da transação tributária a que a pessoa jurídica aderiu. Essa circunstância é importante tendo em vista as modalidades de quitação da dívida tributária por meio da transação tributária, arroladas no artigo 11 da Lei nº 13.988, de 2020, abaixo reproduzido:

> Art. 11. A transação poderá contemplar os seguintes benefícios:
> I – a concessão de descontos nas multas, nos juros de mora e nos encargos legais relativos a créditos a serem transacionados que sejam classificados como irrecuperáveis ou de difícil recuperação, conforme critérios estabelecidos pela autoridade fazendária, nos termos do inciso V do caput do art. 14 desta Lei;
> II – o oferecimento de prazos e formas de pagamento especiais, incluídos o diferimento e a moratória; e
> III – o oferecimento, a substituição ou a alienação de garantias e de constrições.

Ao escopo do presente texto, interessam os "benefícios" previstos nos incisos I e II, resumidamente: anistia (artigo 180 do CTN) e parcelamento (artigo 151, V, do CTN). Neste segundo caso, então, a transação tributária somente extinguirá o crédito tributário quando do recolhimento da última parcela, condição expressamente prevista no artigo 3º da Lei nº 13.988, de 2020, com a seguinte redação:

> Art. 3º (...)
> (...)
> §3º Os créditos abrangidos pela transação somente serão extintos quando integralmente cumpridas as condições previstas no respectivo termo.

Como se lê, o direito aos "benefícios" da transação é condicionado e não há esclarecimento expresso na lei sobre a natureza dessa condição, se suspensiva ou resolutiva. A definição quanto à natureza da condição é indispensável para avaliação quanto à repercussão da adesão à transação tributária no patrimônio da pessoa jurídica aderente. De um lado, subordinando-se a eficácia da transação tributária à *condição suspensiva*, enquanto esta se não verificar, não se terá adquirido o direito, a que ele visa (artigo 125 do Código Civil); diferentemente, se for *condição resolutiva*, enquanto esta se não realizar, vigorará o efeito extintivo da transação tributária (artigo 127 do Código Civil).

Considerando as hipóteses de rescisão da transação tributária, nos termos do artigo 4º da Lei nº 13.988, de 2020, a seguir reproduzido, é lícito se concluir que a condição estabelecida é *suspensiva*, tendo em vista que a extinção do crédito tributário não se opera desde a adesão à transação tributária, devendo ser cumpridas todas as condições estabelecidas e, no caso de parcelamento, o recolhimento da última parcela – tem-se, então, na verdade, a suspensão do crédito tributário:

Art. 4º Implica a rescisão da transação:

I – o descumprimento das condições, das cláusulas ou dos compromissos assumidos;

II – a constatação, pelo credor, de ato tendente ao esvaziamento patrimonial do devedor como forma de fraudar o cumprimento da transação, ainda que realizado anteriormente à sua celebração;

III – a decretação de falência ou de extinção, pela liquidação, da pessoa jurídica transigente;

IV – a comprovação de prevaricação, de concussão ou de corrupção passiva na sua formação;

V – a ocorrência de dolo, de fraude, de simulação ou de erro essencial quanto à pessoa ou quanto ao objeto do conflito;

VI – a ocorrência de alguma das hipóteses rescisórias adicionalmente previstas no respectivo termo de transação; ou

VII – a inobservância de quaisquer disposições desta Lei ou do edital.

Chega-se, dessa forma, à conclusão preliminar no sentido de que os "benefícios" da transação tributária não estão plenamente garantidos no momento da adesão da pessoa jurídica contribuinte. Há que serem cumpridos todos os termos do acordo até o seu fim. Em suma: a adesão à transação tributária não assegura direitos à pessoa jurídica aderente de maneira definitiva, mas condicionados a eventos futuros, que podem, inclusive, ser incertos ou não controlados pela contribuinte.

Crédito tributário transacionado como contingência

A adesão à transação tributária impõe à pessoa jurídica contribuinte alguns compromissos, sob pena de não ser aceita ou ser rescindida, conforme o momento da verificação desses compromissos. Para este texto, interessa destacar duas dessas *obrigações* assumidas pela pessoa jurídica aderente, quais sejam: (i) desistência das impugnações ou dos recursos administrativos que tenham por objeto os créditos incluídos na transação e renúncia a quaisquer alegações de direito sobre as quais se fundem as referidas impugnações ou recursos (artigo 3º, IV da Lei nº 13.988, de 2020); e (ii) renúncia a quaisquer alegações de direito, atuais ou futuras, sobre as quais se fundem ações judiciais, inclusive as coletivas, ou recursos que tenham por objeto os créditos incluídos na transação (artigo 3º, V, da Lei nº 13.988, de 2020). Portanto, a pessoa jurídica aderente praticamente "confessa" a dívida tributária incluída na transação tributária. O que faz com que o reconhecimento do respectivo *passivo* seja inevitável.

É certo que o débito fiscal incluído na transação tributária é inferior ao montante original, haja vista a concessão da anistia; entretanto, para efeito de escrituração contábil, a *dívida fiscal* deve ser reconhecida no seu montante integral (original) e ser ajustada pelos "benefícios" obtidos (redução do débito fiscal) em decorrência da adesão à transação tributária. Ocorre que essa redução, para se tornar definitiva, está condicionada ao cumprimento de todos os termos da transação tributária, quer legais, quer decorrentes de acordos específicos. Pode-se afirmar, então, que o direito aos "benefícios" da transação tributária depende de eventos futuros (e incertos), em outras palavras: trata-se de direito contingente.

Como mencionado anteriormente, para efeito de identificar as repercussões da transação tributária no patrimônio da pessoa jurídica, este texto vale-se do patrimônio evidenciado no balanço patrimonial. Por conta disso, as normas juscontábeis devem ser referenciadas, de maneira mandatória. Nesse sentido, convém destacar o que determina o Pronunciamento Técnico do Comitê de Pronunciamentos Contábeis – CPC 25 – Provisões, Passivos Contingentes e Ativos Contingentes, primeiro, ao definir *contingência* como *recurso financeiro que resulta de eventos passados e cuja existência será confirmada apenas pela ocorrência ou não de um ou mais eventos futuros incertos não totalmente sob controle da entidade*. Depois, a abrangência do referido CPC 25, expressa nestes termos:

> 12. Em sentido geral, todas as provisões são contingentes porque são incertas quanto ao seu prazo ou valor. Porém, neste Pronunciamento Técnico o termo "contingente" é usado para passivos e ativos que não sejam reconhecidos porque a sua existência somente será confirmada pela ocorrência ou não de um ou mais eventos futuros incertos não totalmente sob o controle da entidade.

Se os "benefícios" decorrentes da adesão à transação tributária foram tratados como *direito contingente*, o tratamento juscontábil aplicável é aquele previsto para os *ativos contingentes*, disposto no mesmo CPC 25 com a seguinte redação:

Ativo contingente

> 31. A entidade não deve reconhecer um ativo contingente.
>
> 32. Os ativos contingentes surgem normalmente de evento não planejado ou de outros não esperados que dão origem à possibilidade de entrada de benefícios econômicos para a entidade. Um exemplo é uma reivindicação que a entidade esteja reclamando por meio de processos legais, em que o desfecho seja incerto.
>
> 33. Os ativos contingentes não são reconhecidos nas demonstrações contábeis, uma vez que pode tratar-se de resultado que nunca venha a ser realizado. Porém, quando a realização do ganho é praticamente certa, então o ativo relacionado não é um ativo contingente e o seu reconhecimento é adequado.

Note-se, então, que o ativo contingente não deve ser reconhecido no balanço patrimonial (o que vale dizer, *repercutir no patrimônio*) da pessoa jurídica aderente até que sua realização se torne praticamente certa. Essa constatação equivale ao não reconhecimento, no balanço patrimonial da pessoa jurídica aderente, dos "benefícios" da transação tributária, particularmente a anistia, no momento da adesão, e sim quando do cumprimento de todas as condições previstas no acordo firmado com as autoridades fiscais.

As repercussões dos "benefícios" da transação tributária no patrimônio da pessoa jurídica aderente são bem visualizadas na representação a seguir – considerando o pagamento à vista dos créditos tributários transacionados e a redução de 60% do montante desses créditos:

Banco	
(Ativo)	
Saldo	
	8.000 (p)

PIS/COFINS a recolher	
(Passivo)	
	20.000
(r) 12.000	
	8.000
(p) 8.000	

Outras receitas	
(DRE)	
	12.000 (r)

Onde:(r) redução

(p) pagamento

O valor da redução do crédito tributário incluído na transação tributária, por ser diminuição de *passivo*, representa o reconhecimento de *receita* e, por decorrência, implica aumento do resultado do exercício. Esta receita não está sujeita aos tributos sobre a própria receita (PIS/COFINS) tampouco aos tributos sobre o lucro (IRPJ/CSLL), por expressa determinação da Lei nº 13.988, de 2020, alterada pela Lei nº 14.375, de 2022, nestes termos:

Art. 11. (...)
§ 12. Os descontos concedidos nas hipóteses de transação na cobrança de que trata este Capítulo não serão computados na apuração da base de cálculo:
I – do imposto sobre a renda e da CSLL; e
II – da contribuição para os Programas de Integração Social e de Formação do Patrimônio do Servidor Público (PIS/Pasep) e da Contribuição para o Financiamento da Seguridade Social (Cofins).

Sendo assim, a adesão à transação tributária pode contribuir para a geração de lucro da pessoa jurídica, sujeita, inclusive, à distribuição de dividendos (e desonerada de qualquer tributação). Evidentemente, essa distribuição de dividendos poderia ser avaliada à luz do disposto no artigo 4º, II, da Lei nº 13.988, de 2020, isto é: *constatação, pelo credor, de ato tendente ao esvaziamento patrimonial do devedor como forma de fraudar o cumprimento da transação.* No entanto, tal "constatação pelo credor" requer produção de prova da motivação de "esvaziamento" do patrimônio da pessoa jurídica contribuinte – a distribuição de dividendos, por si só, não permite concluir pela ocorrência do esvaziamento patrimonial deliberado.

À exceção do pagamento à vista do acordo resultante da adesão à transação tributária, qualquer outra modalidade de liquidação da dívida tributária caracterizará os "benefícios" correspondentes como *ativo contingente*. E, dessa forma, postergando o seu reconhecimento no patrimônio da pessoa jurídica aderente ao momento em que o último compromisso assumido for cumprido. De maneira sumária: os "benefícios" da transação tributária, particularmente a anistia, não deveriam ser escriturados no balanço patrimonial da pessoa jurídica aderente quando concedidos sob condição, mas quando essa condição (suspensiva) fosse implementada, em razão da observância dos dispositivos legais acima comentados.

Por outro lado, ainda que sob condição, a dívida tributária da pessoa jurídica aderente não é mantida nos moldes originais, porque há uma perspectiva de redução, ainda que no longo prazo. Com isso, a tratamento patrimonial (juscontábil) mais adequado aos "benefícios" da transação tributária, enquanto mantida a condição, seria reconhecê-los como passivo de longo prazo: ele existe, mas com contornos diferentes do débito fiscal regular.

Invocando, novamente, a demonstração gráfica, ter-se-ia o quanto segue – considerando a mesma redução de 60% do crédito tributário e o parcelamento, cuja parcela é de $500:

Banco (Ativo)	
Saldo	
	500 (p*)

PIS/COFINS a recolher (Passivo de curto prazo)	
	20.000
(r) 12.000	
	8.000
(p*) 500	

PIS/COFINS transação tributária (Passivo de longo prazo)	
	20.000

Onde: (r) redução

(p) pagamento da parcela periódica*

Com essa solução, o resultado do exercício em que foi manifestada a adesão à transação tributária não será afetado, tendo em vista que os respectivos "benefícios" foram concedidos de maneira condicionada (contingente). Em decorrência, não haverá base para eventual distribuição de lucro apurado por conta da anistia concedida, preservando o patrimônio da pessoa jurídica. Além disso, caso os compromissos assumidos pela pessoa jurídica aderente não sejam cumpridos, o débito fiscal retornaria ao *passivo circulante*, isto é, de curto prazo, haja vista que a sua cobrança, administrativa ou judicial, seria retomada pelas autoridades fazendárias.

Pagamento com crédito fiscal decorrente de prejuízo fiscal

Outra questão que merece avaliação quanto aos efeitos da transação tributária no patrimônio da pessoa jurídica aderente diz respeito à permissão de quitação parcial da dívida fiscal original com o saldo de prejuízo fiscal e base de cálculo negativa da CSLL. Esta previsão encontra-se no artigo 11 da Lei nº 13.988, de 2020, com a redação dada pela Lei nº 14.375, de 2022, nestes termos:

> Art. 11. (...)
> IV – a utilização de créditos de prejuízo fiscal e de base de cálculo negativa da Contribuição Social sobre o Lucro Líquido (CSLL), na apuração do Imposto sobre a Renda das Pessoas Jurídicas (IRPJ) e da CSLL, até o limite de 70% (setenta por cento) do saldo remanescente após a incidência dos descontos, se houver.

Note-se que o saldo de prejuízo fiscal e base de cálculo negativa da CSLL é reconhecido como *meio de pagamento* dos débitos fiscais, o que implica considera-lo como ativo realizado. O seu tratamento como ativo está disciplinado no Pronunciamento Contábil do Comitê de Pronunciamentos Contábeis – CPC 32 – Tributos sobre o Lucro, com a seguinte redação:

> **Prejuízos e créditos fiscais não utilizados**
> 34. Um ativo fiscal diferido deve ser reconhecido para o registro de prejuízos fiscais não utilizados e créditos fiscais não utilizados na medida em que seja provável que estarão disponíveis lucros tributáveis futuros contra os quais os prejuízos fiscais não utilizados e créditos fiscais não utilizados possam ser utilizados.
> 35. Os critérios para reconhecer ativos fiscais diferidos advindos do registro de prejuízos fiscais e créditos fiscais não utilizados são os mesmos critérios para reconhecer ativos fiscais diferidos advindos de diferenças temporárias dedutíveis. Entretanto, a existência de prejuízos fiscais não utilizados é uma forte evidência de que futuros lucros tributáveis podem não estar disponíveis. Portanto, quando a entidade tem um histórico de perdas recentes, ela deve reconhecer ativo fiscal diferido advindo de prejuízos fiscais ou créditos fiscais não utilizados somente na medida em que tenha diferenças temporárias tributáveis suficientes ou existam outras evidências convincentes de que haverá disponibilidade de lucro tributável suficiente para compensação futura dos prejuízos fiscais ou créditos fiscais não utilizados. Nessas circunstâncias, o item 82 exige divulgação do valor do ativo fiscal diferido e a natureza da evidência que comprova o seu reconhecimento.
> 36. A entidade deve considerar os seguintes critérios para avaliar a probabilidade de que haverá disponibilidade de lucro tributável, contra o qual os prejuízos fiscais ou créditos fiscais não utilizados possam ser utilizados:

(a) se a entidade tem diferenças temporárias tributáveis suficientes relacionadas com a mesma autoridade tributária e a mesma entidade tributável que resultarão em valores tributáveis contra os quais os prejuízos fiscais ou créditos fiscais não utilizados podem ser utilizados antes que expirem;

(b) se for provável que a entidade terá lucros tributáveis antes que os prejuízos fiscais ou créditos fiscais não utilizados expirem;

(c) se os prejuízos fiscais não utilizados resultarem de causas identificáveis que são improváveis de ocorrer novamente; e

(d) se estiverem disponíveis para a entidade oportunidades de planejamento tributário (ver item 30) que criarão lucro tributável no período em que prejuízos fiscais ou créditos fiscais não utilizados possam ser utilizados. Na medida em que não for provável que estará disponível lucro tributável contra o qual prejuízos fiscais ou créditos fiscais não utilizados sejam utilizados, o ativo fiscal diferido não deve ser reconhecido.

Com a permissão legal de utilização dos saldos de prejuízo fiscal e de base de cálculo negativa da CSLL, o respectivo crédito fiscal poderá ser reconhecimento no patrimônio da pessoa jurídica aderente, vale dizer, escriturado como ativo no seu balanço patrimonial – caso ainda não tenha sido reconhecido por outras razões. Nesse caso, haverá o registro em contrapartida de uma "receita" de IRPJ/CSLL, não sujeita a qualquer tributação (PIS/COFINS; IRPJ/CSLL), dada a sua natureza e sua posição topográfica na demonstração do resultado do exercício: a penúltima linha, a linha dos tributos sobre o lucro, imediatamente antes do lucro do exercício disponível para deliberação dos sócios.

A representação gráfica seria a que segue (tomando-se os valores constantes dos exemplos anteriores e aplicando o limite de 70% do saldo remanescente):

IRPJ/CSLL Diferidos (Ativo)	
(d) 5.600	5.600 (p*)

PIS/COFINS a recolher (Passivo de curto)	
	20.000
(r) 12.000	
	8.000
(p*) 5.600	

Despesa IRPJ/CSLL (DRE)	
	5.600 (d)

Onde: (d) diferido

(p) "pagamento" por meio da utilização do crédito fiscal*

Verifica-se, portanto, que também a permissão de utilização do saldo de prejuízo fiscal e da base de cálculo da CSLL para quitar, ainda que parcialmente, o débito fiscal original, repercute no patrimônio da pessoa jurídica aderente. Neste caso específico, não há restrição legal (ou contábil) para a inclusão da "receita" de IRPJ/CSLL na base dos dividendos a serem distribuídos aos sócios.

Conclusão

Ao avaliar as repercussões da transação tributária no patrimônio da pessoa jurídica aderente, o presente texto pretendeu, à luz da abordagem sistemática e interdisciplinar das normas jurídicas e juscontábeis pertinentes, apresentar uma solução para o reconhecimento dos "benefícios" concedidos sob condição, particularmente a anistia, de modo a considerar a sua natureza, qual seja: ativo contingente, haja vista que eles não são definitivos no momento da adesão. Essa solução conduz à reclassificação do montante relativo aos "benefícios" da transação tributária para dívidas de longo prazo (passivo não circulante). Com isso, não haveria reconhecimento de valores no resultado do exercício, que poderia causar o aumento do lucro da pessoa jurídica aderente. Tal medida é uma forma de preservar o patrimônio da pessoa jurídica aderente à transação tributária.

Informação bibliográfica deste texto, conforme a NBR 6023:2018 da Associação Brasileira de Normas Técnicas (ABNT):

FERNANDES, Edison Carlos. Repercussão da transação tributária no patrimônio da pessoa jurídica transigente. *In*: SARAIVA FILHO, Oswaldo Othon de Pontes (coord.). *Transação e Arbitragem Tributárias*. Belo Horizonte: Fórum, 2023. (Coleção Fórum grandes temas atuais de Direito Tributário ; v.2). p. 31-41. ISBN 978-65-5518-465-5.

A LEI Nº 13.988/2020 E A ADVOCACIA-GERAL DA UNIÃO

JOSÉ LEVI MELLO DO AMARAL JÚNIOR

FABRÍCIO DA SOLLER

Introdução

A edição da Medida Provisória nº 899, de 2019, constitui-se num marco relevante não só para a administração tributária federal. Para esta, composta, na sua acepção estrita, pela Secretaria Especial da Receita Federal do Brasil, pela Procuradoria-Geral da Fazenda Nacional e pelo Conselho Administrativo de Recursos Fiscais, tem-se, após décadas de previsão no Código Tributário Nacional, a tão esperada regulamentação da transação dos créditos tributários, obviamente nos limites trazidos pelo legislador ordinário. Mais do que isso, tem-se um instrumento permanente de regularização tributária destinado aos contribuintes que de fato dela necessitam, ou seja, aqueles com diminuída ou enfraquecida capacidade de pagamento. Não escapa a nenhum observador do assunto que, nos últimos vinte anos, os devedores da Fazenda Nacional habituaram-se a atuar perante o Poder Executivo federal, ou diretamente no Congresso Nacional, no intuito de verem propostos e aprovados projetos de lei ou medidas provisórias relativos a parcelamentos especiais. Antes de resolver o problema dos contribuintes que de fato necessitavam, esses parcelamentos especiais, com prazos de pagamento que chegavam a vinte anos e descontos generosíssimos, atendiam sobretudo a contribuintes com alta capacidade tributária e que deles pouco precisavam.

Mas, como dito, a importância da Medida Provisória nº 899, de 2019, convertida em 14 de abril de 2020 na Lei nº 13.988, transcende os muros da administração tributária federal. Em que pese gestada no Ministério da Economia, mais especificamente pela Procuradoria-Geral da Fazenda Nacional, outros órgãos da Advocacia-Geral da União nela foram inseridos. Tal se deu por iniciativa da Procuradoria-Geral da Fazenda Nacional, que vislumbrou que o instrumento também seria relevante para a Advocacia-Geral da União como um todo e, claro, para a sociedade.

Em decorrência dessa louvável atitude, chegou-se à seguinte previsão, contida no inc. III do §4º do art. 1º da Lei nº 13.988, de 2020:

> Art. 1º Esta Lei estabelece os requisitos e as condições para que a União, as suas autarquias e fundações, e os devedores ou as partes adversas realizem transação resolutiva de litígio relativo à cobrança de créditos da Fazenda Pública, de natureza tributária ou não tributária.
> (...)
> §4º Aplica-se o disposto nesta Lei:
> (...)
> III – no que couber, à dívida ativa das autarquias e das fundações públicas federais, cujas inscrição, cobrança e representação incumbam à Procuradoria-Geral Federal, e aos créditos cuja cobrança seja competência da Procuradoria-Geral da União, nos termos de ato do Advogado-Geral da União e sem prejuízo do disposto na Lei nº 9.469, de 10 de julho de 1997.

Não obstante se reconheça que o maior destaque da Lei nº 13.988, de 2020, encontre-se na sua aplicação na administração tributária federal, mais especificamente nos créditos inscritos em dívida ativa da União, o presente artigo tem o propósito de abordar os seguintes aspectos envolvendo a aplicação dessa norma e a Advocacia-Geral da União: (i) a abrangência da transação prevista na Lei nº 13.988, de 2020, no âmbito da Advocacia-Geral da União; (ii) a convivência dessa modalidade de transação com aquela prevista no art. 1º da Lei nº 9.469, de 1997; (iii) a regulamentação levada a efeito na Advocacia-Geral da União.

Um registro imprescindível antes de se avançar na análise dos tópicos acima propostos. Para fins de facilitar a compreensão do leitor acerca da Lei nº 13.988, de 2020, e, frise-se, somente para esta finalidade, quando no presente artigo se fizer referência à instituição Advocacia-Geral da União, relativamente à regulamentação da Lei nº 13.988, de 2020, esta não deverá ser entendida como abrangendo a disciplina regulamentar da matéria no que toca à Procuradoria-Geral da Fazenda Nacional. Não obstante a Procuradoria-Geral da Fazenda Nacional seja inequivocamente um dos órgãos de direção superior da Advocacia-Geral da União e, portanto, dela fazer parte, o tratamento legislativo da Lei nº 13.988, de 2020, no que toca à Procuradoria-Geral da Fazenda Nacional, difere – em diversos pontos – daquele previsto na mesma Lei à Procuradoria-Geral da União, outro órgão de direção superior da Advocacia-Geral da União, e à Procuradoria-Geral Federal, órgão vinculado à Advocacia-Geral da União e submetido à sua supervisão. Tanto é assim que – em matéria de transação – a disciplina regulamentar pertinente à Advocacia-Geral da União é específica à Procuradoria-Geral da União e à Procuradoria-Geral Federal.

Abrangência da transação prevista na Lei nº 13.988/2020 no âmbito da Advocacia-Geral da União

A Lei nº 13.988, de 2020, foi estruturada pelo legislador em seis capítulos. São eles:

Capítulo I – disposições gerais;
Capítulo II – da transação na cobrança de créditos da União e de suas Autarquias e Fundações;
Capítulo III – da transação por adesão no contencioso tributário de relevante e disseminada controvérsia jurídica;
Capítulo IV – da transação por adesão no contencioso de pequeno valor;
Capítulo V – das alterações legislativas;
Capítulo VI – disposições finais.

Desses seis capítulos, apenas os Capítulos I, II e VI guardam relação com a transação a ser levada a efeito na Advocacia-Geral da União. Dessa forma, as disposições atinentes à transação no contencioso tributário – Capítulos III e IV – não serão aqui analisadas, já que inaplicáveis à Advocacia-Geral da União. São específicas à Procuradoria-Geral da Fazenda Nacional, na forma antes explicada.

De fato, o já transcrito inc. III do §4º do art. 1º da Lei nº 13.988, de 2020, circunscreve a transação a ser realizada pela Procuradoria-Geral Federal e pela Procuradoria-Geral da União aos créditos por elas cobrados. Portanto, no caso da Advocacia-Geral da União, a Lei nº 13.988, de 2020, não oportuniza a transação no âmbito do contencioso judicial, o que, como se verá mais adiante, continua a ser possível, mas com fundamento em outro normativo.

Algo que merece ser destacado desde logo é a importância da expressão que principia o aludido inciso III, "no que couber". Não obstante talvez alguém possa pretender que não seja a melhor técnica legislativa, a sua utilização aqui se justifica em face de a medida provisória ter sido elaborada visando à administração tributária federal, na sua acepção estrita, tendo a Advocacia-Geral da União sido incluída na sua fase final de discussão, como já mencionado. Nesse sentido, há diversos dispositivos que não são aplicáveis aos créditos cobrados pela Advocacia-Geral da União ou necessitam ser adaptados, inclusive alguns dos constantes nos Capítulos I e II, que cuidam das disposições gerais e da transação realizada na atividade de cobrança de créditos, o que demonstra o rigoroso acerto técnico do legislador em utilizar a expressão "no que couber" na espécie.

No que tange à Procuradoria-Geral Federal, a opção do legislador ao definir os créditos passíveis de transação no âmbito da Lei nº 13.988, de 2020, foi pela imprescindibilidade de que o crédito esteja inscrito em dívida ativa, após a sua regular constituição nas autarquias ou nas fundações federais. Assim, se o crédito ainda estiver sob a administração das autarquias e fundações federais, não será possível se utilizar deste instrumento de resolução de litígios.

Já os créditos da União cobrados pela Procuradoria-Geral da União e que podem ser transacionados pelo regime da Lei nº 13.988, de 2020, são aqueles que, não obstante de titularidade da União, não são inscritos em dívida ativa da União. No seu maior volume está-se a tratar das condenações provenientes do Tribunal de Contas da União, condenações essas que se constituem em títulos executivos extrajudiciais.

De outra banda, a Lei nº 13.988, de 2020, ao mesmo tempo que traz limitações sobre os créditos a serem transacionados, como, por exemplo, a vedação da transação para os créditos devidos por devedores contumazes, atribuiu, no caso da Advocacia-Geral da União, ao Advogado-Geral da União a disciplina da transação (além do inc. III do §4º do art. 1º, *vide* o seu art. 15). Por certo que, ao fazê-lo, está a permitir que outras exclusões sejam trazidas no bojo desse ato normativo infralegal. E foi o que ocorreu com a edição, pelo Advogado-Geral da União, da Portaria nº 249, de 8 de julho de 2020. No seu art. 6º, após reafirmar a vedação da transação, já contida na lei, para os créditos das autarquias e fundações federais não inscritos em dívida ativa, elencou quatro novas espécies de créditos que não podem ser objeto de transação. São eles (incisos III a VI do art. 6º):[1]

> III – os créditos apurados em acordos de leniência, nos termos do Capítulo V da Lei nº 12.846, de 1º de agosto de 2013;
> IV – os créditos decorrentes de condenação pela prática de ato de improbidade administrativa ou de acordo de não persecução cível, nos termos da Lei nº 8.429, de 2 de junho de 1992;
> V – os créditos decorrentes de decisões da Justiça Eleitoral; e
> VI – os créditos decorrentes de condenação, nos termos do Capítulo VI da Lei nº 12.846, de 2013.

Assim como o legislador já havia vedado a transação que pudesse reduzir multas de natureza penal (inc. I do art. 5º da Lei nº 13.988, de 2020), por uma consideração de que as condenações penais são de tal importância que não devem ser reduzidas numa transação, mas sim pagas integralmente pelo autor do ilícito, entendeu a Advocacia-Geral da União que nos casos dos acordos de leniência, nos acordos de não persecução cíveis, nas condenações por improbidade administrativa, nas condenações da Justiça Eleitoral e nas condenações de pessoas jurídicas por prática de ilícito contra a Administração Pública, o mesmo raciocínio se impunha. Ou se trata de valores que já foram objeto de acordo, não fazendo sentido fazer-se uma transação sobre valores já acordados, ou se trata de condenações por ilícitos, cuja reprovabilidade social não recomenda sejam objeto de uma transação.

---

[1] Nota do editor: A Portaria Normativa AGU nº 40, de 5 de janeiro de 2022, alterou a Portaria AGU nº 249/2022, para dispor: "Art. 6º Para efeito do disposto nesta Portaria, é vedada a proposta de transação que reduza o montante principal ou que envolva os créditos decorrentes de: I – autarquias e fundações públicas federais não inscritos em dívida ativa; II – acordos de leniência, nos termos do Capítulo V da Lei nº 12.846, de 1ª de agosto de 2013; III – condenação pela prática de ato de improbidade administrativa ou de acordo de não persecução cível, nos termos da Lei nº 8.429, de 2 de junho de 1992; IV – decisões da Justiça Eleitoral; V – condenação, nos termos do Capítulo VI da Lei nº 12.846, de 2013".

A exclusão de tais hipóteses por ato do Advogado-Geral da União é perfeitamente legal. É inquestionável que o legislador deixou aberta a possibilidade de ser disciplinada a transação prevista na Lei nº 13.988, de 2020, em ato do Advogado-Geral da União. Obviamente que no conceito de "disciplinar" está incluída a possibilidade de estabelecer outras exclusões além daquelas já trazidas no texto legal, sobretudo quando consentâneas com a lógica da própria lei, no caso, em harmonia com o inc. I do art. 5º da Lei nº 13.988, de 2020.

Convivência da transação da Lei nº 13.988, de 2020, com aquela prevista no art. 1º da Lei nº 9.469, de 1997

Como já se demonstrou, a transação prevista na Lei nº 13.988, de 2020, por uma opção clara do legislador, abrange somente a atividade de cobrança realizada pelos órgãos da Advocacia-Geral da União, e nos limites ali estabelecidos, conforme se abordou no tópico anterior.

Nesse ponto, parece ser de fundamental importância debruçar-se sobre a disciplina contida na Lei nº 9.469, de 1997, normativo este citado expressamente na Lei nº 13.988, de 2020, e que era, e continua a ser, o principal marco legal para os órgãos da Advocacia-Geral da União, quando se trata do instituto da transação.

No art. 1º da Lei nº 9.469, de 1997, encontra-se que o Advogado-Geral da União, ou a autoridade a quem ele delegar, poderá autorizar a realização de acordos ou transações, seja para prevenir, seja para terminar litígios, sejam eles administrativos, sejam eles judiciais. Caso os valores desses acordos sejam superiores ao valor fixado em regulamento – no caso o Decreto nº 10.201, de 15 de janeiro de 2020, fixou-o em R$50 milhões –, far-se-á necessária a autorização prévia e expressa do Advogado-Geral da União e do Ministro de Estado a cuja área de competência estiver afeto o assunto.

Como se percebe facilmente, enquanto a transação trazida pela Lei nº 9.469, de 1997, é extremamente abrangente e sem maiores amarras, abarcando não só as atividades de cobrança, mas também todo o contencioso judicial e administrativo, aquela veiculada na Lei nº 13.988, de 2020, tem um escopo bem mais definido, qual seja, a transação dos créditos cobrados pela Procuradoria-Geral da União e dos créditos inscritos em dívida ativa das autarquias e fundações e cobrados pela Procuradoria-Geral Federal.

Como a transação regulada pela Lei nº 13.988, de 2020, é uma fração da transação regulada pela Lei nº 9.469, de 1997, não tendo aquela lei, portanto, disciplinado na sua inteireza a transação para a administração pública federal, resta afastada a revogação tácita do art. 1º da Lei nº 9.469, de 1997, nos termos do §1º do art. 2º da Lei de Introdução às Normas do Direito Brasileiro.[2]

Restando evidente a convivência dos dois regimes de transação para as atividades desempenhadas pela Advocacia-Geral da União, deve-se apenas ressaltar que eles não se confundem, ou seja, são regimes com objetos distintos. Quer-se dizer com isso que

---

[2] "Art. 2º Não se destinando à vigência temporária, a lei terá vigor até que outra a modifique ou revogue.
§1º A lei posterior revoga a anterior quando expressamente o declare, quando seja com ela incompatível ou quando regule inteiramente a matéria de que tratava a lei anterior."

a transação dos créditos das autarquias e fundações cobrados pela Procuradoria-Geral Federal e dos créditos da União cobrados pela Procuradoria-Geral da União, após a entrada em vigor da Lei nº 13.988, de 2020, somente poderá ocorrer nos seus termos e nos da sua regulamentação. Trata-se de norma específica que derrogou a abrangência da transação prevista no art. 1º da Lei nº 9.469, de 1997, retirando desta, consequentemente, os créditos cobrados pelos órgãos da Advocacia-Geral da União.

A reforçar que se está diante de regimes distintos, com objetos distintos, o ato do Advogado-Geral da União que disciplinou a aplicação da Lei nº 13.988, de 2020, a já aludida Portaria nº 249, de 2020, deixou claro que essa portaria não se aplica aos acordos e transações realizados com fundamento na Lei nº 9.469, de 1997 (inc. I do art. 2º da Portaria nº 249, de 2020).

Assim, pode-se asseverar que a transação para as atividades de cobrança realizadas pela Procuradoria-Geral da União e a transação para as atividades de cobrança da dívida ativa das autarquias e fundações realizada pela Procuradoria-Geral Federal dar-se-ão com fundamento na Lei nº 13.988, de 2020, que derrogou nessa parte a Lei nº 9.469, de 1997. Todos os demais acordos ou transações a serem realizados pelos órgãos da Advocacia-Geral da União terão como fundamento legal o art. 1º da Lei nº 9.469, de 1997.

Observe-se que quando, na parte final do já transcrito inc. III do §4º do art. 1º da Lei nº 13.988, de 2020, resta expressamente consignado, "sem prejuízo do disposto na Lei nº 9.469, de 10 de julho de 1997", o legislador aqui pretendeu não desonerar os representantes da administração pública federal de obter as autorizações em razão dos valores envolvidos na transação, requisito constante apenas da Lei nº 9.469, de 1997. Outra não foi a interpretação dada na Portaria nº 249, de 2020, pelo Advogado-Geral da União:

> Art. 33. Compete ao Advogado da União ou ao Procurador Federal responsável pelo processo de transação assinar o respectivo termo, observadas as autorizações e alçadas fixadas em lei, decreto ou ato normativo interno da Advocacia-Geral da União.

A Lei a que alude o transcrito art. 33 da Portaria nº 249, de 2020, é a Lei nº 9.469, de 1997, o Decreto é o nº 10.201, de 2020, e o ato normativo interno é a Portaria nº 173, de 15 de maio de 2020, editada pelo Advogado-Geral da União.

Além de restar claro que as autorizações previstas nesses normativos fazem-se necessárias para as transações realizadas com base na Lei nº 13.988, de 2020, a expressão "sem prejuízo do disposto na Lei nº 9.469, de 10 de julho de 1997" também reforça a conclusão já exposta de que a Lei nº 13.988, de 2020, não revogou na sua inteireza a transação prevista no art. 1º da Lei nº 9.469, de 1997. Ao dar nova disciplina à transação envolvendo os créditos cobrados pelos órgãos da Advocacia-Geral da União, procedeu-se, exclusivamente nessa parte, um caso de derrogação. Para todos os demais casos de acordos ou transações, repita-se, aplicável será o regime do art. 1º da Lei nº 9.469, de 1997.

Regulamentação da Advocacia-Geral da União: Portaria nº 249, de 2020

Exposto o objeto da transação a ser realizada com fundamento na Lei nº 13.988, de 2020, bem como os termos da convivência desse regime de transação com aquele previsto no art. 1º da Lei nº 9.469, de 1997, já que possuem objetos diversos, cabe agora debruçar-se sobre os principais aspectos da regulamentação trazida pela Advocacia-Geral da União em face da Lei nº 13.988, de 2020, qual seja a Portaria nº 249, de 8 de julho de 2020.

Primeiro dado relevante. A Advocacia-Geral da União regulamentou somente a transação por proposta individual, não o fazendo, deliberadamente, para a modalidade de transação por adesão, não obstante tivesse a faculdade legal para tanto (inc. I do art. 2º da Lei nº 13.988, de 2020). Este é apenas um dos exemplos de diferenças que se poderá encontrar entre as regulamentações da Advocacia-Geral da União e da Procuradoria-Geral da Fazenda Nacional. Este último órgão, na Portaria nº 9.917, de 14 de abril de 2020, e alterações, disciplinou ambas as modalidades de transação, a individual e a por adesão. No caso da Advocacia-Geral da União optou-se por focar na transação caso a caso, opção fundada na percepção de que se estava inaugurando, no âmbito da Advocacia-Geral, uma nova forma de transação, a merecer, por isso, uma cautela que desaconselhou, ao menos nesse primeiro momento, a realização de transação em massa, própria da modalidade de transação por adesão.

Outra opção das mais relevantes feitas pela Advocacia-Geral da União foi a de limitar a transação da Lei nº 13.988, de 2020, para os créditos classificados como irrecuperáveis ou de difícil recuperação (§1º do art. 1º), já que a Lei nº 13.988, de 2020, não possui tal limitação. Em verdade, ela apenas restringe a possibilidade de concessão de descontos nas multas, nos juros e nos encargos legais aos créditos classificados como irrecuperáveis ou de difícil recuperação, mas nada impede que os demais benefícios por ela listados (incisos II e III do art. 11 da Lei nº 13.988, de 2020[3][4]) sejam concedidos aos créditos que não tenham essa classificação. Ao assim regulamentar, a Advocacia-Geral fez uma clara opção: em matéria de créditos, prefere transacionar apenas aqueles considerados irrecuperáveis ou de difícil recuperação.

Também não poderão ser objeto da transação prevista na Lei nº 13.988, de 2020: os créditos que foram objeto de transação, acordo ou parcelamento, pelo prazo de dois anos, contado da data da rescisão (inc. II do art. 2º da Portaria nº 249, de 2020), além

---

[3] "Art. 11. A transação poderá contemplar os seguintes benefícios:
I – a concessão de descontos nas multas, nos juros de mora e nos encargos legais relativos a créditos a serem transacionados que sejam classificados como irrecuperáveis ou de difícil recuperação, conforme critérios estabelecidos pela autoridade fazendária, nos termos do inciso V do **caput** do art. 14 desta Lei;
II – o oferecimento de prazos e formas de pagamento especiais, incluídos o diferimento e a moratória; e
III – o oferecimento, a substituição ou a alienação de garantias e de constrições."

[4] Nota do editor: A Lei nº 14.375, de 21 de junho de 2022, incluiu os incisos IV e V ao art. 11, §2º, III, da Lei nº 13.988/2020, para dispor: "Art. 11. A transação poderá contemplar os seguintes benefícios: (...) IV – a utilização de créditos de prejuízo fiscal e de base de cálculo negativa da Contribuição Social sobre o Lucro Líquido (CSLL), na apuração do Imposto sobre a Renda das Pessoas Jurídicas (IRPJ) e da CSLL, até o limite de 70% (setenta por cento) do saldo remanescente após a incidência dos descontos, se houver; V – o uso de precatórios ou de direito creditório com sentença de valor transitada em julgado para amortização de dívida tributária principal, multa e juros".

daqueles créditos já citados no segundo tópico deste trabalho, elencados no art. 6º da Portaria.[5] Isso porque não se pretende estimular os devedores que já compuseram o seu passivo para com a União ou suas autarquias e fundações a romperem esse acordo, transação ou parcelamento, a fim de buscar nova composição amigável. Daí a trava de dois anos, a fim de os desestimular a procederem dessa forma.

Como já se disse, a opção da Advocacia-Geral da União foi a de regulamentar apenas a transação por proposta individual, mas a iniciativa da proposta não é exclusiva da Administração Pública, podendo o devedor fazê-lo (art. 5º da Portaria nº 249, de 2020). Note-se que há uma diferença relevante conforme quem seja o proponente da transação. Se for a Administração Pública, somente os créditos superiores a R$1 milhão poderão ser transacionados, ao passo que se for o devedor a propô-la, não há essa limitação de valor (inc. I do art. 12 e art. 15). Em ambos os casos o valor não é relevante se o devedor se tratar de ente público, falido, em recuperação ou liquidação, bem como para os créditos com exigibilidade suspensa ou garantido (incisos II a IV do art. 12).[6]

Já no campo das concessões ou condições da transação, a portaria deixa claro que a transação poderá dispor sobre parcelamento, concessão de descontos, concessão de moratória e substituição ou alienação de garantias e constrições. Importante observar que o percentual de descontos estará sempre associado ao número de parcelas – quanto maior o número de parcelas, menor o desconto –, sendo que em nenhuma hipótese poderá haver redução no valor principal do crédito (inc. I do art. 6º e art. 8º).

Os descontos referem-se aos juros de mora, eventuais multas que incidam sobre o principal e outros acréscimos legais. Já os honorários, quando devidos forem, serão reduzidos pelo menos na mesma proporção dos descontos concedidos ao crédito público, e o seu prazo de pagamento não será inferior ao prazo de parcelamento do crédito da União ou das suas autarquias e fundações (art. 10).

Outra concessão relevante trazida na regulamentação da Advocacia-Geral da União é a possibilidade de o devedor utilizar valores já depositados judicialmente para o pagamento de parcelas, mediante sua conversão em renda (§1º do art. 11).

Como já se disse em mais de uma oportunidade, somente os créditos classificados como irrecuperáveis ou de difícil recuperação poderão ser objeto de transação na Advocacia-Geral da União. E como se chega a tal classificação? Para devedores em determinadas situações, essa classificação é automática. São eles, por exemplo: pessoas físicas com indicativo de óbito e inexistência de patrimônio, pessoas jurídicas com

---

5   Nota do editor: A Portaria Normativa AGU nº 40, de 5 de janeiro de 2022, alterou a Portaria AGU nº 249/2022, para dispor: "Art. 6º Para efeito do disposto nesta Portaria, é vedada a proposta de transação que reduza o montante principal ou que envolva os créditos decorrentes de: I – autarquias e fundações públicas federais não inscritos em dívida ativa; II – acordos de leniência, nos termos do Capítulo V da Lei nº 12.846, de 1ª de agosto de 2013; III – condenação pela prática de ato de improbidade administrativa ou de acordo de não persecução cível, nos termos da Lei nº 8.429, de 2 de junho de 1992; IV – decisões da Justiça Eleitoral; V – condenação, nos termos do Capítulo VI da Lei nº 12.846, de 2013".

6   Nota do editor: A Portaria Normativa AGU nº 40, de 5 de janeiro de 2022, alterou a Portaria AGU nº 249/2022, para dispor: "Art. 12. A transação individual poderá ser proposta pela Procuradoria-Geral Federal e pela Procuradoria-Geral da União, dentro de critérios de conveniência e oportunidade, em face dos devedores, inclusive aos: I – devedores falidos, em processo de recuperação judicial ou extrajudicial, em processo de liquidação judicial ou extrajudicial, em processo de intervenção extrajudicial ou em regime de direção fiscal; II – Estados, Distrito Federal e Municípios e respectivas entidades de direito público da administração indireta; e III – devedores cujos débitos estejam suspensos por decisão judicial ou garantidos por penhora, carta de fiança ou seguro garantia".

falência decretada ou em intervenção, recuperação ou liquidação, pessoas jurídicas com CNPJ baixados ou consideradas inaptas em determinadas circunstâncias (art. 21 da Portaria nº 249/2020 e §5º do art. 11 da Lei nº 13.988/2020).

Foi precisamente com uma pessoa jurídica em uma das condições acima que se operou a primeira transação realizada pela Advocacia-Geral da União à luz da Lei nº 13.988, de 2020. Trata-se da transação realizada entre a Agência Nacional de Telecomunicações, representada pela Procuradoria-Geral Federal, e as empresas Oi S/A, Oi Móvel e Telemar Norte Leste, todas em recuperação judicial. No seu bojo foram transacionados créditos decorrentes de sanções aplicadas pela ANATEL no exercício de sua função regulatória. Tal transação possibilitou a conversão em renda de forma definitiva de aproximadamente R$1,8 bilhão e, ao seu final (84 meses), ter-se-á recuperado o valor de R$7,2 bilhões, com uma redução de litigiosidade expressiva (suspensão de mais de 1.100 execuções fiscais e a extinção de 199 ações anulatórias, 82 cautelares e 300 embargos à execução). Não fosse a existência desse novo marco legislativo representado pela Lei nº 13.988, de 2020, tal transação não teria sido concretizada.

Com exceção de hipóteses como esta, onde a classificação como crédito irrecuperável ou de difícil recuperação já está dada pela norma, a portaria exige dois requisitos para que o crédito seja assim classificado e seja possível a sua transação: o esgotamento pelo credor das medidas ordinárias de cobrança, sem a localização de bens passíveis de penhora e a demonstração da falta de capacidade de pagamento pelo devedor (art. 18). A comprovação do esgotamento das medidas ordinárias de cobrança verifica-se com a ocorrência dos seguintes eventos: (i) a suspensão do processo pela inexistência de bens; (ii) o transcurso de 3 anos de inscrição do crédito em dívida ativa das autarquias e fundações ou da constituição definitiva do crédito; (iii) o esgotamento das medidas administrativas de cobrança (art. 19). Já a falta de capacidade de pagamento pelo devedor será atestada pela Administração Pública, após a análise de diversos documentos contábeis-fiscais e informações fornecidas pelo devedor e que estão elencados no art. 15 da portaria (art. 20).

Preenchidos os requisitos constantes da Lei nº 13.988, de 2020, assim como os exigidos pela Portaria nº 249, de 2020, caberá ao devedor optar pelo prazo de pagamento conjugado com o percentual de redução da dívida que lhe convier. A lógica aqui é quanto menor o prazo de pagamento escolhido pelo devedor, maior o desconto. Assim, por exemplo, o devedor pessoa física ou microempresa ou empresa de pequeno porte, entre outras, que, após um pagamento a título de entrada de 5% da dívida, opte por liquidar o restante em parcela única, terá direito a uma redução de 70% dos juros, multas e demais encargos. Já se optar pelo prazo máximo de 145 meses, a redução será de apenas 10%, havendo uma série de prazos e descontos escalonados entre esses dois extremos. Busca-se com isso deixar ao alvedrio do devedor a hipótese que melhor convém à sua realidade financeira. Todavia, em qualquer hipótese, a redução não atingirá o principal do débito, bem como a entrada de 5%, que só não é exigível do devedor em recuperação judicial, será calculada sem a aplicação de descontos.

Por fim, além da Portaria nº 249, de 2020, editada pelo Advogado-Geral da União, e com base no art. 45 da referida portaria, foram publicadas a Portaria nº 333, de 9 de julho de 2020, do Procurador-Geral Federal, e a Portaria nº 14, de 13 de julho de 2020, do Procurador-Geral da União. Tais atos normativos disciplinam o procedimento aplicável à transação da Lei nº 13.988, de 2020, no âmbito de cada um desses órgãos da Advocacia-Geral da União.

Conclusão

Em que pese a Lei nº 13.988, de 2020, tenha sido inicialmente construída para abarcar apenas as atividades desenvolvidas pela Procuradoria-Geral da Fazenda Nacional, ela se constitui em um importantíssimo instrumento para a Advocacia-Geral da União como um todo. Pela primeira vez, tem-se um regramento específico e perene para que os créditos cobrados pela Procuradoria-Geral da União e pela Procuradoria-Geral Federal possam ser transacionados.

Como nota importante, impõe-se ressaltar que este novo marco legal não implicou a revogação da transação prevista no art. 1º da Lei nº 9.469, de 1997, a qual subsiste para todas as demais hipóteses que não aquelas envolvendo a cobrança de créditos por esses dois órgãos da Advocacia-Geral da União.

Destaque-se ainda a minuciosa regulamentação implementada pela Advocacia-Geral da União, a Portaria nº 249, de 2020, e que difere da regulamentação trazida pela Procuradoria-Geral da Fazenda Nacional, como a própria Lei nº 13.988, de 2020, previa que ocorreria, eis que são créditos de diferentes naturezas, de diferentes origens, cobrados por diferentes órgãos e com diferentes estruturas.

Não obstante se esteja ainda em uma fase inicial de aplicação do novo marco legal na Advocacia-Geral da União, bons frutos já estão sendo colhidos, inclusive com a celebração da maior transação já patrocinada por um órgão seu, a Procuradoria-Geral Federal.

Informação bibliográfica deste texto, conforme a NBR 6023:2018 da Associação Brasileira de Normas Técnicas (ABNT):

AMARAL JÚNIOR, José Levi Mello do; DA SOLLER, Fabrício. A Lei nº 13.988/2020 e a Advocacia-Geral da União. *In*: SARAIVA FILHO, Oswaldo Othon de Pontes (coord.). *Transação e Arbitragem Tributárias*. Belo Horizonte: Fórum, 2023. (Coleção Fórum grandes temas atuais de Direito Tributário ; v.2). p. 43-52. ISBN 978-65-5518-465-5.

TRANSAÇÕES TRIBUTÁRIAS E NEGÓCIOS JURÍDICOS PROCESSUAIS: O EMPREGO CONJUNTO DOS INSTITUTOS COMO FATOR OTIMIZADOR DA RECUPERABILIDADE DE CRÉDITOS FAZENDÁRIOS

ALICE GONTIJO SANTOS TEIXEIRA

LUCAS VASCONCELLOS CAMPOS DE AQUINO

1 Introdução

O presente estudo tem por impulso – e principal causa – a morosidade e ineficiência que assolam a prestação jurisdicional brasileira, em especial na seara tributária.

Essas características – cujas origens remontam a diversos fatores, dentre os quais a complexidade legislativa, a cultura litigante e, inclusive, a impropriedade do rito processual expropriativo – fizeram com que os entes fazendários, gradualmente, se vissem obrigados a recorrer a meios extrajudiciais para consecução de seus interesses. Nessa seara, surgiram instrumentos como, por exemplo, os cadastros de inadimplentes e os protestos de certidões de dívidas.

Ambos alavancaram consideravelmente os índices de recuperabilidade dos créditos fazendários – corroborando para remediar a morosidade jurisdicional. Contudo, não foram suficientes para alçar as estatísticas a patamares minimamente razoáveis, o que fez com que as atenções, no passado recente, voltassem para institutos alternativos, como, por exemplo, as transações tributárias e as convenções processuais.

Esses instrumentos têm sido amplamente utilizados e, ainda que isoladamente considerados, apresentado índices de recuperabilidade consideravelmente favoráveis. Contudo, em virtude dos contornos legais e regulamentares que lhes são conferidos, podem ter seu escopo de abrangência e atratividade comprometidos – o que esmorece o intuito antilitigante e autocompositivo por eles almejado.

Nessa seara, o que se almeja com o presente estudo é justamente a análise da viabilidade do emprego conjunto desses dois institutos como remédio a esses cenários, propiciando meio de maximizar sua atratividade e eficiência.

Para tanto, o tópico seguinte se debruçará sobre a litigiosidade e morosidade que assolam o sistema jurisdicional brasileiro. Serão brevemente abordadas as possíveis causas do instituto e, também, apresentados dados estatísticos que corroboram a falência do rito executivo fiscal.

O terceiro tópico do presente estudo se debruçará sobre os métodos alternativos de cobrança empregados pelas Fazendas Públicas no intuito de remediar a falência jurisdicional. Serão brevemente abordados os cadastros de inadimplentes, o protesto de certidões de dívida ativa e, especialmente, a transação tributária e suas espécies segundo atual panorama normativo.

O quarto tópico se debruçará sobre o *animus cooperandi* trazido pelo Código de Processo Civil de 2015 e o instrumento das convenções processuais – que, com a edição do novo marco processual, ganhou ampla aplicabilidade.

O tópico final, enfim, avaliará as limitações à aplicação da transação tributária – as quais podem, por vezes, comprometer sua atratividade e efetividade – e sugerirá a viabilidade do emprego das convenções processuais, conjuntamente ao pacto transacional, como possível remédio a essas hipóteses. Ao final, concluir-se-á que o emprego conjunto dos institutos pode vir a ser uma medida consideravelmente favorável à otimização da eficiência e recuperabilidade de créditos fazendários – havendo, inclusive, registros de sua aplicação conjunta pela Procuradoria-Geral da Fazenda Nacional.

2 Complexidade tributária e litigiosidade: reflexos jurisdicionais de um sistema doente

2.1 O porquê de o sistema tributário brasileiro ser uma fonte inesgotável de contencioso

O sistema brasileiro é, de longe, um dos mais complexos do mundo, sendo essa uma constatação incontroversa e que encontra, inclusive, respaldo em análises internacionais, como o relatório *Doing Busines* do Banco Mundial – cuja edição para o ano-base de 2019 (com os dados mais atualizados sobre o tópico) apontou que, no país, um empresário gasta, em média, 1.958 horas (ou surpreendentes 81 dias e meio) para apurar, declarar e pagar impostos.[1]

As origens para esse grau de complexidade são as mais diversas. Em primeiro lugar, vislumbra-se a – quase intuitiva – constatação de que a tributação sobre o consumo, que, em muitos países, é majoritariamente centralizada em tributos nacionais como o VAT (*Value Added Tax*) europeu ou o *Sales Tax* estadunidense, é, em *terra brasilis*, dividido entre 5 tributos situados em três níveis governo.

Essa opção constitucional pela repartição das bases de incidência relacionadas ao consumo entre tributos e entes federativos diversos traz, em si, uma complexidade inerente. O contribuinte que, sob um imposto unificado, teria de observar um único marco regulatório, passa a ter que observar três marcos regulatórios federais (IPI, PIS e COFINS), 27 marcos estaduais (ICMS) e surpreendentes 5.570 marcos municipais (ISSQN).

Os custos de conformidade a esse emaranhado normativo são altíssimos e têm significativa repercussão sobre o dado levantado pelo Banco Mundial. Essa questão somente se agrava quando considerada a volatilidade desse ordenamento que, conforme levantamento feito pelo Instituto Brasileiro de Planejamento e Tributação (IBPT), nos 32 anos seguintes à Constituição de 1988, vivenciou a edição de 419.387 normas tributárias – sendo que, no 32º ano, somente 6,82% desse conjunto se encontrava em vigor.[2]

Essas dificuldades de adequação a um sistema cada vez mais complexo, conjugadas com uma essência anticooperativa que permeia ambos os polos da relação fisco-contribuinte em âmbito nacional, naturalmente, geram um *sem número* de discussões administrativas e judiciais que fazem com que, segundo levantamento realizado pelo INSPER, atualmente, um montante equivalente a 75% do Produto Interno Bruto brasileiro esteja em discussão no contencioso tributário[3] – 55,2% somente na esfera judiciária.[4]

Nessa seara, em âmbito nacional, são 30,1 milhões de execuções fiscais pendentes de julgamento – sendo que, somente em 2019 (data-base do último levantamento do Conselho Nacional de Justiça), houve o ajuizamento de, aproximadamente, 3,1 milhões de novos executórios.[5]

Em meio a esse cenário de intensa litigiosidade, a questão que exsurge é: possui o Judiciário brasileiro estrutura suficiente para absorver e dirimir o volume de demandas formadas no embate das pretensões entre as Fazendas Públicas e os contribuintes,?

---

[1]   BANCO MUNDIAL. Doing Business 2019 – Training for Reform. Washington DC: International Bank for Reconstruction and Development / The World Bank, 2020, p. 88. Disponível em: DB2019-rephttps://www. doingbusiness.org/content/dam/doingBusiness/media/Annual-Reports/English/DB2019-report_print-version. pdfort_print-version.pdf (doingbusiness.org). Acesso em: 03 mar. 2021.

[2]   INSTITUTO BRASILEIRO DE PLANEJAMENTO E TRIBUTAÇÃO. Quantidade de normas editadas no Brasil: 28 anos da Constituição Federal de 1988. Ano referência 2020. Curitiba: IBPT, 2020. Disponível em: https://drive. google.com/file/d/1lqRDhY1k6Fd7nEr8uR_bde3VrWX5vwad/view . Acesso em: 03 mar. 2021.

[3]   INSPER – Núcleo de Tributação. Contencioso Tributário no Brasil – Relatório 2020. Ano de referência 2019. São Paulo: Insper, 2020, p. 06. Disponível em: https://www.conjur.com.br/dl/contencioso-tributario-alcancou-75-pib.pdf . Acesso em: 03 mar. 2021.

[4]   *Idem*, p. 06.

[5]   BRASIL. Conselho Nacional de Justiça. Justiça em números 2020. Ano base 2019. Brasília: CNJ, 2020, p. 152/. Disponível em: https://www.cnj.jus.br/wp-content/uploads/2020/08/WEB-V3-Justiça-em-Números-2020-atualizado-em-25-08-2020.pdf. Acesso em: 02 mar. 2021.

2.2 Reflexos endêmicos – Ou a justiça que tarda e falha

O pontapé inicial da presente seção – e que responde, de saída, o questionamento deixado em aberto na anterior – é uma constatação tão óbvia quanto verídica: o sistema Judiciário brasileiro, conforme bem reconhecido pelo Exmo. Ministro Luís Roberto, custa caro e é ineficiente.[6] O acervo estatístico que resguarda a conclusão, como bem se espera das sempre lúcidas conclusões do Ministro, é dos mais vastos.

Uma de suas principais métricas é a *taxa de congestionamento bruta do acervo Judiciário brasileiro*, cuja divulgação da série histórica é feita anualmente pelo Conselho Nacional de Justiça. O índice reflete "o percentual de processos que ficaram represados sem solução, comparativamente ao total tramitado no período de um ano"[7] e, embora tenha experimentado uma melhoria constante desde os idos de 2016, ainda se situa, em números gerais, no patamar de 65,8%[8].

Esse cenário sofre substancial agravamento quando transposto para a esfera das execuções fiscais. O conjunto representa 39% de todo o acervo do judiciário e, paradoxalmente – uma vez que em um processo ideal, dirimidas as controvérsias de conhecimento, a busca pela tutela satisfatória deveria ser dotada de um caminhar mais célere –, tem uma *taxa de congestionamento bruta* na casa dos assombrosos 87%,[9] com uma duração processual média de 8 anos, 2 meses e 9 dias.[10]

Trata-se de constatação preocupante, especialmente se considerado que o *tempo médio de giro do acervo*, isso é, o tempo necessário para dar vazão aos processos já existentes, caso não ingressem demandas adicionais, é de 6 anos e 7 meses[11] – não custando repisar que, somente no último ano-base, houve o ajuizamento de mais de 3 milhões de novos executórios.

Uma simples análise dos dados supraelencados evidencia, a não mais poder, a morosidade que recai sobre a prestação jurisdicional brasileira – e se, como há muito lecionou Ruy Barbosa, "justiça atrasada não é justiça, senão injustiça qualificada e manifesta",[12] então forçoso reconhecer que, ao menos em termos quantitativo-temporais, o Judiciário brasileiro ainda deixa de socorrer muitas injustiças.

---

[6] O brocado foi proferido pelo Ministro no encerramento do 8º Congresso Brasileiro de Sociedades de Advogados em São Paulo, ocasião na qual reconheceu que, enquanto nação, "precisamos criar um sistema de Justiça mais eficiente. Um sistema processual, que, em toda a parte, inclusive no Supremo, faz com que as pessoas tenham uma cultura de procrastinação. Continuo a incluir na agenda para o futuro mudanças relevantes ao sistema de justiça. Custamos caro e somos ineficientes". Maiores trechos disponíveis em: PIMENTA, Guilherme. Judiciário custa caro e é ineficiente, diz Barroso. Publicado no Portal *Jota*, 2018. Disponível em: https://www.jota.info/justica/barroso-judiciario-caro-ineficiente-10082018. Acesso em: 02 mar. 2021. Acesso em: 02 mar. 2021.

[7] BRASIL. Conselho Nacional de Justiça. A execução fiscal no Brasil e o impacto judiciário 2011. CNJ, 2011, p. 13. Disponível em: https://www.cnj.jus.br/wp-content/uploads/2011/02/2d53f36cdc1e27513af9868de9d072dd.pdf. Acesso em: 02 mar. 2021.

[8] *Idem*, p. 113.

[9] *Idem*, p. 115.

[10] BRASIL. Conselho Nacional de Justiça. A execução fiscal no Brasil e o impacto judiciário 2011. CNJ, 2011, p. 13. Disponível em: https://www.cnj.jus.br/wp-content/uploads/2011/02/2d53f36cdc1e27513af9868de9d072dd.pdf. Acesso em: 02 mar. 2021.

[11] BRASIL, 2020, p. 156.

[12] BARBOSA, Ruy. *Oração aos moços*. Edição popular anotada por Adriano da Gama Kury. 5. ed. Rio de Janeiro: Fundação Casa de Rui Barbosa, 1997.

Contudo, não é só. Especificamente no que tange às execuções fiscais, para além de uma análise meramente temporal, o estudo do desfecho qualitativo dos processos também traz diversas considerações interessantes. Afinal, "o fim último de qualquer procedimento executivo é a composição/recomposição patrimonial do exequente" – sendo de todo relevante, para se aferir a efetividade do rito, verificar se esse fim foi ou não alcançado. Infelizmente, as conclusões a partir daí extraídas também não são das mais animadoras.

O dado mais estarrecedor a corroborar essa conclusão é o levantamento interno da PGFN de que as execuções fiscais apresentam uma taxa média de recuperabilidade de apenas 1% dos créditos executados.[13] A compreensão desse dado é auxiliada pela última nota técnica emitida pelo IPEA tendo por objeto a análise do "Custo e Tempo do Processo de Execução Fiscal Promovido pela Procuradoria Geral da Fazenda Nacional", da qual se extrai o gráfico abaixo.

FIGURA 1
Distribuição dos processos de execução fiscal providos pela PFGN

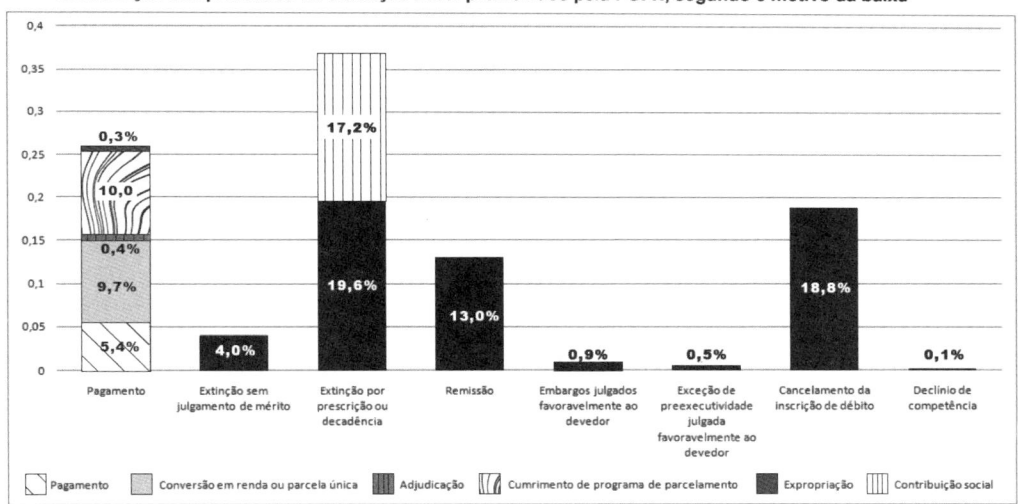

Fonte: Protesto de CDAs possui taxa de recuperação de 19%.

Os números em tela evidenciam que a absoluta maioria dos executivos propostos (cerca de 75%) tem, por razões operacionais e processuais, desfechos não condizentes com a satisfação do crédito (p. ex., extinção sem julgamento de mérito ou por prescrição/decadência, remissão, reconhecimento da procedência dos embargos à execução ou das exceções de pré-executividade, ou mesmo cancelamento da inscrição do débito) – repisando-se que a parcela que efetivamente resulta em alguma recuperação (cerca de 25%), faz frente a somente 1% dos débitos exequendos.

---

[13] BRASIL. Portal da Procuradoria Geral da Fazenda Nacional. Protesto de CDAs possui taxa de recuperação de 19%. Brasília, 21 de junho de 2016. Disponível em: https://www.gov.br/pgfn/pt-br/assuntos/noticias/2016/protesto-de-cdas-possui-taxa-de-recuperacao-de-19#:~:text=. Acesso em: 04 mar. 2021.

Portanto, é nítido que, também em termos qualitativos, a prestação jurisdicional brasileira tem estado longe de ser satisfatória; sendo possível afirmar, como bem constatou o Professor André Mendes Moreira em recente estudo sobre o tema, "que, com o decorrer do tempo, as execuções fiscais tornaram-se um meio completamente obsoleto para a cobrança dos créditos tributários; cada vez mais aumentam o congestionamento do judiciário com demandas [materialmente] não resolvidas".[14]

3 Alternativas à ineficiência sistêmica: o instituto autocompositivo para o mérito das causas tributárias

3.1 A busca por meios extraexecutivos como instrumento para o ganho de eficiência

As breves considerações *supra* são suficientes para demonstrar que, nos termos em que convencionalmente realizada, ou seja, via execução fiscal, a recuperação de créditos no Brasil é, em termos quantitativos e qualitativos, um singular exemplo de ineficiência.

Esse problema endêmico fez com que, gradualmente, as representações fazendárias e autárquicas buscassem meios alternativos de cobrança, que propiciassem, ao menos, um índice de recuperabilidade superior que o tímido 1% dos executivos fiscais. Nessa seara, surgiram, em um primeiro momento, os cadastros de inadimplentes e, posteriormente, os protestos de certidões de dívida ativa.

No âmbito federal, o Cadastro Informativo dos Créditos Não Quitados, popularmente conhecido como CADIN, foi instituído e regulado pela Lei nº 10.522/02. Sua operacionalização implica, para os fins a que se presta o presente estudo, em síntese, a manutenção de um registro dos contribuintes em condição de solvência irregular perante a Administração.

Esse registro deve ser consultado pelos órgãos da Administração Pública Federal em diversas ocasiões, sendo que a indicação de pendência implica restrições de acesso às linhas de crédito que envolvam recursos públicos, impossibilidade de concessão de incentivos fiscais e financeiros e, inclusive, óbices à contratação com o Poder Público – inclusive via licitações.

Na década seguinte, com as alterações introduzidas pela Lei nº 12.767/12 na Lei nº 9.492/97, surgiu também a possibilidade de protesto das certidões de dívida ativa. O expediente, em síntese, faz constar pendência, em nome do contribuinte, nos cadastros das entidades representativas dos setores comerciais e industriais e, também, dos órgãos de proteção do crédito, o que, além de restringir seu acesso a linhas de crédito, compromete a credibilidade de sua capacidade de solvência no mercado.

O impacto desses instrumentos nos índices de recuperabilidade dos créditos fazendários foi extremamente significativo. Especificamente no tocante ao protesto de CDA, do patamar de 1% alcançado pelas execuções fiscais, saltou-se para surpreendentes

---

14 MOREIRA, André Mendes. GALDINO, Breno Santana. Congestionamento judiciário e execução fiscal: a falta de interesse processual em débitos de baixo valor. *Revista ABRADT Fórum de Direito Tributário,* Ano 04, n. 07, p. 131-154, jan./jun. 2020. Belo Horizonte: ABRADT, 2020.

19,2%, merecendo destaque a significativa abreviação do período transcorrido entre o início da cobrança e o adimplemento da dívida, que caiu da média de 8 anos nos executivos fiscais para céleres três meses.[15]

Apesar da inquestionável e substancial melhoria – ao menos sob uma perspectiva estatístico-quantitativa – os índices atuais ainda se encontram muito aquém dos patamares ideais, o que faz com que a sociedade civil, a Administração e o Judiciário sigam na busca por remédios adicionais a essa situação.

Nessa seara, em meio ao paradigma autocompositivo fortemente fomentado pela Lei nº 13.105/15 (Código de Processo Civil), emergiu como nova alternativa aos métodos exacionais a transação tributária.

3.2 A transação tributária: da elegia a um sistema deficiente à celebração de um instrumento de composição de interesses

Procedendo do geral para o específico – como sói ocorrer –, tem-se que o instituto da transação representa, de maneira extremamente sintética, o negócio jurídico bilateral – originado ainda em tempos romanos –, por meio do qual as partes interessadas, mediante concessões recíprocas, assentam os termos mediante os quais se prevenirá, ou se porá termo a litígio.[16]

Portanto, partindo da acepção carneluttiana de que à lide corresponde um conflito de interesses qualificado por uma pretensão resistida,[17] para cujo acertamento se fará necessária a intervenção de terceiro independente – momento no qual restará configurado litígio –, então afigura correto o entendimento de que a transação é o negócio por meio do qual "as partes convertiam em certo um direito incerto, prometendo, dando ou retendo, reciprocamente, qualquer coisa".[18]

Na seara tributária, o marco inaugural do instituto foi o art. 171 da Lei nº 5.172/66 (Código Tributário Nacional), cuja redação prevê que a lei poderá facultar, "aos sujeitos ativo e passivo da obrigação tributária celebrar transação que, mediante concessões mútuas, importe em determinação de litígio e consequente extinção de crédito tributário".

Como bem se vê, a transação tributária, ao contrário de seu instituto parelho no âmbito civilista, teve – em respeito aos princípios da legalidade e impessoalidade, norteadores da atividade administrativa – sua eficácia condicionada à regulamentação

---

[15] BRASIL. Portal da Procuradoria Geral da Fazenda Nacional. Protesto de CDAs possui taxa de recuperação de 19%. Brasília, 21 de junho de 2016. Disponível em: https://www.gov.br/pgfn/pt-br/assuntos/noticias/2016/protesto-de-cdas-possui-taxa-de-recuperacao-de-19#:~:text=. Acesso em: 04 mar. 2021.

[16] Nesse sentido, encontra-se, inclusive, a expressa redação do art. 840 do Código Civil, que assim dispõe: "Art. 840. É lícito aos interessados prevenirem ou terminarem o litígio mediante concessões mútuas".

[17] Quer dizer que o conflito atual supõe a prática de um ato por cada um dos sujeitos, os quais, ao praticá-lo, se tornam dois contendores: um deles pretende, e o outro resiste à pretensão. A ciência do direito processual submeteu este fenômeno a uma análise senão definitiva, pelo menos muito adiantada, e elaborou os conceitos da pretensão e da resistência, respectivamente como exigência da prevalência de um interesse próprio sobre um interesse alheio, e como oposição a tal exigência. Ao conflito de interesses, quando se efetiva com a pretensão ou com a resistência, poderia dar-se o nome de contenda, ou mesmo de controvérsia. Pareceu-me mais conveniente e adequado aos usos da linguagem o lide (CARNELUTTI, Francesco. Teoria Geral do Direito. São Paulo: Lejus, 1999, p. 108.

[18] CARAMUJO, Manoel Soares. Transação. Coimbra: Editora Coimbra. Dactilografado, 1946, p. 02.

legal, cujo teor deveria, inclusive, indicar a "autoridade competente para autorizar a transação em cada caso" (art. 171, p. único, da Lei nº 5.172/66).

Muito embora a previsão – de eficácia contida, frise-se – tenha surgido conjuntamente com o atual sistema tributário nacional – já tendo, inclusive, completado bodas de ouro –, sua regulamentação legal somente sobreveio em 2019, com a edição da Medida Provisória nº 899/2019.

A Exposição de Motivos Interministerial (EMI) nº 00268/2019 ME AGU, encaminhada à Presidência da República acompanhando a proposta que deu origem à medida, em linha com as considerações até aqui trazidas, previu que:

> 2. As alterações propostas visam suprir a ausência de regulamentação, no âmbito federal, do disposto no art. 171 do Código Tributário Nacional e de disposições que viabilizem a autocomposição em causas de natureza fiscal, contexto esse que tem, respectivamente, impedido maior efetividade da recuperação dos créditos inscritos em dívida ativa da União, por um lado, e resultado em excessiva litigiosidade relacionada a controvérsias tributárias, noutra senda, com consequente aumento de custos, perda de eficiência e prejuízos à Administração Tributária Federal.

Em outras palavras, buscou-se instituir "instrumento de solução ou resolução, por meio adequado, de litígios tributários, trazendo consigo, muito além do viés arrecadatório, extremamente importante em cenário de ajuste fiscal, mas de redução de custos e correto tratamento dos contribuintes" – o qual, ademais, seria regido pelos princípios da oportunidade, conveniência e interesse público.

A EMI dispensou especial enfoque, na proposta encaminhada, a duas modalidades de transação: (i) a "Transação – Dívida Ativa", com enfoque limitado aos créditos "classificados como irrecuperáveis ou de difícil recuperação"; e (ii) a "Transação – Contencioso", com enfoque voltado "à redução da litigiosidade no contencioso tributário, afastando-se do modelo meramente arrecadatório" – sendo essas as, *a priori*, instituídas pela Medida Provisória nº 899/19.

Embora a questão não tenha sido objeto de maior delineação na EMI, o art. 19 do texto enviado previa que caberia ao "Secretário Especial da Receita Federal do Brasil do Ministério da Economia, no que couber, disciplinar o disposto nesta Medida Provisória nas hipóteses de transação de créditos tributários não judicializados no contencioso administrativo de pequeno valor" – medida que, embora não representasse hipóteses de transação autônoma, denotava um tratamento favorecido para os créditos de pequeno valor ainda não judicializados.

Embora não tenha sido, *a priori*, dedicado capítulo específico ao regramento – que acabou por constar do "Capítulo IV – Disposições Finais e Transitória" –, reconheceu-se aí o arquétipo de uma terceira modalidade de transação, (iii) a "Transação – Pequeno Valor".

Submetido ao crivo legislativo, como sói ser, nos termos do art. 62, §2º, da Constituição Federal, a norma passou por intenso debate parlamentar, sendo objeto de nada menos que 220 propostas de emendas. Ao final dos trabalhos deliberativos, a medida foi convertida na Lei Ordinária nº 13.988/20, curiosamente alcunhada de "Lei do Contribuinte Legal" – que, à data do presente estudo, segue regendo a matéria.

3.3 A tríade transacional instituída pela Lei do Contribuinte Legal – Um cotejo entre os benefícios instituídos e os problemas atacados

O texto convertido em lei manteve as três espécies de transação, delineando, com maior precisão os contornos de cada uma delas – e, especialmente, dedicando um capítulo autônomo à "Transação – Pequeno Valor". Os requisitos, benefícios e exceções previstos por cada uma delas encontram-se a seguir relacionados.

Em todos os casos, deve-se atentar para o fato de que o legislador, em todas as modalidades, teve a preocupação de vedar a realização de transações que impliquem redução de multas de natureza penal, conceda descontos relativos ao SIMPLES Nacional, quando não editada lei complementar autorizativa, sobre o Fundo de Garantia do Tempo de Serviço (FGTS), quando não autorizado pelo seu Conselho Curador, ou que envolva devedor contumaz, conforme definido em lei específica.[19]

Essas restrições denotam uma preocupação prévia do legislador em conferir tratamento justo e distinto aos "devedores que estão em situação econômica difícil e devedores que reiteradamente deixam de cumprir suas obrigações". Afinal, "para estes últimos, os benefícios concedidos através de parcelamentos especiais demonstram ter servido apenas para a rolagem da dívida e não para a regularização da situação fiscal".[20]

3.3.1 Transação – Dívida ativa (art. 10 a 15 da Lei nº 13.988/2020)

Essa espécie de transação tem por requisito a inscrição do débito em dívida ativa e prevê, em síntese, três modalidades de benefício passíveis de cumulação, sendo elas **(i)** "a concessão de descontos nas multas, nos juros de mora e nos encargos legais", **(ii)** "o oferecimento de prazos e formas de pagamento especiais, incluídos o diferimento e a mora" e **(iii)** "o oferecimento, a substituição ou a alienação de garantias e constrições".[21]

---

[19] Nesse ponto, remete-se a atenção do leitor ao entendimento firmado pelo STF no julgamento do RHC nº 163.334. Ocasião na qual foi fixada a tese de que "o contribuinte que deixa de recolher, de forma contumaz e com dolo de apropriação, o ICMS cobrado do adquirente da mercadoria ou serviço incide no tipo penal do art. 2º, II da Lei nº 8.137/1990". Segundo entendimento do Tribunal naquela ocasião, deveriam ser entendidos como devedores contumazes aqueles "que fazem do inadimplemento seu modus operandi. Trata-se de devedores que utilizam os valores de ICMS arrecadados dos consumidores para financiar suas atividades empresariais, permanecendo no mercado, de forma predatória, por vários anos. Quando promovidos atos de cobrança contra tais contribuintes, no mais das vezes não se encontram bens penhoráveis e a execução se mostra infrutífera" (RHC nº 163334, Relator(a): ROBERTO BARROSO, Tribunal Pleno, julgado em 18/12/2019, PROCESSO ELETRÔNICO DJe-271 DIVULG 12-11-2020 PUBLIC 13-11-2020).

[20] BUCCI, Eduardo Sadalla. Negócio jurídico processual e dívida ativa da União. Publicado em 11 de fevereiro de 2019. Disponível em: https://www.jota.info/opiniao-e-analise/colunas/contraditorio/negocio-juridico-processual-e-a-divida-ativa-da-uniao-11022019. Acesso em: 20 mar. 2021.

[21] Nota do editor: A Lei nº 14.375, de 21 de junho de 2022, incluiu os incisos IV e V ao art. 11, §2º, III, da Lei nº 13.988/2020, para dispor: "Art. 11. A transação poderá contemplar os seguintes benefícios: (...) IV – a utilização de créditos de prejuízo fiscal e de base de cálculo negativa da Contribuição Social sobre o Lucro Líquido (CSLL), na apuração do Imposto sobre a Renda das Pessoas Jurídicas (IRPJ) e da CSLL, até o limite de 70% (setenta por cento) do saldo remanescente após a incidência dos descontos, se houver; V – o uso de precatórios ou do direito creditório com sentença de valor transitado em julgado para amortização de dívida tributária principal, multa e juros".

Em linha com o anteriormente exposto, os descontos nos consectários dos créditos tributários não podem implicar renúncia a fração superior a 65% do "valor total dos créditos a serem transacionados" e têm sua aplicação restrita aos "que sejam classificados como irrecuperáveis ou de difícil recuperação".[22] Ademais, a concessão de prazo especial não pode ultrapassar 120 meses e eventual benefício no oferecimento ou substituição de garantia fica condicionado à previsão da substitutiva em lei.[23]

Essas limitações são excetuadas nas transações envolvendo pessoas naturais, microempresas, empresas de pequeno porte, Santas Casas de Misericórdia, sociedades cooperativas, sociedades abarcadas pela Lei nº 13.019/2014 e instituições de ensino, nas quais o desconto concedido poderá implicar renúncia de até 70% do crédito inscrito em dívida ativa e o prazo poderá ser prorrogado até 145 meses.

Quanto à forma de proposição, é facultada a adesão "de forma individual ou por adesão, ou por iniciativa do devedor, ou pela Procuradoria-Geral da União".

Como se vê, a concessão do principal benefício – qual seja, a redução do valor a pagar – tem seu escopo de incidência restrito aos créditos irrecuperáveis ou de difícil recuperação. Os critérios para essa classificação são firmados nos artigos 8º a 26 da Portaria PGFN nº 6.757/2022.

Segundo o normativo, os créditos deverão ser classificados de A a D, conforme grau decrescente de recuperabilidade, sendo que os créditos tipo A são dotados de "alta perspectiva de recuperação" e os de tipo D "considerados irrecuperáveis'. Essa valoração deverá ser feita com vistas ao tempo de cobrança, à suficiência e liquidez das garantias associadas aos débitos inscritos, à existência de parcelamentos ativos, à perspectiva de êxito das estratégias administrativas e judiciais de cobrança, ao custo da cobrança da dívida judicial, ao histórico de parcelamentos dos débitos inscritos, ao tempo de suspensão da exigibilidade por decisão judicial e à situação econômica e capacidade de pagamento do sujeito passivo.

A irrecuperabilidade dos créditos será presumida conforme critérios *objetivos* ou *subjetivos* elencados no art. 25 do multicitado normativo.

Objetivamente, serão presumidos irrecuperáveis os créditos inscritos há mais de 15 anos, sem anotação atual de garantia ou suspensão de exigibilidade; com exigibilidade suspensa por decisão judicial há mais de 10 anos; e cujos processos de execução fiscal estiverem arquivados há mais de três anos.

Sob uma perspectiva subjetiva, serão presumidos irrecuperáveis os créditos de titularidade de devedores falidos, em recuperação judicial ou extrajudicial, em liquidação judicial, em intervenção ou liquidação extrajudicial, cuja situação no Cadastro Nacional de Pessoas Jurídicas se encontra baixada, inapta ou suspensa, nos termos do art. 25, IV, da referida portaria, ou de titularidade de devedores pessoa física com indicativo de óbito.

---

[22] Nota do editor: A Lei nº 14.375, de 21 de junho de 2022, alterou o art. 11, §2º, II, da Lei nº 13.988/2020, para dispor: "Art. 11 (...) §2º É vedada a transação que: II – implique redução superior a 65% (sessenta e cinco por cento) do valor total dos créditos a serem transacionados".

[23] Nota do editor: A Lei nº 14.375, de 21 de junho de 2022, alterou o art. 11, §2º, III, da Lei nº 13.988/2020, para dispor: "Art. 11 (...) §2º É vedada a transação que: III – conceda prazo de quitação dos créditos superior a 120 (cento e vinte) meses".

3.3.2 Transação – Contencioso (art. 16 a 22 da Lei nº 13.988/2020)

A *"Transação – Contencioso"* tem por pressuposto fulcral que os créditos transacionados decorram de "relevante e disseminada controvérsia jurídica, com base em manifestação da Procuradoria-Geral da Fazenda Nacional e da Secretaria Especial da Receita Federal do Brasil do Ministério da Economia", considerada enquanto tal a que envolva controvérsia jurídica "que trata de questões tributárias que ultrapassem os interesses subjetivos da causa".

Os benefícios passíveis de concessão são **(i)** a redução no valor do crédito e **(ii)** a concessão de prazos e condições especiais de pagamento. As reduções e concessões de que trata a transação "são limitadas ao desconto de 50% (cinquenta por cento) do crédito, com prazo máximo de quitação de 84 (oitenta e quatro) meses", não havendo exceções subjetivas, como na hipótese anterior.[24]

A transação será celebrada mediante adesão às condições especificadas em edital publicado "na imprensa oficial e nos sítios dos respectivos órgãos na internet", especificando "as hipóteses fáticas e jurídicas nas quais a Fazenda Nacional propõe a transação no contencioso tributário".

Esse edital ainda poderá limitar os créditos contemplados pela transação de acordo com a "etapa em que se encontre o respectivo processo tributário, administrativo ou judicial" ou, ainda "os períodos de competência a que se refiram".

Atendidas essas especificidades, o sujeito passivo deverá "requerer a homologação judicial do acordo", quando cabível e, ainda, "sujeitar-se, em relação aos fatos geradores futuros ou não consumados, ao entendimento dado pela administração tributária à questão em litígio, ressalvada a cessação de eficácia prospectiva da transação decorrente do advento de precedente persuasivo".

A modalidade de transação foi, nos termos do art. 21 da Lei nº 13.988/2020, regulamentada pela Portaria nº 247/2020 do Ministério da Economia que, entre outras disposições, previu, em seu art. 30, que:

> §1º A controvérsia será considerada disseminada quando se constate a existência de: I – demandas judiciais envolvendo partes e advogados distintos, em tramitação no âmbito de, pelo menos, três Tribunais Regionais Federais; II – mais de cinquenta processos, judiciais ou administrativos, referentes a sujeitos passivos distintos; III – incidente de resolução de demandas repetitivas cuja admissibilidade tenha sido reconhecida pelo Tribunal processante; ou IV – demandas judiciais ou administrativas que envolvam parcela significativa dos contribuintes integrantes de determinado setor produtivo.
> §2º A relevância de uma controvérsia estará suficientemente demonstrada quando houver: I – impacto econômico igual ou superior a um bilhão de reais, considerando a totalidade dos processos judiciais e administrativos pendentes conhecidos; II – decisões divergentes

---

24 Nota do editor: A Lei nº 14.375, de 21 de junho de 2022, alterou o art. 11, §2º, III, da Lei nº 13.988/2020, para dispor: "Art. 11 (...) §2º É vedada a transação que: II – implique redução superior a 65% (sessenta e cinco por cento) do valor total dos créditos a serem transacionados; III – conceda prazo de quitação dos créditos superior a 120 (cento e vinte) meses". O legislador parece ter esquecido de alterar, por uma questão de harmonia, o art. 17, §2º, da Lei 13.988/2020: "Art. 17, §2º. As reduções e concessões de que trata a alínea a do inciso I do §1º deste artigo são limitadas ao desconto de 50% (cinquenta por cento) do crédito, com prazo máximo de quitação de 84 (oitenta e quatro) meses. Na prática, parece prevalecer a compreensão de que o legislador privilegiou o acordo de transação tributária individual".

entre as turmas ordinárias e a Câmara Superior do CARF; ou III – sentenças ou acórdãos divergentes no âmbito do contencioso judicial.

Por fim, conforme previsto no art. 19, §3º, da multicitada lei, a "solicitação de adesão deverá abranger todos os litígios relacionados à tese objeto da transação existentes na data do pedido, ainda que não definitivamente julgados".

3.3.3 Transação – Pequeno valor (art. 23 a 28 da Lei nº 13.988/2020)

Por fim, a última modalidade de transação prevista no normativo é a que tem por objeto, especificamente, "o contencioso administrativo fiscal de pequeno valor, assim considerado aquele cujo lançamento fiscal ou controvérsia não supere 60 (sessenta) salários mínimos", "processos [judiciais] de pequeno valor" e as que "tenha como sujeito passivo pessoa natural, microempresa ou empresa de pequeno porte".

A transação poderá contemplar a "concessão de descontos, observado o limite máximo de 50% (cinquenta por cento) do valor total do crédito", o "oferecimento de prazos e formas de pagamento especiais, incluídos o diferimento e a moratória, obedecido o prazo máximo de quitação de 60 (sessenta) meses" e o "oferecimento, substituição ou alienação de garantias e de constrições", sendo permitida a acumulação dos benefícios. De se ressaltar que, diferentemente da modalidade Transação – Dívida Ativa, a concessão do desconto não está, nessa hipótese, adstrita aos consectários do crédito tributário.

O negócio poderá ser realizado na "pendência de impugnação, de recurso ou de reclamação administrativa ou no processo de cobrança da dívida ativa da União", devendo, para além dos princípios aplicáveis a todas as modalidades de transações, os da economicidade e da eficiência.

Essa modalidade, tal como a anterior, também foi regulamentada pela Portaria nº 247/2020 do Ministério da Economia, a qual previu que a transação se dará mediante oferta por edital, competindo "à Secretaria Especial da Receita Federal do Brasil do Ministério da Economia, no âmbito do contencioso administrativo de pequeno valor não judicializado" e "à Procuradoria-Geral da Fazenda Nacional, nas demais hipóteses.

A Portaria, por fim, previu que "havendo mais de um processo elegível para a transação, poderá [o contribuinte] optar, global ou individualmente às condições e formas de pagamento previstas no edital".[25]

---

[25] Nota do editor: A Lei nº 14.375, de 21 de junho de 2022, incluiu o art. 27-A à Lei nº 13.988/2020 para prever a transação do contencioso de pequeno valor em controvérsias que não sejam tributárias. O artigo prevê que: "O disposto neste Capítulo também se aplica: I – à dívida ativa da União de natureza não tributária cujas inscrição, cobrança e representação incumbam à Procuradoria-Geral da Fazenda Nacional, nos termos do art. 12 da Lei Complementar nº 73, de 10 de fevereiro de 1993; II – aos créditos inscritos em dívida ativa do FGTS, vedada a redução de valores devidos aos trabalhadores e desde que autorizado pelo seu Conselho Curador; e III – no que couber, à dívida ativa das autarquias e das fundações públicas federais cujas inscrição, cobrança e representação incumbam à Procuradoria-Geral Federal, e aos créditos cuja cobrança seja competência da Procuradoria-Geral da União, sem prejuízo do disposto na Lei nº 9.469, de 10 de julho de 1997. Parágrafo único. Ato do Advogado-Geral da União disciplinará a transação dos créditos referidos no inciso III do caput deste artigo".

4 Negócios jurídicos processuais: a expansão do intuito autocompositivo para além do mérito das causas tributárias

Como se viu a partir das considerações iniciais do presente estudo, embora seja acentuada na seara tributária, o congestionamento e a morosidade na prestação jurisdicional são sintomas endêmicos que abrangem todo o Judiciário brasileiro. Bem ou mal, esses sintomas são reflexos de uma mentalidade litigante e de uma "cultura da conciliação, [que, embora] incentivada mediante política permanente do CNJ desde 2006, ainda apresenta lenta evolução".[26]

Não adentraremos, no presente estudo, em questionamentos acerca da efetividade dos arranjos institucionais desenhados ou nos (contra)estímulos sistêmicos para a continuidade desse fenômeno – questão cuja análise, muito embora seja de extrema relevância à luz da economia comportamental e da teoria dos jogos,[27] foge ao escopo do presente estudo.

Entretanto, fato é que esse cenário endêmico e esses (contra)estímulos sistêmicos à atividade litigante foram profundamente considerados e debatidos durante o trâmite do projeto que deu origem à atual codificação civil – que, dentre os múltiplos instrumentos de autocomposição por ela instituídos, previu, com maior abrangência, as convenções processuais.

4.1 Reflexos principiológicos do Código de Processo de Civil de 2015

Ainda em sua exposição de motivos, o Projeto de Lei nº 8.046/2010 – que deu origem à Lei nº 13.105/2015 (Código de Processo Civil de 2015) – reconheceu que "a satisfação efetiva das partes pode dar-se de modo mais intenso se a solução é por elas criada e não imposta pelo juiz". Essa mudança paradigmática fez com que o no código reforçasse:

> os mecanismos de autocomposição, incentivando as soluções cooperativas (art. 6º) e negociadas (art. 3º, §§2º e 3º); positivou diversas disposições sobre conciliação e mediação nos tribunais (art. 165 a 175); impôs ao juiz deveres de estímulo à autocomposição (art. 139, V)/ criou uma audiência de conciliação ou mediação, posicionando os atos de defesa para um momento posterior (art. 334-335).[28]

Em outras palavras, o atual código se manteve firme no entendimento de que "a autocomposição, que não constitui ultraje ao monopólio estatal da jurisdição, é

---

[26] BRASIL, 2020, p. 06.

[27] BODART, Bruno. Seria a litigância uma questão de cultura? São Paulo, 217. Disponível em: https://www.jota.info/opiniao-e-analise/colunas/coluna-da-abde/seria-a-litigancia-uma-questao-de-cultura-12032017. Acesso em: 14 mar. 2021.

[28] CABRAL, Antônio do Passo. *Convenções processuais*. Salvador: Juspodivm, 2016, p. 132.

considerada legítimo meio alternativo de solução de conflitos, estimulado pelo direito mediante as atividades consistentes na conciliação".[29]

Para além, mais do que simplesmente prevê-la como método resolutivo de litígios, a legislação processual, compreendendo que soluções espontâneas ou consensualizadas tende a enfrentar menor resistência do que aquelas unilateralmente impostas por terceiros, incorporou a autocomposição também ao trâmite processual – enfatizando, por exemplo, a cooperação processual.

Nessa seara, o código previu, em seu art. 6º, que "todos os sujeitos do processo devem cooperar entre si para que se obtenha, em tempo razoável, decisão de mérito justa e efetiva". E, para isso, foram reforçados não somente deveres como o de porte segundo a boa-fé e de uso razoável do direito de informação/reação, mas também ferramentas que poderiam ser utilizadas pelas partes com esse intuito, como, por exemplo, as convenções processuais.

4.2 Convenções processuais: uma solução endógena à burocracia e morosidade processual

A convenção processual, segundo definição da melhor doutrina, corresponde ao "negócio jurídico plurilateral, pelo qual as partes, antes ou durante o processo e sem necessidade de intermediação de nenhum outro sujeito, determinam a criação, modificação e extinção de situações jurídicas processuais, ou alteram o procedimento".[30]

O instituto, embora pouco explorado no direito pátrio até a entrada em vigor do novo paradigma processual, encontra – não sem alguma controvérsia doutrinária acerca da admissibilidade do instituto[31] –, há muito, previsão na legislação processual.

Suas origens em solo brasileiro, segundo boa parte da doutrina, remontam ao art. 158 do Código de Processo Civil de 1973, que previa que as declarações unilaterais ou bilaterais de vontade, proferidas pelas partes litigantes, poderiam, produzir, de imediato, "a constituição, a modificação ou a extinção de direitos processuais".

Nesse sentido, se posicionavam José Carlos Barbosa Moreira, Frederico Marques, Lopes da Costa, Machado Guimarães, Moacyr Amaral Santos, Rogério Lauria Tucci, Luiz Fux, Luiz Guilherme Marioni, Sérgio Cruz Arenhart e, especialmente, Calmon de Passos, que, ao interpretar "o art. 158 do CPC de 1973, afirmava que os negócios jurídicos processuais são admissíveis; todavia, para que a vontade das partes pudesse produzir os efeitos pretendidos, seria necessária a homologação do juiz".[32]

A admissibilidade do instituto, contudo, foi definitivamente confirmada pela atual legislação processual que, para além de replicar o dispositivo anterior em seu art. 200, manteve:

---

[29] CINTRA, Antônio Carlos de Araújo; GRINOVER, Ada Pellegrini; DINAMARCO, Cândido Rangel. *Teoria Geral do Processo*. 26. ed. atual. São Paulo: Malheiros, 2010.

[30] CABRAL, 2016, p. 68.

[31] CABRAL, 2016, p. 128/129.

[32] CABRAL, 2016, p. 129.

também acordos já previstos há décadas na legislação processual brasileira: eleição de foro (art. 63); suspensão convencional do processo (art. 313, II), convenção sobre distribuição do ônus da prova (art. 373, §§3º e 4º), dentre outras. Além disso, ampliou os negócios processuais típicos. Por exemplo, instituiu o calendário processual (art. 191), permitiu a redução convencionada de prazos peremptórios (art. 222, §1º), a escolha do mediador e do perito (art. 168 e 471), a delimitação convencional das questões objeto de cognição (art. 357, §2) e ainda introduziu uma cláusula geral de convenções processuais (art. 190).[33]

Dentre os dispositivos elencados *supra*, o mais relevante talvez seja a denominada *cláusula geral de convenções processuais*, que facultou às partes, genericamente, nas hipóteses em que o direito discutido admitir autocomposição, "estipular mudanças no procedimento para justá-lo às especificidades da causa e convencionar sobre os seus ônus, poderes, faculdades e deveres processuais, antes ou durante o processo".

Esses chamados negócios atípicos permitem a modificação do *iter* processual – que, conforme previsto no CPC, se presta à uniformização de um rito que atenda, genericamente, às demandas de rito ordinário – conforme necessidades do caso concreto. Isso possibilita, por exemplo, a previsão de trâmites conjuntos, perícias que abarquem o objeto de múltiplos processos, dentre uma infinidade de outros arranjos.

Da conjunção entre a conceituação elencada no início deste tópico com o regramento e digressões doutrinárias que a complementam, depreendem-se algumas constatações fundamentais.

Em primeiro lugar, deve-se ter em mente que a convenção processual é um negócio jurídico cuja celebração irradia, a partir da vontade das partes, efeitos sob situações jurídicas processuais – possibilitando sua modificação, extinção ou mesmo meras alterações procedimentais. Ou seja, contrariamente à transação, os efeitos das convenções processuais não irradiam sobre o direito material, mas sim sobre os ônus e elementos da relação processual dela decorrente.

Ademais, fica evidenciado que "a criação, modificação e extinção de situações jurídicas processuais, ou a alteração do procedimento, devem ser decorrentes diretamente da vontade dos convenentes, sem necessidade de intermediação de nenhum sujeito".[34] Isso porque "o Estado-juiz não é parte da convenção, atuando com funções de fomento e controle de sua validade". Esse controle, contudo, "não é prévio à produção de efeitos do acordo, nem se exerce obrigatoriamente por meio de homologação".[35]

A bem da verdade, "os acordos processuais, por serem atos determinantes, independem da intermediação do juiz para sua produção de efeitos"[36] – sendo que essa somente será necessária, ainda que mediante homologação, nas hipóteses em que a lei assim o dispuser, como, por exemplo, na fixação calendário processual para os atos do Estado-juiz, nos termos do art. 191 do CPC/15.

Por fim, não se pode perder de vista que o exercício da autonomia da vontade das partes por meio de convenções processuais implica uma "heterolimitação da atuação judicial, incidente sobre os atos e formalidades do processo, operada pelo atuar legítimo

---

[33] CABRAL, 2016, p. 132/133.

[34] CABRAL, 2016, p. 68.

[35] CABRAL, 2016, p. 247.

[36] CABRAL, 2016, p. 247/248.

das partes no espaço de autonomia que o ordenamento processual lhes assegura".[37]
Dessa forma:

> O juiz se vincula porque tem o *dever de aplicar a norma convencional*, seja quando a regra do acordo conformar o procedimento, seja para dar cumprimento à avença nos casos em que os outros sujeitos tiverem que adimplir. Afinal, no Estado de Direito (*rule of law*), não é só a norma legislada que deve ser aplicada pelo juiz, mas também a norma convencional definida no limite da autonomia privada.[38]

Portanto, desde que exercida dentro dos limites legalmente previstos – especialmente, o respeito às potestades jurisdicionais – a convenção faz norma entre as partes. Afinal, "toda vez que, ao magistrado, forem atribuídas iniciativas *independentes* da atuação das partes, o juiz poderá atuar, a despeito de também ter o dever de dar cumprimento à convenção das partes".[39]

4.3 A incorporação, pela administração fiscal, dos negócios jurídicos processuais

Ao cabo das considerações elencadas, uma constatação fica evidente: as convenções processuais representam, essencialmente, um instrumento de conformação do rito processual às especificidades dos interesses debatidos em cada lide.

E, como de se esperar, em meio a um *"manicômio jurídico tributário"*[40] fortemente impactado pela morosidade jurisdicional e, não raras vezes, pelas dificuldades institucionais em fazer frente ao excesso de demandas, os principais agentes afetados – leia-se, as Fazendas Públicas – não tardaram a lançar mão do instrumento.

Em nível federal, por exemplo, foram editadas as Portarias PGFN nº 985/2016, nº 565/2017, nº 360/2018, nº 515/2018 e a nº 742/2018,[41] atualmente em vigor, regulamentando "a celebração de negócio jurídico processual – NJP em sede de execução fiscal, para fins de equacionamento de débitos inscritos em dívida ativa da União e do FGTS" e prevendo, *a priori*, a possibilidade de a convenção versar sobre:

> I – calendarização da execução fiscal;
> II – plano de amortização do débito fiscal;
> III – aceitação, avaliação, substituição e liberação de garantias; e
> IV – modo de constrição ou alienação de bens.

---

[37] CABRAL, 2016, p. 226.

[38] CABRAL, 2016, p. 226.

[39] CABRAL 2016, p. 226.

[40] BECKER, Alfredo Augusto. *Carnaval tributário*. 2. ed. São Paulo: Lejus, 1999. 151 p.

[41] BRASIL. Procuradoria Geral da Fazenda Nacional – PGFN. Portaria nº 742 de 21 de dezembro de 2018. Dispõe sobre a celebração de negócio jurídico processual – NJP em sede de execução fiscal, para fins de equacionamento de débitos inscritos em dívida ativa da União e do FGTS, e dá outras providências. Disponível em: http://normas.receita.fazenda.gov.br/sijut2consulta/link.action?visao=anotado&idAto=97757.

Em respeito às limitações naturais do instituto – que, essencialmente, modula os contornos do rito processual –, o art. 1º, §1º, da Portaria PGFN nº 742/2018 prevê ser "vedada a celebração de NJP que reduza o montante dos créditos inscritos ou implique renuncia às garantias e privilégios do crédito tributário".

Houve também iniciativas a nível estadual[42] e, inclusive, municipal, cabendo destaque para a Portaria PGMG-SP nº 128/2019,[43] que, para além das hipóteses previstas na Portaria PGFN nº 742/2018, ainda permitiu a celebração de convenções versando sobre:

V – Reunião de execuções fiscais, nos termos do art. 28, da Lei nº 6.830/80;

VI – Inclusão ou permanência do crédito em redes de proteção ao crédito ou de protesto de certidão de dívida ativa;

VII – Cumprimento de decisões judiciais;

VIII – Procedimento de conversão de depósito em renda.

Como se vê, o leque de possibilidades é dos mais amplos, se limitando somente pelo respeito às questões de ordem pública, ao poder instrutivo do juiz, pela vontade das partes e, em se tratando de transações com a Administração Pública, pelos princípios da legalidade, impessoalidade, moralidade, publicidade, eficiência e, sobretudo, primazia do interesse público, em observância ao art. 37 da CR/88.

5 Reflexos jurídico-tributários dos estímulos à autocomposição: o emprego conjunto da transação tributária e dos negócios jurídicos processuais

A experiência tem mostrado que os dois institutos, embora recentes, têm tido considerável eficácia no aumento da recuperabilidade de créditos tributários e na composição de infindáveis e ineficientes conflitos processuais.

No ínterim entre dezembro de 2019 e janeiro de 2020, foram celebrados 268.215 acordos de transação, envolvendo a regularização de nada menos que 819.194 inscrições em dívida ativa da União e um total de débitos de R$81,9 bilhões. Esse movimento permitiu, somente no exercício de 2020, um efetivo ingresso de caixa da ordem de R$1,7 bilhão.[44]

De outro lado, muito embora inexistam levantamentos estatísticos quanto à celebração de negócios jurídicos processuais, são pródigas as notícias que comemoram sua

---

42 Nesse sentido, vide Portarias PGE/DF nº 681/2018, PGE/RJ nº 4.324/2019, PGE/PE nº 24/2019, Resolução AGE/MG nº 11/2019, dentre outros.

43 SÃO PAULO. Procuradoria Geral do Município de São Paulo – PGM/SP. Portaria nº 128 de 24 de outubro de 2019. Dispõe sobre a celebração de negócios jurídicos processuais (NJP) em execuções fiscais, para equacionamento de débitos inscritos em Dívida Ativa, administrados pelo Departamento Fiscal da Procuradoria Geral do Município. Disponível em: http://legislacao.prefeitura.sp.gov.br/leis/portaria-procuradoria-geral-do-municipio-pgm-128-de-23-de-outubro-de-2019.

44 BRASIL. Procuradoria Geral da Fazenda Nacional. PGFN negocia dívidas de R$81,9 bilhões em programas de transação. Publicado em 19 de janeiro de 2021. Disponível em: https://www.gov.br/pgfn/pt-br/assuntos/noticias/2021/pgfn-negocia-dividas-de-r-81-9-bilhoes-em-programas-de-transacaowww.gov.br). Acesso em: 17 mar. 2021.

celebração no âmbito de executivos movidos pela PGFN. Aliás, a iniciativa tem sido tão incentivada que, conjuntamente com as propostas de acordo de transação individual, foi recentemente incluída no Portal Regularize.[45]

5.1 As limitações normativas ao emprego das transações tributárias e dos negócios jurídicos processuais: uma restrição à efetividade compositiva?

Embora, individualmente considerados, ambos os instrumentos tenham se mostrado significativamente exitosos, há de se considerar que seus escopos individuais de aplicação são limitados.

Ao passo que as transações, por implicar concessões materiais, são dotadas de contornos legais rígidos – mais ou menos intensos a depender da modalidade de transação, conforme demonstrado *supra* –, os negócios jurídicos processuais, por envolverem somente questões – com o perdão pela redundância – processuais, são pautados por maior liberdade, contudo, têm sua aplicabilidade restrita a essa esfera de atuação.

É inegável, contudo, que essas limitações essenciais podem acabar por restringir sua utilidade e efetividade.

Basta notar que, no âmbito das transações, por exemplo, a concessão de descontos – principal estímulo à autocomposição da lide – está condicionada a presença de, ao menos, um dos três fatores, quais sejam: **(i)** a classificação do crédito como irrecuperável ou de difícil recuperação (Transação – Dívida Ativa); **(ii)** a existência de questão tributária que ultrapasse os interesses subjetivos da causa (Transação – Contencioso); ou **(iii)** a classificação do débito como de pequeno valor – inferior a 60 salários-mínimos – ou sua sujeição passiva recair sobre pessoa natural, microempresa ou empresa de pequeno porte (Transação – Pequeno Valor).

Ou seja – e aqui não se faz qualquer juízo de valor sobre a questão –, foram subtraídos ao benefício os contribuintes solventes de médio ou grande porte, que discutam quantias controversas de relevante valor cuja cobrança decorra de regimes de tributação ou questões operacionais essencialmente subjetivas.

Nessa seara, emerge a questão: poderia o emprego conjunto das duas ferramentas até aqui tratadas ser utilizado como uma forma de aumentar a efetividade do trâmite jurisdicional e reduzir o *animus litigandi* – aumentando, por conseguinte, a recuperabilidade dos créditos fazendários e conferindo maior segurança jurídica aos contribuintes de boa-fé mesmo nessas hipóteses?

---

[45] BRASIL. Procuradoria Geral da Fazenda Nacional. Serviços de Negócio Jurídico Processual e Acordo de Transação Individual são incluídos no Portal Regulariza. Publicado em 25 de janeiro de 2021. Disponível em: https://www.gov.br/economia/pt-br/assuntos/noticias/2021/janeiro/servicos-de-negocio-juridico-processual-e-acordo-de-transacao-individual-sao-incluidos-no-portal-regularizehttps://www.gov.br/economia/pt-br/assuntos/noticias/2021/janeiro/servicos-de-negocio-juridico-processual-e-acordo-de-transacao-individual-sao-incluidos-no-portal-regularize). Acesso em: 19 mar. 2021.

5.2 Breves considerações técnicas sobre o conceito de transação: uma necessária segmentação epistêmica

Conforme se depreende do breve apanhado *supra*, a transação é negócio cujas consequências são, necessariamente, a prevenção ou a extinção de litígios por meio da composição sobre o objeto (crédito tributário). As vias por meio das quais esses objetivos poderão ser alcançados são as mais diversas – contudo, os objetivos por elas perseguidos não podem ser outros, sob pena de desnaturação do instituto.

Especificamente em matéria tributária, essa constatação é reforçada pelo art. 156, III, do Código Tributário Nacional, que prevê o instituto como causa extintiva do crédito tributário e, também, pelo art. 171 do Código Tributário Nacional, que a ele se refere como o negócio cuja celebração, "mediante concessões mútuas, importe em determinação de litígio e consequente extinção de crédito tributário".

À luz dessas considerações, como bem pontuou a Professora Thathianne Piscitelli em notável estudo sobre o tema, o fim do litígio – com a consequente extinção do crédito que dele seja objeto – deverá ser sempre o fim último a ser alcançado por qualquer negócio transacional. Afinal, "transação que não tem por resultado o fim do litígio sobre a dívida tributária não é transação. É negócio jurídico processual".[46]

Isso significa que o negócio estabelecido entre as partes cujas consequências são, necessariamente, a prevenção ou a extinção de litígios por meio da composição sobre seu procedimento – e não o seu objeto – estão no campo dos negócios jurídicos processuais.

Essa distinção é de fundamental relevância para que não se imiscuam os requisitos para a aplicação de cada uma dessas ferramentas ou as consequências dela decorrentes – sendo, via de consequência, também fundamental para o estudo da aplicação conjunta de ambos os institutos.

5.3 As convenções processuais enquanto instrumento de maximização da efetividade das transações tributárias

Apartando a concessão de descontos creditícios, os demais benefícios passíveis de concessão pela via transacional podem ser, conforme modalidade de transação, sistematizados da seguinte forma:[47]

---

[46] ISCITELLI, Tathianne. Transação ou negócio jurídico processual? Interpretações da MP 899. Publicado em 24 de outubro de 2019. Disponível em: https://valor.globo.com/legislacao/fio-da-meada/post/2019/10/transacao-ou-negocio-juridico-processual-interpretacoes-da-mp-899.ghtml. Acesso em: 20 mar. 2021.

[47] Nota do editor: A Lei nº 14.375, de 21 de junho de 2022, alterou o art. 11, §2º, II e III, da Lei nº 13.988/2020, para dispor: "Art. 11 (...) §2º É vedada a transação que: II – implique redução superior a 65% (sessenta e cinco por cento) do valor total dos créditos a serem transacionados; III – conceda prazo de quitação dos créditos superior a 120 (cento e vinte) meses".

FIGURA 2
Relação de benefícios transacionais

Benefício / Modalidade	Dívida Ativa		Contencioso		Pequeno Valor	
	Presente	Especificidades	Presente	Especificidades	Presente	Especificidades
Oferecimento de prazos e condições especiais de pagamento – inclusive diferimento e moratória	Sim	Prazo para quitação não pode ultrapassar 84 meses, excetuadas as transações envolvendo pessoas naturais, microempresas, empresas de pequeno porte, Santas Casas de Misericórdia, sociedades cooperativas, instituições de ensino e sociedades abarcadas pela Lei nº 13.019/14, nas quais o prazo máximo para quitação poderá ser de até 145 meses	Sim	Prazo de quitação não pode ultrapassar 84 meses	Sim	Prazo de quitação não pode ultrapassar 60 meses
Concessão de benefícios no oferecimento, substituição ou na alienação de garantias e de constrições	Sim	Garantia deve possuir previsão legal	Não	Inaplicável	Sim	Garantia deve possuir previsão legal

O oferecimento de prazos e condições especiais de pagamento – inclusive diferimento e moratória – é medida que tem, por fim último, propiciar condições para que o crédito, em sua integralidade, seja adimplido e, por conseguinte, extinto. Ou seja, está-se diante de medida transacional por excelência, a qual, invariavelmente, porá termo à lide ou, em caso de sua resolução, implicará o seguimento dos atos de cobrança.

A concessão de benefícios referentes ao oferecimento, substituição ou alienação de garantias, todavia, deve ser interpretada com as devidas ressalvas. Quando flexibilizada no bojo de ações executórias ou antiexacionais sem que se intente o pagamento da dívida – isto é, quando o fim último almejado for somente a garantia do débito enquanto se discute o mérito da cobrança – estar-se-á diante de convenção processual pura e simples. Por essa razão, refoge à aplicação conjunta de ambos os institutos.

De igual maneira, nas hipóteses de "concessão de desconto e/ou pagamento diferido do crédito, a transação seria condicionada ao oferecimento de uma garantia",[48] estar-se-á tão somente diante de cláusulas transacionais – razão pela qual seu emprego também refugiria à aplicação conjunta de ambos os institutos.

A aplicação conjunta dos institutos tem aplicabilidade às hipóteses nas quais a "convenção entre partes sobre ônus, poderes, faculdades e deveres processuais" seja realizada de modo a vir a ter "por resultado o fim do litígio sobre a dívida"[49] – ainda que parcialmente. Nesses cenários, apesar da aparente limitação, as possibilidades são as mais diversas e de grande relevo.

É possível convencionar sobre a liquidação das garantias oferecidas; havendo atos de penhora, sobre quais bens eles recairão; a forma pela qual se dará a constrição ou alienação de bens e, ainda, a calendarização dos atos expropriativos – tudo cumulado à transação de prazos e condições especiais de pagamento, sempre de modo a evitar "disputas desnecessárias, especialmente na garantia ou penhora de patrimônio

---

48 PISCITELLI, 2019.

49 PISCITELLI, 2019.

de 'devedores' que estão longe de ser reputados como fraudadores ou sonegadores contumazes".[50]

A conjugação dos institutos no processo permite que o acertamento sobre o mérito (crédito tributário) e sobre o procedimento reflita o exato momento do *iter* processual e possa ser revisto à medida que este avança. Isso é fundamental e é a grande contribuição da combinação dos institutos.

A pretensão tributária – seja do contribuinte, seja do fisco – é exigível na exata medida em que sua legitimidade vai se desvelando ao longo do processo. Nesse sentido, ela tem, em sua gênese, apenas uma aparência de legitimidade, a qual se robustece ao longo da lide e à medida que sobre ela se constrói um consenso, até que finalmente o ato se cristalize como coisa julgada.

Isso importa na disposição das partes para negociar e no conhecimento que se tem sobre a plausibilidade da pretensão resistida. No início do procedimento, as partes podem apresentar baixa disposição para o acertamento, crentes que estão de suas posições jurídicas. À medida que o *iter* avança, e vai-se deliberando sobre as pretensões (tutelas antecipadas, sentença, acórdãos e assim por diante), e paralelamente vai evoluindo a jurisprudência sobre o tema (recursos repetitivos, repercussão geral, etc.), as partes podem apresentar menor resistência a fazer concessões sobre a pretensão resistida em razão do momento processual em que esta se encontra.

Assim, é possível consensuar que uma garantia de maior liquidez será oferecida *a priori* e substituída *a posteriori* por uma de menor liquidez, caso a decisão seja favorável ao contribuinte. Ou mesmo que seja dispensada garantia, ante a obtenção superveniente de medida suspensiva, e restabelecida, caso venha a medida a ser cassada.

Pode-se transacionar prazos e condições especiais de pagamento e, em paralelo, oferecer em garantia ao parcelamento bens já oferecidos em outros executórios e que estejam em vias de encerramento com resultado favorável ao contribuinte. Ou seja, ante a iminência de decisão desfavorável ao ente fazendário, é possível convencionar que a garantia então oferecida momentaneamente assegure dois débitos, até que um deles deixe de existir, com o ulterior traslado da garantia para o parcelamento remanescente.

É possível, ainda, convencionar sobre a reunião de feitos conexos, para colocá-los na mesma marcha processual e transacionar sobre o mérito de todos em conjunto, pactuando a realização de penhora sobre um único bem, estabelecendo um parcelamento que contemple maior duração em vista do valor total, dispondo sobre prova pericial conjunta, cujo resultado pode ser consensuado como o *quantum* a ser transacionado.

Enfim, o negócio jurídico processual pode dispor sobre benefícios previstos na transação tributária – como prazos e oferta de garantia – ou mesmo adicionar à transação tributária elementos processuais que viabilizem ou otimizem o pacto sobre o mérito.

Todos esses arranjos, aliás, atacam a burocracia, onerosidade, morosidade e ineficiência inerentes aos procedimentos executórios, otimizando, justamente, o rito que tem sido a principal causa da defasagem na recuperação dos créditos fazendários – consoante explanado nas considerações introdutórias ao presente estudo.

---

[50] SALUSSE, Eduardo. A eficiência dos negócios jurídicos processuais tributários. Publicado em 26 de setembro de 2019. Disponível em: https://valor.globo.com/legislacao/fio-da-meada/post/2019/09/a-eficiencia-dos-negocios-juridicos-processuais-tributarios.ghtml. Acesso em: 20 mar. 2021.

De se pontuar que essas possibilidades não têm fugido ao radar da Procuradoria-Geral da Fazenda Nacional. Aliás, ambos os institutos foram aplicados conjuntamente em recente acordo celebrado pela Procuradoria com cooperativa médica do Município de Petrópolis/RJ em cujas tratativas transacionou-se (e convencionou-se) o valor global de R$309 milhões. Segundo noticiado pela instituição:

> O NJP prevê plano de amortização em parcelas mensais, assim como o oferecimento de imóveis para garantir o seu cumprimento e outros direitos créditos. Também serão aproveitados, como abatimento de dívida, os valores que se encontravam depositados em Juízo nas execuções fiscais relacionadas aos débitos incluídos no instrumento celebrado, mas que não eram passíveis de levantamento imediato pela Fazenda por conta de litígios instaurados nos processos e seus incidentes. Por conta do NJP, tais valores serão imediatamente transformados em pagamento definitivo, resultando em uma arrecadação de R$ 23 milhões em prol da União.
>
> A Transação Tributária, por sua vez, consolidou-se por meio de plano de quitação em 145 prestações e desconto sobre o valor dos débitos envolvidos, conforme prevê a Portaria nº 9.917/2020[51]

Veja-se que, segundo noticiado pela Procuradoria, houve o emprego conjunto do parcelamento e oferecimento de garantia transacionais (**a**), cumulado ao convencionamento das constrições realizadas sobre as garantias litigiosas (**b**) permitindo o que foi considerado por ambas as partes envolvidas como um "equacionamento sustentável da dívida", resguardando "milhares de empregos diretos e indiretos, o pagamento de tributos correntes em montantes expressivos, a manutenção de uma rede hospitalar importantíssima e a geração de riqueza para a economia do município de Petrópolis".[52]

6 Conclusões

O Judiciário brasileiro custa caro e é ineficiente. Esse cenário, que é verdadeiramente generalizado, somente se agrava se considerada a esfera tributária, a qual é acometida por uma legislação exacerbadamente complexa, por litigantes com poucos estímulos à cooperação e, ainda, por um sistema processual especialmente inepto no provimento de tutela satisfativa.

Esse cenário verdadeiramente caótico fez com que, gradualmente, fossem buscados meios extraexecutivos para o ganho de eficiência na recuperação de créditos tributários. Foi nesse contexto que surgiram instrumentos como as inscrições em cadastros de inadimplentes e os protestos de certidões de dívida ativa – os quais, apesar de promoverem uma substancial melhora dos índices de recuperabilidade, não foram capazes de alçá-los aos patamares ideais.

---

[51] BRASIL. Procuradoria Geral da Fazenda Nacional. PGFN e cooperativa médica celebram acordo inédito para composição de dívidas de aproximadamente R$309 milhões. Publicado em 28 de agosto de 2020. Disponível em: https://www.gov.br/economia/pt-br/assuntos/noticias/2020/agosto/pgfn-e-cooperativa-medica-celebram-acordo-inedito-para-composicao-de-dividas-de-aproximadamente-r-309-milhoes . Acesso em: 20 mar. 2021.

[52] *Ibdem.*

Em meio à continuidade da busca por instrumentos alternativos – e com forte impulso da mentalidade autocompositiva trazida pelo Código de Processo Civil de 2015, voltou-se a atenção para a transação tributária e para as convenções processuais.

A transação consiste no negócio jurídico celebrado pelos sujeitos ativo e passivo da obrigação tributária, que, mediante concessões mútuas, importe em terminação de litígio e consequente extinção do crédito tributário. O instrumento, embora incorporado à legislação nacional ainda em 1966, conjuntamente com a edição do Código Tributário Nacional, somente veio ser legalmente regulamentado com a edição da Medida Provisória nº 899/19 – posteriormente convolada na Lei nº 13.988/20.

O marco normativo previu, em síntese, três modalidades de transação, a **(i)** Dívida Ativa, **(ii)** Contencioso e **(iii)** Pequeno Valor – as quais, conforme especificidades de cada modalidade, facultaram a concessão de descontos creditícios, o oferecimento de prazo e forma especiais de pagamentos e a concessão de benefícios no oferecimento, substituição ou alienação de garantias e constrições referentes aos débitos transacionados.

As convenções processuais, a seu turno, correspondem ao negócio plurilateral por meio do qual as partes convencionam, em momento pré-litigioso ou durante seu ínterim, ônus, poderes, faculdades ou deveres processuais, de modo a adequar o rito processual ordinário às especificidades de cada relação litigiosa.

O instituto, muito embora embrionariamente introduzido pelo Código de Processo Civil de 1973, somente veio a ganhar relevância com o novo marco processual, a partir do qual sucederam os múltiplos normativos regulamentando sua aplicação em nível federal, estadual e municipal.

Especificamente em âmbito federal, pelas Portarias PGFN nºs 985/2016, 565/2017, 360/2018, 515/2018 e, enfim, a atual Portaria PGFN nº 742/2018 – que firma os marcos para sua celebração "em sede de execução fiscal, para fins de equacionamento de débitos inscritos em dívida ativa da União e do FGTS".

A transação tributária e o negócio jurídico processual têm, com o passar do tempo, apresentado índices de recuperabilidade significativos – mesmo que isoladamente considerados – especialmente a transação, que, ano após ano, tem mantido um constante crescimento arrecadatório.

Contudo, ambos os institutos, por suas limitações legais e regulamentares, acabam por ter sua abrangência limitada em alguns cenários – dentre eles, por exemplo, as hipóteses de créditos ordinários cujos sujeitos passivos sejam contribuintes solventes de médio ou grande porte, aos quais é vedada, salvo existência de questão tributária que ultrapasse os limites da lide ou o enquadramento do débito como de pequeno valor, a concessão de descontos creditícios.

Essas limitações, não raras vezes, podem acabar por comprometer a atratividade do instituto, indo de encontro a seus objetivos essenciais – que são, justamente, a redução da litigiosidade tributária e a otimização da eficiência arrecadatória estatal.

Nessas hipóteses, as convenções processuais podem vir a ser empregadas conjuntamente com o pacto transacional, de maneira que as concessões sejam feitas tanto em relação à pretensão resistida, como em relação ao procedimento, em vista do momento processual em que as partes se encontram. Isso permite o adequado redimensionamento dos privilégios conferidos ao crédito tributário frente às garantias conferidas ao contribuinte, em vista do grau de legitimidade e certeza reconhecido à pretensão tributária naquele momento processual.

Pode-se, assim, por exemplo, convencionar sobre a liquidação das garantias oferecidas; havendo penhora, sobre quais bens ela recairá; a forma pela qual se dará a constrição ou alienação de bens e, ainda, a calendarização dos atos expropriativos – evitando, assim, disputas desnecessárias e mantendo um tratamento justo e, em certa medida, favorecido aos contribuintes de boa-fé.

Essa possibilidade não tem passado despercebida pela Procuradoria-Geral da Fazenda Nacional, que, inclusive, já tem se valido do emprego conjunto dos institutos.

Referências

ÁVILA, Humberto Bergman. *Teoria da segurança jurídica*. 5. ed. São Paulo: Malheiros, 2019.

BANCO MUNDIAL. Doing Business 2019 – Training for Reform. Washington DC: International Bank for Reconstruction and Development / The World Bank, 2020. p. 88. Disponível em: DB2019-rephttps://www.doingbusiness.org/content/dam/doingBusiness/media/Annual-Reports/English/DB2019-report_print-version.pdfort_print-version.pdf(doingbusiness.org). Acesso em: 03 mar. 2021.

BARBOSA, Ruy. Oração aos moços. Edição popular anotada por Adriano da Gama Kury. 5. ed. Rio de Janeiro: Fundação Casa de Rui Barbosa, 1997.

BECKER, Alfredo Augusto. *Carnaval Tributário* 2. ed. São Paulo: Lejus, 1999.

BODART, Bruno. Seria a litigância uma questão de cultura? São Paulo, 217. Disponível em: https://www.jota.info/opiniao-e-analise/colunas/coluna-da-abde/seria-a-litigancia-uma-questao-de-cultura-12032017. Acesso em: 14 mar. 2021.

BRASIL. Conselho Nacional de Justiça. A execução fiscal no Brasil e o impacto judiciário 2011. CNJ, 2011. Pg. 13. Disponível em: https://www.cnj.jus.br/wp-content/uploads/2011/02/2d53f36cdc1e27513af9868de9d072dd.pdf. Acesso em: 02 mar. 2021.

BRASIL. Conselho Nacional de Justiça. Justiça em números 2020. Ano base 2019. Brasília: CNJ, 2020. Pg. 152/. Disponível em: https://www.cnj.jus.br/wp-content/uploads/2020/08/WEB-V3-Justiça-em-Números-2020-atualizado-em-25-08-2020.pdf , Acesso em: 02 mar. 2021.

BRASIL. Portal da Procuradoria Geral da Fazenda Nacional. Protesto de CDAs possui taxa de recuperação de 19%. Brasília, 21 de junho de 2016. Disponível em: https://www.gov.br/pgfn/pt-br/assuntos/noticias/2016/protesto-de-cdas-possui-taxa-de-recuperacao-de-19#:~:text=. Acesso em: 04 mar. 2021.

BRASIL. Procuradoria Geral da Fazenda Nacional – PGFN. Portaria nº 742 de 21 de dezembro de 2018. Dispõe sobre a celebração de negócio jurídico processual – NJP em sede de execução fiscal, para fins de equacionamento de débitos inscritos em dívida ativa da União e do FGTS, e dá outras providências. Disponível em: http://normas.receita.fazenda.gov.br/sijut2consulta/link.action?visao=anotado&idAto=97757.

BRASIL. Procuradoria Geral da Fazenda Nacional. PGFN e cooperativa médica celebram acordo inédito para composição de dívidas de aproximadamente R$ 309 milhões. Publicado em 28 de agosto de 2020. Disponível em: https://www.gov.br/economia/pt-br/assuntos/noticias/2020/agosto/pgfn-e-cooperativa-medica-celebram-acordo-inedito-para-composicao-de-dividas-de-aproximadamente-r-309-milhoes . Acesso em: 20 mar. 2021.

BRASIL. Procuradoria Geral da Fazenda Nacional. PGFN negocia dívidas de R$81,9 bilhões em programas de transação. Publicado em 19 de janeiro de 2021. Disponível em: https://www.gov.br/pgfn/pt-br/assuntos/noticias/2021/pgfn-negocia-dividas-de-r-81-9-bilhoes-em-programas-de-transacaowww.gov.br. Acesso em: 17 mar. 2021.

BRASIL. Procuradoria Geral da Fazenda Nacional. Serviços de negócio jurídico processual e acordo de transação individual são incluídos no Portal Regulariza. Publicado em 25 de janeiro de 2021. Disponível em: https://www.gov.br/economia/pt-br/assuntos/noticias/2021/janeiro/servicos-de-negocio-juridico-processual-e-acordo-de-transacao-individual-sao-incluidos-no-portal-regularize. Acesso em: 19 mar. 2021.

BUCCI, Eduardo Sadalla. Negócio jurídico processual e dívida ativa da União. Publicado em 11 de fevereiro de 2019. Disponível em: https://www.jota.info/opiniao-e-analise/colunas/contraditorio/negocio-juridico-processual-e-a-divida-ativa-da-uniao-11022019. Acesso em: 20 mar. 2021.

CABRAL, Antônio do Passo. *Convenções processuais*. Salvador: Juspodivm, 2016.

CARAMUJO, Manoel Soares. *Transação*. Coimbra: Editora Coimbra. Dactilografado, 1946.

CARNELUTTI, Francesco. *Teoria geral do Direito*. São Paulo: Lejus, 1999.

INSPER – Núcleo de Tributação. Contencioso Tributário no Brasil – Relatório 2020. Ano de referência 2019. São Paulo: Insper, 2020. Pg. 06. Disponível em: https://www.conjur.com.br/dl/contencioso-tributario-alcancou-75-pib.pdf . Acesso em: 03 mar. 2021.

INSTITUTO BRASILEIRO DE PLANEJAMENTO E TRIBUTAÇÃO. Quantidade de normas editadas no Brasil: 28 anos da Constituição Federal de 1988. Ano referência 2020. Curitiba: IBPT, 2020. Disponível em: https://drive.google.com/file/d/1lqRDhY1k6Fd7nEr8uR_bde3VrWX5vwad/view . Acesso em: 03 mar. 2021.

INTRA, Antônio Carlos de Araújo; GRINOVER, Ada Pellegrini; DINAMARCO, Cândido Rangel. *Teoria geral do processo*. 26. ed. atual. São Paulo: Malheiros, 2010.

MOREIRA, André Mendes. GALDINO, Breno Santana. Congestionamento judiciário e execução fiscal: a falta de interesse processual em débitos de baixo valor. *Revista ABRADT Fórum de Direito Tributário* – Ano 04, n. 07, p. 131-154, jan./jun. 2020. Belo Horizonte: ABRADT, 2020.

PIMENTA, Guilherme. Judiciário custa caro e é ineficiente, diz Barroso. Publicado no Portal *Jota*, 2018. Disponível em: https://www.jota.info/justica/barroso-judiciario-caro-ineficiente-10082018. Acesso em: 02 mar. 2021.

PISCITELLI, Tathianne. Transação ou negócio jurídico processual? Interpretações da MP 899. Publicado em 24 de outubro de 2019. Disponível em: https://valor.globo.com/legislacao/fio-da-meada/post/2019/10/transacao-ou-negocio-juridico-processual-interpretacoes-da-mp-899.ghtml. Acesso em: 20 mar. 2021.

SALUSSE, Eduardo. A eficiência dos negócios jurídicos processuais tributários. Publicado em 26 de setembro de 2019. Disponível em: https://valor.globo.com/legislacao/fio-da-meada/post/2019/09/a-eficiencia-dos-negocios-juridicos-processuais-tributarios.ghtml. Acesso em: 20 mar. 2021.

SÃO PAULO. Procuradoria Geral do Município de São Paulo – PGM/SP. Portaria nº 128 de 24 de outubro de 2019. Dispõe sobre a celebração de negócios jurídicos processuais (NJP) em execuções fiscais, para equacionamento de débitos inscritos em Dívida Ativa, administrados pelo Departamento Fiscal da Procuradoria Geral do Município. Disponível em: http://legislacao.prefeitura.sp.gov.br/leis/portaria-procuradoria-geral-do-municipio-pgm-128-de-23-de-outubro-de-2019.

Informação bibliográfica deste texto, conforme a NBR 6023:2018 da Associação Brasileira de Normas Técnicas (ABNT):

TEIXEIRA, Alice Gontijo Santos; AQUINO, Lucas Vasconcellos Campos de. Transações tributárias e negócios jurídicos processuais: o emprego conjunto dos institutos como fator otimizador da recuperabilidade de créditos fazendários. *In*: SARAIVA FILHO, Oswaldo Othon de Pontes (coord.). *Transação e Arbitragem Tributárias*. Belo Horizonte: Fórum, 2023. (Coleção Fórum grandes temas atuais de Direito Tributário ; v.2). p. 53-77. ISBN 978-65-5518-465-5.

TRANSAÇÃO TRIBUTÁRIA E NEGÓCIO JURÍDICO PROCESSUAL

VALTER DE SOUZA LOBATO

TIAGO CONDE TEIXEIRA

RAFAEL CALDEIRA ALMEIDA

Introdução

As primeiras palavras do presente trabalho não poderiam deixar de ser senão em louvor ao homenageado. Escrever sobre Sacha Calmon Navarro Coêlho, professor de todos nós, traz sempre um misto de profunda emoção e intensa responsabilidade. A emoção advém das inúmeras lições apreendidas tanto em sala de aula como em suas inúmeras obras, todas elas marcadas pelo rigor científico e pela clareza de pensamento. A responsabilidade, por sua vez, encontra origem no tamanho desse jurista para a tributarística nacional.

Sacha Calmon escreveu maravilhosamente bem sobre tudo: estrutura da norma tributária, exonerações tributárias, multas tributárias, controle de constitucionalidade... A lista é interminável. Criou a Escola Mineira de Direito Tributário na UFMG, ao lado de sua grande parceira acadêmica, a ilustre Professora Misabel Derzi. Por tais razões é que agradecemos o convite para participar da presente obra, em justa homenagem a quem tanto contribuiu para a dignidade científica do Direito Tributário no nosso país.

O tema que nos foi atribuído versa sobre a transação tributária e a celebração de negócios jurídicos processuais. Trata-se de assunto cujo debate merece considerações meditadas, porquanto se coloque na pauta do dia, seja em âmbito doutrinário, seja na prática pelos operadores do direito fiscal.

Com efeito, a Constituição de 1988, em seu artigo 3º, expressa os objetivos fundamentais da República, os quais necessariamente devem ser perseguidos pela Administração Pública. Para concretizá-los, bem como para manter a máquina estatal em funcionamento, os entes federados geram despesas significativas e se utilizam das receitas advindas dos recursos do Tesouro Nacional para satisfazê-las.

Nesse sentido, cumpre destacar lição que, muito embora propedêutica, não deve ser jamais negligenciada, qual seja: a principal fonte de receita do setor público é a tributação. Dessa forma, o Estado se vale de sua aptidão coercitiva e transfere riqueza do setor privado para o setor público.

Como bem explica José Casalta Nabais,

> Constitui uma evidência que, para a satisfação das necessidades colectivas correspondentes às múltiplas e diversificadas funções que os actuais ordenamentos colocam a seu cargo, tanto o Estado como os demais entes públicos carecem, sobretudo nos tempos que correm, de grandes quantidades de bens materiais e de recursos humanos. (...)
> Dinheiro que, acrescente-se desde já, num Estado não patrimonial, como é a regra dos Estados actuais, em que os bens susceptíveis de produção de rendimentos na titularidade dos entes públicos são muito limitados, e por conseguinte muito reduzidas as chamadas receitas patrimoniais, há-de ser obtido, em larga medida, juntos dos agentes económicos privados. Por isso, a chamada actividade financeira dos entes públicos, isto é, a actividade de obtenção e gestão das receitas e de realização das despesas públicas, reconduz-se basicamente à percepção, gestão e dispêndio de dinheiro ou meios pecuniários obtidos junto dos agentes económicos.[1]

Por outro lado, não impressiona ninguém a constatação de que o Sistema Tributário Nacional é altamente litigioso, principalmente no que diz respeito às execuções fiscais. De acordo com os levantamentos efetuados pelo Conselho Nacional de Justiça, no ano de 2019 as execuções fiscais representaram 39% do total de casos pendentes que tramitavam no Poder Judiciário e possuíam uma expressiva taxa de congestionamento (89,7%).[2] Tal estado de coisas lastreia a conclusão no sentido de que as execuções ficais configuram uma das principais causas do colapso sistêmico atualmente verificado no âmbito do Poder Judiciário.

Essa crise na execução dos créditos tributários é ocasionada por tentativas infrutíferas de se chegar a uma solução atrelada aos interesses do Fisco e do contribuinte na esfera administrativa, fazendo com que o Judiciário acabe sendo excessivamente demandado quanto ao pagamento de débitos tributários, muitos deles com negativo prognóstico de recuperabilidade.

---

[1]   NABAIS, José Casalta. *Direito fiscal*. 6. ed. Coimbra: Almedina, 2011, p. 3.

[2]   CNJ. Justiça em números. Disponível em https://www.cnj.jus.br/wp-content/uploads/conteudo/arquivo/2019/08/justica_em_numeros20190919.pdf. Acesso em: 09 mar. 2021.

A situação retratada acarreta um ambiente de resolução de conflitos moroso e ineficiente. Frente a isso, a diminuição das receitas arrecadadas pelo Poder Público é certa, de modo que o déficit público se torna uma realidade a ser enfrentada, culminando em retrocesso no desenvolvimento de políticas públicas direcionadas à concretização de direitos fundamentais.

Ademais, a pandemia da covid-19 agravou ainda mais esse cenário. Diante de uma profunda crise sanitária, econômica e empresarial, dificulta-se o adimplemento das obrigações tributárias, ao passo que se verifica uma alta demanda da máquina pública, gerando gastos expressivos em saúde, assistência social, entre outros. Destaque-se que, em 2020, o rombo nos cofres públicos girou em torno do montante de R$702,9 bilhões,[3] sendo parte significativa advinda de débitos fiscais não quitados e o significativo aumento dos gastos públicos no período.

Com o fim de buscar uma maior arrecadação ao Estado, mostra-se necessária, portanto, a utilização de formas de solução alternativas de conflitos. Uma forte opção é permitir mais espaço para aquelas baseadas no consensualismo, as quais podem ser eficientes para otimizar o campo do direito, especificamente no que diz respeito ao Direito Tributário, dentre as quais se destaca a transação tributária.

Contudo, considerando-se que a transação não ocorrerá no vácuo, podendo inclusive se dar no bojo de uma relação processual preexistente, o presente artigo tem por objeto analisar a viabilidade de uma utilização conjunta dos institutos da transação tributária e do negócio jurídico processual.

1 Apontamentos iniciais sobre os institutos da transação tributária e do negócio jurídico processual

Possibilitando a discussão do montante do débito tributário acessório do executado, principalmente aquele que encontra seus débitos classificados pela PGFN como irrecuperáveis e de difícil recuperação, exsurge o instituto da transação tributária, que nos termos do art. 171 do CTN, "mediante concessões mútuas, importe em determinação de litígio e conseqüente extinção de crédito tributário".

No seio do Direito Civil, a transação é instituto vetusto e positivado entre os arts. 840 a 850 do Código Civil. Traçando um perfil da transação, assim se manifestam Nelson Nery Junior e Rosa Maria de A. Nery:

> É contrato orientado ao fim de prevenir ou terminar litígio mediante concessões mútuas (CC 840), litígio esse relativo a direitos patrimoniais de caráter privado (CC 841). As partes pretendem "a superação do litígio, por meio de um novo regulamento ao qual se submetem e que admite, de resto, a criação de direitos estranhos à controvérsia" (Chateaubriand. Negócio de acertamento, Cap. II, n.8, p.53). Não constitui ato de mera administração a autorizar o pai a praticá-lo em nome dos filhos menores independentemente da autorização

---

³ AGÊNCIA BRASIL. Contas públicas têm déficit de R$ 702,9 bilhões em 2020. Disponível em: https://agencia-brasil.ebc.com.br/economia/noticia/2021-01/contas-publicas-tem-deficit-de-r-7029-bilhoes-em-2020#:~:text=-O%20d%C3%A9ficit%20das%20contas%20p%C3%BAblicas,em%20igual%20per%C3%ADodo%20de%202019. Acesso em: 09 fev. 2021

judicial. O negócio deve ser interpretado restritivamente e por ele não se transmitem, apenas se declaram ou reconhecem (CC 843) "relações jurídicas virtual e presentemente litigiosas" (Tomaseti. LI 9º [Oliveira. Coment. Locação, p.131]). "Uma vez constituída a transação, tranca-se às partes o juízo de cognição, e abre-se-lhes tão só o juízo de execução" (Soriano. Pareceres, v.2, p.263).[4]

Nesse sentido, como bem pontuado por Leandro Paulsen, "nas relações privadas, transaciona-se até mesmo para prevenir litígios; nas tributárias, só para terminá-los".[5] A respeito da natureza jurídica da transação, adverte Sacha Calmon:

> Em Direito Tributário, o sujeito ativo não pode dispor do crédito tributário, que é público e indisponível. Somente a lei pode dele dispor.
> Transacionar não é pagar; é operar para possibilitar o pagar. É *modus faciendi*, tem feitio processual, preparatório do pagamento. Por meio de uma transação, muita vez ocorre pagamento em moeda consorciado a pagamento por compensação, a aplicação de remissões e anistias, ou mesmo a dação em pagamento de coisa diversa do dinheiro.
> O certo é que a transação exige concessões recíprocas, como, v.g., renúncia a honorários. Se apenas uma parte cede, não há transação, senão que ato unilateral capaz de comover ou demover a outra parte.[6]

Na seara tributária, em que pese ter suas balizas gerais assinaladas no art. 171 do CTN, a transação apenas veio a ser regulamentada em 2019, por meio da Medida Provisória nº 899/19, convertida, posteriormente, na Lei nº 13.988/2020. Nota-se que o referido diploma legislativo implementa limites e requisitos claros para a celebração da transação tributária. Sob esse viés, seu art. 2º [7] especifica as possíveis modalidades de transação.[8]

Contudo, antes de proceder breve análise a respeito das modalidades de transação na seara tributária, incumbe salientar que a sua celebração implica a assunção de uma série de compromissos pelos contribuintes, dentre os quais as desistências e renúncias a processos administrativos e judiciais se destacam.[9]

---

[4]   NERY JUNIOR, Nelson; NERY, Rosa Maria de A. *Código Civil comentado*. 11. ed. São Paulo: Revista dos Tribunais, 2014, p. 1129.

[5]   PAULSEN, Leandro. Comentários sobre transação tributária à luz da Lei nº 13.988/20 e outras alternativas de extinção do passivo tributário. *In:* SEEFELDER FILHO, Claudio; CALCINI, Fabio Pallaretti; HENARES NETO, Halley; CAMPOS, Rogério. *Comentário sobre transação tributária à luz da Lei 13.988/20 e outras alternativas de extinção do passivo tributário.* São Paulo: Thomson Reuters, 2020, p. 303.

[6]   COÊLHO, Sacha Calmon Navarro. *Curso de direito tributário brasileiro.* 17. Ed. Rio de Janeiro: Forense, 2020.

[7]   "Art. 2º Para fins desta Lei, são modalidades de transação as realizadas:
I – por proposta individual ou por adesão, na cobrança de créditos inscritos na dívida ativa da União, de suas autarquias e fundações públicas, na cobrança de créditos que seja da competência da Procuradoria-Geral da União, ou em contencioso administrativo fiscal; (Redação dada pela Lei nº 14.375, de 2022);
II – por adesão, nos demais casos de contencioso judicial ou administrativo tributário; e
III – por adesão, no contencioso tributário de pequeno valor.
Parágrafo único. A transação por adesão implica aceitação pelo devedor de todas as condições fixadas no edital que a propõe."

[8]   Para uma leitura pormenorizada a este respeito é ver CALICNI, Fábio Pallaretti. Transação Tributária: modalidades, proposta, hipóteses de rescisão e vedações. *In:* SEEFELDER FILHO, Claudio; CALCINI, Fabio Pallaretti; HENARES NETO, Halley; CAMPOS, Rogério. *Comentário sobre transação tributária à luz da Lei 13.988/20 e outras alternativas de extinção do passivo tributário.* São Paulo: Thomson Reuters, 2020, p. 167-195.

[9]   "Art. 3º A proposta de transação deverá expor os meios para a extinção dos créditos nela contemplados e estará condicionada, no mínimo, à assunção pelo devedor dos compromissos de:

Uma primeira modalidade de transação diz respeito a créditos inscritos em dívida ativa da União, desde que superiores a 10 milhões de reais.[10] Nessa hipótese, a transação pode ser efetuada com qualquer contribuinte, de forma individual (seja por iniciativa da União, seja por iniciativa do contribuinte) ou por adesão a edital. O objeto dessa modalidade transitiva abrange apenas valores relativos a multas, juros e demais encargos legais, dado que a lei veda que eles digam respeito à obrigação tributária principal.

Duas observações ainda necessitam ser feitas quanto a essa modalidade. A primeira diz respeito à possibilidade de descontos relativos a créditos "irrecuperáveis ou de difícil recuperação". Com efeito, o art. 25 da Portaria PGFN/ME nº 6.757/2022 elenca as possibilidades em que, verificada a incidência dos casos concretos em tais hipóteses, objetivamente o crédito será considerado irrecuperável e, por isso mesmo, poderá ser objeto de desconto.

Contudo, não apenas em tais hipóteses haverá o desconto. Isso porque quando o contribuinte demonstrar que não possui situação econômica e capacidade de pagamento dos créditos, mediante a entrega de outros documentos na forma dos arts. 25 e 30 da Portaria PGFN/ME nº 6.757/2022, os descontos poderão ser concedidos. O art. 21 do referido diploma infralegal é claro nesse sentido:

> Art. 21. A capacidade de pagamento será uniforme no âmbito da Administração Tributária Federal, decorre da situação econômica do contribuinte e será calculada de forma a estimar se o sujeito passivo possui condições de efetuar o pagamento integral dos débitos, no prazo de 5 (cinco) anos, sem descontos.
>
> § 1º Quando a capacidade de pagamento não for suficiente para liquidação integral de todo o passivo fiscal e do FGTS, nos termos do caput, os prazos ou os descontos serão graduados de acordo com a possibilidade de adimplemento dos débitos, observados os limites previstos na legislação de regência da transação.

I – não utilizar a transação de forma abusiva, com a finalidade de limitar, de falsear ou de prejudicar, de qualquer forma, a livre concorrência ou a livre iniciativa econômica;

II – não utilizar pessoa natural ou jurídica interposta para ocultar ou dissimular a origem ou a destinação de bens, de direitos e de valores, os seus reais interesses ou a identidade dos beneficiários de seus atos, em prejuízo da Fazenda Pública federal;

III – não alienar nem onerar bens ou direitos sem a devida comunicação ao órgão da Fazenda Pública competente, quando exigido em lei;

IV – desistir das impugnações ou dos recursos administrativos que tenham por objeto os créditos incluídos na transação e renunciar a quaisquer alegações de direito sobre as quais se fundem as referidas impugnações ou recursos; e

V – renunciar a quaisquer alegações de direito, atuais ou futuras, sobre as quais se fundem ações judiciais, inclusive as coletivas, ou recursos que tenham por objeto os créditos incluídos na transação, por meio de requerimento de extinção do respectivo processo com resolução de mérito, nos termos da alínea c do inciso III do caput do art. 487 da Lei nº 13.105, de 16 de março de 2015 (Código de Processo Civil).

§1º A proposta de transação deferida importa em aceitação plena e irretratável de todas as condições estabelecidas nesta Lei e em sua regulamentação, de modo a constituir confissão irrevogável e irretratável dos créditos abrangidos pela transação, nos termos dos arts. 389 a 395 da Lei nº 13.105, de 16 de março de 2015 (Código de Processo Civil).

§2º Quando a transação envolver moratória ou parcelamento, aplica-se, para todos os fins, o disposto nos incisos I e VI do caput do art. 151 da Lei nº 5.172, de 25 de outubro de 1966.

§3º Os créditos abrangidos pela transação somente serão extintos quando integralmente cumpridas as condições previstas no respectivo termo."

[10] Esta modalidade se encontra disciplinada entre os artigos 10 a 15 da Lei nº 13.988/2020 e pela Portaria PGFN/ME nº 6.757/2022, que revogou a Portaria PGFN nº 9.917/2020.

§ 2º Havendo mais de uma pessoa física ou jurídica responsável, conjuntamente pelo débito, a capacidade de pagamento do grupo poderá ser calculada mediante a soma da capacidade de pagamento individual de cada integrante do grupo econômico.

Lado outro, a modalidade de transação no contencioso tributário relativa a controvérsias jurídicas relevantes e disseminadas encontra-se regida entre os artigos 16 a 22 da Lei nº 13.988/2020 e pela Portaria nº 247/2020, do Ministério da Economia. Nessa modalidade, realizável apenas por edital, os descontos podem ser de até 50% da dívida – abrangendo o principal – concedendo prazo de até 84 meses para o pagamento da dívida. Trata-se de modalidade que envolve tanto o contencioso administrativo quanto o judicial.[11]

O art. 30, *caput*, da Portaria nº 247/2020 estabelece que "considera-se controvérsia jurídica relevante e disseminada aquela que trate de questões tributárias que ultrapassem os interesses subjetivos da causa e, preferencialmente, ainda não afetadas a julgamento pelo rito dos recursos repetitivos, nos moldes dos arts. 1.036 e seguintes da Lei nº 13.105, de 2015". Os legitimados a propor tais teses encontram-se arrolados no art. 28 do referido diploma infralegal.[12]

Por fim, incumbe salientar a modalidade de transação extraordinária, disciplinada na Portaria PGFN nº 9.924/2020, em virtude da pandemia do coronavírus. Nessa hipótese, a transação só pode ser efetuada por adesão com diminuição do valor a ser dado a título de entrada. Não há possibilidade de desconto, mantendo-se, porém, a possibilidade de postergação do prazo para o pagamento da dívida.

Em resumo, além da Lei nº 13.988/2020, destacam-se os seguintes diplomas infralegais: a Portaria PGFN/ME nº 6.757/22, que substituiu a Portaria PGFN nº 9.917/2020 e regulamenta a transação dos créditos inscritos em dívida ativa (individual e por adesão); a Portaria ME nº 247/2020, que regulamenta a transação do contencioso tributário (administrativo e judicial) relativa a controvérsias jurídicas relevantes e disseminadas e a transação do contencioso tributário de pequeno valor (limite de 60 salários-mínimos); a Portaria PGFN nº 9.924/2020, que regulamenta a transação extraordinária (Covid-19); a Portaria AGU nº 249/2020, que regulamenta a transação de créditos administrados pela Procuradoria-Geral Federal e dos créditos cuja cobrança compete à Procuradoria-Geral

---

11 Nota do editor: A Lei nº 14.375, de 21 de junho de 2022, alterou o art. 11, §2º, III, da Lei nº 13.988/2020, para dispor: "Art. 11 (...) §2º É vedada a transação que: II – implique redução superior a 65% (sessenta e cinco por cento) do valor total dos créditos a serem transacionados; III – conceda prazo de quitação dos créditos superior a 120 (cento e vinte) meses". O legislador parece ter se esquecido de alterar, por uma questão de harmonia, o art. 17, §2º, da Lei nº 13.988/2020: "Art. 17, §2º. As reduções e concessões de que trata a alínea a do inciso I do §1º deste artigo são limitadas ao desconto de 50% (cinquenta por cento) do crédito, com prazo máximo de quitação de 84 (oitenta e quatro) meses". Na prática, parece prevalecer a compreensão de que o legislador privilegiou o acordo de transação tributária individual.

12 "Art. 28. Poderão sugerir ao Ministro de Estado da Economia temas passíveis de serem objeto da transação por adesão o:
I – Secretário Executivo do Ministério da Economia;
II – Procurador-Geral da Fazenda Nacional;
III – Secretário Especial da Receita Federal do Brasil do Ministério da Economia;
IV – presidente do Conselho Administrativo de Recursos Fiscais – CARF;
V – presidente do Conselho Federal da Ordem dos Advogados do Brasil;
VI – presidente do Conselho Nacional de Justiça; e
VII – presidente de confederação representativa de categoria econômica ou de centrais sindicais, habilitadas à indicação de conselheiros na forma prevista no art. 28 do anexo II da Portaria nº 343, de 9 de junho de 2015, do Ministro de Estado da Fazenda."

da União; e a Portaria PGF AGU nº 498/2020, que tem por objeto a realização de acordos ou transações em juízo para terminar o litígio.

Dentre os benefícios previstos na transação, vale a cita de descontos em relação aos acréscimos legais, parcelamentos, flexibilização das garantias bem como a possibilidade de utilização de precatórios próprios ou de terceiros.[13] Com efeito, para a concretização dessas negociações deve ocorrer uma concessão mútua. Ora, se, por um lado, a PGFN oferece ao contribuinte melhores condições para o pagamento da execução objeto de litígio, possibilitando a satisfação dela e a emissão de CND, por outro, o contribuinte se vê obrigado a abandonar a discussão desse débito na esfera judicial e administrativa até suas últimas instâncias.

Percebe-se, portanto, a forte influência da corrente gerencial da Administração Pública que, por sua vez, volta-se para o cidadão e para a obtenção de resultados.[14] Nesse sentido, explicita Matias Pereira:

> A Administração Pública veio com a missão de enfrentar a crise fiscal dos Estados, advinda dos incontáveis serviços que estes prestavam e da má alocação de receitas cada vez mais escassas. Portanto, a Administração Pública gerencial surgiu como estratégica para reduzir os custos e tornar a administração pública mais eficiente, além de ser um instrumento para combater as mazelas e a penetração da corrupção que a burocracia ocasionara.[15]

A transação configura-se, portanto, como instituto que pode se revelar de relevante aplicabilidade no cotidiano da prática tributária, na medida em que poderá ser capaz de aliar benefícios a ambas as partes envolvidas: o Fisco, pela possibilidade de realização de caixa advindo de débitos de baixa recuperabilidade, ao passo que o contribuinte é beneficiado pelos descontos postos na lei e pelas vantajosas modalidades de parcelamento.

Por sua vez, o instituto do Negócio Jurídico Processual foi trazido pelo legislador pátrio no Código de Processo Civil de 2015 em seu art. 190. Vejamos:

> Art. 190. Versando o processo sobre direitos que admitam autocomposição, é lícito às partes plenamente capazes estipular mudanças no procedimento para ajustá-lo às especificidades da causa e convencionar sobre os seus ônus, poderes, faculdades e deveres processuais, antes ou durante o processo.

Em comentário a esse dispositivo, aduz Cândido Rangel Dinamarco que "esta nova disposição é um culto à liberdade das partes e à adaptabilidade do procedimento".[16]

---

13 Nota do editor: A Lei nº 14.375, de 21 de junho de 2022, incluiu os incisos IV e V ao art. 11, §2º, III, da Lei nº 13.988/2020, para dispor: "Art. 11. A transação poderá contemplar os seguintes benefícios: (...) IV – a utilização de créditos de prejuízo fiscal e de base de cálculo negativa da Contribuição Social sobre o Lucro Líquido (CSLL), na apuração do Imposto sobre a Renda das Pessoas Jurídicas (IRPJ) e da CSLL, até o limite de 70% (setenta por cento) do saldo remanescente após a incidência dos descontos, se houver; V – o uso de precatórios ou de direito creditório com sentença de valor transitada em julgado para amortização de dívida tributária principal, multa e juros".

14 PEREIRA, Luiz Carlos Bresser. Estratégia e estrutura para um novo Estado. *Revista do Serviço Público*. Brasília. v. 48, n. 1, p. 5-25, jan. /abr. 1997, p. 12.

15 PEREIRA, José Matias. *Finanças públicas*: a política orçamentária no Brasil. 2. ed. São Paulo: Atlas, 2003, p. 8.

16 DINAMARCO, Cândido Rangel. O Novo Código de Processo Civil brasileiro e a ordem processual civil vigente. *Revista de Processo*, v. 247, p. 73, set. 2015.

No mesmo sentido, Fernando da Fonseca Gajardoni, em escrito anterior ao próprio advento do Novo CPC, salientava que a flexibilização procedimental não tinha o condão de comprometer as garantias constitucionais em âmbito processual, bem como que os negócios jurídicos processuais encontrariam seu fundamento no princípio da instrumentalidade das formas.[17]

Delimitando a própria natureza jurídica dessa figura, Fredie Didier afirma se tratar o negócio jurídico processual de

> fato jurídico voluntário, em cujo suporte fático se confere ao sujeito o poder de regular, dentro dos limites fixados no próprio ordenamento jurídico, certas situações jurídicas processuais ou alterar o procedimento.
>
> Sob esse ponto de vista, o negócio jurídico é fonte de norma jurídica processual e, assim, vincula o órgão julgador, que, em um Estado de Direito, deve observar e fazer cumprir as normas jurídicas válidas, inclusive as convencionais. O estudo das fontes da norma jurídica processual não será completo, caso ignore o negócio jurídico processual.[18]

Depreende-se, portanto, que tal instrumento foi criado para que, sempre que possível, as partes litigantes estejam autorizadas a acordar determinados pontos de uma discussão judicial, facilitando o trâmite processual e a resolução do litígio.

No processo tributário, havendo interesse público, a Fazenda Pública será parte apta a celebrar negócio jurídico processual, conforme revela o Enunciado nº 256 do Fórum Permanente de Processualistas Civis.[19] Nesse mesmo sentido caminha o art. 19, §12, da Lei nº 10.522/2002.[20]

Vislumbra-se, assim, um notório passo a permitir o estabelecimento de diálogo entre o Fisco e o contribuinte, privilegiando a manifestação de vontade das partes, ao passo que se torna possível a apresentação de proposta de negociação por parte do contribuinte para regularizar os débitos inscritos em dívida ativa da União e do FGTS.

Alguns normativos da PGFN já contemplaram, de alguma forma, o negócio jurídico processual (Portarias PGFN nºs 985/2016, 565/2017, 360/2018 e 515/2018). Contudo, é a Portaria PGFN nº 742/2018 que versa mais especificamente sobre a celebração de Negócio Processual Jurídico na execução fiscal.

Cumpre frisar, desde já, a estrita proibição trazida no art. 1, §1º, dessa portaria, a qual se expressa nos seguintes termos: "[é] vedada a celebração de NJP que reduza o montante dos créditos inscritos ou implique renuncia às garantias e privilégios do crédito tributário".

---

[17] GAJARDONI, Fernando da Fonseca. *Flexibilização procedimental*: um novo enfoque para o estudo do procedimento em matéria processual, de acordo com as recentes reformas do CPC. São Paulo: Atlas, 2008, p. 100-105.

[18] DIDIER, Fredie. Negócios jurídicos processuais atípicos no Código de Processo Civil de 2015. Disponível em: http://www.mpsp.mp.br/portal/page/portal/documentacao_e_divulgacao/doc_biblioteca/bibli_servicos_produtos/bibli_boletim/bibli_bol_2006/RBA_n. 01.04.PDF. Acesso em 09 mar. 2021.

[19] "A Fazenda Pública pode celebrar negócio jurídico processual"

[20] "§12. Os órgãos do Poder Judiciário e as unidades da Procuradoria-Geral da Fazenda Nacional poderão, de comum acordo, realizar mutirões para análise do enquadramento de processos ou de recursos nas hipóteses previstas neste artigo e celebrar negócios processuais com fundamento no disposto no art. 190 da Lei nº 13.105, de 16 de março de 2015 (Código de Processo Civil). (Incluído pela Lei nº 13.874, de 2019) (Vide Lei nº 14.057, de 2020)"

Lado outro, o §2º do art. 1º estabelece o que poderá ser objeto do Negócio Jurídico Processual celebrado:

§2º. Observado o disposto nesta Portaria, o Negócio Jurídico Processual para equacionamento de débitos inscritos em dívida ativa da União poderá versar sobre:
I – calendarização da execução fiscal;
II – plano de amortização do débito fiscal;
III – aceitação, avaliação, substituição e liberação de garantias;
IV – modo de constrição ou alienação de bens.

A referida Portaria, analisada em sua integralidade, mereceu fortes críticas de Jean Paolo Simei e Silva e Matheus de Paula Aires:

Adentrando a fundo nos pontos a serem aprimorados, de modo geral as portarias ainda se encontram limitativas à própria finalidade negocial do CPC, tendo em vista que estipulam de forma taxativa os pontos a serem negociados, bem como direcionadas apenas para atender ao interesse do fisco, ignorando, muitas vezes, a presença do contribuinte no outro polo de negociação.

De forma que essa sobreposição do interesse público sobre o privado, princípio tão utilizado no âmbito do direito administrativo, restou como o racional aplicável aos institutos já disciplinados, indo de encontro ao movimento que o próprio direito processual moderno busca alcançar por meio da cooperação processual e livre disposição das partes.

Movimento que auxilia na própria função jurisdicional de pacificação de conflitos e no âmbito fiscal e financeiro no aumento da arrecadação e diminuição das excessivas execuções fiscais que tramitam no país.

Cabendo ao contribuinte aguardar por disposições mais equitativas e abrangentes por parte dos entes públicos, cumprindo de fato o espírito previsto no sistema do CPC e dos próprios artigos que tratam do negócio jurídico processual.[21]

É de se ver, portanto, que a transação tributária e o negócio jurídico processual possuem objetos distintos: o negócio jurídico processual não visa à extinção, nem mesmo à redução do crédito tributário discutido junto ao Fisco – objeto por excelência da transação –, mas sim a celebração de acordos para o ajuste de eventos processuais no decurso do litígio tributário.

Em análise dos efeitos de ambos os institutos nos processos tributários, assim se manifesta Halley Henares Neto:

Em termos processuais o NJP parece-nos mais abrangente e sem tantas limitações quanto a transação tributária, principalmente quando esta é realizada na modalidade por adesão e cujas condições, prazos, reduções e requisitos estão dispostas de maneira fixa em edital.

Desta forma, é possível a formalização de NJP em processos de conhecimento, execuções fiscais e embargos, bem como em medidas cautelares fiscais.

---

21 SILVA, Jean Paolo Simei e; AIRES, Matheus de Paula Aires. Negócio Jurídico Processual como forma de solução do passivo tributário. *In*: SEEFELDER FILHO, Claudio; CALCINI, Fabio Pallaretti; HENARES NETO, Halley; CAMPOS, Rogério. *Comentário sobre transação tributária à luz da Lei 13.988/20 e outras alternativas de extinção do passivo tributário*. São Paulo: Thomson Reuters, 2020, p. 297-298.

Trata-se de um instrumento interessante para organização de passivos tributários de forma mais ampla, uma vez que objetiva não só o débito, mas trata de garantias e procedimentos que poderão ser adotados no bojo de cautelares fiscais, execuções, etc., podendo, inclusive, ser homologado pelos respectivos juízes de trâmite das referidas ações.

Portanto, é antes de tudo, um instrumento processual que propicia o negócio jurídico entre as partes objetivando a solução de conflitos tributários.

A transação tributária, por sua vez, é um instituto nitidamente negocial que também terá o condão de produzir e irradiar efeitos sobre execuções fiscais e até mesmo cautelares fiscais.

Nesse sentido, tanto a NJP quanto Transação Tributária que tenham por objeto o parcelamento de créditos tributários, terão por consequência a suspensão da exigibilidade dos referidos créditos tributários.

Suspensa a exigibilidade do crédito tributário, imperioso o sobrestamento das respectivas execuções fiscais, até que duas possíveis situações ocorram: i) o contribuinte satisfaça por completo o indébito fiscal, oportunidade na qual a execução deverá ser extinta; ii) o contribuinte deixe de adimplir com o quanto pactuado, situação esta que importará no prosseguimento da execução fiscal.

Dessa forma, tanto sob o viés do NJP quanto da Transação Tributária, estão são medidas que deverão ser avaliadas para resolução do passivo tributário e consequentes suspensão e extinção de execuções fiscais.[22]

Da afirmativa acima, porém, não se pode dizer que ambos os institutos sejam inconciliáveis. Pelo contrário, eles podem se relacionar de forma direta, na medida em que permitem que os conflitos possam ser dirimidos por meio da autocomposição, no intuito de diminuir o engessamento da máquina pública.

Assim, se utilizados conjuntamente, é notória a potencialidade para oferecer soluções mais rápidas, eficientes e econômicas, muitas vezes complementares entre si. Ressalte-se que a eficiência constitui princípio condicionante do próprio exercício da função pública, constando expressamente do *caput* do art. 37 da Lei Fundamental.[23] Além disso, permite-se uma maior valorização das vontades das partes, principalmente do contribuinte, o qual se encontra em posição hipossuficiente em relação à Administração Pública.

A esse respeito, sustentam Renato Lopes Becho e André Catta Preta Federighi que os ganhos de eficiência da utilização da transação tributária não se limitam a fins eminentes fiscais, como o aumento da arrecadação. Com efeito, elencam como ganhos de eficiência extrafiscais (i) a redução do número de processos pendentes de julgamento perante o Poder Judiciário; (ii) a redução do tempo envolvido para a solução dos litígios e (iii) busca de "soluções consensuais não extremadas, aumentando com isso a confiança do contribuinte no Fisco".[24]

[22] HENARES NETO, Halley. Transação tributária: delegação de poderes e discricionariedade no âmbito tributário e os aspectos comparativos com o negócio jurídico processual. *In:* SEEFELDER FILHO, Claudio; CALCINI, Fabio Pallaretti; HENARES NETO, Halley; CAMPOS, Rogério. *Comentário sobre transação tributária à luz da Lei 13.988/20 e outras alternativas de extinção do passivo tributário.* São Paulo: Thomson Reuters, 2020, p. 252-253.

[23] Sobre este tema, é ver BATISTA JÚNIOR, Onofre Alves. *Princípio constitucional da eficiência administrativa.* 2. ed., rev. e atual. Belo Horizonte: Fórum, 2012.

[24] BECHO, Renato Lopes; FEDERIGHI, André Catta Preta. Análise Econômica da Transação Tributária: fundamentos de justificação e elementos de crítica. *In:* SEEFELDER FILHO, Claudio; CALCINI, Fabio Pallaretti; HENARES NETO, Halley; CAMPOS, Rogério. *Comentário sobre transação tributária à luz da Lei 13.988/20 e outras alternativas de extinção do passivo tributário.* São Paulo: Thomson Reuters, 2020, p. 388-389.

2 Da utilização conjunta dos dois institutos

De uma breve análise, constata-se que a Transação Tributária se relaciona à efetiva satisfação da obrigação que deu origem ao crédito tributário, enquanto o Negócio Jurídico Processual serve como instrumento de negociação processual entre as partes litigantes.

Certo é que, respeitados os limites trazidos pelas leis e demais regulamentações concernentes à matéria, a utilização conjunta desses instrumentos consensuais permite potencializar benefícios em favor do contribuinte e do ente público e, em muitos casos, facilitar a concretização de acordos que não seriam admitidos com a aplicação isolada de um dos institutos. Não se perca de vista que a morosidade do Poder Judiciário, endêmica em nosso país, compromete em muito a garantia constitucional da duração razoável do processo.

Pensemos, a título exemplificativo, que determinado contribuinte se encontra em recuperação judicial e, como tal, seus débitos tributários efetivamente são classificados como de difícil recuperação por parte do Fisco. Ademais, tal contribuinte sinaliza interesse em celebrar acordo para diminuição de seu passivo tributário, atualmente sob discussão em execuções fiscais devidamente garantidas por penhora.

Conforme preceitua o art. 11, §5º, da Lei nº 13.988/2020,[25] a Transação Tributária se mostra como instrumento viável de contato entre Fisco e contribuinte, no que diz respeito à celebração de acordo que reduza a dívida tributária em questão. Frente a essa situação, cumpre destacar que não há lesão ao princípio da isonomia, presente no art. 150, II, da CRFB/88. Esse dispositivo firma ser vedado instituir tratamento desigual entre contribuintes que se encontrem em situação equivalente. Fato é que seria incorreto pensar que um executado que se encontra sem nenhuma capacidade contributiva deveria arcar com o mesmo ônus tributário em comparação a outro que, propositalmente, deixa de pagar os tributos devidos.

Retornando ao caso hipotético sob exame, em conjunto com a aplicação da transação, seria viável a celebração de um Negócio Processual Jurídico com vistas a buscar a substituição ou mesmo liberação célere das penhoras que estavam afetadas à dívida. Essa liberalidade encontra-se prevista na Portaria PGFN nº 742, bem como em diversas portarias que cuidam de modalidades de transação, tendo sido expressamente autorizada pelo próprio Fisco.

A título exemplificativo, citam-se o art. 15 da Portaria PGFN/ME nº 6.757/2022 e, de forma mais específica, o artigo 4º da Portaria PGFN nº 1.696/2021, respectivamente:

Art. 15. Sem prejuízo da possibilidade de celebração de Negócio Jurídico Processual para equacionamento de débitos inscritos em dívida ativa da União e do FGTS, nos termos de regramento próprio, é vedada a transação que: [...]
Art. 4. Sem prejuízo da possibilidade de celebração de Negócio Jurídico Processual que verse sobre a aceitação, avaliação, substituição e liberação de garantias, nos termos da Portaria PGFN nº 742, de 21 de dezembro de 2018, a adesão às modalidades de negociação

---

[25] Incluem-se como créditos irrecuperáveis ou de difícil recuperação, para os fins do disposto no inciso I do caput deste artigo, aqueles devidos por empresas em processo de recuperação judicial, liquidação judicial, liquidação extrajudicial ou falência.

previstas nesta Portaria implica manutenção automática dos gravames decorrentes de arrolamento de bens, de medida cautelar fiscal e das garantias prestadas administrativamente ou nas ações de execução fiscal ou em qualquer outra ação judicial.

O contribuinte, portanto, poderia utilizar os instrumentos de forma conjunta com vistas a permitir maior liquidez dos seus ativos, inclusive com a possibilidade de redirecionamento das penhoras para outros débitos inscritos em dívida ativa do Poder Público.

Na mesma linha, Transação Tributária e Negócio Jurídico Processual também podem dialogar em caso de celebração de acordo com intuito de suspender, mediante garantia, créditos ainda não transacionados, mas eleitos para transação individual ainda em negociação junto ao Fisco.

Seria o caso de um contribuinte que desejasse transacionar seus débitos, mas, no curso da negociação, recebeu mandados de penhora e, na iminência de constrições serem efetuadas em seu desfavor, busca a Administração Pública para celebrar Negócio Jurídico Processual, oferecendo um plano de amortização do débito fiscal ou mesmo garantias provisórias, como ferramenta precária, até o momento de sua efetiva adesão no Instrumento da Transação.

Entende-se, ainda, que conjugar o Negócio Jurídico Processual e a Transação Tributária poderia aumentar o espaço de negociação entre o Fisco e o contribuinte. Imaginemos o cenário de uma empresa que deseja transacionar alguns débitos e continuar discutindo judicialmente tantos outros.

Abrilhantaria a discussão caso o contribuinte trouxesse ambas as situações para discussão conjunta com o ente público, em comparação a buscar a via da Transação Tributária ou do Negócio Jurídico Processual de forma apartada. A negociação plural, ainda que mais complexa, envolve uma maior quantidade de crédito tributário, possibilitando o aumento do poder de barganha na negociação, bem como maiores chances de benefício mútuo para as partes envolvidas.

A lógica em nada difere de qualquer negociação no meio comercial: quanto mais se negocia em termos financeiros, maior a probabilidade de desconto e de vantagens para os negociantes. Ora, quanto mais créditos satisfeitos (ou na iminência de assim o serem), mais benefícios o contribuinte poderá alcançar, levando-se em conta o interesse arrecadatório fiscal.

Diante dos exemplos trazidos, é possível concluir pela possibilidade de celebração mútua de Negócio Jurídico Processual e Transação Tributária, enquanto mecanismos de natureza complementar. Nesse sentido, frisa-se que a combinação dessas regras legais – as quais buscam racionalizar, agilizar e reduzir os conflitos, além de legítima, pode ser de excelente proveito no âmbito do direito tributário.

Acima de tudo, em que pese possuírem regramento delimitado em lei e diplomas infralegais, destaca-se a existência de margens férteis para a conjugação desses institutos, com o intuito de potencializar benefícios, principalmente no que diz respeito à coincidência de interesses visando à extinção ou à rápida resolução do crédito tributário.

3 O negócio jurídico processual como alternativa ao contribuinte cujos créditos não são classificados como de difícil recuperação

Como visto, a transação tributária é um instrumento promissor, principalmente no que diz respeito aos contribuintes que possuem inscrições na dívida ativa irrecuperáveis ou de difícil recuperação. A regulamentação do instituto é resultado da tentativa de desjudicialização das execuções fiscais, bem como do interesse em diminuir a litigiosidade que as cerca.

Todavia, a despeito de a evolução ser evidente, esse é um procedimento que tem por base central o interesse discricionário do Fisco em transacionar a dívida tributária com o contribuinte. É dizer, se o crédito tributário não é de difícil recuperação e, como tal, o Fisco tem expectativa de que a dívida será adimplida ao final da execução fiscal, não lhe é interessante prosseguir na construção da Transação Tributária.

Por essa perspectiva, não tendo interesse prático na celebração do instituto, o ente público pode não oferecer propostas suficientemente atraentes (no que se refere aos descontos e às opções de pagamento) para a empresa optante – o que, por óbvio diminuiria as probabilidades da celebração do acordo.

Diante dessa conjuntura, na inviabilidade prática de se recorrer à Transação Tributária, ainda assim o contribuinte poderia recorrer ao instituto do Negócio Jurídico Processual para estabelecer a amortização da dívida ou mesmo o estabelecimento de parâmetros para sua discussão judicial, privilegiando maior efetividade, liberdade para as partes e flexibilização do processo.

Com efeito, consoante se expôs alhures, de acordo com o art. 1, §2º, da Portaria PGFN nº 742/2018, é permitido o NJP acerca de temas como (a) calendarização; (b) plano de amortização do débito fiscal; (c) aceitação, avaliação, substituição e liberação de garantias; e (d) modo de constrição ou alienação de bens. Além disso, é previsto o parcelamento do débito em até 120 vezes, período que pode ser dilatado mediante autorização expressa da Coordenação-Geral de Estratégias de Recuperação de Créditos, prazo esse que é inclusive mais dilatado que o prazo geral imposto pela Transação Tributária em 84 parcelas.

No que diz respeito à calendarização da execução fiscal, esse instrumento é alternativa viável à negociação e estabelecimento dos prazos no decurso da execução fiscal, notadamente atinentes à defesa do contribuinte, estabelecimento de prazos para oferta de garantia e provas a serem produzidas nos autos. Em outras palavras, portanto, exequente e executado acordarão o cronograma da execução fiscal no que diz respeito às etapas processuais do feito.

Sobre o tópico da amortização, a celebração do Negócio jurídico Processual pode ser vislumbrada como uma alternativa que possibilite a quitação da dívida tributária com parcelas mais favoráveis em um determinado período de tempo, em especial para contribuintes que não possam fruir dos descontos a serem alcançados mediante transação tributária. Esse ponto é de extrema relevância para o ente público, na medida em que o Fisco busca, em última análise, a satisfação definitiva do crédito tributário.

Outro ponto relevante incorporado à figura do Negócio Jurídico Processual diz respeito à possibilidade de pactuação acerca das garantias ofertadas no bojo da execução fiscal. Como se sabe, o art. 11 da Lei nº 6.830/80[26] estabelece uma ordem específica de aceitação de ativos para fins de penhora no feito executivo, a qual é, via de regra, seguida pelas Procuradorias no âmbito das respectivas discussões.

Sendo assim, diante de cenários de instaurada crise ou mesmo se considerada a impossibilidade de oferecimento de ativos líquidos – o Negócio Jurídico Processual pode configurar instrumento hábil para viabilizar a celebração de acordo que vise, por exemplo, a aceitação temporária de garantia que seja de menor liquidez. Justamente por ofender a ordem de preferência do artigo 11 da LEF, a princípio ativos menos líquidos não seriam aceitos pela Procuradoria, razão pela qual o acordo estabeleceria saída para o impasse existente.

Nesse contexto, as partes poderiam não somente estabelecer a aceitação provisória de garantias, como também plano para substituição desse ativo quando o cenário de crise fosse ultrapassado ou mesmo calendarização para que, gradativamente, o contribuinte ofereça alternativas para promover maior liquidez à penhora existente no processo. Ambas as partes ganham no acordo: o contribuinte, com a suspensão da execução, possibilidade de oferecimento de embargos e acesso à sua Certidão de Regularidade Fiscal, ao passo que a Procuradoria, com a celebração de acordo formal estabelecendo, no futuro, compromisso para penhora de ativos de maior liquidez, atendendo à proposta do art. 11 da LEF.

Do mesmo modo, o Negócio Jurídico Processual pode ser utilizado, ainda quanto ao tópico das garantias, como instrumento apto a negociar eventual necessidade de substituição (no caso, por exemplo, de necessidade de venda do ativo) ou liberação de penhoras existentes em caso de redução da CDA, o que encurtaria o prazo de análise e concretização da medida perante o Poder Judiciário.

Por fim, o Negócio Jurídico Processual também poderá envolver a discussão acerca da constrição e alienação de ativos, como, por exemplo, no caso de o contribuinte pretender acesso à sua certidão fiscal mediante compromisso em vincular o produto da venda de um imóvel não penhorado a um débito que estava em aberto em seu relatório fiscal.

De modo geral, portanto, o Negócio Jurídico Processual envolve uma série de instrumentos postos em favor dos contribuintes para que possam, junto aos entes Exequentes, promover o equacionamento das discussões tributárias em âmbito de execução fiscal. Em última análise, nas hipóteses em que o pagamento, parcelamento ou transação da dívida tributária não se configuram como opções favoráveis ao contribuinte (seja pela ausência de benefícios ou mesmo de caixa para amortização da dívida), o Negócio Jurídico Processual pode ser alternativa viável a processualmente buscar saídas para dar maior fôlego aos executados e viabilizar o prosseguimento da discussão judicial e/ou a satisfação da dívida junto à autoridade fiscal.

---

[26] "Art. 11 – A penhora ou arresto de bens obedecerá à seguinte ordem:
   I – dinheiro;
   II – título da dívida pública, bem como título de crédito, que tenham cotação em bolsa;
   III – pedras e metais preciosos;
   IV – imóveis;
   V – navios e aeronaves;
   VI – veículos;
   VII – móveis ou semoventes; e
   VIII – direitos e ações.

Considerações finais

Diante dos passos adotados pela Procuradoria-Geral da Fazenda Nacional, percebe-se um novo cenário se aproximando na relação entre Fisco e contribuinte, o qual privilegia formas alternativas de quitação do débito tributário ou, alternativamente, de negociação entre as partes a fim de buscar benefícios mútuos. Através dessa nova ordem, prestigia-se a flexibilização de comportamentos entre Fisco e contribuinte, de forma a trazer maior racionalidade e economia processual ao sistema tributário. Dentro de seus limites, tanto o Negócio Jurídico Processual como a Transação Tributária se mostram como instrumentos promissores para a concretização dessa aproximação entre as partes.

A Transação Tributária, como visto, permite repactuação da dívida com descontos vantajosos e prazos extensos para pagamento, contudo parte da premissa inequívoca de que os débitos exequendos sejam considerados irrecuperáveis ou de difícil recuperação. Dessa feita, a Transação não se aplica a todo e qualquer contribuinte, sobretudo aqueles que, por questões fáticas específicas, não conseguem enquadrar seus débitos com ratings favoráveis à transação.

Justamente nesse contexto é que o Negócio Jurídico Processual pode ser utilizado como alternativa para que, independentemente da classificação do débito, o contribuinte consiga flexibilizar a discussão judicial desses débitos, seja através da amortização acordada da dívida, seja através do estabelecimento de acordos processuais para garantia e andamento do feito executivo. Em suma, portanto, o Negócio Jurídico Processual é instrumento que viabiliza a autocomposição como alternativa à transação tributária, gerando benefícios para ambos os negociantes e, sob o ponto de vista da Empresa, o equacionamento das suas dívidas tributárias em casos em que a Transação Tributária se demonstrou inviável.

Por fim, um elemento de suma importância necessita ser observado: a necessidade de que interpretação da transação tributária à luz do princípio da proteção da confiança.

Com efeito, o art. 1º, §2º, da Lei nº 13.988/2020 elenca os princípios a serem observados quanto ao instituto da transação tributária:

> §2º Para fins de aplicação e regulamentação desta Lei, serão observados, entre outros, os princípios da isonomia, da capacidade contributiva, da transparência, da moralidade, da razoável duração dos processos e da eficiência e, resguardadas as informações protegidas por sigilo, o princípio da publicidade.

Para além dos citados princípios, é necessário aproximar o contribuinte do Fisco, construindo uma relação de confiança, bem como reduzir a litigiosidade e buscar as melhores condições para satisfação do crédito tributário, quando devido for, mas jamais (a) ferir o devido processo legal e (b) permitir que contribuintes, de mesmo patamar isonômico, tenham as mesmas condições de tratamento quando das negociações.

Nesse sentido, a celebração de transações tributárias e negócios jurídicos processuais é necessária, por todas as razões a que se aludiu no presente trabalho. Contudo, mostra-se imprescindível que as transações tributárias logrem êxito na promoção da confiança dos contribuintes no sistema jurídico. Ao final de contas, nos dizeres de Niklas Luhmann: "Mostrar confiança é antecipar o futuro. É comportar-se como se o futuro fosse certo".[27] Somente a manutenção da confiança, da segurança e das estabilidades nas relações sociais pode fazer com que o Direito sobreviva.

Referências

AGÊNCIA BRASIL. Contas públicas têm déficit de R$702,9 bilhões em 2020. Disponível em: https://agenciabrasil.ebc.com.br/economia/noticia/2021-01/contas-publicas-tem-deficit-de-r-7029-bilhoes-em-2020#:~:text=O%20d%C3%A9ficit%20das%20contas%20p%C3%BAblicas,em%20igual%20per%C3%ADodo%20de%202019. Acesso em: 09 fev. 2021

BALEEIRO, Aliomar; DERZI, Misabel. *Direito Tributário brasileiro*: CTN comentado. 14. ed. Rio de Janeiro: Forense, 2018.

BATISTA JÚNIOR, Onofre Alves. *Princípio constitucional da eficiência administrativa*. 2. ed., rev. e atual. Belo Horizonte, Fórum, 2012.

BECHO, Renato Lopes; FEDERIGHI, André Catta Preta. Análise econômica da transação tributária: fundamentos de justificação e elementos de crítica. *In*: SEEFELDER FILHO, Claudio; CALCINI, Fabio Pallaretti; HENARES NETO, Halley; CAMPOS, Rogério. *Comentário sobre transação tributária à luz da Lei 13.988/20 e outras alternativas de extinção do passivo tributário*. São Paulo: Thomson Reuters, 2020, p. 379-397.

CALICNI, Fábio Pallaretti. Transação Tributária: modalidades, proposta, hipóteses de rescisão e vedações. *In*: SEEFELDER FILHO, Claudio; CALCINI, Fabio Pallaretti; HENARES NETO, Halley; CAMPOS, Rogério. *Comentário sobre transação tributária à luz da Lei 13.988/20 e outras alternativas de extinção do passivo tributário*. São Paulo: Thomson Reuters, 2020, p. 167-195.

CNJ. Justiça em números. Disponível em https://www.cnj.jus.br/wp-content/uploads/conteudo/arquivo/2019/08/justica_em_numeros20190919.pdf. Acesso em: 09 mar. 2021.

COÊLHO, Sacha Calmon Navarro. *Curso de direito tributário brasileiro*. 17. ed. Rio de Janeiro: Forense, 2020.

DIDIER, Fredie. Negócios jurídicos processuais atípicos no Código de Processo Civil de 2015. Disponível em: http://www.mpsp.mp.br/portal/page/portal/documentacao_e_divulgacao/doc_biblioteca/bibli_servicos_produtos/bibli_boletim/bibli_bol_2006/RBA_n.01.04.PDF. Acesso em 09 mar. 2021

DINAMARCO, Cândido Rangel. O novo Código de Processo Civil brasileiro e a ordem processual civil vigente. *Revista de Processo*, v. 247, p. 63-103, set. 2015.

GAJARDONI, Fernando da Fonseca. *Flexibilização procedimental*: um novo enfoque para o estudo do procedimento em matéria processual, de acordo com as recentes reformas do CPC. São Paulo: Atlas, 2008.

HENARES NETO, Halley. Transação tributária: delegação de poderes e discricionariedade no âmbito tributário e os aspectos comparativos com o negócio jurídico processual. *In*: SEEFELDER FILHO, Claudio; CALCINI, Fabio Pallaretti; HENARES NETO, Halley; CAMPOS, Rogério. *Comentário sobre transação tributária à luz da Lei 13.988/20 e outras alternativas de extinção do passivo tributário*. São Paulo: Thomson Reuters, 2020, p. 225-256.

JUNQUEIRA, Helena Marques. *Transação Tributária*. Tese (Doutorado em Direito) – Pontifícia Universidade Católica de São Paulo, São Paulo, 2009.

LUHMANN, Niklas. *Confianza*. Santiago: Anthropos, 1996.

NABAIS, José Casalta. *Direito fiscal*. 6. ed. Coimbra: Almedina, 2011, p. 3.

NERY JUNIOR, Nelson; NERY, Rosa Maria de A. *Código Civil comentado*. 11. ed. São Paulo: Revista dos Tribunais, 2014.

OAB-SP. Seminário de Direito Tributário e do Contencioso Tributário da OAB SP. Disponível em: https://www.youtube.com/watch?v=OEGd984qdYI. Acesso em: 12 mar. 2021.

---

[27] LUHMANN, Niklas. *Confianza*. Santiago: Anthropos, 1996, p. 21.

PAULSEN, Leandro. Comentários sobre transação tributária à luz da Lei nº 13.988/20 e outras alternativas de extinção do passivo tributário. *In*: SEEFELDER FILHO, Claudio; CALCINI, Fabio Pallaretti; HENARES NETO, Halley; CAMPOS, Rogério. *Comentário sobre transação tributária à luz da Lei 13.988/20 e outras alternativas de extinção do passivo tributário*. São Paulo: Thomson Reuters, 2020, p. 301-318.

PEREIRA, José Matias. *Finanças públicas*: a política orçamentária no Brasil. 2. ed. São Paulo: Atlas, 2003.

PEREIRA, Luiz Carlos Bresser. Estratégia e estrutura para um novo Estado. *Revista do Serviço Público*. Brasília. v. 48, n. 1, p. 5-25, jan./abr. 1997, p. 12-13.

SILVA, Jean Paolo Simei e; AIRES, Matheus de Paula Aires. Negócio jurídico processual como forma de solução do passivo tributário. *In*: SEEFELDER FILHO, Claudio; CALCINI, Fabio Pallaretti; HENARES NETO, Halley; CAMPOS, Rogério. *Comentário sobre transação tributária à luz da Lei 13.988/20 e outras alternativas de extinção do passivo tributário*. São Paulo: Thomson Reuters, 2020, p. 279-299.

Informação bibliográfica deste texto, conforme a NBR 6023:2018 da Associação Brasileira de Normas Técnicas (ABNT):

LOBATO, Valter de Souza; TEIXEIRA, Tiago Conde; ALMEIDA, Rafael Caldeira. Transação tributária e negócio jurídico processual. *In*: SARAIVA FILHO, Oswaldo Othon de Pontes (coord.). *Transação e Arbitragem Tributárias*. Belo Horizonte: Fórum, 2023. (Coleção Fórum grandes temas atuais de Direito Tributário ; v.2). p. 79-95. ISBN 978-65-5518-465-5.

AS CONDIÇÕES ESPECIAIS DA TRANSAÇÃO TRIBUTÁRIA FEDERAL E O EMPREGO DA CESSÃO DE CRÉDITOS (PRECATÓRIOS) PARA LIQUIDAÇÃO DO VALOR TRANSACIONADO

MARIA INÊS MURGEL

DANILO DE CASTRO

Aspectos gerais da transação tributária

O instituto da transação, como consabido, não foi criado para o tratamento das dívidas de natureza tão peculiar como as tributárias. Muito antes de se tornar modalidade de extinção do crédito tributário, conforme prevê o artigo 156, III, do Código Tributário Nacional, a transação foi pensada e utilizada como forma de solução de dívidas de natureza privada.

O termo "transação" decorre de transigir, ou seja, conceder. Nessa linha, o espírito da transação liga-se intimamente ao ato de fazer concessões e, mais, concessões mútuas em que devedor e credor se comprometerão pela realização de concessões. Assim, a principal marca da transação é a sua evidente natureza contraprestacional, em que vantagens são reciprocamente concedidas pelas partes transacionantes para que seja alcançado um objeto comum às partes, a solução de uma dívida.

Em seara privada, os artigos 840 a 850 do Código Civil delimitam os principais termos da transação, dentre os quais salta aos olhos o disposto no artigo 841, que prevê expressamente que só é lícita a transação que envolva direitos patrimoniais de caráter privado. Não é de se estranhar que o legislador, ao celebrar a indisponibilidade do interesse público e a sua primazia sobre os interesses privados, vedasse a transação de direitos públicos.

Entretanto, a exemplo do que já vinha ocorrendo no âmbito patrimonial privado, mesmo ante o especial caráter das dívidas tributárias, os devedores da Fazenda Pública passaram a solicitar a atenção do legislador ordinário para a instauração da possibilidade da transação de caráter fiscal/tributário.

Ressalte-se que o art. 171 do Código Tributário Nacional confere ao legislador ordinário o poder de facultar aos sujeitos ativo e passivo da obrigação tributária celebrar transação que, mediante concessões mútuas, importe em determinação de litígio e consequente extinção do crédito tributário.

No exercício dessa potestade, e atendendo a esses anseios dos contribuintes, é que veio a ser promulgada a Medida Provisória nº 899/2019, posteriormente convertida na Lei nº 13.988/2020, que finalmente trouxe em seu bojo a instituição da transação fiscal perante a União Federal e suas respectivas modalidades. Tal iniciativa merece ser festejada, principalmente considerando o colapso econômico-financeiro decorrente da crise sanitária enfrentada mundialmente desde 2020. Mas não só por isso. Trata-se de poderoso instrumento para a validação da boa-fé e fortalecimento da confiança nas relações entre Fisco e contribuinte.

De fato, a transação é um meio de consolidação da confiança e da convicção de segurança jurídica que os contribuintes almejam. Nessa linha, a Lei nº 13.988/2020 andou bem quando elencou os princípios que deverão norteá-la, valendo destacar, dentre eles, a presunção de boa-fé do contribuinte; a redução de litigiosidade; a adequação dos meios de cobrança à capacidade de pagamento dos devedores inscritos em dívida ativa da União; e a publicidade e transparência ativa, ressalvada a divulgação de informações protegidas por sigilo.

Lembremo-nos que a instauração da possibilidade de transacionar débitos fiscais ocorre justamente em um momento extremamente delicado não só para os contribuintes, mas para a própria Fazenda Nacional. Segundo o levantamento "PGFN em Números" referente ao ano de 2020,[1] dos mais de dois trilhões de reais correspondentes aos créditos da Fazenda Nacional, contabilizados entre Dívida Ativa da União e do Fundo de Garantia por Tempo de Serviço (FGTS), foram recuperados pouco mais de 24 bilhões, o que indica a baixa recuperabilidade daqueles créditos.

Essa realidade ímpar acaba por fazer da transação fiscal uma saída bastante interessante para o credor público que se vê, principalmente após os efeitos mais nocivos da pandemia que vivemos, extremamente preocupado com a saúde financeira de seus devedores atuais e com importante recuo na arrecadação federal. No ano de 2020, graças aos efeitos recessivos da pandemia aliados a programas de renúncia fiscal

---

[1] Fonte: https://www.gov.br/pgfn/pt-br/acesso-a-informacao/institucional/pgfn-em-numeros-2014/pgfn-em-numeros-2020/view. acesso: 18 mar. 2021.

implementados pela União, a arrecadação federal caiu 6,91%, segundo a imprensa especializada.[2]

Não é de se estranhar, portanto, que o legislador ordinário venha a se ocupar com a criação de outros meios, para além dos mais tradicionais e incisivos, cujo objetivo seja promover a recuperação do Erário, espírito que veio permear toda a edição da Lei nº 13.988/2020.

A Lei nº 13.988/2020 criou duas modalidades básicas de transação: (i) por proposta individual, marcada fundamentalmente pela análise individualizada da situação do devedor, seja por inciativa da Administração Pública (quando oferecida ao contribuinte) ou por meio de proposta formulada pelo devedor à Administração e (ii) por adesão, em que a entidade competente lança um edital público com diversas condições de transação predeterminadas ao qual o contribuinte interessado, enquadrando-se nos critérios prescritos no próprio edital, poderá aderir.

Além disso, a Lei nº 13.988/2020 detalhou os parâmetros gerais para a elaboração e adoção dos acordos de transação pelos contribuintes interessados face à Administração Pública representada pelos órgãos de controle e cobrança dos créditos da União, solidificando a compreensão da transação como um acordo de vontades entre credor público e devedor privado, capaz de, considerado o potencial de recuperação do crédito em contraposição às limitações de solvência do devedor, estabelecer concessões mútuas no ânimo de recompor o Erário e solver a dívida privada.

Mesmo apresentando diversas regras sobre a seleção e possibilidades de concessão sobre os valores dos créditos a transacionar, o legislador entendeu por reforçar de forma determinante a participação dos atores de interesse, ao outorgar-lhes a competência para editar atos infralegais capazes de influenciar diretamente as possibilidades e oportunidades oferecidas aos contribuintes interessados em transacionar suas dívidas.

É o caso dos artigos 14, 15 e 22 da Lei nº 13.988/2020, que outorgam ao Procurador-Geral da Fazenda Nacional, ao Advogado-Geral da União e ao Secretário Especial da Receita Federal do Brasil, respectivamente, o poder de editar, respeitadas as limitações de suas competências, atos tais que regulem a aplicação e operacionalização dos comandos daquela lei, podendo inclusive definir critérios e condições sobre os quais o diploma legal silencia. Além disso, especificamente nas propostas de transação por adesão ou individual por iniciativa do órgão público, mais importante ainda é o papel da Administração Pública, que redige unilateralmente os editais de transação aos quais, cumprindo os critérios de enquadramento previstos, poderão os contribuintes optar por aderir.

À guisa desse ânimo regulador é que, ainda na vigência da Medida Provisória nº 889/2019, a Procuradoria-Geral da Fazenda Nacional editou a Portaria PGFN nº 11.956/2019, posteriormente revogada e substituída pelas previsões da Portaria PGFN nº 9.917/2020,[3] em que aquele órgão estabeleceu os critérios de concessão de transação das dívidas por ele administradas.

---

[2]   Fonte: https://agenciabrasil.ebc.com.br/economia/noticia/2021-01/arrecadacao-federal-cai-691-em-2020. Acesso em: 18 mar. 2021.

[3]   Nota do editor: A Portaria PGFN nº 9.917/20 foi revogada pela Portaria PGFN/ME nº 6.757/22.

Dentre os mais de setenta artigos daquele ato, vale mencionar o artigo 8º,[4] que preceitua que as modalidades de transação previstas na portaria poderão envolver, a exclusivo critério da Procuradoria-Geral da Fazenda Nacional, o oferecimento de descontos aos débitos considerados irrecuperáveis ou de difícil recuperação; a possibilidade de parcelamento; a possibilidade de diferimento ou moratória; a flexibilização das regras para aceitação, avaliação, substituição e liberação de garantias; a flexibilização das regras para constrição ou alienação de bens; e também a possibilidade de utilização de créditos líquidos e certos do contribuinte em desfavor da União, reconhecidos em decisão transitada em julgado, ou de precatórios federais próprios ou de terceiros, para fins de amortização ou liquidação de saldo devedor transacionado.

E é justamente a possibilidade de se utilizar créditos provenientes de precatórios para quitar dívidas contraídas junto à Fazenda Pública que passamos a analisar.

A utilização de precatórios para pagamento dos valores transacionados

A utilização de créditos advindos de precatórios federais para amortização ou liquidação dos valores transacionados está prevista no artigo 8º, inciso VI, da Portaria PGFN nº 9.917/20, e ocorrerá desde que respeitadas as exigências da mesma portaria.[5]

Interessante mencionar que, embora os artigos 8º e 57[6] da Portaria PGFN nº 9.917/2020 determinem o aproveitamento exclusivo de precatórios federais, não fazem reservas com relação à sua natureza (tributária ou não), permitindo também que o precatório oferecido em pagamento seja de titularidade do devedor interessado ou de terceiros.

A preocupação da Procuradoria Fazendária volta-se, então, à tarefa de assegurar e documentar adequadamente a transmissão do direito de crédito à Fazenda Nacional. Exige, no artigo 58 da mencionada portaria, a cessão fiduciária do direito creditório à União através de Escritura Pública lavrada no Registro de Títulos e Documentos; a apresentação de cópia da petição, devidamente protocolada no processo originário do crédito, informando sua cessão fiduciária à União mediante Escritura Pública, com pedido para que o juiz comunique a cessão ao tribunal para que, quando do depósito, coloque os valores à sua disposição, com o objetivo de liberar o crédito diretamente em favor da União; bem como a apresentação de certidão de objeto e pé do processo originário do crédito, atestando, no caso de precatório próprio, que não houve cessão do crédito a terceiros e, no caso de precatórios de terceiros, que o devedor é o único beneficiário.

Originalmente, a Portaria PGFN nº 9.917/2020 previa que a cessão fiduciária de precatórios próprios ou de terceiros deveria ocorrer em sua totalidade, ainda que em valor superior aos débitos inscritos em dívida ativa da União, sendo vedada a aceitação

---

4   Nota do editor: O art. 8º da Portaria revogada corresponde ao art. 8º da nova Portaria.

5   Nota do editor: O art. 8º, VI, da Portaria revogada corresponde ao art. 8º da nova Portaria, VI.

6   Nota do editor: A Portaria PGFN nº 9.917/20 foi revogada pela Portaria PGFN/ME nº 6.757/22. O art. 57 da Portaria revogada corresponde ao art. 78 da nova Portaria.

de cessão parcial. Determinava também que acaso o valor do precatório cedido superasse a dívida transacionada, os valores residuais só seriam devolvidos ao devedor se não detivesse ele mais nenhum débito inscrito em dívida ativa, mesmo que se encontrassem com exigibilidade suspensa.

Tal previsão, por óbvio, era desencorajadora para o contribuinte. Deveras, mesmo que os valores excedentes pudessem ser utilizados para a quitação de parcelamentos ou para a substituição de garantias anteriormente prestadas, é fato que o excedente do precatório de valor superior ao débito transacionado poderia representar um imediato alívio no caixa do contribuinte, e possibilitá-lo a honrar outras despesas também necessárias à sua atividade, tais como o pagamento da folha de salários.

Imagine o cenário de um contribuinte que possuísse débito inscrito em dívida ativa, cuja exigibilidade estivesse suspensa por decisão judicial. Nesse caso, o valor excedente do precatório, de acordo com a previsão antes vigente, deveria permanecer retido no processo até a conclusão da ação judicial tributária.

Contudo, em face dos efeitos da pandemia causada pelo coronavírus (covid-19), objetivando preservar a manutenção das atividades econômicas e impactar positivamente a perspectiva de recebimento de créditos inscritos em dívida ativa, a Procuradoria-Geral da Fazenda Nacional flexibilizou essa regra ao editar a Portaria PGFN nº 14.402/2020.[7] Tal normativo passou a permitir, ao lado da cessão total de precatórios próprios ou de terceiros, a sua cessão parcial. Desse modo, permitida está a cessão de apenas parte do valor do precatório, de modo a assegurar ao contribuinte o direito a receber o valor excedido, sem ter que se sujeitar a injustificáveis condicionantes e esperas.

De todo modo, como exposto, mantém-se a possibilidade de cessão total do precatório judicial. E, caso o contribuinte opte pela cessão total e, mesmo assim, o valor do precatório seja superior ao valor do débito transacionado, poderá ele utilizá-lo para amortizar ou liquidar débitos inscritos em dívida ativa, ou mesmo substituir garantias anteriormente prestadas em processos judiciais pelo saldo remanescente depositado.

Não há como negar que possibilitar a utilização de precatório para o pagamento dos débitos transacionados foi uma excelente iniciativa do legislador, e que foi providencialmente acatada pela Procuradoria-Geral da Fazenda Nacional (que admitiu a cessão parcial do precatório). Trouxe conforto e segurança para o contribuinte, que se livrou do risco de uma longa espera para o pagamento do precatório a que faz jus, e moralizou a conduta do Poder Executivo, evitando a sua inadimplência e a inobservância à legislação vigente e mesmo às decisões judiciais que determinam o pagamento de suas dívidas.

Há de se ressaltar, ainda, a oportunidade criada com a autorização de utilização de precatório de terceiros para a quitação da dívida transacionada: os contribuintes poderão comprar precatórios com deságio, por valor menor do que o seu valor de face, e pagar seus débitos tributários de forma financeiramente mais vantajosa.

O artigo 60[8] da portaria dispõe que, uma vez que o precatório seja depositado em conta à disposição do juízo, a unidade da Procuradoria-Geral da Fazenda Nacional

---

7   Nota do editor: A Portaria PGFN nº 9.917/20 foi revogada pela Portaria PGFN/ME nº 6.757/22. O art. 59, alterado pela Portaria PGFN nº 14.402/2020, corresponde ao art. 81 da nova Portaria.

8   Nota do editor: A Portaria PGFN nº 9.917/20 foi revogada pela Portaria PGFN/ME nº 6.757/22. O art. 60 da Portaria revogada corresponde ao art. 82 da nova Portaria.

responsável deverá solicitar a liberação dos valores para liquidação do saldo devedor transacionado, apresentando os documentos de arrecadação correspondentes.

Tal exigência merece uma crítica: considerando que se trata de precatório de débito da própria União Federal, cuja cessão fiduciária é realizada por escritura pública, por que aguardar o seu depósito em conta à disposição do juízo para que haja a efetiva liquidação do saldo devedor transacionado? Na prática, uma morosidade da Procuradoria, além de não permitir ao contribuinte a imediata obtenção de Certidão Negativa de Débitos, poderá gerar um descasamento entre o valor do precatório cedido e o débito fiscal atualizado. O risco de descasamento é maior caso o precatório cedido não seja de natureza tributária e, por conseguinte, não seja corrigido pela SELIC. Trata-se de risco que poderia ser facilmente eliminado.

Com a expressa admissão de cessão parcial dos precatórios, havendo saldo de precatório remanescente, tais valores serão, então, devolvidos ao devedor-cedente, observadas as regras e prazos aplicáveis à devolução de precatórios. Isso porque as condições impostas pela portaria em seu artigo 61[9] para a devolução do saldo remanescente do precatório perdem sua razão de ser em face da possibilidade de sua cessão parcial.

Não há dúvidas de que o emprego da cessão de precatórios para a liquidação dos valores transacionados representa um avanço importante nas relações fiscais. Sabendo que o objetivo dessa estratégia é maximizar a captação de recursos pela União Federal e também socorrer as empresas num momento de excepcional dificuldade econômica, trata-se de medida razoável, proporcional e fundamental para que seja bem-sucedida.

Informação bibliográfica deste texto, conforme a NBR 6023:2018 da Associação Brasileira de Normas Técnicas (ABNT):

MURGEL, Maria Inês; CASTRO, Danilo de. As condições especiais da transação tributária federal e o emprego da cessão de créditos (precatórios) para liquidação do valor transacionado. *In*: SARAIVA FILHO, Oswaldo Othon de Pontes (coord.). *Transação e Arbitragem Tributárias*. Belo Horizonte: Fórum, 2023. (Coleção Fórum grandes temas atuais de Direito Tributário ; v.2). p. 97-102. ISBN 978-65-5518-465-5.

---

[9] Nota do editor: A Portaria PGFN nº 9.917/20 foi revogada pela Portaria PGFN/ME nº 6.757/22. O art. 61 da Portaria revogada corresponde ao art. 83 da nova Portaria.

PAGAMENTO DO VALOR TRANSACIONADO VIA PRECATÓRIOS

HARRISON LEITE

1 Introdução

A relação entre o Fisco e o contribuinte no Brasil é permeada por acirradas discussões. Se, de um lado, o Erário busca a maior arrecadação possível, para fazer frente às despesas públicas que não param de crescer, por outro, há um plexo de normas jurídicas que impedem esse avanço estatal desmedido, solidificado em limites impostos pela Constituição ao poder de tributar.[1]

Essa tensão entre a necessidade de receita e as normas limitativas faz com que haja demandas intermináveis em torno do tema da tributação, tendo como reflexo o fato de que apenas os processos de execução fiscal representam mais de 70% (setenta por cento) do estoque em execução[2] no país. Lado outro, há cerca de 2,4 trilhões de reais

---

[1] Sobre o tema, ver ÁVILA, Humberto. *Sistema Constitucional Tributário*. São Paulo: Saraiva, 2004.

[2] JUSTIÇA em números: execução fiscal eleva arrecadação do Judiciário. Conselho Nacional de Justiça. Disponível em https://www.cnj.jus.br/justica-em-numeros-execucao-fiscal-eleva-arrecadacao-do-judiciario/. Acesso em: 21 mar. 2021.

inscritos na dívida ativa[3] da União,[4] com pouquíssima esperança de arrecadação, seja em virtude da ausência de capacidade econômica dos devedores, seja pela morosidade nas discussões judiciais dos temas ou, em menor proporção, pela vantajosidade em protelar o pagamento para fazê-lo com benefícios de redução da dívida.

Com essa realidade estampada, a efetivação de instrumentos de solução de conflitos é medida que se impõe. Para tanto, ao longo dos últimos anos, o Governo criou programas especiais de parcelamento, muitos deles com reduções consideráveis nos acréscimos legais, mas sem a eficiência esperada. Na verdade, desde o Programa de Recuperação Fiscal previsto na Lei nº 9.964/00, conhecido com Refis, o Parlamento aprovou cerca de 40 políticas de regularização fiscal, dos mais variados modos, de eficácia duvidosa.[5]

Nesse diapasão, e fugindo das alternativas conhecidas, surge a transação tributária, instituto vetusto e até inutilizado, pelas dificuldades que se verão, e que, pela recente experiência, tem se consistido numa inovação na prática jurídica bem recebida, não bastasse pelo instituto em si, como também por outros instrumentos a ele correlatos, como se deu com a possibilidade de utilização de precatórios, próprios ou de terceiros, para amortização ou liquidação de saldo devedor transacionado.

Este artigo versará sobre o pagamento do tributo via transação com precatório, destacando a importância da medida como instrumento de efeito duplo, tanto para redução da dívida do Estado com os seus credores quanto pela redução dos litígios fiscais com o consequente pagamento de tributos. Se, por um lado, o contribuinte pode transacionar sua dívida tributária com precatórios, por outro, o Estado pode baixar o seu estoque de dívida consolidada e com isso reduzir o seu endividamento.

2 Da transação tributária

Medida bem recebida por todos os contribuintes,[6] a transação tributária consiste num método de solução de conflitos esperado há mais de 50 anos, demora que se

3 Sobre o conceito de dívida ativa, ver NETTO, Agostinho do Nascimento. Dívida Ativa: tributária e não tributária. *In*: MARTINS, Ives Gandra da Silva; MENDES, Gilmar; NASCIMENTO, Carlos Valder do (org.). *Tratado de direito financeiro*. São Paulo: Saraiva, 2013. v. 2.

4 Segundo dados da Procuradoria-Geral da Fazenda Nacional – PGFN, de 2019, o estoque atual dos créditos da União é de R$2,4 trilhões, envolvendo mais de 19 milhões de débitos sob a responsabilidade de 4,9 milhões de devedores. Informações obtidas no sítio www.pgfn.gov.br.

5 A ineficácia dos parcelamentos tem sido relatada pela Receita Federal no seu *Estudo sobre Impactos dos Parcelamentos Especiais*, de 2019: "Os elevados percentuais de exclusão de contribuintes dos parcelamentos especiais e o expressivo aumento do passivo tributário administrado pela Receita Federal evidenciam que os parcelamentos não são instrumentos eficazes para a recuperação do crédito tributário, além de causar efeitos deletérios na arrecadação tributária corrente, posto que o contribuinte protela o recolhimento dos tributos na espera de um novo parcelamento especial". Disponível em: http://receita.economia.gov.br/dados/20171229-estudo-parcelamentos-especiais.pdf.

6 Em 2020, 268 mil contribuintes aderiram a essas renegociações, com dívidas que totalizam R$81,9 bilhões. Para fechar os acordos, o governo concedeu descontos, abrindo mão de arrecadar R$25,6 bilhões. Disponível em: http://www.e-auditoria.com.br/publicacoes/governo-estuda-abrir-nova-renegociacao-de-dividas-tributarias-com. Acesso em: 02 fev. 2021.

justifica pela dificuldade de se compreender como ela poderia ser efetivada.[7] Consiste numa forma de extinção do crédito tributário através de concessões entre credor e devedor, nisso residindo sua dificuldade de saber como controlar os limites do credor (Estado) para a busca da solução no caso concreto, sem incorrer em malferimento do interesse público.

Se, por um lado, os bens particulares são disponíveis e podem ser cedidos para se chegar a um acordo, por outro, em se tratando de bens públicos, como é a receita pública, tais são indisponíveis, dada a sua finalidade de justiça fiscal e de proteção dos direitos fundamentais assegurados com políticas públicas. Pensando assim, reduzido é o espaço para manifestação de vontade do Fisco numa relação tributária.

Em que pese a dificuldade, diversos são os atributos da transação que reforçaram a sua regulamentação e a transposição dos óbices. Trata-se de instituto que atende à completude do sistema tributário, dado que dá ensanchas à efetivação do princípio da igualdade, por conta da análise das particularidades do contribuinte que adere ao instituto, aliado com a proposta de soluções com vistas ao seu caso concreto. Há um tratamento personalizado. E nisso difere do simples parcelamento, solução cíclica e pouco eficiente, que, em muitas hipóteses, trata contribuintes de diferentes capacidades contributivas de forma igual, sobre o qual a recente história brasileira tem comprovada a sua baixa eficácia.

Na transação, cada contribuinte é tratado com a particularidade do seu caso, o que permite ao Fisco cruzar as informações que possui, apurar a capacidade de pagamento, analisar os impactos de eventuais crises econômicas e, a partir daí, realizar uma classificação dos débitos, a fim de perfectibilizar a extinção do crédito, de modo distinto entre cada contribuinte. Diferentemente, o parcelamento permite que contribuintes, inclusive aqueles com elevada capacidade de pagamento, das mais diversas categorias, beneficiem-se de um programa sem justificativa plausível para alguns casos, a resultar num gasto tributário ineficiente.

Sua previsão normativa está no art. 171 do Código Tributário Nacional. Ali a lei permite que um crédito tributário seja extinto através de concessões mútuas, "autêntico acordo entre a Fazenda Pública e os devedores, em que estas partes renunciam ao questionamento de seus eventuais direitos relativos ao tributo".[8] Nesse ponto reside sua dificuldade, pela necessidade de se calibrar a discricionariedade da autoridade administrativa na solução do caso concreto.

Ao passo que, na iniciativa privada, a transação pode ocorrer com "concessões mútuas" livremente (art. 840 do Código Civil), no âmbito fiscal exige-se lei para limitar a liberdade do acordo firmado entre a Autoridade Fiscal e o contribuinte. A dificuldade de se precisar os limites dessa lei foi o percalço que perseguiu a efetivação do instituto, dado que os servidores do Estado não possuem, pelo costume brasileiro, prática no

---

[7] Afirma Regina Helena Costa: "O emprego da transação em relação a obrigações tributárias sempre deu margem à polêmica, diante do entendimento, algo generalizado, de que a figura é incompatível com o regime de direito público, no qual exsurge, como princípio de maior importância, a indisponibilidade do interesse público, que predicaria a impossibilidade de transação. Entretanto, a objeção não nos parece válida, uma vez que a transação, nesse contexto, somente poderá ser efetuada observados os parâmetros fixados na Constituição e na lei, em consonância com o aludido princípio". COSTA, Regina Helena. *Curso de Direito Tributário*. 2. ed. São Paulo: Saraiva, 2012, p. 282.

[8] MELO, José Eduardo Soares de. *Curso de Direito Tributário*. São Paulo: Dialética, 2021, p. 322.

exercício do juízo de conveniência e oportunidade para a diminuição de tributos e seus acréscimos legais quando das concessões a serem estabelecidas pelo Estado.[9]

A Lei nº 13.988/20 esteve atenta a todos esses percalços e pavimentou um novo marco na conciliação dos interesses do Fisco e dos contribuintes, apesar dos obstáculos vivenciados nessa composição, inclusive ao deixar uma porta aberta para propostas alternativas do contribuinte, convergindo, com isso, os interesses do Estado com a possibilidade de cada um em lidar com o pagamento de tributos. Nesse aspecto, os atributos essenciais da transação são mantidos, assegurando a qualidade da medida proposta que, por certo, ensejará soluções nos litígios entre Fisco e contribuinte.

Numa proposta normal de transação, o Estado aponta ao contribuinte quais exigências ele fará, mas também quais benefícios o contribuinte terá. O contribuinte indica a sua realidade e faz as suas exigências, que serão perfectibilizadas num encontro de vontades na busca do pagamento do crédito tributário.

Para facilitar esse encontro de contas, a nova legislação previu a possibilidade de o precatório ser utilizado como instrumento de pagamento, o que dá nova roupagem ao instituto e facilita a sua efetivação.

3 Do precatório: relevância do fio histórico para compreensão do tema

Precatório é um crédito contra o Poder Público decorrente de um processo judicial transitado em julgado. Quando uma pessoa vence uma disputa judicial contra a Fazenda Pública e há o trânsito em julgado, o juiz da execução emite ofício ao presidente do Tribunal para que este dê início à requisição do pagamento. Portanto, consiste na "solicitação que o juiz da execução faz ao presidente do tribunal respectivo para que este requisite verba necessária ao pagamento do credor de pessoa jurídica de direito público, em face de decisão judicial transitada em julgado".[10] Sempre se refere a condenação atinente a exercícios pretéritos. Até porque condenações que tenha efeitos vincendos ocorrem por conta da dotação dos orçamentos, sem a especificidade de uma conta judicial para esse fim.

Diz a Constituição ser obrigatória a inclusão, no orçamento das entidades de direito público, de verba necessária ao pagamento de seus débitos, oriundos de sentenças transitadas em julgado, constantes de precatórios judiciários apresentados até 1º de julho, fazendo-se o pagamento até o final do exercício seguinte, quando terão seus valores atualizados monetariamente (art. 100, §5º, da CF/88). Desse modo, como o Executivo envia o projeto da lei orçamentária anual até 31 de agosto, tem como, em tese, organizar-se para receber as ordens de precatórios em até 1º de julho e programar

---

[9] "Tratando-se de ato que exige critério elevado e prudência acurada, o CTN determina que a lei designará qual a autoridade competente para celebrar a transação em cada caso". BALEEIRO, Aliomar. *Direito Tributário brasileiro*. 11. ed. atualizada por Misabel Abreu Machado Derzi. Rio de Janeiro: Forense, 1999, p. 905. Sobre o tema, o art. 29 da Lei n. 13.988/20 é emblemático ao dispor: "Art. 29. Os agentes públicos que participarem do processo de composição do conflito, judicial ou extrajudicialmente, com o objetivo de celebração de transação nos termos desta Lei somente poderão ser responsabilizados, inclusive perante os órgãos públicos de controle interno e externo, quando agirem com dolo ou fraude para obter vantagem indevida para si ou para outrem".

[10] OLIVEIRA, Regis Fernandes de. *Curso de Direito Financeiro*. São Paulo: Revista dos Tribunais, 2008. p. 534.

a sua inclusão no orçamento para efetuar o pagamento até o final do ano seguinte, quando terão os seus valores atualizados monetariamente.

O pagamento de precatório no prazo previsto no art. 100 da Constituição – até o final do exercício seguinte em relação ao ano que foi apresentado – é quimera. O que deveria ser a regra constitucional do art. 100 torna-se exceção. É o que a história recente revela quando o tema é quitação de precatórios, resultando numa verdadeira desmoralização do Poder Público. E tal se dá porque, desde a redação originária da Constituição, tem-se a prorrogação na sua quitação. A recente EC nº 109/2021 mais uma vez dilatou o seu vencimento para o distante ano de 2029.

Mas vamos um pouco antes no tempo.

No passado, era comum a feitura de orçamentos com receitas estimadas sem qualquer critério condizente com a possibilidade de sua efetivação. É dizer, os valores previstos não possuíam relação de veracidade, de sorte que sempre era possível estimar receitas suficientes para cobrirem as despesas existentes. Desse modo, os credores de precatórios eram contemplados com receitas previstas para tal, mas, no final do exercício, os precatórios não eram pagos por ausência de recursos suficientes. Receita orçamentária e receita financeira não eram compatíveis entre si.[11]

Não raro também era o desvio de verbas destinadas ao pagamento de precatório para outros fins. O pagamento de precatório servia de pano de fundo para realização de operações de crédito, mas, na verdade, os valores obtidos não eram utilizados na liquidação de precatórios. Eram destinados para outros fins, gerando mais um dos escândalos dos precatórios.[12]

Tudo isso era feito, ano a ano, sem qualquer sanção ou repressão legal, seja do Legislativo, seja do Judiciário, o que acabou agravando a prática de não pagamento dos precatórios conforme o ideal constitucional.

Dado que os recursos são escassos, e sendo que o não pagamento de precatórios não acarretava qualquer consequência jurídica, foram justamente os precatórios as despesas eleitas pelos governantes para o não pagamento. Gerou-se um círculo vicioso, de sorte que o acúmulo dos precatórios não liquidados resultou numa situação insuportável financeiramente, de modo que, quanto maior fosse a dívida, menos se pagava, sem qualquer consequência jurídica desse fato.

---

[11] "Até a edição da LFR, a estimativa das receitas era realizada de modo livre e incondicionado pelo legislador. Não havia imposição jurídica no sentido de as projeções de receitas futuras serem baseadas em dados efetivos e concretos da realidade. Isso conduzia a uma situação despropositada. Os valores previstos na lei orçamentária não apresentavam consistência com a realidade. A lei orçamentária contemplava as despesas necessárias (inclusive o valor das condenações por precatórios). O montante das receitas era arbitrariamente fixado de modo a corresponder às das despesas. No exercício subsequente, não havia receita suficiente para a liquidação das despesas. Os credores dos precatórios não recebiam os seus créditos por ausência de recursos suficientes". JUSTEN FILHO, Marçal. Regime Jurídico da Liquidação das dívidas do poder público (precatórios e requisições de pequeno valor). *In*: MARTINS, Ives Gandra da Silva; MENDES, Gilmar; NASCIMENTO, Carlos Valder do (org.). *Tratado de direito financeiro*. São Paulo: Saraiva, 2013. p. 313. v. 2.

[12] A EC nº 03/93 vedou a possibilidade de emissão de títulos públicos por parte de estados e municípios até o dia 31.12.1999. No entanto, abriu uma possibilidade para emissão apenas para liquidação de precatórios pendentes de pagamento até o dia 5.10.1988. Ocorre que estados e municípios lançaram títulos públicos "inflados", ou seja, em montante superior ao necessário para a finalidade a que deveriam se destinar, que era a liquidação de precatórios. O relatório da CPI estimou o rombo de quase 220 milhões de dólares em oito governos estaduais e prefeituras. Sobre o tema, ver FURTADO, Lucas Rocha. *Brasil e corrupção*: análise de casos (inclusive da operação lava jato). Belo Horizonte: Fórum, 2018. p. 154 e ss.

Portanto, a regra do art. 100 da CF/88, de que o pagamento do precatório é à vista não se concretizou nas ordens constitucionais até então, dadas as dificuldades com esse pagamento. Por essa razão, os deputados constituintes criaram solução anômala, um verdadeiro Regime Especial de Precatórios, que afasta a norma constitucional. Ou seja, há a regra do art. 100, da CF/88, mas se trata apenas de norma ideal. Enquanto não é possível cumpri-la, o corpo transitório da Constituição vai criando regimes para forçar o Estado a se organizar e cumprir definitivamente o art. 100 da Constituição. Quando tal se dará, não se sabe ainda. A expectativa por ora é o ano de 2029.

Ainda na promulgação da Constituição, foi criado o primeiro Regime Especial, inserido no art. 33 do ADCT, que facultou o parcelamento das dívidas objeto de precatórios em oito anos. Esse parcelamento não se estendeu aos créditos de natureza alimentar, que deveriam ser pagos à vista. Assim, pelo art. 33 do ADCT, criou-se um parcelamento compulsório de oito prestações anuais para pagamento dos precatórios judiciais pendentes em 5 de outubro de 1988, ressalvados os alimentícios.

Ocorre que a sua não aplicação aos créditos de natureza alimentar gerou um descompasso com os credores privilegiados, tendo em vista que, na prática, os créditos gerais passaram a ser pagos primeiramente. Forte nesses fatos, em julgamento ocorrido em 15.5.2020, o STF definiu o seguinte:

> O pagamento parcelado de débitos antigos, nos termos do art. 78 do ADCT, não infirma a prevalência dos créditos de natureza alimentar sobre os demais, desde que respeitada a ordem cronológica. A regra permanece hígida, mesmo diante da excepcionalidade conjectural pressuposta pelo dispositivo precitado.

Na ocasião foi firmada a tese jurídica ao Tema nº 521 da sistemática da repercussão geral nos seguintes termos:

> Tema 521: É legítima a expedição de ordem de sequestro de verbas públicas, por conta da ordem cronológica de pagamento de precatórios, na hipótese de crédito de natureza alimentar mais antigo ser preterido em favor de parcela de precatório de natureza não alimentar mais moderno, mesmo quando este integrar o regime do art. 78 do ADCT.

A solução apontada para parcelamento em oito anos não resolveu o problema dos entes federativos, visto que, mesmo diante de um período elástico, não conseguiram quitar os precatórios pendentes.

Por essa razão, criou-se o segundo Regime Especial, através da EC nº 30/2000, que inovou o sistema de precatórios, autorizando o seu parcelamento em dez anos, baralhando e dificultando mais ainda o regime. No caso, a alteração excluiu do parcelamento os pagamentos de pequeno valor, também chamados de Requisições de Pequeno Valor (RPV), os débitos de natureza alimentícia e os que já haviam sido objeto de parcelamento pelo art. 33 do ADCT. Vejamos a sua redação:

> Art. 78. Ressalvados os créditos definidos em lei como de pequeno valor, os de natureza alimentícia, os de que trata o art. 33 deste Ato das Disposições Constitucionais Transitórias e suas complementações e os que já tiverem os seus respectivos recursos liberados ou depositados em juízo, os precatórios pendentes na data de promulgação desta Emenda e os que decorram de ações iniciais ajuizadas até 31 de dezembro de 1999 serão liquidados

pelo seu valor real, em moeda corrente, acrescido de juros legais, em prestações anuais, iguais e sucessivas, no prazo máximo de dez anos, permitida a cessão dos créditos.

§1º É permitida a decomposição de parcelas, a critério do credor.

§2º As prestações anuais a que se refere o caput deste artigo terão, se não liquidadas até o final do exercício a que se referem, poder liberatório do pagamento de tributos da entidade devedora.

§3º O prazo referido no caput deste artigo fica reduzido para dois anos, nos casos de precatórios judiciais originários de desapropriação de imóvel residencial do credor, desde que comprovadamente único à época da imissão na posse.

§4º O Presidente do Tribunal competente deverá, vencido o prazo ou em caso de omissão no orçamento, ou preterição ao direito de precedência, a requerimento do credor, requisitar ou determinar o seqüestro de recursos financeiros da entidade executada, suficientes à satisfação da prestação.

Na esteira do art. 78 do ADCT, criado pela EC nº 30/2000, os precatórios pendentes em 13 de dezembro de 2000 e os que decorressem de ações iniciais ajuizadas até 31 de dezembro de 1999 seriam liquidados pelo seu valor real, em moeda corrente, acrescido de juros legais, em prestações anuais, iguais e sucessivas, no prazo máximo de dez anos, permitida a cessão dos créditos. Afirmou Fernando Scaff, em artigo publicado em 2009, que, pelo ritmo do Poder Judiciário brasileiro, era bastante plausível a hipótese de não terem transitadas em julgado todas as ações propostas antes de 31 de dezembro de 1999, de modo que poderiam existir ações cujos precatórios ainda não foram expedidos, cujo pagamento seria regido por esta norma: pagamento em dez parcelas anuais, iguais e sucessivas, cuja prestação inicial ainda se encontra em data futura.[13]

Esse regime foi suspenso pelas ADIs nºs 2.362 e 2.356, que o consideraram inconstitucional, por ofender a segurança jurídica, e, principalmente, por se referir ao parcelamento de precatórios que sequer foram objeto de expedição, como foram os decorrentes de ações ajuizadas até 31 de dezembro de 1999.

Na sequência, veio o terceiro Regime Especial de precatórios, com a EC nº 62/09, que permitiu o parcelamento dos precatórios em até 15 anos e trouxe maior racionalidade no seu pagamento, seja por vincular parte da Receita dos entes ao seu pagamento, seja por instituir, dentre outras medidas, pagamento em ordem cronológica (do menor para o maior), acordos diretos e leilões. No entanto, o seu pagamento em mais 15 anos, tido como iníquo e indiciário de "calote", levou ao seu afastamento pelo STF quando do julgamento das ADIs nºs 4.357 e 4.425.[14]

Ressalte-se que, durante esse conturbado período, diversos tribunais, mormente os Tribunais Regionais do Trabalho, valeram-se da conciliação entre credores e Estados e Municípios, como mecanismo mais eficiente para a redução do passivo de precatórios e para o cumprimento das decisões judiciais transitadas em julgado.

Ainda quando do julgamento das ADIs nºs 4.357 e 4.425, o STF entendeu que o pagamento dos precatórios em até 15 anos feriria diversos princípios, dentre eles, o do

---

[13] SCAFF, Fernando Facury. O Uso de Precatórios para Pagamento de Tributos. *Grandes questões atuais do Direito Tributário*. Coord. Valdir de Oliveira Rocha. São Paulo: Dialética, 2009. p. 107.

[14] "Entendeu-se adequada a referência à EC 62/2009 como a "emenda do calote". Mencionou-se que esse calote feriria o princípio da moralidade administrativa, haja vista o inadimplemento, por parte do Estado, de suas próprias dívidas." Trecho da decisão do STF nas ADIs nºs 4.357 e 4.425. Informativo n. 698.

Estado de Direito, a isonomia, a separação de poderes, a garantia do acesso à justiça, a efetividade da tutela judicial, o direito adquirido e a coisa julgada. Por essa razão, determinou a sua quitação no período de cinco anos, a contar de 1º de janeiro de 2016, ou seja, até 2020, agindo como "legislador positivo".

Para solver o impasse, adequando a decisão judicial à força normativa da Constituição, foi instituído o quarto Regime Especial de precatórios, através da EC nº 94/16, que determinou a sua quitação até 31 de dezembro de 2020, para além de outras novidades, dada a inconstitucionalidade do regime anterior.

No entanto, em decorrência da grave crise econômica dos entes federativos nos últimos exercícios, foi promulgada, em 14 de dezembro de 2017, a Emenda Constitucional nº 99, alterando o quarto Regime Especial dos precatórios, ao determinar a sua quitação até 31 de dezembro de 2024. Com essa emenda, subverteu-se a decisão do STF, que obrigava a quitação até o ano de 2020, e novamente se confirmou a cultura do não pagamento dos precatórios, numa prorrogação contínua que aparenta não ter fim.

E mais uma vez a suspeita se confirmou: em 15 de março de 2021 foi promulgada a EC nº 109, que prorrogou o pagamento dos precatórios vencidos para 31 de dezembro de 2029.

Essas prorrogações constantes denotam que a quitação de precatórios é tema de Estado, que não pode ser decidido sem uma análise técnica minuciosa, desatrelada das disposições orçamentárias. Não é facilmente resolvida por decisão judicial.[15] No entanto, por ser tecnicamente difícil, não significa que pode ser prorrogada indefinidamente. A moralidade do Estado reclama atenção aos seus credores, na esperança de que a prorrogação até o ano de 2029 seja o ponto final de uma história de expectativas e frustrações contrárias à essência do corpo definitivo da Constituição.

A dificuldade no pagamento dos precatórios dentro do prazo previsto no art. 100 da Constituição, estampada nas sucessivas prorrogações, fez surgir importantes alternativas ao Estado e aos contribuintes, que reduziriam os problemas de créditos de ambas as partes. É que, se por um lado o Estado tem um estoque alto de dívida de precatório sem perspectiva de pagamento, por outro, possui também um crédito enorme a receber dos contribuintes, inscrito em dívida ativa. Esse encontro de contas é medida salutar para, de uma única vez, reduzir o montante da sua dívida consolidada e o montante do seu crédito a receber.

---

[15] A relação entre política e direito foi muito bem assimilada por Lourival Vilanova para quem é possível falar-se em insuscetibilidade de apreciação judiciária de questões políticas apenas quando ocorrem no interior do ordenamento jurídico fatos políticos sem qualificação jurídica alguma. Para ele, "A partir do poder constituinte, portador de atos políticos em sua maior discricionariedade de meios e fins, todos os fatos políticos, no interior do ordenamento, são fatos juridicamente qualificados. Em rigor, inexistem questões só políticas vestidas de juridicidade". VILANOVA, Lourival. *Escritos políticos e filosóficos*. A dimensão política nas funções do STF. São Paulo: Axis Mundi/IBET, 2003, p. 395. v. 1.

4 Das Emendas Constitucionais nºs 94/16 e 99/2017 e o freio de arrumação

O histórico inadimplemento do Estado na quitação dos seus precatórios poderia ser mitigado se os credores pudessem quitar os seus tributos inscritos em dívida ativa com esses mesmos precatórios, através do instituto da compensação. Consiste num autêntico "encontro de contas", viabilizador da extinção de um ou mais vínculos obrigacionais entre os mesmos sujeitos.[16] Essa alternativa foi dada pela Constituição, quando da criação dos Regimes Especiais, mas não foi regulada pelos entes federativos.

Tudo porque, embora o art. 156, II do Código Tributário Nacional (CTN) preveja a compensação tributária como hipótese de extinção do crédito tributário, a redação do seu artigo 170 submete a sistemática da compensação à existência de lei tratando da matéria:

> Art. 170. A lei pode, nas condições e sob as garantias que estipular, ou cuja estipulação em cada caso atribuir à autoridade administrativa, autorizar a compensação de créditos tributários com créditos líquidos e certos, vencidos ou vincendos, do sujeito passivo contra a Fazenda pública. (grifamos)

Isso porque o CTN é *lex legum*, é dizer, é uma lei que define normas gerais que deverão ser observadas pelos demais entes federativos quando da produção de suas leis.[17] Logo, o CTN não tem aplicação imediata nesse ponto, carecendo que os entes políticos elaborem os seus códigos e prevejam as formas de extinção do crédito tributário, dentro das normas-quadro traçadas pelo CTN. Dessa forma, o instituto da compensação de tributos carece de lei, de cada ente federativo, disciplinando o seu cabimento, a sua forma e os créditos que podem ser compensados.

Havendo lei com previsão da compensação, resta saber se os precatórios são créditos líquidos e certos perante a Fazenda Pública para compensar tributos. E sobre o tema não resta dúvida, dado que se trata de decisão judicial transitada em julgado, em que houve a competente liquidação do *quantum* devido. Portanto, os precatórios atendem aos requisitos da compensação.[18]

No entanto, faltou interesse dos entes federativos para essa compensação. A liberdade na elaboração da lei que permite a compensação com precatórios fez com que os entes federativos não se interessassem em ver os seus tributos pagos por outra via que não o dinheiro. Portanto, ainda que o contribuinte tivesse créditos a receber e, pelo histórico, dado que demoravam a receber, eles não poderiam compensar suas dívidas tributárias por desinteresse total dos entes federativos na criação da lei regulamentadora do tema.

---

[16] COSTA, 2012, p. 279.

[17] "O art. 170 do CTN não concede compensação genérica ou individual em relação a nenhum tributo, federal, estadual ou municipal. Como norma geral, tal como dispôs para a moratória, a remissão ou a anistia, o citado art. 170 apenas antecipa as duas espécies distintas de compensação (genérica ou individual) a serem disciplinadas em lei própria da pessoa competente" (BALEEIRO, 1999, p. 901).

[18] Os arts. 534 e seguintes reguem o cumprimento de sentença que reconheça a exigibilidade de obrigação de pagar quantia certa pela Fazenda Pública. E o art. 910 do CPC rege a execução contra a Fazenda Pública fundada em título extrajudicial.

Daí que toda empreitada com vistas à compensação com precatórios, que dependesse de lei do ente devedor, não tinha qualquer sucesso, a exemplo da EC nº 33/2000, que criou o "poder liberatório do pagamento de tributos" na hipótese do não pagamento de precatório no prazo, bem como a EC nº 62/09, que também previu a compensação pelo contribuinte, ambas limitadas pela indisposição do Estado em criar aludidas leis.

Contudo, a EC nº 94/16 principiou, ainda que timidamente, um novo olhar ao tema, ao expressamente permitir ao credor de precatório a sua compensação, desde que observados *os requisitos definidos em lei*, nos termos do art. 105 do ADCT:

> Art. 105. Enquanto viger o regime de pagamento de precatórios previsto no art. 101 deste Ato das Disposições Constitucionais Transitórias, é facultada aos credores de precatórios, próprios ou de terceiros, a compensação com débitos de natureza tributária ou de outra natureza que até 25 de março de 2015 tenham sido inscritos na dívida ativa dos Estados, do Distrito Federal ou dos Municípios, observados os requisitos definidos em lei própria do ente federado.
>
> §1º Não se aplica às compensações referidas no caput deste artigo qualquer tipo de vinculação, como as transferências a outros entes e as destinadas à educação, à saúde e a outras finalidades.

Pela redação, seria possível a compensação de tributos por precatórios, próprios ou de terceiros, bem como a compensação de dívidas de outra natureza, desde que até 25 de março de 2015 tivessem sido inscritas na dívida ativa dos entes federativos, mas, também, deveriam ser observados os requisitos *previstos em lei*. Note-se que o credor do precatório continuou dependendo de lei de cada ente federativo para operar a compensação.

A restrição teratológica que atribui a lei própria do ente federado o poder de traçar requisitos para a ocorrência da compensação seria o próximo óbice a ser vencido. E tal se deu quando da promulgação da EC nº 99/2017, ao delimitar o período de 120 dias, a partir de 1º de janeiro de 2018, para Estados, Distrito Federal e Municípios regularem a compensação, através de leis próprias. Não exercendo essa faculdade, o contribuinte adquiriria o direito à compensação. É o que se nota dos parágrafos acrescidos ao art. 105 do ADCT:

> Art. 105. §2º Os Estados, o Distrito Federal e os Municípios regulamentarão nas respectivas leis o disposto no caput deste artigo em até cento e vinte dias a partir de 1º de janeiro de 2018. (Incluído pela Emenda constitucional nº 99, de 2017)
>
> §3º Decorrido o prazo estabelecido no §2º deste artigo sem a regulamentação nele prevista, ficam os credores de precatórios autorizados a exercer a faculdade a que se refere o caput deste artigo.

Aqui surge a solução para o problema através de duas alternativas dadas pelo constituinte aos entes subnacionais: deveriam regulamentar a compensação de tributos com precatórios ou, ficando em silêncio, a compensação ocorreria nos termos do ADCT, independentemente de lei específica. E foi o que aconteceu nos diversos rincões do país. Estados e municípios, regulando ou não a matéria, tiveram de aceitar o pagamento de dívidas, geralmente as fiscais, com precatórios, o que trouxe benefícios nas mais variadas áreas.

Trata-se de concretização de um direito sagrado do credor do poder público, que se via numa situação de impotência, pois, embora tendo o direito ao crédito, nada podia fazer, porque, se, de um lado, não tinha esperança do momento do seu recebimento, por outro, não poderia deixar de pagar tributos dos quais era cobrado, valendo-se do precatório para a compensação.

Sequer poderia apresentar o precatório em garantia nos processos executivos fiscais em que era devedor. Valendo-se do art. 11 da Lei nº 6.830/80 (Lei de Execução Fiscal), que prevê a ordem para a penhora ou arresto de bens, os credores do Estado davam em garantia o seu precatório, em pleno cumprimento do inciso VIII do art. 11, que previa a possibilidade de dar em garantia "direitos e ações". Ora, como o precatório é um direito, um crédito, poderia ser apresentado pelo contribuinte como bem passível de penhora. Inclusive o STJ reconhece a possibilidade de penhora de precatórios, independentemente de se tratar da mesma entidade devedora (EResp nº 881014/RS).

No entanto, e é bom lembrar, compete à discricionariedade da Fazenda Pública aceitar o precatório para substituir outro bem penhorado, por força da Súmula nº 406, do STJ: "A Fazenda Pública pode recusar a substituição do bem penhorado por precatório". Nessa linha, nem mesmo o precatório do ente era aceito como garantia de dívida perante o próprio ente. Tamanho chegou a ser o descrédito de um precatório: um cheque emitido pelo Estado a um credor, mas que o credor não pode devolver ao Estado como pagamento de uma dívida que possui para com ele.

A nova permissão constitucional, mormente na hipótese de desídia da Administração em não regulamentar a matéria, foi importante avanço na solução de problemas infindáveis na relação entre o Estado e os seus credores, envolvendo tributos e precatórios. A partir de então, os entes federativos puderam apenas regulamentar a matéria, no estrito sentido da acepção do vocábulo, não sendo possível criar qualquer óbice ao direito constitucional à compensação.

A novidade é que a possibilidade de pagar tributos com precatórios através da compensação passou a ser possível também na transação, o que torna o instituto ainda mais eficiente.

5 Da utilização de precatórios para amortização ou liquidação de saldo devedor transacionado

Foi visto que a transação tributária tem apresentado ampla aceitação pelos contribuintes em virtude das concessões que podem ser feitas pelo Estado, mais adequadas à realidade desigual de cada devedor. Nesse sentido foi que a Portaria nº 9.917/20,[19] norma que regulamentou a Lei nº 13.988/20, apontou diversas possibilidades ao Estado quando do trâmite da transação, incluindo aí a utilização de precatórios.

Segundo o seu art. 8º, a critério exclusivo da PGFN,[20] as modalidades de transação poderão envolver as seguintes concessões: (i) oferecimento de descontos aos débitos

---

[19] Nota do editor: A Portaria PGFN nº 9.917/20 foi revogada pela Portaria PGFN/ME nº 6.757/22.

[20] Nota do editor: A Portaria PGFN nº 9.917/20 foi revogada pela Portaria PGFN/ME nº 6.757/22. O art. 8º da Portaria revogada corresponde ao art. 8º da nova Portaria.

considerados irrecuperáveis ou de difícil recuperação pela Procuradoria-Geral da Fazenda Nacional;[21] (ii) possibilidade de parcelamento; (iii) possibilidade de diferimento ou moratória, ressalvados os débitos de FGTS inscritos em Dívida Ativa; (iv) flexibilização das regras para aceitação, avaliação, substituição e liberação de garantias; (v) flexibilização das regras para constrição ou alienação de bens; e (vi) possibilidade de utilização de créditos líquidos e certos do contribuinte em desfavor da União, reconhecidos em decisão transitada em julgado, ou de precatórios federais próprios ou de terceiros, para fins de amortização ou liquidação de saldo devedor transacionado, observado o procedimento previsto nessa portaria

A possibilidade de utilização de precatórios não estava prevista na Lei nº 13.988/20,[22] consistindo em verdadeira inovação do Executivo ao regulamentar a matéria. E nisso não havia ilegalidade alguma. Primeiro porque, muito embora o art. 97 do CTN afirme que somente a lei pode estabelecer hipóteses de extinção do crédito tributário, e dado que a transação é uma forma de extinção, tem-se que foi a Lei nº 13.988/20 que tratou do tema, de sorte que a Portaria não buscou seu fundamento de validade direto do Código, mas, sim, da lei ordinária. Segundo porque a Lei nº 13.988/20 prevê a possibilidade de outras concessões asseguradas na legislação (art. 5º, §1º), de modo que a aludida Portaria cumpriu esse papel ao estabelecer o precatório como uma possibilidade de utilização para quitação do valor transacionado.

Como visto, foi o inciso VI do art. 8º da aludida Portaria que previu a possibilidade de utilização de precatórios federais, próprios ou de terceiros, para pagamento de tributos dentro da transação. E, no seu Capítulo VI, há minúcias sobre o procedimento para aludida formatação.[23]

Explica a PGFN que, para a entabulação do negócio, deve a transação ter sido formalizada, por adesão ou individual, inclusive com o pagamento de eventual entrada; deve o interessado ceder fiduciariamente o direito creditório à União, representada pela PGFN, através de escritura pública lavrada no Registro de Títulos e documentos; também deve apresentar cópia da petição, devidamente protocolada no processo originário do crédito, informando sua cessão fiduciária à União mediante escritura pública, com pedido para que o Juiz insira a União como beneficiária do ofício requisitório e que comunique a cessão do Precatório ao Tribunal, a fim de que, quando do depósito, coloque os valores à disposição da União; ainda fica obrigado a apresentar cópia da decisão que deferiu os pedidos acima, apresentar certidão de objeto e pé do processo originário do crédito, comprovando que o crédito lhe pertence e, por fim, concordar com o pagamento de eventual saldo devedor remanescente, quando o valor depositado não for suficiente para liquidação integral do saldo devedor transacionado.

Na hipótese de cessão do precatório (precatório de terceiros), poderá ser total ou parcial, ainda que em valor superior aos débitos inscritos em dívida ativa da União.

---

[21] Nota do editor: A Portaria PGFN/ME nº 6.757/22 incluiu a possibilidade de utilização de créditos de prejuízo fiscal e de base de cálculo negativa da Contribuição Social sobre o Lucro Líquido (CSLL) aos débitos considerados irrecuperáveis ou de difícil recuperação pela Procuradoria-Geral da Fazenda Nacional.

[22] Nota do editor: A Lei nº 14.375, de 21 de junho de 2022, incluiu o inciso V ao art. 11, da Lei nº 13.988/2020, para dispor: "Art. 11. A transação poderá contemplar os seguintes benefícios: (...) V – o uso de precatórios ou de direito creditório com sentença de valor transitada em julgado para amortização de dívida tributária principal, multa e juros".

[23] A Portaria PGFN nº 9.917/20 foi revogada pela Portaria PGFN/ME nº 6.757/22. O Capítulo VI da Portaria revogada corresponde ao Capítulo VIII da nova Portaria.

Como precatórios são créditos contra o Poder Público, verdadeira despesa pública, e tributos devidos são créditos do Poder Público, verdadeira receita pública, tem-se que o pagamento de crédito do Poder Público com créditos contra o Poder Público consiste em verdadeira compensação tributária, forma de extinção do crédito tributário.

Mas, no caso concreto, não opera a compensação de *per si*, ou seja, a União não deixa de pagar o precatório para abater esse crédito da dívida transacionada. Na verdade, há todo o trâmite de levantamento do precatório, de desembolso da União e de depósito do valor cedido, apontando-se como cessionário a União, representada pela Procuradoria-Geral da Fazenda Nacional. Uma vez depositado, o valor será utilizado imediatamente na amortização ou liquidação dos débitos inscritos em dívida ativa da União.

A legislação admite a compensação tanto com precatórios federais próprios ou de terceiros quanto com créditos líquidos e certos do contribuinte em desfavor da União, reconhecidos em decisão transitada em julgado. A diferença é que os créditos líquidos e certos ainda não formaram o precatório. É o que reza o parágrafo único do art. 59 da Portaria nº 9.917/20: "Consideram-se créditos líquidos e certos em desfavor da União, reconhecidos em decisão judicial transitada em julgado, o valor líquido devido ao beneficiário, descontados eventuais tributos incidentes na fonte".[24].

E não há qualquer preterição dos demais credores na hipótese de se utilizar precatórios ou créditos líquidos e certos que ainda não formaram precatórios, dado que, para o pagamento de tributos, não se observa a ordem cronológica de pagamento mencionada no art. 100 da CF/88. Na hipótese de sua utilização para quitação de tributos, seja pela transação, seja pela compensação, essa ordem não precisa ser observada. Portanto, a utilização de um crédito líquido e certo em nada malfere a alegada ordem.

Em suma, apesar de, na transação, ser utilizado o precatório para quitação de tributos, encontra-se aqui o instituto da compensação, com uma diferenciação: o valor é realmente depositado numa outra conta estatal para o pagamento de tributos, ou seja, o valor é dispendido, não havendo a compensação meramente contábil. De igual modo, só se admitem precatórios federais e não precatórios de outros entes federativos.

6 Precatório e formação da dívida consolidada: oportunidade de sua redução

Importante elemento da saúde financeira de um ente federativo é o cômputo da sua dívida consolidada, também conhecida como dívida de longo prazo. O art. 29, I, da LRF a conceitua como "montante total, apurado sem duplicidade, das obrigações financeiras do ente da Federação, assumidas em virtude de leis, contratos, convênios ou tratados e da realização de operações de crédito, para amortização em prazo superior a doze meses".

A Constituição definiu que compete ao Senado Federal definir os limites da dívida consolidada, o que foi fixado pela Resolução nº 40/2001, do seguinte modo: Estados e

---

[24] A Portaria PGFN nº 9.917/20 foi revogada pela Portaria PGFN/ME nº 6.757/22. O parágrafo único do art. 59 da Portaria revogada corresponde ao parágrafo único art. 80 da nova Portaria.

Distrito Federal possuem o limite de 2 (duas) vezes a sua receita corrente líquida (200% da RCL), e Municípios possuem o limite de 1,2 (um inteiro e dois décimos) vezes a sua receita corrente líquida (120% da RCL). Não há limite para a União.

Estados e Municípios podem até fixar limites menores, mas não ampliar o definido pelo Senado. Esse é o entendimento do STF:

A possibilidade de fixação por Estados e Municípios de limites de endividamento abaixo daqueles nacionalmente exigíveis não compromete competências do Senado Federal, materializando, ao contrário, prerrogativa que decorre naturalmente da autonomia política e financeira de cada Ente federado.[25]

Na análise da conjuntura atual, não são raros os entes federativos que ultrapassam esse limite, de sorte que não a reduzir é hipótese de crime de responsabilidade (art. 10, item 5, da Lei nº 1.079/50; e inciso XVI do art. 1º do Decreto-Lei nº 201/67).

Dentre os diversos gastos que compõem a dívida consolidada, encontra-se a despesa com precatório, nos termos do §7º do art. 30 da LRF: "Os precatórios judiciais não pagos durante a execução do orçamento em que houverem sido incluídos integram a dívida consolidada, para fins de aplicação dos limites". É dizer, o elevado estoque de dívida de precatório, mormente dos Estados e dos Municípios, prorrogado ao longo dos anos, entra no cômputo da dívida consolidada, de sorte que em muitas hipóteses a dívida com precatório por si é suficiente para trazer diversas restrições ao ente federativo, dentre elas, a realização de operações de crédito por extrapolamento da dívida consolidada.

É nesse cenário que a possibilidade de utilização do precatório como medida para a compensação tributária através do instituto da transação serve como instrumento, tanto de redução do estoque da dívida consolidada (Estado-devedor) quanto de redução da dívida ativa (Estado-credor). E aqui a oportunidade de utilização dessa ferramenta para a solução de diversos problemas envolvendo o orçamento público.

Se a dívida ativa é de difícil recuperação, por mais que haja medidas restritivas dos devedores, como o protesto da Certidão da Dívida Ativa e a averbação pré-executória, o pagamento de precatórios também é de difícil ocorrência, dada a ausência de caixa dos entes federativos para esse fim. Portanto, a sua utilização é medida que encontra ressonância na solução de antigo problema do direito financeiro.

7 Entraves ainda não resolvidos

O tema, por ser regulado por Portaria, tem a vantajosidade de poder ser alterado de modo mais fluido, mas pode gerar também insegurança nos seus destinatários. Na exaustão que as normas complementares tentam alcançar em matéria tributária (art. 100 do CTN), acaba por dificultar mais do que facilitar em alguns pontos.

Um deles diz com a condicionante da liquidação do saldo transacionado apenas após a liberação dos valores do precatório depositado. É dizer, a União precisa pagar para a União o valor do seu precatório para, com isso, liquidar o saldo transacionado. Não há uma mera alteração contábil, mas sim uma verdadeira operação financeira.

---

[25] ADI nº 2.238/DF, julgada em 24.6.2020.

Nisso reside o risco da demora, pois entre o prazo da cessão fiduciária através de escritura pública e o da liquidação, pode decorrer período de tempo que resulte em descolamento da correção do precatório com a correção de tributo. Isso porque, ao passo que os tributos são corrigidos pela Selic, os precatórios, que não decorrem de relação jurídico-tributária, são corrigidos pelo IPCA-E.

Seria muito mais simples e produtiva a solução mediante procedimentos administrativos que não envolvessem o efetivo depósito na conta da própria União.

É que nos últimos anos a dívida com precatório da União mais que duplicou, passando a ser orçado para 2021 o montante de R$55,5 bilhões. Dificilmente a União disporá desse recurso, tanto é que se cogitou a sua utilização como fonte de financiamento do novo programa de transferência de renda, o Renda Cidadã, dado que não tem recurso para ambos, proposição esta abortada.

Somando-se, entretanto, a dívida da União às dos estados e municípios, os valores devidos em 2019 chegaram a quase R$190 bilhões de reais, de acordo com levantamento realizado pelo Conselho Nacional de Justiça no *Mapa Anual de Precatórios*.[26] Em outros torneios, o Brasil deve o equivalente a 2,5% do PIB (Produto Interno Bruto) às pessoas que ganharam ações judiciais contra o Poder Público, aí incluídas as autarquias e as funções.

E aqui a segunda observação. Embora a compensação de tributos com precatórios, para ser efetivada, tenha precisado de ordem constitucional, o mesmo não poderia ocorrer com a transação. Esta compete a cada ente federativo regular. Nesse sentido, tem-se que, tanto a Lei nº 13.988/20 quanto a Portaria em testilha tiveram o efeito de instar os demais entes federativos a estimularem essa modalidade de resolução de conflito e, com isso, baixarem seu estoque de precatório. O estímulo foi dado em virtude dos resultados alcançados.

Por fim, a mesma restrição advinda com EC nº 62/09, considerada inconstitucional, foi repetida pela Portaria que regulamentou a transação. Na redação do §9º do art. 100 da CF/88, era possível, no momento da expedição do precatório, abater, a título de compensação, valor correspondente aos débitos líquidos e certos, inscritos ou não em dívida ativa e constituídos contra o devedor original pela Fazenda Pública devedora. Essa compensação de ofício, feita pela Fazenda, foi julgada pelo STF como inconstitucional no bojo da ADI nº 4.425.

No entanto, igual restrição há na regulamentação do precatório utilizado na transação. Vejamos:

> Art. 61. Remanescendo saldo de precatório depositado, os valores poderão ser devolvidos ao devedor-cedente, desde que não existam outras inscrições ativas do devedor.
>
> §1º Se as inscrições ativas estiverem parceladas, o devedor poderá optar pela utilização dos valores para amortização ou liquidação do saldo devedor.
>
> §2º Se as inscrições estiverem garantidas ou suspensas por decisão judicial, os valores permanecerão em conta à disposição do juízo até o encerramento das respectivas ações judiciais, sendo possível a substituição das garantias anteriormente prestadas pelo saldo remanescente depositado.

---

[26] Disponível em: https://www.cnj.jus.br/programas-e-acoes/precatorios/. Acesso em: 21 abr. 2021.

Aqui, o mero fato de haver inscrição ativa do contribuinte impedirá que o remanescente do precatório ofertado para a transação lhe seja devolvido. Trata-se de medida restritiva, afastada pelo STF quando veiculado pela Constituição Federal, que possuirá igual destino caso seja judicializada.

8 Conclusões

A transação é instituto jurídico que veio para ficar. É importante instrumento de solução de conflitos, e a PGFN está sabendo como muito bem manejá-la, de sorte a torná-la atraente aos contribuintes.[27] Agindo assim, a União estimula diversas consequências no âmbito do direito, da economia e da contabilidade.

No âmbito do direito, reduz os litígios, diminui o acervo de processos no Judiciário, desloca a produtividade judicial para outros temas, amplia e melhora a relação entre o Fisco e o contribuinte e abre espaço para que teses jurídicas intermináveis sejam solucionadas. Faz-se justiça com os credores que esperam por décadas para receber o seu precatório e com o Estado, que espera por décadas para receber o seu crédito dos tributos inscritos em dívida ativa.

Na economia, o principal efeito é o aquecimento do mercado de precatórios, tendo em vista servir de oportunidade aos credores de cederem os seus precatórios, dado que, para esse fim, não se observa a ordem cronológica de quitação. Por outro lado, atrai os interessados na possibilidade de adquirem precatórios e quitarem suas dívidas com o deságio que o mercado proporciona.

O Estado só tem a ganhar. É que em muitas regras para utilização de precatório há espaço para exigir uma parte da dívida em espécie, há a retenção de tributos na fonte e a redução de processos, com a consequente queda dos litígios. A economia é aquecida com dinheiro circulando entre cedente e cessionário, dentre outros envolvidos na cadeia. Por sua vez, o contribuinte se livra de um passivo com menor custo. O foco sai do problema para o resultado. Para a contabilidade pública, porque as contas passam a ser mais equilibradas, seja pela redução da dívida consolidada a pagar, seja pela redução da dívida ativa a receber. Sairemos dos números agigantados, que tornam nossa dívida impagável e nosso crédito irrecebível. Há maior racionalidade no sistema de pagamento e recebimento e nos números analisados.

Por fim, a simbiose entre transação e precatório é clara oportunidade de pagamento de tributos com no mínimo dois benefícios claros aos contribuintes e ao Estado. Para os contribuintes, tem-se a redução do montante da dívida, advinda da transação, e a redução do desembolso, resultante do pagamento do precatório por valor menor que o de face. Para o Estado, tem-se a redução da dívida consolidada e da sua dívida ativa. Com tanto benefício, não tem como não dar certo.

É de se presumir que a simbiose entre transação e precatório resulte na desnecessidade de nova moratória na quitação dos precatórios, evitando-se, com isso, o abuso do poder de legislar, que tanto privilegia o Estado em detrimento do particular que

---

[27] No dia 20 de abril, foi publicado o Edital nº 2/2021 com as propostas da PGFN para adesão à transação na cobrança da dívida ativa da União suspensa por decisão judicial há mais de 10 (dez) anos.

mendiga o seu crédito. Se não houver o limite temporal, com todas essas medidas, os maus pagadores sentir-se-ão estimulados à inadimplência oficial, e a imoralidade na Administração Pública passará a ser perpétua.

Referências

ÁVILA, Humberto. *Sistema constitucional tributário*. São Paulo: Saraiva, 2004.

BALEEIRO, Aliomar. *Direito Tributário brasileiro*. 11. ed. atualizada por Misabel Abreu Machado Derzi. Rio de Janeiro: Forense, 1999.

COSTA, Regina Helena. *Curso de Direito Tributário*. 2. ed. São Paulo: Saraiva, 2012.

FILHO, Marçal Justen. Regime jurídico da liquidação das dívidas do poder público (precatórios e requisições de pequeno valor). *In*: MARTINS, Ives Gandra da Silva; MENDES, Gilmar; NASCIMENTO, Carlos Valder do (org.). *Tratado de direito financeiro*. São Paulo: Saraiva, 2013.

FURTADO, Lucas Rocha. *Brasil e corrupção*: análise de casos (inclusive da operação lava jato). Belo Horizonte: Fórum, 2018.

JUSTIÇA em números: execução fiscal eleva arrecadação do Judiciário. Conselho Nacional de Justiça. Disponível em https://www.cnj.jus.br/justica-em-numeros-execucao-fiscal-eleva-arrecadacao-do-judiciario/. Acesso em: 21 mar. 2021.

MELO, José Eduardo Soares de. *Curso de direito tributário*. São Paulo: Dialética, 2021.

NETTO, Agostinho do Nascimento. Dívida Ativa: tributária e não tributária. *In*: MARTINS, Ives Gandra da Silva; MENDES, Gilmar; NASCIMENTO, Carlos Valder do (org.). *Tratado de direito financeiro*. São Paulo: Saraiva, 2013. v. 2.

OLIVEIRA, Regis Fernandes de. *Curso de Direito Financeiro*. São Paulo: Editora Revista dos Tribunais, 2008.

SCAFF, Fernando Facury. O Uso de Precatórios para Pagamento de Tributos. *Grandes questões atuais do Direito Tributário*. Coord. Valdir de Oliveira Rocha. São Paulo: Dialética, 2009.

VILANOVA, Lourival. *Escritos políticos e filosóficos*. A dimensão política nas funções do STF. São Paulo: Axis Mundi/IBET, 2003.

Informação bibliográfica deste texto, conforme a NBR 6023:2018 da Associação Brasileira de Normas Técnicas (ABNT):

LEITE, Harrison. Pagamento do valor transacionado via precatórios. *In*: SARAIVA FILHO, Oswaldo Othon de Pontes (coord.). *Transação e Arbitragem Tributárias*. Belo Horizonte: Fórum, 2023. (Coleção Fórum grandes temas atuais de Direito Tributário ; v.2). p. 103-119. ISBN 978-65-5518-465-5.

TRANSAÇÃO TRIBUTÁRIA NA EXPERIÊNCIA DO ESTADO E DO MUNICÍPIO DE SÃO PAULO – RELEVÂNCIA OU NÃO DA LEI COMPLEMENTAR Nº 24/1975 E DO ARTIGO 8º-A DA LEI COMPLEMENTAR Nº 116/2003?

JOSÉ LUIS RIBEIRO BRAZUNA

I Introdução

O Estado de São Paulo, por meio da Lei nº 17.293/2020, e o Município de São Paulo, na sua Lei nº 17.324/2020, instituíram regras para a realização de transação para a extinção de créditos tributários estaduais e municipais, respectivamente, buscando, para tanto, respaldo no artigo 171 do Código Tributário Nacional.

O tema específico que se pretende examinar, à luz do que até o momento se criou e vem sendo praticado nas realidades paulista e paulistana, é saber se, ao menos no que diz respeito a débitos envolvendo o ICMS e o ISS, as normas locais de transação poderão enfrentar, como empecilho à sua utilização, as restrições da Lei Complementar nº 24/1975 e do artigo 8º-A da Lei Complementar nº 116/2003.

No primeiro caso, como é sabido, a Lei Complementar nº 24/1975 disciplina o que consta do artigo 155, §2º, inc. XII, alínea "g", da Constituição Federal, regulamentando a forma como, mediante deliberação dos Estados e do Distrito Federal, isenções, incentivos e benefícios fiscais relativos ao ICMS serão concedidos e revogados.

Essa deliberação é realizada no âmbito do Conselho Nacional de Política Fazendária (Confaz), mediante a celebração de convênios que dependem sempre de decisão unânime dos Estados e do Distrito Federal.

Já o artigo 8º-A da Lei Complementar nº 116/2003 cumpre o papel descrito no artigo 156, §3º, inc. III, da Constituição, que, em relação ao ISS, igualmente exige que lei complementar regule a forma e as condições como isenções, incentivos e benefícios fiscais serão concedidos e revogados.

Diferentemente do que há quanto ao ICMS, aqui a lei complementar traz uma norma mais direta e binária, proibindo que o ISS seja objeto de concessão de isenção, incentivo ou benefício tributário ou financeiro que resulte, direta ou indiretamente, em carga tributária interior à alíquota mínima de 2%. Não sendo esse o caso, o benefício será lícito.

II A transação paulista

A transação paulista foi aprovada em uma lei de outubro de 2020, que promoveu outras medidas voltadas ao ajuste fiscal e ao equilíbrio das contas públicas estaduais, já afetadas pela pandemia da covid-19.

Nesse contexto, desde o artigo 41 até o artigo 56, a Lei nº 17.293 regula os principais aspectos da transação resolutiva de conflitos tributários, principiando por atribui à Procuradoria-Geral do Estado (PGE-SP) a competência para celebrá-la e para regulamentar diferentes aspectos,[1] materiais e procedimentais/formais, para a sua utilização.

---

[1] "**Artigo 54** – O Procurador Geral do Estado regulamentará:

I – os procedimentos aplicáveis às transações individuais e por adesão, inclusive quanto à rescisão;

II – a possibilidade de condicionar a transação ao pagamento de entrada, à apresentação de garantia e à manutenção das garantias já existentes;

III – as situações em que a transação somente poderá ser celebrada por adesão, autorizado o não conhecimento de eventuais propostas de transação individual;

IV – o formato e os requisitos da proposta de transação e os documentos que deverão ser apresentados;

V – a vinculação das transigências de que trata o artigo 46 ao grau de recuperabilidade das dívidas objeto da transação, que levará em conta as garantias dos débitos ajuizados, depósitos judiciais existentes, a possibilidade de êxito da Fazenda na demanda, a idade da dívida, a capacidade de solvência do devedor e seu histórico de pagamentos e os custos da cobrança judicial;

VI – os parâmetros para aceitação da transação individual e a concessão de descontos, respeitados o grau de recuperabilidade das dívidas de que trata o inciso V deste artigo;

VII – os editais para as transações por adesão, respeitados, quanto à recuperabilidade da dívida, os critérios de que trata o inciso V este artigo.

§1º – O Procurador Geral do Estado disciplinará a forma de cancelamento de débitos em transação e que estejam em litígio com causa anteriormente decidida desfavoravelmente à Fazenda, nos termos da lei processual, especialmente dos artigos 1.035 e 1.038 da Lei federal nº 13.105, de 16 de março de 2015 (Código de Processo Civil), do artigo 24 da Lei federal nº 9.868, de 10 de novembro de 1999, e do artigo 103-A da Constituição Federal.

§2º – Da regulamentação de que trata o "caput" deste artigo deverão constar as competências para processamento e deferimento da transação, por faixas de valores e por matéria.

Essa delegação de competência foi exercida, até o momento, pela Resolução nº 27/2020 e pela Portaria SubG-CTF nº 20/2020, onde é declarado, em primeiro lugar, que a celebração da transação será pautada pelos seguintes princípios e finalidades: *(i)* extinguir litígios em que Estado ou entidade da administração descentralizada seja parte; *(ii)* a consensualidade como forma de resolução desses litígios; *(iii)* a atuação judicial em harmonia com precedentes vinculantes definitivos; *(iv)* o estímulo à regularização fiscal; *(v)* a preservação da atividade econômica; *(vi)* a menor onerosidade na cobrança da dívida ativa e na atuação judicial do Estado; *(vii)* o incremento da arrecadação da dívida ativa; *(viii)* o gerenciamento da cobrança da dívida ativa por critérios de recuperabilidade; *(ix)* a progressividade de descontos conforme a diminuição da recuperabilidade da dívida inscrita; *(x)* a autonomia da vontade e boa-fé objetiva, previstas nos artigos 421 e 422 do Código Civil; e *(xi)* a publicidade, ressalvada a divulgação de informações protegidas por sigilo legal.

Segundo a legislação paulista, a transação poderá envolver somente débitos já inscritos em dívida ativa, inclusive de autarquias e fundações estaduais e quando forem objeto de execuções fiscais e ações antiexacionais. Não poderá haver transação em relação a: *(i)* débitos não inscritos em dívida ativa; *(ii)* multa penal e seus encargos; *(iii)* débitos de ICMS de empresa do Simples Nacional, salvo se houver autorização legal ou do Comitê Gestor; *(iv)* pessoa devedora de ICMS que, nos últimos 5 (cinco) anos, apresente inadimplemento de 50% ou mais das suas obrigações vencidas; *(v)* débitos relativos ao adicional do ICMS para o fundo estadual de combate à pobreza; e *(vi)* situação que envolva exclusivamente ação de repetição de indébito tributário.

Sobre os débitos transacionados, o Estado de São Paulo poderá conceder: *(i)* descontos em multas e juros de mora; *(ii)* prazos e formas de pagamento especiais, incluídos o diferimento, o parcelamento e a moratória; e *(iii)* a substituição ou a alienação de garantias e constrições. Dessa forma, a propositura de uma transação, por si só, não terá o condão de suspender a exigibilidade do crédito tributário, nem dos processos judiciais de que tratar.[2] No entanto, se envolver moratória ou parcelamento, uma vez celebrada, a transação suspenderá o crédito tributário na forma do artigo 151, incs. I e VI, do CTN.

A lei paulista não permite ao Estado conceder remissão do principal.[3] Mas autoriza o "cancelamento de débitos em transação e que estejam em litígio com causa anteriormente decidida desfavoravelmente à Fazenda, nos termos da lei processual, especialmente dos artigos 1.035 e 1.038 da Lei federal nº 13.105, de 16 de março de 2015 (Código de Processo Civil), do artigo 24 da Lei federal nº 9.868, de 10 de novembro de 1999, e do artigo 103-A da Constituição Federal" (g.n.).

Ao regulamentar o assunto, a Resolução nº 27/2020 e a Portaria SubG-CTF nº 20/2020 orientam que seja levada em consideração decisão definitiva em sede de

---

§3º – As informações sobre a recuperabilidade da dívida de que trata o inciso V deste artigo são consideradas sigilosas, podendo ser divulgadas, exclusivamente, ao devedor ou seu representante.
§4º – A recuperabilidade da dívida, por aplicação dos critérios de que trata o inciso V deste artigo, será classificada em quatro categorias."

[2] Autoriza-se que as ações sejam eventualmente suspensas, por ocasião da propositura da transação, mediante convenção das partes, nos termos do artigo 313, caput e inc. II, do Código de Processo Civil.

[3] "Artigo 47 – É vedada a transação que: (...) V – reduza o montante principal do débito, assim compreendido seu valor originário, sem os acréscimos de que trata o inciso I do artigo 46 desta lei;"

precedente judicial de caráter vinculante, que envolva o proponente da transação.[4] [5] Embora não falem expressamente no tal "cancelamento" do débito principal, admitem a inclusão, na transação, de "ações integralmente decididas pelo precedente vinculante, desde que o mesmo contenha critérios próprios suficientes para *liquidar* o valor da condenação"[6] (g.n.).

Em relação aos descontos sobre multas e juros, o seu percentual oscilará em razão do grau de recuperabilidade da dívida, podendo chegar:[7] *(i)* a 20% para débitos classificados com *rating*[8] "A", sendo limitado o desconto a 10% do valor atualizado total da dívida; *(ii)* a 20% para débitos classificados com *rating* "B", limitado o desconto a 15% do valor atualizado total da dívida; *(iii)* a 40%, para o *rating* "C", limitado o desconto final a 20% do valor atualizado total da dívida; e *(iv)* a 40%, para a dívida de *rating* "D",[9] limitada a redução a 30% do valor atualizado total da dívida.

Quanto à concessão de moratória ou parcelamento, a legislação paulista autoriza que se conceda a oportunidade de pagamento do débito: *(i)* em até 84 parcelas mensais, quando o devedor estiver em recuperação judicial ou extrajudicial e insolvência; ou *(ii)* em até 60 parcelas mensais, nas demais situações.

A transação poderá ser proposta e celebrada nas modalidades: *(i)* por adesão, nos termos e condições estabelecidos em edital publicado pela PGE-SP;[10] ou *(ii)* por proposta individual, de iniciativa do devedor ou da PGE-SP, quando envolver débitos de valor atualizado superior a R$10 milhões.

Assim como os tradicionais programas de parcelamento, a formalização da transação impõe ao devedor que confesse os débitos nela contemplados e que renuncie aos direitos sobre os quais se fundem eventuais ações ou processos administrativos

---

[4] "Artigo 22. A decisão definitiva em sede de precedente judicial de caráter vinculante que solucione ação judicial ou incidente processual movidos por proponente contra obrigação tributária incluída na transação será considerada para apuração do débito judicial.
Parágrafo único. A pertinência da ação ou defesa do proponente ao precedente judicial de caráter vinculante deverá ser atestada no respectivo processo administrativo, que fixará os critérios para aplicação das reduções ou acréscimos cabíveis, nos termos desta Resolução." (Resolução PGE-SP nº 27/2020)

[5] "Art. 42. O Procurador do Estado Chefe da unidade da Procuradoria Geral do Estado que recepcionar a proposta individual deverá: (...) VII – observar a pertinência do precedente judicial de caráter vinculante para solução de ações judiciais incluídas na transação;" (Portaria SubG-CTF nº 20/2020)

[6] Artigo 40, §2º, da Portaria SubG-CTF nº 20/2020.

[7] Os descontos e limites são maiores, no caso de transações com microempresas, empresas de pequeno porte e microempreendedor individual, conforme previsto na própria Lei nº 17.293/2020.

[8] Sendo o *rating* "A" para débitos de recuperabilidade máxima, *rating* "B", para débitos de recuperabilidade média, *rating* "C", para débitos de recuperabilidade baixa, e, finalmente, *rating* "D", para débitos irrecuperáveis. As fórmulas de cálculo para se encontrar o *rating* da dívida são encontradas na Portaria SubG-CTF nº 20/2020 e levam em consideração os seguintes critérios: *(i)* garantias válidas e líquidas, inclusive depósitos judiciais, para as cobranças em curso contra o proponente; *(ii)* histórico de pagamentos do proponente, inclusive por parcelamentos; *(iii)* tempo de inscrição dos débitos do proponente em dívida ativa; *(iv)* capacidade de solvência do proponente; *(v)* perspectiva de êxito do Estado na demanda incluída na proposta; e *(vi)* custo da cobrança judicial das dívidas incluídas na proposta.

[9] São automaticamente enquadrados no *rating* "D" os débitos de proponentes em recuperação judicial ou extrajudicial, em liquidação judicial, em intervenção ou liquidação extrajudicial ou que tenham o seu CPF ou CNPJ em situação de baixado ou inapto, na Secretaria Especial da Receita Federal e no Cadastro da Secretaria da Fazenda e Planejamento (artigo 6º, §5º, da Resolução PGE-SP nº 27/2020).

[10] Até o momento, foram publicados os editais PGE/TR nºs 01 e 02/2021, ambos somente para empresas em recuperação judicial, sendo este segundo edital voltado especificamente para débitos de microempresas ou empresas de pequeno porte.

JOSÉ LUIS RIBEIRO BRAZUNA

TRANSAÇÃO TRIBUTÁRIA NA EXPERIÊNCIA DO ESTADO E DO MUNICÍPIO DE SÃO PAULO – RELEVÂNCIA OU NÃO DA LEI COMPLEMENTAR... | 125

pendentes. A transação vincula garantias judiciais e obriga o devedor a se comprometer a não alienar, nem onerar bens ou direitos dados em garantia, sem comunicar o fato à PGE-SP.

Finalmente, a transação poderá ser rescindida[11] quando: *(i)* forem descumpridas as suas condições, cláusulas e os compromissos nela assumidos; *(ii)* for constatado ato tendente ao esvaziamento patrimonial do devedor, como forma de fraudar o cumprimento da transação, ainda que realizado anteriormente à sua celebração; *(iii)* for decretada falência ou extinção, por liquidação, da pessoa jurídica transigente; *(iv)* houver a prática de conduta criminosa na formação da transação; *(v)* ocorrer dolo, fraude, simulação ou erro essencial quanto à pessoa ou ao objeto do litígio objeto da transação; *(vi)* ocorrer alguma outra hipótese de rescisão prevista no termo de transação ou o descumprimento de alguma outra disposição da Lei nº 17.293/2020 ou do edital de transação; ou *(vii),* finalmente, houver questionamento judicial sobre a matéria transacionada ou a própria transação.

III A transação paulistana

No Município de São Paulo, a Lei nº 17.324/2020 instituiu o que chamou de "política de desjudicialização", declarando ter por objetivos reduzir a litigiosidade, estimular a solução adequada de controvérsias, promover, sempre que possível, a solução consensual dos conflitos e, por fim, aprimorar o gerenciamento do volume de demandas administrativas e judiciais.

Ao tratar especificamente da transação, a norma acabou ficando descaracterizada e desprovida de eficácia técnica, por conta dos inúmeros vetos que foram feitos pelo chefe do Poder Executivo.

O prefeito da capital paulista vetou os dispositivos da lei que: *(i)* atribuíam competência à Procuradoria-Geral do Município (PGM-SP) e à Subsecretaria da Receita Municipal (SRM) para o recebimento das propostas e para a celebração das transações[12] (artigos 11 e 16); *(ii)* fixavam os parâmetros de transigência que poderiam ser empregados na negociação com o devedor (artigo 12); *(iii)* delegavam poderes àqueles dois órgãos para editarem atos conjuntos de regulamentação[13][14] da transação (artigo 17);

---

[11] Quando houver rescisão, o devedor ficará impedido de formalizar nova transação pelo prazo de dois anos, ainda que em relação a novos e distintos débitos.

[12] O artigo 171, parágrafo único, do CTN, é expresso em exigir da lei de transação que indique a autoridade competente para realizá-la em cada caso. Sem isso, esse meio de extinção do crédito tributário é, definitivamente, inoperante.

[13] Notadamente com o propósito de disciplinar: *(i)* os procedimentos necessários à celebração da transação tributária; *(ii)* a possibilidade de condicionar a transação ao pagamento de entrada, à apresentação ou à manutenção de garantias; *(iii)* as situações em que a transação somente poderia ser celebrada por adesão; *(iv)* o formato e os requisitos da proposta de transação e os documentos que deveriam acompanha-la; *(v)* os critérios de aferição do grau de recuperabilidade das dívidas, os parâmetros para aceitação de transação e a concessão de descontos; e *(vi)* a observância dos princípios da publicidade, respeitado o sigilo legal.

[14] A confirmar a ineficácia técnica da Lei nº 17.324/2020, basta verificar que, apesar de o seu artigo 28 ter determinado genericamente ao Poder Executivo Municipal que a regulamentasse em até 180 dias, nenhum ato foi produzido nesse sentido a respeito da transação tributária. O Prefeito Municipal editou somente o Decreto nº 59.963/2020, tratando do emprego da arbitragem, como meio de resolução de conflitos relativos a direitos patrimoniais disponíveis do Município, o que não se aplica à temática tributária.

(iv) permitiam ao Secretário Municipal da Fazenda propor transação relativa a litígios que versassem sobre relevante e disseminada controvérsia jurídica, com base em manifestação da PGM-SP e da SRM (artigo 18); e *(v)* cuidavam da celebração da transação tributária por edital, regulando a sua solicitação, as condições[15] e consequências da sua celebração pelo devedor (artigo 21).

Em relação aos parâmetros que constavam da lei, para serem observados pelo Município na negociação das dívidas transacionadas,[16] o prefeito afirmou que eles deveriam ser vetados por "limitarem demasiadamente a atratividade da transação tributária, tornando praticamente inútil o instrumento previsto neste projeto de lei". Ao final, quem na verdade promoveu a total "limitação" da transação foi o próprio Executivo Municipal, que com os seus vetos promulgou uma lei natimorta.

Os dispositivos que mencionavam a participação da SRM na transação municipal foram vetados porque o chefe do Poder Executivo também rejeitou a negociação de débitos não inscritos em dívida ativa, por entender que, em relação a eles, ainda não haveria litígio constituído. Como justificativa, consignou que, como a certeza sobre o crédito tributário "ocorre com a sua inscrição em dívida ativa... um acordo ou transação sobre débito não inscrito acarretaria insegurança jurídica".[17]

Após todos os vetos, a lei promulgada no município de São Paulo mencionou apenas a possibilidade de transação envolvendo a dívida ativa tributária, muito embora tenha previsto três modalidades de acordo, a saber: *(i)* por proposta individual ou por adesão, na cobrança da dívida ativa; *(ii)* por adesão, nos demais casos de contencioso judicial ou administrativo tributário; e *(iii)* por adesão, no contencioso administrativo tributário de baixo valor. No mais, restaram promulgados também dispositivos prevendo, genericamente: *(i)* os efeitos da proposta e da transação em relação à suspensão da exigibilidade do crédito tributário e dos processos envolvidos;[18] e *(ii)* as hipóteses de rescisão da transação.[19]

---

[15] Algumas condições estão dispostas no texto legal ao final promulgado no Município de São Paulo, exigindo do devedor assumir os compromissos de: *(i)* não utilizar a transação de forma abusiva, com a finalidade de limitar, falsear ou prejudicar de qualquer forma a livre concorrência ou a livre iniciativa econômica; *(ii)* não utilizar pessoa natural ou jurídica interposta para ocultar ou dissimular a origem ou a destinação de bens, de direitos e de valores, seus reais interesses ou a identidade dos beneficiários de seus atos, em prejuízo da Fazenda Municipal; *(iii)* não alienar nem onerar bens ou direitos sem a devida comunicação ao órgão da Fazenda Municipal competente; e *(iv)* renunciar a quaisquer alegações de direito, atuais ou futuras, sobre as quais se fundem processos administrativos, ações judiciais, incluídas as coletivas, ou recursos que tenham por objeto os créditos incluídos na transação.

[16] O artigo 12 vedava que a transação envolvesse: *(i)* redução do montante principal do crédito tributário; *(ii)* multas administrativas relativas a fatos tipo de crimes contra ordem tributária; e *(iii)* créditos do Simples Nacional. Mas permitia que se transigisse com a flexibilização do pagamento do débito: *(i)* mediante parcelamento em até sessenta meses, contados da data da formalização de transação, ou em até cem meses para pessoa natural, microempresa ou empresa de pequeno porte; e *(ii)* redução de até cinquenta por cento do valor total transacionado, ou de até setenta por cento para pessoa natural, microempresa ou empresa de pequeno porte.

[17] A participação da SRM na transação foi considerada, nos vetos do Prefeito, como contrárias à Lei Orgânica do Município, que atribuiria poderes apenas à Procuradoria-Geral do Município para tratar de débitos inscritos em dívida ativa. No entanto, a lei aprovada pela Câmara Municipal pretendia permitir a negociação também de débitos não inscritos, o que aí sim justificaria a participação da SRM.

[18] Tal como a transação estadual, a lei municipal previu que a proposta de transação, por si só, não suspende a cobrança do crédito tributário, nem os respectivos processos. Uma vez homologada a negociação entre as partes, no entanto, a suspensão passaria a ocorrer.

[19] Um pouco mais restritas do que a norma estadual, contemplando como casos de rescisão da transação: *(i)* o descumprimento de condições, cláusulas ou compromissos assumidos no acordo; *(ii)* a constatação de ato tendente ao esvaziamento patrimonial do devedor como forma de fraudar o cumprimento da transação, ainda que

JOSÉ LUIS RIBEIRO BRAZUNA

TRANSAÇÃO TRIBUTÁRIA NA EXPERIÊNCIA DO ESTADO E DO MUNICÍPIO DE SÃO PAULO – RELEVÂNCIA OU NÃO DA LEI COMPLEMENTAR... | 127

Apesar de todos os cortes, vale observar que sobreviveu o disposto no artigo 15, inc. II, da Lei n.º 17.324/2020, autorizando a Fazenda Pública Municipal a, no caso de rescisão da transação, requerer a "convolação da recuperação judicial em falência ou a ajuizar ação de falência". Esse dispositivo, sim, não deveria ter sobrevivido a um exame preventivo de validade mais atento, uma vez que: *(i)* em primeiro lugar, legislar sobre temas de direito comercial e processual é competência privativa da União, conforme artigo 22, inc. I, da Constituição Federal; e *(ii)* não há suporte no CTN, em especial no seu artigo 187, para que créditos de natureza tributária sejam exigidos mediante processo de recuperação judicial ou falência.

Norma idêntica foi incluída no artigo 8º, inc. II, da Medida Provisória n.º 899/2019, que posteriormente foi convertida na lei federal de transação tributária (Lei n.º 13.988/2020), mas que foi rejeitada pelo Congresso Nacional, justamente sob a constatação de que a cobrança de créditos tributários já goza de privilégios legais,[20] não havendo motivos para se conceder à Fazenda Pública o direito adicional de pedir a falência do sujeito passivo (como, aliás, também sempre foi reconhecido pela jurisprudência do Superior Tribunal de Justiça[21] [22]).

Posteriormente, entretanto, com a reforma promovida na legislação falimentar, pela Lei n.º 14.112/2020, a possibilidade de "convolação da recuperação judicial em falência" acabou sendo incorporada ao artigo 10-A, §4º-A, inc. IV, da Lei n.º 10.522/2002, entrando em aparente conflito[23] com os artigos 186 a 188, do CTN, na sua redação dada pela Lei Complementar n.º 118/2005.

IV As restrições da Lei Complementar n.º 24/1975 e seus impactos em relação à Lei n.º 17.293/2020

A Lei Complementar n.º 24/1975 possui, em sua origem, o intuito de impedir a prática da "guerra fiscal" relativa ao ICMS, caracterizada pela concessão de reduções da

---

realizado anteriormente à sua celebração; *(iii)* a ocorrência de alguma das hipóteses rescisórias adicionalmente previstas no respectivo termo de transação; ou *(iv)* a comprovação de falsa declaração que ensejou a transação.

[20] Vide emendas n.ºs 8, 19, 40, 70 e 210 ao projeto de conversão em lei da Medida Provisória n.º 899/2019, bem como PARECER (CN) n.º 1/2020, disponível em https://legis.senado.leg.br/sdleg-getter/documento?dm=8069404&-ts=1612516618931&disposition=inline (acesso em 14.3.2021).

[21] Recursos Especiais n.ºs 164.389-MG (2ª Turma, Rel. p/ acórdão Min. Sálvio De Figueiredo Teixeira, j. em 13.8.2003) e 287.824-MG (1ª Turma, Rel. Min. Luiz Fux, j. em 20.10.2005).

[22] Vale chamar a atenção para a equivocada decisão tomada pelo E. Tribunal de Justiça do Estado de São Paulo, na Apelação Cível n.º 1001975-61.2019.8.26.0491 (1ª Câmara Reservada de Direito Empresarial, Rel. Des. Alexandre Lazzarini, j. em 16.7.2020), que ganhou destaque por autorizar o pedido de falência com base exclusivamente em dívida de natureza tributária, mas que deverá ser corrigida pela instância superior, caso se mantenha a esperada coerência com os precedentes citados na nota de rodapé anterior.

[23] Embora não seja objeto deste estudo, fica aqui registrado o questionamento a respeito da constitucionalidade ou não do artigo 10-A, §4º-A, inc. IV, da Lei n.º 10.522/2002, frente ao CTN. Neste ponto, ao tratar das preferências do crédito tributário e da sua não cobrança mediante processo de falência, o CTN é lei materialmente ou formalmente complementar? Poderia ser revogado por lei ordinária? É o que se deve refletir e resolver frente à Lei n.º 14.112/2020, que, diferentemente da anterior reforma da legislação falimentar, promovida pela Lei n.º 11.101/2005, não foi acompanhada de lei complementar para tratar dos temas tributários pertinentes à matéria.

carga fiscal desse imposto, com o intuito proposital de assim atrair agentes econômicos para o território do Estado ou Distrito Federal concedente.[24] [25]

Além dos efeitos danosos à concorrência,[26] a guerra fiscal é também rejeitada pela Constituição Federal de 1988, especialmente em relação ao ICMS, por conta dos seus impactos na economia das outras unidades federadas, quando a desoneração irregular repercute em operações interestaduais, por força do princípio da não cumulatividade.[27] É rechaçada, ainda, em razão da influência negativa que pode gerar nas finanças dos municípios, que participam da divisão do produto da arrecadação do imposto estadual, conforme artigo 158, inc. IV, da Constituição.

Dadas essas preocupações, desde a sua origem a Lei Complementar nº 24/1975 fixou um amplo campo para a sua própria aplicação, consignando, no seu artigo 1º, que a exigência de convênio unânime aprovado no Confaz aplicar-se-ia não apenas às isenções do ICMS, mas também: *(i)* à redução da base de cálculo do imposto; *(ii)* à devolução total ou parcial, direta ou indireta, condicionada ou não, do tributo, ao contribuinte, a responsável ou a terceiros; *(iii)* à concessão de créditos presumidos; e *(iv)* a quaisquer outros incentivos ou favores fiscais ou financeiro-fiscais, concedidos com base no ICMS, dos quais resulte redução ou eliminação, direta ou indireta, do respectivo ônus.

O seu artigo 10 previu, ainda, que a sistemática de convênio unânime aprovado pelo Confaz deveria ser adotada para definir "as condições gerais em que se poderão conceder, unilateralmente, anistia, remissão, *transação*, moratória, parcelamento de débitos fiscais e ampliação do prazo de recolhimento" do ICMS.

Recentemente, no ano de 2017, o Confaz executou o comando do artigo 10, aprovando o Convênio ICMS nº 126,[28] no qual firmou condições gerais para que Estados e Distrito Federal concedessem, de modo unilateral, moratória, parcelamento, ampliação de prazo de pagamento, remissão ou anistia, bem como celebrassem transação relativamente ao ICMS. Ultrapassados os parâmetros previamente autorizados no Convênio ICMS nº 126, a norma estadual ou distrital "dependerá de autorização em convênio para este fim especificamente celebrado".

Nas suas cláusulas quinta a oitava, então, o Convênio ICMS nº 126/2017 estipulou os tais parâmetros que, se observados, permitiriam ao Estado ou Distrito Federal

---

[24] Definição essa extraída do julgamento da Medida Cautelar em Ação Direta de Inconstitucionalidade nº 1.978-3-SP. Supremo Tribunal Federal, Plenário, Relator Min Nelson Jobim, j. em 23.6.1999. Nesse caso, discutia-se a concessão de benefício fiscal transitoriamente concedido pelo Estado de São Paulo para montadores de veículos automotores, mas que depois veio a ser prorrogado, implicando na declaração da sua inconstitucionalidade.

[25] Em passado mais recente, de todo o modo, a Suprema Corte considerou válida a lei estadual editada sem respaldo em convênio, que excluía a cobrança de ICMS em contas de serviços públicos estaduais prestados a igrejas e templos de qualquer culto. Para tanto, considerou que "a proibição de se introduzir benefício fiscal, sem o assentimento dos demais Estados, tem como móvel evitar competição entre as unidades da Federação e isso não acontece na espécie" (Ação Direta de Inconstitucionalidade nº 3.421-PR, Pleno, Rel. Min. Marco Aurélio, j. em 5.5.2010).

[26] BRASIL. Conselho Administrativo de Defesa Econômica. *Consulta nº 0038/99*, respondida ao Pensamento Nacional das Bases Empresariais (PNBE), em 22.3.2000, Conselheiro Marcelo Calliari.

[27] Nesse sentido, vide: FERRAZ JR., Tercio Sampaio. Guerra Fiscal, Fomento e Incentivo na Constituição Federal. *In Direito tributário: estudos em homenagem a Brandão Machado.* SCHOUERI, Luís Eduardo; ZILVETTI, Fernando Aurelio (coord.). São Paulo: Dialética, 1988, p. 278-279; e PRAZO, Sergio. Guerra fiscal e políticas de desenvolvimento estadual no Brasil. *In Economia e Sociedade.* Campinas, (13): 1-40, dez. 1999, p. 30.

[28] Substituindo e revogando o seu antecessor, Convênio ICM nº 24/1975.

conceder moratória, parcelamento, ampliação de prazo de pagamento, remissão ou anistia relativa ao ICMS, sem uma autorização especial do Confaz. São eles:

- instituir moratória que reabra o prazo de pagamento do ICMS vencido, sem quaisquer acréscimos, aos sujeitos passivos vítimas de calamidade pública, assim declarada por ato expresso da autoridade competente;
- conceder parcelamento de créditos tributários decorrentes de procedimentos administrativos, inclusive confissões de dívida, na esfera administrativa ou judicial, em até sessenta prestações mensais, iguais e sucessivas, acrescidos de multa, juros e correção monetária sobre as prestações vincendas;
- conceder ampliação de prazo de pagamento do imposto: *(i)* para contribuintes industriais, até o décimo dia do segundo mês subsequente àquele em que tenha ocorrido o fato gerador; e *(ii)* para os demais sujeitos passivos, até o vigésimo dia do mês subsequente àquele em que tenha ocorrido o fato gerador;
- aprovar anistia ou remissão referente: *(i)* a créditos tributários de responsabilidade de sujeitos passivos vítimas de calamidade pública, assim declarada por ato expresso da autoridade competente; *(ii)* a créditos tributários consolidados por sujeito passivo que não sejam superiores a R$2 mil; *(iii)* às parcelas de juros e multas sobre os créditos tributários de responsabilidade de sujeitos passivos, cuja exigibilidade somente tenha sido definida a favor do Estado ou do Distrito Federal depois de decisões judiciais contraditórias, facultando-se, quanto ao saldo devedor remanescente, o parcelamento em até sessenta prestações mensais; e *(iv)* a multas relacionadas com fatos geradores ocorridos até a data da decisão judicial de recuperação judicial ou decretação de falência de sujeito passivo da obrigação tributária; e
- no caso de parcelamento de crédito tributário objeto de anistia ou remissão, autorizar o pagamento em até sessenta parcelas, podendo-se: *(i)* quando aplicada a taxa SELIC, conceder descontos máximos de *(i.i)* 80% sobre as multas e 30% sobre os juros, se for o caso de pagamento em parcela única, de *(i.ii)* 60% sobre as multas e 25% sobre juros, se for o caso de parcelamento em até trinta prestações, e *(i.iii)* 40% sobre as multas e 20% sobre os juros, se o parcelamento for de até sessenta vezes; ou *(ii)* quando aplicado índice de atualização monetária e juros diverso[29] da taxa SELIC, conceder descontos máximos de *(ii.i)* 80% sobre as multas e 85% sobre os juros, se for o caso de pagamento em parcela única, de *(ii.ii)* 60% sobre as multas e 70% sobre juros, se for o caso de parcelamento em até trinta prestações, e *(ii.iii)* 40% sobre as multas e 60% sobre os juros, se o parcelamento for de até sessenta vezes.

Para essas situações previamente autorizadas, o Convênio ICMS nº 126/2017 observa que: *(i)* no caso de parcelamento com anistia e remissão, o prazo máximo de adesão dos interessados será de três meses, prorrogável uma única vez pelo mesmo período; *(ii)* deverá ser observado intervalo mínimo de quatro anos para a concessão de novo parcelamento com anistia e remissão; e *(iii)* o crédito tributário deverá ser sempre

---

29 Interessante observar que, quando se refere a "diverso", o Convênio ICMS nº 126/2017 parece pressupor a prática de juros superiores à SELIC, o que acaba ocorrendo em muitas Unidades da Federação. Tanto é assim que autoriza descontos superiores sobre juros de mora, do que aqueles permitidos quando o Estado ou o Distrito Federal adotar a taxa de referência federal.

atualizado monetariamente e consolidado com todos os acréscimos legais previstos na legislação vigente na data dos respectivos fatos geradores da obrigação tributária, não constituindo a atualização monetária parcela autônoma ou acessória.

Em relação à transação, o Convênio ICMS nº 126/2017 apenas estabelece que "fica permitida sua celebração somente em casos excepcionais, de que não resulte dispensa do imposto devido" (cláusula décima primeira).

Adicionalmente, impõe também à transação – assim como às figuras da anistia, da remissão, da ampliação de prazo de pagamento e do parcelamento de débito objeto de anistia ou remissão[30] – que "quaisquer dos benefícios previstos neste convênio limita-se aos créditos tributários correspondentes a fatos geradores ocorridos até o décimo segundo mês anterior ao da instituição do benefício".

Ou seja, impõe uma espécie de "anterioridade às avessas", de modo a impedir que a proximidade dos fatos geradores de algum modo permita à Unidade Federada induzir o comportamento do sujeito passivo, atraindo-o para o seu território sob a perspectiva de que o ICMS não recolhido será futuramente parcelado, perdoado ou, de algum modo, terá o seu pagamento facilitado.

Esse cuidado parece, de fato, coerente com aquela indução que o Constituinte quis evitar que fosse veiculada pelos sujeitos ativos do ICMS, com o propósito danoso de, por meio de desonerações tributárias, atrair agentes econômicos para os seus territórios, em prejuízo das demais Unidades Federadas.

É coerente, ademais, com o fato de que, apenas em situações excepcionais, a norma relativa à extinção, à exclusão ou ao parcelamento do crédito tributário teria esse efeito, o que ocorreria quando, em razão da sua proximidade com os fatos geradores, permitisse deduzir que o ICMS incidente sobre a atividade do sujeito passivo seria futuramente perdoado, reduzido ou parcelado.

Não é por outro motivo que, conforme podemos extrair da farta jurisprudência do Supremo Tribunal Federal a respeito do tema, os principais precedentes sobre guerra fiscal têm em vista benefícios fiscais que podem ser antevistos pelo sujeito passivo e que, desse modo, são capazes de induzir o seu *comportamento futuro* de deslocar a alocação das suas atividades de uma para outra Unidade da Federação.[31]

---

[30] Como se pode ver do seu parágrafo único, a regra da cláusula quarta não se aplica à moratória e ao parcelamento de que trata a cláusula quinta, do Convênio ICMS nº 126/2017.

[31] Destacamos aqui decisões do Supremo Tribunal Federal que declararam inconstitucionais, por ausência de convênio aprovado pelo Confaz, normas estaduais relativas: (i) à concessão de isenções (Ações Diretas de Inconstitucionalidades nºs 84-MG, 286-RO, 429-CE, 2.376-RJ, 2.377-RJ, 2.548-PR, 2.688-PR e 4.276-MT), redução de base de cálculo (Ações Diretas de Inconstitucionalidades nºs 2.548-PR, 3.246-BA, 3.389-1-RJ, 4.152-SP e 4.457-PR, dentre outras) ou de alíquotas do ICMS (Ações Diretas de Inconstitucionalidade nºs 1.587-DF, 2.021-8-SP, 2.155-PR, 3.413-RJ, 3.664-RJ, 3.674-RJ e 3.936-PR), ainda que aplicáveis apenas a operações internas (Ação Direta de Inconstitucionalidade nº 1.308-RS); (ii) à instituição de normas de não incidência do imposto estadual (Ações Diretas de Inconstitucionalidades nºs 84-MG, 260-SC, 773-RJ e 930-MA); (iii) à concessão de créditos presumidos (Ações Diretas de Inconstitucionalidades nºs 902-SP, 2.155-PR, 2.157-5-BA, 2.352-ES, 2.458-2-AL, 2.548-PR, 3.664-RJ, 3.803-PR e 4.152-SP); (iv) à outorga de benefícios financeiros baseados no imposto devido pelo contribuinte (Ações Diretas de Inconstitucionalidades nºs 2.439-6-MS, 2.549-DF, 3.794-PR); (v) ao diferimento do imposto acobertando uma real dispensa do seu pagamento (Ação Direta de Inconstitucionalidade nº 3.702-ES); (vi) ao uso de regimes especiais para a veiculação de benefícios fiscais irregulares (Ação Direta de Inconstitucionalidade nº 2.155-PR); e (vii) à concessão de benefício fiscal irregular com o propósito de combater incentivo ilegal concedido por outra Unidade da Federação, sob a justificativa de defesa da economia e dos contribuintes locais (ações de inconstitucionalidade nºs 1.247-PA, 2.377-2-MG e 3.936-PR, e agravo regimental na medida cautelar na Ação Direta de Inconstitucionalidade nº 4.635-SP).

JOSÉ LUIS RIBEIRO BRAZUNA

TRANSAÇÃO TRIBUTÁRIA NA EXPERIÊNCIA DO ESTADO E DO MUNICÍPIO DE SÃO PAULO – RELEVÂNCIA OU NÃO DA LEI COMPLEMENTAR... | 131

Tanto é assim que, embora se possa encontrar decisões do Supremo Tribunal Federal abordando normas estaduais de remissão, anistia, prorrogação de prazo para pagamento do imposto ou concessão de parcelamento, no geral[32] esses favores foram condenados em contextos nos quais integravam algum tipo de programa estadual, explícita ou implicitamente, criado com o propósito de atrair agentes econômicos,[33] ou se referiam a débitos de ICMS advindos de benefícios irregulares que já haviam sido assim declarados inconstitucionais.[34]

De outro lado, em julgamento no qual a Corte Constitucional tratou isoladamente de transação em matéria de ICMS (Ação Direta de Inconstitucionalidade nº 2.405-RS), chegou-se à conclusão de que essa figura específica é "meio de extinção do débito tributário, não se confunde com benefício fiscal, não estando sujeita, por isso" ao disposto no artigo 155, §2º, inc. XII, alínea "g", da Constituição Federal, "nem à autorização em Convênio".

Na visão à qual aquiesceram diferentes gerações de Ministros do Supremo Tribunal Federal, no curso dos mais de dezessete anos transcorridos no julgamento da ação,[35] a transação é um instrumento que envolve concessões mútuas, visando sempre à resolução de um litígio e à consequente extinção do crédito tributário, não devendo ser assim equiparada a benefício fiscal relativo ao ICMS, sujeito às restrições do artigo 155 e da Lei Complementar nº 24/1975.

Ademais, no caso concreto analisado pelo Supremo, o Estado transigente somente podia dispor da multa incidente sobre o débito principal de ICMS, o que fez com que se concluísse que "as disposições contidas na lei não se equiparam a benefício fiscal, principalmente no que diz respeito à redução da multa tributária, que possui caráter acessório".[36]

Trazendo a Lei paulista nº 17.293/2020 para este contexto, é possível concluir pela sua validade frente à Lei Complementar nº 24/1975 e à Constituição, pois não há liame jurídico entre o regime de transação por ela instituído e um intuito claro de induzir

---

[32] No julgamento da Ação Direta de Inconstitucionalidade nº 2.345-SC (Pleno, Rel. Min. Cezar Peluso, j. em 30.6.2011) adotou-se uma postura extremamente rigorosa, declarando-se inconstitucional, por contrariedade material ao artigo 155, §2º, inc. XII, alínea "g", norma do Estado de Santa Catarina, editada no ano de 200 e que cancelava notificações fiscais emitidas com base na Declaração de Informações Econômico-Fiscais (DIEF) do ano-base de 1998. Não se analisou se esse tipo de medida teria ou não o condão de atrair agentes econômicos para o território Catarinense.

[33] Com efeito, foi esse o contexto das ações diretas de inconstitucionalidade que envolviam: (i) o programa "Ações para o Desenvolvimento do Mato Grosso do Sul – PROAÇÃO" (Ação Direta nº 2.439-6-MS); e (ii) programa do Rio de Janeiro para incentivar novos empreendimentos industriais (Ação Direta nº 1.179-1-SP).

[34] Como foi o caso julgado na Ação Direta de Inconstitucionalidade nº 2.906-RJ (Pleno, Rel. Min. Marco Aurélio, j. em 1.6.2011).

[35] No julgamento da medida cautelar, iniciado em 14.3.2002 e concluído em 6.11.2002, participaram os Ministros Ilmar Galvão, Maurício Corrêa, Sepúlveda Pertence, Moreira Alves, Marco Aurélio, Gilmar Mendes, Nelson Jobim, Sydney Sanches, Celso de Mello, Carlos Velloso e Ellen Gracie. No julgamento final de mérito, finalizado em 19.9.2019, tomaram parte os Ministros Alexandre de Moraes (Relator), Dias Toffoli, Celso de Mello, Marco Aurélio, Gilmar Mendes, Ricardo Lewandowski, Cármen Lúcia, Luiz Fux, Rosa Weber, Roberto Barroso e Edson Fachin.

[36] Não obstante, vale anotar que, por ocasião da implementação da Lei Complementar nº 160/2017 e do Convênio ICMS nº 190/2017, as Unidades Federadas registraram e depositaram, perante o Confaz, os diversos benefícios fiscais que, em sua visão, seriam na origem irregulares por descumprimento da Lei Complementar nº 24/1975. Nesse momento, foi possível verificar ao menos uma referência à figura da transação, notadamente na Resolução nº 8/2018, em cujo anexo II, foi listado o Decreto nº 7.026/2009, do Estado de Goiás, que regulamentava a transação e o parcelamento de débitos fiscais objeto de disputa judicial, criados pela Lei Estadual nº 16.675/2009.

comportamentos de agentes econômicos, para que transfiram as suas atividades para o território de São Paulo.

O objetivo da lei, em verdade, é dar fim a litígios estabelecidos entre devedores já estabelecidos e Fazenda Pública Estadual, mediante concessões mútuas, concretizando o encerramento dessas demandas e viabilizando a recuperação de créditos tributários de difícil ou improvável monetização em situações normais. Tanto é assim que, até o momento, a prática mostra o cuidado e a reserva do Estado de São Paulo no uso da ferramenta, tendo limitado a sua aplicação apenas a créditos tributários considerados irrecuperáveis, por serem de titularidade de devedores em recuperação judicial.

Outro ponto relevante a observar é que, embora a lei autorize o "cancelamento de débitos em transação" que digam respeito a matérias decididas desfavoravelmente ao erário, em precedentes vinculantes do Supremo Tribunal Federal, a aplicação dessa regra parece ser bastante restrita, não implicando a efetiva remissão do principal, o que, aliás, é vedado pelo artigo 47, inc. V, da Lei nº 17.293/2020, como já vimos acima.

Ao que tudo indica, essa permissão poderá, no máximo, fundamentar uma eventual concessão estatal para alcançar a negociação necessária para a eliminação do litígio e a extinção do crédito tributário, nos moldes do que estipula o artigo 171 do CTN, renunciando-se à demanda que, em razão do tema envolvido e do precedente vinculante, esteja fadada ao fracasso.

Em sua essência, a Lei nº 17.293/2020 mira para as multas e os juros incidentes sobre o crédito tributário principal, o que parece legítimo à luz do precedente da Ação Direta de Inconstitucionalidade nº 2.405-RS.

Finalmente, mesmo se confrontada com as condições gerais estipuladas no Convênio ICMS nº 126/2017, a lei paulista parece ser regular, pois: (i) não há nela elemento a indicar que teria extravasado a autorização para o seu uso apenas "em casos excepcionais"; e, (ii) como a sua aplicação é restrita a débitos inscritos em dívida ativa, dificilmente se estará diante de situação conflitante com a cláusula quarta, que limita a negociação a fatos geradores ocorridos até o décimo segundo mês anterior à Lei nº 17.293/2020.

V   As restrições do artigo 8º-A da Lei Complementar nº 116/2003 e seus impactos em relação à Lei nº 17.234/2020

Se é possível concluir que a Lei paulista nº 17.293/2020 não encontra óbice na Lei Complementar nº 24/1975, o mesmo se deduz sob a perspectiva do confronto da Lei paulistana nº 17.234/2020, com o artigo 8º-A da Lei Complementar nº 116/2003.

E assim é lícito concluir, em primeiro lugar, porque o artigo 8º-A, diferentemente da Lei Complementar nº 24/1975, em momento algum se refere a modalidades de suspensão ou extinção do crédito tributário, não encontrando paralelo com as restrições que constam do artigo 10 e do Convênio nº 126/2017, relativamente ao ICMS.

Em segundo, porque a vedação do artigo 8º-A à concessão de benefícios fiscais tem como clara referência o montante do crédito tributário principal relativo ao ISS, proibindo uma redução que implique carga inferior a 2%, o que não ocorreria no caso

JOSÉ LUIS RIBEIRO BRAZUNA

TRANSAÇÃO TRIBUTÁRIA NA EXPERIÊNCIA DO ESTADO E DO MUNICÍPIO DE SÃO PAULO – RELEVÂNCIA OU NÃO DA LEI COMPLEMENTAR...

133

da Lei nº 17.234/2020, que em momento algum pretendeu reduzir o principal,[37] nem tampouco ser ferramenta para a diminuição do ônus do ISS abaixo daquele limite.

Sob essa perspectiva, tal como ocorre com a lei estadual, a transação municipal não teria qualquer liame jurídico com o propósito de atrair agentes econômicos para o Município de São Paulo, o que seria também o objetivo das restrições do artigo 156, §3º, inc. II, da Constituição, e do artigo 8º-A da Lei Complementar nº 116/2003.

Finalmente, não há contrariedade à Lei Complementar nº 116/2003 pela infeliz razão de que, conforme vimos, os vetos do Poder Executivo Municipal desconfiguraram a lei aprovada pelo Poder Legislativo, tornando-a absolutamente ineficaz e incapaz de atingir qualquer finalidade prática, inviabilizando o uso da transação na maior cidade do Brasil.

Oxalá as lacunas deixadas pelo prefeito possam ser preenchidas por nova iniciativa da Câmara Municipal, permitindo que essa ferramenta de resolução de litígios fiscais seja tirada do papel.

Informação bibliográfica deste texto, conforme a NBR 6023:2018 da Associação Brasileira de Normas Técnicas (ABNT):

BRAZUNA, José Luis Ribeiro. Transação tributária na experiência do Estado e do município de São Paulo – Relevância ou não da Lei Complementar nº 24/1975 e do artigo 8º-A da Lei Complementar nº 116/2003?. *In*: SARAIVA FILHO, Oswaldo Othon de Pontes (coord.). *Transação e Arbitragem Tributárias*. Belo Horizonte: Fórum, 2023. (Coleção Fórum grandes temas atuais de Direito Tributário ; v.2). p. 121-133. ISBN 978-65-5518-465-5.

---

[37] O que constava do seu artigo 12, vetado pelo prefeito da capital paulista.

COMPARAÇÃO ENTRE A TRANSAÇÃO DA LEI Nº 13.988/2020 E A TRANSAÇÃO PROPOSTA PELO PROJETO DE LEI Nº 5.082/2009

TARSILA RIBEIRO MARQUES FERNANDES

Introdução

A regulamentação da transação tributária no âmbito federal finalmente foi realizada por meio da Medida Provisória nº 899, de 16 de junho de 2019, a qual foi convertida na Lei nº 13.988, de 14 de abril de 2020. Merece destaque que se encontra pendente de análise por parte do Congresso Nacional o Projeto de Lei nº 5.082/2009, o qual havia surgido no âmbito do II Pacto Republicano e que pretendia instituir um modelo federal de transação tributária no Brasil.

Apesar de não ter sido esse o projeto de lei que fora transformado em norma, deve-se reconhecer a sua importância e utilidade na maturação do tema no direito brasileiro. É que o referido projeto de lei permitiu um maior debate sobre a transação tributária, tendo sido responsável por ampliar a discussão tanto a respeito da possibilidade quanto da necessidade de introdução de um modelo de transação tributária no âmbito federal. Havia maior dificuldade política, contudo, na aprovação do Projeto de

Lei nº 5.082/2009, eis que se buscava alterar dispositivos do Código Tributário Nacional (CTN), o que demandava edição de lei complementar.

Nesse sentido, pode-se afirmar que o PL nº 5.082/2009 viabilizou a discussão sobre o tema da transação tributária no âmbito federal. A partir do referido projeto, vários autores passaram a escrever sobre o assunto, criando um ambiente acadêmico favorável ao amadurecimento do tema. Ademais, foi-se percebendo que as discussões doutrinárias a respeito da legalidade ou constitucionalidade da instituição de um modelo de transação tributária estavam perdendo espaço para realidade. Isto é, enquanto se perdia tempo e dinheiro com a falta de regulamentação de um modelo nacional de transação tributária, os tradicionais meios de cobrança do crédito público, que conferiam preferência ao processo de execução fiscal, mostravam-se ineficientes, custosos e morosos.

O PL nº 5.082/2009, portanto, fomentou o debate a respeito de um instituto que se encontrava positivado há mais de quarenta e cinco anos, mas que não recebia a devida atenção da comunidade jurídica

Não se pode negar, portanto, a influência e a importância do referido PL no modelo escolhido pela Lei nº 13.988/2020. Em sendo assim, o presente artigo procederá com uma comparação entre os modelos de transação previstos no PL nº 5.082/2009 e na Lei nº 13.988/2020. Para tanto, primeiro se realizará um panorama a respeito da transação tributária. Após, serão apresentados os pontos principais do PL nº 5.082/2009. Isso permitirá a explicação e concomitante comparação com a racionalidade e os modelos de transação tributária previstos na Lei nº 13.988/2020.

1 A transação no Direito Tributário

A transação pode ser definida como "negócio jurídico bilateral, em que duas ou mais pessoas acordam em concessões recíprocas, com o propósito de pôr termo a controvérsia sobre determinada, ou determinadas relações jurídicas, seu conteúdo, extensão, validade, ou eficácia".[1] No âmbito privado, a transação pode ocorrer tanto para prevenir quanto para terminar litígios e se perfaz mediante concessões recíprocas.

Entretanto, no Direito Tributário, a transação só *é* admitida para terminar litígio, sendo esse o sentido trazido pelo artigo 171 do CTN:

> Art. 171. A lei pode facultar, nas condições que estabeleça, aos sujeitos ativo e passivo da obrigação tributária celebrar transação que, mediante concessões mútuas, importe em determinação de litígio e consequente extinção de crédito tributário.
>
> Parágrafo único. A lei indicará a autoridade competente para autorizar a transação em cada caso.

É justamente a partir do conceito de transação que parte da doutrina afastava, desde logo, a sua aplicação no âmbito do direito público, tendo em vista a impossibilidade de dispor do interesse público. Essa característica mostra-se ainda mais

---

[1]   MIRANDA, Pontes de. *Tratado de direito privado*. Atualizado por Vilson Rodrigues Alves. Campinas: Bookseller, 2003 t. 25, p. 151.

acentuada nas relações tributárias, em que se faz presente o princípio da legalidade estrita e da tipicidade fechada. Para essa corrente doutrinária,[2] o fato de o lançamento e a consequente cobrança do tributo serem realizados de forma plenamente vinculada e obrigatória impediria a aceitação do instituto na seara tributária.

Em contrapartida, outro setor da doutrina,[3] o qual buscava inspiração sobretudo no direito comparado, tentava demonstrar que a instituição de um modelo geral de transação tributária iria ao encontro do princípio da eficiência administrativa, estando em consonância com o interesse público. Havia ainda aqueles que admitiam a transação, mas em hipóteses restritas e de forma excepcional.[4]

Apesar das opiniões divergentes, prevaleceu o entendimento de que *é possível* a realização de transação no âmbito tributário, o que restou positivado, no âmbito federal, na Lei nº 13.988/2020. Afinal, não se pode perder de vista que:

> [...] cada vez mais, a Administração Pública do Estado Democrático de Direito (eficiente, pluralista e participativo) deve aparelhar-se para possibilitar a permeabilidade da máquina burocrática à participação dos administrados, bem como estabelecer mecanismos para que os vários interesses conflitantes possam encontrar harmonização no seio da própria Administração, evitando-se, assim, controvérsias jurídicas infindáveis, favorecendo, por outro giro, a aceitabilidade das decisões pelos atingidos e, sobretudo, pela própria coletividade. Nesse caminho é que se pode observar o crescente desprestígio das decisões administrativas unilaterais, bem como a abertura das portas da Administração para a busca de soluções consensuais, consolidando-se, assim, uma "administração pública consensual".[5]

Ademais, na seara tributária, não há qualquer impedimento constitucional à existência de um modelo geral de transação, desde que previsto em lei.

Argumentava-se ainda que a possibilidade de transação iria de encontro ao princípio da indisponibilidade do interesse público. Quanto a essa questão, entretanto, não se pode olvidar que inexiste um interesse público geral e abstrato, definível por si só. Há apenas a concepção genérica no sentido de que tanto a lei quanto o administrador devem buscar o interesse da coletividade, além de que, na hipótese de colisão entre o interesse particular e o público, este deve prevalecer. Em última análise, quem define o interesse público é a lei, de acordo com os interesses consagrados pelo Estado.

[2] Filiados a esse entendimento, é possível citar os seguintes autores: JARDIM, Eduardo Marcial Ferreira. *In*: MARTINS, Ives Gandra da Silva (Coord.). *Comentários ao código tributário nacional*. 5. ed. São Paulo: Saraiva, 2008. v. 2 (arts. 96 a 218), p. 449-452. ÁLVARES, Manoel. *Comentários aos artigos 165 a 174*. *In*: FREITAS, Vladimir Passos de (Coord.). *Código Tributário Nacional*: comentado. São Paulo: Revista dos Tribunais, 1999, p. 654.

[3] Cf. MORAES, Bernardo Ribeiro. *Compêndio de direito tributário*. Rio de Janeiro: Forense, 1994. v. 2, p. 457. BATISTA JÚNIOR, Onofre Alves. *Transações administrativas*. São Paulo: Quartier Latin, 2007, p. 418-434. GUIMARÃES, Vasco Branco. *Transação e arbitragem no âmbito tributário*. Belo Horizonte: Fórum, 2008, p. 36-38. TORRES, Ricardo Lobo. *Transação, conciliação e processo tributário administrativo equitativo*. *In*: SARAIVA FILHO, Oswaldo Othon de Pontes; GUIMARÃES, Vasco Branco. *Transação e arbitragem no âmbito tributário*, p. 89-110. CASSONE, Vittorio. *Transação, conciliação e arbitragem no âmbito tributário*: confronto entre os princípios constitucionais aplicáveis. *In*: SARAIVA FILHO, Oswaldo Othon de Pontes; GUIMARÃES, Vasco Branco. Op. cit., p. 220. GODOY, Arnaldo Sampaio de Moraes. *Transação Tributária*: introdução à justiça fiscal consensual. Belo Horizonte: Fórum, 2010, p. 41-76.

[4] SARAIVA FILHO, Oswaldo Othon de Pontes. *A transação e a arbitragem no direito constitucional-tributário brasileiro*. *In*: SARAIVA FILHO, Oswaldo Othon de Pontes; GUIMARÃES, Vasco Branco, *op. cit.*, p. 62-78.

[5] BATISTA JÚNIOR, Onofre Alves. *Transações administrativas*. São Paulo: Quartier Latin, 2007, p. 44-45.

A afirmativa de que o interesse público *é* definido por lei se torna ainda mais pertinente quando se está na seara do Direito Tributário, pois a cobrança e a arrecadação dos tributos são atividades plenamente vinculadas.

A meu entender, contudo, essas discussões se encontram atualmente superadas diante da realidade imposta tanto no que se refere à ineficiência dos meios tradicionais de cobrança, quanto em razão da edição da Lei nº 13.988/2020. Faz-se necessário, contudo, ter em mente essa celeuma doutrinária histórica a fim de melhor compreender as razões pelas quais um modelo federal de transação tributária demorou mais de cinquenta anos para ser regulamentado e a importância do PL nº 5.082/2009 na evolução do tema.

2 Do modelo de transação previsto no Projeto de Lei nº 5.082/2009

2.1 Regras gerais

Deve-se reiterar que o PL nº 5.082/2009 teve o grande mérito de permitir uma discussão mais aprofundada sobre a efetiva introdução de um modelo federal de transação tributária. O referido projeto foi elaborado de forma democrática, sob orientação da Procuradoria-Geral da Fazenda Nacional (PGFN), em conjunto com estudiosos do tema e contou com a participação da comunidade acadêmica, demonstrando com isso o caráter eminentemente técnico do projeto.

Conforme se observa da sua exposição de motivos, buscava-se viabilizar um instrumental que modernizasse a Administração Tributária, de forma a torná-la mais transparente, desburocratizada e eficiente. Assim, a finalidade da referida legislação era de instituir um novo modelo de relação entre o Fisco e o contribuinte, permitindo que as duas partes chegassem a um consenso, de maneira que as normas tributárias fossem aplicadas com maior efetividade.

Adentrando a análise dos dispositivos, o artigo primeiro estabelece a competência e os créditos que estão submetidos à transação: seriam apenas os créditos tributários da União, como administração direta, razão pela qual caberia à PGFN e à Secretaria da Receita Federal do Brasil (SRFB) a realização do acordo. É certo, porém, que o art. 60 do projeto traz uma cláusula de abertura, no sentido de permitir a aplicação dos dispositivos legais, no que couber, aos créditos não tributários, desde que inscritos em dívida ativa da União.

De início, já se percebe que o referido projeto excluiu da possibilidade de transação todos os créditos tributários e não tributários da Administração Indireta da União. Assim, ainda que aprovado e sancionado, não seria possível a realização do acordo para as mais de cento e cinquenta Autarquias e Fundações Públicas Federais. Conforme será apresentado no tópico seguinte, a Lei nº 13.988/2020 foi mais ampla nesse ponto.

O primeiro dispositivo do referido projeto de lei também estabelece a finalidade da transação, que será a composição de conflitos ou a terminação de litígio, no intuito de extinguir o crédito tributário. Para evitar que essa alteração seja considerada ilegal, busca-se a alteração do art. 171 do CTN, da seguinte maneira:

Redação pretendida:

A lei, geral e específica, pode facultar, nas condições que estabeleça, aos sujeitos ativo e passivo da obrigação tributária celebrar transação que, mediante concessões mútuas, importe em prevenção, composição ou terminação de litígio e consequente extinção de crédito tributário.

Um dos objetivos desse dispositivo era evitar uma discussão existente a respeito do conceito de litígio, eis que se debate em seara doutrinária se a caracterização do litígio ocorre unicamente quando há um conflito judicializado.

Entende-se, contudo, que o litígio não necessariamente precisa estar judicializado.[6] Nesse diapasão, pode-se definir o litígio como a situação em que se verifica o conflito de interesses e que, eventualmente, pode vir a ser apreciado pelo Poder Judiciário. Sabe-se que o entendimento ora defendido é controverso, havendo doutrinadores, da autoridade de Pontes de Miranda, que consideram que a exigência de litígio impõe a necessidade de a transação ocorrer nos autos do processo ou ser levada à homologação judicial.[7]

Em sendo assim, o PL nº 5.082/2009 deixava claro que a única exigência nesse ponto era a existência de um crédito tributário, o qual não precisava estar judicializado. Apesar de considerar desnecessário alterar o CTN quanto a esse assunto, a alteração era justificável caso a finalidade fosse a de sanar eventual dúvida.

A alteração do CTN, contudo, demanda edição de lei complementar, com rito de aprovação qualificado, o que pode justificar, em parte, a dificuldade em aprovar a transação tributária prevista no PL nº 5.082/2009. Conforme se verá adiante, a estratégia do Poder Executivo para ter finalmente aprovada a transação tributária no âmbito federal foi por meio da edição de uma medida provisória, o que, de um lado, impõe a análise por parte do Congresso Nacional e, de outro, não pode tratar de assunto que exija lei complementar.

Merece destaque ainda o fato de que o PL nº 5.082/2009 cria uma Câmara Geral de Transação e Conciliação da Fazenda Nacional (CGTC), vinculada à PGFN, à qual caberá estabelecer os requisitos, as formas e os parâmetros para que, só então, os procedimentos de transação possam ocorrer. Essa Câmara ficará responsável também pela aprovação das transações, que serão posteriormente formalizadas por Procuradores da Fazenda Nacional, designados pelo Procurador-Geral da Fazenda Nacional. A composição da referida Câmara será realizada de forma paritária entre Procuradores da Fazenda Nacional e Auditores-Fiscais da Receita Federal do Brasil, mediante indicação do Ministro da Fazenda.

---

[6]   CAMPELLO, Geórgia T. Jezler. Aspectos Relevantes na utilização da transação tributária pela Administração Pública. *Revista Zênite de Direito Administrativo e LRF – IDAF*, a. 8, n. 95, jun. 2009, p. 1.036.

[7]   MIRANDA, Pontes de. *Tratado de direito privado*. Atualizado por Vilson Rodrigues Alves. Campinas: Bookseller, 2003. t. 25, p. 186-188.

2.2 Das modalidades de transação previstas no PL nº 5.082/2009 e das concessões recíprocas

O PL nº 5.082/2009 prevê, em seu art. 15, quatro modalidades de transação: a) em processo judicial (arts. 30 e 31); b) em insolvência civil, recuperação judicial e falência (arts. 32 a 34); c) por recuperação tributária (arts. 35 a 42) e d) por adesão (arts. 43 a 45).

A transação em processo judicial terá como abrangência o que foi delimitado no pedido inicial como objeto do litígio, permitindo-se, contudo, abarcar matérias de fato ou de direito não constantes do processo judicial, desde que conexas ou relacionadas com a demanda. Esse tipo de transação será admitido nas seguintes hipóteses: a) para créditos tributários devidamente constituídos por lançamento por homologação ou de ofício; b) em qualquer fase do processo judicial, desde que antes da data de publicação do despacho de admissibilidade de recurso especial ou extraordinário; ou, c) no caso de haver execução fiscal em curso, até o julgamento em primeira instância dos respectivos embargos, ou, se não tiverem sido opostos embargos, até a publicação da decisão que designar a data do leilão.

De seu turno, a transação no caso de insolvência civil, falência ou recuperação judicial autoriza que a Fazenda Nacional proponha o acordo ao respectivo juízo, o qual terá como efeito extinguir o crédito tributário de modo definitivo, devendo tal espécie de transação ser objeto de resolução da CGTC. Conforme o projeto de lei ora estudado, a realização da transação caberá ao juiz, devendo as propostas serem direcionadas a ele, a fim de evitar prejuízo da tutela aos direitos do devedor e dos credores preferenciais.

O art. 33 do projeto prevê que se sobrevier recuperação daquele que transacionou, com a consequente extinção da insolvência ou da falência, o contribuinte deverá firmar termo de ajustamento de conduta, além de se obrigar a manter, pelos cinco anos seguintes, regularidade fiscal com os tributos federais. Caso contrário, será objeto de cobrança da diferença dos débitos objeto da transação, acrescidos dos encargos legais.

Por sua vez, a denominada transação por recuperação tributária busca ser uma alternativa para aquelas pessoas que não podem requerer recuperação judicial, nos termos da Lei nº 11.101, de 09.02.2005. Entretanto, continuam excluídas da recuperação – tanto tributária quando judicial – as instituições financeiras públicas ou privadas, cooperativa de crédito, consórcio, entidade de previdência complementar, sociedade operadora de plano de assistência à saúde, sociedade seguradora, sociedade de capitalização e outras entidades legalmente equiparadas às anteriores. O intuito desse tipo de transação, conforme se infere do art. 35 do projeto, é parecido com o da própria recuperação judicial, previsto no art. 47 da Lei nº 11.101/05, qual seja "viabilizar a superação de situação transitória de crise econômico-financeira do sujeito passivo, a fim de permitir a manutenção da fonte produtora, do emprego dos trabalhadores e o interesse público relativo à percepção de tributos".

Alguns requisitos são exigidos para que o devedor possa requerer a recuperação tributária, tal como que ele exerça regularmente as atividades há mais de dois anos. Ademais, faz-se necessário ainda que tanto o sujeito passivo quanto os controladores, administradores, gestores e representantes legais cumpram as seguintes condições: a) não sejam insolventes; b) não tenham, nos últimos cinco anos, realizado transação que tenha implicado redução de valor debitado a título de tributo federal; e c) não ter condenação, nos últimos cinco anos, por fraude contra credores, fraude de execução ou crime contra a ordem tributária.

Deve, ainda, o sujeito passivo, ao requerer a transação com base na recuperação tributária, instruir o pedido, entre outros documentos, com explicação das causas da crise econômico-financeira, comprovação da viabilidade econômica do plano de recuperação, demonstrações contábeis relativas aos cinco últimos exercícios sociais, laudo econômico-financeiro e de avaliação dos bens e ativos do sujeito passivo, além da relação dos bens particulares dos controladores, administradores, gestores e representantes legais do contribuinte. O pedido deve ainda estar acompanhado de proposta de termo de ajustamento de conduta, com compromisso de, nos próximos três anos, dar continuidade à atividade empresarial, com a preservação da empregabilidade, além de regularidade tributária perante a União e responsabilidade solidária dos sócios, diretores e gerentes que tenham poderes de administração. Nessa transação com fundamento na recuperação tributária, o prazo para pagamentos dos valores transacionados não poderá ser superior a sessenta meses.

Finalmente, a última espécie de transação é denominada de transação administrativa por adesão, sendo prevista para solucionar controvérsias jurídicas tributárias, e abarca duas situações, conforme art. 43 do projeto. A primeira, quando há autorização do Ministro de Estado da Fazenda e do Advogado-Geral da União, fundamentada em jurisprudência pacífica do Supremo Tribunal Federal (STF) ou de Tribunais Superiores. A segunda, quando existir previsão em lei específica. O §2º do dispositivo ora analisado prevê ainda a existência de uma resolução administrativa de adesão, a vir a ser editada pelo CGTC, que irá disciplinar "os requisitos e condições para que os interessados possam habilitar-se e aderir aos seus termos, terá efeitos gerais e será aplicada a todos os casos idênticos e que tempestivamente sejam habilitados, mesmo quando suficiente apenas para solução parcial de determinados litígios".

Conforme se verá quando da apresentação da Lei nº 13.988/2020, implementou-se um modelo de transação bastante diferente, com o foco na efetiva resolução de litígios a partir da inscrição do crédito em dívida ativa e não quando já se encontra em uma fase de difícil recuperação (isto é, em insolvência, falência ou recuperação judicial e tributária). É de se reconhecer, contudo, que a ideia da transação por adesão foi adotada pela nova legislação, a qual conferiu grande ênfase ao formato de adesão como maneira de ser realizado o acordo.

Como da natureza do instituto, a transação exige concessões recíprocas e, nesse ponto, o art. 6º do projeto dispõe que, em quaisquer dos tipos de acordo formalizados com base nessa legislação, a Fazenda Pública apenas poderá abrir mão das multas, de mora e de ofício, juros de mora, encargo de sucumbência e demais encargos de natureza pecuniária, observando dois tipos de limites. Tais limites são:

a) cem por cento do valor de multas decorrentes unicamente do descumprimento de obrigações acessórias;
b) cinquenta por cento das multas de mora e de ofício;
c) sessenta por cento dos juros de mora;
d) cem por cento do encargo de sucumbência e demais encargos de natureza pecuniária.

De seu turno, ainda que observados esses parâmetros, o total das reduções referentes às multas de mora e de ofício e aos juros de mora não poderá ultrapassar cinquenta por cento do valor do crédito tributário consolidado.

Percebe-se, assim, a existência de dois limites para concessão do abatimento: um específico em relação a cada acréscimo do crédito tributário e outro geral, de forma que a redução não seja excessiva. Veremos que a Lei nº 13.988/2020 guarda certa similitude com a lógica do referido PL, eis que também prevê a existência de dois limites para concessão de descontos.

Conforme §§1º e 3º do art. 6 do PL nº 5.082/2009, contudo, essas reduções somente serão aplicáveis a determinadas espécies de transação, quais sejam, por insolvência civil, falência e recuperação judicial ou recuperação tributária. Por sua vez, para as modalidades de transação em processo judicial ou administrativa por adesão fica permitida a dispensa dos valores devidos apenas a título de encargo legal e de verbas sucumbenciais.

Quanto a essa restrição, apesar de o objetivo claramente ter sido o de agir com cautela, a fim de evitar que o não pagamento do tributo seja utilizado como forma de autofinanciamento, percebe-se que o campo de atuação do administrador público para realizar concessões ficaria bastante restrito. Afinal, as principais modalidades de transação não permitiriam a concessão de descontos relevantes. Nesse ponto, pode-se afirmar que a Lei nº 13.988/2020 foi mais avançada e conferiu maior margem de liberdade à Fazenda Pública, conforme se verá adiante.

Ademais, o projeto de lei não permite a redução da multa que fora aplicada em razão da constatação de que houve sonegação, fraude ou conluio por parte do contribuinte, nos termos previstos nos arts. 71 a 73 da Lei nº 4.502, de 30.11.1964, e do §1º do art. 44 da Lei nº 9.430, de 27.12.1996.

Destarte, não se admite a realização de qualquer tipo de perdão do tributo em si, isto é, do seu valor original, mas tão somente dos acréscimos decorrentes da não quitação do valor no tempo correto, ainda assim com os limites previstos na lei autorizativa.

Quanto a esse ponto, vê-se mais uma vez a cautela que os idealizadores do PL nº 5.082/2009 tiveram, certamente em razão de se pretender implantar pela primeira vez a transação em âmbito nacional. Entretanto, apesar de ciente que o momento em que o referido PL foi elaborado a transação era vista por grande parte da doutrina como algo inconstitucional, ilegal e/ou imoral, não se pode deixar de registrar que ele foi cauteloso ao excesso e, caso implementado da forma como previsto, não traria grandes mudanças para a realidade da cobrança do crédito tributário. A esse respeito, a Lei nº 13.988/2020, a qual – é de se reconhecer – foi concebida mais de dez anos depois, realizou um avanço sobremaneira maior.

Há também previsão de limites de alçada para realização da transação. Nesse sentido, nas situações que estejam em disputa valores superiores a R$1.000.000,00 (um milhão de reais), faz-se necessário autorização expressa, mediante parecer fundamentado do Procurador-Geral da Fazenda Nacional. Já quando os valores envolvidos forem iguais ou superiores a R$10.000.000,00 (dez milhões de reais), será preciso também anuência do Ministro de Estado da Fazenda.

Percebe-se que se pretendeu estabelecer graus de competências que se somam à medida que o valor do crédito se eleva. Ademais, o art. 23 do projeto informa que a autoridade administrativa competente será indicada por meio de resolução do CGTC, a fim de que os contribuintes saibam a quem direcionar o pedido de transação.

Dessa forma, a lei estabelece a competência, em regra, do Procurador da Fazenda Nacional como autoridade responsável para transacionar, desde que haja prévia aprovação da CGTC, havendo situações em se faz também necessária anuência dos chefes. E, para que se saiba caso a caso qual o nome dessa autoridade e como encontrá-la, caberá à resolução do CGTC fazer essa indicação.

Merece registro o fato de que o parágrafo único do art. 1º deixa claro que a realização da transação – em qualquer de suas modalidades – decorre de atuação discricionária da Fazenda Nacional, uma vez que dependerá do atendimento de juízo de conveniência e oportunidade, no intuito de melhor alcançar o interesse público.

Ademais, em qualquer espécie de transação, a Fazenda Pública deverá observar o histórico fiscal do sujeito passivo, a forma de cumprimento das obrigações tributárias, a adoção de critérios de boa governança e a situação econômica do contribuinte. Deverá ainda atender aos princípios do art. 37, *caput*, da Constituição Federal, do art. 2º da Lei nº 9.784/1999, e aos deveres de veracidade, de lealdade, de boa-fé, de confiança, de colaboração e de celeridade.

Em relação às regras gerais aplicáveis a todos os tipos de transação, previstas nos arts. 8º a 14 do projeto de lei, registra-se que, uma vez admitida a proposta, pode-se condicionar o prosseguimento da transação à assinatura de termo de ajustamento de conduta por parte do contribuinte. Este, ademais, deverá permitir o acesso e fiscalização da Fazenda Nacional a todos os livros e documentos que tenham relação com o procedimento da transação.

Saliente-se ainda que uma das concessões obrigatórias por parte do contribuinte, quando da realização da transação, consiste em renúncia ao direito sobre o qual se funda eventual ação ou recurso, tanto administrativo quanto judicial, no que se refere *às* matérias objeto de acordo. Acrescente-se ainda que, uma vez revogada ou anulada a transação, o crédito tributário será exigido no seu valor originário, perdendo o sujeito passivo as reduções que foram objeto de acordo.

Além disso, caso o sujeito passivo deixe de cumprir com o que fora pactuado, além de perder os benefícios concedidos pela Fazenda Nacional, tal atitude será considerada como ato interruptivo da prescrição, com base no inciso V do art. 174 do CTN, devendo ainda ser aplicada multa de caráter sancionatório, correspondente a vinte por cento sobre o valor do débito objeto de transação. Acrescente-se ainda que, apesar de o CTN expressamente afirmar que a transação *é* causa extintiva do crédito tributário, o projeto de lei determina que a transação apenas terá esse efeito após o cumprimento integral do que fora pactuado.

De seu turno, há previsão ainda de que o termo de transação só poderá ser discutido, seja em âmbito administrativo, seja judicial, no que se refere a questões de nulidade. Esta, por sua vez, pode ocorrer nas seguintes situações: a) inobservância dos aspectos materiais e formais previstos na Lei de Transação; b) disposição sobre resultado de litígio já decidido por sentença judicial transitada em julgado; c) existência de prevaricação, concussão ou corrupção passiva e d) ocorrência de dolo, fraude, simulação, erro essencial quanto à pessoa ou quanto ao objeto do conflito.

Destarte, a decretação de nulidade pode se dar tanto de ofício, pela CGTC ou órgão cuja competência tenha sido por ela delegada, ou pelo Judiciário, por meio do juízo que houver homologado a transação. Com efeito, prevê-se ainda que a alegação de nulidade fora das hipóteses permitidas na Lei de Transação será considerada litigância de má-fé.

Registre-se ainda que, apesar de a transação não se anular por erro de direito, há a possibilidade de revisão do termo, com efeitos futuros, na situação em que o acordo tiver se fundamentado em lei ou outro ato normativo declarado inconstitucional por parte do STF ou em interpretação em desacordo com jurisprudência definitiva de tribunal superior.

No intuito de evitar que o procedimento de transação seja utilizado como forma de procrastinar o pagamento do tributo, além de se admitir uma única proposta de transação por conflito, o art. 21 do projeto prevê o prazo de cento e oitenta dias, contado da admissão da proposta e prorrogável uma vez por no máximo igual período, para que o contribuinte e a Fazenda Nacional solucionem o caso.

Como forma de garantir a transparência do procedimento, o §3º do art. 24 dispõe que as ementas dos termos de transação serão divulgadas na internet na forma de regulamentos, resguardando as informações protegidas por sigilo. Nesse mesmo sentido, prevê-se ainda que poderão participar das reuniões da CGTC, as quais são, em regra, públicas, dois representantes da Controladoria-Geral da União e dois representantes dos contribuintes.

Grande crítica ao referido projeto foi em decorrência de não haver definição clara a respeito das condições da atuação administrativa, principalmente em relação ao que será levado em consideração, e de que forma isso será avaliado para que as concessões por parte do Fisco ocorram.[8] Com efeito, o projeto remete os requisitos, formas e parâmetros para realização da transação à futura regulamentação por parte da CGTC. Dessa forma, apenas com base na lei não se saberá como a transação será realizada, nem em que situações serão concedidos os abatimentos dos acréscimos legais do tributo, tarefa que foi reservada à regulamentação infralegal.

3 Do modelo de transação tributária previsto na Lei nº 13.988/2020 em comparação com o Projeto de Lei nº 5.082/2009

3.1 Regras gerais

Conforme reconhecido na própria exposição de motivos da MP nº 899/2019, o modelo de transação instituído no Brasil se inspirou nas ofertas de compromisso do direito norte-americano,[9] a qual se encontra prevista §7.122 do *Internal Revenue Code*.

Apesar de a Lei nº 13.988/2020 ter ficado conhecida como a instituidora da transação tributária voltada aos débitos da União, tendo sido gestada na PGFN, deve-se esclarecer que o referido ato normativo se aplica também aos créditos administrados pela Procuradoria-Geral Federal (PGF) e pela Procuradoria-Geral da União (PGU).

---

[8]   MACHADO, Hugo de Brito. *Transação e arbitragem no âmbito tributário* administrativo equitativo. In: SARAIVA FILHO, Oswaldo Othon de Pontes; GUIMARÃES, Vasco Branco. *Transação e arbitragem no âmbito tributário*, p. 109-135; MICHELIN, Dolizete Fátima. O anteprojeto da Lei Geral de Transação em matéria tributária e os princípios constitucionais da legalidade, isonomia e moralidade pública. In: SARAIVA FILHO, Oswaldo Othon de Pontes; GUIMARÃES, Vasco Branco, *Transação e arbitragem no âmbito tributário*, p. 331-363.

[9]   Para entender melhor o modelo de transação tributária no direito norte-americano, confira-se: FERNANDES, Tarsila Ribeiro Marques. *Transação tributária*: o direito brasileiro e a eficácia da recuperação do crédito público à luz do modelo norte-americano. Curitiba: Juruá, 2014.

Ademais, abarca tanto os créditos tributários quanto os créditos não tributários. De início, portanto, já se percebe grande diferença entre a Lei nº 13.988/2020 e o PL nº 5.082/2009, tendo em vista que este só previu, de forma expressa, a transação para os créditos da União.

Esclarecido a quem se aplica a Lei nº 13.988/2020, cabe agora analisar em quais situações a transação tributária é vedada. Nesse sentido, o art. 5º da referida lei não permite a transação em relação às multas de natureza penal. Em sendo assim, nenhuma multa de natureza penal – não apenas as previstas no Código Penal – pode ser objeto de concessões recíprocas para terminar o litígio. Nesse ponto, pode-se afirmar que a nova lei seguiu a lógica do PL nº 5.082/2009, o qual não permitia a redução da multa que fora aplicada em razão da constatação de que houve sonegação, fraude ou conluio por parte do contribuinte.

A Lei nº 13.988/2020 vedava, ainda, a concessão de descontos de créditos relativos ao Simples Nacional, enquanto não fosse editada lei complementar com esse objeto. A esse respeito, deve-se esclarecer que foi publicada a Lei Complementar nº 174, de 05 de agosto de 2020, autorizando a celebração de transação para os créditos objeto do Simples Nacional. Seguindo essa mesma lógica, vedava-se também a concessão de desconto em relação aos créditos de FGTS, enquanto não fosse autorizado pelo Conselho Curador. Atualmente, já foi publicada resolução do Conselho Curador do FGTS, autorizando a transação com essas dívidas. Trata-se da Resolução CC/FGTS nº 974, de 11 de agosto de 2020.

Por fim, a Lei nº 13.988/2020 igualmente veda a realização de transação com devedores considerados contumazes, a serem definidos em lei específica. Com essa última vedação, a legislação deixa bem claro que busca o acordo com aqueles devedores circunstanciais, que estão momentaneamente em dificuldades financeiras, mas não com aqueles que fazem do não pagamento de tributos um modelo de negócio. Com isso, pretende-se romper claramente com o círculo vicioso dos programas de "parcelamento" extraordinário, que beneficiavam igualmente os bons e os maus devedores. Não há ainda, contudo, definição em lei do que são devedores contumazes. Nesse ponto, a novel legislação foi mais explícita e excludente que o PL nº 5.082/2009, o qual se limitava a dizer que a Fazenda Pública deveria observar o histórico fiscal do sujeito passivo, a forma de cumprimento das obrigações tributárias, a adoção de critérios de boa governança e a situação econômica do contribuinte quando da celebração da transação. O PL, portanto, não exclua peremptoriamente da transação os devedores considerados contumazes.

Ademais, como forma de ampliar a divulgação e o controle social, a lei determina que todos os termos de transação celebrados devem ser divulgados em meio eletrônico, ressalvados os aspectos sigilosos. Nesse ponto, percebe-se que a nova lei foi mais transparente que o pretendido pelo PL nº 5.082/2009, uma vez que este determinava a publicação apenas da ementa do acordo de transação.

Além de concretizar o princípio da publicidade e da transparência, a divulgação em meio eletrônico tem a grande utilidade de orientar os devedores que pretendem transacionar com a Administração Pública, no sentido de dar conhecimento do que se tem sido até então aceito como parâmetros para concessões recíprocas.

3.2 Das modalidades de transação previstas no PL nº 5.082/2009 e das concessões recíprocas

A Lei nº 13.988/2020 previu três grandes modalidades de transação, quais sejam: a) transação na cobrança de créditos inscritos na Dívida Ativa da União, de suas autarquias e fundações públicas, ou na cobrança de créditos que seja competência da Procuradoria-Geral da União; b) transação no contencioso tributário de relevante e disseminada controvérsia jurídica; c) transação no contencioso tributário de pequeno valor.

Esses três tipos são modelos abertos de transação, os quais devem ser adaptados de acordo com as situações postas, conforme se verá no próximo tópico. Em relação ao primeiro tipo, a transação pode ocorrer tanto por adesão quanto por proposta individual, enquanto os dois últimos tipos de transação só podem ocorrer por meio de adesão. Em sendo assim, a Fazenda Pública fará publicar um edital com as condições previamente postas, cabendo ao contribuinte aderir ou não à proposta.

Atualmente, há ainda duas outras espécies de transações que são regulamentadas por meio de portarias da PGFN. Ambas foram criadas para lidar com o momento delicado de pandemia que a economia brasileira está enfrentando. Trata-se da transação extraordinária e da transação excepcional, também conhecida como transação da retomada. O presente artigo não tratará dessas duas últimas espécies de transação, diante da ausência de paralelo com o PL nº 5.082/2009.

Vê-se, aqui, uma diferença entre as espécies de transação previstas na Lei nº 13.988/2020 e as do PL nº 5.082/2009, que previu quatro espécies de transação (em processo judicial; em insolvência civil, recuperação judicial e falência; por recuperação tributária; e por adesão). A nova lei de transação, portanto, é mais ampla e deu especial atenção tanto à fase administrativa da cobrança do crédito tributário quanto aos créditos de pequeno valor. Deve-se reconhecer que a transação não era vedada pelo PL nº 5.082/2009 a essas espécies de crédito, mas não havia dispositivos específicos para eles.

O primeiro tipo de transação tributária previsto na Lei nº 13.988/2020 é o da cobrança de créditos inscritos em dívida ativa, o qual possui um viés mais arrecadatório, eis que prevê a concessão de descontos em crédito já definitivamente constituídos, líquidos e certos. De acordo com o art. 10 da Lei nº 13.988/2020, esse tipo de transação pode ocorrer de forma individual, seja por iniciativa do devedor, seja por iniciativa da Administração, ou ainda por adesão. Consoante o art. 46, inc. I, da Portaria PGFN nº 6.757, de 29 de julho de 2022, a transação individual se aplica aos créditos com valores superiores a dez milhões de reais. Por sua vez, a transação por adesão é aquela que ocorre sempre por iniciativa da Administração, de acordo com as condições prefixadas em edital.

Em relação à transação na cobrança de créditos inscritos em dívida ativa, deve-se esclarecer que, *a priori,* nenhum contribuinte está excluído dessa modalidade, ressalvado o devedor contumaz. Entretanto, a concessão de desconto apenas se aplica aos créditos classificados como irrecuperáveis ou de difícil recuperação. A ideia aqui é justamente evitar o que acontecia na prática anterior de edição de parcelamentos extraordinários com consideráveis descontos concedidos de forma indiscriminada.

A classificação dos créditos como irrecuperáveis ou de difícil recuperação cabe à autoridade fazendária, de acordo com os critérios estabelecidos no inciso V do *caput* do

7

art. 14 da Lei nº 13.988/2020.[10] [11] Desde logo, contudo, os créditos devidos por empresas em processo de recuperação judicial, liquidação judicial, liquidação extrajudicial ou falência são considerados irrecuperáveis ou de difícil recuperação. Aqui, percebe-se uma similitude com a lógica trazida pelo PL nº 5.082/2009, o qual só admitia a concessão de descontos nas modalidades de transação por insolvência civil, falência e recuperação judicial ou recuperação tributária. A Lei nº 13.988/2020, contudo, é mais concessiva, eis que também permite os descontos antes de o devedor se encontrar em situação de recuperação, insolvência ou falência, desde que os créditos sejam considerados como irrecuperáveis ou de difícil recuperação.

Ademais, caso seja possível a concessão de descontos, a Lei nº 13.988/2020, em seu art. 11, prevê dois limites principais. O primeiro é o de não conceder abatimento no valor originário do crédito. Assim, os descontos só poderão ocorrer nos acréscimos ao crédito, isto é, nos juros de mora, nas multas e nos encargos legais. O segundo limite previsto em lei é no sentido de que os descontos não podem ser superiores a cinquenta por cento do valor total dos créditos.[12] Acrescente-se ainda que há também uma vedação à concessão de prazo superior a oitenta e quatro meses para pagamento da dívida transacionada.[13]

Conforme já explicitado, a existência de dois limites também existia no PL nº 5.082/2009, o qual igualmente só admitia a concessão de abatimentos nos acréscimos legais e desde que o desconto total também não superasse cinquenta por cento do valor do crédito tributário.

As limitações da nova lei de transação são relativizadas quando a transação envolve pessoa natural, microempresa, empresa de pequeno porte, Santas Casas de Misericórdia, sociedades cooperativas e demais organizações da sociedade civil, situações nas quais se permite uma redução de até setenta por cento do valor total dos créditos e um prazo para quitação de até cento e quarenta e cinco meses, nos termos dos §§3º e 4º do art. 11 da Lei nº 13.988/2020. Dispositivo semelhante não encontra paralelo no PL nº 5.082/2009.

Além da concessão dos descontos nas multas, juros de mora, encargos legais, e do oferecimento de prazos e formas especiais de pagamento, essa modalidade de transação permite ainda a substituição ou a alienação de garantias e de constrições.

---

[10] "Art. 14. Ato do Procurador-Geral da Fazenda Nacional disciplinará:
(...)
V – os critérios para aferição do grau de recuperabilidade das dívidas, os parâmetros para aceitação da transação individual e a concessão de descontos, entre eles o insucesso dos meios ordinários e convencionais de cobrança e a vinculação dos benefícios a critérios preferencialmente objetivos que incluam ainda a idade da dívida inscrita, a capacidade contributiva do devedor e os custos da cobrança judicial."

[11] Nota do editor: A Lei nº 14.375, de 21 de junho de 2022, revogou o art. 14, IV, da Lei nº 13.988/2020, e incluiu o parágrafo único, que diz: "Caberá ao Procurador-Geral da Fazenda Nacional disciplinar, por ato próprio, os critérios para aferição do grau de recuperabilidade das dívidas, os parâmetros para aceitação da transação individual e a concessão de descontos, entre eles o insucesso dos meios ordinários e convencionais de cobrança e a vinculação dos benefícios a critérios preferencialmente objetivos que incluam ainda a sua temporalidade, a capacidade contributiva do devedor e os custos da cobrança."

[12] Nota do editor: A Lei nº 14.375, de 21 de junho de 2022, alterou o art. 11, §2º, II, da Lei nº 13.988/2020, para dispor: "Art. 11 (...) § 2º É vedada a transação que: II – implique redução superior a 65% (sessenta e cinco por cento) do valor total dos créditos a serem transacionados".

[13] Nota do editor: A Lei nº 14.375, de 21 de junho de 2022, alterou o art. 11, §2º, III, da Lei 13.988/2020, para dispor: Art. 11 (...) § 2º É vedada a transação que: III – conceda prazo de quitação dos créditos superior a 120 (cento e vinte) meses.

O art. 12 da Lei nº 13.988/2020 estatui ainda que a mera proposta de transação não suspende a exigibilidade dos créditos nela abarcados ou ainda o andamento das execuções fiscais, além de não implicar novação da dívida. A suspensão, contudo, pode ser formalizada por meio de convenção entre as partes. Trata-se de dispositivo que segue a mesma lógica do previsto no PL nº 5.082/2009, uma vez que neste, apenas a admissão do procedimento de transação pela autoridade administrativa competente seria capaz de suspender os processos administrativos ou judiciais em curso.

Por sua vez, a segunda modalidade de transação é aquela no contencioso tributário de relevante e disseminada controvérsia jurídica, a qual lida com os litígios típicos da complexidade do sistema tributário brasileiro. Trata-se de um modelo que guarda certa correspondência com a transação em processo judicial prevista no PL nº 5.082/2009, só que o referido PL pouco esclarecia sobre o referido modelo. A pendência de um contencioso tributário, tanto administrativo quando judicial, prolongado mostra a importância da implantação de um modelo de transação tributária que permita resolver de forma mais célere as discussões tributárias.

Quanto à transação no contencioso tributário, deve-se esclarecer que a Lei nº 13.988/2020 previu essa modalidade de transação apenas na forma de adesão, e não de maneira individual. Assim, caberá à SRFB, no âmbito do contencioso administrativo não judicializado, ou à PGFN, nas demais hipóteses, elaborar edital com as situações e condições em que o contribuinte pode aderir à transação proposta.

Vale salientar que, nesse caso, a legislação expressamente autorizou a concessão de desconto no valor principal do débito. Há apenas a limitação de cinquenta por cento de desconto em relação ao valor total do crédito e ao prazo máximo de pagamento de 84 meses.[14] Essa ausência de imposição de limites em relação ao valor principal e aos acréscimos se explica pelo fato que se trata de transação em relação a teses jurídicas que ainda se encontram em discussão. Em sendo assim, é possível que não se saiba ainda qual o valor total do tributo devido, eis que se discute exatamente se o tributo é devido na forma cobrada pelo Fisco. A ideia, portanto, é encerrar controvérsias jurídicas. Trata-se, aqui, de dispositivo sobremaneira mais concessivo que o PL nº 5.082/2009, o qual permitia a concessão de descontos nos valores devidos apenas a título de encargo legal e de verbas sucumbenciais no caso de transação em processo judicial.

Essa transação no contencioso tributário é bastante interessante do ponto de vista de modelo de transação, eis que desvia da noção de transação como forma de concessão de desconto de créditos, e foca na tese jurídica controvertida. Em tese, há um amplo espaço para negociação, tendo em vista o elevado grau de litigiosidade das questões tributárias no Brasil e a demora na solução dessas demandas. Trata-se, então, de modelo que permite uma retomada do protagonismo na solução das relevantes causas tributárias pelas partes diretamente interessadas.

Por fim, a transação no contencioso tributário de pequeno valor *é* o tipo de transação focada nos litígios de massa, em que há um volume considerável de processos, mas que trazem pouco retorno financeiro. A ideia de instituir um modelo para esse

---

[14] Nota do editor: A Lei nº 14.375, de 21 de junho de 2022, alterou o art. 11, §2º, II e III, da Lei nº 13.988/2020, para dispor: "Art. 11 (...) § 2º É vedada a transação que: II – implique redução superior a 65% (sessenta e cinco por cento) do valor total dos créditos a serem transacionados; III – conceda prazo de quitação dos créditos superior a 120 (cento e vinte) meses".

tipo de processo é a mesma aplicada aos Juizados Especiais Federais. Nesse sentido, a lei considera contencioso tributário de pequeno valor aquele que não supere sessenta salários mínimos e que tenha como sujeito passivo pessoa natural, microempresa ou empresa de pequeno porte (parágrafo único do art. 24 da Lei nº 13.988/2020).

Da mesma forma que na transação do contencioso de relevante e controvérsia jurídica, é também permitido desconto no valor principal do crédito, havendo a limitação apenas de cinquenta por cento em relação ao valor total do crédito. Ademais, o prazo máximo para pagamento é de 60 meses. Trata-se, aqui, de novidade interessante em relação ao PL nº 5.082/2009, o qual não traz disposição específica sobre créditos de pequeno valor.

Ademais, tendo em vista que os valores discutidos nesses processos são baixos, esse tipo de transação pode servir de ambiente seguro para realização de experimentações por parte do Fisco e do contribuinte, uma vez que há maior flexibilidade e liberdade para atuação. Inclusive, a própria Lei nº 13.988/2020, em seu art. 23, II, deixa claro que não permite apenas a transação, mas a adoção genérica de métodos alternativos de solução de litígios, da qual a transação é apenas uma das espécies. Trata-se, portanto, da permissão de utilização de um amplo sistema multiportas no contencioso de pequeno valor.

4 Considerações finais

Buscou-se no presente artigo proceder com uma comparação entre os modelos de transação previstos no PL nº 5.082/2009 e na Lei nº 13.988/2020, a qual finalmente implementou a transação tributária no âmbito federal. Para tanto, realizou-se inicialmente uma contextualização da transação tributária no direito brasileiro. Após, apresentaram-se os dispositivos mais importantes do PL nº 5.082/2009, o que permitiu a posterior explicação e concomitante comparação dos referidos dispositivos com a transação tributária prevista na Lei nº 13.988/2020.

Pode-se concluir no sentido que a nova lei de transação adotou um modelo consideravelmente diferente de transação do que aquele previsto no PL nº 5.082/2009. Deve-se reconhecer, contudo, que este efetivamente influenciou àquela, eis que existem dispositivos que trazem a mesma racionalidade do que a prevista na atual lei de transação tributária, tais como a existência de dois limites para concessão de desconto e a transação por adesão.

Ambos foram projetos de lei de caráter eminentemente técnicos, que contaram com a participação não apenas do Poder Executivo, por meio da PGFN, mas também da comunidade acadêmica, o que demonstra a importância e a necessidade de implantação de um modelo federal de transação tributária no direito brasileiro.

O PL nº 5.082/2009 tinha ainda uma maior dificuldade em ser aprovado no Congresso Nacional, uma vez que, por pretender alterar o CTN, demandava aprovação de lei de natureza complementar. Já a Lei nº 13.988/2020 fora objeto de conversão de medida provisória, que de certa forma obrigou a análise por parte do Congresso Nacional, ao mesmo tempo em que tem *status* de lei ordinária.

Ademais, enquanto o PL nº 5.082/2009 era lacônico quanto ao procedimento e à disciplina da transação tributária, remetendo os requisitos, formas e parâmetros para realização da transação *à* futura regulamentação por parte da CGTC, a Lei nº 13.988/2020 já trouxe qual a lógica e quais as normas gerais serão utilizadas para permitir a transação tributária. A delegação para melhor explanação por meio de portarias, contudo, é inevitável, diante da complexidade e da variedade das relações tributárias que podem ser objeto de transação.

De uma maneira geral, pode-se afirmar que a nova legislação avançou sobremaneira no tema da transação tributária, permitindo maior concessão de descontos, maior liberdade de atuação e dispositivos específicos para créditos de pequeno valor, além de ter conferido especial atenção ao contencioso tributário.

Deve-se ter em mente, contudo, que mais de dez anos se passaram entre a elaboração do PL nº 5.082/2009 e da Lei nº 13.988/2020, o que por si só já seria suficiente para justificar o avanço da nova legislação. Não se pode ignorar ainda a importância do PL nº 5.082/2009 no amadurecimento do tema, tendo sido um dos principais fatores a lançar luz quanto à premência de uma regulamentação da transação tributária de âmbito nacional.

É certo que muito ainda se pode avançar, sobretudo no que se refere à ampliação da liberdade para transacionar, tendo em vista que a regra da Lei nº 13.988/2020 é a transação por adesão. Contudo, deve-se reconhecer o avanço perpetrado pela Lei nº 13.988/2020, a qual representa uma quebra de paradigmas no que se refere à relação entre administração tributária e contribuinte. Pode-se afirmar que a reforma tributária efetivamente teve início com a instituição de um modelo nacional de transação tributária.

Referências

ÁLVARES, Manoel. Comentários aos artigos 165 a 174. In: FREITAS, Vladimir Passos de (Coord.). *Código Tributário Nacional:* comentado. São Paulo: Revista dos Tribunais, 1999.

BATISTA JÚNIOR, Onofre Alves. *Transações administrativas.* São Paulo: Quartier Latin, 2007.

BRASIL. Exposição de Motivos nº 268/2019 ME AGU. Disponível em: https://www2.camara.leg.br/legin/fed/medpro/2019/medidaprovisoria-899-16-outubro-2019-789266-exposicaodemotivos-159254-pe.html.

CAMPELLO, Geórgia T. Jezler. Aspectos Relevantes na Utilização da Transação Tributária pela Administração Pública. *Revista Zênite de Direito Administrativo e LRF – IDAF*, a. 8, n. 95, jun. 2009.

FERNANDES, Tarsila Ribeiro Marques. *Transação tributária*: o direito brasileiro e a eficácia da recuperação do crédito público à luz do modelo norte-americano. Curitiba: Juruá, 2014.

GODOY, Arnaldo Sampaio de Moraes. *Transação Tributária*: introdução à justiça fiscal consensual. Belo Horizonte: Fórum, 2010.

GUIMARÃES, Vasco Branco. *Transação e arbitragem no âmbito tributário.* Belo Horizonte: Fórum, 2008.

JARDIM, Eduardo Marcial Ferreira. *In*: MARTINS, Ives Gandra da Silva (Coord.). *Comentários ao código tributário nacional.* 5. ed. São Paulo: Saraiva, 2008. v. 2 (arts. 96 a 218).

MIRANDA, Pontes de. *Tratado de direito privado.* Atualizado por Vilson Rodrigues Alves. Campinas: Bookseller, 2003 t. 25.

MORAES, Bernardo Ribeiro. *Compêndio de Direito Tributário.* Rio de Janeiro: Forense, 1994. v. 2.

SARAIVA FILHO, Oswaldo Othon de Pontes; GUIMARÃES, Vasco Branco (Org.). *Transação e arbitragem no âmbito tributário*. Belo Horizonte: Fórum, 2008.

Informação bibliográfica deste texto, conforme a NBR 6023:2018 da Associação Brasileira de Normas Técnicas (ABNT):

FERNANDES, Tarsila Ribeiro Marques. Comparação entre a transação da Lei nº 13.988/2020 e a transação proposta pelo Projeto de Lei nº 5.082/2009. *In*: SARAIVA FILHO, Oswaldo Othon de Pontes (coord.). *Transação e Arbitragem Tributárias*. Belo Horizonte: Fórum, 2023. (Coleção Fórum grandes temas atuais de Direito Tributário ; v.2). p. 135-151. ISBN 978-65-5518-465-5.

A LIVRE CONCORRÊNCIA COMO PRESSUPOSTO PARA A TRANSAÇÃO TRIBUTÁRIA

DAURY CESAR FABRIZ

JOSÉ CLITO CARNEIRO

Introdução

Não se pode negar que a Constituição de 88 adota um sistema capitalista com inspiração social, o que difere das constituições dos séculos XVIII e XIX, que adotavam mais um modelo liberal, bem como das do início século XX, que adotavam o modelo socialista. Nesse modelo, capitalista com inspiração social, encontra-se a Constituição de 88, em que o Estado exerce uma pequena dose de intervenção na seara social e econômica, trazendo capítulos inovadores de tendência liberal, no que se refere a ordem econômica nacional.

A ordem econômica foi um desses capítulos, inserido no Título VII, que trouxe um rol de princípios que informam nossa ordem econômica, sendo bem maior que o contemplado na Constituição anterior. Ali, no artigo 170, inciso IV, encontra-se o enunciado da "livre concorrência", contrapondo-se, e aliando-se, ao que parece, com outros princípios, como a "defesa do consumidor", inciso V, "Busca do pleno emprego", inciso

VIII, parágrafo único: "É assegurado a todos o livre exercício de qualquer atividade econômica, independentemente de autorização de órgãos públicos, salvo nos casos previstos em lei", do mesmo comando, sem se descuidar da "soberania nacional", inciso I. Tais princípios, como dito, confrontam-se e aliam-se, numa verdadeira harmonia de conflitos, mas são apenas forças objetivando prevenir desequilíbrios da concorrência, reforçado pelo estabelecimento de critérios especiais de tributação, como bem propõe o art. 146-A da Constituição Federal, inserido no Título VI, da tributação e do orçamento, tendo como ápice o art. 150, que estabelece equilíbrio, através de vários princípios, entre o poder de tributar e a segurança de garantias ao contribuinte.

A livre iniciativa presente no art. 1º, IV, da CF/88, juntamente com o princípio da livre concorrência, pois aquele encontra necessária complementação neste, nada mais é do que uma liberdade, conferida a todos, do exercício da atividade econômica, no sentido de produzir e disponibilizar à coletividade produtos e serviços necessários a consagração de seu bem-estar.

A relação entre tributação e concorrência não se limita ao âmbito das normas constitucionais, pois se alonga nos preceitos infraconstitucionais, como a Lei nº 12.529/2011, que regulamenta a defesa da concorrência, a Leï nº 13.988/20, que dispõe sobre a transação resolutiva de litígio relativo à cobrança de créditos da Fazenda Pública.

Diante dos princípios da ordem econômica acima referenciados, é possível compreendê-los como pressupostos para a transação tributária, visto aqui, a transação, não como um simples instrumento de extinção do crédito tributário, como previsto nos art. 156, III, e 171 do Código Tributário Nacional, mas como fruto do direito moderno à luz dos dispositivos trazidos pelo NCPC, art. 3 e 334, ou até mesmo termos dos art. 840 e 841 do Código Civil, no que pese restringir a transação a direitos patrimoniais de caráter privado.

Pode-se, assim, em consagração à defesa do tema proposto, fazer-se uma interpretação sistêmica aos dispositivos mencionados no sentido de se mitigar a prevalência do interesse público sobre o interesse privado para valorar a livre concorrência como pressuposto da transação tributária em sentido mais amplo.

1 Livre iniciativa e livre concorrência

Antes de se discorrer sobre livre concorrência, objeto maior desse trabalho, indispensável tecer comentários sobre o princípio da livre iniciativa, previsto logo no art. 1º, IV, da DF/88, e que consagra a liberdade de conceber a atividade econômica com a mínima, ou sem nenhuma, restrição estatal, mas ao lado dos valores sociais do trabalho, colocando esses dois princípios em pé de igualdade, como expressões fundamentais da liberdade humana.

A livre iniciativa é princípio de natureza econômica, concedendo a todos o direito de atuarem no mercado de produção e prestação de serviços por sua conta e risco, devendo o produtor ou prestador do serviço ser transparente quanto a suas atividades, sob pena de sofrer as restrições da Constituição ou das leis editadas com fins de proteção ao mercado. É dizer, essa liberdade não é absoluta, devendo ser observados os princípios da prevalência da ordem econômica e das relações contratuais.

Quanto à livre concorrência, é princípio expresso no art. 170, IV, da Constituição Federal de 88. É reafirmação da livre iniciativa, e só pode existir onde exista esta, não se podendo afirmar o contrário, porque a livre concorrência decorre da livre iniciativa.

Diferente da livre iniciativa, que apareceu nas constituições passadas, desde a de 1824, como liberdade econômica assegurada no art. 115 da Constituição de 1934, a livre concorrência é uma inovação na Constituição de 88, significando que os produtores e prestadores de serviços ficam dispostos à concorrência de seus competidores. Essa competitividade, livre concorrência, é que vai otimizar os recursos econômicos, evitando-se lucros arbitrários e abusos do poder econômico, tendo as normas tributárias papel fundamental, mesmo que de forma indireta, no de promover uma atuação igualitária por parte dos atores da atividade econômica.

Isso porque a atividade tributária do Estado tem forte impacto nas relações econômicas, na proteção da concorrência, seja nos procedimentos da gestão dos créditos tributários, nas moratórias, compensações, elisão e evasão fiscal, e, porque não dizer, nas transações tributárias.

A complexidade da livre concorrência, até mesmo como fator de equilíbrio da "lei" da oferta e da procura, não permite o estabelecimento de normas tributárias indutoras da sua pratica.

No entendimento de Schueri:[1]

> não seria aceitável que houvesse, no ordenamento jurídico, normas tributárias que utilizassem como critério discriminador fatores que induzissem a prática da livre concorrência e, ao mesmo tempo, o próprio legislador tratasse de desestimular aquela, retirando a igualdade de condições competitivas, mediante cargas tributárias díspares, inviabilizando a própria concorrência que deveria prestigiar.

É certo que existem situações no mercado que destorcem os padrões éticos da livre concorrência, tais como: o monopólio, o oligopólio e a cartelização, cujos tratamentos devem ser feitos por leis específicas, a exemplo da Lei nº 12.529/2011.

Quando se elege a livre concorrência a um princípio capaz de ser pressuposto para a realização da transação tributária em sentido amplo, é porque sua estrutura de proteção à coletividade envolve valores que habitam desde o próprio empresário, de qualquer porte, ao consumidor.

A livre concorrência deve ser entendida, também, como garantia de oportunidades iguais para todos, nas condições do alcance de espaços em um mercado disputado, inclusive em defesa do consumidor, que também compõe o rol dos princípios da ordem econômica elencados no art. 170, inciso V, "defesa do consumidor", cujo fato de estar na quinta posição da enumeração posta, não significa ser hierarquicamente inferior aos demais. No entanto, por uma ou outra razão, com o uso dos princípios da razoabilidade e proporcionalidade, eventuais conflitos acabam se tornando privilegiados em relação a outros, principalmente se diante de interesses de uma coletividade menos favorecida.

---

[1] SCHOUERI, Luís Eduardo. *Livre concorrência e tributação*. v. 11. Valdir de Oliveira Rocha (org.). São Paulo: Dialética, 2007, p. 241 e segs. e também do mesmo autor: Tributação e indução econômica: os efeitos econômicos de um tributo como critério para a sua constitucionalidade. *In:* FERRAZ, Roberto (coord.). *Princípios e limites da tributação 2*. São Paulo: Quartier Latin, 2009, pág. 158.

O bem-estar de uma coletividade depende da existência de vários produtores e prestadores de serviços, para que possam adquirir produtos e serviços de qualidade a preços justos, esse é o legado do sistema capitalista. O melhoramento das condições de competitividade das empresas força as empresas a aprimorem suas tecnologias, criando condições mais favoráveis aos consumidores.

A livre concorrência hoje tem *status* internacional. Portanto, não se deve dar a ela um tratamento meramente interno. Com a abertura do mercado internacional, a livre concorrência passou a fazer parte do conjunto de normas de políticas econômicas.

Percebe-se a existência de um regime normativo de defesa da concorrência voltado ao restabelecimento das condições do mercado livre. A livre concorrência não é incompatível com a intervenção do Estado na atividade econômica. Porém, essa intervenção deve ser indireta, sob pena de não se alcançar os objetivos propostos pelo princípio da livre concorrência.

2 Transação tributária

A transação tributária, conceituada de acordo com o art. 171 do Código Tributário Nacional, ostenta uma natureza distinta da que se tem no Código Civil brasileiro.

Enquanto o art. 171 do Código Tributário Nacional estabelece que a "A lei pode facultar, nas condições que estabeleça, aos sujeitos ativo e passivo da obrigação tributária celebrar transação que, mediante concessões mútuas, importe em determinação de litígio e conseqüente extinção de crédito tributário"; tem-se no Código Civil brasileiro, no Capítulo XIX, que trata Da Transação, art. 840 que: " É lícito aos interessados prevenirem ou terminarem o litígio mediante concessões mútuas", seguido pelo art. 841 "Só quanto a direitos patrimoniais de caráter privado se permite a transação".

Conclui-se, em princípio, que de acordo com o Código Tributário Nacional a Transação Tributária é restrita à extinção de crédito tributário, desde que cumprido a preceitos constante em lei, ou seja, vinculado ao princípio da legalidade.

Já à luz do Código Civil, o conceito de transação não se presta ao Direito Tributário, mesmo porque o art. 841 é claro ao não permitir a transação a direitos patrimoniais de caráter público.

Examinado por esse prisma, tem-se um meio alternativo de solução de controvérsias e conflitos, transação que, em sentido amplo, é incompatível com o regime de direito público, portanto, não se prestando para ser aplicado no Direito Tributário, por fazer parte do direito público.

Em que pese o contexto jurídico acima descrito, tal incompatibilidade não se apresenta convincente, já que em nenhuma circunstância se tem o rompimento da moldura do instituto, mas apenas o seu enquadramento conjunto pela Fazenda Pública e o sujeito passivo da obrigação tributária, ainda mais porque a transação, ao evitar a eternização litigiosa, atende ao próprio interesse público.

Projeto de Lei Geral de Transação Tributária, elaborado pela Procuradoria-Geral da Fazenda Nacional, foi apresentado em 2007 sob nº PL 2.412/07, e em 2009, através de Requerimento REQ nº 5225/2009, o Dep. Sandro Mabel solicitou "que o Projeto de Lei nº 5.082, de 2009, seja apensado ao Projeto de Lei nº 2.412, de 2007".[2]

Tal projeto não prosperou, pois foi objeto de críticas na doutrina de Santi:

A pretensão de "transação", sem critérios legais, desloca a denotação do termo para o vazio das concessões recíprocas e de ordem econômica, indisponível em matéria de direito público. Sem critério legal prévio, não há como imunizar a pressão dos interesses econômicos sobre os agentes públicos. É aqui que entra o uso promíscuo do termo "litígio" em sentido do econômico (mas travestido, como se fosse critério jurídico), enquanto conflito de interesses entre as partes, mas restrito ao objeto do pagamento, que se polariza tão apenas no "pagar", "não pagar", "pagar menos! E "como", sem qualquer possibilidade de controle ou mediação do jurídico.[3]

Essas críticas tiveram como fundamento a corrupção, pelo que não deve, por isso, deixar de usar o instrumento da transação de forma mais ampla.

Em meados de 2019, foi edita a Medida Provisória do Contribuinte Legal (MP nº 899/2020), convertida posteriormente na Lei nº 13.988/2020, um avanço em direção ao uso da transação na plenitude de seu conceito.

A Lei nº 13.988/2020 não é ainda um instrumento pronto de regulamentação da transação tributária, pois o seu alcance é limitado. Os arts. 156, III, e 171 do Código Tributário Nacional, ao tratar da transação, não a considera figura totalmente alienígena nas matérias de interesse das pessoas de direito público. Pode-se dizer que está ela devidamente delineada e passível de ser aplicada em sede tributária, desde que apropriada à Administração Fazendária e adaptada às usas características e necessidades.

Sacha Calmon Navarro Coêlho aclara que "transigir é abrir mão de direitos para resolver litígio, preventiva ou litigiosamente (antes do litígio, para evitá-lo, ou durante este para obviá-lo".[4]

Por sua vez, José Eduardo Soares de Melo diz tratar-se "de autêntico acordo entre a Fazenda Pública e os devedores, em que estas partes renunciam ao questionamento de seus eventuais direitos relativos ao tributo".[5]

Na mesma linha, Maria Helena Diniz afirma que "a transação seria uma composição amigável, consoante a qual as partes preferem resolver a questão sem recorrer ao Judiciário, por ser ele fonte de incidentes desagradáveis e onerosos".[6]

Ainda, Lessa diz: "A transação envolve, a um só tempo, a renúncia de um direito e alguma espécie de retribuição. Noutras palavras, a ideia de transação sempre pressupôs ônus para as partes que transacionam; concessões mútuas".[7]

[2] Disponível em: https://www.camara.leg.br/proposicoesWeb/prop_imp;jsessionid=node01vg4ccnarj9hd1qyxb5t ui6rqh3380512.node0?idProposicao=431269&ord=1&tp=completa.

[3] SANTI, Eurico Marcos Diniz de. Transação e arbitragem no direito tributário: paranóia ou mistificação? *Revista Fórum de Direito Tributário*, Belo Horizonte, p. 17-18, Fórum, 2007.

[4] COÊLHO, Sacha Calmon Navarro. *Curso de direito tributário brasileiro*. Rio de Janeiro: Forense, 2005, p. 849.

[5] MELO, José Eduardo Soares de. *Curso de direito tributário*. 5. ed. São Paulo: Dialética, 2004, p. 287.

[6] DINIZ, Maria Helena. *Curso de direito civil brasileiro*. v. 2: Teoria geral das obrigações. 17. ed. São Paulo: Saraiva, 2002, p. 314.

[7] LESSA, Flávio Romero de Oliveira Castro. Breves considerações acerca da viabilidade de se utilizar a transação no Direito Tributário. *Jus Navigandi*, Teresina, ano 12, n. 1752, 18 abr. 2008. Disponível em: http://jus2.uol.com.br/doutrina/texto.asp?id=11169.

Pelos conceitos acima apresentados, a transação tem contorno jurídico notadamente privado, disso não prevalece dúvida, haja vista que aos particulares é permitido tudo o que a lei não veda, podendo estes, além de abrirem mão de seus bens, encontrar forma compositiva da discórdia diversa daquela ofertada pela jurisdição estatal estabelecida, tutelando seus direitos em face de acordos ou concessões, na preponderância de seu livre arbítrio, estabelecendo negociações e pactuando obrigações ao bel prazer.

Apesar disso, o Direito Tributário, buscando aproveitar-se dessa valiosa ferramenta, adapta-a a seus fins precípuos, uma vez que, na óptica da Administração Fazendária, só se pode negociar mediante os liames estabelecidos por lei específica, em observância dos princípios constitucionais que velam pelo respeito ao interesse público.

E como visto no corpo deste trabalho, os princípios da livre iniciativa, livre concorrência e os demais mencionados se alinham ao interesse público, que por consequência trazem benefícios para a própria coletividade.

Conclusão

Restando, portanto, demonstrado que existe a possibilidade da transação tributária, com as feições da transação prevista nos normativos civil, cabendo tão somente as adequações de proteção a atuação estatal, resguardando os pressupostos do tributo, no que se refere ao seu fim maior, arrecadar e promover o bem-estar social.

A definição que se atribua ao instituto transação, no âmbito civil ou tributário, a valoração de seu resultado é o que vai servir de atributo para o interesse da coletividade, independentemente de sua natureza ou forma, pública ou privada, desde que cumpra os requisitos de validade do ato.

O sentido lógico dos atos deve guardar similaridade nas suas feições apenas com as modificações inerentes à natureza de cada um. A racionalidade deve ser contida, de modo que as prescrições sejam igualitárias, mesmo das evoluções. As estratégias da tributação não devem ficar alheias ao pós-modernismo legal. Dessa forma se assegura que a livre concorrência se presta como pressuposto para transação tributária.

Referências

COÊLHO, Sacha Calmon Navarro. *Curso de direito tributário brasileiro*. Rio de Janeiro: Forense, 2005, p. 849.

DINIZ, Maria Helena. *Curso de direito civil brasileiro*, 2º volume: teoria geral das obrigações. 17.ed. São Paulo: Saraiva, 2002, p. 314.

LESSA, Flávio Romero de Oliveira Castro. Breves considerações acerca da viabilidade de se utilizar a transação no Direito Tributário. *Jus Navigandi*, Teresina, ano 12, n. 1752, 18 abr. 2008.

MELO, José Eduardo Soares de. *Curso de direito tributário*. 5.ed. São Paulo: Dialética, 2004, p. 287

SANTI, Eurico Marcos Diniz de. Transação e arbitragem no direito tributário: paranóia ou mistificação? *Revista Fórum de Direito Tributário*, Belo Horizonte, Fórum, p. 17-18, 2007.

SCHOUERI, Luís Eduardo. *Livre concorrência e tributação*. v. 11. Valdir de Oliveira Rocha (org.). São Paulo: Dialética, 2007, p. 241.

BRASIL. Disponível em: https://www.camara.leg.br/proposicoesWeb/prop_imp;jsessionid=node01vg4ccna rj9hd1qyxb5tui6rqh3380512.node0?idProposicao=431269&ord=1&tp=completa.

Informação bibliográfica deste texto, conforme a NBR 6023:2018 da Associação Brasileira de Normas Técnicas (ABNT):

FABRIZ, Daury Cesar; CARNEIRO, José Clito. A livre concorrência como pressuposto para a transação tributária. *In*: SARAIVA FILHO, Oswaldo Othon de Pontes (coord.). *Transação e Arbitragem Tributárias*. Belo Horizonte: Fórum, 2023. (Coleção Fórum grandes temas atuais de Direito Tributário ; v.2). p. 153-159. ISBN 978-65-5518-465-5.

TRANSAÇÃO TRIBUTÁRIA E NEGÓCIO JURÍDICO PROCESSUAL

CIRO CÉSAR SORIANO DE OLIVEIRA

1 Introdução

As discussões relativas à dívida fiscal das empresas submetidas ao regime de recuperação judicial têm origem na imperfeição da Lei nº 11.101/2005 (Lei de Recuperação de Empresas, LRE), que não coloca o Fisco nas discussões do passivo da recuperanda juntamente com os demais credores.

Por assim dizer, reservando-se a condição de credor especial, o Fisco faz com que a dívida fiscal, que goza de privilégios e garantias que remontam à legislação editada em tempos e ambiente já superados, fique à margem do concurso de credores. Como resultado dessa separação, enfim, coloca o crédito fiscal em situação de difícil realização, contrariamente à pretensão original de se assegurar ao Fisco a satisfação preferencial de seu crédito.

Surgem daí discussões relativas à concomitância da execução fiscal e do concurso de credores, à reserva de valores em um ou outro procedimento, à necessidade da certidão de regularidade fiscal (CND), ao eventual esvaziamento de patrimônio dos devedores, e a até então impossibilidade de o Fisco requerer a falência do contribuinte devedor.

Foi nessa linha que a Fazenda Nacional fez evoluir as discussões, tomando a dianteira, reconheça-se, em promover a aproximação entre Fisco e contribuinte para a discussão e solução de seus débitos por vias alternativas.

Dentre tais soluções, propusemo-nos a tratar da Transação Tributária – já sob a égide do regime instaurado pela Lei nº 14.112, de 2020 – e do Negócio Jurídico Processual (NJP), o qual não é propriamente de iniciativa da Fazenda Pública, embora esta tenha se adiantado em regulamentar o seu exercício no âmbito tributário federal.

Nosso propósito é o de explorar em que medida os institutos podem ser adotados em conjunto para a solução do passivo fiscal das empresas, particularmente agora com o novo cenário trazido pela Lei nº 14.112/2020.

Esclarecemos, enfim, que o campo de nossa análise restringe-se à transação e ao negócio jurídico aplicáveis aos tributos federais, dado não haver uniformidade na concessão de transação tributária e na regulamentação do exercício de NJP no âmbito dos estados e municípios.

É esse o cenário que passaremos a descrever.

2 Histórico e crítica à ineficiência das premissas não superadas do regime antigo

Há críticas ao regime originalmente instaurado com a Lei nº 11.101/2005, na medida em que não tenha aproveitado as experiências sofridas com o regime anterior do Decreto-Lei nº 7.661/1945, deixando a dívida fiscal à margem do trato da universalidade dos créditos no concurso de credores. Com efeito, no atual regime jurídico instaurado com a LRE, em paralelo com as previsões da Lei nº 6.830/1980 (Lei de Execuções Fiscais, LEF), a segregação se apresenta de maneira principiológica que se reflete em diversos dispositivos.

Nessa linha, cumprindo um duplo requisito subjetivo e objetivo, a LRE não inclui a Fazenda na lista dos credores que compõem a assembleia geral de credores – excluindo-a, com isso, do processo de recuperação judicial –, e a LEF exclui expressamente as dívidas fiscais dentre aquelas que se sujeitam ao regime concursal.

Assim é que, excetuando expressamente a dívida fiscal das disposições gerais aplicáveis à recuperação judicial, a LRE assegura a continuidade do trâmite das execuções fiscais no foro próprio, ressalvando, entretanto, que a constrição dos bens de capital essenciais à atividade da empresa fica acometida à competência do juízo da recuperação judicial.

No particular, importa notar que a inclusão do §7º-B ao art. 6º da Lei nº 11.101/2005, promovida pela Lei nº 14.112, de 2020 – reservando legalmente ao juízo da recuperação judicial a competência para constrições de bens essenciais à atividade da empresa –, fez-se em respeito à jurisprudência consolidada na Segunda Seção do Superior Tribunal de Justiça (STJ), segundo a qual o juízo das execuções fiscais não está autorizado a praticar os atos expropriatórios de bens das empresas que tiveram deferidos seus pedidos de recuperação judicial.

Em razão da alteração legislativa, a Primeira Seção do STJ desafetou do regime de rito de recursos repetitivos o Tema nº 987, que propunha rediscutir a "possibilidade da prática de atos constritivos em face de empresa em recuperação judicial, em sede de execução fiscal".

E mais recentemente, a Quarta Turma do STJ, no REsp nº 1872153/SP (2020/0099307-8), permitiu que a Fazenda habilite seu crédito no processo de falência, sem que tal expediente implique dupla garantia oferecida ao Fisco, abrindo espaço para discussão quanto ao cabimento dos embargos à execução ainda não ajuizados, nos trinta dias da efetivação da reserva de valor no processo concursal, que permanecerá o juízo competente exclusivo para a expropriação ao final, da discussão fiscal específica.

Confirma-se, assim, a autonomia do juízo concursal para a promoção de atos constritivos sobre o patrimônio da recuperanda, o que, de qualquer forma, contribui para a ineficiência do regime de recuperação, na medida em que mantém o trato em separado da dívida fiscal das demais obrigações suportadas pela empresa em recuperação.

Uma das evidências dessa pretensão deliberada de se tratar as questões fiscais em separado diz respeito à necessidade de obtenção de CND para o processamento e execução do plano aprovado pelos credores. Ou seja, a recuperação judicial não tramita na pendência de tributos que não tenham sido pagos, garantidos ou que não estejam com a exigibilidade suspensa (arts. 151, 205 e 206 do CTN, mencionados nos arts. 191-A do CTN e 57 da Lei nº 11.101/2005).

Em que pese o modo atenuado como a exigência agora se apresenta – a permitir a certidão positiva com efeitos de negativa e não apenas com a quitação dos tributos – e da modificação promovida no CTN concomitantemente à publicação da então nova Lei de Quebras naquele ano de 2005, o fato é que, em razão da ausência do parcelamento específico, o passivo fiscal da empresa recuperanda continua a ser tratado da mesma forma como se tratavam as dívidas fiscais das empresas solventes, criando-se situações em que simplesmente se torna impossível o trâmite da recuperação judicial.

Essa ausência de parcelamento específico a que alude o art. 155-A, §3º, do CTN – e sendo insuficiente o parcelamento ordinário para a solução dos débitos das empresas em situação de insolvência – levou a jurisprudência a construir uma interpretação que afasta a necessidade de CND para a concessão e processamento da recuperação judicial, afastando a exigência do art. 57 da Lei nº 11.101/2005.

É interessante notar que a orientação jurisprudencial que dispensa a apresentação de CND ante a inexistência de parcelamento específico legalmente previsto não se modificou com a edição da Lei nº 13.043/2014, que inseriu o art. 10-A à Lei nº 10.522/2002, prevendo o até então esperado regime fiscal, *ex vi* de sua destinação expressa e específica aos processos de recuperação judicial da Lei nº 11.101/2005:

> Art. 10-A. O empresário ou a sociedade empresária que pleitear ou tiver deferido o processamento da recuperação judicial, nos termos dos arts. 51, 52 e 70 da Lei n. 11.101, de 9 de fevereiro de 2005, poderão parcelar seus débitos com a Fazenda Nacional, em 84 (oitenta e quatro) parcelas mensais e consecutivas, calculadas observando-se os seguintes percentuais mínimos, aplicados sobre o valor da dívida consolidada: [...].

Com efeito, ainda que tenha sido editada uma lei específica de parcelamento fiscal destinada às empresas em recuperação judicial, a jurisprudência predominante continua a dispensar a CND para a concessão da recuperação judicial, como se percebe de julgados mais recentes das Turmas do STJ.

A questão relativa à necessidade de CND voltou à tona no âmbito do Supremo Tribunal Federal (STF) a partir de decisão proferida em setembro de 2020, quando, em sede de liminar, o Min. Luiz Fux proveu pedido da Fazenda Pública da União Federal para fazer exigível a CND em processo de recuperação judicial.

A liminar, entretanto, perdeu validade com a decisão final da lavra do Min. Dias Toffoli, que em 3 de dezembro de 2020 trouxe à recordação o fato de que o STF já havia se pronunciado sobre o tema por ocasião do julgamento da ADC nº 46, quando julgou ser infraconstitucional a questão relativa aos dispositivos da Lei nº 11.101/2005 e do CTN no que diz respeito à necessidade ou não da CND.

Nessa linha, a evolução jurisprudencial, tal como descrito acima, colocou o Fisco em uma situação um tanto inusitada, justamente contrária ao que se pretendia com o estabelecimento daqueles privilégios e garantias que historicamente lhe são assegurados. De fato, por reservar-se à condição de credor exclusivo e ficando à margem da solução da massa de débitos, o Fisco colocava-se em uma situação em que: (i) a execução fiscal não chega à expropriação; (ii) o débito fiscal não se resolve em conjunto com os demais componentes do passivo do devedor; e (iii) torna-se sem efeito a previsão de preferência no recebimento dos créditos fiscais na falência, dado que, processada posteriormente à recuperação realizada sem a garantia de pagamento da dívida fiscal – por ausência da CND, que se concede em função de garantias dos débitos existentes –, pode enfrentar situações nas quais os ativos já não mais existem ou são insuficientes para a satisfação da dívida fiscal, por terem sido anteriormente alienados em execução do plano aprovado pelos credores.

O cenário para a satisfação do crédito fiscal, perceba-se, poderá deteriorar-se, na medida em que não se autorize o deferimento de pedidos de falência formulados pelo Fisco, medida extrema que, em regra, concede-se em situações excepcionalíssimas, como registrado pelo Acórdão nº 2020.0000539930, proferido pela Primeira Câmara Reservada de Direito Empresarial do Tribunal de Justiça de São Paulo. Para fundamentar tal excepcionalidade, o julgado resgatou a evolução jurisprudencial para cotejar os regimes do Decreto de 1945 e a da Lei de 2005, justificando-se a concessão da falência, em um ou outro regime, tão somente nas situações de execução frustrada por parte da Fazenda Pública.

Em outras palavras, aquela situação de desvantagem do Fisco poderia desaguar em consequência extrema de quebra, o que à obviedade não interessa nem mesmo à Fazenda, para além de frustrar os objetivos expressos nos arts. 47 e 75 da Lei 11.101/2005.

Note-se, ainda, que a possibilidade de falência não alivia a situação do Fisco, a depender do momento em que requerida, pois, se o for posteriormente à recuperação, encontrará situação semelhante àquela adrede noticiada, em que os ativos já terão sido alienados e poderão não ser suficientes para saldar a dívida fiscal se não detectado em tempo o suposto esvaziamento patrimonial.

O que nos traz ao presente momento, de vigência da Lei nº 14.112, de 2020, que trouxe diversas modificações significativas no regime concursal da Lei nº 11.101/2005, com previsões específicas no âmbito fiscal que merecem ser aqui tratadas com vistas à abordagem da transação tributária e do negócio jurídico processual.

3 O novo cenário trazido pelas alterações promovidas pela Lei nº 14.112/2020

O cenário agora é outro. Não se pode deixar de perceber que houve preocupação por parte do legislador em direcionar a questão fiscal de forma que ela não seja um entrave à efetividade do remédio da recuperação de empresas.

Com efeito, ainda que o Fisco continue formalmente isolado e não participe das discussões e elaboração do plano de recuperação, não se pode negar que as alterações trazidas com a edição da Lei nº 14.112/2020 tenham promovido a abertura de uma via de diálogo entre Fisco e contribuinte, na medida em que agora criados diversos instrumentos para o equacionamento da dívida fiscal sugirem mudanças de postura por parte do Fisco, a trazer os sujeitos da relação tributária a formularem suas propostas anterior ou simultaneamente à distribuição do pedido judicial de recuperação, com vistas a garantir a efetividade do plano aprovado pelos credores. Por assim dizer, o Fisco deixou de ser coadjuvante no processo de recuperação, e o ambiente recomenda que se repense a postura antes resistente ou desconfiada de abordá-lo.

Se de um lado percebe-se uma preocupação em fazer com que a dívida fiscal não seja um empecilho ao trâmite do processo de recuperação judicial – ao mesmo tempo em que se pretende afastar as hipóteses de insatisfação do crédito fiscal *ex vi* da anterior possibilidade de esvaziamento patrimonial –, é possível esperar-se, de outra forma, uma atuação mais incisiva da representação fiscal na cobrança do crédito, direcionada inclusive a promover mudança de jurisprudência até então sedimentada com relação a determinados assuntos, do que já é resultado recente decisão proferida à unanimidade pela Décima Sexta Turma do Tribunal de Justiça do Rio de Janeiro, que repristinou os argumentos do Min. Luiz Fux ao conceder liminar na Reclamação nº 43.169 – calcados em que o afastamento do art. 57 da LRE não poderia ser simplesmente negado pelo STJ sem anterior declaração de inconstitucionalidade do dispositivo por órgão colegiado –, para arrematar que a promulgação da Lei nº 14.112/2020 constitui-se em direito superveniente hábil para suspender a aplicação do entendimento da Corte Especial, enquanto novo pronunciamento sobre a matéria não fosse por ela proferido. Os seguintes excertos são importantes à compressão do tom dado pelo precedente ao cenário configurado com a lei de 2020:

> E foi diante desse cenário que o Congresso reuniu-se mais uma vez, a terceira, para tratar da problemática do parcelamento do devedor em recuperação judicial, dando origem à recentíssima Lei n. 14.112/2020, que, ao promover reforma substancial da Lei de Recuperação e Falências e de outras leis especiais, manteve a exigência de regularidade fiscal para o deferimento da recuperação judicial, garantindo a ampliação do prazo para quitação do débito em até 120 meses.
>
> Assim, em que pese a orientação do Superior Tribunal de Justiça pela desnecessidade da apresentação das CNDs no processo de recuperação judicial, não há como deixar de reconhecer que a Lei 14.112/2020 configura verdadeiro *ius superveniens* capaz de influir no julgamento da lide, e que por essa razão deve ser considerado neste processo, em obséquio à regra insculpida no artigo 493 do CPC/15, até que haja nova manifestação daquela Corte Superior.
>
> Em outras palavras, o artigo 57 da Lei 11.101/05 e o artigo 191-A do Código Tributário Nacional, sob a nova roupagem que lhes deram as leis 13.043/2013 e 14.112/2020, devem

ser aplicados ou terem sua inconstitucionalidade reconhecida, sendo que nada, na opinião deste Relator, autoriza a declaração de nulidade dos dispositivos da Lei 11.101 ou dos artigos das leis de parcelamento que se mostram concretamente necessários à dedução do pedido recuperacional.

Ainda nessa toada, não será suficiente que, expedida a CND, não se trabalhe para promover suas renovações periódicas. O desrespeito ao parcelamento, por não pagamento de suas parcelas, implica exclusão do regime – sendo prevista, inclusive, a possibilidade de exclusão do parcelamento pelo não pagamento de uma parcela, o que, é certo, seria aplicável nas situações extremas em que a conduta do contribuinte não tenha confirmado seu intuito de quitação do débito fiscal – e consequente possibilidade de pedido de falência por parte da Fazenda Nacional, agora legalmente prevista.

Não é demais lembrar que, por previsão legal, o processo de recuperação judicial tem seu termo legalmente previsto, qual seja, o intercurso de dois anos a partir da homologação do plano aprovado pelos credores ou contra o qual não tenham sido opostas objeções. Essa previsão legal demonstra que a recuperação judicial não é uma tutela judicial sob o manto da qual o contribuinte se vê acobertado contra as intempéries de um plano que não tenha contemplado as vicissitudes da totalidade da dívida, incluída a dívida fiscal, e por tempo indeterminado. Findo o prazo, o acompanhamento fica sob fiscalização dos credores. Veja-se, a propósito, o pronunciamento do Min. Ricardo Villas Bôas Cueva, em acórdão do qual foi relator no Recurso Especial nº 1.853.347/RJ (2019/0206278-0):

> É preciso esclarecer desde logo que o fato de a recuperação judicial se encerrar no prazo de 2 (dois) anos não significa que o plano não possa prever prazos mais alongados para o cumprimento das obrigações, mas, sim, que o cumprimento somente será acompanhado pelo Judiciário, pelo Ministério Público e pelo administrador judicial nessa fase, para depois estar sob a fiscalização única dos credores.
>
> [...]
>
> Por outro lado, a fixação de um prazo máximo para o encerramento da recuperação judicial também se mostra indispensável para afastar os efeitos negativos de sua perpetuação, como o aumento dos custos do processo, a dificuldade de acesso ao crédito e a judicialização das decisões que pertencem aos agentes de mercado, passando o juiz a desempenhar o papel de muleta para o devedor e garante do credor.
>
> [...]
>
> Assim, alcançado o principal objetivo do processo de recuperação judicial que é a aprovação do plano de recuperação judicial e encerrada a fase inicial de sua execução, quando as propostas passam a ser executadas, a empresa deve retornar à normalidade, de modo a lidar com seus credores sem intermediação.

Reproduzimos no Apêndice deste trabalho as modificações que foram promovidas pela Lei nº 14.112/2020 nas Leis nºs 11.101/2005, 10.522/2002 e 13.988/2020. De uma forma geral, as modificações de ordem fiscal podem ser resumidas como relativas a afastamento de responsabilidade do adquirente de ativos e estabelecimentos da recuperanda, exonerações fiscais que beneficiam receitas e acréscimos patrimoniais oriundos das renegociações de dívidas, parcelamentos específicos e mais vantajosos concedidos às empresas em recuperação, e extensão do limite de prazo e aumento do desconto originalmente concedidos pela Lei de Transação Tributária.

O NJP já fora regulamentado anteriormente pela Procuradoria-Geral da Fazenda Nacional (PGFN), e é sobre ele que falaremos a seguir.

4 O Negócio Jurídico Processual (NJP)

4.1 Conceito: NJP como forma de suspensão da execução fiscal e parcelamento do débito nele executado

O negócio jurídico processual está previsto no art. 190 do Código de Processo Civil (CPC), que dispõe da seguinte forma:

> Art. 190. Versando o processo sobre direitos que admitam autocomposição, é lícito às partes plenamente capazes estipular mudanças no procedimento para ajustá-lo às especificidades da causa e convencionar sobre os seus ônus, poderes, faculdades e deveres processuais, antes ou durante o processo.

Não parece haver muita dúvida, ou ao menos é possível afirmar que a doutrina, majoritariamente, aceita a realização de NJP no contexto da execução fiscal. A explicação pode ser extraída, de início, da lição de Daniel Amorim Assumpção Neves, que embora não verse exclusivamente, neste parágrafo, sobre a participação da Fazenda Pública na realização do NJP, oferece importante esclarecimento sobre o objeto do negócio jurídico realizado ou dado a efeito entre as partes no âmbito do processo judicial:

> Conforme entendimento doutrinário uníssono, o legislador foi extremamente feliz em não confundir direito indisponível com direito que não admita autocomposição. Naturalmente, nesse caso, a autocomposição não tem como objeto o direito material, mas sim as formas de exercício desse direito, tais como os modos e momentos de cumprimento da obrigação.

No mesmo sentido, acentua Mário Jabur Neto:

> Como se pode notar do disposto no referido artigo do CPC, o negócio processual é instituto que permite às partes estabelecer autocomposição no que toca ao procedimento a que se vincula o processo, mas nunca inserir questões pertinentes à prestação material posta em juízo. Ou seja, não é possível a concessão de descontos por meio do NJP.

Essa acepção, assim, supera a necessidade de se adentrar na discussão sobre se seria possível à Fazenda Pública negociar o crédito tributário. Ao ensejo de comentar as Portarias PGFN nº 33/2018 (que regulamentou o pedido de revisão de dívida inscrita, PRDI) e nº 360/2018 (oferta antecipada de garantias), Paulo Cesar Conrado já dispôs:

> A despeito das dificuldades derivadas desse estado de coisas, nem um fato (a ausência de precedentes empíricos em abundância) nem outro (a virtual indisponibilidade do bem jurídico de que cuida o direito tributário) devem obstar a incorporação do negócio jurídico processual à prática vigente naquele domínio (o tributário, insistamos), movimento que, quando muito, pode ser um pouco mais tormentoso, não inviável.

Certo, portanto, de que o NJP não implica autorização para concessão de descontos à dívida fiscal, há de se consignar, em seu reforço, que sua previsão legal foi inserida no ordenamento jurídico através da Lei nº 13.874/2018, que incluiu o §13 ao art. 19 da Lei nº 10.522/2002, com o seguinte teor:

§13. Sem prejuízo do disposto no §12 deste artigo, a Procuradoria-Geral da Fazenda Nacional regulamentará a celebração de negócios jurídicos processuais em seu âmbito de atuação, inclusive na cobrança administrativa ou judicial da dívida ativa da União.

Há aqui uma característica essencial do NJP, que, atrelado ao processo judicial, não nasce, necessariamente, no seu curso. Em verdade, existiam situações, antes mesmo do CPC de 2015, em que as partes podiam ajustar aspectos processuais relativos à causa, ainda que não estivesse instaurada. Aliás, os ajustavam para o caso de a lide nascer, em atitude prospectiva para resolução de seus conflitos, como é o caso clássico da cláusula contratual de eleição de foro. É como ensina Daniel Amorim Assumpção Neves:

Apesar da divergência doutrinária a respeito da admissão de negócios jurídicos processuais, já no CPC/1973 existiam várias passagens que os consagravam de forma expressa, realidade mantida e ampliada no Novo Código de Processo Civil. Sempre que a lei prever um negócio jurídico processual de forma expressa, tem-se um negócio jurídico processual típico. Nesses casos, conforme será analisado com a devida profundidade, é possível que os requisitos de admissibilidade também estejam previstos de forma específica.
O exemplo mais tradicional é a cláusula de eleição de foro, que permite às partes, antes da propositura da ação, modificar o foro abstratamente competente para a demanda judicial. Esse frequente negócio jurídico pré-processual está previsto no art. 63 do Novo CPC, e deve respeitar os requisitos formais lá previstos para ter validade no caso concreto.

Assim, se o PRDI e a oferta antecipada de garantia já se pronunciavam como procedimentos administrativos que antecediam a análise e a necessidade do ajuizamento da execução fiscal, mas que permitiam em seu curso que fosse emitida a CND, vem a Portaria PGFN nº 742/ 2018 dar cumprimento ao art. 190 do CPC e ao art. 19, §13, adrede mencionado, para regulamentar a celebração de NJP "para fins de equacionamento de débitos inscritos em dívida ativa da União e do FGTS".

Em confirmação a tudo o que se dispôs acima, a portaria inicia com a proibição expressa de "celebração de NJP que reduza o montante dos créditos inscritos ou implique renuncia às garantias e privilégios do crédito tributário" (art. 1º, §1º). E afirma, igualmente, que o "disposto nesta Portaria se aplica aos devedores em recuperação judicial".

Trata-se de um acordo para pagamento de dívida – não se pode esquecer que é esse o seu propósito final, a satisfação da dívida fiscal. No bojo da recuperação judicial, assim, ou em preparação a ela, e na medida em que a recuperanda se prepare para ingresso no plano de credores – que em geral não se resume à renegociação das dívidas, como também ao acompanhamento de sua satisfação por parte dos seus titulares e oferecimento de garantias –, é importante que se tenha em mente as possibilidades oferecidas pelo NJP no âmbito da Fazenda Pública da União Federal, que incluem:

a) calendarização da execução fiscal;
b) plano de amortização do débito fiscal;
c) aceitação, avaliação, substituição e liberação de garantias; e
d) modo de constrição ou alienação de bens.

Essas possibilidades oferecidas no âmbito do NJP permitem arranjos que podem se tornar importantes se firmados de modo coordenado com o parcelamento da Lei nº 10.522/2002 e a transação da Lei nº 13.988/2020.

O plano de amortização é um que merece consideração. Embora o regime do NJP proíba concessão de descontos, prevê a possibilidade de amortização da dívida em até 120 meses, condicionada à prestação de garantia e à confissão irrevogável e irre- tratável de dívida – além de outras condições a serem cumpridas de forma alternativa ou cumulativa a depender do NJP negociado com a PGFN. Demanda-se, assim, uma análise apurada de quais débitos devem ser incluídos no NJP, dado que, para aqueles que o contribuinte considerar ter boas chances de êxito, haverá oportunidade de manter a discussão, ciente das vicissitudes de perda da causa no futuro.

Amortização da dívida em 120 meses equivale a uma espécie de parcelamento, embora a PGFN não lhe atribua os efeitos do art. 151, V, do CTN, o que fica atenuado pela previsão de expedição da CND, uma vez garantida a dívida, e suspensa a execução fiscal, com base no art. 313, II, do CPC. Paulo Cesar Conrado analisa esse detalhe para qualificar que haveria aí um NJP relativo a todos os itens da Portaria nº 742/2018, com exceção daquele relativo à amortização, que, realizado antes mesmo do ajuizamento da execução fiscal, teria feições maiores de negócio jurídico administrativo, o que, de qualquer modo, não invalida a iniciativa e inovação por parte da PGFN:

> Fazendo essa opção – ou seja, dizendo que a homologação pode ou não ser necessária –, indiretamente a portaria reconhece que, em certa fração, a convenção (ou melhor, o pla- no de amortização nela contido) pode contemplar elementos que extrapolam o âmbito de abrangência do negócio jurídico processual, estando insubmisso, por conseguinte, a controle de validade judicial.
>
> Ao final, retomamos a indagação que deu título a esse último tópico: a Portaria PGFN 742/2018 trata do quê? De negócio jurídico processual, *ex vi* do art. 190 do CPC, ou de um instrumento potencialmente híbrido – negócio jurídico processual naquilo que é pertinente a esse universo (definição de garantias, estabelecimento de percentual de constrição sobre faturamento, por exemplo) e negócio jurídico "administrativo" naquilo que, por pertinente à solução do litígio (materialmente considerado), está afeto a outro plano, o das formas autocompositivas de eficácia diferida, caso típico dos parcelamentos?
>
> Um último registro: a potencial redefinição do "plano de amortização", retirando-o do campo de reconhecimento do negócio jurídico processual, não faz nem de longe menos louvável a postura assumida pela Procuradoria-Geral da Fazenda Nacional no trato do assunto, postura essa que, tomada como bom pretexto, pode impulsionar o sistema na direção de uma "nova" (e importante) figura, a do "negócio jurídico administrativo".

A calendarização e o modo de constrição ou alienação de bens, em conjunto com a negociação acerca da substituição e liberação de mercadoria, por exemplo, pode se tornar importante ferramenta para aqueles débitos em discussão com o Fisco cujo mérito o contribuinte avalie que lhe seja favorável. A legislação não impõe que todos os débitos sejam incluídos no NJP, e, na medida em que se trate de débitos que tra- mitam no âmbito da PGFN, não haveria necessidade de que sejam incluídos nem no parcelamento da Lei nº 10.522/2002 nem na transação tributária, desde que, discutidos em juízo, estejam garantidos ou com a exigibilidade suspensa.

Nessa linha, não é cerebrino pensar na hipótese em que a calendarização firmada no bojo da execução fiscal preveja que, em caso de insucesso na discussão judicial, o débito correspondente seja então incluído no parcelamento da Lei nº 10.522/2002 com aqueles mesmos benefícios, caso haja decisão desfavorável ou a empresa recuperanda opte por desistir de seus embargos à execução antes do decurso dos dois anos previstos para o encerramento do trâmite judicial da recuperação judicial – contando, é claro, que o regime de parcelamento dos arts. 10-A, 10-B e 10-C da Lei nº 10.522/2002 esteja vigente ao tempo da confirmação do insucesso. O art. 10-A da Lei nº 10.522/2002 estipula o parcelamento para o empresário ou sociedade empresária que tiver deferido o processamento da recuperação judicial, mas não impõe que os débitos que queiram se valer do parcelamento tenham sido incluídos no regime no momento de seu pleito. É algo a ser discutido no bojo da negociação, entre tantas outras questões que possam surgir a depender da situação concreta de cada contribuinte.

O mesmo se diga para a transação tributária, sobre a qual trataremos agora.

5 A transação tributária

5.1 Conceitos gerais

Fruto da conversão da Medida Provisória nº 899/2019, em 14 de abril de 2020, a Lei nº 13.988, conhecida inicialmente como "Lei do Contribuinte Legal", trouxe ao ordenamento brasileiro o instituto da transação tributária federal, dando cumprimento, depois de mais de cinquenta anos, ao disposto no art. 171 do CTN.

De um modo geral, a transação passou a ser aplicada a créditos de natureza tributária (judicializados ou não) e não tributária, sob responsabilidade da União Federal, bem como das autarquias e fundações a ela vinculadas (§4º do art. 1º da Lei nº 13.988/2020).

O art. 2º da referida lei prevê a existência de três modalidades de transação, quais sejam:

> I – por proposta individual ou por adesão, na cobrança de créditos inscritos na dívida ativa da União, de suas autarquias e fundações públicas, na cobrança de créditos que seja da competência da Procuradoria-Geral da União, ou em contencioso administrativo fiscal;
> II – por adesão, nos demais casos de contencioso judicial ou administrativo tributário; e
> III – por adesão, no contencioso tributário de pequeno valor.

Similarmente aos parcelamentos, com a aceitação ou adesão à proposta de transação, aperfeiçoa-se a "confissão irrevogável e irretratável dos créditos abrangidos", devendo o contribuinte desistir de todas as impugnações e recursos administrativos, assim como renunciar às ações judiciais que envolvam os créditos tributários objeto da transação.

Além disso, a lei dispõe sobre os casos em que a transação será vedada, como por exemplo: (a) redução de multa de natureza penal; (b) quando envolva devedor contumaz, de acordo com a definição legal (cuja lei ainda não foi editada, havendo apenas o Projeto de Lei nº 1.646/2019); (c) redução do montante principal do crédito; (d) redução superior a 65% dos créditos a serem transacionados; (e) concessão de prazo para quitação superior a 120 meses. O item "d" é diferente para os casos específicos de recuperação judicial, como abordaremos.

A transação tributária está no rol do art. 156 do Código Tributário Nacional entre as causas de extinção do crédito tributário, passando a matéria – assim como a do art. 171 – a ser disciplinada após cinco décadas. E, neste ponto, a lei de 2020 foi expressa em que a extinção do crédito tributário ocorrerá somente quando cumpridas integralmente as condições estipuladas no termo de transação.

Para a hipótese de haver parcelamento ou moratória dentro da própria transação, a lei expressamente prevê que os créditos tributários terão a sua exigibilidade suspensa nos termos dos inc. I e VI do art. 151 do CTN (§2º do art. 3º da Lei nº 13.988/2020), o que traz segurança jurídica aos contribuintes. Será necessário, entretanto, requerer ao juízo das execuções fiscais a suspensão do andamento dos respectivos processos por convenção das partes.

A suspensão da exigibilidade, porém, não se aplica com a mera oferta da proposta de transação, embora a lei preveja que as partes poderão requerer a suspensão do trâmite do processo ao juízo da execução fiscal.

Cabe ainda mencionar que, caso o contribuinte tenha a transação rescindida pelas hipóteses previstas no art. 4º, serão deduzidos das dívidas os valores pagos; todavia, ficará impossibilitado, pelo prazo de dois anos, contados da rescisão, de formalizar nova transação.

Interessa-nos tratar da transação proposta individualmente pelo contribuinte.

5.2 A proposta individual do devedor

A lei considera créditos irrecuperáveis ou de difícil recuperação aqueles devidos por empresas em processo de recuperação judicial, liquidação judicial, liquidação extrajudicial ou falência. O efeito dessa classificação é o de ser possível a concessão de descontos de multas, juros de mora e encargos legais relativos aos créditos transacionados.

Tais reduções podem chegar a 70% do total do crédito tributário devido – sem descontos sobre o valor do principal –, parcelados em até 120 meses.

Além dessas reduções, a transação formalizada nesse âmbito poderá abranger:

a) oferecimento de prazos e formas de pagamento especiais, incluídos o diferimento e a moratória; e

b) oferecimento, substituição ou alienação de garantias e de constrições.

Perceba-se, enfim, que os créditos garantidos ou com exigibilidade suspensa estão dispensados de serem incluídos na transação tributária. A dispensa, entretanto, não implica proibição de inclui-los, a depender da situação de cada contribuinte, bem como do quanto se consiga de desconto sobre o total da dívida como resultado do oferecimento de garantias.

6 Transação tributária e NJP

Transação tributária e NJP não são excludentes; aliás, poderão ser tratados como complementares.

Além de inexistir impedimento legal para sua utilização conjunta, uma visão cristalina dessa complementariedade poderá ser dada a partir da consideração da situação dos débitos, divididos entre aqueles que estão garantidos – ou que devam ser garantidos – e os que não se encontram em tal situação.

Tanto os parcelamentos da Lei nº 10.522/2002 como a transação tributária autorizam que não sejam incluídos em seus regimes os débitos que estiverem garantidos. Melhor dizendo, todos os débitos devem ser incluídos nos parcelamentos da Lei nº 10.522/2002 ou na transação tributária, salvo aqueles que estiverem garantidos. Não estando garantidos, os débitos devem ser parcelados ou transacionados, se não forem pagos.

O NJP também não obriga a inclusão de todos os débitos, mas há de se ter ciência de que a CND somente será expedida se os débitos estiverem garantidos, além de que, como se trata, necessariamente, de débitos inscritos em dívida ativa, seu curso normal será o da cobrança e expropriação de bens, a não ser que a garantia tenha sido oferecida.

No particular, é importante que o contribuinte tenha ciência de quais débitos pretende deixar de incluir em um ou outro regime, na medida em que avalie ter boas chances de êxito de cancelá-los. Ainda para esses, perceba-se, o NJP poderá ser útil, no mínimo para tratar da calendarização dos atos da execução fiscal, ou da forma de constrição e alienação dos bens. Poderá se valer, exemplificativamente, da forma do art. 142 da Lei nº 11.101/2005, na redação que lhe deu a Lei nº 14.112/2020, garantindo-se assim liquidação de garantia a preços satisfatórios, em substituição à prática tradicional da hasta judicial.

Embora não estejam incluídos no procedimento específico da Lei nº 11.101/2005, os débitos fiscais podem ser transacionados anteriormente com a Fazenda e considerados no plano de recuperação, como já tratados.

Para as situações de créditos que não são considerados de difícil recuperação, o NJP poderá se demonstrar igualmente vantajoso, na medida em que a eles não se destinam as reduções avantajadas dos parcelamentos facilitados dos arts. 10-A, 10-B e 10-C da Lei nº 10.522/2002, bem como porque, tratando-se de "créditos de fácil recuperação", a eles restaria o parcelamento ordinário, previsto no art. 10 da Lei nº 10.522/2002, cujo prazo máximo é de 60 (sessenta) meses, a não ser que se valha do NJP, que tem previsão de negociação de até 120 (cento e vinte) meses.

Para as situações de NJP e de transação tributária, é expressa a previsão de negociação de aceitação, avaliação, substituição e liberação de garantias. Vejamos:

NJP	Portaria PGFN n. 742/2018, art. 1º, §2º. "Observado o disposto nesta Portaria, o Negócio Jurídico Processual para equacionamento de débitos inscritos em dívida ativa da União poderá versar sobre: [...] III – aceitação, avaliação, substituição e liberação de garantias;"
Transação tributária	Lei n. 13.988/2020, art. 11. "A transação poderá contemplar os seguintes benefícios: [...] III – o oferecimento, a substituição ou a alienação de garantias e de constrições."

Nada impede que o NJP contenha cláusulas relativas às garantias também para os parcelamentos da Lei nº 10.522/2002, negociando-se a liberação gradual das garantias proporcionalmente e na medida em que os débitos venham a ser quitados.

O que há de se ter, enfim, é que não há impedimento legal à utilização conjunta do NJP e da transação tributária, restando a um ou outro o trato do débito que não caiba ou cuja solução seja inviável por intermédio do anterior.

Referências

ARAÚJO, Juliana Furtado Costa. Negócio jurídico processual e transação tributária como instrumento de conformidade fiscal. *In:* CONRADO, Paulo Cesar; ARAUJO, Juliana Furtado da Costa. *Transação tributária na prática da Lei n. 13.988/2020*: de acordo com as Portarias n. 9.971/2020, 9.924/2020, 14.402/2020 e Portaria ME n. 247/2020. São Paulo: Thompson Reuters Brasil, 2020, p. 63-75.

BRASIL. Superior Tribunal de Justiça. Agravo Interno no Agravo em Recurso Especial n. 1.100.371/RJ. Rel. Min. Luis Felipe Salomão, 4ª T., j. 08 maio 2018, *DJe* 15 maio 2018.

BRASIL. Superior Tribunal de Justiça. Agravo Interno no Conflito de Competência n. 166.058/MG. Rel. Min. Luis Felipe Salomão, 2ª S., j. 02 jun. 2020, *DJe* 09 jun. 2020.

BRASIL. Superior Tribunal de Justiça. Agravo Interno no Conflito de Competência n. 172.416/SC. Rel. Min. Antonio Carlos Ferreira, 2ª S., j. 01 dez. 2020, *DJe* 09 dez. 2020.

BRASIL. Superior Tribunal de Justiça. Agravo Interno no Recurso Especial n. 1841307/AM. Rel. Min. Herman Benjamin, 2ª T., j. 30 nov. 2020, *DJe* 09 dez. 2020.

BRASIL. Superior Tribunal de Justiça. Conflito de Competência n. 153.998/DF. Rel. Min. Laurita Vaz, Rel. p/ Acórdão Min. Nancy Andrighi, Corte Especial, j. 18 dez. 2019, *DJe* 22 set. 2020.

BRASIL. Superior Tribunal de Justiça. Recurso Especial n. 1.187.404/MT. Rel. Min. Luis Felipe Salomão, Corte Especial, j. 19 jun. 2013, *DJe* 21 ago. 2013.

BRASIL. Superior Tribunal de Justiça. Recurso Especial n. 1.719.894/RS. Rel. Min. Nancy Andrighi, 3ª T., j. 19 nov. 2019, *DJe* 22 nov. 2019.

BRASIL. Superior Tribunal de Justiça. Recurso Especial n. 1.853.347/RJ (2019/0206278-0). 3ª T., v.u., j. 5 maio 2020, documento: 1.936.331, *DJe* 11 maio 2020.

BRASIL. Superior Tribunal de Justiça. Recurso Especial n. 1.864.625/SP. Rel. Min. Nancy Andrighi, 3ª T., j. 23 jun. 2020, *DJe* 26 jun. 2020.

BRASIL. Supremo Tribunal Federal. Ação Declaratória de Constitucionalidade n. 46. Rel. Min. Celso de Mello, Ata n. 24, 31 ago. 2020, *DJe* n. 228, 14 set. 2020. Acórdão em *DJe* 22 set. 2020. Ata n. 158/2020, *DJe* n. 233, 21 set. 2020.

BRASIL. Supremo Tribunal Federal. Medida Cautelar na Reclamação n. 43.169/SP. Número Único: 0102138-58.2020.1.00.0000. Rel. Min. Luiz Fux. *DJe* n. 223, 08 set. 2020.

BRASIL. Supremo Tribunal Federal. Reclamação n. 43.169/SP. Número Único: 0102138-58.2020.1.00.0000. Rel. Min. Dias Toffoli, j. 03 dez. 2020, *DJe* n. 286, 03 dez. 2020.

CONRADO, Paulo Cesar. Negócio jurídico processual em execução fiscal: a Portaria PGFN 742/2018 e o chamado "Plano de Amortização": "negócio jurídico processual" ou "negócio jurídico administrativo"? *In:* MARQUES, Renata Elaine Silva Ricetti; BONFÁ, Isabela (org.). *Novos rumos do processo tributário*: judicial, administrativo e métodos alternativos de cobrança do crédito tributário. São Paulo: Noeses, 2020, p. 205-218.

CONRADO, Paulo Cesar. Negócio Jurídico Processual em matéria tributária e as Portarias PGFN 33/2018 (art. 38) e 360/2018 (alterada pela 515/2018). *In:* ARAUJO, Juliana Furtado da Costa; CONRADO, Paulo Cesar (coord.). *Inovações na cobrança do crédito tributário*. São Paulo: Thompson Reuters Brasil, 2019, p. 189-199.

FÓRUM NACIONAL DO PODER PÚBLICO, 1. Brasília, 17-18 jun. 2016. Disponível em: https://d570e1eb-a10c-463a-9569-d50006b87218.filesusr.com/ugd/5436d1_35f8ac0a15f641c5be6d8174db943545.pdf. Acesso em: 28 abr. 2021.

FÓRUM NACIONAL DO PODER PÚBLICO, 2. Vitória, 13-14 out. 2016. Disponível em: https://d570e1eb-a10c-463a-9569-d50006b87218.filesusr.com/ugd/5436d1_8606aa7c60994a4cb90b226a4f295a37.pdf. Acesso em: 28 abr. 2021.

FÓRUM PERMANENTE DE PROCESSUALISTAS CIVIS. *Enunciados*. Florianópolis, 24-26 mar. 2017. Disponível em: https://institutodc.com.br/wp-content/uploads/2017/06/FPPC-Carta-de-Florianopolis.pdf. Acesso em: 28 abr. 2021.

GONÇALVES, Gabriel A.; ZANFORLIN, Daniele. Regularidade fiscal e recuperação judicial. *Valor Econômico*, 3 set. 2020. Disponível em: https://valor.globo.com/legislacao/coluna/regularidade-fiscal-e-recuperacao-judicial.ghtml. Acesso em: 28 abr. 2021.

JABUR NETO, Mario. Breve paralelo entre parcelamento, plano de amortização convencionado em negócio jurídico processual e transação e seu denominador comum. *In:* CONRADO, Paulo Cesar; ARAUJO, Juliana Furtado da Costa. *Transação tributária na prática da Lei n. 13.988/2020*: de acordo com as Portarias n. 9.971/2020, 9.924/2020, 14.402/2020 e Portaria ME n. 247/2020. São Paulo: Thompson Reuters Brasil, 2020, p. 173-185.

JORNADA DE DIREITO PROCESSUAL CIVIL, 1. *Enunciados aprovados*. Brasília: Conselho da Justiça Federal, Centro de Estudos Judiciários, 24-25 ago. 2017.

JOTA. Últimas *notícias sobre Fazenda Nacional e insolvência*. Disponível em: https://www.jota.info/tudo-sobre/fazenda-nacional-e-insolvencia. Acesso em: 27 abr. 2021.

LANA, Henrique Avelino Avelino; PIMENTA, Eduardo Goulart. A problemática da lei de recuperação de empresas e falência: ineficiência do parcelamento fiscal, alto custo de transação e desincentivos. *Revista Científica do Curso de Direito do UNIBH*. Belo Horizonte, v. 13, n. 1, p. 16-59, jul. 2020.

NEVES, Daniel Amorim Assumpção. *Novo Código de Processo Civil comentado*. 2. ed. rev. e atual. Salvador: JusPodivm, 2017.

RIO DE JANEIRO. Tribunal de Justiça. *Agravo de Instrumento n. 0046087-14.2020.8.19.0000*. 16ª Câmara Cível. DJe 16 abr. 2021.

SÃO PAULO. Tribunal de Justiça. *Apelação Cível n. 1001975-61.2019.8.26.0491*. Rel. Des. Alexandre Lazzarini, 1ª Câmara Reservada de Direito Empresarial, j. 1º jul. 2020.

Apêndice: Modificações e inovações de cunho fiscal trazidas pela Lei nº 14.112/2020

Tratamento às dívidas das empresas recuperandas, promovendo tais modificações no âmbito da própria Lei nº 11.101:

Benefício ou previsão específica	Dispositivo legal	Observação
Não se aplica a limitação de 30% na compensação de prejuízos com a parcela do lucro correspondente aos ganhos de capital na alienação judicial de filiais ou de unidades produtivas isoladas, alienação ou oneração de bens ou direitos de seu ativo não circulante, ou na alienação conjunta ou separada de ativos, inclusive da empresa ou de suas filiais	Lei nº 11.101/2005, art. 6º-B	Incluído pela Lei nº 14.112/2020. Veto presidencial rejeitado
Isenção de PIS/COFINS sobre as receitas oriundas de renegociação de dívidas de pessoa jurídica no âmbito de processo de recuperação judicial	Lei nº 11.101/2005, art. 50-A, I	Incluído pela Lei nº 14.112/2020. Veto presidencial rejeitado
Não se aplica a limitação de 30% na compensação de prejuízos com a parcela do lucro correspondente aos ganhos de capital obtido na renegociação de dívidas de pessoa jurídica no âmbito de processo de recuperação judicial	Lei nº 11.101/2005, art. 50-A, II	Incluído pela Lei nº 14.112/2020. Veto presidencial rejeitado
Dedução, para fins de IRPJ e de CSLL, das obrigações assumidas no âmbito da recuperação judicial (RJ)	Lei nº 11.101/2005, art. 50-A, III	Incluído pela Lei nº 14.112/2020. Veto presidencial rejeitado
Parcelamento do ganho de capital (IRPJ e CSLL) resultante da alienação de ativos, pelo prazo da mediana de alongamento na RJ, e observado o regime da Lei nº 10.522, de 2002, e com possibilidade de readequação no caso de alteração superveniente do plano de recuperação judicial	Lei nº 11.101/2005, art. 50, §4º	Incluído pela Lei nº 14.112/2020
Não haverá sucessão do arrematante nas obrigações do devedor de qualquer natureza, incluídas, mas não exclusivamente, as de natureza ambiental, regulatória, administrativa, penal, anticorrupção, tributária e trabalhista	Lei nº 11.101/2005, arts. 60, parágrafo único, e 66, §3º	Incluído pela Lei nº 14.112/2020. Veto presidencial rejeitado
A alienação de UPI não pode implicar liquidação substancial em prejuízo dos credores que não se sujeitam à RJ	Lei nº 11.101/2005, art. 73, IV, e §2º	Incluído pela Lei nº 14.112/2020

Relativamente ao regime específico de parcelamentos, foram inseridas as seguintes previsões na Lei nº 10.522/2002:

Benefício ou previsão específica	Dispositivo legal	Observação
Parcelamento da dívida consolidada em até 120 (cento e vinte) prestações mensais e sucessivas, conforme os seguintes percentuais mínimos do valor da dívida consolidada: da primeira à décima segunda prestação: 0,5% (cinco décimos por cento); da décima terceira à vigésima quarta prestação: 0,6% (seis décimos por cento); da vigésima quinta prestação em diante: percentual correspondente ao saldo remanescente, em até 96 (noventa e seis) prestações mensais e sucessivas;	Lei nº 10.522/2002, art. 10-A, V	Incluído pela Lei nº 14.112/2020
Alternativamente, para os débitos administrados pela SRF, pagamento de até 30% com créditos decorrentes de prejuízos fiscais, e o saldo pago em 84 meses, nos seguintes percentuais mínimos: da primeira à décima segunda prestação: 0,5% (cinco décimos por cento); da décima terceira à vigésima quarta prestação: 0,6% (seis décimos por cento); da vigésima quinta prestação em diante: percentual correspondente ao saldo remanescente, em até 60 (sessenta) prestações mensais e sucessivas;	Lei nº 10.522/2002, art. 10-A, VI	Incluído pela Lei nº 14.112/2020
Outras formas de parcelamento (nas quais se incluem a transação)	Lei nº 10.522/2002, art. 10-A, §1º-A	Incluído pela Lei nº 14.112/2020
Não inclusão de outros débitos incluídos em outros regimes de parcelamento, desde que garantidos ou com exigibilidade suspensa	Lei nº 10.522/2002, art. 10-A, §1º – C	Incluído pela Lei nº 14.112/2020
Destinação de parcela do produto da venda de ativos alienados no curso da recuperação à quitação de parcela da dívida fiscal	Lei nº 10.522/2002, art. 10-A, §2º – A, II	Incluído pela Lei nº 14.112/2020
A faculdade de a Fazenda Nacional requerer a convolação da recuperação judicial em falência no caso de inadimplemento do parcelamento	Lei nº 10.522/2002, art. 10-A, §4º – A, IV	Incluído pela Lei nº 14.112/2020

Relativamente ao regime específico de transação tributária, temos as seguintes modificações:

Benefício ou previsão específica	Dispositivo legal	Observação
Aumento do prazo de parcelamento, que passa a ser de até 120 (cento e vinte) meses	Lei nº 10.522/2002, art. 10-C, I	Incluído pela Lei nº 14.112/2020
Aumento do limite máximo para reduções será de 50% (cinquenta por cento) para até 70% (setenta por cento)	Lei nº 10.522/2002, art. 10-C, II	Incluído pela Lei nº 14.112/2020

Informação bibliográfica deste texto, conforme a NBR 6023:2018 da Associação Brasileira de Normas Técnicas (ABNT):

OLIVEIRA, Ciro César Soriano de. Transação tributária e negócio jurídico processual. *In*: SARAIVA FILHO, Oswaldo Othon de Pontes (coord.). *Transação e Arbitragem Tributárias*. Belo Horizonte: Fórum, 2023. (Coleção Fórum grandes temas atuais de Direito Tributário ; v.2). p. 161-177. ISBN 978-65-5518-465-5.

IMPLEMENTAÇÃO DA TRANSAÇÃO TRIBUTÁRIA NO ÂMBITO FEDERAL

ROGÉRIO CAMPOS

HADASSAH LAÍS DE SOUSA SANTANA

Introdução

O sistema tributário brasileiro é complexo tanto na conformação peculiar da federação e respectiva distribuição constitucional de competência tributária dos entes federados quanto no desequilíbrio da carga tributária que fomenta a movimentação setorial por benefícios específicos resultando em distorções.

Agregam-se a esse cenário crises econômicas e fiscais como fenômenos recorrentes na história do país. A consequência dessa complexidade endêmica, crises, não raro agravadas, ou criadas, por desacertos em políticas macroeconômicas, aventuras fiscais e a adoção de remédios amargos – cite-se, por exemplo, o título de país com "juros mais altos do planeta" durante período expressivo – é o incremento exponencial da litigiosidade e endividamento fiscal do setor produtivo.

A partir dessas premissas, o presente artigo percorre suscintamente os reflexos desse cenário na relação Fisco-contribuinte, transcorrendo os Programas de Recuperação

Fiscal (REFIS), seja como tentativa de atribuir solução ao problema contribuindo para a regularidade fiscal, seja como instrumento de agravamento das mazelas do sistema tributário, até a formulação da transação tributária, observando seus resultados parciais, sob a lente de recentíssimo Diagnóstico do Contencioso Judicial Tributário Brasileiro, levado a cabo em parceria do Conselho Nacional de Justiça (CNJ) com o Instituto de Pesquisa e Ensino (INSPER) (CNJ 2022).

1 A transação tributária como mecanismo efetivo no relacionamento entre Fisco e contribuinte

A transação tributária, no âmbito federal, decorre da promulgação da Lei nº 13.988, de 14 de abril de 2020, fruto da conversão da Medida Provisória nº 899, de 16 de outubro de 2019, trazendo consigo o embrião da mudança de paradigma na relação entre o contribuinte e a administração tributária federal, especialmente a PGFN, concretizando o instituto que, nada obstante abstratamente previsto há mais de 50 anos pelo art. 171 do Código Tributário Nacional, nunca fora, até então, regulamentado e efetivado.

Essa mudança, normativa e cultural, inaugura novo paradigma na relação entre contribuinte e administração tributária como resultado de diversos fatores, conjunturas, fracassos e sucessos de políticas ou iniciativas precedentes. Desde políticas públicas implementadas pela Procuradoria-Geral da Fazenda Nacional, a partir do novo modelo de cobrança, ao contexto de ausência total de mecanismos de diálogo ou da prática reiterada de parcelamentos especiais como único mecanismo mitigador do contexto de inconformidade fiscal.

Com efeito, anteriormente ao advento da transação tributária, não havia qualquer canal de diálogo ou mecanismos para solução de conflitos mediante autocomposição entre as partes da relação obrigacional tributária, tanto no curso do procedimento administrativo de constituição do crédito tributário, quanto nos posteriores procedimentos administrativos e judiciais de cobrança do crédito tributário.

Essa realidade conferia um viés substancialmente conflituoso ao relacionamento entre o contribuinte e o Fisco. Na ausência de opções, o modelo então vigente induzia o comportamento dos agentes em direção à geração ou perpetuação dos litígios, fomentando o cenário de inconformidade fiscal.

No contexto de um sistema tributário complexo como o brasileiro, ausente qualquer alternativa, no contencioso administrativo ou judicial, para que as partes mediante concessões mútuas chegassem a uma solução amigável, inviabilizava-se, pela excessiva quantidade de demandas, o sistema judicial, reputado no contexto de litigiosidade na relação Fisco-contribuinte como etapa natural, senão essencial, do procedimento. Ou seja, o sistema fomentador de litígio acarretava um aumento exponencial da litigiosidade, impactando severamente os indicadores de eficiência do judiciário, cujo colapso potencial pode ser percebido dos números da Justiça (CNJ 2021) e Diagnóstico do Contencioso (CNJ, 2022).

Com efeito, à guisa de materialização desse cenário, exclusivamente no âmbito da União Federal, a dívida ativa da União, ou seja, o conjunto de créditos líquidos, certos e exigíveis, vencidos e não pagos, supera R$2,6 trilhões, universo ao qual deve ser adicionado um contencioso administrativo onde questiona-se cerca de R$1 trilhão em créditos tributários. No que tange ao contencioso judicial, estimam-se mais de 77 milhões de processos em tramitação com taxas abissais de congestionamento – em execução fiscal, superior a 87% (CNJ 2021 e 2022).

O problema, endêmico, denota "distância alarmante do Brasil em relação *às* medianas" dos países da OCDE (VASCONCELOS/MESSIAS/LONGO, 2020), no trato da dimensão do contencioso tributário, o que sugere problemas estruturais do sistema tributário, não apenas no que tange à complexidade e disfuncionalidade, mas também na total ausência de instrumentos de solução desses conflitos.

Essa mesma constatação, como se disse, pode ser feita pelo prisma do judiciário. Se o cenário alarmante sob o viés da atividade produtiva e acumulação de passivo salta aos olhos, os dados do sistema de justiça permitem concluir que se trata, de fato, de cenário alarmante – um estoque de 30 milhões de execuções fiscais em curso, que representam "39% do total de casos pendentes e 70% das execuções pendentes no Poder Judiciário, com taxa de congestionamento de 87%" (CNJ, 2020).

Em estudo referência sobre o assunto, destaca-se que "as trinta maiores empresas de capital aberto não-financeiras atuantes no país possuíam, ao final de 2016, quase 300 bilhões de reais (o que correspondeu a 4,5% do PIB em 2016) mobilizados em disputas tributárias" (VASCONCELOS/MESSIAS/LONGO, 2020).

A ausência de qualquer meio alternativo para a solução dos conflitos tributários não pode ser desprezada como fator determinante a essa acumulação de estoque da DAU, considerando o esgotamento dos meios ordinários e judicializados de cobrança, inclusive sendo indutor da cultura de parcelamentos especiais e reiterados.

O cenário de ausência de estímulo ou indução à conformidade foi potencializado com a reiterada instituição, por leis específicas, de programas de parcelamento especial, conhecidos como REFIS, com previsão de anistias e remissões indiscriminadas.

Por dever da adequada contextualização histórica do instituto, deve se reconhecer que, na essência, o programa de parcelamento especial e/ou extraordinário surge com o objetivo de impulsionar a arrecadação fiscal e permitir a superação de reflexos de crises econômicas na saúde financeiro-fiscal das empresas, tentando viabilizar a conformação fiscal em contexto de ausência de alternativas ou mecanismos autocompositivos.

Desde a sua primeira edição, pela Lei nº 9.964, de 10 de abril de 2000, programa formalmente designado de REFIS (Programa de Recuperação Fiscal), até 2020, mais de 20 programas similares (dentre os quais destacamos os programas de parcelamentos especiais da Lei nº 10.684, de 30 de maio de 2003, da Medida Provisória nº 303, de 29 de junho de 2003, da Lei nº 11.941, de 27 de maio de 2009, da Lei nº 12.996, de 18 de junho de 2014, da Medida Provisória nº 766, de 04 de janeiro de 2017, e da Lei nº 13.496, de 24 de outubro de 2017), ou seja, quase um por ano, acabaram por estimular e premiar o comportamento de não conformidade fiscal, agravando ainda mais o problema estrutural. Somem-se a esses programas, gerais e irrestritos, outro sem-número de programas setoriais, com formatação análoga ou até mesmo idêntica, que entre os anos de 2006 a 2016 somaram outras 23 iniciativas (BRASIL, 2017).

A sucessão reiterada e periódica de parcelamentos benéficos, especialmente naquele contexto mencionado de complexidade do sistema, atribuindo-se especial importância à elevada carga tributária, juros estratosféricos e multas excessivamente severas, trouxe efeitos deletérios à arrecadação, criando incentivos perversos, estimulando a não conformidade fiscal.

Em análise econômica do direito, ou especificamente na economia comportamental, poder-se-ia aprofundar na hipótese de que os contribuintes "antecipando cenários futuro, utilizarão a contração de passivos tributários como mecanismo inerente ao seu processo produtivo, prejudicando a concorrência leal e livre iniciativa" (CAMPOS, 2020).

Efetivamente, e em especial diante da realidade da alta carga tributária e em setores onde a competitividade é reduzida ou a carga é especialmente elevada (extrafiscalidade), constatou-se a prática de acumulação de passivo como instrumento de "financiamento", considerando a realidade de juros e SPREAD bancário, diferentemente da taxa SELIC, que flertou com patamar real negativo, de determinado segmento de contribuintes, com plena capacidade de pagamento, valendo-se da inconformidade, e expectativa de pagamento com reduções ou meramente parcial adiante, para obter ganhos competitivos e prejudicar a concorrência, em especial de novos, pequenos e micro empreendedores.

Mesmo que concebido como instrumento com potencial de contribuir, de fato, com a superação de momentos de crise e a recuperação das empresas, por ser o REFIS linear, horizontal e despersonalizado (ou "impessoal"), é insuficiente para os casos mais agudos, além beneficiar empresas sadias, ou, pasmem, eventualmente beneficiados pela crise. Para além disso, a reiteração passou a servir de instrumento àqueles devedores contumazes, sonegadores, que passaram a utilizar da expectativa de concessões de descontos e prazos como elemento de formação de seu preço ou como elemento de sua cadeia produtiva, obtendo com isso ganhos econômicos, praticando concorrência e atentando contra os anseios do livre mercado.

Trata-se, aqui, da figura do devedor profissional, que constitui "empresas com o intuito deliberado de não pagar tributos (...) simplesmente não recolhem as obrigações tributárias (...) obtêm margem de lucro muito maior evidentemente, posto que dela excluem a carga tributária" (FRIAS, 2021). É esse segmento, do quanto relevante, que se beneficia, em maior grau, das distorções geradas pelo REFIS, recebendo benesse estatal quando as melhores práticas internacionais (OCDE, 2014) recomendariam a revogação de benefícios, aplicação de sanções e medidas coercitivas contra si.

O histórico dos parcelamentos, que superam 40 em 20 anos, ensejou o surgimento de "viciados em REFIS", sendo evidente o crescimento dos benefícios (reduções ou descontos) inexistentes ou singelos na origem, e alongamento do prazo, a cada programa em período mais dilatado, agravando os *feedbacks* negativos, seja pelas externalidades decorrentes da má focalização, distorções fruto da ausência de limitação do benefício àqueles que dele necessitam e pelo esforço orçamentário exigido pela política, o que explica a estagnação do modelo (TRUE/JONES/BAUMGARTNER, 2007).

Importante registrar a percepção de que os reiterados REFIS trazem efeitos deletérios à arrecadação, bem como padecerem de vicissitudes intrínsecas, por conceberem benefícios fiscais sem qualquer focalização, onerando o orçamento irrestritamente. Por esse motivo, administrações tributárias modernas, seguindo recomendações de boas práticas dos países membro da Organização para Cooperação e Desenvolvimento Econômico (OCDE), pautam sua atuação ou relacionamento com os contribuintes com base em classificação de risco quanto ao descumprimento das regras ou na "*compliance* tributária" (VITALIS, 2019), diretriz que se amolda, com perfeição, ao modelo de transação tributária em detrimento dos REFIS reiterados.

2 Transação tributária: formulação, implementação e resultados parciais

Dispõe o mencionado artigo 171 do CTN que "a lei pode facultar, nas condições que estabeleça, aos sujeitos ativo e passivo da obrigação tributária celebrar transação que, mediante concessões mútuas, importe em determinação de litígio e consequente extinção de crédito tributário".

Ainda que bastante claro, o dispositivo não conceitua ou define a transação, mas desde logo estabelece os contornos do instituto enquanto modalidade extintiva do crédito tributário mediante convenção ou acordo, bilateral, segundo faculdade legal. É, portanto, "medida inequivocamente autocompositiva", consistindo em "comum acordo, mandamento que solucionará a controvérsia, comprometendo-se [as partes], livre e voluntariamente, a cumprir com o quanto acordado" (MENDONÇA, 2014).

A transação tributária, portanto, "consiste em um mecanismo alternativo de composição de conflitos (...) as próprias partes envolvidas na controvérsia fazem concessões, abrindo mão de suas posições iniciais, para chegar a um consenso (...) cujo objetivo é colocar fim a eventuais discussões entre Fisco e contribuinte, reduzindo a litigiosidade entre ambos" (OLIVEIRA, 2015).

Os artigos 1º e 2º da Lei nº 13.988/2020 traçam os contornos básicos do modelo relativamente ao escopo, formas, ambiente, autoridade competente e "beneficiários", aqui compreendidos os contribuintes admitidos no ambiente de solução alternativa de conflitos tributários. Segundo o escopo, se arrecadatório ou voltado à solução dos litígios inerentes à complexidade do sistema tributário, a transação tributária se dá na cobrança da dívida ou no contencioso: na Dívida Ativa da União (Capítulo II da lei – art. 10 a 15) ou no contencioso, que subdivide no de disseminada e relevante controvérsia (Capítulo III da lei – art. 16 a 22), também denominada de transação de temas ou de pequeno valor (Capítulo IV da lei – art. 23 a 27-A).

Sob o prisma da forma em que se aperfeiçoa é, em regra, por adesão (forma exclusiva no contencioso – art. 2º, II e III), admitindo-se a oferta individual, por iniciativa do devedor ou da PGFN (ou AGU) exclusivamente no âmbito da cobrança da dívida ativa (art. 2º, I).

Como já extraído da definição do instituto, modalidade que é de causa extintiva do crédito tributário por concessões mútuas, pressupõe a existência de litígio, assim compreendida a existência de inscrição em Dívida Ativa (lide por pretensão frustrada) ou ação, recurso ou reclamação, judicial ou administrativamente, o que acaba por afastar do instituto a negociação no âmbito da cobrança administrativa realizada pela RFB,[1]

---

[1] Nota do editor: A Lei nº 14.375, de 21 de junho de 2022, passou a admitir a transação tributária individual para créditos sob a administração da Secretaria da Receita Federal (RFB) submetidos ao contencioso administrativo federal. Esta alteração atribuiu à Receita Federal a competência de negociar créditos de forma individualizada. A lei nova alterou o art. 2º, I, da Lei nº 13.988/2020, para incluir ao final do dispositivo a expressão "ou em contencioso administrativo fiscal": "Art. 2º (...) I – por proposta individual ou por adesão, na cobrança de créditos

quando ausente contencioso administrativo, havendo vedação expressa na transação na cobrança de se incluir "créditos não inscritos em dívida ativa da União, exceto aqueles sob responsabilidade da Procuradoria-Geral da União" (art. 11, §2º, IV da Lei). Ante essa premissa relacionada aos contornos do instituto pelo Código Tributário Nacional, que pressupõe "determinação de litígio e consequente extinção do crédito tributário" (art. 171), depreende-se que a autoridade competente, como regra, será órgão da advocacia pública da AGU, exceção à transação no contencioso quando o litígio for exclusivamente administrativo, onde competirá à RFB a análise das adesões, segundo a diretriz do edital aprovado pelo Ministro de Estado.

Com efeito, ao restringir descontos "a créditos a serem transacionados que sejam classificados como irrecuperáveis ou de difícil recuperação, conforme critérios estabelecidos pela autoridade fazendária" (art. 11, I, Lei nº 13.988, 2020), superou-se as discussões intrínsecas à aplicação ou não do regime inerente às renúncias de receitas tributárias (art. 14, LRF). Mesmo sob o prisma das demais modalidades, essa celeuma acabou por ser endereçada por outra via, seja porque na modalidade por adesão no contencioso tributário de relevante e disseminada controvérsia jurídica os créditos são incertos (posto que contestados) e permitem, ou exigem, a previsão específica em anexo de riscos fiscais com consequências contábeis relacionadas à expectativa de arrecadação (art. 16, Lei nº 13.988, 2020), ou versam sobre o contencioso de valor reduzido, relativamente a litígios "envolvendo processos de pequeno valor" (art. 23, Lei nº 13.988/2020), o que permitiria atrair a incidência da norma de exceção prevista no art. 14, §3º, II, da LRF ("o disposto neste artigo não se aplica... ao cancelamento de débito cujo montante seja inferior ao dos respectivos custos de cobrança").

Feitas essas considerações acerca do instituto e seus contornos legais, não é difícil intuir, fato que está cristalizado na exposição de motivos da Medida Provisória nº 899, de 2019, o papel do problema já descrito anteriormente na construção do modelo federal de transação tributária: a ausência de instrumentos para solução adequada de litígios tributários e a insuficiência dos meios ordinários de tratamento do passivo fiscal.

Pois bem, como visto, o incentivo ao inadimplemento ou indução à inconformidade, consubstanciada, em verdade, no risco moral (Moral Hazard), existente no modelo de prática reiterada de REFIS, é o ponto de partida ou divisor de águas entre a transação tributária e o REFIS.

É discussão recorrente em matéria de redução de dívidas tributárias "os incentivos que a previsibilidade da medida pode gerar entre os contribuintes" (MONTEIRO, 2021), que se aperfeiçoam na prática reiterada de REFIS, considerando que o contribuinte, projetando a expectativa futura de novos programas, deixa de pagar seus débitos – estímulo à inadimplência – já internalizando os benefícios futuros – ou irresponsabilidade pelo custo da inadimplência. Tal risco é mitigado na transação, posto que o valor da transação é calculado para refletir com precisão toda a capacidade de pagamento do contribuinte. Para isso, inclusive, são desconsideradas transferências patrimoniais ocorridas em período suspeito. O objetivo é que o contribuinte possa sentir que pagou tudo o que efetivamente poderia pagar (MONTEIRO, 2021).

---

inscritos na dívida ativa da União, de suas autarquias e fundações públicas, na cobrança de créditos que seja da competência da Procuradoria-Geral da União, ou em contencioso administrativo fiscal".

O modelo federal inspira-se, ainda, em melhores práticas fomentadas pela OCDE, em especial nas diretrizes de tratamento adequado aos contribuintes segundo perfil e risco, com incentivos adequados para a conformação tributária e tratamento rigoroso e medidas severas nas hipóteses de ilicitude (OCDE, 2014-A, 2014-B e 2015).

A transação tributária é antídoto para aquele modelo disfuncional recorrentemente utilizado e que agravava o problema, razão pela qual demandava incentivos adequados, focalização e compromisso com as âncoras fiscais, no que intimamente ligado, portanto, ao rigor no tratamento de renúncia de receitas. É possível afirmar que a transação tributária se apresenta como solução para conceber prazos e benefícios mais generosos do que aqueles ordinariamente previstos no REFIS, focalizados e sem esforço fiscal (ou com efeitos orçamentários neutros), posto que focalizados em créditos *i)* irrecuperáveis ou de difícil recuperação; *ii)* incertos ou ilíquidos e *iii)* de pequeno valor ou valor irrisório para fins fiscais, mas com impacto relevante na litigiosidade.

Nada obstante, é possível, a partir das lentes dos dados e elementos consolidados acercas do histórico de REFIS, cotejar com os resultados iniciais da transação, à guisa de monitoramento, e vislumbrar o potencial ou expectativa futura relacionada ao instituto.

Pois bem, cumpre registrar que o REFIS, no âmbito da DAU, totalizando todas aquelas dezenas de edições, aberturas e reaberturas, formatos e formas variadas, importaram na consolidação de R\$255 bilhões em adesões, ao longo de quase 20 anos e cerca de 40 parcelamentos especiais, gerais ou setoriais (PGFN, 2018), dos quais 83% (ou cerca de 212 bilhões) não fariam jus a qualquer benefício fiscal que fosse atribuído segundo sua capacidade de pagamento, conforme diretriz da OCDE (OCDE, 2014) e melhores práticas internacionais, diversamente do que ocorre na transação na cobrança da dívida ativa, onde as reduções, mais generosas, são focalizadas naquele grupo de contribuintes que efetivamente não possue capacidade de pagamento

Relativamente aos impactos da arrecadação corrente, diversos estudos (PGFN, 2018; PGFN 2021 e 2014) demonstram uma relação proporcionalmente inversa entre adesões e resultado das estratégias de cobrança, bem como os efeitos deletérios à arrecadação, com redução dos valores vertidos aos cofres públicos, reforçando o incentivo perverso à inadimplência e a possibilidade de o REFIS se prestar de instrumento de práticas desleais de concorrência por devedor contumaz, havendo forte impacto em estratégias relacionadas à execução forçada e nos resultados da arrecadação da DAU no momento subsequente à abertura do programa de parcelamento (PGFN, 2018).

Por sua vez, a transação tributária no âmbito da PGFN resultou, no ano de 2021, na arrecadação de R\$6,4 bilhões exclusivamente a título de transação tributária no âmbito da dívida ativa da União. Essa arrecadação, diversamente do que ocorria no REFIS, com impacto e redução da arrecadação global, resultou no recorde histórico de arrecadação pela PGFN, totalizando R\$31,6 bilhões no agregado de todas as estratégias de cobrança, montante 33% superior à arrecadação global do ano de 2020, da ordem de R\$24,5 bilhões.

Efetivamente, é visível que o salto de arrecadação global da PGFN de R\$24,5 bilhões em 2020 para R\$31,6 bilhões em 2021 praticamente equivale ao montante atribuído exclusivamente à transação tributária no âmbito limitado da dívida ativa da União.

Quanto à abrangência e escopo, depreende-se dos dados públicos divulgados que sob a égide da transação tributária, até o fim do primeiro semestre de 2021, a PGFN noticiou que apenas em seu âmbito de abrangência e atuação atingiu a marca de R\$100 bilhões em negociações, perfazendo mais de 340 mil acordos, envolvendo cerca de 1 milhão de inscrições, número que "representa montante maior do que qualquer outro programa especial de regularização" (PGFN, 2021). Em divulgação mais recente,[2] de outubro de 2021, divulgou-se a consolidação de R$165 bilhões de reais em acordos firmados, 1,8 milhões de inscrições, totalizando 650 mil acordos, com notícia de já se ter superado R$200 bilhões em passivo negociado.[3]

Como se vê, o maior dos REFIS em termos de consolidação resultou em R$82 bilhões em créditos inscritos, valor expressivamente inferior ao total consolidado na transação. Para falar a verdade, mesmo a soma de todo o passivo negociado em todos os REFIS até então editados, cerca de 40 programas, representou consolidação de R$255 bilhões, em mais de 20 anos, é singelamente superior ao montante de R$200 bilhões já negociados na transação no âmbito da dívida ativa da união.

Registre-se, ademais, que na transação os descontos são atribuídos exclusivamente aos créditos irrecuperáveis ou de difícil recuperação, classificados como ativos rating "C" ou "D" (ativo contingente da União), sendo certo que o REFIS, ao longo de 20 anos e 40 programas, atingiu apenas R$42 bilhões (PGFN, 2018), ou seja, cerca de 20% do montante transacionado em menos de 2 anos.

Permite-se, assim, concluir, que os resultados preliminares denotam que a transação tributária concretiza política pública focalizada, com incentivos adequados, eliminando as externalidades do REFIS e seu risco moral, possuindo maior potencial fiscal e gerando positivos à arrecadação.

Segundo dados coligidos no Diagnóstico do Contencioso Tributário (CNJ, 2022), o "estoque de créditos inscritos em dívida ativa regularizados aumentou em relação aos não regularizados, passando de R$485.616.461.856,63", sendo possível, tal qual nos efeitos da transação tributária no trato do resultado histórico relacionado ao incremento da arrecadação, atribuir papel fundamental do instituto no montante de "créditos regularizados".

A toda evidência, de aproximadamente 485 bilhões, pouco menos da metade, R$200 bilhões, é passivo regularizado por meio da celebração de transação tributária, assim considerado "regular" o contribuinte aderente e não tendo rescindido o acordo por inadimplemento. Em suma, é seguro afirmar que a transação tributária, em seu curto tempo de materialização, já se tornou o instrumento de maior relevância, individualmente considerado, de conformação tributária.

Descortina-se, com os dados até então existentes, a política pública modelo para incentivo da conformidade fiscal e implemento de um modelo mais dialético e harmonioso, de ganha-ganha, entre Fisco e contribuinte.

Se do ponto de vista das consolidações os resultados são alvissareiros, histórico de REFIS, constata-se que em determinados programas a taxa de exclusão chega a 90% (noventa por cento), com pouco mais de 6% (seis por cento) de liquidações, e na versão mais "exitosa", apenas cerca de metade dos aderentes (mesmo diante daquele

---

[2]   Disponível em: https://www.gov.br/pgfn/pt-br/assuntos/noticias/2021/transacao-regulariza-r-165-bilhoes-no-ambito-da-divida-ativa. Acesso em: 25 out. 2021.

[3]   Disponível em: https://www.gov.br/pgfn/pt-br/assuntos/noticias/2022/pgfn-alcanca-r-31-7-bilhoes-em-valor-arrecadado-em-2021. Acesso em: 16 fev. 2022.

diagnóstico de que 80% dos aderentes teriam plena capacidade de pagamento) liquidou o parcelamento (RFB, 2017).

Destaque-se nesse sentido que, até a presente oportunidade, não há registro de nenhuma rescisão de transação por falta de pagamento, identificando-se no histórico de REFIS, em período equivalente, onde *"mais da metade das opções foram* canceladas ou por falta de pagamento do saldo devedor (rejeitados na consolidação), ou por falta de comparecimento do contribuinte (na internet) para prestar as informações necessárias à consolidação, como por exemplo, quais os débitos pretendia parcelar (omissos)" (RFB, 2017).

Reconhece-se aqui virtude a transação tributária inspirada no modelo americano, que atribui ao "medo de perder o desconto obtido com uma transação bem-sucedida... efetividade à política de recomeço (Fresh-Start Policy), que visa reintegrar o contribuinte à plena legalidade", havendo dados demonstrando que "a maioria dos contribuintes com transações aceitas permanecem em conformidade com a legislação" (MONTEIRO, 2021), diversamente do que ocorre nos REFIS reiterados.

Para além desses dados preliminares, estudo levado a cabo pela Secretaria de Política Econômica do Ministério da Economia (SPE) acerca dos impactos da transação tributária no enfrentamento da pandemia, especificamente nos indicadores de (des)emprego (SPE, 2021), mesmo com a ressalva de que o trabalho "não permite uma análise causal, mas constitui um ponto de partida para uma investigação mais aprofundada sobre os efeitos diretos e indiretos dessas políticas sobre as variáveis reais da economia" (SPE, 2021), traz resultados positivos.

O estudo mencionado a partir das bases utilizadas relacionadas ao auxílio emergencial, programa de manutenção de emprego e renda (BEM), medidas de crédito (PEAC e PRONAMPE), a transação tributária e impactos das medidas de isolamento e o resíduo propõem decompor "a variação no emprego estadual no ano de 2020 (janeiro e dezembro) em seus componentes associados às políticas públicas" (SPE, 2021). Para isso, as regressões realizadas denotam que "há uma relação positiva entre a variação no emprego e as variáveis de política de mitigação da pandemia bem como uma relação negativa entre variação no emprego e isolamento social" (SPE, 2021).

Dos resultados obtidos (SPE, 2021), atribui-se à transação efeitos equivalentes àqueles relacionados às medidas de estímulo ao crédito, e, especificamente nas regiões Sul e Sudeste, mais expressivos do que programa específico de manutenção de emprego e a renda (BEM).

Conclusões

Como se depreende do histórico do relacionamento entre Fisco e contribuinte, é evidente que a acumulação de estoque da dívida ativa da União, em exorbitantes R$2,6 trilhões de reais, é sintoma de vários problemas estruturais do sistema tributário brasileiro, que tem na sua complexidade e elevada carga fatores de agravamento do cenário de ausência de mecanismos alternativos ou adequados de solução de litígios.

Essa premissa, com a peculiaridade da realidade brasileira de crises econômicas e fiscais, algumas duradouras, outras recentes, encontrou no REFIS o instrumento disponível para, na sua essência, viabilizar a regularidade e conformidade fiscal, como instrumento com potencial de contribuir, de fato, com a superação de momentos de crise e a recuperação das empresas, ou seja, trazendo solução para empresas sadias arrebatadas por uma crise pontual e externa, e até mesmo empreendimentos malsucedidos.

Contudo, como se viu, por ser benefício linear, horizontal e despersonalizado, para além da constatação de ser insuficiente para endereçar de fato o problema de endividamento extremo, beneficiava empresas com ampla capacidade de pagamento e servia de instrumento para atuação ilícita de devedor contumaz.

Objetivando a superação desse estado de coisas, eliminando-se evidentes externalidades negativas e atribuindo-se incentivos adequados, cuja ausência no modelo anterior resultou no estigma de "viciados em REFIS", a transação tributária desponta como política pública adequadamente modelada, com incentivos bem alocados, externalidades positivas, inerentes ao ambiente de ganha-ganha dos métodos adequados de resolução de conflitos, socorrendo-se de um conjunto de medidas transversais aptas a apresentar múltiplas soluções.

Merecem destaque, a tencionar o reconhecimento da transação tributária como acerto na implementação de política pública voltada à conformidade fiscal, os resultados já obtidos de cerca de R$200 bilhões em passivo negociado, montante de representa quase que metade de todo o montante regular (cerca de R$430 bilhões) daquele estoque de R$2,6 trilhões de reais em dívida ativa da União.

Para além de instrumento relevante para conformidade fiscal, descortina-se a potência fiscal do instituto, responsável, no ano de 2021, pela arrecadação de R$6,4 bilhões, com participação decisiva na obtenção da maior arrecadação da história da PGFN, instituição centenária, que totalizou R$31,6 bilhões no agregado de todas as estratégias de cobrança, montante 33% superior à arrecadação global do ano de 2020, da ordem de R$24,5 bilhões.

Espera-se que os resultados sejam duradouros, mantida a taxa de cumprimento e adimplemento dos acordos, até o momento sem notícia de uma única rescisão. Nesse último flanco, deve-se reconhecer que dados relacionados a cancelamentos (em número inexpressivo) ou rescisões (ainda inexistentes) da transação já indicam forte distinção entre o comportamento padrão identificado no REFIS, em que, na sua modalidade mais abrangente (Lei nº 12.966/2014), indicava 56% de cancelamento ou rescisão imediatamente após à adesão.

Ainda que os dados e resultados da transação tributária sejam ainda embrionários, é possível reconhecer os acertos da política pública, que desponta como principal mecanismo de conformidade fiscal e potencial de incremento da arrecadação, denotando o ganha-ganha inerente ao universo dos métodos adequados de solução de litígios.

Referências

BRASIL. CONSELHO NACIONAL DE JUSTIÇA – CNJ. Justiça em números 2020. Disponível em: https://www.cnj.jus.br/wp-content/uploads/2020/08/WEB-V3-Justi%C3%A7a-em-N%C3%BAmeros-2020-atualizado-em-25-08-2020.pdf. Sumário executivo disponível em: https://www.cnj.jus.br/wp-content/uploads/2020/08/WEB_V2_SUMARIO_EXECUTIVO_CNJ_JN2020.pdf. Acesso em: 08 ago. 2021.

BRASIL. CONSELHO NACIONAL DE JUSTIÇA – CNJ. *Diagnóstico do contencioso judicial tributário brasileiro:* relatório final de pesquisa / Conselho Nacional de Justiça; Instituto de Ensino e Pesquisa. – Brasília: CNJ, 2022.

CAMPOS, Rogério [*et al.*] *Constituição e Código Tributário Comentados sob a* **ótica** *da Fazenda Nacional.* São Paulo: Thompson Reuters, 2020.

CAMPOS, Rogério. *Transação tributária e REFIS:* externalidades, incentivos e focalização. O dilema da difícil escolha entre o ótimo e o ruim. 27 de novembro de 2020. Portal JOTA. Disponível em: https://www.jota.info/ opiniao-e-analise/artigos/transacao-tributaria-e-REFIS-externalidades-incentivos-e-focalizacao-27112020. Acesso em: 04 ago. 2021.

CAMPOS, Rogério; MORAIS, Cristiano Neuenchwander Lins de Moraes; XAVIER, Daniel de Sabóia. Da utilização de créditos no âmbito da transação na cobrança da divida ativa da União. *In: Comentários sobre transação tributária* à *luz da lei 13.988/20 e outras modalidades de extinção do passivo tributário.* SEEFELDER, Claudio *et al.* (coord.). São Paulo: Thompson Reuters. 2021, p. 120-128.

CAMPOS, Rogério *et al. Microssistema de recuperação do crédito fiscal*: comentários às Leis de Execução Fiscal e Medida Cautelar. São Paulo: Thompson Reuters, 2019.

FRIAS, Achilles Linhares de Campos. *O problema do devedor contumaz*: identificação e política pública para combater. FGV. 2021.

MONTEIRO, Clóvis Ferreira da Silva Neto. A transação tributária nos Estados Unidos: estrutura normativa e análise econômica. *In: Comentários sobre transação tributária* à *luz da lei 13.988/20 e outras modalidades de extinção do passivo tributário.* SEEFELDER, Claudio *et al.* (coord.). São Paulo : Thompson Reuters. 2021, pág. 103-118.

OCDE. *Relatórios Econômicos da OCDE*: Brasil 2018OECD- Better policies for better lives. [s.l: s.n.]. Disponível em: http://dx.doi.org/10.1787/888933655130. Acesso em: 28 maio. 2021.

OCDE. Measures of tax compliance outcomes: a practical guide. OECD Publishing, 2014. Disponível em: http://www.oecd.org/ctp/administrationmeasures-of-tax-compliance-outcomes-9789264223233-en.htm. Acesso em: 7 maio 2021. http://www.oecd.org/ctp/administrationmeasures-of-tax-compliance-outcomes-9789264223233-en.htm-OCDE. 2014-A.

OCDE. *Working Smarter in Tax Debt Management*, OECD Publishing: Paris, 2014. Disponível em: https://doi. org/10.1787/9789264223257-en. OCDE, 2014-B

OCDE. *Update on voluntary disclosure programmes*: a pathway to tax compliance. OECD Publishing, 2015.

OLIVEIRA, Phelippe T. P. *A transação em matéria tributária* – Série Doutrina Tributária v. XVIII. São Paulo: Quartier Latin. 2015.

PGFN. *Nota Conjunta SEI nº 2/2021/PGDAU-CGR/PGDAU/PGFN-ME.* 2021 Disponível em: https://www. gov.br/pgfn/pt-br/assuntos/divida-ativa-da-uniao/estudos-sobre-a-dau/sei_me-17016922-nota-conjunta.pdf. Acesso: 2 ago. 2021.

PGFN. *Nota SEI nº 58/2018/PGDAU-CDA-COAGED/PGDAU-CDA/PGDAU/PGFN-MF.* 2018. Disponível em: https://www.gov.br/pgfn/pt-br/assuntos/divida-ativa-da-uniao/estudos-sobre-a-dau/nota-sei-n-58-2018-pg-dau-cda-coaged-pgdau-cda-pgdau-pgfn-mf-analisa-efeitos-dos-parcelamentos-3.pdf. Acesso: 2 ago. 2021.

PGFN. *PGFN em números.* 2014 a 2021. Disponível em: https://www.gov.br/pgfn/pt-br/acesso-a-informacao/ institucional/pgfn-em-numeros-2014. Acesso em: 2 ago.2021.

RFB. *Estudo sobre os impactos dos parcelamentos especiais.* Brasília: [s.n.], 2017. Disponível em: https://www.gov. br/receitafederal/pt-br/assuntos/orientacao-tributaria/pagamentos-e-parcelamentos/arquivos-e-imagens-parcelamento/estudo-sobre-os-impactos-dos-parcelamentos-especiais.pdf. Acesso em: maio 2021.

SPE. *Transação tributária e o enfrentamento da pandemia:* efeitos sobre o emprego. Nota técnica com análise sobre os efeitos das medidas de enfrentamento da pandemia sobre o emprego. Brasília: [s/n], 2021. Disponível em: https://www.gov.br/fazenda/pt-br/centrais-de-conteudos/publicacoes/conjuntura-economica/estudos-economicos/2021/nt-transacao-tributaria-e-o-enfrentamento-da-pandemia.pdf/view. Acesso em: 06 ago. 2021.

SEEFELDER, Claudio *et al. Comentários sobre Transação Tributária* à *luz da lei 13.988/20 e outras modalidades de extinção do passivo tributário.* São Paulo: Thompson Reuters. 2021

TRUE, J.; JONES, B.; AND BAUMGARTNER, F., *Punctuated-equilibrium theory:* explaining stability and change in public policymaking, 2007.

VASCONCELOS, Breno; MESSIAS, Lorreine; LONGO, Larissa. *Contencioso tributário no Brasil, Relatório 2019 – Ano de referência 2018*. São Paulo: INSPER, 2020. Disponível em: https://www.insper.edu.br/wp-content/uploads/2020/07/Contencioso_tributario_Relatorio2019_092020_v2.pdf. Acesso em: 06 ago. 2021.

VITALIS, Aline. Compliance fiscal e regulação fiscal cooperativa. *Revista Direito GV* [online]. 2019, v. 15, n. 1. Acesso em: 9 ago. 2021. Disponível em: https://doi.org/10.1590/2317-6172201904.

Informação bibliográfica deste texto, conforme a NBR 6023:2018 da Associação Brasileira de Normas Técnicas (ABNT):

CAMPOS, Rogério; SANTANA, Hadassah Laís de Sousa. Implementação da transação tributária no âmbito federal. *In*: SARAIVA FILHO, Oswaldo Othon de Pontes (coord.). *Transação e Arbitragem Tributárias*. Belo Horizonte: Fórum, 2023. (Coleção Fórum grandes temas atuais de Direito Tributário ; v.2). p. 179-190. ISBN 978-65-5518-465-5.

ENTRE O ACORDO E O LITÍGIO: A TRANSAÇÃO TRIBUTÁRIA SOB O PRISMA JURÍDICO E ECONÔMICO

1 Introdução

A transação tributária figura no Código Tribunal Nacional desde seu advento,[1] mas perdurou por mais de cinco décadas sem produzir efeitos imediatos sobre litígios tributários envolvendo a União. Sua aplicabilidade dependia da atuação do legislador para disciplinar os requisitos e as condições sob as quais poderiam o contribuinte e o Fisco celebrar acordo envolvendo o crédito tributário. Finalmente, a transação desponta no âmbito federal com a edição da Lei nº 13.988, de 14 de abril de 2000, fruto da conversão da Medida Provisória nº 899, de 2019, como legítimo meio alternativo de pacificação dos conflitos em matéria tributária.

A regulamentação da transação tributária teve de superar a resistência de setores da Administração Tributária Federal – Procuradoria-Geral da Fazenda Nacional e

---

[1] Anteriormente ao CTN, o art. 23 da Lei nº 1.341, de 31 de janeiro de 1951, admitia a possibilidade de transação pelos órgãos do Ministério Público, a quem competia a representação da União em matéria fiscal à época, desde que autorizada pelo Procurador-Geral.

Secretaria Especial da Receita Federal do Brasil (SEEFELDER FILHO, 2021, p. 14) –, assim como a antiga objeção a esse instituto compartilhada pelos países latino-americanos no Centro Interamericano de Administração Tributária e por parte da doutrina (JARDIM, 1998, p. 402).

A desconfiança e o receio à figura da transação tributária se fundavam principalmente no argumento de que o crédito tributário é irrenunciável, e, portanto, sujeito aos limites impostos pela indisponibilidade do interesse público. Para agravar ainda mais o quadro, questionava-se acerca da possibilidade jurídica de concessão de discricionariedade ao administrador para transacionar, já que a atividade de cobrança do crédito tributário é realizada de maneira plenamente vinculada por força do art. 3º do CTN.

Em meio a essa temática, o debate sobre a compatibilidade entre os mecanismos consensuais de resolução de conflitos e o regime jurídico da Administração Pública avançava na direção de conceber a coisa pública como passível de composição, acordo, conciliação, mediação e transação. A Lei da Arbitragem e a Lei da Mediação passaram a franquear formalmente a utilização desses métodos na composição dos conflitos no âmbito da Administração Pública.

Essa tendência ganhou outra proporção graças ao novo Código de Processo Civil, que trouxe profunda alteração à estrutura do sistema processual civil ao estimular a autocomposição,[2] rompendo com a cultura de exclusividade estatal para a solução dos conflitos de interesses, inclusive perante o Poder Público.[3] Nessa toada, a figura dos negócios jurídicos processuais criou a necessidade de inclusão, no rol de competências das carreiras jurídicas no âmbito federal, da atribuição de análise de acordos e de celebração de transações judiciais e extrajudiciais.[4]

Norteada claramente pela evolução do pensamento jurídico promovida no novo Código de Processo Civil, a autocomposição foi incluída, em boa hora, no debate sobre os rumos da política tributária. Afinal, a excessiva litigiosidade tributária, o elevado custo do litígio tributário e a consequente perda de eficiência da Administração Tributária Federal precisavam ser enfrentados.

É justamente nesse cenário que a transação em matéria tributária desponta como novo mecanismo indutor da resolução consensual dos litígios de natureza fiscal. Instituída em prol do tratamento adequado dos conflitos tributários, a Lei nº 13.988, de 2000, supre a falta de regulamentação no âmbito federal do disposto no art. 171 do CTN e de disposições relacionadas à autocomposição em causas de natureza fiscal.

A possibilidade de estreitamento da relação entre Fisco e contribuinte por meio da transação tributária foi comemorada por todos que almejam a substituição da dinâmica do confronto e da desconfiança velada pela cooperação fiscal. Sendo certo que o instituto se encontra em fase inicial, desvelar como ocorre o processo de negociação e a racionalidade que informa a decisão estratégica do Fisco e do contribuinte entre

---

[2] Entre outros dispositivos, confira os arts. 3º, §§2º e 3º; 165 a 175; 190; 221; parágrafo único; 334; 515, III e §2º; 725, VIII; 695; 725, VIII, do Código de Processo Civil.

[3] Nos termos do art. 174 do Código de Processo Civil: "Art. 174. A União, os Estados, o Distrito Federal e os Municípios criarão câmaras de mediação e conciliação, com atribuições relacionadas à solução consensual de conflitos no âmbito administrativo, tais como: I – dirimir conflitos envolvendo órgãos e entidades da administração pública; II – avaliar a admissibilidade dos pedidos de resolução de conflitos, por meio de conciliação, no âmbito da administração pública; III – promover, quando couber, a celebração de termo de ajustamento de conduta." BRASIL, Lei º 13.105, de 16 de março de 2015.

[4] A respeito, vide art. 37, VIII, da Lei nº 13.327, de 29 de julho de 2016.

transacionar e litigar certamente trará contribuições para que esse novo instrumento de autocomposição cumpra adequadamente sua finalidade e atenda às expectativas criadas.

Sob esse prisma, o presente artigo se propõe a discutir justamente a forma pela qual se dá a conformidade do instituto da transação tributária ao ordenamento jurídico – notadamente em relação ao princípio da indisponibilidade do interesse público e ao art. 3º do CTN –, além de identificar, a partir da ótica econômica, as hipóteses em que transação tributária, como método de resolução consensual dos litígios tributários, é mais atrativa em relação à via judicial.

2 Indisponibilidade do interesse público e transigibilidade do crédito público

A indisponibilidade do interesse público traduz a ideia de que os interesses e os bens qualificados como da coletividade devem ser geridos e protegidos em favor do conjunto social, de modo que a Administração Pública e seus agentes não têm livre disposição sobre eles. Parte-se da premissa de que cuidar dos interesses e bens públicos acarreta benefícios a toda a sociedade (CARVALHO FILHO, 2013, p. 35) e, por essa razão, a Administração deve se valer de seus poderes para conservá-los.

A consequência lógica desse princípio na seara tributária é que o poder de tributar e as atividades administrativas de lançamento e cobrança do crédito tributário não são exercidos a talante da Administração ou da autoridade tributária, devendo, ao contrário, ser impulsionados pela tutela e persecução do interesse público. Até a edição da Lei nº 13.988, de 2020, a transação em matéria tributária era criticada sob o argumento comum de que o crédito público não poderia ser objeto de concessões, em razão da indisponibilidade do interesse público.

Aparentemente, essa concepção é fruto de uma falsa compreensão acerca da ideia de interesse público e do dever imposto à Fazenda Pública em sua defesa e persecução. Já, de outra feita, Eros Roberto Grau alertava para o "erro, muito comum, de relacionar a indisponibilidade de direitos a tudo quanto se puder associar, ainda que ligeiramente, à Administração" (2017, p. 142) e para a "injustificada confusão entre indisponibilidade do interesse público e disponibilidade de direitos patrimoniais" (2017, p. 146). A toda evidência, essa simples e intuitiva percepção foi a causa da histórica resistência ao instituto da transação tributária.

A disposição do crédito público, enquanto direito patrimonial, pode ocorrer sem que com isso haja disposição ou renúncia do interesse da coletividade confiado à guarda e à realização da Administração Tributária. Note-se que a indisponibilidade recai sobre o interesse público – e não sobre os bens públicos dos quais os créditos tributários fazem parte. A bem da verdade, a disposição de bens e interesses patrimoniais, a depender das circunstâncias, pode se mostrar o meio adequado ao alcance do interesse público.

O interesse público "nada mais é que a dimensão pública dos interesses privados, ou seja, dos interesses de cada indivíduo enquanto participe da Sociedade" (MELLO, 2013, p. 66). Além do interesse público, tradicionalmente denominado pela doutrina[5]

---

5   A distinção entre interesse primário e secundário decorre da doutrina italiana como explica Celso Antônio Bandeira de Mello: "[...] a distinção corrente da doutrina italiana entre interesses públicos ou interesses

e jurisprudência[6] de interesse primário, o Estado apresenta, enquanto pessoa política, interesses exclusivamente seus, tidos como secundários.

Para a Administração Tributária, o interesse primário constitui a finalidade de sua atuação, de modo que os interesses fazendários, justamente por serem secundários e de ordem patrimonial, só podem ser tutelados e perseguidos quando coincidentes com os interesses públicos propriamente ditos. Celso Antônio Bandeira de Mello exemplifica com maestria essa distinção:

> o Estado poderia ter interesse em tributar desmesuradamente os administrados, que assim enriqueceria o Erário, o conquanto empobrecesse a Sociedade; que, sob igual ótica, poderia ter interesse em pagar valores ínfimos aos seus servidores, reduzindo-os ao nível de mera subsistência, com o que refrearia ao extremo seus dispêndios na matéria; sem embargo, tais interesses não são interesses públicos, pois estes, que lhe assiste prover, são os de favorecer o bem-estar da Sociedade e de retribuir condignamente os que lhe prestam serviços. (2013, p. 67)

Evidentemente, o interesse patrimonial e econômico inerente aos atos de cobrança e execução do crédito tributário deve ser zelado, porém não deve sobrepujar ao interesse primário, que permeia a atuação da Administração Tributária. Nesse sentido, é assente na jurisprudência que a indisponibilidade alcança o interesse público, e não o interesse da Fazenda Pública. Por essa razão, não é possível tratar o interesse fazendário como sinônimo de interesse público – conquanto na maioria das situações inexista conflito entre eles dois.

O fato de as atividades de lançamento e cobrança do crédito tributário serem plenamente vinculadas não significa que o Estado não possa, na via legislativa, autorizar que esses créditos sejam objeto de transação nas hipóteses em que essa medida se mostre adequada à proteção do interesse público. Enfim, é a lei que, por definição do Estado Democrático de Direito, enuncia os contornos abstratos do interesse público, cuja proteção constitui a finalidade precípua de toda e qualquer atividade administrativa, sendo irrenunciável pelos órgãos e servidores públicos.

Nessa linha distintiva, não é possível afirmar que o interesse público é satisfeito quando a Administração Tributária se limita a arrecadar, cobrar e executar os créditos tributários sob a lógica do "tudo ou nada", especialmente em se tratando de créditos de difícil recuperação. Os reflexos dessa concepção equivocada de indisponibilidade do crédito público corroboraram em última instância para a histórica lacuna legislativa atinente à transação tributária e às elevadas taxas de judicialização em causas tributárias, além do congestionamento de execuções fiscais em trâmite perante o Poder Judiciário.

---

primários – que são os interesses da coletividade como um todo – e interesses secundários, que o Estado (pelo só fato de ser sujeito de direitos) poderia ter como qualquer outra pessoa, isto é, independentemente de sua qualidade de servidor de interesses de terceiros: os da coletividade" (2013, p. 73).

[6] A respeito, confira: REsp nº 1356260/SC, Rel. Ministro Humberto Martins, Segunda Turma, julgado em 07.02.2013, *DJe* 19.02.2013. Vide também REsp nº 786.328/RS, Rel. Ministro Luiz Fux, Primeira Turma, julgado em 18.10.2007, DJ 08.11.2007, p. 168.

3 Discricionariedade nas diferentes modalidades de transação tributária

Toda obrigação tributária visa à arrecadação. A transação, por sua vez, tem como objetivo atender a essa finalidade, por meio da satisfação eficaz e possível do crédito tributário. Porém, mais do que instrumento arrecadatório, a transação representa outros valores atrelados à redução da litigiosidade, à eficiência na gestão administrativa tributária e à melhora do desempenho econômico de uma forma geral.

Conforme exposto na Exposição de Motivos Interministerial nº 00268/2019 ME AGU, a transação tributária – enquanto mecanismo de resolução consensual de controvérsias tributárias – tem o potencial de trazer ganhos de eficiência à Administração Tributária Federal e de efetividade na recuperação dos créditos tributários, além da redução dos litígios e dos custos relacionados à cobrança desses créditos.

Por força do art. 171 do CTN, a transação tributária somente é admitida para terminar litígios já instaurados[7] na via judicial ou administrativa,[8] de modo que não alcança a fase anterior à formação dos conflitos entre o Fisco e o contribuinte. Nessa linha, a transação exsurge, no art. 1º da Lei nº 13.988, de 2020, como método alternativo de resolução de litígio da União e de suas autarquias e fundações com os devedores, relativamente à cobrança de créditos de natureza tributária e não tributária.

O encerramento do litígio tributário a partir de concessões mútuas por parte do Fisco e do contribuinte pode se dar por meio de três modalidades de transação: transação na cobrança da dívida ativa da União; transação no contencioso judicial ou administrativo tributário de relevante e disseminada controvérsia; e transação no contencioso tributário de pequeno valor.

Nessa toada, a Lei nº 13.988, de 2020, admite como litígio tributário passível de transação tanto a lide formada a partir da contestação do contribuinte à pretensão do Fisco no âmbito do contencioso judicial ou administrativo quanto a lide de pretensão insatisfeita decorrente do desatendimento à pretensão da Fazenda Pública de ver adimplido o crédito inscrito em dívida ativa (DINIZ, 2021, p. 204-205).

Cada modalidade de transação tributária tem propósitos e regras específicas. A transação na cobrança da dívida ativa funciona como instrumento de recuperação de créditos fiscais classificados como irrecuperáveis ou de difícil recuperação, tendo a potencialidade de reduzir o estoque desses créditos e a taxa de congestionamento das execuções fiscais. A par das finalidades fiscais, essa modalidade de transação possui outros objetivos específicos relacionados à preservação da empresa e de sua função social, ao estímulo da atividade econômica e à retomada do cumprimento voluntário das obrigações.[9]

---

7 Ao contrário da transação no âmbito do direito privado prevista no art. 840 do Código Civil.

8 Antes da edição da Lei nº 13.988, de 2020, Hugo de Brito Machado já defendia o cabimento de transação em litígios judiciais e administrativos. (2005, p. 519).

9 Confira o art. 3º da Portaria PGFN nº 6.757, de 29 de julho de 2022: "Art. 3º São objetivos da transação na cobrança da dívida ativa da União e do FGTS:
I – viabilizar a superação da situação transitória de crise econômico-financeira do sujeito passivo, a fim de permitir a manutenção da fonte produtora e do emprego dos trabalhadores, promovendo, assim, a preservação da empresa, sua função social e o estímulo à atividade econômica;
II – assegurar fonte sustentável de recursos para execução de políticas públicas;

Diferentemente das outras modalidades, a proposta de transação na cobrança da dívida ativa pode partir do contribuinte ou da PGFN mediante adesão do devedor, quando a dívida consolidada é igual ou inferior a dez milhões de reais, e de forma individual, na hipótese do montante ser superior a esse limite. Dentre as concessões possíveis, a PGFN está autorizada a conceder descontos nas multas, nos juros e nos encargos legais incidentes sobre os créditos classificados como irrecuperáveis ou de difícil recuperação. Além disso, ela pode oferecer parcelamento, moratória e outras facilidades para quitação do débito. Por parte do sujeito passivo, exige-se, entre outros compromissos, a confissão da dívida, a desistência de defesas administrativas e a renúncia a ações judiciais.[10]

Já a modalidade de transação no contencioso tributário de relevante e disseminada controvérsia jurídica,[11] muito além do viés arrecadatório, tem como objetivo promover a autocomposição em litígios tributários que sejam expressivos em termos de quantidade de processos e em relação à relevância da tese discutida. Com a redução desse tipo de litígio, diminuem-se os custos processuais e administrativos envolvidos, além de estimular-se a regularidade fiscal.[12] O contribuinte pode solicitar sua adesão à proposta de transação publicada em edital perante a Secretaria Especial da Receita Federal do Brasil ou na PGFN, caso o litígio tributário esteja na etapa do contencioso administrativo ou judicial, respectivamente.

[III] – assegurar que a cobrança dos créditos inscritos em dívida ativa seja realizada de forma a equilibrar os interesses da União e dos contribuintes e destes com os do FGTS;

IV – assegurar que a cobrança de créditos inscritos em dívida ativa seja realizada de forma menos gravosa para União, para o FGTS e para os contribuintes; e

V – assegurar aos contribuintes em dificuldades financeiras nova chance para retomada do cumprimento voluntário das obrigações tributárias e fundiárias correntes."

[10] Ver também o art. 5º da Portaria PGFN nº 6.757, de 29 de julho de 2022.

[11] A Portaria ME nº 247, de 16 de junho de 2020, especifica as hipóteses em que as controvérsias são consideradas disseminadas ou relevantes no art. 30, §§1º e 2º:
"Art. 30. Considera-se controvérsia jurídica relevante e disseminada aquela que trate de questões tributárias que ultrapassem os interesses subjetivos da causa e, preferencialmente, ainda não afetadas a julgamento pelo rito dos recursos repetitivos, nos moldes dos arts. 1.036 e seguintes da Lei nº 13.105, de 2015.
§1º A controvérsia será considerada disseminada quando se constate a existência de:
I – demandas judiciais envolvendo partes e advogados distintos, em tramitação no âmbito de, pelo menos, três Tribunais Regionais Federais;
II – mais de cinquenta processos, judiciais ou administrativos, referentes a sujeitos passivos distintos;
III – incidente de resolução de demandas repetitivas cuja admissibilidade tenha sido reconhecida pelo Tribunal processante; ou
IV – demandas judiciais ou administrativas que envolvam parcela significativa dos contribuintes integrantes de determinado setor econômico ou produtivo.
§2º A relevância de uma controvérsia estará suficientemente demonstrada quando houver:
I – impacto econômico igual ou superior a um bilhão de reais, considerando a totalidade dos processos judiciais e administrativos pendentes conhecidos;
II – decisões divergentes entre as turmas ordinárias e a Câmara Superior do CARF; ou
III – sentenças ou acórdãos divergentes no âmbito do contencioso judicial."

[12] De acordo com o art. 3º da Portaria ME nº 247, de 16 de junho de 2020, são objetivos da transação: "Art. 3º [...]:
I – promover a solução consensual de litígios administrativos ou judiciais mediante concessões recíprocas;
II – extinguir litígios administrativos ou judiciais já instaurados sobre determinada controvérsia jurídica, relevante e disseminada;
III – reduzir o número de litígios administrativos ou judiciais e os custos que lhes são inerentes;
IV – estabelecer novo paradigma de relação entre administração tributária e contribuintes, primando pelo diálogo e adoção de meios adequados de solução de litígio; e
V – estimular a autorregularização e a conformidade fiscal.

De parte da Administração Tributária, os descontos nessa modalidade de transação poderão recair sobre juros, multas, encargo-legal e valor principal do débito, observado o limite de cinquenta por cento, com prazo máximo de quitação de oitenta e quatro meses.[13] [14] O sujeito passivo, por sua vez, deve renunciar a eventuais direitos de insurgência em face do acordado. A adesão ao edital dessa espécie de transação permite que controvérsias fáticas e jurídicas referentes ao crédito tributário, cuja vitória processual é incerta, sejam dirimidas de modo equânime e uniforme em relação a todos aqueles que se encontram em situações semelhantes, com a consequente redução da litigância.

A transação no contencioso tributário de pequeno valor envolve débitos de até sessenta salários-mínimos discutidos em processo administrativo ou judicial, cujo sujeito passivo seja pessoa natural, microempresa ou empresa de pequeno porte. Sua celebração ocorre por meio de adesão do contribuinte aos termos do edital, tendo como objetivo a recuperação do crédito tributário, a redução da litigiosidade e os ganhos de celeridade, eficiência e economicidade.[15]

As concessões de descontos nessa modalidade de transação podem incidir sobre o valor principal, juros e encargos, observado o limite máximo de cinquenta por cento do valor total do crédito, bem como o oferecimento de prazos e formas de pagamento especiais, incluídos o diferimento e a moratória, obedecido o prazo máximo de quitação de sessenta meses, além de outras facilidades relacionadas às garantias e constrições. Assim como nas demais modalidades, o devedor deve renunciar a quaisquer alegações de direito que tenham como objeto os créditos incluídos na transação em sede administrativa e judicial.

Em função da pandemia da covid-19, mais duas modalidades foram criadas: a transação excepcional e a transação extraordinária, disciplinadas nas Portarias ME/PGFN nº 14.402, de 2020, nº 9.924/2020 e nº 1.696, de 2021. Em linhas gerais, elas possibilitam a renegociação de dívidas com a PGFN, em condições especiais, a fim de viabilizar o seu pagamento e auxiliar na superação da situação transitória de crise econômico-financeira dos contribuintes com débitos inscritos em dívida ativa.

---

13 Vide art. 17, §2º, da Lei nº 13.988 de 2020.

14 Nota do editor: A Lei nº 14.375, de 21 de junho de 2022, alterou o art. 11, §2º, III, da Lei nº 13.988/2020, para dispor: "Art. 11 (...) § 2º É vedada a transação que: II – implique redução superior a 65% (sessenta e cinco por cento) do valor total dos créditos a serem transacionados; III – conceda prazo de quitação dos créditos superior a 120 (cento e vinte) meses". O legislador parece ter se esquecido de alterar, por uma questão de harmonia, o art. 17, § 2º, da Lei nº 13.988/2020:" Art. 17, §2º. As reduções e concessões de que trata a alínea a do inciso I do § 1º deste artigo são limitadas ao desconto de 50% (cinquenta por cento) do crédito, com prazo máximo de quitação de 84 (oitenta e quatro) meses". Na prática, parece prevalecer a compreensão de que o legislador privilegiou o acordo de transação tributária individual.

15 Nota do editor: A Lei nº 14.375, de 21 de junho de 2022, incluiu o art. Art. 27-A à Lei nº 13.988/2020 para prever a transação do contencioso de pequeno valor para além das controvérsias tributárias. O artigo prevê que: " O disposto neste Capítulo também se aplica: I – à dívida ativa da União de natureza não tributária cujas inscrição, cobrança e representação incumbam à Procuradoria-Geral da Fazenda Nacional, nos termos do art. 12 da Lei Complementar nº 73, de 10 de fevereiro de 1993; II – aos créditos inscritos em dívida ativa do FGTS, vedada a redução de valores devidos aos trabalhadores e desde que autorizado pelo seu Conselho Curador; e III – no que couber, à dívida ativa das autarquias e das fundações públicas federais cujas inscrição, cobrança e representação incumbam à Procuradoria-Geral Federal, e aos créditos cuja cobrança seja competência da Procuradoria-Geral da União, sem prejuízo do disposto na Lei nº 9.469, de 10 de julho de 1997. Parágrafo único. Ato do Advogado-Geral da União disciplinará a transação dos créditos referidos no inciso III do caput deste artigo".

Em qualquer dessas modalidades de transação, a Administração Tributária dispõe de competência para eleger no caso concreto o momento oportuno para se valer desse método de resolução consensual de conflito, bem como a medida e a extensão do conteúdo do acordo que será firmado, sempre observados os parâmetros normativos da Lei nº 13.988, de 2020, e das portarias de regência. Isso porque a discricionariedade está comportada no art. 171 do CTN, que prevê expressamente a faculdade de celebração da transação, desde que observadas as condições legais.

Seria enganoso supor que a discricionariedade relativa que norteia o instituto da transação desnatura a compulsoriedade da obrigação tributária e a atividade vinculada de lançamento e de cobrança do crédito prevista no art. 3º do CTN, uma vez que a disposição do art. 171 do CTN, por ser norma específica, ostenta preeminência em relação à regra geral. Nesse sentido, Hugo de Brito Machado Segundo afirma que:

> [...] a objeção fundada no art. 3º do CTN poderia ser afastada com o argumento jurídico formal, calcado no princípio da especialidade, de que o art. 171 do CTN autoriza o uso da transação, sendo norma de igual hierarquia, editada na mesma época, porém dotada de maior especialidade, devendo assim prevalecer. (2021, p. 259-260).

Sob o enfoque do interesse público, o juízo de conveniência e oportunidade franqueado no art. 171 do CTN possui caráter meramente instrumental, sendo, na realidade, um pressuposto inarredável à transação, haja vista que não é possível em abstrato antever todas as circunstâncias concretas que são determinantes ao cumprimento dos fins públicos aos quais se destina a transação.

É justamente à vista da situação concreta que lhe está anteposta que a Administração Tributária avalia qual das soluções admitidas na legislação tributária é a mais adequada ao atendimento dos fins públicos da transação. Como explica Celso Antônio Bandeira de Mello:

> [...] exatamente por pretender a solução adequada para a circunstância, é que a lei, nas hipóteses em que comporta discrição, está redigida em termos aptos a conferir ao administrador – que é quem está acercado das individualizadas situações concretas – o encargo de apurar o modo correto de implementar o escopo legal". (1998, p. 53).

Com certa margem de discricionariedade, é possível examinar de forma casuística diversos parâmetros e informações relacionados ao litígio tributário que se pretende transigir, tal como o perfil do devedor, o grau de recuperabilidade do crédito, o tempo em cobrança, a perspectiva de êxito das estratégias de cobrança, o impacto da medida sobre a arrecadação, fiscalização e administração do tributo, a vantajosidade das medidas diante das concessões recíprocas etc.[16]

A expectativa é de que a transação tributária, com suas ferramentas que permitem a avaliação mais aprofundada da relação jurídica tributária, altere a estrutura de incentivos para o cumprimento da obrigação tributária e conduza ao esvaziamento

---

[16] Vide art. 29 da Portaria ME nº 247, de 16 de junho de 2020, e art. 19 da Portaria PGFN nº 6.757, de 29 de julho de 2022.

da prática nociva de criação periódica de parcelamentos especiais, com concessão de prazos e descontos, a todos os que se enquadram na norma, ainda que detenham plena capacidade de pagamento integral da dívida.[17]

A partir dessas balizas normativas, a Administração Tributária encontra-se legitimamente autorizada a avaliar e adotar a solução ótima ao caso concreto, ou seja, aquela que proporcione maior retorno esperado e menores custos à luz dos objetivos específicos de cada modalidade de transação, associados ao atendimento das regras da transação e dos princípios da isonomia, da capacidade contributiva, da transparência, da moralidade, da razoável duração dos processos, entre outros.[18]

4 Papel da análise econômica do direito na transação tributária

A transação tributária é, em sua essência, o resultado da ponderação entre os custos e os benefícios de cada concessão ajustada entre os sujeitos – ativo e passivo – do crédito tributário em prol da composição consensual do litígio tributário. A prestação jurisdicional se torna desnecessária quando os sujeitos da relação jurídico-tributária concluem que é benéfico cooperar e, a partir daí, promovem a celebração do acordo de transação.

Compreender como o Fisco e o contribuinte promovem essa análise de custo-benefício aumenta a possibilidade de se alcançar um acordo satisfatório a ambas as partes, além de potencialmente melhorar o ambiente em favor da negociação baseada em interesses,[19] também conhecida como ganha-ganha. Ainda que se reconheça que esse exercício valorativo seja proveitoso aos interessados e aos advogados no âmbito da negociação, é fato que o direito não dispõe de ferramentas analíticas e empíricas capazes de investigar como as partes tomam a decisão de celebrar acordo ou litigar, sendo difícil nesse contexto predizer suas reações, notadamente quando algum dos parâmetros fixados na legislação é modificado.

Essa carência metodológica pode ser suprida a partir da interação das Ciências do Direito e da Economia, conhecida como Análise Econômica do Direito,[20] que permite a expansão da abordagem científica adotada na Economia ao estudo do fenômeno jurídico.

---

[17] Nesse ponto, a Exposição de Motivos Interministerial nº 00268/2019 ME AGU destaca que: "A transação na cobrança da dívida ativa da União acarretará redução do estoque desses créditos, limitados àqueles classificados como irrecuperáveis ou de difícil recuperação, incrementará a arrecadação e esvaziará a prática comprovadamente nociva de criação periódica de parcelamentos especiais, com concessão de prazos e descontos excessivos a todos aqueles que se enquadram na norma (mesmo aqueles com plena capacidade de pagamento integral da dívida)" (BRASIL, 2019).

[18] Cf. art. 1º, §3º, da Lei nº 13.988, de 2020.

[19] Sobre o tema, Roger Fischer e William Ury lecionam: "O método da negociação baseada em princípios, desenvolvido no Projeto de Negociação de Harvard, consiste em decidir as questões a partir de seus méritos, e não através de um processo de regateio centrado no que cada lado se diz disposto a fazer e não fazer. Ele sugere que você procure benefícios mútuos sempre que possível e que, quando seus interesses entrarem em conflito, você insista em que o resultado se baseie em padrões justos, independentes da vontade de qualquer dos lados. O método da negociação baseada em princípios é rigoroso quanto aos méritos e brando com as pessoas. Não emprega truques nem a assunção de posturas" (2014, p. 16).

[20] A respeito Luiz Fux e Bruno Bodart alertam sobre a imprecisão dessa nomenclatura e destacam que "melhor seria qualificar essa vertente como análise científica do Direito, mesmo porque diversas correntes no âmbito da própria Economia são avessas à adoção da metodologia científica" (2019, posição 390).

Nas palavras de Cooter e Ullen, "a economia fornece uma teoria comportamental para prever como as pessoas reagem às leis" (2010, p. 25). Por essa razão, Fux e Bodart concluem que "o benefício oferecido pela Economia para o exame de problemas jurídicos consiste precisamente no caráter científico da sua abordagem, suprindo uma carência estrutural e metodológica que estudiosos do Direito não lograram satisfazer internamente" (2019, posição 669).

Ao transpor as fronteiras que separam o direito de outras formas de estudo do fenômeno social, a Análise Econômica do Direito emprega a metodologia econômica a fim de compreender a decisão individual ou coletiva que verse sobre recursos escassos, seja ela tomada no âmbito de um mercado ou não (GICO JÚNIOR, 2020, p. 10). Diante da aparente complexidade e imprevisibilidade do comportamento humano são construídos modelos econômicos, que buscam explicar e antever as decisões humanas em função das regras jurídicas, baseados nos pressupostos de que os agentes são racionais e se comportam de modo a maximizar suas preferências, consideradas as limitações decorrentes da escassez de recursos que impedem a satisfação de todos.[21] A respeito, explica Ivo Gico Júnior:

> [...] os indivíduos são motivados por desejos e objetivos pessoais (preferências). No entanto dado que não é possível satisfazer todo e qualquer desejo (escassez), os indivíduos devem fazer escolhas acerca de quais objetivos buscarão e quais meios utilizarão para alcançar tais objetivos. Justamente por isso, os indivíduos tentam estimar, de acordo com as informações disponíveis, os prováveis resultados de cada curso de ação disponível (retorno esperado) e adotam conduta que, na opinião deles, os aproximará mais de seus objetivos, i.e., que lhes dará mais satisfação (utilidade). Como escolhas devem ser feitas, as pessoas se comportam como se ponderassem os custos e os benefícios de cada alternativa, adotando a conduta que, dadas as suas condições e circunstâncias, lhes parece trazer mais bem-estar. (2020, p. 18)

Partindo-se dos pressupostos econômicos de que os agentes possuem preferências, são racionais e concorrem entre si pelos recursos escassos na sociedade, os acordos são realizados com o propósito de reduzir os custos, mitigar os riscos e maximizar os retornos esperados (FUX; BODART; 2019, posição 1844). A regulamentação da transação tributária na Lei nº 13.988, de 2020, visa justamente a atender esses objetivos, conforme apontado na Exposição de Motivos Interministerial nº 00268/2019 ME.

Enquanto instrumento consensual de resolução de litígios, a transação tributária pode ser estudada à luz da teoria econômica aplicada ao processo civil, que fornece valiosos instrumentos analíticos à compreensão da racionalidade das regras jurídicas e

---

[21] Nesse ponto, merecem registro as ponderações de Amartya Sem sobre a suposição de racionalidade do homem econômico: "Temos aqui uma questão muito controversa, pois pode-se contestar que seja sensato abordar o problema de prever o comportamento real fazendo o conceito de racionalidade atuar como intermediário. Mesmo se a caracterização do comportamento racional na economia tradicional fosse aceita como absolutamente correta, poderia não necessariamente ter sentido supor que pessoas realmente se comportariam do modo racional caracterizado. Há muitas dificuldades óbvias nessa via, especialmente está bem claro que todos nós de fato cometemos erros, com frequência experimentamos, nos confundimos e assim por diante. O mundo decerto tem sua cota de Hamlets, Macbeths, Lears e Otelos. Os tipos friamente racionais podem povoar nossos livros didáticos, mas o mundo é mais rico. (...) Em defesa da hipótese de que o comportamento real é igual ao comportamento racional, poder-se-ia dizer que, embora isso tenda a conduzir a erros, a alternativa de supor qualquer tipo específico de irracionalidade muito provavelmente conduziria a erros bem mais numerosos" (1999, p. 26-27).

à identificação das situações nas quais a litigância deve ser encorajada ou desestimulada sob a ótica individual ou da comunidade.

Nesse ponto, Rafael Bicca Machado e Jean Carlos Dias arrematam que a "reflexão jurídica tradicional tenderia apenas a avaliar o peso argumentativo das alegações de cada parte, mas nada teria a dizer sobre a possibilidade de composição" (2014, p. 393), enquanto "a análise econômica nos auxilia a ponderar os interesses conflitantes e aí buscar um nível mais realista de resolução de conflitos" (2014, p. 393).

5 Modelo básico da litigância civil aplicado à transação tributária

Com a publicação do edital ou a formulação de proposta de transação, apresenta-se aos sujeitos da relação tributária em litígio a oportunidade de cooperarem mediante concessões mútuas que levem ao encerramento do conflito na via administrativa ou judicial. O sucesso ou fracasso da negociação está intimamente relacionado à percepção que o contribuinte e o Fisco possuem em relação aos custos e aos benefícios associados à opção de manter o curso do litígio tributário ou de celebrar o acordo de transação.

A abordagem da transação tributária sob o prisma econômico oferece uma visão mais clara sobre a probabilidade de acordos e os contextos em que a transação tributária sob a perspectiva das partes torna-se mais atrativa em relação à via judicial. A partir do modelo básico de análise econômica da litigância, é possível entender melhor a dinâmica da negociação e a racionalidade que informa a decisão estratégica de transacionar ou litigar.

No modelo básico da litigância, as partes possuem duas opções estratégicas: litigar ou realizar acordo. Sabe-se que a tomada de decisão entre litigar ou transacionar envolve riscos, haja vista que o resultado do litígio está cercado de incertezas. Por essa razão, o resultado esperado com o litígio depende da probabilidade que a parte atribui às suas expectativas de êxito ou de fracasso com o litígio.

O sucesso da negociação depende da definição do chamado preço de reserva de cada uma das partes, que corresponde ao menor valor que o autor se dispõe a aceitar em um acordo para não litigar e o maior valor que o réu, por sua vez, está disposto a pagar em um acordo para não litigar (FUX; BODART, 2019, posição 1778). Para calcular o preço de reserva do autor, o valor do julgamento esperado – que corresponde à probabilidade de vitória que ele acredita ter (p_a) multiplicada pelo valor da sentença futura (S) – deve ser subtraído dos seus custos de litigância (c_a) (FUX; BODART, 2019, posição 1785):

$$R_a = p_a S - c_a$$

E o preço de reserva do réu equivale ao valor do julgamento esperado pelo réu – que é probabilidade de vitória do autor, segundo suas expectativas (p_r), multiplicada pelo valor da sentença futura – acrescido dos custos de litigância incorridos ao litigar (c_r) (FUX; BODART, 2019, posição 1790):

$$R_r = p_r S + c_r$$

Considerando que as partes são neutras em relação a risco,[22] a proposta será aceita e o litígio encerrado se o preço de reserva do autor for menor ou igual ao preço de reserva do réu (FUX; BODART, 2019, posição 1794):

$$R_a \leq R_r$$

Em outros termos, qualquer valor entre os preços de reserva do réu e o do autor, denominada de chamada de zona de acordos, proporciona benefícios a ambas as partes. A título de complemento, a literatura especializada sugere que os custos incorridos ao negociar sejam adicionados ao preço de reserva do Fisco e subtraídos do preço de reserva do réu (GICO JÚNIOR, 2020, p. 125).

A aplicação do modelo básico anteriormente descrito à transação tributária permite extrair algumas conclusões que auxiliam na compreensão do comportamento das partes do litígio tributário e dos incentivos criados com a norma. A primeira delas é que o Fisco e o contribuinte só reconhecerão o acordo como a estratégia mais vantajosa quando o montante negociado se enquadrar dentro do preço de reserva de ambos – hipótese em que a transação é mutuamente benéfica. Sob o prisma econômico, a litigância tributária só se justifica quando o preço de reserva do Fisco é superior ao preço de reserva do contribuinte.

Dito isso, a Lei nº 13.988, de 2000, autoriza a Administração Tributária a conceder, entre outras facilidades, descontos sobre juros, multas, encargos e principal do débito, a depender da modalidade de transação, apenas exigindo que se observe o limite máximo de redução do valor total do crédito definido em lei. Todas essas medidas diminuem o preço de reserva do Fisco e, por conseguinte, ampliam a zona de acordo das partes, ou seja, servem de incentivo em favor da autocomposição por meio da transação tributária. Afinal, ao reduzir o montante a ser pago, os custos de permanecer em litígio se tornam mais relevantes às partes e aumenta-se a probabilidade de transação.

Outra implicação interessante dessa abordagem juseconômica é que os custos de transação associados ao processo de negociação tendem a ser reduzidos no modelo de transação tributária por adesão. Aqui é suficiente observar que o Fisco revela no edital de transação o limite do seu preço de reserva e com isso o custoso processo de barganha é abreviado. Com a redução dos custos de negociação, há uma maior chance de que as partes celebrem a transação tributária, partindo-se do pressuposto econômico de que os agentes são racionais e com expectativas de maximizar seu próprio interesse.

A Lei nº 13.988, de 2020, não só estrutura incentivos para que as partes façam concessões mútuas e resolvam o litígio tributário como veta a negociação com devedor contumaz. Com essa medida, não se induz comportamentos oportunistas que não

---

[22] Por outro lado, como explica Ivo Gico: "se relaxarmos o pressuposto de neutralidade de riscos e assumirmos que as partes são avessas ao risco, a probabilidade de realização de um acordo aumenta, pois, o valor da ação cai para o autor – que aplica um desconto ao seu valor maior que o retorno esperado – e o valor da ação sobre para o réu – que aplica um desconto ao seu valor da ação menor que o retorno esperado. A diminuição de Va e o aumento Vr dificulta a satisfação da condição de litigância (Vr > Va) e, portanto, aumenta a probabilidade de autocomposição. O exato oposto ocorre se as partes forem propensas ao risco, pois, pelas mesmas razões, mas no sentido contrário, o valor da ação para o autor aumentará mais do que seu retorno esperado (...)" (2020, p. 129-130).

contribuem para a eficiência do sistema tributário nem se engendra estímulos incompatíveis na relação entre Fisco e contribuinte.

A mensuração da probabilidade de êxito do litígio tributário não provém da subjetividade da Administração Tributária. A legislação tributária impõe a avaliação, de forma isolada ou cumulativamente, do tempo em cobrança do crédito tributário, da suficiência e liquidez das garantias, da existência de parcelamentos ativos, da perspectiva de êxito das estratégias de cobrança, do tempo de suspensão de exigibilidade por decisão judicial e da situação econômica e a capacidade de pagamento do sujeito passivo.[23]

É preciso ter em mente que a recuperação do crédito tributário não constitui o único objetivo do Fisco quando opta pela transação tributária. Cada modalidade de transação tributária possui objetivos específicos previstos na legislação tributária, tal como a preservação da empresa e de sua função social, o estímulo à atividade econômica, a retomada do cumprimento voluntário das obrigações etc.

Por essa razão, o resultado esperado pela Administração Tributária com o litígio tributário extrapola os aspectos financeiros do crédito tributário para fins de cálculo de seu preço de reserva. Essa particularidade não inviabiliza o uso do modelo básico da decisão entre litigar ou realizar o acordo, pois, "em análise econômica, tanto o custo quanto o benefício referem-se à utilidade e não apenas a questões financeiras" (GICO JÚNIOR, 2020, p. 117), que, em se tratando da União, encontra-se exposta na legislação tributária.

6 Conclusão

A transação do crédito tributário, que até recentemente era inconcebível, tornou-se realidade depois de uma histórica lacuna legislativa. A partir de um exame mais cuidadoso, demonstrou-se que as objeções tradicionalmente apontadas a esse instituto de suposta violação ao princípio da indisponibilidade do interesse público e ao art. 3º do CTN não encontram respaldo no ordenamento jurídico.

A indisponibilidade não recai sobre o interesse fazendário de arrecadar, podendo o crédito público, enquanto direito patrimonial, ser transacionado sem que com isso haja disposição ou renúncia do interesse da coletividade confiado à guarda e à realização da administração tributária. A Lei nº 13.988, de 2020, deixa assente que a disposição do crédito tributário nas circunstâncias ali previstas constitui o meio adequado ao alcance do interesse público.

Ademais, a discricionariedade presente nas diferentes modalidades de transação está comportada no art. 171 do CTN, sendo elemento indispensável à definição no caso concreto do momento oportuno de transacionar e das soluções admitidas na legislação tributária mais adequada ao atendimento dos fins públicos da transação.

Para que se possa melhor entender o comportamento estratégico das partes no litígio tributário, a literatura econômica fornece o modelo básico de análise econômica da litigância, que descreve a dinâmica da negociação realizada pelas partes e auxilia na compreensão da racionalidade que informa o processo de decisão entre fazer acordo ou

---

[23] Cf. art. 18 da Portaria PGFN nº 9.917, de 14 de abril de 2020.

litigar. A partir dessa ferramenta analítica e empírica, é possível desenvolver o pensamento jurídico de como se processa a decisão do Fisco e do contribuinte entre manter o litígio tributário ou celebrar a transação tributária.

A Lei nº 13.988, de 2020, e as portarias de regências das modalidades de transação representam uma mudança institucional em favor da redução de litígios tributários, que vai além de criar oportunidade de cooperação fiscal ao estabelecer incentivos à autocomposição em matéria tributária. Avança-se no sentido de tornar a cooperação a base da relação entre Fisco e contribuinte.

Referências

BRASIL, Ministério da Economia e Advocacia-Geral da União. *Exposição de Motivos Interministerial nº 00268/2019 ME AGU*. Brasília-DF: Ministério da Economia e Advocacia-Geral da União, 2019. Disponível em: http://www.planalto.gov.br/ccivil_03/_ato2019-2022/2019/Exm/Exm-MP-899-19.pdf. Acesso em: 29 jul. 2021.

CARVALHO FILHO, José Santos. *Manual de direito administrativo*. São Paulo: Atlas, 2013.

COOTER, Robert; ULLEN, Thomas. *Direito e Economia*. 5 ed. Porto Alegre: Bookman, 2010.

DIAS, Jean Carlos; MACHADO, Rafael Bicca. *Análise econômica do processo*. In: Direito e economia no Brasil, Org. Luciano Timm. 2ª ed. São Paulo: Atlas, 2014.

DINIZ, Geila Lídia Barreto Barbosa. A transação na Lei nº 13.988/2020: o novo modelo de solução de conflitos tributários e suas interações com o sistema de precedentes do CPC/2015. *In*: SEEFELDER FILHO, Cláudio Xavier; CALCINI, Fabio Pallaretti; HENARES NETO, Halley; CAMPOS, Rogério (coord.). *Comentários sobre transação tributária*: à luz da lei nº 13.988/20 e outras alternativas de extinção do passivo tributário. São Paulo: Revista dos Tribunais, 2021.

FISHER, Roger; URY, William. *Como chegar ao sim*: como negociar acordos sem fazer concessões. Rio de Janeiro: Solomon, 2014.

FUX, Luiz; BODART, Bruno. *Processo civil & análise econômica*. Rio de Janeiro: Forense, 2019. E-book Kindle.

GICO JÚNIOR, Ivo T. *Análise econômica do processo civil*. Indaiatuba: Foco, 2020.

GRAU, Eros Roberto. Arbitragem e contrato administrativo. *Revista da Faculdade de Direito*, Porto Alegre, n. 21, p. 141-148, abr. 2017. Disponível em: https://seer.ufrgs.br/revfacdir/article/view/72370. Acesso em: 29 jul. 2021.

JARDIM, Eduardo Marcial Ferreira. *Comentários ao Código Tributário Nacional*. *In*: MARTINS, Ives Gandra (coord.). São Paulo: Saraiva, 1998.

MACHADO, Hugo de Brito. *Comentários ao Código Tributário Nacional*: artigos 139 a 218. v. III. São Paulo: Atlas, 2005.

MACHADO, Hugo de Brito. Breves notas sobre a transação tributária no **âmbito** *federal (lei 13.988/2020). In*: SEEFELDER FILHO, Cláudio Xavier; CALCINI, Fabio Pallaretti; HENARES NETO, Halley; CAMPOS, Rogério (coord.). *Comentários sobre transação tributária*: à luz da lei nº 13.988/20 e outras alternativas de extinção do passivo tributário. Coord. São Paulo: Revista dos Tribunais, 2021.

MELLO, Celso Antônio Bandeira de. *Curso de Direito Administrativo. Malheiros*. 30. ed. São Paulo: Malheiros, 2013.

MELLO, Celso Antônio Bandeira de. Relatividade da competência discricionária. *Revista de direito administrativo*, v. 212. Rio de Janeiro, abr./jun., 1998, pp. 49-56. Disponível em: http://bibliotecadigital.fgv.br/ojs/index.php/rda/article/view/47165. Acesso em: 29 jul. 2021.

SEEFELDER FILHO, Cláudio Xavier. Prefácio. Prefácio. *In*: SEEFELDER FILHO, Cláudio Xavier; CALCINI, Fabio Pallaretti; HENARES NETO, Halley; CAMPOS, Rogério (coord.). *Comentários sobre transação tributária*: à luz da lei nº 13.988/20 e outras alternativas de extinção do passivo tributário. São Paulo: Revista dos Tribunais, 2021.

SEN, Amartya Kumar. *Sobre **ética** e economia*. São Paulo, Companhia das Letras, 1999.

Informação bibliográfica deste texto, conforme a NBR 6023:2018 da Associação Brasileira de Normas Técnicas (ABNT):

HUEB, Hilyn. Entre o acordo e o litígio: a transação tributária sob o prisma jurídico e econômico. *In*: SARAIVA FILHO, Oswaldo Othon de Pontes (coord.). *Transação e Arbitragem Tributárias*. Belo Horizonte: Fórum, 2023. (Coleção Fórum grandes temas atuais de Direito Tributário ; v.2). p. 191-205. ISBN 978-65-5518-465-5.

O QUE É CONTROVÉRSIA JURÍDICA RELEVANTE E DISSEMINADA (ART. 16, DA LEI Nº 13.988/20)?

RENATA FERNANDES BARROSO

A busca de uma relação mais colaborativa

A Lei nº 13.988, de 14 de abril de 2020, fruto da conversão em lei da Medida Provisória nº 899, de 16 de outubro de 2019, ao regulamentar no âmbito Federal o art. 171 do Código Tributário Nacional (CTN), trouxe grande inovação na relação entre Fisco, contribuintes e Poder Judiciário no Brasil.

Essa novidade, contudo, não foi repentina, mas fruto de um longo e sério processo, por parte da Procuradoria-Geral da Fazenda Nacional (PGFN), em busca de racionalização e eficiência da cobrança e da defesa do crédito fiscal, redução de litigiosidade, composição de conflitos e melhoria dos canais de orientação e regularização da situação fiscal dos contribuintes.

Quanto à racionalização e eficiência do crédito tributário e não tributário sob a tutela da PGFN, pode-se citar iniciativas como o protesto da certidão de dívida ativa (CDA), o *rating* da dívida e a criação do aplicativo "Dívida aberta".

No que tange à redução da litigiosidade, a PGFN tem criado, ampliado e simplificado instrumentos e orientações internas para dispensar a defesa e desistir de processos que discutem teses já definitivamente ou pacificamente julgadas pelos Tribunais Superiores. Nesse processo, destacam-se:

- a edição do Parecer PGFN/CRJ nº 492, de 2010, e da Portaria PGFN nº 294, de março do mesmo ano, que normatizaram as hipóteses de dispensa de apresentação de contestação e de recursos contra decisões desfavoráveis à Fazenda Nacional, proferidas em consonância com jurisprudência pacífica e reiterada dos Tribunais Superiores, de acordo com lista indicativa das matérias envolvidas, objeto de atualização constante. No caso dos recursos, a dispensa abrangia inclusive casos em que a jurisprudência desfavorável não tenha se formado sob as sistemáticas dos recursos repetitivos e de repercussão geral;

- a edição da Portaria PGFN nº 502, de 12 de maio de 2016, na esteira do Parecer PGFN/CRJ nº 789/2016 e à luz do Novo Código de Processo Civil (Lei nº 13.105, de 16 de março de 2016) evoluíram e ampliaram o trato da matéria, dando tratamento ainda mais uniforme às hipóteses de dispensa recursal, transformando a lista de jurisprudência pacífica em exemplificativa e não mais exaustiva, trazendo uma releitura do que seria interesse recursal, contrapondo o custo do processo com o benefício patrimonial almejado;[1]

- As alterações da Lei nº 10.522, de 19 de julho de 2002, pelo art. 13 da Lei nº 13.874, de 20 de setembro de 2019, que ampliou as hipóteses legais de escusa de contestação e recurso e vinculou a Receita Federal do Brasil e os demais órgãos da Administração Pública que administrem créditos tributários e não tributários passíveis de cobrança pela PGFN a esse processo de redução da litigiosidade diante dos precedentes judiciais firmados de forma irreversível contra a Fazenda Nacional.

Observe-se que esse empenho pela redução da litigiosidade tem permitido à PGFN concentrar esforços na melhoria da defesa judicial, tanto das teses mais relevantes quanto dos temas muito complexos ou multiplicativos, incrementando o êxito judicial e a economia dos recursos públicos. Deixar de insistir em teses já superadas, além de desafogar o Judiciário, permite maior dedicação ao trato das demais matérias, aumentando a qualidade da atuação e a eficiência.

Dignas de nota, ainda, as iniciativas voltadas à aproximação com os contribuintes e à composição consensual de conflitos, como a criação e melhoria constante do Portal Regularize e a prática dos Negócios Jurídicos Processuais no âmbito da PGFN.

Assim, importante localizar a Transação Tributária possibilitada pela MP nº 899, de 2019, convertida na Lei nº 13.988, de 2020, nesse processo de ampliação do diálogo, redução de conflitos, resolução mais célere das demandas de natureza tributária, otimização e racionalização da atuação judicial, aumento da eficiência na cobrança e na defesa dos recursos públicos.

A Lei nº 13.988, de 2020, trouxe, então, três modalidades de transação tributária:

---

[1] CAMPOS, Rogério. PARECER PGFN/CRJ/N. 789/2016. Proposta de alteração da Portaria PGFN nº. 294/2010. Novo Código de Processo Civil. Sucumbência Recursal. *Revista da PGFN / Procuradoria-Geral da Fazenda Nacional*. Brasília: PGFN, 2016. Ano V, n. 9. Disponível em: https://www.gov.br/pgfn/pt-br/central-de-conteudo/publicacoes/revista-pgfn/ano-v-numero-9-2016/p789.pdf.

- por proposta individual ou adesão, na cobrança de débitos inscritos em dívida ativa ou na cobrança de débitos de competência da Procuradoria-Geral da União;
- por adesão, no contencioso tributário de pequeno valor;
- por adesão, no contencioso judicial ou administrativo tributário de relevante e disseminada controvérsia jurídica.

Interessa à presente análise, essa última modalidade, que é a possibilidade de transação por adesão no contencioso tributário de relevante e disseminada controvérsia jurídica. Para tanto, serão abordados os contornos legais e regulamentares dessa modalidade e ponderações de ordem prática relativas à experiência com o contencioso tributário judicial, com o intuito de trazer uma reflexão sobre a questão posta no título, o que é controvérsia relevante e disseminada?

A transação no contencioso tributário

A transação no contencioso tributário é um meio alternativo de resolução de conflitos voltado à redução da litigiosidade e dos custos a ela inerentes, no qual Fisco e contribuintes fazem concessões mútuas, diante de uma análise de custo-benefício, para "encerrar o litígio antes do fim do processo (administrativo ou judicial) em curso".[2]

Consta da exposição de motivos da MP nº 899, de 2019, convertida na Lei nº 13.988, de 2020:

> 2. As alterações propostas visam suprir a ausência de regulamentação, no âmbito federal, do disposto no art. 171 do Código Tributário Nacional e de disposições que viabilizem a autocomposição em causas de natureza fiscal, contexto esse que tem, respectivamente, impedido maior efetividade da recuperação dos créditos inscritos em dívida ativa da União, por um lado, e resultado em excessiva litigiosidade relacionada a controvérsias tributárias, noutra senda, com consequente aumento de custos, perda de eficiência e prejuízos à Administração Tributária Federal.
>
> (...)
>
> 4. A proposição prevê, ainda, modalidade de transação voltada à redução de litigiosidade no contencioso tributário, afastando-se do modelo meramente arrecadatório. Objetiva-se, com a proposição, atacar o gargalo do processo contencioso tributário, cujo estoque, apenas no Conselho de Administrativo de Recursos Fiscais – CARF, totaliza mais de R$ 600 bilhões de reais, distribuídos em cerca de 120 mil processos. Soma-se a esse universo os processos judiciais em curso, cuja discussão se encontra garantida por seguro ou fiança, gerando custos aos litigantes, ou mesmo suspensas por decisões judiciais, que totalizam outros R$ 42 bilhões de reais.
>
> 5. Em ambos os modelos a transação é instrumento de solução ou resolução, por meio adequado, de litígios tributários, trazendo consigo, muito além do viés arrecadatório, extremamente importante em cenário de crise fiscal, mas de redução de custos e tratamento adequado dos contribuintes, sejam aqueles que já não possuem capacidade de pagamento,

---

[2]   SANT'ANNA, Henrique Celso de Castro. O papel do Judiciário na transação no contencioso tributário: Análise segundo a Lei nº 13.988/2020. Disponível em: https://www.jota.info/opiniao-e-analise/colunas/pauta-fiscal/o-papel-do-judiciario-na-transacao-no-contencioso-tributario-23072020.

sejam aqueles que foram autuados, não raro, pela complexidade da legislação que permitia interpretação razoável em sentido contrário àquele reputado como adequado pelo fisco. Mediante concessões mútuas, credor e devedor, podem socorrer-se do instituto que pendia de regulamentação, obtendo solução adequada ao litígio tributário. A proposta viabiliza o tratamento do contencioso sob o ponto de vista do risco e probabilidade de perda. Com isso, classificam-se os litígios como de perda possível, provável ou remota. Nos termos da proposta, tais elementos de classificação de risco poderão nortear a decisão de oferecimento de transação por adesão no âmbito do contencioso administrativo e judicial.

6. Todas essas propostas permitirão, ademais, que a PGFN concentre esforços noutras causas, litígios ou cobranças, promovendo incremento na arrecadação, a prevenção e a redução de litigiosidade, e ganhos de celeridade, eficiência e economicidade.

Com esses fundamentos e propósitos, portanto, a Lei nº 13.988, de 2020, trouxe em seu Capítulo III as balizas legais para a transação "resolutiva de litígios aduaneiros ou tributários decorrentes de relevante e disseminada controvérsia jurídica", das quais se destacam:

- a proposta e a adesão à transação não revelam juízo de valor quanto à matéria tributária debatida. O juízo aqui é exclusivamente de custo-benefício, conveniência e oportunidade. É o que esclarece o §1º do art. 16 da lei, ao tratar da impossibilidade de se invocar a transação como fundamento jurídico, como concordância ou estimativa de sucesso de alguma tese jurídica;
- a transação não importa em alteração de regime jurídico tributário;
- a transação deve ser norteada pela objetividade, impessoalidade, transparência e boa-fé (arts. 16, §3º, 17, *caput* e §§1º e 2º,[3] 19, §§2º, 3º e 4º, 20, III, e 29 da Lei nº 13.988/2020);
- deve haver efetivo compromisso com o encerramento do litígio relacionado ao tema objeto da transação, razão pela qual há a necessidade de homologação judicial do acordo e de conformação do contribuinte com o entendimento da administração tributária em relação a fatos geradores futuros e não consumados.
- não é permitida a oferta de transação por adesão nas hipóteses em que há a dispensa de defesa por parte da PGFN (art: 19 da Lei nº 10.522, de 2002) fundada em ato ou jurisprudência integralmente desfavorável à Fazenda Nacional; e
- há também a vedação à proposta de transação por adesão quando houver precedentes judiciais integralmente favoráveis à Fazenda Nacional formados em julgamento de recursos especial e extraordinário repetitivos, em IRDR (incidente de resolução de demandas repetitivas) ou em IAC (incidente de assunção de competência), sedimentados em súmulas do Supremo Tribunal Federal (STF) e do Superior Tribunal de Justiça (STJ), em súmulas vinculantes e definidos pelo STF em controle concentrado de constitucionalidade.

---

[3] Nota do editor: A Lei nº 14.375, de 21 de junho de 2022, alterou o art. 11, §2º, III, da Lei nº 13.988/2020, para dispor: "Art. 11 (...) § 2º É vedada a transação que: II – implique redução superior a 65% (sessenta e cinco por cento) do valor total dos créditos a serem transacionados; III – conceda prazo de quitação dos créditos superior a 120 (cento e vinte) meses". O legislador parece ter se esquecido de alterar, por uma questão de harmonia, o art. 17, §2º, da Lei nº 13.988/2020: "Art. 17, §2º. As reduções e concessões de que trata a alínea a do inciso I do §1º deste artigo são limitadas ao desconto de 50% (cinquenta por cento) do crédito, com prazo máximo de quitação de 84 (oitenta e quatro) meses". Na prática, parece prevalecer a compreensão de que o legislador privilegiou o acordo de transação tributária individual.

A regulamentação desse capítulo da Lei nº 13.988, de 2020, foi materializada pela Portaria ME nº 247, de 16 de junho de 2020, que disciplinou os critérios e procedimentos para a elaboração de proposta e de celebração de transação por adesão no contencioso tributário que devem ser observados pela PGFN, pela Secretaria Especial da Receita Federal do Brasil (RFB) e pelos contribuintes que tiverem interesse em aderir às propostas.

Entre as regras gerais ali previstas, é interessante notar a abertura ao diálogo com a sociedade contida no Capítulo II, diante da legitimação conferida aos presidentes do Conselho Federal da OAB, do Conselho Nacional de Justiça, de confederação representativa de categoria econômica ou de centrais sindicais habilitadas à indicação de conselheiros do CARF para sugerirem ao Ministro da Economia temas objeto de proposta de transação por adesão.

Trata-se de mais uma demonstração da mudança de paradigma na relação entre Fisco e contribuintes, cada vez mais colaborativa na busca de soluções consensuais, céleres e adequadas.

A pergunta que não quer calar...

Afinal, o que significa "controvérsia jurídica relevante e disseminada" a possibilitar a transação no contencioso tributário?

A Lei nº 13.988, de 2020, é um tanto quanto lacônica nessa definição. O §3º do art. 16 diz simplesmente que "considera-se controvérsia jurídica relevante e disseminada a que trate de questões tributárias que ultrapassem os interesses subjetivos da causa".

A Portaria ME nº 247, de 2020, ajuda um pouco mais a desvendar a questão.

Em primeiro lugar, acrescenta ao conceito legal a preferência de que a matéria ainda não tenha sido afetada a julgamento pelo rito dos recursos repetitivos (especial e extraordinário), o que revela a percepção de que essa afetação conduzirá à célere pacificação da matéria, acarretando a paralisação momentânea, seguida da diminuição da controvérsia.

Quanto à relevância, determina o §2º do art. 30 da portaria em comento:

§2º A relevância de uma controvérsia estará suficientemente demonstrada quando houver:
I – impacto econômico igual ou superior a um bilhão de reais, considerando a totalidade dos processos judiciais e administrativos pendentes conhecidos;
II – decisões divergentes entre as turmas ordinárias e a Câmara Superior do CARF; ou
III – sentenças ou acórdãos divergentes no âmbito do contencioso judicial.

Em seguida, a portaria explicita os critérios para que uma controvérsia seja considerada disseminada. São eles:

§1º A controvérsia será considerada disseminada quando se constate a existência de:
I – demandas judiciais envolvendo partes e advogados distintos, em tramitação no âmbito de, pelo menos, três Tribunais Regionais Federais;
II – mais de cinquenta processos, judiciais ou administrativos, referentes a sujeitos passivos distintos;

III – incidente de resolução de demandas repetitivas cuja admissibilidade tenha sido reconhecida pelo Tribunal processante; ou

IV – demandas judiciais ou administrativas que envolvam parcela significativa dos contribuintes integrantes de determinado setor econômico ou produtivo.

Portanto, é disseminada uma controvérsia que esteja em discussão na maioria dos Tribunais Regionais Federais do país ou que apareça em mais de cinquenta processos de contribuintes diferentes, ou que seja discutida judicial ou administrativamente por grande parte dos contribuintes que integram um setor econômico ou produtivo, ou ainda no caso em que tenha sido admitido IRDR sobre o tema.

Esses parâmetros revelam que, para ser disseminada, a discussão não pode ser pontual, casuística, uma mera aventura jurídica ou algo muito específico de uma determinada localidade ou de determinado contribuinte. Há que se aferir a real multiplicidade de processos, sejam eles judiciais ou administrativos, a afetarem grande parte dos contribuintes do país ou grande parcela de categorias econômicas.

Por seu turno, será relevante a discussão judicial que envolva valores bilionários ou julgamentos divergentes nas esferas judicial ou administrativa.

Para explorar um pouco mais esse ponto, vale lembrar outro dispositivo legal que utiliza a mesma expressão, "controvérsia relevante", que é o artigo 14 da Lei nº 9.868, de 10 de novembro de 1999. Ao elencar os requisitos para a propositura de ação declaratória de constitucionalidade de lei ou ato normativo federal, o art. 14 exige a demonstração da "existência de controvérsia judicial relevante sobre a aplicação da disposição objeto da ação declaratória". Esse requisito deixa claro que o propósito da ação de declaração de inconstitucionalidade é acabar com a insegurança jurídica causada por decisões judiciais conflitantes afastando normas jurídicas por suposta inconstitucionalidade.

A mesma lógica pode ser transposta para a transação no contencioso tributário, uma vez que não é qualquer contenda tributária que se buscará encerrar por meio da transação, mas disputas que causem grande insegurança jurídica ou expressivo impacto financeiro, sem previsibilidade de pacificação célere.

Desse modo, pode-se definir "controvérsia jurídica relevante e disseminada" aquelas matérias reiteradamente levadas ao judiciário ou ao contencioso administrativo (CARF), que se espalham pelo país e provocam insegurança jurídica ou possuam alta potencialidade lesiva ao Erário.

É o caso dos litígios que atinjam a maioria das regiões brasileiras, ou que envolvam inúmeros contribuintes de um modo geral, ou a maior parte dos contribuintes de determinada categoria econômica. Além disso, essas contendas precisam gerar insegurança jurídica, o que se verifica quando provocam decisões divergentes entre juízos e tribunais, no âmbito judicial, ou entre as turmas ordinárias e a Câmara Superior do CARF.

Para questões pontuais, específicas, tem-se o negócio jurídico processual, ficando a transação voltada para encerramento de discussões mais multiplicativas, de maior alcance e maior litigiosidade, intersubjetivas, que provoquem, desse modo, insegurança jurídica e até desequilíbrio concorrencial, e em relação às quais não haja previsibilidade de resolução célere.

Atualidade da controvérsia e previsibilidade de pacificação

Como destacado, não basta o caráter multiplicativo, o impacto econômico ou concorrencial e a difusão da disputa pelo país e pelos contribuintes, necessário se faz também que a questão não tenha sido decidida de forma definitiva e com efeitos amplos pelo Supremo Tribunal Federal, pelo Superior Tribunal de Justiça (na ausência de questão constitucional), ou no âmbito administrativo pela Câmara Superior e turmas ordinárias do CARF, ou ainda que não haja expectativa de que isso ocorra brevemente.

Esse requisito, que se pode chamar de atualidade da controvérsia e ausência de previsibilidade de pacificação, pode ser extraído:

- da vedação de oferta de transação nas hipóteses em que haja dispensa de defesa da PGFN por ato ou jurisprudência integralmente desfavorável à Fazenda Nacional (art. 20, II, "a", da Lei nº 13.988/2020);
- da vedação de oferta de transação quando houver precedente persuasivo integralmente favorável à Fazenda Nacional, formado em julgamento de recursos repetitivos, em IRDR ou em IAC, sedimentado em súmulas do STF ou do STJ, em súmulas vinculantes, ou em ações de controle concentrado de constitucionalidade (art. 20, II, "a", da Lei nº 13.988/2020); e
- da preferência de que a matéria ainda não tenha sido afetada a julgamento pelo rito dos recursos especial e extraordinário repetitivos (art. 30, *caput*, da Portaria ME nº 247/2020).

Observe-se que existem aqui duas vedações expressas, previstas na lei, e uma sugestão, preferência, constante da portaria regulamentar. As proibições tratam de situações em que não haveria sequer interesse de uma das partes na celebração do acordo, posto que inexistente controvérsia atual diante da pacificação da matéria de forma definitiva.

Essas vedações, contudo, não impedem o oferecimento da transação "relativa a controvérsia no âmbito da liquidação da sentença", nos termos do parágrafo único do mencionado art. 20.

Já a preferência trazida pelo art. 30 da Portaria ME nº 247 parte do pressuposto de que, via de regra, quando há a afetação de uma matéria para julgamento pelo rito dos recursos repetitivos no STJ e no STF, há uma expectativa de pacificação definitiva da questão controvertida e de diminuição do litígio.

Contudo, do ponto de vista prático, observa-se que nem sempre é esse o resultado da afetação, ou mesmo do início do julgamento dos recursos repetitivos, razão pela qual essa proposição não deveria ser impositiva, mas apenas sugestionada, como fez, corretamente, a portaria.

Ou seja, a análise quanto à previsibilidade de pacificação deve ser feita sempre levando em conta as particularidades da controvérsia envolvida, e, ainda, a probabilidade de celeridade do julgamento de forma definitiva. Isso porque a mera afetação de um recurso como repetitivo não significa, por si só, que a litigiosidade e a insegurança jurídica irão diminuir, menos ainda que isso ocorrerá de forma breve.

Casos de efeito reverso

Do ponto de vista prático, existem inúmeros casos em que a afetação ou mesmo o julgamento de matérias relevantes sob o rito dos recursos repetitivos não pacificou a controvérsia ou até a aumentou.

É o que ocorreu, por exemplo, com o julgamento pelo STJ do Recurso Especial Repetitivo nº 1.221.170/PR (Temas nºs 779 e 780). Discutia-se o conceito de insumos para fins de geração de créditos de PIS e COFINS no regime da não cumulatividade. O STJ considerou ilegal a disciplina infralegal de creditamento prevista em instruções normativas da Receita Federal, e decidiu que o conceito de insumo deve ser aferido à luz dos critérios de essencialidade ou relevância, ou seja, considerando-se a imprescindibilidade ou a importância de determinado item – bem ou serviço – para o desenvolvimento da atividade econômica desempenhada pelo contribuinte.

A aplicação do precedente, portanto, passou a demandar uma avaliação das particularidades de cada processo produtivo para aferição dos critérios de essenciali-dade ou relevância, na medida em que determinado bem pode fazer parte de vários processos produtivos, porém, com diferentes níveis de importância. Então o STJ defi-niu os parâmetros de análise, mas como se tornou casuística, não afastou a busca pela intervenção do Judiciário e do próprio CARF.

Nesse caso, o julgamento definitivo do precedente persuasivo não teve como consequência o encerramento ou mesmo a diminuição da controvérsia, pois a definição do conceito de insumo ali adotada tornou casuística a análise do que pode ser conside-rado insumo para fins de creditamento de PIS/COFINS. Trata-se, portanto, de hipótese em que, mesmo com a afetação e o julgamento da matéria em recurso repetitivo, a controvérsia se manteve atual, sem previsibilidade de pacificação definitiva, envolve valores vultosos, vasta gama de contribuintes e segue disseminada nos tribunais, razão pela qual seria possível o oferecimento de proposta de transação para compor o litígio.

Outro caso emblemático, provavelmente a controvérsia mais relevante da Fazenda Nacional dos últimos anos, e que se tornou ainda mais disseminada após o julgamento de recurso repetitivo pelo Supremo Tribunal Federal, é o Tema nº 69 de repercussão geral (RE nº 574.706/PR).

Em 15 de março de 2017, o Plenário do STF, julgou o Tema nº 69 e fixou, por maioria, a tese de que o "ICMS não compõe a base de cálculo para incidência do PIS e da COFINS". Como tratado no início deste artigo, a Fazenda Nacional vem buscando, há muitos anos, a redução da litigiosidade, inclusive se conformando e dispensando a defesa diante do julgamento de recursos repetitivos que lhe são desfavoráveis. Entretanto, nesse caso concreto, o julgamento apresentou inúmeras lacunas, impugna-das devidamente mediante embargos declaratórios, inclusive sobre questões práticas fundamentais para a adequada aplicação do julgado, como o esclarecimento quanto à parcela do ICMS que deve ser excluída da base de cálculo das contribuições, se o ICMS destacado na nota fiscal ou o efetivamente recolhido.

Além disso, na ocasião do julgamento, ficou definido pelos Ministros que o pedido de modulação de efeitos feito pela Fazenda Nacional seria julgado apenas quando do julgamento dos embargos de declaração.

Assim, enquanto não julgados os embargos opostos, a PGFN segue resistindo às ações e decisões judiciais que lhe são contrárias.

Por seu turno, os contribuintes inundaram ainda mais o Judiciário com ações sobre a matéria, inclusive diante da perspectiva de que eventual modulação de efeitos determine a aplicação do precedente às ações judiciais em curso quando do julgamento dos embargos, e não só aquelas propostas quando da análise do recurso extraordinário.

Em 15 de março de 2021 completaram-se quatro anos do julgamento do recurso extraordinário repetitivo sobre o Tema nº 69 e a matéria segue controversa, relevante e disseminada, pois os embargos de declaração ainda não foram julgados.

Trata-se, portanto, de outra discussão que, apesar de afetada e julgada como repetitiva, porém ainda não de forma definitiva, não foi pacificada e continua gerando insegurança, excessiva litigiosidade e todos os custos a ela inerentes, razão pela qual poderia também ser objeto de proposta de transação.

Esses exemplos demonstram que não seria adequado usar a afetação de um recurso repetitivo como critério objetivo a afastar veementemente a possibilidade de oferecimento de transação, porquanto não necessariamente a afetação implicará em rápida resolução e sedimentação da controvérsia.

Conclusão

A transação tributária prevista no art. 171 do CTN e possibilitada pela MP nº 899, de 2019, convertida na Lei nº 13.988, de 2020, insere-se num processo, por parte da Fazenda Nacional, de ampliação do diálogo, redução de conflitos e de litigiosidade, resolução mais célere das demandas de natureza tributária, otimização e racionalização da atuação judicial, aumento da eficiência na cobrança e na defesa dos recursos públicos.

Uma das modalidades trazida pela nova legislação foi a transação por adesão no contencioso tributário de relevante e disseminada controvérsia jurídica.

Controvérsia jurídica relevante e disseminada é aquela que se repete em inúmeros processos nas searas judicial ou administrativa tributária, que atinge vários contribuintes, que possui alcance intersubjetivo, que envolve valores vultosos ou decisões contraditórias, provocando, desse modo, insegurança jurídica e até desequilíbrio concorrencial. Além disso, a controvérsia deve ser atual, ou seja, não pode estar pacificada ou próxima disso.

Importante notar, através de casos práticos, que a atualidade da controvérsia nem sempre é afastada pela afetação ou mesmo pelo julgamento de um recurso repetitivo pelo STJ ou pelo STF. Muitas vezes os julgamentos assim realizados, ao invés de encerrar a discussão, podem acirrar a disputa judicial. Em virtude disso, a regulamentação da transação foi adequada ao não utilizar a afetação de um recurso repetitivo como critério objeto a impedir o oferecimento da transação, mas apenas como um fator a ser considerado na análise da pertinência da composição consensual do conflito.

A transação no contencioso tributário reflete, portanto, uma mudança de paradigma na relação entre Fisco e contribuintes, cada vez mais colaborativa na busca de soluções consensuais, céleres e adequadas e de redução da insegurança jurídica.

Informação bibliográfica deste texto, conforme a NBR 6023:2018 da Associação Brasileira de Normas Técnicas (ABNT):

BARROSO, Renata Fernandes. O que é controvérsia jurídica relevante e disseminada (art. 16, da Lei nº 13.988/20)?. *In*: SARAIVA FILHO, Oswaldo Othon de Pontes (coord.). *Transação e Arbitragem Tributárias*. Belo Horizonte: Fórum, 2023. (Coleção Fórum grandes temas atuais de Direito Tributário ; v.2). p. 207-216. ISBN 978-65-5518-465-5.

AUTONOMIA FUNCIONAL E RESPONSABILIDADE DO AGENTE PÚBLICO EM ACORDOS DE TRANSAÇÃO – LEI Nº 13.988, DE 2020, ART. 29

REGINA MARIA FERNANDES BARROSO

Introdução

O art. art. 171 do CTN prevê o instituto da transação tributária da seguinte forma:

Art. 171- A lei pode facultar, nas condições que estabeleça, aos sujeitos ativo e passivo da obrigação tributária celebrar transação que, mediante concessões mútuas, importe em determinação de litígio e consequente extinção de crédito tributário.
Parágrafo único. A lei indicará a autoridade competente para autorizar a transação em cada caso.

A transação tributária, portanto, apesar de existir em nosso ordenamento jurídico desde a edição do CTN, somente foi regulamentada com a Medida Provisória nº 899, de 16 de outubro de 2019,[1] convertida na Lei nº 13. 988, de 14 de abril de 2020, que veio a estabelecer os requisitos e as condições para a celebração da transação tributária no âmbito federal.

Assim, como característica principal da Lei da Transação, temos a conciliação entre o Fisco e o Contribuinte na resolução de conflitos fiscais, com concessões mútuas que possam levar a uma negociação que seja favorável para ambas as partes e a consequente extinção do débito fiscal.

A lei prevê duas formas de transação:

a) a da cobrança da dívida ativa; e

b) a do contencioso tributário.

A Exposição de Motivos (EM) que justificou a edição da MP nº 899, de 2019, explicou, em seu item 3, que uma das metas a ser alcançada com a medida é esvaziar a prática "comprovadamente nociva" de se criar, de tempos em tempos, programas de parcelamentos especiais, com concessão de prazos e descontos excessivos a todos aqueles que se enquadram na norma, mesmo para aqueles com plena capacidade de pagamento integral da dívida.

Ainda no item 3, a EM explica que o modelo adotado é similar ao do instituto do *Offer in Compromise*, praticado pelo *Internal Revenue Service (IRS)* dos Estados Unidos, afastando-se do modelo que considera exclusivamente o interesse privado, sem qualquer análise casuística do perfil de cada devedor, e passando a considerar a conveniência e a ótica do interesse da arrecadação e do interesse público, na busca da justiça fiscal.

Percebe-se, dessa forma, que a aprovação do instituto da transação na esfera federal teve como escopo a busca de uma nova forma fiscal de cobrança, que possa estar mais próxima da realidade do devedor, utilizando como modelo a experiência norte-americana e, ainda, objetivando, por fim, aos sucessivos parcelamentos especiais que vinham constantemente sendo implementados.

A lei, em seu art. 29, prevê que os agentes públicos só poderão ser responsabilizados, inclusive por órgãos públicos de controle interno e externo, quando agirem com intenção de praticar dolo ou fraude para obter vantagem indevida para si ou para outrem, da seguinte forma:

> Art. 29. Os agentes públicos que participarem do processo de composição do conflito, judicial ou extrajudicialmente, com o objetivo de celebração de transação nos termos desta Lei somente poderão ser responsabilizados, inclusive perante os órgãos públicos de controle interno e externo, quando agirem com dolo ou fraude para obter vantagem indevida para si ou para outrem.

Considerando o dispositivo acima, do ponto de vista da Constituição Federal, cabe analisar, dentre outros, três princípios que influenciam a possibilidade e os limites da transação tributária, sob o contexto da atuação do agente público, quais sejam, o da supremacia e indisponibilidade de interesse público, o da legalidade e o da igualdade, uma vez que deles podemos depreender as limitações impostas pela Carta Magna à transação tributária.

---

[1] BRASIL. MP nº 899, de 16 de outubro de 2019. Transação Tributária. Disponível em: http://www.planalto.gov. br/ccivil_03/_ato2019-2022/2019/Mpv/mpv899.htm. Acesso em: 01 mar. 2021.

E, ainda, do ponto da legislação infraconstitucional, notadamente do CTN, cabível verificar qual é a autonomia funcional de que dispõe o agente público para agir perante os acordos de transação, tendo em vista a sua responsabilização diante da resolução das pendências fiscais.

1 Princípio da supremacia e indisponibilidade de interesse público

Maria Sylvia Zanella Di Pietro denomina o princípio da supremacia do interesse público também de princípio da finalidade pública. Para ela, o preceito se dirige tanto à Administração Pública como ao legislador. No primeiro caso, os agentes públicos, durante toda a sua atuação, devem aplicar a lei com o objetivo de atender ao interesse geral. Se agirem com o propósito de fazer prevalecer o interesse individual – para prejudicar um inimigo, beneficiar um amigo, lograr vantagens pessoais –, ocorre o desvio de poder ou o desvio de finalidade, e o ato é ilegal.[2]

Dessa forma, segundo a autora, o princípio da supremacia do interesse público deve subsistir enquanto preceito voltado ao legislador e à Administração Pública. Sendo assim, as normas editadas pelo legislador devem seguir esse princípio, principalmente quando essas normas conferirem à Administração Pública prerrogativas, como sujeições especiais no exercício da atividade pública, ou mesmo se as normas restringirem direitos dos particulares em favor da coletividade. Nesse sentido, caberá à Administração Pública atuar com vistas a atender o interesse público, não podendo agir de forma a fazer prevalecer um interesse individual que não coincida com o interesse público, sob pena do seu ato ser considerado inválido por desvio de finalidade.

Nesse contexto, sendo a finalidade do ato administrativo visar a realização do interesse público, o agente público, ao praticar o ato, deve ter sempre em mente o interesse público, pois esse interesse é que limita a discricionariedade do administrador. O ato será inválido, portanto, quando o mesmo não visar ao interesse público.

Celso Antônio Bandeira de Mello explica que, como a Administração Pública não tem disponibilidade sobre os interesses públicos, cabe a ela zelar pelo dever de curá-los, conforme o disciplinado na lei, uma vez que "sendo interesses próprios da coletividade – internos ao setor público –, não se encontram à livre disposição de quem quer que seja, por inapropriáveis".[3]

Para José dos Santos Carvalho Filho, o princípio da indisponibilidade está vinculado ao fato de que os bens e interesses públicos pertencem à coletividade e não à Administração Pública e seus agentes, que possuem a obrigação de administrá-los.[4]

Também para Maria Sylvia Zanella Di Pietro, o interesse público, por ter a coletividade como titulares, é indisponível pelo Poder Público, que tem sobre eles apenas o poder de proteção e administração e o dever de dar-lhes efetividade.[5]

---

[2] DI PIETRO, Maria Sylvia Zanella. *Direito Administrativo*. 31 ed. Rio de Janeiro: Forense, 2018. p. 92-93.

[3] MELLO, Celso Antônio Bandeira, *Curso de Direito Administrativo*. 34 ed. São Paulo: Malheiros, p. 76.

[4] CARVALHO FILHO, José dos Santos. *Manual de Direito Administrativo*. 27. ed. São Paulo: Atlas, 2014, p. 36.

[5] MEDAUAR, Odete. *Direito Administrativo moderno*. 20. ed. São Paulo: Revista dos Tribunais, 2016. p. 94 e 1.070

No mesmo sentido Odete Medauar adverte que o princípio da indisponibilidade do interesse público significa que "é vedado à autoridade administrativa deixar de tomar providências que são relevantes ao atendimento do interesse público, em virtude de qualquer outro motivo", e, quando o agente público deixa de apurar a responsabilidade por irregularidade de que tem ciência ou deixa de cobrar débitos apurados no interesse da Fazenda Pública, ocorre a violação do princípio.[6]

Vemos que a Constituição Federal, no inciso VII do art. 4º,[7] estabelece o comprometimento na ordem interna e internacional com a solução pacífica das controvérsias.

E, na Constituição Federal, a Emenda Constitucional nº 19, de 4 de junho de 1998, alterou o art. 37,[8] para incluir o princípio da eficiência como um dos princípios norteadores da administração pública.

Onofre Alves Batista Júnior ensina que o princípio constitucional da eficiência administrativa implica a busca da solução que melhor atenda ao interesse público, que, em sua opinião, pode ser obtida, inclusive, mediante transação.[9]

No inciso I do art. 98[10] da Constituição temos, no âmbito dos juizados especiais, a possibilidade de transação nas hipóteses previstas em lei, inclusive no caso de infração penal.

E, considerando o disposto no art. 98, é que Onofre Alves Batista Júnior defende ser possível o instituto da Transação no âmbito tributário, justificando com a permissão dada pela Constituição para transacionar no âmbito penal, sujeito ao princípio da tipicidade e onde está em jogo a própria liberdade dos indivíduos.[11]

Para Odete Medauar não seria adequado invocar o princípio da indisponibilidade do interesse público como impedimento à realização de acordos, à utilização de arbitragem e de métodos consensuais de solução de conflitos, *verbis:*[12]

> o interesse público realiza-se plenamente, sem ter sido deixado de lado, na rápida solução de controvérsias, na conciliação de interesses, na adesão de particulares às suas diretrizes, sem os ônus e a lentidão da via jurisdicional.

---

[6]   MEDAUAR, *op. cit.*, p. 163.

[7]   "Art. 4º A República Federativa do Brasil rege-se nas suas relações internacionais pelos seguintes princípios:
(...)
VII – solução pacífica dos conflitos;"

[8]   "Art. 37. A administração pública direta e indireta de qualquer dos Poderes da União, dos Estados, do Distrito Federal e dos Municípios obedecerá aos princípios de legalidade, impessoalidade, moralidade, publicidade e eficiência e, também, ao seguinte: (Redação dada pela Emenda Constitucional nº 19, de 1998)."

[9]   BATISTA JÚNIOR, Onofre Alves. *Transações administrativas*: um contributo ao estudo do contrato administrativo como mecanismo de prevenção e terminação de litígios e como alternativa à atuação administrativa autoritária, no contexto de uma administração pública mais democrática. São Paulo: Quartier Latin, 2007 p. 462.

[10] "Art. 98. A União, no Distrito Federal e nos Territórios, e os Estados criarão:
I – juizados especiais, providos por juízes togados, ou togados e leigos, competentes para a conciliação, o julgamento e a execução de causas cíveis de menor complexidade e infrações penais de menor potencial ofensivo, mediante os procedimentos oral e sumaríssimo, permitidos, nas hipóteses previstas em lei, a transação e o julgamento de recursos por turmas de juízes de primeiro grau;"

[11] BATISTA JÚNIOR, *op. cit.*, p. 461.

[12] MEDAUAR, *op. cit.*, p. 163.

REGINA MARIA FERNANDES BARROSO

AUTONOMIA FUNCIONAL E RESPONSABILIDADE DO AGENTE PÚBLICO EM ACORDOS DE TRANSAÇÃO – LEI Nº 13.988, DE 2020, ART. 29 | 221

Regina Helena Costa argumenta também no mesmo sentido. Na sua opinião, a transação pode ser realizada desde que em conformidade com o princípio da indisponibilidade e nos limites da Constituição e das leis. Eis o seu entendimento:[13]

> Autêntico instrumento de praticabilidade tributária, por vezes a transação revelar-se-á mais vantajosa ao interesse público do que o prolongamento ou a eternização do conflito.

Esse também é o entendimento de Heleno Taveira Torres:[14]

> O princípio jurídico e técnico da praticabilidade de tributação impõe um verdadeiro dever ao Legislador de busca dos caminhos de maior economia, eficiência e celeridade para viabilizar a imposição tributária, o que poderá ser alcançado com intensificação da participação dos administrados na gestão tributária e possibilidade de solução extrajudicial de conflitos entre a Administração e os contribuintes.

Sobre a transação e o princípio do interesse público, também cabe trazer à baila o pensamento de Ives Gandra Martins, no sentido de que o instituto, além de atender ao interesse público, traz benefícios inequívocos, já que, por um lado, ela não inviabiliza a atividade do contribuinte e, por outro, proporciona a obtenção imediata de créditos tributários que seriam de outra forma mais dificilmente recuperáveis em razão do exercício do direito de defesa pelo sujeito passivo.[15]

E, reforçando os posicionamentos de que o interesse público pode ser atendido por meio da transação, Phelippe Toledo Pires de Oliveira apresentou como vantagens da transação em matéria tributária: a redução da litigiosidade, a celeridade na solução de litígios, a diminuição dos custos relacionados aos processos judiciais, a maior participação dos contribuintes na administração, a eficiência na gestão tributária.[16]

Para Arnaldo Sampaio de Moraes Godoy, o que ampara o instituto da transação fiscal é a ideia de eficiência, uma vez que é por meio dela que se possibilita a diminuição da litigância e o melhor emprego dos recursos estatais, indo ao encontro, portanto, do direito à boa administração.[17]

Segundo explica Onofre Alves Batista Junior, a Administração Pública não tem faculdade, e sim o poder-dever de transacionar, dentro da margem discricionária

---

[13] COSTA, Regina Helena. *Curso de Direito Tributário:* Constituição e Código Tributário Nacional. São Paulo: Saraiva, 2012, p. 282.

[14] TORRES, Heleno Taveira. Princípios de Segurança Jurídica e Transação em Matéria Tributária: os Limites da Revisão Administrativa dos Acordos Tributários. *In:* SARAIVA FILHO, Oswaldo Othon de Pontes; GUIMARÃES, Vasco Branco (Org.). *Transação e arbitragem no âmbito tributário:* homenagem ao Jurista Carlos Mário da Silva Velloso. Belo Horizonte: Fórum, 2008, p. 299-300.

[15] MARTINS, Ives Gandra da Silva. Transação tributária realizada nos exatos termos do artigo 171 do Código Tributário Nacional: inteligência do dispositivo: prevalência do interesse público em acordo envolvendo prestação de serviços e fornecimento de material: rigoroso cumprimento da legislação complementar federal e municipal: opinião legal. *In:* SARAIVA FILHO, Oswaldo Othon de Pontes; GUIMARÃES, Vasco Branco (Org.). *Transação e arbitragem no âmbito tributário:* homenagem ao jurista Carlos Mário da Silva Velloso. Belo Horizonte: Fórum, 2008. p. 378.

[16] OLIVEIRA, Phelippe Toledo Pires de. *A transação em matéria tributária.* Série Doutrina Tributária, v. XVIII. São Paulo: Quartier Latin, 2015, p. 171 e 172.

[17] GODOY, Arnaldo Sampaio de Moraes. *Transação tributária: introdução à justiça fiscal consensual.* Belo Horizonte: Fórum, 2010, p. 126 a 129.

determinada na Lei, como melhor forma de atender ao interesse público. Veja o seu entendimento:[18]

> não se trata de 'faculdade' outorgada à Administração Pública de transacionar, mas de 'poder/dever' de boa administração, isto é, a Administração Pública deve buscar a solução que melhor satisfaça aos anseios da coletividade.

Oswaldo Othon de Pontes Saraiva Filho, ao se manifestar sobre o princípio da indisponibilidade e a possibilidade de Transação em matéria tributária, se posicionou sobre a existência de relativização, nos termos estabelecidos pela lei, como se pode observar *verbis*:[19]

> Quanto ao dogma da indisponibilidade de bens e interesses públicos, cumpre esclarecer que pode haver uma certa relativização, mas, de qualquer jeito, nos exatos termos e limites estabelecidos em ato normativo do Poder Legislativo.

No mesmo sentido da atenualização do princípio da indisponibilidade do interesse público também a Ministra Ellen Gracie se posicionou no Acórdão do RE nº 253.88-0-MG, da 1ª Turma, em 04/06/2002:[20]

> Poder Público. Transação. Validade. Em regra, os bens e o interesse público são indisponíveis porque pertencem à coletividade. É por isso, que o administrador, mero gestor da coisa pública, não tem disponibilidade sobre os interesses confiados à sua guarda e realização. Todavia, há casos em que o princípio da indisponibilidade do interesse público deve ser atenuado, mormente quando se tem em vista que a solução adotada pela administração é a que melhor atenderá à ultimação deste interesse.

Como visto, o entendimento da doutrina é no sentido de que os agentes públicos não podem livremente dispor do interesse público. Os administradores não são titulares, mas apenas gestores dos interesses que lhes são confiados.

E, considerando a existência de lei autorizativa para a realização da transação tributária no âmbito federal, e que o interesse público pode ser atendido também por meio da transação, cabe concluir pela necessidade de relativização do princípio da supremacia e da indisponibilidade do interesse público com relação ao instituto, tendo em vista que o débito tributário é um bem da coletividade e que o agente público tem o dever de sempre agir conforme a lei, buscando a solução que melhor atenda ao interesse público.

---

[18] BASTISTA JÚNIOR, Onofre Alves. Transação no Direito Tributário, discricionariedade e interesse público. *Revista Dialética de Direito Tributário – RDDT*, n. 83, ago. 2002, p. 122 e 123.

[19] SARAIVA FILHO, Oswaldo Othon de Pontes. A transação e a arbitragem no direito constitucional-tributário brasileiro. *In*: SARAIVA FILHO, Oswaldo Othon de Pontes; GUIMARÃES, Vasco Branco (Org.). *Transação e arbitragem no âmbito tributário*: homenagem ao jurista Carlos Mário da Silva Velloso. Belo Horizonte: Fórum, 2008, p. 63.

[20] RE 253885, Relatora Ellen Gracie, Primeira Turma, julgado em 04/06/2002, DJ 21/06/2002.

2 Princípio da legalidade

Esse princípio é também denominado de legalidade objetiva e implica que a Administração Pública deve obedecer os ditames legais, sendo assim, os atos devem ser praticados nos estritos termos da legislação tributária, com fundamento no art. 37 da Constituição.

Conforme nos ensina Hely Lopes Meirelles,[21] este princípio, além de amparar o particular, serve também ao interesse público, na defesa da norma jurídica objetiva, visando a manter o império da legalidade e da justiça no funcionamento da Administração Pública. Para tanto, é necessária a existência de uma norma legal específica para apresentar-se com legalidade objetiva, sob pena de invalidade.

É cediço que cabe à Administração atuar conforme os fins contidos na lei e dentro de seus limites. É, portanto, devido a isso que, diferentemente do que ocorre com a atividade dos particulares, a atividade administrativa deve ocorrer segundo os ditames previstos e autorizados pela lei.

Nesse contexto, uma vez que o princípio da legalidade se manifesta como elemento para verificação da observância do contido na norma legal, ao agente público cabe atuar sempre com observância dos ditames da lei e dela não se pode desviar, sob pena de praticar ato inválido e se sujeitar à responsabilização disciplinar, civil e penal.

Segundo Celso Antônio Bandeira de Mello, o princípio da legalidade consiste na submissão da Administração às leis, assim, a Administração Pública somente pode fazer o que a lei determina. Segundo ele:[22]

> A atividade administrativa deve não apenas ser exercida sem contraste com a lei, mas, inclusive, só pode ser exercida nos termos de autorização contida no sistema legal. A legalidade na Administração não se resume à ausência de oposição à lei, mas pressupõe autorização dela, como condição de sua ação.

Marçal Justen Filho explica que o princípio da legalidade acaba por conviver com a relativa discricionariedade da Administração Pública, que irá, assim, decidir e editar atos normativos. Segundo ele, a lei pode estabelecer o fim e o meio da sua consecução, ou pode estabelecer o fim específico que o agente deve realizar, sem, contudo, determinar o seu modo, cabendo, nesse caso, à Administração Pública ter autonomia para escolher o meio. Pode acontecer também de a lei atribuir à Administração autonomia para escolher entre diversos fins, disciplinando ou não os meios para o seu alcance.[23]

No entender de Onofre Alves Batista Junior, a discricionariedade existe para que a Administração Pública possa operar de forma eficiente na área não alcançada pela rigidez das normas jurídicas. Para tanto, a Administração Pública deve adotar uma valoração comparativa entre os interesses, públicos e privados, que estiverem postos em questão no caso concreto. Ao efetuar essa valoração, a Administração tem

---

21 MEIRELLES, Hely Lopes. *Direito Administrativo brasileiro*. 35. ed. São Paulo: Malheiros, 2009, p. 694.
22 MELLO, *op. cit.*, p. 79.
23 JUSTEN FILHO, Marçal. *Curso de Direito Administrativo*. 13. ed. São Paulo: Thomson Reuters Brasil, 2018, p. 117-119.

o poder-dever de adotar, de acordo com a margem discricionária permitida pela lei, a solução mais eficiente para a consecução do bem comum.[24]

Do exposto, constata-se que o legislador pode dosar a discricionariedade, conferindo à Administração margem de autonomia para que promova a solução mais adequada em razão das peculiaridades do caso concreto.

No campo tributário, Paulo de Barros Carvalho afirma que é corolário do princípio da indisponibilidade do interesse público "a premência absoluta da lei, em toda circunstância em que ao administrador tributário cabe remitir débitos, transigir, efetuar compensações ou lidar, de algum modo, com a titularidade de bens ou interesses do Erário".[25]

Como visto, o administrador público tem o dever de atuar sempre em conformidade com o interesse público, assim é que, ao agente público não cabe dispor do interesse público e nem mesmo uma lei poderia autorizá-lo a fazê-lo, sob pena de se alegar a inconstitucionalidade da lei.

Para Hugo de Brito Machado, o crédito tributário pode ser disponível por meio da transação se a Lei assim o permitir:[26]

> Para aceitarmos a transação no Direito Tributário, realmente, basta entendermos que o tributo, como os bens públicos em geral, é patrimônio do Estado. Indisponível na atividade administrativa, no sentido de que na prática ordinária dos atos administrativos a autoridade dele não dispõe. Disponível, porém, para o Estado, no sentido de que este, titular do patrimônio, dele pode normalmente dispor, desde que atuando pelos meios adequados para a proteção do interesse público, vale dizer, atuando pela via legislativa, e para a realização dos fins públicos.
>
> Em algumas situações é mais conveniente para o interesse público transigir e extinguir o litígio, do que levar este até a última instância, com a possibilidade de restar a Fazenda Pública a final vencida. Daí a possibilidade de transação. Em casos estabelecidos na lei, naturalmente, e realizada pela autoridade à qual a lei atribuiu especial competência para esse fim.

Para Paulo de Barros Carvalho também é imperioso que exista uma lei para efeito de se transacionar com o bem público:[27]

> O princípio da indisponibilidade dos bens públicos impõe seja necessária previsão normativa para que a autoridade competente possa entrar no regime das concessões mútuas, que é da essência da transação.

Na lição de Roque Antonio Carrazza, a faculdade para criar o tributo abrange a aptidão para aumentar ou diminuir a carga tributária, conceder parcelamentos, isenções, remissões, anistia, nos termos da lei:[28]

[24] BASTISTA JÚNIOR, Onofre Alves. *op. cit.*, p. 118-121.
[25] CARVALHO, Paulo de Barros. *Curso de Direito Tributário*. 28. ed. São Paulo: Saraiva, 2017, p. 180.
[26] MACHADO, Hugo de Brito. A transação no Direito Tributário. *Revista Dialética de Direito Tributário – RDDT*, n. 75, dez. 2001, p. 65.
[27] CARVALHO, Paulo de Barros, *op. cit.*, p. 454.
[28] CARRAZZA, Roque Antonio. *Curso de Direito Constitucional Tributário*. 31. ed. São Paulo: Malheiros, 2017, p. 599.

Obviamente, quem pode tributar (criar unilateralmente o tributo, com base em normas constitucionais), pode, igualmente, aumentar a carga tributária (agravando a alíquota ou a base de cálculo do tributo, ou ambas), diminuí-la (adotando o procedimento inverso) ou, até, suprimi-la, através da não tributação pura e simples ou do emprego do mecanismo das isenções. Pode, ainda, perdoar débitos tributários já nascidos ou parcelá-los, anistiando, se entender que é o caso, as eventuais infrações cometidas.

O que queremos significar é que quem pode tributar pode, do mesmo modo, aumentar o tributo, minorá-lo, parcelar seu pagamento, isentá- lo, no todo ou em parte, remiti-lo, anistiar as infrações fiscais ou, até, não tributar, observadas sempre, é claro, as diretrizes constitucionais. Tudo vai depender de uma decisão política, a ser tomada pela própria entidade tributante.

O que se depreende, portanto, dos ensinamentos dos doutos doutrinadores citados, é que os agentes públicos não podem livremente dispor dos bens públicos, contudo, na forma da lei, os bens públicos podem ser disponíveis, e, ainda, que o instituto da transação tributária, por importar em concessão por parte da autoridade fiscal, apenas pode ocorrer nos termos da lei.

Luís Eduardo Schouer explica que, em se tratando de transação, a lei não pode admitir uma faculdade geral:[29]

> Admitir uma faculdade geral de transação, seja a uma pessoa ou a um colegiado, é, antes de tudo, distorcer o próprio conceito de tributo. Este, de compulsório, passa a ser opcional. Haverá órgão que decidirá se o sujeito passivo deve, ou não, recolher um tributo que pressupõe devido. Bastará o sujeito passivo entender que não deve pagar um tributo, para que se abra a possibilidade para uma transação. À guisa de se terminarem litígios, abre-se o caminho para a sua multiplicação, dada a possibilidade de se recolher montante menor a título de tributo. Sendo o sujeito passivo frustrado em seu pleito, o pior que lhe acontece é recolher o tributo que, afinal, já era considerado devido pela Administração.

Nesse sentido, também Oswaldo Othon de Pontes Saraiva Filho afirma que é inconstitucional a lei que confere à Administração ampla discricionariedade para transacionar:[30]

> A transação tributária e outras formas alternativas de resolução de controvérsias tributárias são meios excepcionais de extinguir o litígio e o crédito tributário. Por isso, como exceção à regra de que as obrigações tributárias são impostas, compulsoriamente, por lei, e que devem ser cobradas mediante atividade administrativa plenamente vinculada, e em respeito aos princípios e normas constitucionais, reclamam o detalhamento acerca dos respectivos limites e condições, não sendo admissível uma lei geral que conceda amplos poderes discricionários à Administração nesta seara.

Aliomar Baleeiro se manifestou também pela possibilidade de relativa discricionariedade na transação:[31]

---

[29] SCHOUERI, Luís Eduardo. *Direito Tributário*. 7. ed. São Paulo: Saraiva, 2017, p. 685.

[30] SARAIVA FILHO, *op. cit.*, p. 55.

[31] BALEEIRO, Aliomar. *Direito Tributário brasileiro*. Atualização por Misabel Abreu Machado Derzi. Rio de Janeiro: Forense, 2003, p. 905.

A autoridade só pode celebrá-la, com relativo discricionarismo administrativo na apreciação das condições, conveniências e oportunidades, se a lei lho faculta e dentro dos limites e requisitos por ela fixados.

Ives Gandra da Silva Martins também se posicionou pela existência de razoável discricionariedade na atuação da administração, uma vez que a transação se realiza por meio de "concessões mútuas, com vistas ao atendimento do interesse público".[32]

Do exposto, observa-se que o princípio da legalidade tributária impõe a exigência de previsão legal específica para conferir razoável discricionariedade normativa ou decisória ao administrador tributário. E, ainda assim, a lei não pode conferir ao administrador transacionar em qualquer situação, em que pese existirem posicionamentos de respeitados doutrinadores nesse sentido. É que a transação tributária, por implicar em concessões mútuas entre os sujeitos do polo ativo e passivo da relação jurídica tributária, exige que a outorga de discricionariedade possua razoabilidade, necessitando de lei que preveja quais as hipóteses específicas e restritas em que será possível transacionar.

3 Princípio da igualdade

A margem de discricionariedade do agente público e a exigência de detalhamento da lei de transação também estão relacionadas com o princípio da igualdade.

No campo tributário, a isonomia é tratada nos arts. 145, §1º,[33] que determina que os impostos terão caráter pessoal e serão graduados segundo a capacidade econômica do contribuinte, e 150, inciso II,[34] que veda à União, aos Estados, ao Distrito Federal e aos Municípios instituir tratamento desigual entre contribuintes que estejam em situação equivalente, proibida qualquer distinção em razão de ocupação profissional ou função por eles exercida, independentemente da denominação jurídica dos rendimentos, títulos ou direitos.

Conforme lição de Geraldo Ataliba, a isonomia firmou-se no direito constitucional moderno como direito subjetivo de todos os cidadãos a tratamento igual pelo Estado e, de nada adiantaria o princípio da legalidade sem o princípio da igualdade:[35]

---

[32] MARTINS, Ives Gandra, *op. cit.*, p. 378.

[33] "Art. 145. A União, os Estados, o Distrito Federal e os Municípios poderão instituir os seguintes tributos:
(...)
§1º Sempre que possível, os impostos terão caráter pessoal e serão graduados segundo a capacidade econômica do contribuinte, facultado à administração tributária, especialmente para conferir efetividade a esses objetivos, identificar, respeitados os direitos individuais e nos termos da lei, o patrimônio, os rendimentos e as atividades econômicas do contribuinte."

[34] "Art. 150. Sem prejuízo de outras garantias asseguradas ao contribuinte, é vedado à União, aos Estados, ao Distrito Federal e aos Municípios:
(...)
II – instituir tratamento desigual entre contribuintes que se encontrem em situação equivalente, proibida qualquer distinção em razão de ocupação profissional ou função por eles exercida, independentemente da denominação jurídica dos rendimentos, títulos ou direitos;"

[35] ATALIBA, Geraldo. *República e Constituição*. 2. ed. São Paulo: Malheiros, 1998, p. 158 e 160.

De nada valeria a legalidade se não fosse marcada pela igualdade. A igualdade é, assim, a primeira base de todos os princípios constitucionais e condiciona a própria função legislativa, que é a mais nobre, alta e ampla de quantas funções o povo, republicanamente, decidiu criar. A isonomia há de se expressar, portanto, em todas as manifestações do Estado, as quais, na sua maioria, se traduzem concretamente em atos de aplicação da lei, ou seu desdobramento. Não há ato ou forma de expressão estatal que possa escapar ou subtrair-se às exigências da igualdade.

Roque Antonio Carrazza explica que a República impõe o princípio da igualdade:[36]

Aceitando que todos os homens, indistintamente, possuem condições de pretender os mesmos direitos políticos, a República impõe o princípio da igualdade, como fulcro da organização política. E o princípio da igualdade, como é pacífico, tem um conteúdo prevalentemente negativo: a abolição e o afastamento dos privilégios. Evidentemente, esta igualdade é formal e não substancial.

Para Celso Antônio Bandeira de Mello, o princípio da igualdade possui duplo objetivo:[37]
a) conferir garantia individual contra perseguições; e
b) impedir favoritismos.
Segundo Humberto Ávila, a igualdade consiste em uma medida de comparação na relação entre dois ou mais sujeitos, e exemplifica com o tamanho ou porte dos contribuintes, que, segundo ele, deve ser aferida por meio de um elemento indicativo, como a receita bruta anual, que servirá de instrumento para a realização de uma determinada finalidade, como é o caso de se desejar favorecer o desenvolvimento do pequeno empresário.[38]
Ainda, de acordo com Humberto Ávila, a igualdade:[39]
a) possui o sentido de regra, na medida em que prevê o comportamento dos Poderes Legislativo e Executivo, que devem tratar igualmente situações equivalentes;
b) tem também a dimensão de postulado, pois orienta o aplicador na investigação acerca dos sujeitos, dos critérios e das finalidades da diferenciação; e
c) é tridimensional, na perspectiva da espécie normativa que a exterioriza.
Aliomar Baleeiro nos ensina que, se todos são iguais perante a lei, "não são toleráveis discriminações nem isenções que não correspondam a critérios razoáveis e compatíveis com o sistema da Constituição".[40]
De todo o exposto, verifica-se que também do princípio da igualdade decorre a exigência de previsão legal específica para a transação tributária.
Dessa forma, conforme ensinamentos de Carlos Yuri Araújo Morais, em obediência ao princípio da isonomia, é imprescindível que os representantes eleitos pelo povo

36 CARRAZZA, *op. cit.*, p. 72 e 75.
37 MELLO, Celso Antônio Bandeira de. *O conteúdo jurídico do princípio da igualdade*. São Paulo: Malheiros, 2012. p. 23.
38 ÁVILA, Humberto. *Teoria da igualdade tributária*. São Paulo: Malheiros, 2015, p. 40-45.
39 ÁVILA, Humberto. *Sistema Constitucional Tributário*. São Paulo: Saraiva, 2012, p. 410.
40 BALEEIRO, Aliomar. *Limitações constitucionais ao poder de tributar*. Atualização por Misabel Abreu Machado Derzi. Rio de Janeiro: Forense, 2010, p. 846.

estabeleçam as hipóteses e as condições em que é possível a transação, e a lei não pode conferir discricionariedade tamanha à Administração Pública a ponto de que inexista garantia mínima de tratamento isonômico aos contribuintes.[41]

E, de acordo com Marçal Justen Filho, o princípio da igualdade não pode impedir, *a priori*, a discricionariedade administrativa, por ser o instituto que conforma a autonomia do administrador à legalidade e que soluciona o problema da inadequação do processo legislativo.[42]

Carlos Yuri Araújo Morais sugere, objetivando o respeito ao princípio da igualdade relacionado à publicidade e transparência das transações, que seja formado de um banco de dados que descreva os casos concretos submetidos à transação e as soluções acordadas. Na sua opinião, tal procedimento iria contribuir para homogeneizar a atuação da Administração, unificar os critérios para a celebração dos acordos, bem como acelerar o processo de tomada de decisões, permitindo o conhecimento de casos prévios.[43]

No mesmo sentido do respeito ao princípio da igualdade, Phelippe Toledo Pires de Oliveira propõe a publicidade dos casos submetidos à transação e de toda decisão que conceda ou negue o acordo, para que os próprios contribuintes possam ter um mecanismo de controle.[44]

Como visto, o princípio da igualdade, no campo tributário, disciplina que o tratamento a ser conferido pela Administração aos contribuintes deve ser equitativo, justo e não discriminatório. Trata-se de mais um preceito de limitação constitucional ao instituto da transação tributária, que deve ser observado tanto pelo legislador quanto pelo aplicador da lei. Esse princípio implica que o instituto da transação tributária não pode ser utilizado como fonte para a promoção de privilégios, favorecimentos, perseguições ou discriminações, impondo à Administração Tributária o dever de aplicar a lei de maneira equitativa.

Cabe concluir, portanto, que o princípio da igualdade, assim como os princípios da legalidade e da supremacia e da indisponibilidade do interesse público, forma as principais limitações constitucionais à possibilidade de transação tributária.

4 Código Tributário Nacional (CTN)

Como já dito, a transação foi disciplinada no art. 171 do Código Tributário Nacional da seguinte forma:

---

[41] MORAIS, Carlos Yuri Araújo. Transação e arbitragem em matéria tributária: a experiência estrangeira e sua aplicabilidade ao direito brasileiro. *In*: SARAIVA FILHO, Oswaldo Othon de Pontes; GUIMARÃES, Vasco Branco (Org.). *Transação e arbitragem no âmbito tributário*: homenagem ao jurista Carlos Mário da Silva Velloso. Belo Horizonte: Fórum, 2008, p. 500.
[42] JUSTEN FILHO, *op. cit.*, p. 120 e 123.
[43] MORAIS, *op. cit.*, p. 500-501.
[44] OLIVEIRA, *op. cit.*, p. 170-171.

REGINA MARIA FERNANDES BARROSO

AUTONOMIA FUNCIONAL E RESPONSABILIDADE DO AGENTE PÚBLICO EM ACORDOS DE TRANSAÇÃO – LEI Nº 13.988, DE 2020, ART. 29 | 229

Art. 171. A lei pode facultar, nas condições que estabeleça, aos sujeitos ativo e passivo da obrigação tributária celebrar transação que, mediante concessões mútuas, importe em determinação de litígio e conseqüente extinção de crédito tributário.

Parágrafo único. A lei indicará a autoridade competente para autorizar a transação em cada caso.

Segundo ensinamentos de Roque Antonio Carraza, o art. 171 do CTN faculta ao ente tributante expedir ou não lei que estabeleça a possibilidade de transação e as suas respectivas condições. Tal dispositivo evidencia que os entes tributantes possuem, dessa forma, faculdade discricionária de agir, aferindo a conveniência, utilidade e vantagem da medida, sem qualquer controle externo, estando sujeitos apenas à reprovação moral e à censura da opinião pública.[45]

Quanto ao termo concessão mútua, previsto no *caput* do art. 171 do CTN, Sacha Calmon Navarro Coêlho assim esclarece: "Se apenas uma parte cede, não há transação, senão que ato unilateral capaz de comover ou demover a outra parte".[46] O termo concessão mútua deve ser entendido, então, como um requisito da reciprocidade para que ocorra a transação tributária, o qual necessita que ambas as partes cedam.

Como o *caput* do art. 171 do CTN estabelece que a transação importa na sua extinção, cabe afirmar que o objeto das concessões mútuas é o crédito tributário.

Conforme ensinamentos de Luís Eduardo Schoueri, o art. 171 do CTN exige cautela na aplicação da conciliação e obediência aos princípios da legalidade e o interesse público:[47]

> A aplicação do instituto da transação em matéria tributária exige cautela. Afinal, uma das partes da relação é o Fisco e sua pretensão – o crédito tributário – não pode ser objeto de uma renúncia. Deve-se ter em mente que a atividade da autoridade administrativa é obrigatória, à luz do artigo 142 do Código Tributário Nacional. Ao mesmo tempo, não se pode negar que não é interesse sequer do Fisco que uma disputa judicial fique se arrastando por anos, entulhando os tribunais e prorrogando indefinidamente o eventual recebimento do crédito tributário. Daí por que o artigo 171 do Código Tributário Nacional, ao tratar da transação, prevê a necessidade de uma lei, que deverá impor condições para que a transação seja possível. Tem-se, aqui, uma conciliação entre, de um lado, o Princípio da Legalidade, que exige a presença de uma lei para que se dê a transação e, de outro, o interesse público, que muitas vezes será mais bem atendido se forem encurtadas as demandas judiciais, por meio da transação.

Ricardo Lobo Torres evidencia que, para proceder à transação, o requisito da indicação da autoridade competente para autorizar a transação está relacionado à circunstância de que os representantes da Fazenda Pública nos processos judiciais, como Procuradores da Fazenda Nacional, dos Estados e dos Municípios, apenas têm poderes *ad judicia* e necessitam de autorização da autoridade superior, como o Procurador-Geral da Fazenda Nacional, do Estado ou do Município.[48]

---

[45] CARRAZZA, *op. cit.*, p. 794-795.

[46] COÊLHO, Sacha Calmon Navarro. *Curso de Direito Tributário brasileiro*. Rio de Janeiro: Forense, 2018, p. 635.

[47] SCHOUERI, *op. cit.*, p. 685.

[48] TORRES, Ricardo Lobo. *Curso de Direito Financeiro e Tributário*. Rio de Janeiro: Renovar, 2011, p. 301.

Considerando que o *caput* do art. 171 prevê que a transação tributária implica a determinação de litígio e consequente extinção de crédito tributário, a maioria da doutrina opina no sentido de que o CTN não permite a modalidade preventiva para o instituto, cabendo citar Luiz Eduardo Schoueri,[49] Oswaldo Othon de Pontes Saraiva Filho,[50] Paulo de Barros Carvalho,[51] Regina Helena Costa,[52] Sacha Calmon Navarro Coêlho,[53] Hugo de Brito Machado e Hugo de Brito Machado Segundo,[54] entre outros.

Como se verifica, o CTN, em seu art. 171, atendeu aos princípios constitucionais da legalidade e da igualdade ao estabelecer a necessidade da edição de lei para facultar a transação e estabelecer as condições em que ela pode ocorrer, bem como indicar a autoridade competente para autorizar o instituto.

Cabe constatar também que a transação, conforme autorizada pelo art. 171 do CTN, além do atendimento aos princípios da legalidade e da igualdade, necessita atender ao requisito da discricionariedade razoável, observada a exigência de motivação e de transparência nas transações, bem como ao princípio da supremacia e indisponibilidade do interesse público.

5 Lei nº 13.988, de 2020

Como já dito, a transação tributária, apesar de existir previsão em nosso ordenamento jurídico desde a edição do CTN em 1966, no seu art. 171, somente foi regulamentada com a MP nº 899, de 2019, que foi convertida na Lei nº 13.988, de 2020, estabelecendo os requisitos e as condições para a celebração da transação tributária no âmbito federal relativa à cobrança de créditos da Fazenda Pública, de natureza tributária ou não tributária (art. 1º [55]).

Com efeito, a natureza jurídica da transação tributária aprovada pela Lei nº 13.988, de 2020, é, como se pode observar do inteiro teor da lei, a de contrato, por pressupor a composição de vontades entre os sujeitos ativo e passivo da relação tributária, que devem fazer mútuas concessões.

Como forma de manter a harmonia com o caráter facultativo previsto no *caput* do art. 171 do CTN, segundo o qual a lei que criar o instituto de transação deverá conferir uma faculdade aos sujeitos da relação tributária, o §1º [56] do art. 1º da lei prevê que a celebração da transação está inserida no âmbito do juízo de conveniência e oportunidade da

---

[49] SCHOUERI, *op. cit.*, p. 685.

[50] SARAIVA FILHO, *op. cit.*, p. 46.

[51] CARVALHO, *op. cit.*, p. 454.

[52] COSTA, *op. cit.*, p. 282

[53] COÊLHO, *op. cit.*, p. 635.

[54] MACHADO, Hugo de Brito; MACHADO SEGUNDO, Hugo de Brito. Transação em matéria tributária: limites e inconstitucionalidades. *Tributação em Revista*, n. 56, jan.- jun. 2010. p.17.

[55] "Art. 1º Esta Lei estabelece os requisitos e as condições para que a União, as suas autarquias e fundações, e os devedores ou as partes adversas realizem transação resolutiva de litígio relativo à cobrança de créditos da Fazenda Pública, de natureza tributária ou não tributária."

[56] "§1º A União, em juízo de oportunidade e conveniência, poderá celebrar transação em quaisquer das modalidades de que trata esta Lei, sempre que, motivadamente, entender que a medida atende ao interesse público."

União e, ainda, como requisito, atender ao interesse público e ser objeto de motivação, objetivando limitar a discricionariedade decisória do agente público.

O §2º [57] do art. 1º da lei estabelece que devem ser observados, na atuação do agente público, dentre outros, os princípios da isonomia, da capacidade contributiva, da transparência, da moralidade, da razoável duração dos processos, da eficiência e da publicidade. Além desses, vale lembrar que o agente em sua atuação não se pode esquecer do princípio da supremacia e indisponibilidade do interesse público, por ter o mesmo influência direta no instituto da transação, juntamente com o da legalidade, que está atendido com a edição da Lei nº 13.988, de 2020, e o da igualdade, que foi citado no §2º do art. 1º, por corresponderem às principais limitações constitucionais à transação tributária.

O §4º [58] do art. 1º da lei, prevê que a transação se aplica aos créditos tributários não judicializados sob a administração da Receita Federal e aos inscritos e em cobrança na dívida ativa.

O art. 2º [59] da lei contempla as três modalidades possíveis de transação:

a) na cobrança da dívida ativa;
b) no contencioso tributário de relevante e disseminada controvérsia jurídica;
c) no contencioso tributário de pequeno valor.

O art. 3º [60] prevê que a transação, em qualquer modalidade, está condicionada à assunção de compromissos mínimos pelo devedor:

---

[57] "§2º Para fins de aplicação e regulamentação desta Lei, serão observados, entre outros, os princípios da isonomia, da capacidade contributiva, da transparência, da moralidade, da razoável duração dos processos e da eficiência e, resguardadas as informações protegidas por sigilo, o princípio da publicidade."

[58] "§4º Aplica-se o disposto nesta Lei:
I – aos créditos tributários não judicializados sob a administração da Secretaria Especial da Receita Federal do Brasil do Ministério da Economia;
II – à dívida ativa e aos tributos da União, cujas inscrição, cobrança e representação incumbam à Procuradoria-Geral da Fazenda Nacional, nos termos do art. 12 da Lei Complementar nº 73, de 10 de fevereiro de 1993; e
II – no que couber, à dívida ativa das autarquias e das fundações públicas federais, cujas inscrição, cobrança e representação incumbam à Procuradoria-Geral Federal, e aos créditos cuja cobrança seja competência da Procuradoria-Geral da União, nos termos de ato do Advogado-Geral da União e sem prejuízo do disposto na Lei nº 9.469, de 10 de julho de 1997"

[59] "Art. 2º Para fins desta Lei, são modalidades de transação as realizadas:
I – por proposta individual ou por adesão, na cobrança de créditos inscritos na dívida ativa da União, de suas autarquias e fundações públicas, na cobrança de créditos que seja da competência da Procuradoria-Geral da União, ou em contencioso administrativo fiscal;
II – por adesão, nos demais casos de contencioso judicial ou administrativo tributário; e
III – por adesão, no contencioso tributário de pequeno valor.
Parágrafo único. A transação por adesão implica aceitação pelo devedor de todas as condições fixadas no edital que a propõe."

[60] "Art. 3º A proposta de transação deverá expor os meios para a extinção dos créditos nela contemplados e estará condicionada, no mínimo, à assunção pelo devedor dos compromissos de:
I – não utilizar a transação de forma abusiva, com a finalidade de limitar, de falsear ou de prejudicar, de qualquer forma, a livre concorrência ou a livre iniciativa econômica;
II – não utilizar pessoa natural ou jurídica interposta para ocultar ou dissimular a origem ou a destinação de bens, de direitos e de valores, os seus reais interesses ou a identidade dos beneficiários de seus atos, em prejuízo da Fazenda Pública federal;
III – não alienar nem onerar bens ou direitos sem a devida comunicação ao órgão da Fazenda Pública competente, quando exigido em lei;
IV – desistir das impugnações ou dos recursos administrativos que tenham por objeto os créditos incluídos na transação e renunciar a quaisquer alegações de direito sobre as quais se fundem as referidas impugnações ou recursos; e"

a) não utilizar a transação de forma abusiva, para limitar, falsear ou prejudicar a livre concorrência ou a livre iniciativa econômica;

b) não utilizar pessoa natural ou jurídica interposta para ocultar ou dissimular a origem ou a destinação de bens, direitos e valores, os seus reais interesses ou a identidade dos beneficiários de seus atos;

c) não alienar nem onerar bens ou direitos sem a devida comunicação ao órgão da Fazenda Pública competente, quando exigido em lei;

d) desistir das impugnações ou dos recursos administrativos que tenham por objeto os créditos incluídos na transação e renunciar a quaisquer alegações de direito sobre as quais eles se fundem;

e) renunciar a quaisquer alegações de direito, atuais ou futuras, sobre as quais se fundem ações judiciais, inclusive as coletivas, ou recursos que tenham por objeto os créditos incluídos na transação, por meio de requerimento de extinção do respectivo processo com resolução de mérito (art. 487, III, "c", do CPC).

O art. 4º[61] da lei estabeleceu que o termo do acordo pode prever hipóteses adicionais e previu os seguintes casos de rescisão da transação:

a) descumprimento das condições, cláusulas ou compromissos assumidos;

b) constatação de ato tendente ao esvaziamento patrimonial do devedor como forma de fraudar o cumprimento da transação, ainda que realizado anteriormente à sua celebração;

V – renunciar a quaisquer alegações de direito, atuais ou futuras, sobre as quais se fundem ações judiciais, inclusive as coletivas, ou recursos que tenham por objeto os créditos incluídos na transação, por meio de requerimento de extinção do respectivo processo com resolução de mérito, nos termos da alínea c do inciso III do *caput* do art. 487 da Lei nº 13.105, de 16 de março de 2015 (Código de Processo Civil).

§1º A proposta de transação deferida importa em aceitação plena e irretratável de todas as condições estabelecidas nesta Lei e em sua regulamentação, de modo a constituir confissão irrevogável e irretratável dos créditos abrangidos pela transação, nos termos dos arts. 389 a 395 da Lei n nº 13.105, de 16 de março de (Código de Processo Civil).

§2º Quando a transação envolver moratória ou parcelamento, aplica-se, para todos os fins, o disposto nos incisos I e VI do *caput* do art. 151 da Lei n º 5.172, de 25 de outubro de 1966.

§3º Os créditos abrangidos pela transação somente serão extintos quando integralmente cumpridas as condições previstas no respectivo termo."

61 "Art. 4º Implica a rescisão da transação:

I – o descumprimento das condições, das cláusulas ou dos compromissos assumidos;

II – a constatação, pelo credor, de ato tendente ao esvaziamento patrimonial do devedor como forma de fraudar o cumprimento da transação, ainda que realizado anteriormente à sua celebração;

III – a decretação de falência ou de extinção, pela liquidação, da pessoa jurídica transigente;

IV – a comprovação de prevaricação, de concussão ou de corrupção passiva na sua formação;

V – a ocorrência de dolo, de fraude, de simulação ou de erro essencial quanto à pessoa ou quanto ao objeto do conflito;

VI – a ocorrência de alguma das hipóteses rescisórias adicionalmente previstas no respectivo termo de transação; ou

VII – a inobservância de quaisquer disposições desta Lei ou do edital.

§1º O devedor será notificado sobre a incidência de alguma das hipóteses de rescisão da transação e poderá impugnar o ato, na forma da Lei nº 9.784, de 29 de janeiro de 1999, no prazo de 30 (trinta) dias.

§2º Quando sanável, é admitida a regularização do vício que ensejaria a rescisão durante o prazo concedido para a impugnação, preservada a transação em todos os seus termos.

§3º A rescisão da transação implicará o afastamento dos benefícios concedidos e a cobrança integral das dívidas, deduzidos os valores já pagos, sem prejuízo de outras consequências previstas no edital.

§4º Aos contribuintes com transação rescindida é vedada, pelo prazo de 2 (dois) anos, contado da data de rescisão, a formalização de nova transação, ainda que relativa a débitos distintos."

c) decretação de falência ou de extinção, pela liquidação, da pessoa jurídica transigente;

d) comprovação de prevaricação, de concussão ou de corrupção passiva na sua formação;

e) ocorrência de dolo, de fraude, de simulação ou de erro essencial quanto à pessoa ou quanto ao objeto do conflito;

f) ocorrência de alguma das hipóteses rescisórias adicionalmente previstas no respectivo termo de transação; ou

g) inobservância das disposições da Lei nº 13.988, de 2020, ou do edital.

O art. 5º[62] da lei trata das vedações à transação, quais sejam:

a) multas de natureza penal;

b) descontos a créditos relativos ao SIMPLES, enquanto não editada lei complementar autorizativa, e ao FGTS, quando não autorizado pelo Conselho Curador ; e

c) acordo que envolva devedor contumaz, conforme definido em lei específica,

Observa-se a procedência da vedação do devedor contumaz ao considerarmos o princípio da isonomia, uma vez que devedor contumaz é o que deixa de adimplir as obrigações tributárias, mesmo tendo capacidade de pagamento, utilizando o tributo intencionalmente com o objetivo de se financiar.

O art. 7º[63] da lei proíbe àqueles que aderirem ao instituto solicitarem restituição ou compensação de importâncias pagas, compensadas ou incluídas em parcelamentos pelos quais tenham optado antes da celebração da transação.

Os arts. 8º e 9º[64] disciplinam a prévia e expressa autorização ministerial para os casos de proposta de transação cujos valores forem superiores aos fixados em ato do Ministro da Economia ou do Advogado-Geral da União e a necessidade de observância das normas orçamentárias e financeiras para a concessão da transação.

---

[62] "Art. 5º É vedada a transação que:

I – reduza multas de natureza penal;

II – conceda descontos a créditos relativos ao:

a) Regime Especial Unificado de Arrecadação de Tributos e Contribuições devidos pelas Microempresas e Empresas de Pequeno Porte (Simples Nacional), enquanto não editada lei complementar autorizativa;

b) Fundo de Garantia do Tempo de Serviço (FGTS), enquanto não autorizado pelo seu Conselho Curador;

III – envolva devedor contumaz, conforme definido em lei específica.

§1º É vedada a acumulação das reduções oferecidas pelo edital com quaisquer outras asseguradas na legislação em relação aos créditos abrangidos pela proposta de transação.

§2º Nas propostas de transação que envolvam redução do valor do crédito, os encargos legais acrescidos aos débitos inscritos em dívida ativa da União de que trata o art. 1º do Decreto-Lei nº 1.025, de 21 de outubro de 1969, serão obrigatoriamente reduzidos em percentual não inferior ao aplicado às multas e aos juros de mora relativos aos créditos a serem transacionados.

§3º A rejeição da autorização referida na alínea *b* do inciso II do *caput* deste artigo exigirá manifestação expressa e fundamentada do Conselho Curador do FGTS, sem a qual será reputada a anuência tácita após decorrido prazo superior a 20 (vinte) dias úteis da comunicação, pela Procuradoria-Geral da Fazenda Nacional, da abertura do edital para adesão ou da proposta de transação individual."

[63] "Art. 7º A proposta de transação e a sua eventual adesão por parte do sujeito passivo ou devedor não autorizam a restituição ou a compensação de importâncias pagas, compensadas ou incluídas em parcelamentos pelos quais tenham optado antes da celebração do respectivo termo."

[64] "Art. 8º Na hipótese de a proposta de transação envolver valores superiores aos fixados em ato do Ministro de Estado da Economia ou do Advogado-Geral da União, a transação, sob pena de nulidade, dependerá de prévia e expressa autorização ministerial, admitida a delegação.

Art. 9º Os atos que dispuserem sobre a transação poderão, quando for o caso, condicionar sua concessão à observância das normas orçamentárias e financeiras."

O art. 10[65] prevê como competentes para celebrar a transação de dívidas inscritas a Procuradoria-Geral da Fazenda Nacional e a Procuradoria-Geral Federal, de forma individual ou por adesão, ou por iniciativa do devedor, e da Procuradoria-Geral da União, em relação aos créditos sob sua responsabilidade. A Lei nº 14.375, de 2022, incluiu o art. 10-A para prever a transação na cobrança de créditos tributários em contencioso administrativo fiscal, que poderá ser proposta pela Secretaria Especial da Receita Federal do Brasil, de forma individual ou por adesão, ou por iniciativa do devedor.

O art. 11[66] especifica os tipos de benefícios que podem ser alcançados com a transação, sendo:

---

[65] "Art. 10. A transação na cobrança da dívida ativa da União, das autarquias e das fundações públicas federais poderá ser proposta, respectivamente, pela Procuradoria-Geral da Fazenda Nacional e pela Procuradoria-Geral Federal, de forma individual ou por adesão, ou por iniciativa do devedor, ou pela Procuradoria-Geral da União, em relação aos créditos sob sua responsabilidade."

[66] "Art. 11. A transação poderá contemplar os seguintes benefícios:
I – a concessão de descontos nas multas, nos juros de mora e nos encargos legais relativos a créditos a serem transacionados que sejam classificados como irrecuperáveis ou de difícil recuperação, conforme critérios estabelecidos pela autoridade fazendária, nos termos do inciso V do *caput* do art. 14 desta Lei;
II – o oferecimento de prazos e formas de pagamento especiais, incluídos o diferimento e a moratória;
III – o oferecimento, a substituição ou a alienação de garantias e de constrições;
V – a utilização de créditos de prejuízo fiscal e de base de cálculo negativa da Contribuição Social sobre o Lucro Líquido (CSLL), na apuração do Imposto sobre a Renda das Pessoas Jurídicas (IRPJ) e da CSLL, até o limite de 70% (setenta por cento) do saldo remanescente após a incidência dos descontos, se houver; (Incluído pela Lei nº 14.375, de 2022)
V – o uso de precatórios ou de direito creditório com sentença de valor transitada em julgado para amortização de dívida tributária principal, multa e juros. (Incluído pela Lei nº 14.375, de 2022)
§1º É permitida a utilização de mais de uma das alternativas previstas nos incisos I, II, III, IV e V do caput deste artigo para o equacionamento dos créditos inscritos em dívida ativa da União.   (Redação dada pela Lei nº 14.375, de 2022)
§1º-A. Após a incidência dos descontos previstos no inciso I do caput deste artigo, se houver, a liquidação de valores será realizada no âmbito do processo administrativo de transação para fins da amortização do saldo devedor transacionado a que se refere o inciso IV do caput deste artigo e será de critério exclusivo da Secretaria Especial da Receita Federal do Brasil, para créditos em contencioso administrativo fiscal, ou da Procuradoria-Geral da Fazenda Nacional, para créditos inscritos em dívida ativa da União, sendo adotada em casos excepcionais para a melhor e efetiva composição do plano de regularização.(Incluído pela Lei nº 14.375, de 2022)
§2º É vedada a transação que:
I – reduza o montante principal do crédito, assim compreendido seu valor originário, excluídos os acréscimos de que trata o inciso I do caput deste artigo;
II – implique redução superior a 65% (sessenta e cinco por cento) do valor total dos créditos a serem transacionados; (Redação dada pela Lei nº 14.375, de 2022)
III – conceda prazo de quitação dos créditos superior a 120 (cento e vinte) meses; (Redação dada pela Lei nº 14.375, de 2022);
IV – envolva créditos não inscritos em dívida ativa da União, exceto aqueles sob responsabilidade da Procuradoria-Geral da União ou em contencioso administrativo fiscal de que trata o art. 10-A desta Lei. (Redação dada pela Lei nº 14.375, de 2022)
§3º Na hipótese de transação que envolva pessoa natural, microempresa ou empresa de pequeno porte, a redução máxima de que trata o inciso II do §2º deste artigo será de até 70% (setenta por cento), ampliando-se o prazo máximo de quitação para até 145 (cento e quarenta e cinco) meses, respeitado o disposto no §11 do art. 195 da Constituição Federal.
§4º O disposto no §3º deste artigo aplica-se também às:
I – Santas Casas de Misericórdia, sociedades cooperativas e demais organizações da sociedade civil de que trata a Lei n º 13.019, de 31 de julho de 2014; e
II – instituições de ensino.
§5º Incluem-se como créditos irrecuperáveis ou de difícil recuperação, para os fins do disposto no inciso I do *caput* deste artigo, aqueles devidos por empresas em processo de recuperação judicial, liquidação judicial, liquidação extrajudicial ou falência.
§6º Na transação, poderão ser aceitas quaisquer modalidades de garantia previstas em lei, inclusive garantias reais ou fidejussórias, cessão fiduciária de direitos creditórios e alienação fiduciária de bens móveis ou imóveis ou de direitos, bem como créditos líquidos e certos do contribuinte em desfavor da União reconhecidos em

a) a concessão de descontos nas multas, nos juros de mora e nos encargos legais relativos a créditos que sejam classificados como irrecuperáveis ou de difícil recuperação;

b) o oferecimento de prazos e formas de pagamento especiais, incluídos o diferimento e a moratória;

c) o oferecimento, a substituição ou a alienação de garantias e de constrições;

d) a utilização de créditos de prejuízo fiscal e de base de cálculo negativa da Contribuição Social sobre o Lucro Líquido (CSLL), na apuração do Imposto sobre a Renda das Pessoas Jurídicas (IRPJ) e da CSLL, até o limite de 70% (setenta por cento) do saldo remanescente após a incidência dos descontos, se houver; e (Incluído pela Lei nº 14.375, de 2022)

e) o uso de precatórios ou de direito creditório com sentença de valor transitada em julgado para amortização de dívida tributária principal, multa e juros (Incluído pela Lei nº 14.375, de 2022).

Observa-se que a lei prevê que somente é possível a concessão de descontos de multas, juros e encargos para os créditos considerados irrecuperáveis ou de difícil recuperação que são aqueles associados à situação de crise econômico-financeira do sujeito passivo.

O art. 12[67] especifica que a proposta de transação não suspende a exigibilidade dos créditos por ela abrangidos nem o andamento das respectivas execuções fiscais.

---

decisão transitada em julgado, observado, entretanto, que não constitui óbice à realização da transação a impossibilidade material de prestação de garantias pelo devedor ou de garantias adicionais às já formalizadas em processos judiciais. (Redação dada pela Lei nº 14.375, de 2022)

§7º Para efeito do disposto no inciso IV do caput deste artigo, a transação poderá compreender a utilização de créditos de prejuízo fiscal e de base de cálculo negativa da CSLL de titularidade do responsável tributário ou corresponsável pelo débito, de pessoa jurídica controladora ou controlada, de forma direta ou indireta, ou de sociedades que sejam controladas direta ou indiretamente por uma mesma pessoa jurídica, apurados e declarados à Secretaria Especial da Receita Federal do Brasil, independentemente do ramo de atividade, no período previsto pela legislação tributária. (Incluído pela Lei nº 14.375, de 2022)

§8º O valor dos créditos de que trata o §1º-A deste artigo será determinado, na forma da regulamentação: (Incluído pela Lei nº 14.375, de 2022)

I – por meio da aplicação das alíquotas do imposto sobre a renda previstas no art. 3º da Lei nº 9.249, de 26 de dezembro de 1995, sobre o montante do prejuízo fiscal; e (Incluído pela Lei nº 14.375, de 2022)

II – por meio da aplicação das alíquotas da CSLL previstas no art. 3º da Lei nº 7.689, de 15 de dezembro de 1988, sobre o montante da base de cálculo negativa da contribuição. (Incluído pela Lei nº 14.375, de 2022)

§9º A utilização dos créditos a que se refere o §1º-A deste artigo extingue os débitos sob condição resolutória de sua ulterior homologação. (Incluído pela Lei nº 14.375, de 2022)

§10. A Secretaria Especial da Receita Federal do Brasil dispõe do prazo de 5 (cinco) anos para a análise dos créditos utilizados na forma do §1º-A deste artigo. (Incluído pela Lei nº 14.375, de 2022)

§11. Os benefícios concedidos em programas de parcelamento anteriores ainda em vigor serão mantidos, considerados e consolidados para efeitos da transação, que será limitada ao montante referente ao saldo remanescente do respectivo parcelamento, considerando-se quitadas as parcelas vencidas e liquidadas, na respectiva proporção do montante devido, desde que o contribuinte se encontre em situação regular no programa e, quando for o caso, esteja submetido a contencioso administrativo ou judicial, vedada a acumulação de reduções entre a transação e os respectivos programas de parcelamento. (Incluído pela Lei nº 14.375, de 2022)

§12. Os descontos concedidos nas hipóteses de transação na cobrança de que trata este Capítulo não serão computados na apuração da base de cálculo:(Incluído pela Lei nº 14.375, de 2022)

I – do imposto sobre a renda e da CSLL; e (Incluído pela Lei nº 14.375, de 2022)

II – da contribuição para os Programas de Integração Social e de Formação do Patrimônio do Servidor Público (PIS/Pasep) e da Contribuição para o Financiamento da Seguridade Social (Cofins). (Incluído pela Lei nº 14.375, de 2022)"

[67] "Art. 12. A proposta de transação não suspende a exigibilidade dos créditos por ela abrangidos nem o andamento das respectivas execuções fiscais.

O art. 13[68] trata da competência para assinar o termo de transação realizado de forma individual, sendo competentes o Procurador-Geral da Fazenda Nacional ou o Secretário Especial da Receita Federal do Brasil, diretamente ou por autoridade por ele delegada.

Os arts. 14 e 15[69] estabelecem a necessidade da edição de atos do Procurador-Geral da Fazenda Nacional, quanto aos créditos inscritos em dívida ativa, atos do Secretário Especial da Receita Federal do Brasil, quanto aos créditos em contencioso administrativo fiscal, e do Advogado-Geral da União para disciplinarem os procedimentos relativos à transação.

O art. 16[70] disciplina a forma de transação resolutiva para os litígios aduaneiros ou tributários decorrentes de relevante e disseminada controvérsia jurídica,

---

§1º O disposto no *caput* deste artigo não afasta a possibilidade de suspensão do processo por convenção das partes, conforme o disposto no inciso II do *caput* do art. 313 da a Lei n º 13.105, de 16 de março de 2015 (Código de Processo Civil).

§2º O termo de transação preverá, quando cabível, a anuência das partes para fins da suspensão convencional do processo de que trata inciso II do *caput* do art. 313 da a Lei n º 13.105, de 16 de março de 2015 (Código de Processo Civil), até a extinção dos créditos nos termos do §3º do art. 3º desta Lei ou eventual rescisão.

§3º A proposta de transação aceita não implica novação dos créditos por ela abrangidos."

[68] "Art. 13. Compete ao Procurador-Geral da Fazenda Nacional, quanto aos créditos inscritos em dívida ativa, e ao Secretário Especial da Receita Federal do Brasil, quanto aos créditos em contencioso administrativo fiscal, assinar o termo de transação realizado de forma individual, diretamente ou por autoridade delegada, observada a Lei Complementar nº 73, de 10 de fevereiro de 1993.

§1º A delegação de que trata o *caput* deste artigo poderá ser subdelegada, prever valores de alçada e exigir a aprovação de múltiplas autoridades.

§2º A transação por adesão será realizada exclusivamente por meio eletrônico."

[69] "Art. 14. Compete ao Procurador-Geral da Fazenda Nacional, observado o disposto na Lei Complementar nº 73, de 10 de fevereiro de 1993, e no art. 131 da Constituição Federal, quanto aos créditos inscritos em dívida ativa, e ao Secretário Especial da Receita Federal do Brasil, quanto aos créditos em contencioso administrativo fiscal, disciplinar, por ato próprio: (Redação dada pela Lei nº 14.375, de 2022):

I – os procedimentos necessários à aplicação do disposto neste Capítulo, inclusive quanto à rescisão da transação, em conformidade com a Lei nº 9.784, de 29 de janeiro de 1999;

II – a possibilidade de condicionar a transação ao pagamento de entrada, à apresentação de garantia e à manutenção das garantias já existentes;

III – as situações somente poderá ser celebrada por adesão, autorizado o não conhecimento de eventuais propostas de transação individual;

IV – o formato e os requisitos da proposta de transação e os documentos que deverão ser apresentados;

V – (revogado).

Parágrafo único. Caberá ao Procurador-Geral da Fazenda Nacional disciplinar, por ato próprio, os critérios para aferição do grau de recuperabilidade das dívidas, os parâmetros para aceitação da transação individual e a concessão de descontos, entre eles o insucesso dos meios ordinários e convencionais de cobrança e a vinculação dos benefícios a critérios preferencialmente objetivos que incluam ainda a sua temporalidade, a capacidade contributiva do devedor e os custos da cobrança. (Incluído pela Lei nº 14.375, de 2022)

Art. 15. Ato do Advogado-Geral da União disciplinará a transação no caso dos créditos previstos no inciso III do §4º do art. 1º desta Lei."

[70] "Art. 16. O Ministro de Estado da Economia poderá propor aos sujeitos passivos transação resolutiva de litígios aduaneiros ou tributários decorrentes de relevante e disseminada controvérsia jurídica, com base em manifestação da Procuradoria-Geral da Fazenda Nacional e da Secretaria Especial da Receita Federal do Brasil do Ministério da Economia.

§1º A proposta de transação e eventual adesão por parte do sujeito passivo não poderão ser invocadas como fundamento jurídico ou prognose de sucesso da tese sustentada por qualquer das partes e serão compreendidas exclusivamente como medida vantajosa diante das concessões recíprocas.

§2º A proposta de transação deverá, preferencialmente, versar sobre controvérsia restrita a segmento econômico ou produtivo, a grupo ou universo de contribuintes ou a responsáveis delimitados, vedada, em qualquer hipótese, a alteração de regime jurídico tributário.

§3º Considera-se controvérsia jurídica relevante e disseminada a que trate de questões tributárias que ultrapassem os interesses subjetivos da causa."

Os arts. 17, 18 e 19[71] determinam as formas de divulgação, celebração e rescisão das transações.

O art. 20[72] trata da vedação de celebração de nova transação relativa ao mesmo crédito tributário e das hipóteses em que são vedadas a celebração de transação por adesão.

---

[71] "Art. 17. A proposta de transação por adesão será divulgada na imprensa oficial e nos sítios dos respectivos órgãos na internet, mediante edital que especifique, de maneira objetiva, as hipóteses fáticas e jurídicas nas quais a Fazenda Nacional propõe a transação no contencioso tributário, aberta à adesão de todos os sujeitos passivos que se enquadrem nessas hipóteses e que satisfaçam às condições previstas nesta Lei e no edital.
§1º O edital a que se refere o *caput* deste artigo:
I – definirá:
a) as exigências a serem cumpridas, as reduções ou concessões oferecidas, os prazos e as formas de pagamento admitidas;
b) o prazo para adesão à transação;
II – poderá limitar os créditos contemplados pela transação, considerados:
a) a etapa em que se encontre o respectivo processo tributário, administrativo ou judicial; ou
b) os períodos de competência a que se refiram;
III – estabelecerá a necessidade de conformação do contribuinte ou do responsável ao entendimento da administração tributária acerca de fatos geradores futuros ou não consumados.
§2º As reduções e concessões de que trata a alínea *a* do inciso I do §1º deste artigo são limitadas ao desconto de 50% (cinquenta por cento) do crédito, com prazo máximo de quitação de 84 (oitenta e quatro) meses.
§3º A celebração da transação, nos termos definidos no edital de que trata o *caput* deste artigo, compete:
I – à Secretaria Especial da Receita Federal do Brasil do Ministério da Economia, no âmbito do contencioso administrativo; e
II – à Procuradoria-Geral da Fazenda Nacional, nas demais hipóteses legais.
Art. 18. A transação somente será celebrada se constatada a existência, na data de publicação do edital, de inscrição em dívida ativa, de ação judicial, de embargos à execução fiscal ou de reclamação ou recurso administrativo pendente de julgamento definitivo, relativamente à tese objeto da transação.
Parágrafo único. A transação será rescindida quando contrariar decisão judicial definitiva prolatada antes da celebração da transação.
Art. 19. Atendidas as condições estabelecidas no edital, o sujeito passivo da obrigação tributária poderá solicitar sua adesão à transação, observado o procedimento estabelecido em ato do Ministro de Estado da Economia.
§1º O sujeito passivo que aderir à transação deverá:
I – requerer a homologação judicial do acordo, para fins do disposto nos incisos II e III do *caput* do art. 515 da Lei n º 13.105, de 16 de março de 2015 (Código de Processo Civil);
II – sujeitar-se, em relação aos fatos geradores futuros ou não consumados, ao entendimento dado pela administração tributária à questão em litígio, ressalvada a cessação de eficácia prospectiva da transação decorrente do advento de precedente persuasivo nos termos dos incisos I, II, III e IV do *caput* do art. 927 da Lei n º 13.105, de 16 de março de 2015 (Código de Processo Civil), ou nas demais hipóteses previstas no art. 19 da Lei nº 10.522, de 19 de julho de 2002.
§2º Será indeferida a adesão que não importar extinção do litígio administrativo ou judicial, ressalvadas as hipóteses em que ficar demonstrada a inequívoca cindibilidade do objeto, nos termos do ato a que se refere o *caput* deste artigo.
§3º A solicitação de adesão deverá abranger todos os litígios relacionados à tese objeto da transação existentes na data do pedido, ainda que não definitivamente julgados.
§4º A apresentação da solicitação de adesão suspende a tramitação dos processos administrativos referentes aos créditos tributários envolvidos enquanto perdurar sua apreciação.
§5º A apresentação da solicitação de adesão não suspende a exigibilidade dos créditos tributários definitivamente constituídos aos quais se refira."
[72] "Art. 20. São vedadas:
I – a celebração de nova transação relativa ao mesmo crédito tributário;
II – a oferta de transação por adesão nas hipóteses:
a) previstas no art. 19 da Lei nº 10.522, de 19 de julho de 2002, quando o ato ou a jurisprudência for em sentido integralmente desfavorável à Fazenda Nacional; e
b) de precedentes persuasivos, nos moldes dos incisos I, II, III e IV do *caput* do art. 927 da Lei nº 13.105, de 16 de março de 2015 (Código de Processo Civil), quando integralmente favorável à Fazenda Nacional;
III – a proposta de transação com efeito prospectivo que resulte, direta ou indiretamente, em regime especial, diferenciado ou individual de tributação.

O art. 21[73] disciplina que a regulamentação da transação será feita por meio de ato do Ministro da Economia.

O art. 22[74] trata da competência do Secretário Especial da Receita Federal para regulamentar a transação de créditos tributários não judicializados no contencioso administrativo tributário, e para diretamente ou por autoridade por ele delegada, assinar o termo de transação.

Os arts. 23 a 27-A[75] tratam da transação por adesão no contencioso tributário de pequeno valor, sendo aplicável aos créditos de até 60 salários mínimos de pessoas físicas, microempresas e empresas de pequeno porte, objetivando reverter os custos

---

Parágrafo único. O disposto no inciso II do *caput* deste artigo não obsta a oferta de transação relativa a controvérsia no âmbito da liquidação da sentença ou não abrangida na jurisprudência ou ato referidos no 19 da Lei nº 10.522, de 19 de julho de 2002."

[73] "Art. 21. Ato do Ministro de Estado da Economia regulamentará o disposto neste Capítulo."

[74] 'Art. 22. Compete ao Secretário Especial da Receita Federal do Brasil, no que couber, disciplinar o disposto nesta Lei no que se refere à transação de créditos tributários não judicializados no contencioso administrativo tributário.
§1º Compete ao Secretário Especial da Receita Federal do Brasil, diretamente ou por autoridade por ele delegada, assinar o termo de transação.
§2º A delegação de que trata o §1º deste artigo poderá ser subdelegada, prever valores de alçada e exigir a aprovação de múltiplas autoridades.
§3º A transação por adesão será realizada exclusivamente por meio eletrônico."

[75] "Art. 23. Observados os princípios da racionalidade, da economicidade e da eficiência, ato do Ministro de Estado da Economia regulamentará:
I – o contencioso administrativo fiscal de pequeno valor, assim considerado aquele cujo lançamento fiscal ou controvérsia não supere 60 (sessenta) salários mínimos;
II – a adoção de métodos alternativos de solução de litígio, inclusive transação, envolvendo processos de pequeno valor.
Parágrafo único. No contencioso administrativo de pequeno valor, observados o contraditório, a ampla defesa e a vinculação aos entendimentos do Conselho Administrativo de Recursos Fiscais, o julgamento será realizado em última instância por órgão colegiado da Delegacia da Receita Federal do Brasil de Julgamento da Secretaria Especial da Receita Federal do Brasil, aplicado o disposto no Decreto nº 70.235, de 6 de março de 1972, apenas subsidiariamente.
Art. 24. A transação relativa a crédito tributário de pequeno valor será realizada na pendência de impugnação, de recurso ou de reclamação administrativa ou no processo de cobrança da dívida ativa da União.
Parágrafo único. Considera-se contencioso tributário de pequeno valor aquele cujo crédito tributário em discussão não supere o limite previsto no inciso II do *caput* do art. 23 desta Lei e que tenha como sujeito passivo pessoa natural, microempresa ou empresa de pequeno porte.
Art. 25. A transação de que trata este Capítulo poderá contemplar os seguintes benefícios:
I – concessão de descontos, observado o limite máximo de 50% (cinquenta por cento) do valor total do crédito;
II – oferecimento de prazos e formas de pagamento especiais, incluídos o diferimento e a moratória, obedecido o prazo máximo de quitação de 60 (sessenta) meses; e
III – oferecimento, substituição ou alienação de garantias e de constrições.
§1º É permitida a cumulação dos benefícios previstos nos incisos I, II e III do *caput* deste artigo.
§2º A celebração da transação competirá:
I – à Secretaria Especial da Receita Federal do Brasil, no âmbito do contencioso administrativo de pequeno valor; e
II – à Procuradoria-Geral da Fazenda Nacional, nas demais hipóteses previstas neste Capítulo.
Art. 26. A proposta de transação poderá ser condicionada ao compromisso do contribuinte ou do responsável de requerer a homologação judicial do acordo, para fins do disposto nos incisos II e III do caput do art. 515 da Lei nº 13.105, de 16 de março de 2015 (Código de Processo Civil).
Art. 27. Caberá ao Procurador-Geral da Fazenda Nacional e ao Secretário Especial da Receita Federal do Brasil, em seu âmbito de atuação, disciplinar a aplicação do disposto neste Capítulo.
Art. 27-A. O disposto neste Capítulo também se aplica: I – à dívida ativa da União de natureza não tributária cujas inscrição, cobrança e representação incumbam à Procuradoria-Geral da Fazenda Nacional, nos termos do art. 12 da Lei Complementar nº 73, de 10 de fevereiro de 1993; II – aos créditos inscritos em dívida ativa do FGTS, vedada a redução de valores devidos aos trabalhadores e desde que autorizado pelo seu Conselho Curador; e III – no que couber, à dívida ativa das autarquias e das fundações públicas federais cujas inscrição, cobrança e representação incumbam à Procuradoria-Geral Federal, e aos créditos cuja cobrança seja competência da

da cobrança em benefícios para ambas as partes e solucionar problema relacionado à disseminação de pequenas demandas.

Já o art. 29[76] trata da responsabilização dos agentes públicos que participarem do processo de transação. Esse artigo será objeto de análise no próximo capítulo desse artigo.

O modelo de transação adotado pela Lei nº 13.988, de 2020, como já dito nesse artigo, foi inspirado no instituto do *Offer in Compromise* do direito americano, previsto na Seção 7122 do *United States Code*.[77] Nos Estados Unidos, o contribuinte pode propor a transação ao Fisco, oferecendo o pagamento em dinheiro por valor inferior ao do débito originário, quando: (i) não tiver bens e renda suficientes para o pagamento da totalidade da dívida;[78] (ii) tiver dúvida legítima acerca da existência do débito ou do respectivo montante;[79] e (iii) por razões de equidade ou de política pública, relacionadas a circunstâncias excepcionais.[80]

A Exposição de Motivos[81] da MP nº 899, de 2019, que deu origem à Lei nº 13.988, de 2020, destaca que o modelo é instrumento de solução ou resolução, por meio adequado, de litígios tributários, e aponta os seguintes propósitos a serem alcançados com o instituto:

a) obtenção de maior efetividade na recuperação dos créditos inscritos na dívida ativa da União;

b) redução da excessiva litigiosidade;

c) evitar aumento de custos, perda de eficiência e prejuízos à Administração Tributária Federal;

d) aumento da eficiência da Administração Tributária;

e) diminuição do estoque dos créditos classificados como irrecuperáveis e de difícil recuperação;

f) esvaziamento da prática nociva de criação periódica de parcelamentos especiais;

g) afastamento do modelo que considera exclusivamente o interesse privado e a aproximação com a diretriz alinhada à justiça fiscal e ao interesse público;

h) tratamento correto dos contribuintes que não possuem capacidade de pagamento ou que foram autuados pela complexidade da legislação que permitia mais de uma interpretação razoável; e

---

Procuradoria-Geral da União, sem prejuízo do disposto na Lei nº 9.469, de 10 de julho de 1997 (Incluído pela Lei nº 14.375, de 2022).

Parágrafo único. Ato do Advogado-Geral da União disciplinará a transação dos créditos referidos no inciso III do caput deste artigo. (Incluído pela Lei nº 14.375, de 2022)"

[76] "Art. 29. Os agentes públicos que participarem do processo de composição do conflito, judicial ou extrajudicialmente, com o objetivo de celebração de transação nos termos desta Lei somente poderão ser responsabilizados, inclusive perante os órgãos públicos de controle interno e externo, quando agirem com dolo ou fraude para obter vantagem indevida para si ou para outrem."

[77] ESTADOS UNIDOS. House of Representatives. *United States Code*. Disponível em: https://uscode.house.gov/browse/prelim@title26/subtitleF&edition=prelim. Acesso em: 14 mar. 2021.

[78] ESTADOS UNIDOS. Internal Revenue Service. *Form 656 Booklet. Offer in Compromise*. Disponível em: https://www.irs.gov/pub/irs-pdf/f656b.pdf. Acesso em: 14 mar. 2021.

[79] ESTADOS UNIDOS. Internal Revenue Service. *Form 656-L: Offer in Compromise (Doubt as to Liability)*. Disponível em: https://www.irs.gov/pub/irs-pdf/f656l.pdf. Acesso em: 14 mar. 2021.

[80] ESTADOS UNIDOS. Internal Revenue Service. *Form 656 Booklet. Offer in Compromise*. Disponível em: https://www.irs.gov/pub/irs-pdf/f656b.pdf. Acesso em: 14 mar. 2021.

[81] BRASIL. *MI n. 00268/2019 ME – AGU*. Disponível em: http://www.planalto.gov.br/ccivil_03/_ato2019-2022/2019/Exm/Exm-MP-899-19.pdf. Acesso em: 14 mar. 2021.

i) incremento da arrecadação estimado em R$1,425 bilhão em 2019, R$6,384 bilhões em 2020 e R$5,914 bilhões em 2021.

Cabe concluir, do exposto, que a Lei nº 13.988, de 2020, lei da transação tributária no âmbito federal, trouxe como característica principal concessões mútuas do polo ativo (o Fisco) e do passivo (o contribuinte), como forma de conciliar os dois polos para a resolução do conflito tributário, objetivando permitir uma negociação favorável para ambas as partes e a consequente extinção do passivo fiscal.

6 Responsabilização do agente público

Com já destacado, o art. 29 da Lei nº 13.988, de 2020, estabelece que os agentes públicos que participarem do processo de composição do conflito, judicial ou extrajudicialmente, com o objetivo de celebração de transação, somente poderão ser responsabilizados, inclusive perante os órgãos de controle interno e externo, quando agirem com dolo ou fraude para obter vantagem indevida para si ou para outrem.

Cabe destacar que a norma vai ao encontro do disposto no art. 184[82] da Lei nº 13.105, de 16 de março de 2015 – Código de Processo Civil (CPC) – e no art. 40[83] da Lei nº 13.140, de 26 de junho de 2015 – Lei da Mediação, utilizada como meio de solução de controvérsias entre particulares e sobre a autocomposição de conflitos no âmbito da administração pública, que também preveem a necessidade de dolo ou fraude, por parte do advogado público (CPC) e dos servidores e empregados públicos que participarem do processo de composição na Lei da Mediação, para que seja possível a sua responsabilização.

Sabe-se que a responsabilidade administrativa do funcionário público advém da sua condição de servidor e tem como fundamento as normas que regem a relação entre o servidor público e a Administração.

A principal, quanto à Administração Pública Federal, é a Lei nº 8.112, de 11 de dezembro de 1990, que disciplina o regime jurídico dos servidores públicos civis da União, das autarquias e das fundações públicas federais.

Nos arts. 121 a 126-A[84] da Lei nº 8.112, de 1990, estão previstos os tipos de responsabilização que podem ser atribuídos aos servidores públicos federais, como a administrativa, penal, civil, e a de danos causados a terceiros.

---

[82] "Art. 184. O membro da Advocacia Pública será civil e regressivamente responsável quando agir com dolo ou fraude no exercício de suas funções."

[83] "Art. 40. Os servidores e empregados públicos que participarem do processo de composição extrajudicial do conflito, somente poderão ser responsabilizados civil, administrativa ou criminalmente quando, mediante dolo ou fraude, receberem qualquer vantagem patrimonial indevida, permitirem ou facilitarem sua recepção por terceiro, ou para tal concorrerem."

[84] "Art. 121. O servidor responde civil, penal e administrativamente pelo exercício irregular de suas atribuições.
Art. 122. A responsabilidade civil decorre de ato omissivo ou comissivo, doloso ou culposo, que resulte em prejuízo ao erário ou a terceiros.
§1º A indenização de prejuízo dolosamente causado ao erário somente será liquidada na forma prevista no art. 46, na falta de outros bens que assegurem a execução do débito pela via judicial.
§2º Tratando-se de dano causado a terceiros, responderá o servidor perante a Fazenda Pública, em ação regressiva.

Referida lei prevê também os direitos dos servidores públicos e os seus deveres funcionais e proibições, que, caso infringidos, levam à responsabilidade administrativa com a aplicação das penalidades previstas na lei. Para tanto, a lei prevê a instauração de um processo administrativo disciplinar, no qual devem ser garantidas a ampla defesa e o contraditório.

O art. 127[85] da Lei nº 8.112, de 1990, prevê como sanções aplicáveis aos servidores a advertência, a suspensão, a demissão, a cassação de aposentadoria ou disponibilidade e a destituição de cargo em comissão ou de função comissionada.

A lei determina que os ocupantes de cargos superiores devem adotar as providências para apurar as responsabilidades dos servidores quando tiverem ciência dos fatos, sob pena de serem responsabilizados nos termos do art. 320[86] do Código Penal, tendo em vista o princípio da indisponibilidade do interesse público.

O art. 116, inciso XII,[87] da Lei nº 8.112, de 1990, também prevê o dever geral de representar contra ilegalidade, omissão ou abuso de poder praticado por agente público.

Segundo Mônica Nicida Garcia,[88] a discricionariedade não se aplica na instauração de procedimento apuratório de ilícito funcional, pois a autoridade competente, à vista de requerimento ou da notícia da possível ocorrência de fato que enseje a responsabilização administrativa, deve assim proceder para esclarecer a situação e, se for o caso, imputar ao servidor a penalidade correspondente.

Observa-se que são abertos vários processos administrativos disciplinares e que muitas decisões aplicam sanções administrativas a servidores públicos, mas, vale esclarecer que esses procedimentos administrativos apuratórios estão vinculados a hipóteses de corrupção e mau uso de recursos e outros bens públicos.

Considerando que os agentes públicos que participam do processo de composição do conflito, como no caso da transação tributária, necessitam de um mínimo de

---

§3º A obrigação de reparar o dano estende-se aos sucessores e contra eles será executada, até o limite do valor da herança recebida.

Art. 123. A responsabilidade penal abrange os crimes e contravenções imputadas ao servidor, nessa qualidade.

Art. 124. A responsabilidade civil-administrativa resulta de ato omissivo ou comissivo praticado no desempenho do cargo ou função.

Art. 125. As sanções civis, penais e administrativas poderão cumular-se, sendo independentes entre si.

Art. 126. A responsabilidade administrativa do servidor será afastada no caso de absolvição criminal que negue a existência do fato ou sua autoria.

Art. 126-A. Nenhum servidor poderá ser responsabilizado civil, penal ou administrativamente por dar ciência à autoridade superior ou, quando houver suspeita de envolvimento desta, a outra autoridade competente para apuração de informação concernente à prática de crimes ou improbidade de que tenha conhecimento, ainda que em decorrência do exercício de cargo, emprego ou função pública. (incluído pela Lei nº 12.527, de 2011)"

85   "Art. 127. São penalidades disciplinares:
I – advertência;
II – suspensão;
III – demissão;
IV – cassação de aposentadoria ou disponibilidade;
V – destituição de cargo em comissão;
VI – destituição de função comissionada."

86   "Art. 320 – Deixar o funcionário, por indulgência, de responsabilizar subordinado que cometeu infração no exercício do cargo ou, quando lhe falte competência, não levar o fato ao conhecimento da autoridade competente:
Pena – detenção, de quinze dias a um mês, ou multa."

87   "Art. 116. São deveres do servidor:
(...)
XII – representar contra ilegalidade, omissão ou abuso de poder."

88   GARCIA, Mônica Nicida. *Responsabilidade do agente público*. Belo Horizonte: Fórum, 2004. p. 184.

segurança jurídica para que possam agir de forma proativa e buscar a solução que melhor atenda ao interesse público, é que as leis que autorizam referidos processos precisam ter dispositivos como o do art. 29 da Lei nº 13.988, de 2020, que assegurem, inclusive perante os órgãos de controle interno e externo, aos servidores envolvidos na solução dos conflitos que somente poderão ser responsabilizados quando agirem com dolo ou fraude para obter vantagem indevida para si ou para outrem.

Dessa forma, a ação ou omissão do agente, que pode gerar a responsabilização, deve ser aquela realizada durante o processo da transação tributária, abrangendo a celebração da transação e os atos a ela relacionados, e, conforme prevê o dispositivo legal, a responsabilidade depende da existência de dolo ou fraude, e do intuito de obter vantagem indevida para si ou para outrem, devendo ser afastada, portanto, a modalidade culposa.

Por isso, cabe ao agente público agir, durante processo da transação, de acordo com os princípios previstos no art. 37, *caput*,[89] da Constituição, principalmente os da moralidade e da impessoalidade administrativa.

Nesse sentido, Helly Lopes Meirelles[90] considera que:

> o agente administrativo, como ser humano dotado de capacidade de atuar, deve, necessariamente, distinguir o Bem do Mal, o Honesto do Desonesto. E ao atuar, não poderá desprezar o elemento ético da sua conduta. Assim, não terá que decidir somente entre o legal e o ilegal, o justo do injusto, o conveniente e o inconveniente, o oportuno e o inoportuno, mas também entre o honesto e o desonesto.

O princípio da moralidade pública contempla, portanto, determinação no sentido de observância de preceitos éticos, sendo que, para tanto, é necessário que a conduta do agente público seja pautada pela moral administrativa e orientada pelos valores e princípios do direito público, devendo agir com lealdade, transparência e honestidade.

Nesse contexto, a atuação administrativa não deve visar ao interesse privado, sob pena de afrontar de forma grave o princípio da moralidade administrativa.

Oswaldo Aranha Bandeira de Mello,[91] ao dispor sobre os deveres gerais dos funcionários públicos, destacou, dentre eles, o zelo que deve ser prestado à moralidade, como se observa *verbis*:

> Devotamento e fidelidade dizem respeito ao zelo a que o funcionário público deve emprestar às instituições e respectivo serviço, ao sigilo nos assuntos funcionais, e à boa conduta profissional e moral.

É que o princípio da moralidade administrativa exige que o exercício da competência administrativa não seja contaminado pela defesa ou tutela de interesse privado.

---

89 "Art. 37. A administração pública direta e indireta de qualquer dos Poderes da União, dos Estados, do Distrito Federal e dos Municípios obedecerá aos princípios de legalidade, impessoalidade, moralidade, publicidade e eficiência e, também, ao seguinte: (Redação dada pela Emenda Constitucional nº 19, de 1998)"

90 MEIRELLES, Helly Lopes, *op. cit.*, p. 90.

91 BANDEIRA DE MELLO, Oswaldo Aranha. *Princípios gerais de Direito Administrativo*. Rio de Janeiro: Forense, 1969, v. II, p. 468.

De outro lado, o princípio da impessoalidade submete o administrador ao dever de agir de forma imparcial ou impessoal.

É nesse sentido a lição de Maria Teresa de Melo Ribeiro.[92] Para ela a impessoalidade implica um mandamento de imparcialidade, que se desdobra na imposição de exclusividade:

A Administração Pública visa a prossecução do interesse público: o princípio da imparcialidade exige, simultaneamente, a prossecução exclusiva do interesse público e a exclusividade na prossecução do interesse público.

Assim é que, o tratamento do conflito de interesse no exercício de função pública, como é o caso da transação tributária, devem reverenciar a moralidade e a impessoalidade administrativas, e, igualmente, assegurar a eficiência administrativa.

Mas, para o exercício da função pública, principalmente em se tratando de exercer o papel de conciliador do lado ativo na transação tributária, é necessário também que o agente possa ter segurança jurídica para atuar.

O princípio da segurança jurídica, também conhecido como princípio da proteção da confiança, faz parte do sistema constitucional como um todo e trata-se de um dos mais importantes princípios gerais do Direito, sendo o informador da manutenção dos atos administrativos.

É nesse contexto que José dos Santos Carvalho Filho[93] nos esclarece ser função da segurança jurídica impedir o estabelecimento da instabilidade nas situações jurídicas, evitando temores e incertezas para os administrados e o administrador (Estado).

E esse também é o entendimento de Almiro do Couto e Silva quando afirma ser a segurança jurídica "uma garantia do funcionário naquilo que concerne à proteção da confiança das pessoas no pertinente aos atos, procedimentos e condutas do Estado, nos mais diferentes aspectos de sua atuação".[94]

Trata-se, assim, de um princípio que visa proteger tanto as condutas corretas do administrado quanto o administrador.

É justamente por isso que o art. 29 visa evitar que os agentes públicos envolvidos no processo de transação, que atuarem conforme os princípios constitucionais e o disciplinado na lei, sejam demandados de forma injusta e desmotivada em procedimentos pelos órgãos de controle.

Dessa forma, o disciplinado no art. 29 foi a maneira encontrada pelo legislador para conferir estabilidade e segurança jurídica na aplicação da lei pelos administradores públicos responsáveis pelo processo de transação tributária, que agirem conforme os ditames constitucionais e legais, em obediência aos princípios que regem a atuação do agente público, como o da moralidade, da impessoalidade, da igualdade, da legalidade, da capacidade contributiva, da transparência, da razoável duração dos processos, da eficiência, da publicidade, e da supremacia e indisponibilidade do interesse público.

---

[92] RIBEIRO, Maria Teresa de Melo. *O princípio da imparcialidade da Administração Pública*. Coimbra: Almedia, 1996, p. 165.

[93] CARVALHO FILHO, *op. cit.* p. 34.

[94] COUTO e SILVA, Almiro do. *Princípio da segurança jurídica*. Revista de Direito Público, 2009, p. 7.

Entende-se, assim, que o disposto no art. 29 teve como escopo catalogar tais princípios e pressupostos para a atuação do agente público envolvido no processo de transação, para assegurar-lhe um valor supremo cogente: o da justiça.

Conclusão

O instituto da transação tributária, apesar de existir previsão em nosso ordenamento jurídico desde a edição do CTN em 1966, no art. 171, somente foi regulamentado com a MP nº 899, de 2019, convertida na Lei nº 13.988, de 2020, que estabeleceu os requisitos e as condições para a celebração da transação no âmbito federal relativa à cobrança de créditos da Fazenda Pública.

Referida lei estabeleceu que, durante toda a atuação da Administração Pública, devem ser observados, dentre outros, os princípios da isonomia, da capacidade contributiva, da transparência, da moralidade, da razoável duração dos processos, da eficiência e da publicidade. E neste artigo, demonstramos também a importância da obediência ao princípio da supremacia e indisponibilidade do interesse público, que influencia diretamente no instituto da transação juntamente com o da legalidade, que está atendido com a edição da Lei nº 13.988, de 2020, e o da igualdade, que foi citado no §2º do art. 1º, por corresponderem às principais limitações constitucionais à possibilidade de se efetuar a transação tributária.

Com relação ao princípio da indisponibilidade do interesse público ficou patente que, como o interesse público pode ser atendido também por meio da transação e considerando a existência de lei autorizativa para a realização da transação tributária no **âmbito** federal, é necessário que ocorra a relativização do princípio, tendo em vista que o débito tributário é um bem da coletividade e que o agente público tem o dever de sempre agir conforme a lei, buscando a solução que melhor atenda ao interesse público.

Como característica principal, a lei da transação trouxe a forma de concessões mútuas do polo ativo (o Fisco) e do passivo (o contribuinte) para efeito de conciliar os dois polos na resolução do conflito tributário, objetivando permitir uma negociação favorável para ambas as partes e a consequente extinção do passivo fiscal.

E, como vantagens para a celebração da transação, cabe apontar: a redução da litigiosidade, a celeridade na solução de litígios, a diminuição dos custos relacionados aos processos judiciais, a maior participação dos contribuintes na administração, a eficiência na gestão tributária

No tocante à autonomia e responsabilização dos agentes públicos que atuarem no processo de transação tributária, o art. 29 da Lei nº 13.988, de 2020, estabelece que os agentes públicos que participarem do processo de composição do conflito, judicial ou extrajudicialmente, com o objetivo de celebração de transação, somente poderão ser responsabilizados, inclusive perante os órgãos de controle interno e externo, quando agirem com dolo ou fraude para obter vantagem indevida para si ou para outrem.

O que se observa é que o art. 29 visa justamente evitar que os agentes públicos envolvidos no processo de transação sejam demandados de forma injusta e desmotivada em procedimentos pelos órgãos de controle.

Para tanto, referidos agentes públicos devem pautar sua atuação segundo os preceitos da moralidade, da impessoalidade, da igualdade, da legalidade, da capacidade contributiva, da transparência, da razoável duração dos processos, da eficiência, da publicidade, e da supremacia e indisponibilidade do interesse público.

Conclui-se, do exposto, que o disciplinado no art. 29, foi a maneira encontrada pelo Legislador para conferir estabilidade e segurança jurídica na aplicação da lei pelos administradores públicos responsáveis pelo processo de transação tributária, com vistas a assegurar-lhes um valor supremo cogente: o da justiça.

Referências

BRASIL. Constituição (1988). *Constituição da República Federativa do Brasil de 1988*. Promulgada em 5 de outubro de 1988. Disponível em: http://www.planalto.gov.br/ccivil_03/Constituicao/Constituicao.htm. Acesso em: 01/03/2021.

BRASIL. *EMI n. 00268/2019 ME – AGU*. Disponível em: http://www.planalto.gov.br/ccivil_03/_ato2019-2022/2019/Exm/Exm-MP-899-19.pdf. Acesso em: 14 mar. 2021.

BRASIL. Lei nº 8.112, de 11 de dezembro de 1990. *RJU* Disponível em: http://www.planalto.gov.br/ccivil_03/leis/l8112cons.htm. Acesso em: 01 mar. 2021.

BRASIL. Lei nº 13.105, de 16 de março de 2015 – *Código de Processo Civil – CPC*. Disponível em: https://legislacao.presidencia.gov.br/atos/?tipo=LEI&numero=13105&ano=2015&ato=c61QTS65UNVpWTc75. Acesso em: 01 mar. 2021.

BRASIL. Lei nº 13.140, de 26 de junho de 2015 – *Lei da Mediação*. Disponível em: http://www.planalto.gov.br/ccivil_03/_ato2015-2018/2015/lei/l13140.htm. Acesso em: 01 mar. 2021.

BRASIL. Lei nº 13.988, de 14 de abril de 2020. *Lei da Transação Tributária*. Disponível em: http://www.planalto.gov.br/ccivil_03/_ato2019-2022/2020/lei/l13988.htm. Acesso em: 01 mar. 2021.

BRASIL. MP nº 899, de 16 de outubro de 2019. Transação Tributária. Disponível em: http://www.planalto.gov.br/ccivil_03/_ato2019-2022/2019/Mpv/mpv899.htm. Acesso em: 01 mar. 2021.

ATALIBA, Geraldo. *República e Constituição*. 2. ed. São Paulo: Malheiros, 1998.

ÁVILA, Humberto. *Sistema constitucional tributário*. São Paulo: Saraiva, 2012.

ÁVILA, Humberto. *Teoria da Igualdade tributária*. São Paulo: Malheiros, 2015.

BALEEIRO, Aliomar. *Direito Tributário brasileiro*. Atualização por Misabel Abreu Machado Derzi. Rio de Janeiro: Forense, 2003.

BALEEIRO, Aliomar. *Limitações constitucionais ao poder de tributar*. Atualização por Misabel Abreu Machado Derzi. Rio de Janeiro: Forense, 2010.

BANDEIRA DE MELLO, Oswaldo Aranha. *Princípios Gerais de Direito Administrativo*. Rio de Janeiro: Forense, 1969, v. II.

BATISTA JÚNIOR, Onofre Alves. *Transações administrativas*: um contributo ao estudo do contrato administrativo como mecanismo de prevenção e terminação de litígios e como alternativa à atuação administrativa autoritária, no contexto de uma administração pública mais democrática. São Paulo: Quartier Latin, 2007.

BATISTA JÚNIOR, Onofre Alves Transação no Direito Tributário, Discricionariedade e Interesse Público. *Revista Dialética de Direito Tributário – RDDT*, n. 83, ago. 2002.

CARRAZZA, Roque Antonio. *Curso de Direito Constitucional Tributário*. 31. ed. São Paulo: Malheiros, 2017.

CARVALHO FILHO, José dos Santos. *Manual de Direito Administrativo*. 27. ed. São Paulo: Atlas, 2014.

CARVALHO, Paulo de Barros. *Curso de Direito Tributário*. 28. ed. São Paulo: Saraiva, 2017.

COÊLHO, Sacha Calmon Navarro. *Curso de Direito Tributário brasileiro*. Rio de Janeiro: Forense, 2018.

COSTA, Regina Helena. *Curso de Direito Tributário:* Constituição e Código Tributário Nacional. São Paulo: Saraiva, 2012.

COUTO e SILVA, Almiro do. *Princípio da segurança jurídica*. Revista de Direito Público, 2009.

DI PIETRO, Maria Sylvia Zanella. *Direito Administrativo*. 31 ed. Rio de Janeiro: Forense, 2018.

ESTADOS UNIDOS. House of Representatives. *United States Code*. Disponível em: https://uscode.house.gov/browse/prelim@title26/subtitleF&edition=prelim. Acesso em: 14 mar. 2021.

ESTADOS UNIDOS. Internal Revenue Service. *Form 656 Booklet. Offer in Compromise*. Disponível em: https://www.irs.gov/pub/irs-pdf/f656b.pdf. Acesso em: 14 mar. 2021.

ESTADOS UNIDOS. Internal Revenue Service. *Form 656-L: Offer in Compromise (Doubt as to Liability)*. Disponível em: https://www.irs.gov/pub/irs-pdf/f656l.pdf. Acesso em: 14 mar. 2021.

ESTADOS UNIDOS. Internal Revenue Service. *Form 656 Booklet. Offer in Compromise*. Disponível em: https://www.irs.gov/pub/irs-pdf/f656b.pdf>. Acesso em: 14 mar. 2021.

GARCIA, Mônica Nicida. *Responsabilidade do agente público*. Belo Horizonte: Fórum, 2004.

GODOY, Arnaldo Sampaio de Moraes. *Transação tributária*: introdução à justiça fiscal consensual. Belo Horizonte: Fórum, 2010.

JUSTEN FILHO, Marçal. *Curso de Direito Administrativo*. 13. ed. São Paulo: Thomson Reuters Brasil, 2018.

MACHADO, Hugo de Brito. A transação no Direito Tributário. *Revista Dialética de Direito Tributário – RDDT*, n. 75, dez. 2001.

MACHADO, Hugo de Brito; MACHADO SEGUNDO, Hugo de Brito. Transação em matéria tributária: limites e inconstitucionalidades. *Tributação em Revista*, n. 56, jan.- jun. 2010.

MARTINS, Ives Gandra da Silva. Transação tributária realizada nos exatos termos do artigo 171 do Código Tributário Nacional: inteligência do dispositivo: prevalência do interesse público em acordo envolvendo prestação de serviços e fornecimento de material: rigoroso cumprimento da legislação complementar federal e municipal: opinião legal. *In*: SARAIVA FILHO, Oswaldo Othon de Pontes; GUIMARÃES, Vasco Branco (Org.). *Transação e arbitragem no âmbito tributário*: homenagem ao jurista Carlos Mário da Silva Velloso. Belo Horizonte: Fórum, 2008.

MEDAUAR, Odete. *Direito Administrativo moderno*. 20. ed. São Paulo: Revista dos Tribunais, 2016.

MEIRELLES, Hely Lopes. *Direito Administrativo brasileiro*. 35. ed. São Paulo: Malheiros, 2009.

MELLO, Celso Antônio Bandeira. *Curso de Direito Administrativo*. 34. ed. São Paulo: Malheiros.

MELLO, Celso Antônio Bandeira. *O conteúdo jurídico do princípio da igualdade*. São Paulo: Malheiros, 2012.

MORAIS, Carlos Yuri Araújo. Transação e arbitragem em matéria tributária: a experiência estrangeira e sua aplicabilidade ao direito brasileiro. *In*: SARAIVA FILHO, Oswaldo Othon de Pontes; GUIMARÃES, Vasco Branco (Org.). *Transação e arbitragem no âmbito tributário*: homenagem ao jurista Carlos Mário da Silva Velloso. Belo Horizonte: Fórum, 2008.

OLIVEIRA, Phelippe Toledo Pires de. *A transação em matéria tributária*. Série Doutrina Tributária, v. XVIII. São Paulo: Quartier Latin, 2015.

RIBEIRO, Maria Teresa de Melo. *O princípio da imparcialidade da Administração Pública*. Coimbra; Almedia, 1996.

SARAIVA FILHO, Oswaldo Othon de Pontes. A transação e a arbitragem no direito constitucional-tributário brasileiro. *In*: SARAIVA FILHO, Oswaldo Othon de Pontes; GUIMARÃES, Vasco Branco (Org.). *Transação e arbitragem no âmbito tributário*: homenagem ao jurista Carlos Mário da Silva Velloso. Belo Horizonte: Fórum, 2008.

SARMENTO, Daniel. SOUZA NETO, Cláudio Pereira. *Direito Constitucional:* teoria, história e métodos de trabalho. Belo Horizonte: Fórum, 2017.

SCHOUERI, Luís Eduardo. *Direito Tributário*. 7. ed. São Paulo: Saraiva, 2017.

TORRES, Heleno Taveira. Princípios de Segurança Jurídica e Transação em Matéria Tributária: os Limites da Revisão Administrativa dos Acordos Tributários. *In*: SARAIVA FILHO, Oswaldo Othon de Pontes;

REGINA MARIA FERNANDES BARROSO

AUTONOMIA FUNCIONAL E RESPONSABILIDADE DO AGENTE PÚBLICO EM ACORDOS DE TRANSAÇÃO – LEI Nº 13.988, DE 2020, ART. 29 | 247

GUIMARÃES, Vasco Branco (Org.). *Transação e arbitragem no âmbito tributário*: homenagem ao jurista Carlos Mário da Silva Velloso. Belo Horizonte: Fórum, 2008.

TORRES, Ricardo Lobo. *Curso de Direito Financeiro e Tributário*. Rio de Janeiro: Renovar, 2011.

Informação bibliográfica deste texto, conforme a NBR 6023:2018 da Associação Brasileira de Normas Técnicas (ABNT):

BARROSO, Regina Maria Fernandes. Autonomia funcional e responsabilidade do agente público em acordos de transação: Lei nº 13.988, de 2020, art. 29. *In*: SARAIVA FILHO, Oswaldo Othon de Pontes (coord.). *Transação e Arbitragem Tributárias*. Belo Horizonte: Fórum, 2023. (Coleção Fórum grandes temas atuais de Direito Tributário ; v.2). p. 217-247. ISBN 978-65-5518-465-5.

DA POSSIBILIDADE DE REVISÃO DO TERMO DE TRANSAÇÃO TRIBUTÁRIA

MARCOS AURÉLIO PEREIRA VALADÃO

RODRIGO SENE CAPONE

1 Introdução

Este capítulo tem por objetivo verificar a possibilidade de revisão dos contratos de transação celebrados pelo devedor com a administração tributária na esfera federal, conforme disciplina a Lei nº 13.988/2020 (Lei Federal da Transação – LFT), sejam aqueles decorrentes de proposta individual (art. 2º, inciso I, primeira forma, da LFT), sejam aqueles decorrentes de contratos de adesão (art. 2º, incisos I, segunda forma, II e III, da LFT).

Este estudo se restringe à transação tributária, consoante o disposto no art. 1º e §§4º e 5º da LFT,[1] embora a LFT se aplique também a créditos inscritos na dívida ativa que não são decorrentes de matéria tributária. Observe-se que o mencionado §5º dispõe expressamente que "A transação de créditos de natureza tributária será realizada nos termos do art. 171 da Lei nº 5.172, de 25 de outubro de 1966 (Código Tributário Nacional)." De forma que a transação de créditos tributários, além dos princípios listados no §2º do art. 1º da LFT, se subsome também aos termos do CTN que disciplinam a transação tributária. A questão é de extrema relevância, sendo aqui tratada sob três aspectos fundamentais, quais sejam: (i) a natureza jurídica da transação; (ii) se as duas modalidades (por adesão ou por proposta) implicam relevante mudança dessa natureza; e, por fim, (iii) as consequências jurídicas de sua caracterização como contrato administrativo.

Cumpre observar que, embora se analise aqui a LFT, as conclusões se aplicam também a eventuais normas instituidoras e reguladoras da transação tributária nas esferas estadual e municipal, porquanto a base, em termos de lei geral, condicionantes da extinção do crédito tributário, encontra-se nos artigos 156, III, e 171 do Código Tributário Nacional. Nesse sentido, entende-se que a LFT se subsome ao que prescreve o CTN em respeito à transação enquanto modalidade de extinção do crédito tributário.

Uma observação prévia, conforme a LFT, é a de que a transação é celebrada mediante "termo de transação" (arts. 3º, §3º, 4º, inciso VI, 7º, 13 e 22, §1º, da LFT), mas bem estaria a denominação "acordo de transação" ou "contrato de transação", embora consubstanciado em um "termo" mais comum no jargão administrativo. No texto são utilizadas as acepções "termo" e "acordo" no mesmo sentido.

2 Transação tributária e seus aspectos formais

2.1 Aspectos evolutivos

Foi somente em 2020, décadas após a publicação do Código Tributário Nacional (Lei nº 5.172/1966), que o instituto da transação tributária recebeu, no âmbito federal, tratamento legislativo adequado, o que se concretizou com a publicação da Lei nº 13.988/2020 – Lei Federal da Transação Federal, resultado da conversão da Medida Provisória nº 899/2019, denominada de "MP do Contribuinte Legal".

A medida chegou em boa hora, vez que os meios tradicionais de solução de conflitos administrativos e judiciais em matéria tributária têm se mostrado ineficientes e ineficazes para lidar com o elevado número de lides, resultando em prejuízos aos cofres públicos, o que impacta, consequentemente, a promoção do bem-estar social.

Segundo afirma Erik Navarro Wolkmet, o atual estado da justiça pode ser definido como a "tragédia da justiça".[2] Com isso, surge a necessidade de se construir novos caminhos para resolução de conflitos em matéria tributária que, por um lado respeitem as diretrizes constitucionais que asseguram à pessoa humana dignidade e os seus corolários e, por outro lado, possibilitem ao Estado satisfazer as suas necessidades que, no caso de lides tributárias são, na sua grande maioria, financeiras.

Conforme lição de Daniel Mitidiero,

---

[2]   Afirma o autor que "Acreditamos que o esgotamento do aparato estatal envolvido na prestação jurisdicional civil é, de há muito, evidente e notório. Recentemente, relatórios empíricos do CNJ deram números à tragédia da Justiça, que se despedaça em profundas ineficiências que corroem o bem-estar social e afligem cidadãos e empresas na espera surda por uma tutela de direitos que possa ser concedida e efetivada em prazo razoável". WOLKART, Erik Navarro. *Análise econômica do processo civil*: como a economia, o direito e a psicologia podem vencer a tragédia da justiça. 2. ed. São Paulo: Thomson Reuters Brasil, 2020. *E-book* (ProView Thomson Reuters). Disponível em: https://proview.thomsonreuters.com/launchapp/title/rt/monografias/174115839/v2.

Tradicionalmente, os litígios são resolvidos pela Justiça Civil mediante uma decisão que dá razão – no todo ou em parte – a uma das partes. De uns tempos para cá, no entanto, passou-se a reconhecer que os casos também podem ser resolvidos por outras personagens e de outras formas.[3]

Com isso, ganham força meios de solução de conflitos alternativos aos tradicionais (*alternative dispute resolution*), caminhando para a consolidação de um sistema de Justiça Multiportas (*multi-door dispute resolution*).[4] Segundo Mitidiero, "O pressuposto que alimenta o ideal da Justiça Multiportas é a inadequação da previsão de um único tipo de resposta para os mais diferentes conflitos – que muitas vezes exigem abordagens e perseguem objetivos diferentes". O ordenamento jurídico brasileiro "reconhece e estimula a arbitragem, a conciliação, a mediação e outros métodos de solução consensual de conflitos".[5]

E a transação, típico método consensual de resolução de conflitos, ganha forma e traz "[...] à reflexão a necessidade de que os sujeitos da relação jurídico-tributária busquem meios consensuais para a solução de suas controvérsias", e a Lei da Transação Tributária "[...] abre a possibilidade de substituição da via litigiosa, até então a única disponível em se tratando de matéria tributária".[6]

Com isso, observa-se que a transação é um instituto jurídico que transcende o campo tributário, tendo melhor delineamento no campo do Direito Civil, onde há uma prevalência dos direitos disponíveis, além de ser um campo marcado pela autonomia da vontade, ao contrário do que ocorre no campo do Direito Tributário, marcado pela indisponibilidade dos direitos em jogo e pela vinculação à vontade do legislador. Nesse sentido leciona Sacha Calmon:

> No Direito Privado prevalece o império da vontade das partes capazes, que podem livremente dispor de seus direitos. Em Direito Tributário, o sujeito ativo não pode dispor do crédito tributário, que é público e indisponível. Somente a lei pode dele dispor.[7]

Outra característica que diferencia a transação tributária daquela transação privada é a impossibilidade de ser utilizada, em matéria tributária, de forma preventiva, já que o Código Tributário Nacional autoriza a transação com a única finalidade de terminar litígio.

A partir da leitura do disposto tanto no Código Civil brasileiro como no Código Tributário Nacional, extrai-se que a essência do instituto da transação é a existência de um litígio ao qual se busca por um fim por meio de concessões mútuas das partes.

---

[3]   MITIDIERO, Daniel. *Processo Civil*. São Paulo: Thomson Reuters Brasil, 2021, *E-book*, RB-3.10. Disponível em: https://proview.thomsonreuters.com/launchapp/title/rt/monografias/255318393/v1.

[4]   MITIDIERO, Daniel, *op. cit.*, RB-3.10.

[5]   MITIDIERO, Daniel, *op. cit.*, RB-3.10.

[6]   CONRADO, Paulo Cesar; Araujo, Juliana Furtado Costa (coord.). Introdução. Transação tributária no direito brasileiro e seus principais aspectos à luz da Lei nº 13.988/2020. In: _____. *Transação tributária na prática da Lei nº 13.988/2020*. São Paulo: Thomson Reuters Brasil, 2020, RB-1.1. *E-book* (ProView Thomson Reuters). Disponível em: https://proview.thomsonreuters.com/launchapp/title/rt/monografias/249869017/v1. Nesse sentido, também afirmam que o novo ambiente normativo instaurado com o Código de Processo Civil de 2015 contribuiu para a utilização de figuras como a conciliação, a arbitragem e o negócio jurídico processual, prestigiando a busca do consenso.

[7]   CALMON, Sacha. *Curso de direito tributário brasileiro*. 17. ed. Rio de Janeiro: Forense, 2020, p. 559.

E quando se fala em concessões, recorde-se que estas devem ser mútuas, ou seja, tanto o sujeito ativo como o sujeito passivo devem renunciar a algo para possibilitar a resolução do litígio.

Por muito tempo se sustentou que a transação em matéria tributária seria de difícil materialização, por ser o crédito tributário indisponível e pelo fato de que o interesse público só se materializaria com a cobrança e recebimento do valor integralmente devido aos cofres públicos.[8] Entretanto, a realidade exigiu a adoção de uma nova postura, flexibilizando os dogmas até então suportados.

Com um enorme estoque de processos judiciais de cobrança de créditos de natureza tributária que, estatisticamente se mostram ineficientes e ineficazes, a ideia de interesse público no caso foi repensada, de modo a construir um entendimento de que é melhor recuperar algo do que não recuperar sequer um centavo, não se olvidando do alto custo para movimentar a máquina pública em investidas que se mostram infrutíferas.

Para tornar a transação tributária uma realidade, o Código Tributário Nacional exige a edição de lei por cada um dos entes federados que determine as condições que autorizam a sua celebração, pois a Administração Tributária só poderá celebrar transação nas hipóteses e da forma autorizada por lei, recordando que a obrigação tributária tem como uma das suas características a compulsoriedade.

E em 2020, foi publicada a Lei Federal da Transação Tributária (LFT), autorizando a utilização do instituto da transação no âmbito federal, dispondo sobre as condições e requisitos necessários para a sua concretização, como se passa a expor no tópico seguinte.

2.2 A Lei nº 13.988, de 14 de abril de 2020

A transação tributária, hoje regulada no âmbito federal pela Lei nº 13.988 de 2020, concretiza três importantes pilares da estrutura do Código de Processo Civil de 2015, quais sejam: (a) efetividade, (b) cooperação entre os sujeitos do processo e (c) pretensão de desjudicialização de conflitos.[9]

Como dito anteriormente, o instituto da transação exige renúncias de ambas as partes envolvidas. No caso da transação em matéria tributária no âmbito federal regulada pela LFT, para usufruir das vantagens oferecidas pela Administração Pública, é

---

8 Nesse sentido, Marcus Abraham assevera que "Precisamente em razão da indisponibilidade do crédito tributário, há ainda quem entenda pela impossibilidade da transação tributária, tal como afirma Eduardo Marcial Ferreira Jardim, que sustenta a revogação ou a inconstitucionalidade do art. 171 do CTN, sobretudo pela necessária discricionariedade que preside à transação e a vinculabilidade que permeia toda a função administrativa relativa aos tributos". ABRAHAM, Marcus. *Curso de direito tributário*. 2. ed. Rio de Janeiro: Forense, 2020, p. 249.

9 VERGUEIRO, Camila Campos. Transação tributária: questões gerais. *In:* CONRADO, Paulo Cesar; ARAUJO, Juliana Furtado Costa (coord.). *Transação tributária na prática da Lei nº 13.988/2020*. São Paulo: Thomson Reuters Brasil, 2020, RB-2.2. *E-book* (ProView Thomson Reuters). Disponível em: https://proview.thomsonreuters.com/launchapp/title/rt/monografias/249869017/v1. Sobre a desjudicialização, Camila Campos Vergueiro faz uma importante observação, afirmando que "Portanto, desjudicializar não é negar acesso ao Judiciário, o que, deveras, seria inconstitucional à luz do que o inciso XXXV do artigo 5º da Constituição Federal/1988 assegura, o princípio da inafastabilidade da jurisdição judicial, mas, sim, prever mecanismos que estimulem o consenso entre as partes e a solicitação da intervenção do Judiciário de forma excepcional VERGUEIRO, Camila Campos, *op. cit.*, RB-2.2.

preciso que o sujeito passivo abra mão da discussão administrativa ou judicial sobre o crédito tributário beneficiado (art. 3º, incisos IV e V, da LFT).

Dentre as vantagens oferecidas ao sujeito passivo, destaquem-se o desconto, o pagamento em parcelas, a negociação de garantias e o diferimento. Some-se a isso a economia de tempo na obtenção de uma resposta que, na via judicial, demora um prazo desarrazoado.

A LFT prevê mais de uma modalidade de transação. No seu art. 2º, dispõe que a transação tributária pode ser efetivada por proposta individual (pela PGFN ou pelo contribuinte) ou por adesão. Em se tratando de crédito tributário, a transação se torna possível quando a dívida tributária esteja em fase de cobrança (art. 2º, I, LFT) ou na fase do contencioso tributário (art. 2º, II e III, LFT). Neste último caso, a dívida do contencioso tributário pode ser de pequeno valor (arts. 23 e 24, LFT) e de relevante e disseminada controvérsia jurídica (art. 16, LFT), no contencioso tributário em fase administrativa e judicial.

A promulgação da LFT instaura uma nova fase na forma como a Administração Tributária lida com os devedores que objetivam quitar os débitos para com a Fazenda Nacional.

A referida lei prevê diversas vantagens que podem ser oferecidas aos devedores por meio da transação, de modo a estimular a cooperação entre as partes envolvidas e reduzir a litigiosidade que hoje, é uma marca registrada das relações entre a Fazenda Pública e os devedores de créditos tributários.[10]

Visando regulamentar a LFT, foi editada a Portaria PGFN nº 9.917, de 14 de abril de 2020, que sofreu diversas alterações até ser revogada e substituída pela Portaria PGFN nº 6.757, de 29 de julho de 2022. Esta Portaria apresenta diversas informações importantes para a efetivação da transação no âmbito federal, entre elas os princípios aplicáveis, os objetivos da transação, as modalidades de transação, as obrigações do devedor e da Procuradoria-Geral da Fazenda Nacional ou da Receita Federal do Brasil, as exigências e concessões envolvidas, bem como hipóteses de revisão.

Foi também editada a Portaria ME nº 247, de 16 de junho de 2020, que disciplina a matéria no âmbito do Ministério da Economia e, portanto, da Secretaria da Receita Federal do Brasil, mas essa Portaria não traz dispositivos expressos sobre revisão do contrato de transação.

Em razão da grave crise sanitária e consequente crise financeira decorrente da pandemia da covid-19, resultando na redução da capacidade de pagamento dos devedores tributários federais, foram editadas algumas portarias pela PGFN com o objetivo de viabilizar a superação do frágil momento pelo qual vem passando o país.

---

[10] Cf. art. 11 da LFT: "Art. 11. A transação poderá contemplar os seguintes benefícios: I – a concessão de descontos nas multas, nos juros de mora e nos encargos legais relativos a créditos a serem transacionados que sejam classificados como irrecuperáveis ou de difícil recuperação, conforme critérios estabelecidos pela autoridade fazendária, nos termos do inciso V do caput do art. 14 desta Lei; II – o oferecimento de prazos e formas de pagamento especiais, incluídos o diferimento e a moratória; III – o oferecimento, a substituição ou a alienação de garantias e de constrições; IV – a utilização de créditos de prejuízo fiscal e de base de cálculo negativa da Contribuição Social sobre o Lucro Líquido (CSLL), na apuração do Imposto sobre a Renda das Pessoas Jurídicas (IRPJ) e da CSLL, até o limite de 70% (setenta por cento) do saldo remanescente após a incidência dos descontos, se houver; e V – o uso de precatórios ou de direito creditório com sentença de valor transitada em julgado para amortização de dívida tributária principal, multa e juros".

Inicialmente, foi editada a Portaria PGFN nº 7.820, de 18 de março de 2020. Em abril de 2020, foi editada a Portaria PGFN nº 9.924, de 14 de abril de 2020, com posteriores alterações e revogando a antecedente, prevendo transação por adesão.[11] Em junho de 2020, foi editada a Portaria PGFN nº 14.402, de 16 de junho de 2020, prevendo a possibilidade de transação por adesão e individual (no caso em que o valor atualizado a ser objeto da negociação for superior ao valor de R$ 150.000.000,00, nos termos do art. 8º, §2º). Ainda em 2020, foi editada a Portaria PGFN nº 18.731, de 06 de agosto de 2020, direcionada aos débitos do Regime Especial Unificado de Arrecadação de Tributos e Contribuições devidos pelas Microempresas e Empresas de Pequeno Porte (Simples Nacional).

Já em 2021, foi editada a Portaria PGFN nº 1.696, de 10 de fevereiro de 2021, estabelecendo condições para negociação dos tributos inscritos em dívida ativa da União e vencidos no período de março a dezembro de 2020 e não pagos em razão dos impactos gerados pela pandemia do coronavírus, instituindo a denominada "Transação da Pandemia".

A edição das referidas portarias no decorrer da crise econômica resultante da grave crise sanitária pela qual passa o país e o mundo demonstra a preocupação do Estado com a saúde financeira e a capacidade de pagamento das pessoas físicas e das pessoas jurídicas, buscando oferecer formas de viabilizar o pagamento dos tributos que são devidos e a sua respectiva arrecadação.

2.3 As legislações estaduais

O Código Tributário Nacional faculta a cada ente federativo regulamentar o instituto da transação tributária no seu âmbito territorial, nos termos do seu art. 171. Dessa forma, ainda que a União tenha editado lei federal regulamentando a transação, para que os Estados, o Distrito Federal e os Municípios possam transacionar os seus créditos, faz-se necessária a edição de lei própria.

O Estado de São Paulo, com a edição da Lei Estadual nº 17.293, de 15 de outubro de 2020, que estabelece medidas voltadas ao ajuste fiscal e ao equilíbrio das contas públicas, autorizou, no seu art. 41, a Procuradoria-Geral do Estado a celebrar transação resolutiva de litígios nos termos e condições que estabelece, abrangendo obrigação tributária ou não tributária de pagar, podendo a transação ser por adesão ou por proposta individual, a depender do caso, de iniciativa do devedor ou da Procuradoria-Geral do Estado. A referida lei foi regulamentada pela Procuradoria-Geral do Estado de São Paulo pela Resolução PGE nº 27 de 2020.

Por sua vez, o Município do Rio de Janeiro, com a edição da Lei nº 5.966, de 22 de setembro de 2015, estabeleceu as condições e os requisitos que devem ser observados

---

[11] A título informativo, o art. 5º da Portaria PGFN nº 9.924/2020 estipula como condição à adesão à transação que regulamenta quando os créditos transacionados forem objeto de discussão judicial o que segue: "A adesão à proposta de transação relativa a débito objeto de discussão judicial fica sujeita à apresentação, pelo devedor, de cópia do requerimento de desistência das ações, impugnações ou recursos relativos aos créditos transacionados, com pedido de extinção do respectivo processo com resolução de mérito, nos termos da alínea "c" do inciso III do caput do art. 487 da Lei nº 13.105, de 16 de março de 2015 – Código de Processo Civil".

para a realização de transação de créditos tributários. No Município de Campinas, no Estado de São Paulo, a Lei nº 12.920, de 04 de maio de 2007, autorizou o Poder Executivo municipal a celebrar transação de créditos tributários e não tributários.

Observa-se, portanto, que cada ente federado disciplinará a matéria da forma que melhor atenda ao interesse público envolvido, mas sempre observando as finalidades de reduzir a litigiosidade na cobrança de créditos, em especial os de natureza tributária, bem com reduzir a excessiva judicialização que hoje marca a relação entre as Fazendas Públicas e os devedores tributários, além de conceder condições favoráveis ao adimplemento dos valores devidos a título de tributos, em especial em momentos de crise econômica, podendo servir a LFT como uma base e incentivo para edição de legislações estaduais e municipais.

2.4 A formalização da transação e seus aspectos informadores

A Lei Federal de Transação Tributária estabelece os requisitos e as condições para que a União, as suas autarquias e fundações realizem transação resolutiva de litígio relativo à cobrança de créditos da Fazenda Pública, sejam os créditos de natureza tributária ou não (art. 1º da LFT).

A própria LFT destaca que deve a transação atender ao interesse público (art. 1º, §2º, LFT), bem como observar os princípios da isonomia, da capacidade contributiva, da transparência, da moralidade, da razoável duração dos processos e da eficiência e da publicidade, exceto nos casos resguardados pelo sigilo das informações (art. 1º, §§1º e 2º, LFT).[12]

São diversos os aspectos acerca do instituto da transação abordados pela referida lei de modo a evitar lacunas que resultem em um movimento reverso ao desejado, qual seja, de judicialização do que for acordado entre Estado e devedores.[13] Exemplo é o art. 3º da LFT, que impõe ao devedor a observância de certos compromissos que buscam resguardar os interesses da Fazenda Pública Federal, como o compromisso de "não utilizar a transação de forma abusiva, com a finalidade de limitar, de falsear ou de prejudicar, de qualquer forma, a livre concorrência ou a livre iniciativa econômica" e de "não alienar nem onerar bens ou direitos sem a devida comunicação ao órgão da Fazenda Pública competente, quando exigido em lei".

Outro ponto interessante diz respeito à polêmica cláusula de aceitação plena e irretratável de todas as condições estabelecidas na LFT e na sua regulamentação,

---

[12] A Portaria PGFN nº 6.757 de 2022 lista, no seu art. 2º, os princípios aplicáveis à transação, quais sejam: presunção de boa-fé do contribuinte, concorrência leal entre os contribuintes, estímulo à autorregularização e conformidade fiscal, redução de litigiosidade, menor onerosidade dos instrumentos de cobrança, adequação dos meios de cobrança à capacidade de pagamento dos devedores inscritos em dívida ativa da União e do FGTS, autonomia de vontade das partes na celebração do acordo de transação, atendimento ao interesse público, publicidade e transparência ativa, ressalvada a divulgação de informações protegidas por sigilo, nos termos da lei.

[13] A transação tributária, como instrumento de solução de conflito (artigo 171 do CTN), busca promover a concretização dessa pretensão do legislador processual de desjudicializar os conflitos de forma em geral e entre fisco e particular no âmbito do processo tributário. VERGUEIRO, Camila Campos. Transação tributária: questões gerais. *In*: CONRADO, Paulo Cesar; ARAUJO, Juliana Furtado Costa (coord.). *Transação tributária na prática da Lei nº 13.988/2020*. São Paulo: Thomson Reuters Brasil, 2020, RB-2.2. *E-book* (ProView Thomson Reuters). Disponível em: https://proview.thomsonreuters.com/launchapp/title/rt/monografias/249869017/v1.

constituindo confissão irrevogável e irretratável dos créditos abrangidos pela transação. Tal disposição, já conhecida no âmbito de parcelamentos tributários, mostra-se incompatível com a ordem constitucional vigente, em especial com o que dispõe o art. 5º, XXXIV, da Constituição Federal de 1988.[14]

A proposta de transação pode ser feita, no âmbito federal, pela Procuradoria-Geral da Fazenda Nacional, pela Procuradoria-Geral Federal (no caso de dívida ativa das autarquias e das fundações públicas federais) ou pela Procuradoria-Geral da União, a depender do caso, bem como por iniciativa do devedor, conforme previsto no art. 10 da LFT.

Destaque-se que a proposta de transação, via de regra e nos termos do que dispõe o art. 12 da LFT, não suspende a exigibilidade dos créditos por ela abrangidos, nem o andamento de execuções fiscais que versem sobre os débitos transacionados.

Entretanto, conforme prevê o §3º do art. 19 da LFT, "a apresentação da solicitação de adesão suspende a tramitação dos processos administrativos referentes aos créditos tributários envolvidos enquanto perdurar sua apreciação". Mas a suspensão que decorre da apresentação do pedido de transação não se aplica aos créditos já definitivamente constituídos aos quais se refira (art. 19, §4º, LFT).

No caso de transação individual, caberá ao Procurador-Geral da Fazenda Nacional, e ao Secretário Especial da Receita Federal do Brasil, assinar, diretamente ou por autoridade delegada, o termo de transação, conforme prevê o art. 13 da LFT. Já a transação por adesão, nos moldes do §2º do art. 13 da LFT, será realizada exclusivamente por meio eletrônico.

Em se tratando de transação por adesão, a proposta a ser divulgada mediante edital deve especificar, objetivamente, as hipóteses fáticas e jurídicas nas quais a Fazenda Nacional propõe a transação no contencioso tributário, sendo possível a adesão de todos os sujeitos passivos que se enquadrem nessas hipóteses e que cumpram com as condições previstas na LFT e no edital, nos termos do art. 17 da LFT.

A celebração de transação por adesão, conforme previsto no art. 17, §3º e art. 25, §2º, I, ambos da LFT, compete, no âmbito administrativo e do contencioso administrativo de pequeno valor, à Secretaria Especial da Receita Federal do Brasil do Ministério da Economia e, nas demais hipóteses legais, compete à Procuradoria-Geral da Fazenda Nacional.

Para que a transação por edital seja celebrada, é necessária a existência, na data da publicação do edital, de inscrição de crédito em dívida ativa, de ação judicial, de embargos à execução fiscal ou de reclamação ou recurso administrativo pendente de julgamento definitivo, relativamente à tese objeto da transação (art. 18, *caput*, LFT).

Uma vez atendidas as condições estabelecidas no edital de transação, o sujeito passivo poderá solicitar adesão à transação (art. 19, *caput*, LFT).

A extinção do litígio administrativo ou judicial é condição necessária para o sucesso da transação (art. 19, §2º, LFT), já que esse é um dos objetivos nucleares desse instrumento jurídico.

---

[14] "Art. 5º Todos são iguais perante a lei, sem distinção de qualquer natureza, garantindo-se aos brasileiros e aos estrangeiros residentes no País a inviolabilidade do direito à vida, à liberdade, à igualdade, à segurança e à propriedade, nos termos seguintes: (...) XXXV – a lei não excluirá da apreciação do Poder Judiciário lesão ou ameaça a direito;"

Por fim, a LFT não prevê a possibilidade de revisão do acordo de transação cele-brado com o devedor, situação que chama a atenção, em especial se for considerada a preocupação do legislador com a denominada capacidade de pagamento do devedor que, sem dúvida alguma, pode sofrer bruscas oscilações, aumentando ou diminuindo no curso do acordo celebrado e em fase de cumprimento.

Dessa forma, a possibilidade de revisão das condições pactuadas se mostra um imperativo, compatível com as finalidades do instituto da transação e da lei que o regulamenta, quais sejam, reduzir a litigiosidade e judicialização da relação entre Fisco e devedor, bem como possibilitar o adimplemento dos créditos tributários por meio da concessão de vantagens que tornem viável o pagamento do que é devido ao Estado, analisada e respeitada a capacidade de pagamento do devedor que quer regularizar a sua situação.

3 Acordos de transação com a administração – Aspectos gerais

3.1 A transação não é ato administrativo *stricto sensu*

Em nossa opinião, os acordos ou termos de transação não se qualificam como atos administrativos *stricto sensu*, seja qual for a classificação que se dê aos referidos atos. E isso se aplica tanto à transação proposta pelo contribuinte quanto nos casos de transação por adesão. Obviamente, toda ação estatal é concretizada por um ato, são atos da administração, daí "ato administrativo" abarcar os atos da administração com consequências jurídicas, mas isso na acepção ampla do termo, sentido *lato sensu*. Nesse sentido, tanto um ato de aposentadoria, quanto um decreto regulamentar, quanto um contrato de concessão, são "atos administrativos".[15] Mas o ato administrativo que gera consequências jurídicas próprias, discutidas na doutrina e na jurisprudência é o ato administrativo *stricto sensu*, o que não se adapta à transação tributária.

Contudo, há doutrinadores que entendem tratar-se de ato administrativo em qualquer de suas modalidades, e há autores que entendem ser ato administrativo apenas a modalidade de adesão.[16] Nenhuma dessas posições nos parece correta, como demonstramos adiante. Entende-se que a transação tem natureza contratual, na linha de Batista Junior.[17]

Cabe, então, lembrar os principais aspectos dos atos administrativos, suas ca-raterísticas, e os princípios que os informam, de modo a demonstrar que o termo de transação não se caracteriza como ato administrativo.

---

[15] Ver MELLO, Celso Antônio Bandeira de. *Curso de Direito Administrativo*. 26 ed. ver. atual. São Paulo: Malheiros, 2009, p. 378-382.

[16] Por exemplo, Heleno Torres e Natália Dacomo entendem que se trata de ato administrativo. Já Gilmar Oliveira e Rafael Frattari entendem que apenas as transações na modalidade por adesão seriam atos administrativos. Cf. OLIVEIRA, Gilmar Geraldo Gonçalves de; FRATTARI, Rafhael. A consensualidade como requisito da tran-sação tributária. *In:* MURTA, Antônio Carlos Diniz; FEITOSA, Juliano Feitosa. *Direito tributário e financeiro I.* Florianópolis: CONPEDI, 2020, p. 70.

[17] *Apud* OLIVEIRA, Gilmar Geraldo Gonçalves de; FRATTARI, Rafhael, *op. cit.*, p. 70.

Os atos administrativos têm características próprias e decorrem do poder de império do Estado. Na lição de Celso Antônio Bandeira de Mello, o ato administrativo *stricto sensu* pode ser conceituado como:

> declaração *unilateral* do Estado no exercício de prerrogativas públicas, manifestada mediante comandos concretos complementares da lei (ou excepcionalmente, da própria Constituição, aí de modo plenamente vinculado) expedidos a título de lhe dar cumprimento e sujeitos a controle de legitimidade por órgão jurisdicional.[18] (Itálico no original).

Hely Lopes Meirelles conceitua o ato administrativo (na acepção estrita) como:

> *Ato administrativo é toda manifestação unilateral de vontade da Administração Pública que, agindo nessa qualidade, tenha por fim imediato adquirir, resguardar, transferir, modificar, extinguir e declarar direitos, ou impor obrigações aos administrados ou a si própria.*[19] (Itálicos no original).

E complementa:

> Esse conceito é restrito ao ato *administrativo unilateral*, ou seja, àquele que se forma com a vontade única da Administração, e que é o ato administrativo típico, que nos interessa neste capítulo. Os atos *bilaterais* constituem os contratos administrativos, estudados separadamente no capítulo seguinte.[20] (Itálicos no original).

É justamente essa unilateralidade apontada por Celso Antônio Bandeira de Mello e Hely Lopes Meirelles que permite afirmar que a transação não pode ser entendida como ato administrativo em sentido estrito.

Ademais, sendo a imperatividade uma das características do ato administrativo, conforme Maria Sylvia Zanella Di Pietro: "Imperatividade é o atributo pelo qual os atos administrativos se impõem a terceiros, independentemente de sua concordância",[21] ou no dizer de Hely Lopes Meirelles: "a imperatividade é o atributo do ato administrativo que impõe a coercibilidade para seu cumprimento ou execução",[22] corrobora o entendimento de que a transação não é um ato administrativo.

Não cabe aqui discorrer de maneira aprofundada sobre a teoria do ato administrativo. Os pontos nucleares acima elencados são suficientes para a demonstração, mas se observarmos as outras características ou atributos dos atos administrativos (*e.g.*, presunção de legitimidade e veracidade, exigibilidade, autoexecutoriedade e tipicidade), todas elas se alinham com o entendimento de que a transação não é um ato administrativo.

---

[18] MELLO, Celso Antônio Bandeira de, *op. cit.*, p. 382.

[19] MEIRELLES, Hely Lopes; BURLE FILHO, José Emmanuel. *Direito administrativo brasileiro*. 42. ed. atual. São Paulo: Malheiros, 2016, p. 174.

[20] *Ibidem*, p. 174.

[21] DI PIETRO, Maria Sylvia Zanella. *Direito administrativo*. 32. ed. ver. atual. e ampl. Rio de Janeiro: Forense, 2019. *E-book*. Cap. 7 – Atos Administrativos, 7.6.2 Imperatividade.

[22] MEIRELLES, Hely Lopes, *op. cit.*, p. 185.

3.2 Termos de transação são contratos administrativos

Retome-se que os atos administrativos têm características próprias e decorrem do poder de império do Estado. Assim, uma transação, enquanto acordo de vontades, não se encaixaria no conceito, pois esses institutos não têm a mesma natureza, sendo ontologicamente distintos.

Os acordos de transação seriam melhor denominados de "termos de acordo", pois são contratos administrativos. Não são contratos típicos, porque lhes precedem uma relação jurídica exacional do Estado em relação ao contribuinte, o que, de regra, não é encontradiço no contrato administrativo típico. Porém, a teor do art. 171 do CTN evidencia este aspecto:

> Art. 171. A lei pode facultar, nas condições que estabeleça, aos sujeitos ativo e passivo da obrigação tributária *celebrar transação que, mediante concessões mútuas*, importe em determinação de litígio e conseqüente extinção de crédito tributário.
> Parágrafo único. A lei indicará a autoridade competente para autorizar a transação em cada caso. (Grifou-se).

Os termos grifados no texto codicial são a chave hermenêutica para se delinear a natureza jurídica da transação tributária. Quando a norma diz que por via de autorização legal (LFT) o Fisco e contribuinte podem "celebrar transação que, mediante concessões mútuas" está expressamente confirmando o aspecto nuclear dos contratos, i.e., um acordo de vontades, e mais, mediante concessões mútuas, – eis a transação tributária – ou seja, um contrato. E por ser celebrado pela Administração Pública, tem-se um contrato administrativo. Não há como se fazer outra leitura a partir dos ditames conformadores do CTN. Todas as normas que codifiquem e estabeleçam as condições da transação devem obedecer à lei geral, o CTN. Assim, em todas elas, como é o caso da LFT, o que se tem é um contrato administrativo.

Cabe lembrar o conceito de contrato administrativo, de forma a corroborar o enquadramento da transação como ato contratual. Contrato é acordo de vontades, mas o contrato administrativo tem suas particularidades. Conforme ensina Hely Lopes Meirelles:

> Contrato administrativo é o ajuste que a Administração Pública, agindo nessa qualidade, firma com particular ou outra entidade administrativa para a consecução de objetivos de interesse público, nas condições estabelecidas pela própria Administração.[23]

Ora, o interesse público na transação é evidente: resolver o litígio tributário que se prolonga ou pode se prolongar por décadas, concretizando o princípio da eficiência para a administração e promovendo a pacificação tributária, de interesse do Estado e também da sociedade.

---

[23] MEIRELLES, Hely Lopes, *op. cit.*, p. 239.

No dizer de Maria Zanella Di Pietro:

> [...] a expressão contrato administrativo é reservada para designar tão somente os ajustes que a Administração, nessa qualidade, celebra com pessoas físicas ou jurídicas, públicas ou privadas, para a consecução de fins públicos, segundo regime jurídico de direito público.[24]

A despeito das divergências acerca do contrato administrativo, uma coisa é certa: rege-se pelos princípios de Direito Público e isso traz consequências para a nossa análise.

A doutrina discute se os acordos de transação por adesão também teriam a natureza de contrato administrativo.[25] Não nos parece que perdem sua natureza de contrato administrativo em razão de serem por adesão. Ora, o contrato por adesão não deixa de ser um contrato. A diferença é que as cláusulas são pré-concebidas por uma parte (a administração), mas são concebidas em consideração às condições em geral da outra parte (na verdade dos diversos contribuintes), mas, para haver acordo, devem ser aceitas pela outra. Ocorre, portanto, um acordo, em outras palavras, um contrato. O simples fato de ser por adesão não desvirtua a sua natureza contratual, transformando-o em um ato unilateral.

Assim, sem sombra de dúvida, pode-se afirmar que os acordos ou termos de transação, por proposta do contribuinte ou por adesão, têm a natureza jurídica de contratos administrativos e, dessa forma, devem ser considerados em termos de efeitos e alterabilidade.

3.3 Condições de revisão

Os contratos administrativos estão submetidos a um regime próprio, o que implica algumas condições para a sua revisão que extrapolam a mera vontade do contratante, ou mesmo do contratado.

Interessa neste estudo verificar as condições de revisão por parte do contratado, ou seja, o devedor. Observe-se que o contrato de transação é um contrato atípico. Não se trata de bem ou serviço a ser entregue ao Estado em contraprestação, mas de obrigação de dar em decorrência da atividade exacional prévia do Estado. Contudo, as condições iniciais do contrato podem mudar, e isso pode ensejar sua revisão, especialmente quando as condições existentes à época do acordo sofram alterações alheias à vontade do contribuinte e de maneira que o impeçam de cumprir o contrato de transação.

Dentre as possibilidades de revisão do contrato administrativo, aqui sob a ótica do contratado, a teoria do contrato administrativo remete a algumas hipóteses que podem implicar sua inexecução, ou seja, o não pagamento do que foi acordado, no caso, na transação. Com base em Hely Lopes Meirelles,[26] citam-se algumas ocorrências possíveis:

---

[24] DI PIETRO, Maria Sylvia Zanella. *Direito administrativo*. 32. ed. ver. atual. e ampl. Rio de Janeiro: Forense, 2019. *E-book*. Cap. 8 – Contratos Administrativos, 8.1 Contratos da Administração.

[25] Ver, *e.g.*, OLIVEIRA, Gilmar Geraldo Gonçalves de; FRATTARI, Rafhael. a consensualidade como requisito da transação tributária. *In:* MURTA, Antônio Carlos Diniz; FEITOSA, Juliano Feitosa. *Direito tributário e financeiro I*. Florianópolis: CONPEDI, 2020.

[26] MEIRELLES, Hely Lopes, *op. cit.*, p. 266-277.

- condições gerais da teoria da imprevisão (cláusula *rebus sic stantibus*);
- força maior e caso fortuito;
- fato do príncipe;
- fato da administração;
- estado de perigo;
- lesão; e
- interferências imprevistas.

Não é o caso aqui de discutir cada uma dessas ocorrências, ao que se remete o leitor à doutrina do Direito Administrativo sobre os contratos administrativos. Porém, cabem algumas observações adicionais.

Observe-se que aqui não existe a hipótese de revisão do acordo de transação unilateralmente por interesse da administração, por mudanças das condições da contração ou outras intercorrências (que é possível nos contratos típicos). Isso só é admissível num acordo de transação se for em benefício do contratado (contribuinte) e com sua concordância. Em tese, poderia ocorrer, por exemplo, o caso de uma empresa, após firmar uma transação, descobrir um produto ou processo altamente valioso, e no curto prazo passar da quase falência (que a motivou a celebrar contrato de transação) para uma posição de mercado altamente favorável com sobra de caixa. Nesse caso, poderia a administração rever unilateralmente o acordo de transação, de forma a adequá-lo à nova realidade da empresa? Evidentemente, a resposta é não, salvo sob a ocorrência de duas condições: a) existência de previsão expressa no próprio acordo de transação (o que é perfeitamente possível) ou b) que o contribuinte contratado expressamente concorde com a revisão.

Por outro lado, o pedido de revisão por parte do contribuinte, quando da ocorrência de uma das circunstâncias listadas acima, é sempre possível. Não concordando a administração com os novos termos propostos pelo contribuinte, lhe é facultado invocar a tutela jurisdicional mediante as ações cabíveis em cada caso. Isso se aplica tanto a acordos de transação propostos pelo contribuinte quanto àqueles por adesão, pelos motivos já expostos.

4 Possibilidade de revisão do termo de transação tributária

4.1 Condições que ensejam a revisão

Uma vez estabelecido que a transação se consolida como um contrato administrativo, as condições e circunstâncias que ensejam sua revisão são exatamente as mesmas que a jurisprudência e a doutrina apontam como suficientes para que isso aconteça.

Observe-se que a Portaria PGFN nº 6.757/2022, em seu art. 23, trata de uma condição de revisão relacionada à "capacidade de pagamento". Ocorre que essa capacidade de pagamento é definida pela administração, conforme critérios estabelecidos unilateralmente pela própria administração. Contudo, o mesmo ato normativo garante o acesso do contribuinte à metodologia, que pode também ser objeto de discussão no pedido de revisão – o que se considera correto.

Os arts. 27 a 34 da Portaria PGFN nº 6.757/2022 detalham o pedido de revisão quanto à capacidade de pagamento do sujeito passivo e também no caso de situações impeditivas à celebração da transação.

Assim, o próprio normativo que regula a transação admite a revisão dos termos da transação. Um dessas condições é a "capacidade pagamento" que corresponde ao equilíbrio financeiro do contrato, que pode ocorrer em condições normais de mercado por diversos fatores (entrada de concorrente novo, obsolescência do produto etc.), ou pode decorrer em função de imprevistos totalmente exógenos, como é o caso da pandemia da covid-19, que impõe incertezas e condições mercadológicas nefastas. Observe-se que a circunstância decorrente da pandemia implica a subsunção a pelo menos dois critérios listados no item 3.3 acima ou, mais especificamente, a ocorrência de força maior e caso fortuito.

Outras circunstâncias podem ocorrer, especialmente no caso das condições que impedem a transação, conforme o art. 54, 21º, IV, da Portaria PGFN nº 6.757/2022 (mas sem previsão legal específica), e que, dependendo da circunstância, pode ser objeto de contestação, pois submete o contribuinte a uma condição processual pendente (sem trânsito em julgado).

Assim, ainda que admitido e regulado o pedido de revisão no caso analisado pela Portaria PGFN nº 6.757/2022, as possibilidades de pedido de revisão não estão do ponto de vista do ordenamento jurídico administrativo restritas às hipóteses ali previstas.

4.2 Efeitos do pedido de revisão

Outro aspecto importante são os efeitos da revisão. Um pedido de revisão feito pelo contribuinte pode ser acatado pela administração, chegando-se a uma resolução, com o contribuinte dando seguimento ao contrato de transação conforme seus termos renegociados.

Porém, pode ocorrer que a administração negue o pedido do contribuinte, por diversos motivos, inclusive pelo fato de o pedido do contribuinte não se encontrar entre as hipóteses previstas no normativo administrativo. Nesse caso, o contribuinte pode se socorrer do Judiciário para pedir que seja reconhecido direito à revisão, considerando os argumentos apresentados, e que não se enquadraram naqueles previstos pela norma administrativa estrita. Nessa situação podem sobrevir diferentes situações processuais. O contribuinte pode se beneficiar de uma tutela antecipada e seguir a transação nos termos propostos ou o Judiciário pode manter suspensa a exigibilidade do crédito tributário, sem tutela antecipada, até que se decida o mérito da questão, entre outras situações possíveis.

Evidentemente que essas diversas alternativas processuais têm impacto no curso dos negócios do contribuinte e elas próprias devem ser consideradas pelo Judiciário em sua decisão – afinal de contas é essa a razão da existência da transação.

Ou seja, falar dos efeitos da revisão pode resultar em considerar diferentes graus de complexidade, levando em conta que a revisão pode ser amigável ou litigiosa.

5 Conclusões

O instituto da transação, há tempos previsto no CTN, porém de pouca utilização, passou a ser necessário cada vez mais em face do congestionamento do recebimento dos créditos tributários pela administração e traz na sua regulamentação algumas questões desafiadoras.

Diante do que foi discutido nesta apertada síntese da novel transação tributária brasileira, pode ser afirmado que a transação tem a natureza de contrato administrativo e, portanto, é suscetível de ser revista a pedido de contribuinte, nos mesmos moldes e pelas mesmas circunstâncias que ensejam a revisão dos contratos administrativos comuns (não decorrentes de transação tributária).

Assim, embora os normativos que disciplinem a transação tributária possam trazer previsões explícitas de revisão, entende-se que outras circunstâncias imprevisíveis que ensejam o pedido de revisão possam ocorrer, ainda que não expressamente previstas nos normativos reguladores do instituto, sendo possível a judicialização no caso de não reconhecimento do direito pela administração.

Referências

ABRAHAM, Marcus. *Curso de direito tributário*. 2. ed. Rio de Janeiro: Forense, 2020.

CALMON, Sacha. *Curso de direito tributário brasileiro*. 17. ed. Rio de Janeiro: Forense, 2020.

CONRADO, Paulo Cesar; Araujo, Juliana Furtado Costa (coord.). Introdução. Transação tributária no direito brasileiro e seus principais aspectos à luz da Lei nº 13.988/2020. *In*: _____. *Transação tributária na prática da Lei no 13.988/2020*. São Paulo: Thomson Reuters Brasil, 2020. *E-book* (ProView Thomson Reuters). Disponível em: https://proview.thomsonreuters.com/launchapp/title/rt/monografias/249869017/v1.

DI PIETRO, Maria Sylvia Zanella. *Direito administrativo*. 32. ed. ver. atual. e ampl. Rio de Janeiro: Forense, 2019. *E-book*.

MEIRELLES, Hely Lopes; BURLE FILHO, José Emmanuel. *Direito administrativo brasileiro*. 42. ed. atua. São Paulo: Malheiros, 2016.

MELLO, Celso Antônio Bandeira de. *Curso de Direito Administrativo*. 26 ed. ver. atual. São Paulo: Malheiros, 2009.

OLIVEIRA, Gilmar Geraldo Gonçalves de; FRATTARI, Rafhael. A Consensualidade Como Requisito da Transação Tributária. *In*: MURTA, Antônio Carlos Diniz; FEITOSA, Juliano Feitosa. *Direito tributário e financeiro I*. Florianópolis: CONPEDI, 2020.

VERGUEIRO, Camila Campos. Transação tributária: questões gerais. *In*: CONRADO, Paulo Cesar; ARAUJO, Juliana Furtado Costa (coord.). *Transação tributária na prática da Lei nº 13.988/2020*. São Paulo: Thomson Reuters Brasil, 2020. *E-book* (ProView Thomson Reuters). https://proview.thomsonreuters.com/launchapp/title/rt/monografias/249869017/v1.

WOLKART, Erik Navarro. *Análise econômica do processo civil*: como a economia, o direito e a psicologia podem vencer a tragédia da justiça. 2. ed. São Paulo: Thomson Reuters Brasil, 2020. *E-book* (ProView Thomson Reuters). Disponível em: https://proview.thomsonreuters.com/launchapp/title/rt/monografias/174115839/v2.

Informação bibliográfica deste texto, conforme a NBR 6023:2018 da Associação Brasileira de Normas Técnicas (ABNT):

VALADÃO, Marcos Aurélio Pereira; CAPONE, Rodrigo Sene. Da possibilidade de revisão do termo de transação tributária. *In*: SARAIVA FILHO, Oswaldo Othon de Pontes (coord.). *Transação e Arbitragem Tributárias*. Belo Horizonte: Fórum, 2023. (Coleção Fórum grandes temas atuais de Direito Tributário ; v.2). p. 249-264. ISBN 978-65-5518-465-5.

O ILÍCITO TRIBUTÁRIO SOB A PERSPECTIVA DO DIREITO DA CONCORRÊNCIA

ANA FRAZÃO

1 Introdução

O objeto do presente artigo é propor a reflexão sobre se e em que medida ilícitos tributários, especialmente os relacionados à sonegação fiscal, podem ser considerados igualmente um problema concorrencial, inclusive para efeitos de deflagrar a competência do Conselho Administrativo de Defesa Econômica (CADE) para a prevenção e repressão de condutas anticompetitivas.

Se não se nega a necessidade de um diálogo entre o Direito da Concorrência e outras searas, como é o caso do Direito Tributário, igualmente é forçoso reconhecer que tal diálogo costuma ser bastante difícil. Especialmente na esfera punitiva, capitular um mesmo fato simultaneamente como ilícito tributário e ilícito concorrencial pode envolver considerável esforço, especialmente quando se sabe que os pressupostos dos dois tipos de ilícito são distintos.

É sob essa perspectiva que o presente artigo procurará demonstrar que, além das dificuldades naturais para tornar um ilícito tributário um ilícito igualmente concorrencial, as mesmas razões que justificam tais conclusões levariam ao entendimento de que o descumprimento doloso ou maciço de legislação, qualquer que seja, possa igualmente ser visto como um ilícito concorrencial, desde que gere vantagens competitivas para quem o pratica.

Por essa razão, refletir sobre a questão tributária ora sob exame acaba nos levando a uma questão muito mais ampla, que diz respeito à possibilidade de considerar o descumprimento de legislação – qualquer que seja – como um ilícito concorrencial, tal como se passará a demonstrar.

2 A tentativa de transformar um problema tributário em um problema concorrencial

Uma das razões que evidenciou a possibilidade de transformar a sonegação fiscal em um ilícito concorrencial foi a existência de projetos de lei que, visando à regulamentação do art. 146-A, buscam o engajamento do Sistema Brasileiro de Defesa da Concorrência nas questões de Direito Tributário.

Em uma primeira análise, é no mínimo preocupante a possibilidade de que casos de sonegação fiscal sejam vistos como ilícitos concorrenciais, o que poderia levar inclusive a verdadeiro desvio de finalidade da própria competência legislativa. Afinal, em que pese certa dificuldade para definir com precisão a *ratio* do art. 146-A da Constituição, é possível afirmar que o referido artigo jamais pretendeu ampliar a competência da autoridade de defesa da concorrência para, em conjunto com os entes federativos, atuar contra práticas de evasão fiscal.

Como se sabe, as competências do CADE para julgar ilícitos concorrenciais precisam ser convergentes e complementares com as competências de todas as demais autoridades cujos poderes igualmente se projetam sobre a regulação direta ou indireta da atividade econômica, tais como autoridades fazendárias, ambientais, trabalhistas, consumeristas, anticorrupção, entre outras.

Diante de uma ordem constitucional complexa como a brasileira, cuja principiologia traduzida no art. 170 da Constituição é o maior exemplo, há que se ter especial cuidado com alocações de competência que possam se chocar ou esvaziar as competências das demais. Isso é particularmente importante em relação ao CADE, que, por uma série de circunstâncias, não pode se tornar uma espécie de instância última para resolver todos os problemas não solucionados pelas autoridades das outras esferas.

Nesse sentido, não se negam os efeitos nocivos à concorrência que podem eventualmente ser ocasionados pela evasão de tributos. O que ora se afirma é que isso não necessariamente atrai a competência do CADE, sendo necessária uma análise detida quanto à adequação da extensão da competência da autoridade antitruste na matéria.

Ao fim e ao cabo, discussões sobre a tributação no setor empresarial sempre vão tangenciar ou atingir o equilíbrio competitivo de alguma forma. Aliás, qualquer descumprimento de lei, em qualquer que seja a seara – especialmente nas trabalhistas, consumeristas, anticorrupção e ambientais –, pode atingir o equilíbrio competitivo.

Daí a necessidade de se analisar se é legítimo que a lei complementar pretenda resolver um problema que é essencialmente tributário também por meio da atuação do CADE na matéria.

3 Limites da atuação da autoridade antitruste no combate a práticas de sonegação fiscal que possam ensejar desequilíbrios concorrenciais

A reflexão acerca dos limites da atuação da autoridade antitruste e mesmo os objetivos almejados pelo Direito Antitruste vem de longa data.[1] Contudo, apenas a partir da Constituição de 1946 é que se intensificou a luta para a consolidação efetiva da repressão ao abuso do poder econômico do Brasil, previsão esta que se encontra refletida na Constituição Federal hoje vigente, no §4º do artigo 173, segundo o qual: "A lei reprimirá o abuso do poder econômico que vise à dominação dos mercados, à eliminação da concorrência e ao aumento arbitrário dos lucros".

Com base nessa previsão constitucional, o artigo 1º da Lei nº 12.529/2011 é claro ao prever que somente se reprimirá o exercício abusivo do poder econômico que se mostre incompatível com a livre iniciativa, e não o poder econômico em si. O grande desafio, contudo, é buscar parâmetros que possam dar aplicação a tal previsão evitando sobreposições indevidas e conflitos desnecessários com as outras searas jurídicas, que têm por finalidade precípua dar cumprimento a determinados princípios da ordem econômica, como é o caso do Direito Tributário, Direito do Trabalho, Direito do Consumidor, Direito do Meio Ambiente, entre outros.

Ao definir o ilícito antitruste, a Lei nº 12.529/2011 assume considerável abrangência, abrindo espaço para sua incidência sobre práticas empresariais extremamente diversas, como se infere do rol de condutas listado no §3º do art. 36. Quando se verifica que esse rol é meramente exemplificativo e que as práticas estão condicionadas tão somente à possibilidade de produção de efeitos anticoncorrenciais, observa-se que existe uma margem extremamente ampla para a identificação do ilícito antitruste.

Embora assegure maior efetividade ao princípio da livre concorrência, essa indeterminação normativa fragiliza a segurança jurídica ao dificultar ou mesmo impedir que os agentes econômicos possam diferenciar, com maior clareza, práticas empresariais ilícitas das lícitas, especialmente no que diz respeito às condutas unilaterais e às condutas por efeitos.[2] Do ponto de vista da atuação da autoridade antitruste, tal

---

[1] Não obstante a nossa primeira Constituição social, de 1934, não conter previsão que desse ensejo à criação do Direito da Concorrência, muitos juristas de peso já advertiam para o fato de que o exercício do poder econômico não poderia continuar sendo arbitrário. A Constituição de 1937 manteve-se silente quanto à repressão ao abuso de poder econômico, mas passou a dar importância aos crimes contra a economia popular, equiparando-os aos crimes contra o Estado e exigindo punição. Logo em seguida, foi editado o Decreto-Lei nº 869, de 1938, que previa como crime a prática de monopólios, artifícios, fraudes, abusos contra a economia popular e a usura. Contudo, as diretrizes antitruste constantes do referido diploma jamais foram totalmente implementadas. Diante da ineficácia dos mencionados dispositivos, o Direito da Concorrência brasileiro permaneceu sem evolução significativa até o Decreto-Lei nº 7.666, de 1945, que continha os elementos básicos do projeto de lei que Agamenon Magalhães iria apresentar em 1948 e que se transformaria na Lei nº 4.137/62. FRAZÃO, Ana. *Direito da concorrência*: pressupostos e perspectivas. São Paulo: Saraiva, 2017, p. 33-35.

[2] Há condutas cujo próprio objeto coloca em risco o ambiente concorrencial, por não ser possível vislumbrar, pelo menos em princípio, nenhum outro objetivo relacionado à prática que não a restrição à livre concorrência. A principal consequência dessa constatação é a aplicação de uma presunção relativa de potencialidade lesiva. De fato, havendo indicativos seguros, decorrentes da experiência doutrinária e jurisprudencial, de que determinadas práticas não possuem nenhum propósito econômico legítimo, mas têm como único fim a lesão à livre concorrência, será desnecessária a comprovação da potencialidade lesiva da conduta, ficando a cargo do acusado afastar a presunção. De outra parte, a lei fala ainda nos chamados "ilícitos por efeitos", em que a restrição à livre concorrência não emerge de forma tão cristalina, cabendo à autoridade antitruste a comprovação de sua potencialidade lesiva, sopesando os efeitos ilícitos com eventuais propósitos legítimos que podem justificar a prática

indefinição pode até mesmo impossibilitar que os objetivos da autoridade antitruste sejam alcançados dada à ineficiência que poderia ser gerada caso se entendesse que a atuação da autoridade é excessivamente ampla.

Por essa razão, o diálogo entre o Direito Antitruste e outras searas precisa ser feito com cautela. Com efeito, embora não se negue a importância de se abrir o discurso antitruste para as importantes discussões, não se pode descuidar da preocupação de resguardar a coerência do Direito da Concorrência e a sua aptidão para regular o poder econômico com parâmetros consistentes, adequados e minimamente previsíveis.

Como se sabe, a definição legal de ilícito antitruste é bastante ampla e genérica. O fato de se tratar de infração de tipo aberto, de mero perigo e ainda independente de culpa, cria uma combinação explosiva que precisa ser devidamente controlada pelo Direito da Concorrência, como esta parecerista já teve oportunidade de alertar em obra doutrinária:[3]

> [..] a infração antitruste apresenta três características que, quando reunidas, atribuem ao Estado uma enorme discricionariedade para a sua identificação: tipicidade aberta, inexigibilidade de produção de efeitos negativos concretos no mercado (infrações de perigo) e prescindibilidade da culpa, pelo menos em seu sentido tradicional1. Cada uma dessas características isoladamente já é bastante complicada do ponto de vista da segurança jurídica do administrado, mas, ao serem somadas, resultam em combinação verdadeiramente explosiva, que, se não for muito bem controlada pela autoridade antitruste, pode tornar-se fonte de punições arbitrárias e destituídas de razoabilidade.

Daí o necessário cuidado que a autoridade antitruste deve ter para criar filtros e parâmetros sem os quais tudo poderá ser ilícito antitruste, o que tornaria a política antitruste e o próprio exercício da competência do CADE inviáveis.

É por essas razões que, até o presente momento, sempre que o tema da sonegação fiscal chegou ao CADE ao longo dos últimos anos, a sua jurisprudência tentou avaliar se haveria realmente ilícito antitruste a partir da existência da prática de preços predatórios.[4] Era por meio da verificação sobre se a sonegação fiscal em exame se encaixaria igualmente na prática de ilícito antitruste já reconhecido, como é o caso de preços predatórios, que se evitava o risco de ampliar excessivamente a competência do CADE e transformar qualquer problema tributário em um problema concorrencial.

---

sob exame. Nessa hipótese, obviamente, não faria sentido inverter o ônus da prova, sob pena de interferir indevidamente na livre-iniciativa e na autodeterminação dos sujeitos. (FRAZÃO, *op. cit.* 2017, p. 291-292). Tal entendimento foi pacificado no julgamento do PA nº 08012.006923/2002-18, no voto do Conselheiro Marcos Paulo Veríssimo ao declarar que, embora submetida a um regime de presunção relativa de ilegalidade, a ilicitude da prática poderia ser afastada, caso ficasse demonstrado que era acessória a outro objeto lícito e razoável, como a compensação de eventual poder de oligopsônio. (CADE, Processo Administrativo nº 08012.006923/2002-18, rel. Conselheiro Ricardo Machado Ruiz, julg. 14.12.2011).

3   FRAZÃO, *op. cit.* 2017, p. 246.

4   De acordo com pesquisa de jurisprudência realizada pelo CEDES (CARVALHO; MATIUZZO; PROL; LAGANKE, *op. cit.*), o CADE analisou os seguintes casos que tratam da sonegação fiscal como fator de vantagem competitiva. CADE, PA nº 08012.000208/1999-79, Rel. Cons. Celso Fernandes Campilongo, julg. 19.6.2002; CADE, PA nº 08700.002374/1999-33, Rel. Cons. Luiz Carlos Thadeu Delorme Prado, julg. 15.09.2004; CADE, PA nº 08012.002528/2001-85, Rel Cons. Abraham Benzaquen Sicsú, julg. 1.2.2006; CADE, PA nº 08012.003648/2005-23, Cons. Rel. César Costa Alves de Mattos, julg. 11.11.2019; CADE, PA nº 08012.004657/2006-12, Cons. Rel. Fernando de Magalhães Furlan, julg. 16.12.2009; CADE, PA nº 08012.007104/2002-98, julg. 7.4.2010.

O único caso de sonegação fiscal não classificado inicialmente como preço predatório foi o Processo Administrativo nº 08012.000208/99-79, no qual se verificou prática de cartel e de recusa de venda, condutas anticompetitivas igualmente reconhecidas e com filtros próprios para a sua identificação. Interessante ressaltar que, no referido processo, não obstante a alegação da produção de efeitos anticompetitivos via prática de sonegação fiscal, o Conselheiro-Relator solicitou a remessa de cópia dos autos ao Ministério Público, a fim de apuração de crime contra a ordem tributária e até mesmo concorrência desleal, sob a alegação de que a sonegação fiscal viola o direito à concorrência por via reflexa, mas não enseja a competência do CADE a examiná-la.[5]

Nos outros casos,[6] uma vez analisada a sonegação fiscal como parte da conduta de preços predatórios – que, como se sabe, é extremamente controversa no Direito da Concorrência –, a conclusão foi pelo arquivamento, uma vez que as hipóteses não passavam pelos filtros nem preenchiam os requisitos que permitiam que fossem consideradas como infrações antitrustes.

Verdade seja dita que, especificamente na Averiguação Preliminar nº 08012.002528/2001-85, não se afastou *a priori* a possibilidade de análise por parte do CADE de crime tributário, desde que ele ensejasse restrição à livre concorrência. O Conselheiro-Relator do caso alegou, contudo, que o caso em questão não se enquadrava como conduta predatória, nos termos da Resolução nº 20 do CADE, uma vez que não se verificou poder de mercado suficiente para a ilicitude. Ademais, também alegou que o simples fato de uma concorrente praticar preços mais baixos que a concorrência não enseja a prática de preços predatórios.

Dessa maneira, fica claro que a jurisprudência do CADE, acertadamente, nunca se furtou a analisar as distorções concorrenciais que podem surgir de ilícitos tributários, como é o caso da sonegação fiscal. Apenas partiu da premissa de que a mera sonegação não pode ser ilícito concorrencial, e apenas poderia sê-lo caso passasse pelos respectivos filtros e critérios de identificação.

Todavia, observa-se que o tema passou a despertar atenção de alguns setores econômicos, dando ensejo também a reflexões e estudos, muitas vezes apontando equivocadamente que o CADE tem se furtado em analisar questões tributárias.

Diante da suposta premissa de que o CADE seria resistente para analisar denúncias nas quais a alegação de infração à ordem econômica relaciona-se diretamente a praticas tributárias, o CEDES,[7] por exemplo, propõe que tal análise seja feita em cinco etapas cumulativas: (etapa i) reiteração da prática evasiva; (etapa ii) mercado de alta tributação e baixa margem de lucro; (etapa iii) aumento significativo da participação no mercado relevante, (etapa iv) correlação entre a maior participação de mercado e a conduta evasiva; (etapa v) verificação de dano efetivo à concorrência.

A primeira etapa, referente à reiteração da prática evasiva, consiste em verificar se o agente "reiteradamente faz uso de artifícios dolosos, em afronta à legislação, para

---

5   CADE, PA nº 08012.000208/1999-79, Rel. Cons. Celso Fernandes Campilongo, julg. 19.6.2002, p. 1453.

6   CADE, PA nº 08700.002374/1999-33, Rel. Cons. Luiz Carlos Thadeu Delorme Prado, julg. 15.09.2004; CADE, PA nº 08012.002528/2001-85, Rel Cons. Abraham Benzaquen Sicsú, julg. 1.2.2006; CADE, PA nº 08012.003648/2005-23, Cons. Rel. César Costa Alves de Mattos, julg. 11.11.2019; CADE, PA nº 08012.004657/2006-12, Cons. Rel. Fernando de Magalhães Furlan, julg. 16.12.2009; CADE, PA nº 08012.007104/2002-98, julg. 7.4.2010.

7   CARVALHO, Vinicius Marques de; MATIUZZO, Marcela; PROL, Flávio Marques; LAGANKE, Amanda Lopes. *Concorrência e Tributação*. São Paulo, 2019.

evitar, reduzir ou retardar o pagamento de tributos após a ocorrência de fato gerador". A análise quanto à motivação para o não pagamento de tributos recai sobre uma avaliação da existência de má-fé no não pagamento do tributo em questão.[8]

A segunda etapa, referente à existência de mercado de alta tributação e baixa margem de lucro, consiste na análise da importância da carga tributária no mercado relevante em questão, tendo em vista que o não pagamento sistemático de tributos em mercado com tais características "é conduta apta a inviabilizar a concorrência por aqueles que zelosamente cumprem com as suas obrigações fiscais, caso a vantagem pecuniária obtida através da sonegação for repassada ao preço final do produto ou serviço comercializado". Veja-se, portanto, que ainda haveria a necessidade de se comprovar que a vantagem obtida foi efetivamente repassada ao consumidor. [9]

A terceira etapa, relativa ao aumento significativo da participação no mercado relevante analisado, consiste na análise sobre se a infração efetivamente gerou aumento significativo de *market share*, demonstrando, também, a potencialidade de gerar efeitos negativos. De acordo com os autores, "[e]sse resultado, inclusive, pode ser presumido nos casos de conquista de posição dominante", pois, na medida em que a empresa que se encontra em posição dominante, ela tende a adotar o comportamento típico do monopolista, tornando possível a presunção de existência de danos ao mercado.[10]

A quarta etapa diz respeito à correlação entre a maior participação de mercado e a conduta evasiva, diz respeito à efetiva verificação de correlação entre o aumento significativo da participação no mercado relevante analisado e a vantagem obtida por conta da evasão fiscal. Apesar de ser uma tarefa árdua, os autores sustentam que, por conta da elevada tributação e da baixa margem de lucro, tal missão seria exequível, pois não seria tão difícil afastar alegações de que a eficiência econômica e outros fatores seriam a razão do aumento de participação de mercado.[11]

Por fim, seria necessária a verificação de dano efetivo à concorrência, que pode ser mensurado via aumento das barreiras à entrada no mercado em questão, exclusão ou impedimento de crescimento de concorrentes e seleção adversa no mercado, entre outros fatores.[12]

De modo geral, a metodologia proposta, ainda que fosse acertada, já é a demonstração cabal do quanto é árdua a tarefa de diferenciar o simples não cumprimento de uma obrigação tributária daquela violação que poderia atrair a competência da autoridade antitruste. Ademais, os filtros sugeridos também ressaltam a importância de compreender as especificidades de determinado mercado para apuração de algumas condutas anticompetitivas, especialmente as unilaterais.

Basta dizer que, para que se chegue a tais conclusões, há que se ir muito além dos requisitos tradicionais de comprovação do ilícito antitruste, o que, por si só, já demonstra que se trata de uma hipótese excepcional conduta anticompetitiva. Tanto é assim que, dentre os inúmeros critérios previstos como filtros, encontra-se a necessidade (i) de dolo – enquanto a regra do ilícito antitruste é não exigir nem mesmo a culpa, pelo menos no

---

8   CARVALHO; MATIUZZO; PROL; LAGANKE, *op. cit.*, 2019, p. 234-236.
9   CARVALHO; MATIUZZO; PROL; LAGANKE, *op. cit.*, 2019, p. 240-241.
10   CARVALHO; MATIUZZO; PROL; LAGANKE, *op. cit.*, 2019, p. 242-243.
11   CARVALHO; MATIUZZO; PROL; LAGANKE, *op. cit.*, 2019, p. 241-242.
12   CARVALHO; MATIUZZO; PROL; LAGANKE, *op. cit.*, 2019, p. 242.

sentido subjetivo ou psicológico[13] – e (ii) de comprovação de danos – enquanto a regra do ilícito antitruste é de bastar o potencial danoso.

Portanto, os filtros acima propostos são a maior prova de que a sonegação, como regra, não pode ser considerada um ilícito antitruste. Tanto é assim que, para serem atendidos, os filtros demandam complexo e trabalhoso exame, que envolve pelo menos três instâncias de análise probatória e avaliativa altamente complexas: (i) as intenções do agente, (ii) a causalidade entre o aumento de participação de mercado e a sonegação e (iii) o efetivo dano ao mercado.

Entretanto, os problemas não acabam por aí, como se explorará no próximo tópico.

4 Para efeitos concorrenciais, o descumprimento contumaz da legislação tributária não se diferencia do descumprimento contumaz de outras legislações

Ainda que os critérios propostos pelo CEDES estivessem corretos, haver-se-ia que concordar com o fato de que poderiam e deveriam ser aplicados igualmente a todos os casos de violações legais, especialmente em se tratando de normas ambientais, trabalhistas e consumeristas.

Com efeito, considerando a categoria macro da conduta como "descumprimentos legais reiterados que possam ensejar desequilíbrios concorrenciais", não há razão para criar qualquer tipo de favorecimento da infração tributária.

Pelo contrário, se o descumprimento maciço de legislação pode ser visto como um ilícito antitruste, isso deve ser endereçado de forma ampla e sistemática, na medida em que não se pode isolar, para efeitos da análise antitruste, apenas um tipo de violação, seja ela tributária ou de qualquer outro tipo.

A título de exemplo, imagine-se a situação de determinado agente econômico que consiga vantagem competitiva em razão de infrações à ordem tributária. É possível falar em distorção competitiva quando os seus concorrentes, embora não pratiquem a mesma infração tributária, cometam outros tipos de infrações – consumeristas, trabalhistas, ambientais – que lhes tragam igualmente vantagens concorrenciais? Não deveria haver, em casos assim, um exame abrangente das vantagens competitivas decorrentes do descumprimento da legislação, até para averiguar se as vantagens decorrentes da infração tributária não poderiam ser neutralizadas diante das vantagens que os concorrentes obteriam diante de outros tipos de descumprimento?

Tais argumentos são ora trazidos para mostrar que muito dos estudos e reflexões atuais que apontam a possibilidade de que a infração tributária seja também um ilícito

[13] "[A]pesar de a Lei n. 12.529/2011 ter mantido a previsão da lei anterior, que afasta a exigência de culpa para a configuração da infração à ordem econômica, a aplicação da responsabilidade objetiva ao Direito Administrativo Sancionador é manifestamente inadequada, por representar uma afronta aos princípios constitucionais da culpabilidade e da individualização da pena. Além disso, a responsabilidade objetiva constitui uma técnica de socialização de danos, que tem nítida aplicação no âmbito do Direito Civil, mas não se coaduna com o viés punitivo do Direito Administrativo Sancionador. Dessa maneira, a expressão "independentemente de culpa" deve ser interpretada como a prescindibilidade de culpa no sentido psicológico, mas não no sentido normativo, em que a reprovabilidade decorre da violação a um modelo abstrato de comportamento, que dispensa considerações sobre os elementos anímicos do agente" (FRAZÃO, *op. cit.* 2017, p. 322).

concorrencial subestimam a complexidade da discussão, ao mesmo tempo em que superestimam a capacidade do CADE para lidar com tais questões. De fato, tal missão exigiria uma análise abrangente de como é cumprida toda a legislação incidente sobre determinado mercado e como isso impacta na precificação, na performance dos agentes e na própria dinâmica concorrencial desse mercado. Afinal, preocupações concorrenciais oriundas de descumprimento da lei não são exclusividade da sonegação fiscal.[14]

Logo, não há razão para, no contexto descrito, focar apenas nas dimensões concorrenciais decorrentes do ilícito tributário, a ponto de justificar a existência de ilícito antitruste nessa hipótese, independentemente da análise do descumprimento maciço de outros tipos de legislação. O descumprimento de normas de outras searas pode gerar efeitos tanto ou mais significativos no ambiente concorrencial. Pode-se mencionar, nesse sentido, a utilização de trabalho análogo ao escravo, a violação de normas de proteção ambiental, a utilização de esquemas de corrupção para obtenção de vantagens, entre outras.

A título de exemplo, discute-se igualmente no Direito do Trabalho a possibilidade de que violações a normas e direitos trabalhistas – especialmente nas hipóteses que transcendem situações individuais, ofendendo direitos coletivos, difusos ou individuais homogêneos, por meio do que se chama de "dano social" – poderiam gerar distorções competitivas, muitas vezes denominadas pela doutrina especializada e pela jurisprudência como *dumping social*. A premissa é que seria possível comercializar bens a preços inferiores aos de mercado, alcançados através do reiterado emprego de mão de obra em condições inadequadas, que possibilitam vantagem competitiva em relação aos competidores que respeitam normas trabalhistas.[15]

Ocorre que o raciocínio, exatamente por isolar o problema concorrencial na área trabalhista, padece do mesmo equívoco já apontado em relação ao ilícito tributário, como esta parecerista já teve oportunidade de sustentar em artigo doutrinário:

> A violação trabalhista é algo muito diverso de condutas anticoncorrenciais, que pressupõe poder de mercado ou posição dominante. Para efeitos do ilícito antitruste o mero descumprimento de qualquer tipo de obrigação legal, como a trabalhista, não é determinante para a identificação de posição de vantagem concorrencial. Mesmo o que se chama de preço predatório, apenas pode ser constatado a partir de um exame amplo de diversas variáveis e, mesmo assim, desde que atendido o requisito objetivo de oferta do produto por preço inferior ao custo variável médio.[16]

É interessante destacar que, no bojo da Denúncia nº 08700.004480/2018-30, o CADE teve a oportunidade de analisar os efeitos anticompetitivos decorrentes do descumprimento de leis trabalhistas. A Superintendência-Geral ressaltou, contudo, que não cabe à autoridade corrigir distorções isoladas decorrentes de atos constituídos à beira da legalidade na medida em que:

---

[14] Ver FRAZÃO, Ana. Dano social e dumping social no Direito do Trabalho: perspectivas e limitações. *Revista LTr. Legislação do Trabalho*. v. 8, n. 3, p. 284-300, 2016. Nesse artigo, aponta-se a dificuldade de se verificar o descumprimento maciço da legislação trabalhista como um problema concorrencial pelas mesmas razoes ora expostas em relação ao ilícito tributário, ou seja, as de que a análise concorrencial não pode isolar apenas um tipo de descumprimento da legislação.

[15] FRAZÃO, 2016, *op. cit.*, p. 297-298.

[16] FRAZÃO, 2016, *op. ci.t*, p. 298.

Os órgãos de defesa da concorrência não se prestam a corrigir falhas pontuais decorrentes do inadimplemento de obrigações contratuais estabelecidas entre particulares, tampouco a se manifestarem quando as distorções concorrenciais decorrem de descumprimento de mandamento legal, cuja apuração dependa da atividade de outro órgão, distorções estas que são prontamente corrigidas quando do retorno aos parâmetros habituais da legalidade. Estas são questões a serem discutidas no âmbito judicial ou na esfera dos órgãos fiscalizadores administrativos respectivos.

Tal dificuldade pode ser observada também em outras searas nas quais a conduta decorre do descumprimento de norma e tem a potencialidade de gerar prejuízos à concorrência.[17] Na seara criminal, por exemplo, observa-se tal hipótese no pagamento de propina, na corrupção de agentes públicos e em outros procedimentos que certamente geram vantagens competitivas para os agentes.

Diante de todos esses impasses, é prudente o endereçamento feito pelo CADE sobre a possibilidade de atuação em casos de descumprimento de mandamentos legais:[18]

A sonegação fiscal, a inobservância de obrigações trabalhistas ou previdenciárias, o desrespeito à propriedade intelectual (pirataria), o desrespeito às regras que disciplinam o exercício de atividade econômica ou profissional (ausência de registro em órgão fiscalizador ou em órgão de classe) podem resultar em uma redução artificial dos custos de uma empresa, ou em uma "vantagem competitiva" ilicitamente obtida, que viabiliza o desenvolvimento desse agente econômico em prejuízo dos concorrentes. Tais situações caracterizam-se por uma irregularidade jurídica delimitada no tempo, de modo que espelham casuísticas excepcionais que destoam da legalidade. Sendo assim, a partir do momento que a normalidade jurídica é restabelecida, reconstituem-se também as condições concorrenciais habituais.

A lei de proteção e defesa da concorrência visa a prevenir e reprimir infrações contra a ordem econômica, pautando-se nos ditames constitucionais da liberdade de iniciativa, da livre concorrência, da função social da propriedade, da defesa dos consumidores e da repressão ao abuso do poder econômico. É norma de caráter ordinário que visa concretizar valores e princípios consagrados pelo constituinte como pilares sustentadores da ordem econômica. No entanto, não se pode prestar a corrigir distorções isoladas decorrentes de atos constituídos à beira da legalidade que, acaso legítimos, preservariam o ambiente concorrencial, e cuja licitude deva ser apurada em esfera distinta da dos órgãos antitruste.

---

[17] O CADE analisou a delimitação de sua competência em outras violações de normas que poderiam ensejar prejuízos em diversas ocasiões. Interessa notar que mesmo em matéria de licitações, cuja violação de normas notadamente podem ensejam prejuízos à concorrência, é restringe-se a competência da autoridade para tanto. Isso porque, em que pese cartéis em licitação serem considerados infrações à ordem econômica, outros crimes relacionados, como direcionamento de edital, fraude e corrupção de agentes públicos não são enquadrados no bojo da conduta anticompetitiva. Isso porque, mesmo que notadamente se observe a possibilidade de produção de efeitos nocivos à concorrência, argumenta-se que "a competência da autoridade de defesa da concorrência nessa seara restringe-se aos aspectos da prática que a conformam como infração à ordem econômica, nos termos do quanto disposto na Legislação de Defesa da Concorrência. Ou seja, o Cade não possui expertise e nem autorização legal para investigar ou decidir sobre esses ilícitos, cuja apuração é de competência exclusiva dos órgãos de controle, das autoridades policiais e do Ministério Público". Exemplo dessa discussão é observado nos casos: CADE, PA nº 08700.004617/2013-41, Nota Técnica SG nº 81, Despacho SG: 19.03.2014; CADE, PA nº 08700.002086/2015-14, Nota Técnica SG nº 38, Despacho SG: 23.05.2017; CADE, PA nº 08700.007776/2016-41, Nota Técnica SG nº 25, Despacho SG: 31.11.2016.

[18] CADE. Perguntas frequentes. Disponível em: http://www.cade.gov.br/servicos/perguntas-frequentes/perguntas-sobre-infracoes-a-ordem-economica. Acesso em: 30 abr. 2019.

Quando se fala em distorções concorrenciais decorrentes de violações legais reiteradas, observa-se que, além da dificuldade de enquadramento do ilícito e da necessidade de criar uma metodologia para apurar os efeitos anticompetitivos, a avaliação quanto à distorção na concorrência exige uma análise de mérito em relação ao efetivo descumprimento da norma, sendo necessário, ainda, apurar a ilicitude em esfera distinta do órgão antitruste. A medida exige igualmente uma complementariedade entre a atuação do CADE e a atuação das autoridades responsáveis pelo controle e sancionamento dos referidos comportamentos em suas respectivas searas.

Conclui-se, portanto, que a questão do ilícito antitruste decorrente de violações legais em outras searas, como é o caso da sonegação fiscal, é um problema de alta complexidade, a exigir um endereçamento sistemático a partir de todo o conjunto da legislação e do comportamento dos agentes econômicos e dos mercados a partir do cumprimento ou descumprimento do todo ou de partes desse conjunto.

5 Conclusões

O presente artigo procurou mostrar os riscos de que projetos de lei, de forma simplista e isolada, tentem endereçar pela via concorrencial um problema tributário para o qual haveria certamente soluções mais adequadas e proporcionais. Portanto, ao pretender levar tal problema para a seara concorrencial, adicionar-se-ão às dificuldades específicas da seara tributária todas as dificuldades específicas do Direito Antitruste.

Isso também traz impactos indesejáveis para o exercício das atribuições do CADE, que inclusive já detém competência para investigar e condenar qualquer tipo de infração concorrencial, inclusive as decorrentes de violações de outras legislações. Dessa maneira, o CADE já tem hoje todo o instrumental para que possa avançar na avaliação dos efeitos concorrenciais decorrentes do descumprimento de qualquer tipo de legislação, seja ela tributária ou não.

Diante desse contexto, questiona-se a necessidade e a adequação de projetos de lei nesse sentido, na medida em que a intervenção do legislador nessa seara não apenas seria dispensável, como ainda poderia criar um direcionamento inadequado, impondo ao CADE uma priorização do ilícito tributário, que é indevida tanto do ponto de vista da unidade do sistema – já que se viu que, do ponto de vista concorrencial, as distorções concorrenciais decorrentes do ilícito tributário não gozam de qualquer privilégio sobre distorções decorrentes de descumprimento de outros tipos de legislação, até porque casos assim exigem a avaliação da conduta dos agentes em relação ao todo da legislação que impacta sobre os seus preços –, como do ponto de vista da autonomia e da discricionariedade do próprio CADE.

Ainda que se compreendesse que o enquadramento da sonegação fiscal poderia se dar no âmbito dos preços predatórios, necessário ressaltar que tal conduta é provavelmente uma das mais controversas do Direito Antitruste[19] e já tem o CADE todo

---

[19] Isso porque, em princípio, preços baixos são compreendidos como uma consequência desejável dos mecanismos concorrenciais. Assim, é necessário identificar os casos em que a estratégia de precificação tem como propósito eliminar rivais no mercado, com a possibilidade de recuperação futura dos prejuízos por meio da implementação de preços supracompetitivos, daqueles casos em que os preços baixos teriam alguma racionalidade

o instrumental para analisar tais condutas, sem precisar ser pautado ou constrangido pelo legislador.

Ademais, como também já se demonstrou, o ilícito tributário, do ponto de vista concorrencial, não se diferencia de outros ilícitos dos quais podem resultar também vantagens competitivas. Dessa maneira, o exame da questão envolve a observância das demais legislações, a fim de se verificar em que medida eventuais vantagens competitivas decorrentes da não observância da legislação tributária não seriam compensadas com vantagens competitivas que os demais agentes do mercado poderiam obter em virtude do descumprimento de outras legislações, como a consumerista, a trabalhista, a ambiental, entre outras.

Tais considerações mostram como é difícil avançar nessa seara sem uma visão mais abrangente do quanto o descumprimento de todas as legislações – e não apenas da legislação tributária – pode gerar vantagens competitivas, considerando-se o comportamento de todos os *players* do mercado e evitando-se o equívoco de tentar reduzir o problema a apenas uma variável.

Informação bibliográfica deste texto, conforme a NBR 6023:2018 da Associação Brasileira de Normas Técnicas (ABNT):

FRAZÃO, Ana. O ilícito tributário sob a perspectiva do Direito da Concorrência. *In*: SARAIVA FILHO, Oswaldo Othon de Pontes (coord.). *Transação e Arbitragem Tributárias*. Belo Horizonte: Fórum, 2023. (Coleção Fórum grandes temas atuais de Direito Tributário ; v.2). p. 265-275. ISBN 978-65-5518-465-5.

econômica legítima. Caso constatadas tais condições e a conduta seja enquadrada como preço predatório, também é necessário se avaliar: (i) preços inferiores àqueles que poderiam ser lucrativamente praticados (mesmo acima do custo variável médio), somados à (ii) possibilidade de eliminação do concorrente do mercado, em razão tão somente da existência de barreiras à entrada. Não obstante tradicionalmente os critérios neoclássicos considerarem como requisito a existência de "perdas incorridas pela firma na expectativa de recuperação posterior do prejuízo com a eliminação do rival", como afirmou esta parecerista em seu voto vista no Processo Administrativo nº 08012.007189/2008-08 (CADE, PA nº 08012.007189/2008-08, Rel. Cons. Ricardo Machado Ruiz, julg. 1.10.2014), a moderna literatura a respeito da organização industrial, por sua vez, tem procurado estabelecer modelos alternativos de análise da predação que se afastam dos requisitos neoclássicos. A Teoria dos Jogos, por exemplo, procura aprofundar o entendimento com relação às motivações do comportamento predatório, objetivando demonstrar que a conduta, muitas vezes, não é racionalmente calculada, mas sim resultado de um impulso natural das empresas, que sempre atuam no sentido de alcançar ou se aproximar de uma situação de monopólio de mercado.

ARBITRAGEM TRIBUTÁRIA: INOVAÇÃO NO CONTENCIOSO TRIBUTÁRIO NO BRASIL

ROBERTO PASQUALIN

O tema deste artigo trata do objetivo institucional primeiro do Instituto Brasileiro de Arbitragem e Transação Tributária (IBATT) de melhorar pela arbitragem privada o sistema exclusivamente judicial e administrativo de contencioso tributário brasileiro, ineficiente, reconhecidamente limitado para resolver o volume de litígios entre as administrações tributárias e os contribuintes e os não contribuintes nas três esferas de governo no Brasil – federal, estadual e municipal. O segundo objetivo institucional do IBATT é criar legislação especial e adequada que autorize o uso da arbitragem tributária no Brasil, como foi feito em outros países.

Com um grupo de profissionais tributaristas e arbitralistas, fundamos o IBATT em 2019 como uma associação sem fins lucrativos com o objetivo de promover e trabalhar ativamente para esses dois objetivos. É o que vimos fazendo desde então.

Como afirmei em outros escritos, estou convencido de que promover tais propósitos deve resultar em dar uma alternativa rápida, segura e especializada para o contencioso tributário, em benefício de governos e da sociedade, e possibilitar a superação dos obstáculos que dificultam a implementação por lei de arbitragem tributária no Brasil.

Devido à exclusividade do contencioso em matéria tributária estar limitada aos tribunais administrativos e judiciais, a implementação por lei da arbitragem tributária como forma privada de resolver disputas fiscais tem enfrentado resistência de legisladores, do Judiciário, da administração pública tributária, de advogados públicos e de arbitralistas e tributaristas.

Venho escrevendo com entusiasmo sobre o assunto desde 2011 sob uma perspectiva da prática atual do contencioso tributário e da arbitragem comercial clássica que vivencio diariamente, e o faço como contribuição pessoal e como integrante e/ou dirigente de instituições de que participo para que esta cruzada de muitos anos possa unir a utilidade da arbitragem privada à necessidade de resolução eficiente, segura e especializada para os litígios em matéria tributária no Brasil.

1 A necessidade de meios alternativos de resolução de conflitos fiscais

No Brasil, três níveis de governo com competência constitucional para impor tributos a seus cidadãos-contribuintes resultam na edição de extensa e variada legislação com normas infraconstitucionais e grande quantidade de regras administrativas infralegais, criadas e alteradas a uma velocidade que muitas vezes torna difícil para contribuintes, agentes fiscais e julgadores em tribunais judiciais ou administrativos seguirem, interpretarem e aplicarem.

A imposição de tributos de todos os tipos por leis editadas pelas três diferentes esferas de competência e a burocracia fiscal imposta pelos regulamentos, portarias, instruções e normas que vêm com elas são, sem qualquer dúvida, a maior fonte de litígios entre governos, contribuintes e não contribuintes.

É de conhecimento geral que empresas de qualquer porte em qualquer ramo de negócio; que qualquer cidadão contribuinte com alguma atividade econômica, por mínima que seja; e que não contribuintes imunes ou isentos de tributos muitas vezes não conseguem estar 100% em conformidade com esse enorme cipoal normativo tributário, seja para o correto e exato recolhimento do tributo que devem pagar, seja para o cumprimento completo e sem erro da extensa burocracia tributária que lhes é exigida; seja para atenderem os requisitos para a imunidade ou a isenção tributárias.

A ocorrência de erros nessa situação é inevitável para os contribuintes, para os não contribuintes, para os agentes fiscais que os fiscalizam e impõem autos de infração, multas e juros. É inevitável que esses erros acabem em litígios judiciais e administrativos.

No entra e sai de governos, fala-se sobre a prioridade de uma reforma abrangente do sistema tributário brasileiro, simplificando o número de impostos e reduzindo a carga tributária direta e a oculta na burocracia das obrigações fiscais acessórias. Pouco ou nada disso foi feito neste nosso país.

A resistência política permanente para aprovação de mudanças que afetam a arrecadação de impostos e que alteram o equilíbrio fiscal dos diferentes entes da federação – e mais, a atuação de grupos de interesse privados empresariais ou profissionais que se vejam prejudicados por propostas de reforma – esses os grandes e maiores obstáculos para uma reforma que racionalize nosso sistema tributário.

O máximo – melhor dizendo, o mínimo que foi e que ainda hoje é feito – é fatiar as boas propostas apresentadas; é mudar topicamente este ou aquele imposto, esta ou aquela alíquota, este ou aquele regime especial, esta ou aquela isenção fiscal, transformando em uma verdadeira colcha de retalhos fiscais nosso sistema tributário, que não mais se pode qualificar como ser um 'sistema'. Isso é do conhecimento comum a todos e repetido pelos mais diversos analistas do país.

O que não é do conhecimento comum e que quero destacar neste artigo é que, nessas frustradas tentativas de reforma tributária substantiva e material, pouco ou nada foi dito em termos de se fazer uma reforma adjetiva e processual do sistema de contencioso tributário brasileiro. Apesar de inevitável, como disse, o contencioso tributário é parte relevante desse complexo e caótico universo tributário no Brasil, em que milhões de litígios fiscais acabam sendo propostos por fiscos, por contribuintes e por não contribuintes, abarrotando de processos os tribunais administrativos e judiciais e tornando sua resolução incrivelmente demorada e a um custo excessivamente caro para o país e para a sociedade toda.

Ao invés de se buscar acelerar e reduzir o volumoso e ineficiente sistema de contencioso tributário brasileiro, legislação é promulgada para parcelamentos com redução de multas e juros em autuações impagáveis decorrentes de erros na aplicação do 'sistema' tributário. Isso, sabemos, ocorre de tempos em tempos nas três esferas de governo para promover topicamente a arrecadação de receitas tributárias que se encontrem represadas por anos e anos nos litígios acumulados nos tribunais administrativos e judiciais.

É muito claro para mim e para muitos outros que, mesmo que uma reforma tributária substantiva não seja aprovada, como provavelmente não será mais uma vez, não haveria por que se opor resistência a uma reforma adjetiva e inovadora no atual sistema de contencioso tributário que permitisse a resolução mais eficiente, segura e rápida dos litígios em matéria tributária uma vez que, a partir disso, se acelerasse a arrecadação dos impostos efetivamente devidos e a dispensa de recolhimento destes, quando indevidos.

Parece simples entender a obviedade de que é desejável e necessário inovar o sistema de contencioso brasileiro. Algumas perguntas constantemente me vêm à mente quando faço reflexões sobre isso e as respostas que tenho me parecem igualmente óbvias.

É possível reformar o sistema de contencioso tributário brasileiro? E por que isso não é feito, se temos a inteligência jurídica e boa técnica legislativa para isso? E por que não fazemos mesmo sabendo ser urgente tanto reduzir o enorme volume de processos que se acumulam nos tribunais quanto os enormes custos e perdas que o modelo atual traz para a sociedade brasileira como um todo – governos, contribuintes e não contribuintes?

E por que, então, não se reforma o contencioso tributário brasileiro, se reconhecemos sua necessidade e se sabemos como fazê-lo? Falta vontade política? Falta vontade da sociedade? O que nos falta, afinal?

Pretendo alinhar aqui neste artigo, ainda que brevemente, algumas reflexões para responder a essas perguntas. Sem a intenção de acertar as respostas, pretendo chamar a atenção daqueles que agora estão nos lendo para a relevância e a urgência desse tema. Imagino que, consciente ou inconscientemente, você que nos lê pode reconhecer sua urgência e pode reconhecer que esta cruzada que hoje o IBATT promove não é só dessa instituição, mas de todos que direta ou indiretamente são afetados por ele.

Aqui, então, estão algumas das reflexões que eu quero compartilhar com você, leitor destas linhas.

2 Um sistema de contencioso tributário ineficiente e limitado no Brasil

Nosso contencioso tributário, como aqui já apontado, tem apenas dois fóruns jurisdicionais estatais para fazer justiça fiscal para litígios em matéria tributária – o Judiciário e os órgãos de julgamento administrativo.

Diante dessa limitação, e devido à complexidade do sistema tributário brasileiro e do impressionante volumoso, excessivamente demorado e reconhecidamente ineficiente sistema de contencioso tributário brasileiro, os governos não conseguem recolher impostos que estão em disputa dentro do tempo previsto em lei; o déficit fiscal aumenta, porque a arrecadação não acontece a tempo; os investimentos públicos e os gastos essenciais são adiados, porque a arrecadação não é resolvida em tempo razoável...

Os contribuintes, por sua vez, quando recorrem ao litígio em busca de uma solução justa para sua prática fiscal lícita, são obrigados a fazer provisões contábeis para contingências tributárias pendentes de solução administrativa ou judicial que reduzem os lucros das empresas, reduzem os dividendos dos investidores, reduzem a remuneração dos administradores, limitam o crédito bancário, adiam os investimentos e a produção de riquezas do país e a oferta de empregos para a sociedade. Um fenômeno econômico bem conhecido no Brasil de hoje.

Como se disse, a grande complexidade do 'sistema' tributário brasileiro faz inevitáveis os litígios entre governos, contribuintes e não contribuintes. Se a exclusividade de sua solução for mantida apenas no Judiciário e nos tribunais administrativos, esses litígios permanecerão pendentes e sem solução por anos e anos, como hoje estão e com os resultados descritos.

O maior tempo de processos judiciais ou administrativos que permanecem nas prateleiras, mesas e escritórios de juízes e julgadores administrativos que não possuem condição física ou estrutura adequada para resolverem esse volume desumano de trabalho a eles atribuídos é, portanto, um verdadeiro fantasma a atormentar por anos a fio aqueles que têm controvérsias fiscais a serem julgadas. O enorme congestionamento de casos em andamento continua. Um levantamento muito recente do sistema de contencioso tributário judicial encomendado pelo Conselho Nacional de Justiça, realizado pelo Insper e divulgado neste início de 2022, indica as diversas causas para um congestionamento tão alto de litígios tributários no Brasil. Será que tal informação poderá levar à adoção de políticas públicas a serem estudadas, analisadas, formuladas e, quiçá, implementadas?

Vou mencionar neste ponto outro aspecto de que também pouco se fala, mas que é igualmente relevante ao tema que estou procurando encaminhar.

É evidente que anos e anos após a submissão de uma controvérsia tributária ao litígio administrativo ou judicial, quando ele é finalmente resolvido *em favor do contribuinte*, aquele indivíduo que saiu vencedor – anos e anos depois – pode não mais ser o mesmo que era quando o conflito surgiu. Ele pode já ter se aposentado; pode ter mudado para outro município, para outro estado, para outro país; e pode até mesmo ter morrido...

E o mesmo pode se dar quando uma empresa se propõem a ir ao Judiciário ou à administração pública tributária para litigar uma controvérsia tributária em que, anos e anos depois, sai vencedora. Essa empresa pode também não ser mais a mesma de quando a disputa fiscal começou. Pode já ter mudado de local e de atividade, pode ter sido fechada, vendida ou falido.

Qual, então, é o benefício do ganho da causa tributária, anos depois, senão para eventuais herdeiros, para eventuais sucessores, para quem não teve qualquer relação direta com o objeto do litígio fiscal que foi ajuizado?

E quando as disputas fiscais são finalmente decididas *em favor dos governos*, o atraso da arrecadação pode ser recuperado? Como muitas vezes se verifica, a atualização monetária do principal do imposto e multa devidos e, mais ainda, os juros incorridos após anos e anos de atraso na resolução do litígio resultam na inviabilidade de seu pagamento pelo contribuinte vencido, dando causa a sua ruína e quando não às soluções tópicas mencionadas acima – parcelamentos, transações, remissão...

O longo e quase sempre exasperante curso do processo administrativo e judicial tributário que termina em uma decisão final excessivamente não faz justiça aos envolvidos. O atraso decorrente do elevado congestionamento processual resulta, assim, em uma forma indireta de denegação da justiça, mesmo aos que acabam vencedores. E resulta em um evidente desperdício de recursos para custear a estrutura administrativa e/ou judicial dessa (in)justiça, num país com tanta carência e urgência no aproveitamento de seus limitados e quase indisponíveis recursos para tantas outras demandas.

Estamos condenados a continuar vivendo com essa disfunção do contencioso tributário, no modelo atual, governos entram, governos saem?

3 Arbitragem como alternativa privada eficiente na resolução de litígios tributários

Para evitar uma situação tão evidente e por isso mesmo muito grave, a prática de métodos privados e adequados de resolução de litígios fora do Judiciário e da administração pública tem crescido no Brasil. Decisões emitidas por árbitros privados com plena segurança jurídica, amparadas em legislação adequada, atendem fora do Judiciário e da administração pública a exigência constitucional e o direito da sociedade de ter acesso, em tempo razoável, a uma resolução justa e rápida de seus litígios.

A presença da administração pública como parte em litígios submetidas à arbitragem foi expressamente admitida na modernização da Lei Brasileira de Arbitragem em 2015, como sabemos. Essa presença já havia sido admitida pela doutrina e pela jurisprudência, notadamente a do Superior Tribunal de Justiça. Mas por razões que não é preciso apresentar, o uso da arbitragem pela administração pública não foi estendido até hoje ao contencioso tributário entre a administração pública tributária, contribuintes e não contribuintes.

Como é conhecido e evidenciado por estatísticas de órgãos de pesquisa oficiais e privados, os processos envolvendo disputas fiscais entre fiscos e contribuintes são os que mais contribuem para o gargalo dos já engarrafados tribunais administrativos e judiciais no Brasil. Por que, então, não adotar a arbitragem tributária como instrumento adequado e útil para a solução – fora do Judiciário e dos tribunais administrativos – de ao menos uma parte que seja desses litígios? A arbitragem tributária, obviamente, não será capaz de resolver todos os tipos de disputas nessa matéria nem se pode afirmar que com ela se poderá aliviar contundentemente o acúmulo de processos naquelas outras esferas de contencioso tributário. Mas boa parte deles, em especial os de maior complexidade técnica, poderia ser resolvida pela arbitragem, sem qualquer dúvida.

As decisões arbitrais determinarão se o imposto é devido de acordo com a lei e com as circunstâncias factuais descritas em lei aptas a gerar a obrigação tributária prevista legalmente. Por meio da arbitragem, é importante deixar registrado, os contribuintes não estarão sendo isentados do pagamento do imposto quando o tributo for efetivamente devido. E serão condenados se não recolheram o imposto devido como previsto em lei.

O que um juiz togado ou um tribunal administrativo decidir em uma questão tributária, um tribunal arbitral pode também dessa mesma forma decidir, se autorizado por lei. Com menor volume de casos, maior disponibilidade de tempo e em uma estrutura privada não custeada pelos governos, um tribunal arbitral composto por árbitros especializados pode resolver a disputa fiscal submetida a ele em um tempo menor, com precisão técnica que um juiz sobrecarregado de casos acumulados em seu gabinete envolvendo questões não necessariamente tributárias, e a um custo que não é suportado pela administração pública.

Por que, então, não implementar essa prática no Brasil? É muito claro que o acesso a uma forma privada de resolução de litígios como a arbitragem, já consolidada e praticada com sucesso no Brasil, inclusive com a administração pública, pode e deve ser estendida a questões tributárias.

Seria altamente recomendável, assim, editar legislação especial para autorizar expressamente a prática de arbitragem para a resolução de litígios em matéria tributária. A autorização em lei daria aos agentes da administração tributária, aos contribuintes e aos não contribuintes a necessária segurança jurídica para recorrer a esse novo instrumento sem ter que aguardar a excessiva demora de processos judiciais ou administrativos e suportar as perdas daí decorrentes, como já descritas acima.

A introdução de legislação técnica e adequada para a regulação da arbitragem especial tributária e que observe as especificidades do 'sistema' tributário poderia muito bem – e rapidamente – inovar o sistema de contencioso tributário brasileiro, ignorado quando se propõe reforma tributária substantiva sem sua reforma processual adjetiva. Autorizada por lei, a atribuição da resolução de disputas em matéria tributária a árbitros privados em câmaras privadas credenciadas pela administração tributária daria segurança jurídica às partes envolvidas e evitaria seu ingresso às estruturas estatais, administrativas e judiciais.

É preciso que fique claro que a arbitragem tributária aqui proposta não implica a eliminação do contencioso administrativo e judicial em matéria tributária no Brasil. Os meios administrativos e judiciais são úteis e necessários para decidir litígios nessa matéria, exceto pelo longo atraso que se verifica na resolução dessas demandas e pelo alto custo de manter essas estruturas pelos governos.

O que se propõe aqui é que seja criada legislação especial adequada autorizando a prática da arbitragem para a resolução privada desses conflitos, paralelamente às duas outras e exclusivas jurisdições autorizadas a decidir conflitos nessa matéria tributária. Isso que é o proposto.

4 Criação de legislação especial para autorizar a arbitragem tributária no Brasil

Mudanças na cultura e em procedimentos conhecidos, todos sabemos, são muitas vezes difíceis de promover. Mudanças e inovações geram o temor de quem não conhece sua utilidade e funcionamento. Mas elas podem acontecer quando há persistência em defender a ideia e em disseminar sua compreensão plena pelos diferentes atores que são capazes de implementá-la e, implementada, pelos que poderão utilizá-las.

É isso que com persistência e com boa técnica fazemos no IBATT, por nossa convicção da necessidade e utilidade da inovação no contencioso tributário brasileiro que pode resultar da arbitragem tributária. Além do IBATT, outras instituições também promovem essa ideia hoje em dia. Especialistas em arbitragem e em contencioso tributário também admitem o uso da arbitragem para resolver litígios fiscais. Autoridades em exercício na administração tributária, nas três esferas de governo, também se dispõem a usá-la, desde que reguladas adequadamente por lei.

Impulsionados pelos ideais inicialmente descritos neste artigo, passamos a atuar institucionalmente no IBATT desde 2019 para a implementação da arbitragem tributária no Brasil. Essa inovação, estamos convictos disso, pode acelerar a solução de casos que tramitam há anos na administração pública tributária e no Judiciário; pode com isso não só aumentar a arrecadação tributária nas três esferas de governo como também aliviar – ainda que não imediata nem totalmente – o congestionamento do Judiciário e dos tribunais administrativos em suas várias instâncias; e irá certamente reduzir o custo das estruturas de arrecadação de impostos administrativos e judiciais.

A inovação com a autorização por lei da arbitragem tributária, também estamos convencidos, irá trazer maior segurança jurídica às autoridades fiscais que arrecadam e aos cidadãos e empresas que devem ou não devem pagar impostos no Brasil, de acordo com a lei.

O IBATT tem trabalhado em conjunto com arbitralistas praticantes do contencioso arbitral clássico e com tributaristas praticantes do contencioso tributário administrativo e judicial para estudar e elaborar o que poderia ser projeto de lei para autorizar que os litígios fiscais entre governos, contribuintes e não contribuintes sejam resolvidos por arbitragem.

Como já se mencionou e aqui se repete, a autorização legal da arbitragem tributária no Brasil, como entendemos no IBATT, deve ser feita por uma lei especial que inclua na regulação do procedimento arbitral tributário regras da Lei Brasileira de Arbitragem (Lei nº 9.307, de 1996, atualizada pela Lei nº 13.129, de 2015), testadas e aprovadas positivamente pelo Judiciário brasileiro por mais de duas décadas. A lei especial de arbitragem tributária deve, igualmente, incluir as especificidades das regras de contencioso tributário inscritas na Constituição Federal de 1988, no Código Tributário Nacional (Lei nº 5.172, de 1966) em vigor há mais de meio século no Brasil, e de nossas leis federais, estaduais (e eventualmente as municipais) que possam tratar dessa matéria.

Estamos convencidos, como já afirmado, de que a construção de uma legislação tão especial é essencial para dar segurança jurídica aos fiscos, contribuintes e não contribuintes que optem por usar a arbitragem para resolver suas controvérsias em matéria tributária. Essa construção já está acontecendo.

A regulação por lei da arbitragem em matéria tributária já é objeto de duas iniciativas ainda em andamento no Congresso Nacional. Expomos a seguir como se está fazendo a construção dessa legislação especial.

O primeiro Projeto de Lei é o de nº 4.257, de 2019, de autoria do senador Antonio Anastasia, autorizando os contribuintes a optarem pelo litígio ser resolvido por arbitragem tributária quando tiver sido proposto pelas Procuradorias das Fazendas no Judiciário. O segundo Projeto de Lei tem o nº 4.468, de 2020, de autoria da senadora Daniella Ribeiro, que autoriza um procedimento de arbitragem especial tributária para prevenir ou resolver litígios na esfera administrativa, antes que o contencioso chegue ao Judiciário e aos tribunais administrativos. Ambos ainda estão pendentes de mais discussão no Congresso Nacional e existe regimentalmente a possibilidade de tramitação conjunta desses dois projetos de lei para incorporação em um único Substitutivo à autorização e regulação de arbitragem tributária no Brasil.

Esses dois projetos de lei foram amplamente discutidos em painéis especiais do 1º Congresso Internacional de Arbitragem Tributária do IBATT em 2020. No final do congresso, foi proposto por palestrantes e participantes que o IBATT desenvolvesse um projeto de lei modelo autorizando e regulando nacionalmente a arbitragem tributária no Brasil. A proposta previa que um projeto de lei modelo abrangente de autorização e de regulação da arbitragem tributária fosse elaborado para ser apresentado pelo IBATT ao Senado Federal e incluído nas discussões dos dois projetos de lei em andamento, o 4.257/19 e o 4.468/20.

O IBATT formou uma comissão especial de arbitralistas e tributaristas com experiência acadêmica e prática de contencioso arbitral e do contencioso tributário para desenvolver a minuta de um projeto de lei modelo de arbitragem tributária. A comissão optou por construir esse modelo com a aplicação de elementos dos dois projetos de lei em andamento no Senado; de princípios e disposições da Lei Brasileira de Arbitragem e do Código de Processo Civil; e dos princípios e elementos da legislação pioneira de arbitragem tributária editada em Portugal em 2011.

A comissão especial realizou discussões semanais desde 2020 e concluiu no final de 2021 o anteprojeto de lei de autorização e regulação da arbitragem tributária para uso pelos executivos e legislativos em níveis federal, estadual e municipal. Ele será divulgado em 2022 e estará sendo oferecido ao Congresso Nacional como contribuição pelo IBATT para as discussões dos dois projetos de lei acima mencionados. Também será oferecido aos executivos e legislativos estaduais e municipais que se interessarem pela implantação da arbitragem tributária em sua esfera de competência, com a adaptação do anteprojeto IBATT de lei modelo da arbitragem tributária à necessidade manifestada pelo ente federativo interessado às especificidades de sua legislação tributária.

Estamos convencidos no IBATT de que em 2022, apesar da pandemia e da movimentação política pelas eleições em outubro, uma lei federal construída com qualidade técnica que autorize e regule adequadamente a arbitragem tributária poderá ser aprovada no Brasil. Estamos trabalhando para isso. E estamos convencidos de que essa inovação no contencioso tributário brasileiro irá inaugurar uma nova porta, uma nova alternativa e uma nova era na prática da resolução de litígios em matéria tributária em nosso país, para todos os três níveis de competência constitucional tributária e para todos os contribuintes e não contribuintes que optarem pela prática dessa inovação.

Informação bibliográfica deste texto, conforme a NBR 6023:2018 da Associação Brasileira de Normas Técnicas (ABNT):

PASQUALIN, Roberto. Arbitragem tributária: inovação no contencioso tributário no Brasil. *In*: SARAIVA FILHO, Oswaldo Othon de Pontes (coord.). *Transação e Arbitragem Tributárias*. Belo Horizonte: Fórum, 2023. (Coleção Fórum grandes temas atuais de Direito Tributário ; v.2). p. 277-285. ISBN 978-65-5518-465-5.

CONTRIBUTOS DA ARBITRAGEM TRIBUTÁRIA EM PORTUGAL – UMA HISTÓRIA DE SUCESSO?

CLOTILDE CELORICO PALMA

1 Nota introdutória

No presente artigo procuramos dar nota da nossa experiência quanto à arbitragem tributária em Portugal, na tripla vertente de árbitra, de advogada e de contribuinte que já recorreu ao Centro de Arbitragem Administrativa (CAAD) para resolução de uma questão tributária pessoal que nos tribunais judiciais certamente se iria arrastar durante anos.

Em todas essas vertentes a nossa experiência tem sido bastante positiva, tratando-se de uma experiência recente de um instituto que tem dado um relevante contributo na Fiscalidade nacional, sendo fonte de inspiração para outros sistemas, como é o caso de Cabo Verde, que, embora tenha adoptado a sua legislação fortemente inspirada na portuguesa, ainda não a implementou na prática.[1]

---

[1] Sobre a experiência da arbitragem tributária em Cabo Verde, veja-se Gilson Pinto, *Arbitragem tributária em Cabo Verde: um olhar sobre novos desafios,* tese de Mestrado apresentada e discutida em 15 de Março de 2018 na Faculdade de Direito da Universidade de Lisboa, disponível em *https://repositorio.ul.pt/handle/10451/34080.*

2 Características e forma de funcionamento da arbitragem tributária em Portugal

A arbitragem tributária consubstancia-se na possibilidade de as partes (contribuintes e administração fiscal), fazendo utilização de um direito de que podem dispor, atribuírem a árbitros, por si escolhidos ou aceites, o poder de julgar ou compor os conflitos existentes entre elas, em substituição dos tribunais públicos, no caso português, dos tribunais administrativos e fiscais.

A arbitragem "pode ser definida como o meio, a técnica ou o procedimento de resolução de conflitos, muitas vezes não autónomo mas instrumental de um outro procedimento, através de um ou mais *árbitros* cujos poderes resultam de uma convenção ou acordo prévio entre os interessados, pelo qual se estabelece certa realidade de facto ou se interpreta certa lei, sem que estes possuam os poderes de império associados ao Estado e *às* demais pessoas colectivas de direito público".[2]

O recurso à arbitragem como forma de resolução de conflitos não é algo de novo no Direito Tributário, tendo, em especial, merecido acolhimento nos casos de conflitos por dupla tributação, através do desenvolvimento de técnicas subscritas, nomeadamente, por Alessandro Garelli,[3] Guggenheim, Ludwig Von Bar, Pugliese, Van Hoorn, Michael e Emmen Riedel.[4] Posteriormente, os organismos internacionais defenderam a arbitragem como meio de resolução de conflitos entre partes soberanas e outros sujeitos, incluindo particulares e empresas, particularmente no domínio do direito internacional público e comercial.[5]

O FMI e a ONU criaram textos convencionais reguladores de conflitos em matéria fiscal internacional. A Lei-Modelo sobre a Arbitragem Comercial Internacional (CNUDCI, 1985) permite a harmonização dos regimes nacionais da arbitragem transnacional. No âmbito da Conferência para a Segurança e Cooperação na Europa (CSCE) (Estocolmo, 1992), existe a Convenção sobre Conciliação e Arbitragem. A ONU consagra na Convenção Modelo para evitar a dupla tributação o procedimento amigável como forma de resolução de conflitos.

Ao nível europeu, a Convenção 90/436/CEE sobre a eliminação da dupla tributação em caso de correcção dos benefícios de empresas associadas consagra um

---

[2] Cfr. João Ricardo Catarino e Luciano Fillipo, "Arbitragem no Direito Tributário. Um estudo de direito comparado sobre sua admissibilidade e limites em Portugal e no Brasil", in *RFPDF* n.º 2 V, Dezembro (2012), pp. 195-196. Como refere Charles Jarrosson, *La notion d'arbitrage*, LGDJ, Paris (1987), p. 372, é a instituição através da qual um terceiro soluciona um litígio entre duas ou mais pessoas, exercendo a função jurisdicional que lhe haja sido confiada por elas. Sobre a situação brasileira veja-se, nomeadamente, Oswaldo Othon de Saraiva Filho, "A transação e a arbitragem no direito constitucional-tributário brasileiro" in *Transacção e Arbitragem no âmbito tributário* (Orgs.: O. O. Saraiva Filho e V. B. Guimarães), Belo Horizonte: Fórum, 2008.

[3] Alessandro Garelli, *Il Diritto Internazionale Tributario*, Roux Frassati e Co., Torino, 1899.

[4] Citados em especial por Gustaf-Lindencrona e Nils Mattsson, "Arbitration in Taxation", Kluwer, 1981.

[5] De facto, quer a Câmara de Comércio Internacional (CCI) quer a OCDE e a International Fiscal Association recomendaram aos governos a aceitação da arbitragem como forma de resolução de conflitos internacionais em matéria tributária. A Alemanha, a Itália, a França e os EUA adoptaram mecanismos alternativos à justiça pública. Sobre as experiências de outros países *vide* Juan Zornoza Péréz, "Qué podemos aprender de las experiencias comparadas? Admisibilidad de los convénios, acuerdos y otras técnicas transaccionales en el derecho tributario español", in *Convención y Arbitrage en el Derecho Tributario*, Instituto de Estudios Fiscales, Marcial Pons, Madrid, 1996.

procedimento amigável e um procedimento arbitral.[6] Note-se, contudo, que esta Convenção se circunscreve à matéria dos preços de transferência.

Por sua vez, o recurso à arbitragem foi introduzido em Julho de 2008 no artigo 25.º da Convenção Modelo da OCDE para evitar a dupla tributação em matéria de impostos sobre o rendimento e sobre o património.[7] Como é sabido, o artigo 25.º trata do procedimento amigável, uma forma extrajudicial de resolução de conflitos nos casos em que a tributação não conforme com o disposto na convenção resulta de medidas adoptadas por um ou ambos os Estados contratantes. Contudo, esse procedimento não tem funcionado de forma suficientemente satisfatória, não sendo, por vezes, obtidos resultados, tornando-se necessário o recurso à via judicial.[8] Ora, tendo em vista aumentar a credibilidade, transparência e eficiência do procedimento amigável, o recurso à arbitragem foi inserido nesta disposição.[9]

Actualmente, a generalidade das jurisdições admite a arbitragem como forma de dirimir questões relativas a contratos e actos administrativos relativos à sua execução, a questões de responsabilidade civil extracontratual e a questões relativas a actos administrativos que possam ser revogados com fundamento na sua invalidade.[10]

A arbitragem no domínio tributário está prevista em poucos países, sendo que a sua aplicação nos países de matriz anglo-saxónica revelou claros e imediatos resultados na celeridade da justiça.

Em Portugal, a arbitragem constitui uma forma de resolução de litígios através de um terceiro neutro e imparcial – o juiz árbitro –, escolhido pelas partes ou designado pelo CAAD, que julga os litígios nos mesmos termos e com o mesmo valor jurídico que um magistrado judicial.

O CAAD é um centro de arbitragem de carácter institucionalizado, que funciona a partir de uma associação privada sem fins lucrativos cuja constituição foi promovida pelo Ministério da Justiça.

---

[6] Convenção 90/436/CEE, de 23 de Julho de 1990, JO L 225 de 20.8.1990.

[7] Sobre o recurso à arbitragem na Convenção Modelo da OCDE veja-se, da autora, "A Arbitragem na Convenção Modelo da OCDE", in *Arbitragem no Direito Tributário*, Colóquios IDEFF, n.º 2, Julho (2010).

[8] O procedimento amigável é uma simples obrigação de meios – os Estados ficam obrigados a encetar contactos para chegar a acordo, caso não se obtenha acordo restava ao contribuinte recorrer aos meios internos.

[9] É uma extensão do procedimento amigável, visa completá-lo e não substituí-lo – não é um recurso alternativo ou adicional, se o acordo não deixar questões por resolver não se pode recorrer à arbitragem. O recurso à arbitragem na Convenção Modelo trata-se de um procedimento subsidiário e facultativo relativamente ao procedimento amigável, conduzido por órgãos arbitrais *ad hoc* e não permanentes. Só se prevê o recurso à arbitragem nos casos em que a tributação não conforme com o disposto na convenção resulta de medidas adoptadas por um ou ambos os Estados Contratantes e as autoridades competentes não puderem chegar a acordo no prazo de dois anos da submissão do caso, só sendo submetidas a arbitragem as questões ainda por resolver e não todo o processo.
O certo é que o recurso à arbitragem está a ganhar aceitação crescente por parte dos Estados Contratantes. Em meados de 2010, de acordo com a base de dados *Tax Analysts*, existem oitenta e sete convenções que já incluem cláusula de arbitragem (num universo de mais de 3000 convenções bilaterais), encontrando-se pendentes vinte e sete convenções ou protocolos que contém a cláusula de arbitragem.
A inclusão da cláusula de arbitragem é uma prática regular nos Estados Unidos da América, na Alemanha, na Áustria, na Holanda, no Canadá, no Japão, em França, no México e no Reino Unido, mas também em alguns países em vias de desenvolvimento.

[10] Sobre esta questão veja-se, nomeadamente, Francisco Domingos, *Os métodos alternativos de resolução de conflitos tributários. Novas tendências dogmáticas*, Núria Fabris, Porto Alegre 2016, "Estudo sobre as principais fontes político-normativas de litigação tributária", *Direito Tributário em Questão: Revista da Fundação Escola Superior de Direito Tributário* n.º 7, Porto Alegre 2011, pp. 43 a 60, "Meios alternativos de resolução de conflito tributário: estudo do caso italiano", *Revista Fórum de Direito Tributário* n.º 44, Belo Horizonte 2010, pp. 53 a 79.

A consagração da possibilidade da arbitragem em matéria tributária em Portugal não foi um processo fácil, tendo sido objecto de várias críticas (algumas ainda se mantêm) que, no geral, são apontadas a este tipo de procedimento, conducentes, em regra, ao facto de a actividade tributária se encontrar subordinada a princípios – legalidade e indisponibilidade dos créditos tributários – inconciliáveis com o acolhimento da arbitragem no ordenamento jurídico tributário.

Regra geral, a principal crítica assenta na característica da indisponibilidade da relação tributária e do imposto.[11] A Constituição da República Portuguesa (CRP), nos seus artigos 103.º e 165.º, n.º 1, alínea i), determina que os impostos são criados por Lei da Assembleia da República e que os créditos tributários são indisponíveis. Conforme se determina no n.º 2 do artigo 30.º da Lei Geral Tributária (LGT), o crédito tributário é indisponível, só podendo fixar-se condições para a sua redução ou extinção com respeito pelo princípio da igualdade e da legalidade tributária. Ora, a indisponibilidade dos créditos tributários foi utilizada como argumento para recusar a sujeição de matérias tributárias à arbitragem, não sendo tal posição isenta de críticas.[12]

Outros recusam-se a admitir a arbitragem no Direito Tributário invocando a plena vinculação da actividade administrativa.[13]

O certo é que, se a administração da justiça é, por regra, exclusivamente pública, o monopólio da justiça pública não representa, por diversos motivos, a garantia de uma boa administração da justiça.

Como nota Casalta Nabais,[14] facilmente se compreende que, a partir da sua perspectivação como função estadual e como função soberana, a função jurisdicional se apresente de algum modo avessa a ser partilhada com os particulares, sobretudo quando se reporta àquele sector da justiça que tem por objecto litígios de natureza pública. Entendida a jurisdição como um poder cujo exercício incumbe a órgãos soberanos, é difícil aceitar a arbitragem, sobretudo no domínio da justiça administrativa e fiscal. Contudo, como salienta, deve denotar-se que na perspectiva dos cidadãos a jurisdição

---

[11] Vejam-se, entre outros, Diogo Leite De Campos e Mónica Leite De Campos, *Direito Tributário*, Almedina, Coimbra, 2000, p. 94, Alberto Xavier, *Conceito e Natureza do Acto Tributário*, Lisboa, 1972, pp. 350-352, e *Manual de Direito Fiscal vol. I*, (1978), pp. 132-133; António Braz Teixeira, *Princípios de Direito Fiscal*, Lisboa, 1979, p. 311, e *Direito Fiscal III*, 1985, pp. 305 e 306; Nuno Sá Gomes, *Lições de Direito Fiscal*, volume II, 1985, pp. 112-113, e *Teoria Geral dos Benefícios Fiscais*, CTF n.º 359, pp. 124-126.

[12] Neste sentido veja-se Diogo Leite de Campos, "A indisponibilidade dos créditos tributários e a arbitragem", in *Revista de Finanças Públicas e Direito Fiscal*, n.º 1, Ano II, Março, 2009. Tal como salienta, desde logo, a própria natureza da arbitragem não põe em causa a indisponibilidade dos créditos tributários.
Veja-se ainda a exposição de Paulo Núncio, *Arbitragem em Direito Tributário – Traços gerais, op. cit..* O autor questiona se existiriam à data já mecanismos arbitrais no ordenamento jurídico português, indicando o disposto no artigo 139.º do Código do Imposto sobre o Rendimento das Pessoas Colectivas quanto à prova do preço efectivo na transmissão de imóveis, nos artigos 91.º a 94.º da Lei Geral Tributária relativamente aos procedimentos de avaliação indirecta da matéria colectável e nos artigos 74.º e 76.º do Código do Imposto Municipal sobre Imóveis quanto às segundas avaliações de prédios rústicos e urbanos por comissão independente.

[13] Chegou a defender-se que o princípio da legalidade tributária se traduziria no princípio da tipicidade fechada ou taxativa, segundo o qual em direito tributário se deveria excluir o uso de conceitos indeterminados, vagos ou elásticos. Neste sentido, Alberto Xavier, *Manual de Direito Fiscal*, I, Lisboa 1978, pp. 124 e 125; *Os Princípios da Legalidade e da Tipicidade da Tributação*, Editora RT, São Paulo, p. 11. Entre nós, desde logo se pronunciou Armindo Monteiro, *Introdução ao Estudo do Direito Fiscal*, Lisboa 1951, e *Lições de Direito Fiscal*, 3 vols. s. d., Saldanha Sanches, *A Segurança Jurídica no Estado Social de Direito: Conceitos Indeterminados, Analogia e Retroactividade no Direito Tributário e Reforma Fiscal Portuguesa numa Perspectiva Constitucional*, CTF n.º 310/312, Lisboa 1984.

[14] Casalta Nabais, "Reflexão prévia sobre a introdução da arbitragem tributária", *RFPDF* n.º 4 IV, Abril 2012, pp. 27 e 28.

é a verdadeira garantia das pessoas. Nesse contexto, importa questionar como assegurar a realização dos direitos e interesses legalmente protegidos, o que pode passar por, relativamente à resolução dos litígios, deixar aos litigantes a escolha do órgão para os decidir e o correspondente processo a seguir, situação mais agudizada nos nossos dias atendendo à morosidade da justiça, facto que leva Casalta Nabais a questionar *"se uma recusa ampla da arbitragem não acaba constituindo uma restrição intolerável dos direitos de acesso à justiça e a uma tutela jurisdicional efectiva, mediante a obtenção de uma decisão judicial num prazo razoável.*

Pelo que a abertura à arbitragem, incluindo o reduto tradicionalmente mais avesso à ideia de consenso formado pelo sector do direito dos impostos, se, por um lado, não põe em causa a ideia de Estado de Direito, por outro, parece constituir mesmo uma das formas pelas quais pode passar a sua concretização nos conturbados dias de hoje. Por isso, afigura-se-nos que essa via de resolução de litígios não pode, num quadro que se paute por um mínimo de realismo, ser liminarmente afastada."

Nesse contexto, nota que a solução de litígios não pode ser uma reserva absoluta dos tribunais, confundindo o sistema de justiça com o sistema dos tribunais. Como salienta, não nos podemos esquecer que os países mais progressivos, com a ideia de Estado de Direito estabilizada há centenas ou várias dezenas de anos, solucionam a maior parte dos litígios, incluindo os que surgem no domínio do direito dos impostos, em sede administrativa, sendo esta realidade bem visível na generalidade dos países, mormente naqueles cujos regimes jurídicos constitucionais mais se aproximam do nosso, como é o caso da Alemanha, Itália, Espanha, Estados Unidos da América, etc.[15]

A lei da arbitragem vigente em Portugal previa que qualquer litígio que não implique direitos indisponíveis pode ser submetido pelas partes a uma decisão arbitral, sendo a decisão tomada com base no direito vigente, ou, subsidiariamente, em juízos de equidade. A arbitragem, enquanto meio de resolução alternativa de litígios, encontrava-se prevista no artigo 180.º do Código de Processo nos Tribunais Administrativos,[16] seguindo o regime da Lei da Arbitragem Voluntária.[17]

A nível nacional, a experiência da arbitragem como meio alternativo de resolução de conflitos era quase inexistente.

Existiam, contudo, procedimentos para facilitar a resolução dos conflitos através da conciliação ou entendimento com as autoridades fiscais.

Até a data, só a nível internacional se encontrava expressamente previsto o recurso à arbitragem em matéria tributária (Convenção Europeia de Arbitragem – Convenção 90/436/CEE, de 23 de Julho de 1990, JO L 225 de 20.8.1990 – e o recurso à arbitragem

---

[15] V., em geral, Ferreiro Lapatza (Dir.), Ferreiro Lapatza (Dir.), *La Justicia Tributaria En España. Informe Sobre Las Relaciones Entre La Administración Y Los Contribuyentes Y La Resolución De Conflictos Entre Ellos*, Marcial Pons, Madrid, (2005), pp. 153 e ss. No mesmo sentido, Sergio Alburquerque, *La Revisión En Vía Administrativa De Los Actos Tributarios: La Tutela Prejudicial De Los Derechos Y Garantías Del Contribuyente. Notas Para Un Estudio Comparado*, polic., Universidad Complutense de Madrid, 2003.

[16] De acordo com o disposto no aludido normativo, *"1 – Sem prejuízo do disposto em lei especial, pode ser constituído tribunal arbitral para o julgamento de:*
a) Questões respeitantes a contratos, incluindo a apreciação de actos administrativos relativos à respectiva execução;
b) Questões de responsabilidade civil extracontratual, incluindo a efectivação do direito de regresso;
c) Questões relativas a actos administrativos que possam ser revogados sem fundamento na sua invalidade, nos termos da lei substantiva."

[17] Lei n.º 31/86, de 29 de Agosto, alterada e regulada pelo Decreto-Lei n.º 425/86, de 27 de Dezembro.

introduzido em Julho de 2008 no artigo 25.º da Convenção Modelo da OCDE para evitar a dupla tributação em matéria de impostos sobre o rendimento e sobre o património).

O Regime Jurídico da Arbitragem em Matéria Tributária em Portugal (RJAT) foi aprovado através do Decreto-Lei n.º 10/2011, de 20 de Janeiro, tendo entrado em vigor em 1 de Julho de 2011.

A Portaria n.º 112-A/2011, de 22 de Março, regula a vinculação da Autoridade Tributária e Aduaneira (AT) à jurisdição arbitral, recomendando-se ainda a leitura da Circular n.º 53/2011, de 1 de Julho de 2011 e dos Estatutos e Regulamento do CAAD disponíveis no seu site.[18]

Com este Regime pretende-se, fundamentalmente, assegurar os direitos dos contribuintes, resolver, de forma mais rápida e simples, os conflitos entre os contribuintes e a Administração Tributária e reduzir o número de processos por resolver nos tribunais judiciais – a introdução dos pedidos de pronúncia arbitral em matéria fiscal, nos termos do RJAT, teve por intenção constituir uma "alternativa" às impugnações judiciais.[19]

Regra geral, as vantagens apontadas à arbitragem tributária têm sido a celeridade e economia de recursos, a flexibilidade e informalidade, o descongestionamento dos tribunais estatais e uma maior especialização, apontando-se como contras a falta de independência dos árbitros e o risco de violação da tutela jurisdicional efectiva.

A utilização do CAAD tem várias vantagens, entre as quais destacamos a resolução de litígios de forma mais célere, prevendo-se a existência de um prazo máximo de seis meses (garante de uma decisão mais célere que nos tribunais administrativos e fiscais), uma maior especialização, uma vez que é suposto que os árbitros do CAAD, pela sua especialização, garantam decisões de elevada qualidade, a resolução de litígios de forma mais simples, uma vez que a tramitação do processo é simples e gerida

---

[18] www.caad.pt.

[19] Sobre o sistema português veja-se, nomeadamente, *The Portuguese Tax Arbitration Regime*, AAVV, Almedina e Centro de Arbitragem Administrativa, 2015, Jorge Lopes de Sousa, "Comentário ao Regime Jurídico da Arbitragem Tributária", *Guia da Arbitragem Tributária*, AAVV., Nuno Villa-Lobos e Mónica Brito Vieira (coord.), Almedina 2013, pp. 95-240, "Algumas notas sobre o regime da arbitragem tributária", *A Arbitragem Administrativa e Tributária*, AAVV., Isabel Celeste M. Fonseca (coord.), 2.a Edição Almedina 2013, pp. 227-242, "Algumas preocupações sobre o regime da arbitragem tributária", AAVV., P. Otero, F. Araújo & J. Taborda da Gama (coord.), *Estudos em memória do Professor Saldanha Sanches*, Coimbra Editora, Coimbra, 2011, "Recurso de Revisão de Decisões Arbitrais Tributárias", *Revista Arbitragem Tributária* n.º 1, CAAD, 2014, pp. 34-39, Manuel Fernando dos Santos Serra, "Arbitragem Administrativa e Tributária. Apontamento sobre os Antecedentes da Arbitragem", *Revista Arbitragem Tributária* n.º 3, CAAD, Junho de 2015, pp. 6-9, "Deontologia e ética arbitral tributária", *Fiscalidade* n.º 41, Janeiro-Março 2010, pp. 49-54, "Conselho Deontológico do CAAD", *Revista Arbitragem Tributária* n.º 1, CAAD, 2014, pp. 6-7, Nuno Villa-Lobos, "Novas configurações da Justiça Administrativa e Fiscal em Portugal", A Arbitragem Administrativa e Tributária, AAVV, 2.ª Edição, Almedina, 2013, pp. 179-190, Nuno Villa-Lobos e Tânia Carvalhais Pereira, "The special nature of tax arbitration courts", in *The Portuguese Tax Arbitration Regime*, op. cit., Tânia Carvalhais Pereira, "Aspectos Práticos", *Guia da Arbitragem Tributária*, AAVV, Nuno Villa-Lobos e Mónica Brito Vieira (org.), Almedina 2013, pp 63-87, da autora "O Orçamento de Estado para 2010 e a Arbitragem em matéria tributária", *Revista TOC* n.º124, Julho 2010, "The Portuguese experience of tax arbitration – a personal view", in *The Portuguese Tax Arbitration Regime*, op. cit., "Contributos da arbitragem tributária em matéria de IVA – Análise de alguns Acórdãos", *Justiça Tributária – Um novo roteiro*, Rei dos Livros, Maio de 2018, "A arbitragem tributária e o reenvio prejudicial em matéria de IVA – Análise de alguns Acórdãos", *Coleção Formação Contínua, Temas de Direito Tributário IRS e IVA 2019*, Centro de Estudos Judiciários, Setembro 2019 e Francisco Domingos, "A superação do dogma da incompatibilidade da arbitragem tributária com os princípios da legalidade, tutela jurisdicional efectiva e indisponibilidade do crédito tributário", *Revista de Análise Económica do Direito*, Janeiro de 2018, "A concordata tributária: um imperativo no direito tributário português", *Revista de Finanças Públicas e Direito Fiscal*, Coimbra, ano 9, n.º 3, Outono 2016, pp. 111-129, "Ensaio acerca das características estruturais do sistema de arbitragem tributária português", *Impuestos: Revista de Doctrina, legislación y jurisprudencia tributaria*, Ano 30, n.º 6, Junho 2014, pp. 41 a 53.

electronicamente e uma diminuição das custas, dado que são inferiores às dos tribunais administrativos e fiscais.

Quanto à delimitação do objecto do processo arbitral tributário, poder-se-ão incluir os actos de liquidação de tributos, incluindo os de autoliquidação, de retenção na fonte e os pagamentos por conta, de fixação da matéria tributável, quando não deem lugar a liquidação, de indeferimento total ou parcial de reclamações graciosas ou de pedidos de revisão de actos tributários, os actos administrativos que comportem a apreciação da legalidade de actos de liquidação, os actos de fixação de valores patrimoniais, e os direitos ou interesses legítimos em matéria tributária.

Os fundamentos do processo arbitral tributário consistem na ilegalidade, lesão ou o risco de lesão de direitos ou interesses legítimos e os efeitos da sentença proferida a final pelo Tribunal Arbitral consubstanciam-se na anulação, declaração de nulidade ou de inexistência do acto recorrido ou no reconhecimento do direito ou do interesse legalmente protegido dos contribuintes.

Há temas particularmente propícios para o recurso **à** arbitragem tributária, tais como a matéria dos preços de transferência, as cláusulas antiabuso, os custos empresariais, a fixação de matéria coletável por métodos indirectos, os contratos fiscais, as presunções fiscais, isto é, todos os casos em que haja apelo para juízos técnicos ou onde exista maior discricionariedade.

O limite temporal para a prolação da sentença arbitral e subsequente notificação às partes é de seis meses a contar do início do processo arbitral tributário, com possibilidade de prorrogação, devidamente fundamentada, por idêntico período, sendo o montante máximo do pedido de 10 000 000 de euros.

A arbitragem é feita por tribunais arbitrais que funcionam no CAAD. Estes tribunais são compostos por um árbitro (tribunal singular) – se o contribuinte optar por não indicar um árbitro e o valor em causa não ultrapassar 60 mil euros ou três árbitros (tribunal colectivo) – se o contribuinte optar por indicar um árbitro ou o valor em causa ultrapassar 60 mil euros.

Os tribunais arbitrais com três árbitros podem ser nomeados pelo CAAD, pelo contribuinte e pela AT.

Neste último caso, um árbitro é indicado pelo contribuinte, outro pela AT e o terceiro (que será o árbitro-presidente) pelos dois primeiros.

O tribunal arbitral é, em regra, constituído por três árbitros, cabendo a cada parte a designação de um deles e aos árbitros assim escolhidos a designação do árbitro-presidente, prevendo-se a definição do regime de impedimento, afastamento e substituição dos árbitros, encontrando-se o tribunal subordinado aos princípios da independência e da imparcialidade.

Nos litígios de valor igual ou superior a 500 000 euros, o árbitro presidente deve ter exercido funções públicas de magistratura nos tribunais tributários ou possuir o grau de mestre em Direito Fiscal e nos litígios de valor igual ou superior a 1 000 000 euros, o árbitro presidente deve ter exercido funções públicas de magistratura nos tribunais tributários ou possuir o grau de doutor em Direito Fiscal.

Relativamente aos requisitos dos árbitros, em termos gerais exige-se reconhecida capacidade técnica, idoneidade moral e sentido do interesse público.

Os árbitros devem ser juristas com, pelo menos, dez anos de experiência nesta área. Magistrados jubilados que renunciem ou suspendam a sua condição. Em casos de especialização, podem ser árbitros não presidentes, licenciados em Economia ou Gestão com mais de dez anos de experiência.

Para garantir a imparcialidade e independência dos árbitros, estes não podem ter tido, nos dois anos anteriores, qualquer relação profissional, directa ou indirecta, com o contribuinte ou com as finanças.

Os honorários dos árbitros são fixados em função do valor atribuído ao processo, estabelecendo valores mínimos que ofereçam garantias qualitativas na composição do tribunal arbitral. Note-se que, na prática, a complexidade do processo não é tida em consideração, facto que, a nosso ver, é criticável, embora se reconheça a dificuldade inerente à avaliação do grau de complexidade processual.

O julgamento do tribunal arbitral é feito segundo o direito constituído, ficando vedado o recurso à equidade.

Os princípios e regras do processo arbitral tributário obedecem aos princípios do inquisitório, do contraditório e da igualdade das partes e com dispensa de formalidades essenciais, de acordo com o princípio da autonomia dos árbitros na condução do processo.

No referente à força executiva, é atribuída à sentença arbitral que não tenha sido objecto de recurso ou de anulação a mesma força executiva que é atribuída às sentenças judiciais transitadas em julgado.

A parte vencida é responsável pela totalidade dos honorários e despesas dos árbitros, podendo ser estabelecidos critérios de limitação da responsabilidade da Administração Tributária, designadamente, o do montante das custas judiciais e dos encargos que seriam devidos se o contribuinte tivesse optado pelo processo de impugnação judicial ou pela acção para o reconhecimento de um direito ou interesse legítimo em matéria tributária.

De notar que foi inicialmente previsto um regime transitório que possibilitou aos contribuintes submeterem ao tribunal arbitral a apreciação dos actos objecto dos processos de impugnação judicial que se encontravam pendentes de decisão, em primeira instância, nos tribunais judiciais tributários, com dispensa de pagamento de custas judiciais. Essa possibilidade, contudo, não foi devidamente utilizada pelos contribuintes, facto que atribuímos ao desconhecimento, dada a novidade do regime.

Posteriormente foi aberto novo período de migração através do artigo 11.º do Decreto-Lei n.º 81/2018, de 15 de Outubro, que vigorou de 16 de Outubro de 2018 até 31 de Dezembro de 2019. Contudo, por motivos diversos, esta possibilidade não teve igualmente muito sucesso.

Na realidade, a nosso ver, a possibilidade de migração de processos deveria ser admitida permanentemente e não apenas a título pontual transitoriamente.

Em matéria de recurso da decisão, a regra geral é a da irrecorribilidade, tendo inicialmente sido acolhidas duas excepções, a saber:

- Recurso para o Tribunal Constitucional, quando a sentença arbitral recuse a aplicação de norma com fundamento na sua inconstitucionalidade ou aplique norma cuja constitucionalidade tenha sido suscitada.
- Recurso para o Supremo Tribunal Administrativo (STA) quando a decisão esteja em oposição, quanto a mesmo questão fundamental de direito, com acórdão proferido pelo Tribunal Central Administrativo ou pelo STA.

A Lei n.º 119/2019, de 18 de Fevereiro, veio, entre outros aspectos, alterar o Regime Jurídico da Arbitragem Tributária, aditando um novo fundamento de recurso da decisão arbitral para o Supremo Tribunal Administrativo – a oposição de decisões arbitrais quanto à mesma questão fundamental de Direito.

Esta lei entrou em vigor no dia 1 de Outubro de 2019, tendo já sido intentados diversos recursos com base neste fundamento.

Com efeito, um dos grandes problemas suscitados com o evoluir da arbitragem tributária, era precisamente o facto de existirem diversas decisões contraditórias em relação à mesma matéria de direito, facto este causador de grande insegurança junto dos contribuintes e da Administração Tributária. Não raras vezes, a impossibilidade de recurso existindo diversas decisões contraditórias impeliu naturalmente os contribuintes à nomeação de árbitro pela parte ou simplesmente a não optar pelo recurso à arbitragem.

Quanto à bondade da solução acolhida de salientar que, a nosso ver, teria sido preferível contemplar dentro do próprio mecanismo do tribunal arbitral uma instância de recurso.

3 Os dados quantitativos da arbitragem

Da análise dos dados quantitativos a 31 de Dezembro de 2020 fornecidos pelo CAAD,[20] concluímos que a tendência tem sido para um aumento do recurso à arbitragem tributária, tendo em 2020 sofrido um natural decréscimo dado o contexto económico derivado da pandemia.

Note-se que em 2019 se registaram 2862 acções de impugnação nos tribunais judiciais, menos 20% do que em 2018 e 60% do que em 2008. Ora, em 2019, um em cada três contribuintes com impugnações de impostos de valor inferior a 10 milhões de euros optou por recorrer ao CAAD.

Na realidade, tem havido um crescente interesse dos contribuintes no recurso à via arbitral decorrente também do maior conhecimento do instituto e da sua eficácia.

Na verdade, de início existia um grande desconhecimento deste mecanismo. Por outro lado, as possibilidades de recurso contempladas também inibiam o possível recurso à arbitragem, questão esta que foi parcialmente ultrapassada com a referida possibilidade de recurso em caso de existência de jurisprudência contraditória dentro do próprio CAAD.

---

[20]   Todos os gráficos nos foram fornecidos gentilmente pelo CAAD, reportando-se a dados de 31 de Dezembro de 2020.

Vejamos a evolução constante do gráfico que se segue.

1. Entre 2011-2020:

1.1. Número de processos entrados e findos

- Número de processos entrados: 6 047
- Número de processos findos: 5 331

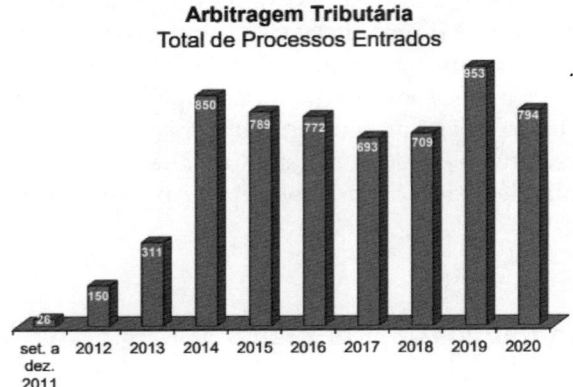

Arbitragem Tributária
Total de Processos Entrados

Da análise aos processos entrados, verifica-se que, no seu global, se suscitam mais questões relativamente aos impostos sobre a renda – o imposto sobre as sociedades – Imposto sobre o Rendimentos das Pessoas Colectivas (IRC) e o Imposto sobre o Rendimento das Pessoas Singulares (IRS), seguindo-se o Imposto do Selo e o Imposto sobre o Valor Acrescentado (IVA). Seguem-se os Impostos sobre o Património (IMT), Imposto Municipal sobre as Transmissões Onerosas de Imóveis, e IMI, Imposto Municipal sobre Imóveis; e o IUC – Imposto Único de Circulação (automóvel) e, finalmente, o ISP – Imposto sobre os Produtos Petrolíferos e os demais tributos.

Atentemos no gráfico que se segue.

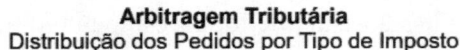

Arbitragem Tributária
Distribuição dos Pedidos por Tipo de Imposto

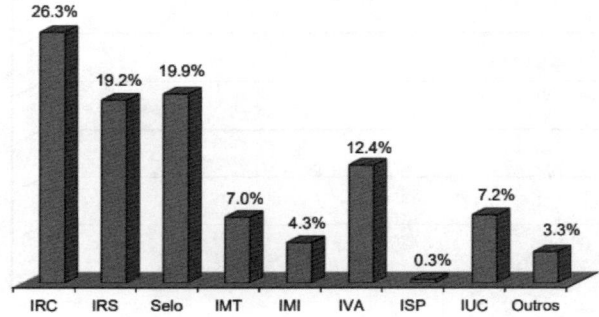

De notar que os contribuintes continuam na sua grande maioria a optar pela no-meação de árbitro pelo CAAD, conforme gráfico a seguir, opção esta que, como vimos, é menos dispendiosa em termos de custas processuais.

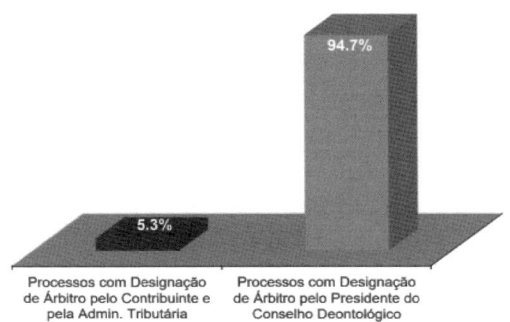

Arbitragem Tributária
Processos por Designação de Árbitro

Um dos aspectos fundamentais que presidiram à criação do regime da arbitragem tributária foi, precisamente, pretender contribuir para uma decisão célere dos proces-sos, desígnio este que claramente tem vindo a ser prosseguido com grande êxito dado que, embora a duração máxima seja de seis meses prorrogáveis até o prazo máximo de um ano, a média do prazo de decisão tem sido de cerca de quatro meses, conforme gráfico *infra*.

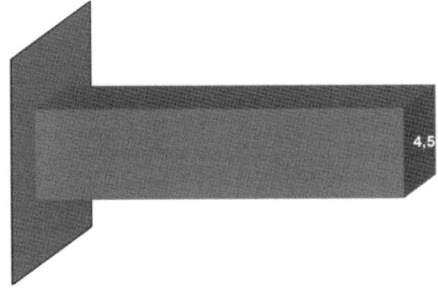

Arbitragem Tributária
Duração Média dos Processos

Obs. 4,5 meses = 4 meses e 18 dias, ou seja, a média do prazo de decisão é de cerca de 4 meses.

No que se reporta ao valor dos processos, constata-se que cerca de 60% dos pro-cessos têm um valor inferior a 60 000 euros, isto é, são julgados por um tribunal singular, concentrando-se a maior fasquia de valores nos tribunais colectivos no patamar entre os 60 000 euros e os 275 000 euros, distribuindo-se depois de forma idêntica até ao último patamar do valor máximo até aos 10 milhões de euros, de acordo com a figura seguinte.

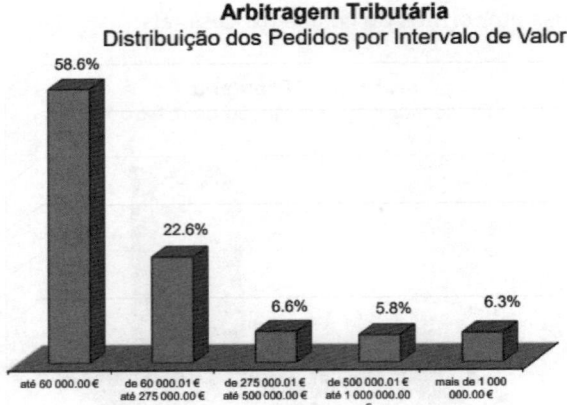

4 Contributos da arbitragem tributária

Os contributos da arbitragem tributária têm sido inegáveis.

Desde logo, atendendo aos motivos que estão na base da sua criação, é evidente que tem conduzido a uma resolução mais célere das questões, em geral com um elevado nível de especialização, tendo contribuído para um descongestionamento dos tribunais judiciais.

Contudo, não poderemos exigir que a arbitragem seja a solução para os problemas dos tribunais judiciais.

De notar que os pedidos de reenvio prejudicial para o Tribunal de Justiça da União Europeia (TJUE) têm, regra geral, sido feitos na sua maioria pelo tribunal arbitral, contribuindo assim para a desejável homogeneização do Direito da União Europeia nos actuais 27 Estados membros e para uma maior clareza e segurança de aplicação das regras nacionais.[21] A jurisprudência do CAAD tem sido fonte de inspiração para os

---

[21] Sobre o reenvio em sede de IVA veja-se, da autora.
Em conformidade com as conclusões emanadas do Caso *Schwarze* de 1 de Dezembro de 1965 do Tribunal de Justiça da União Europeia (Processo C-16/65), o reenvio prejudicial é *"um instrumento de cooperação judiciária... pelo qual um juiz nacional e o juiz comunitário são chamados, no âmbito das competências próprias, a contribuir para uma decisão que assegure a aplicação uniforme do Direito Comunitário no conjunto dos estados membros"*.
A partir do Caso *Cilfit* de 6 de Outubro de 1982 do Tribunal de Justiça da União Europeia (Processo C-283/81.), que a *obrigação* de suscitar a questão prejudicial de interpretação *pode ser dispensada* quando:
i) a questão não for necessária, nem pertinente para o julgamento do litígio principal;
ii) o Tribunal de Justiça já se tiver pronunciado de *forma firme* sobre a questão a reenviar, ou quando já exista jurisprudência sua *consolidada* sobre a mesma;
iii) o juiz nacional não tenha dúvidas razoáveis quanto à solução a dar à questão de Direito da União Europeia, por o sentido da norma em causa ser claro e evidente.
Mas interessa em particular ter em consideração as *RECOMENDAÇÕES* à *atenção dos **órgãos** jurisdicionais nacionais, relativas à apresentação de processos prejudiciais* (2012/C 338/01, JO C 338/1, de 6.11.2012).
Conforme se elucida,
"1. O reenvio prejudicial é um mecanismo fundamental do direito da União Europeia, que tem por finalidade fornecer aos órgãos jurisdicionais dos Estados-Membros o meio de assegurar uma interpretação e uma aplicação uniformes deste direito em toda a União.
(...)

praticantes do Direito Tributário e para a academia, tendo apontado relevantes soluções para casos paradigmáticos do Direito Tributário nacional e europeu.

A jurisprudência do CAAD tem sido particularmente relevante no domínio da aplicação da cláusula geral antiabuso, na área do Imposto do Selo e da Tributação do Património e no contexto do IVA.[22]

Podemos dar um exemplo de um caso e das respectivas consequências nas suas diversas vertentes.

Por exemplo, no domínio do IVA, a jurisprudência do CAAD tem vindo a dar fortes contributos quanto à qualificação das operações, à questão dos meios de prova, designadamente quanto aos requisitos constantes das facturas para efeitos tributários, às isenções e ao exercício do direito à dedução do IVA suportado.

No denominado Caso *Barlis*, o TJUE foi chamado a pronunciar-se através da submissão de um pedido de reenvio prejudicial formulado em sede de IVA pelo Tribunal Arbitral no contexto do Processo n.º 3/2014-T, com decisão de 6 de Dezembro de 2016.[23]

Em causa estiveram os factos que se passam a descrever.

A Barlis recorreu aos serviços jurídicos de uma sociedade de advogados, os quais constam de quatro facturas que mencionam os seguintes descritivos:

- "Serviços jurídicos prestados entre 1 de Dezembro de 2007 até à presente data";
- "Honorários por serviços jurídicos prestados entre Junho e até à presente data";
- "Honorários por serviços jurídicos prestados até à presente data"; e
- "Honorários por serviços jurídicos prestados entre 1 de Novembro de 2009 e a presente data";

A Barlis exerceu o seu direito à dedução do IVA suportado nas aquisições dos serviços mencionado nas aludidas facturas, e a AT não aceitou a dedução com base no facto de não respeitarem os requisitos legais previstos para o efeito, concretamente a correcta identificação dos serviços prestados.[24]

---

7. Como referido anteriormente, o papel do Tribunal no âmbito de um processo prejudicial consiste em interpretar o direito da União ou pronunciar-se sobre a sua validade, e não em aplicar este direito à situação de facto subjacente ao processo principal. Esse papel incumbe ao juiz nacional e, por isso, não compete ao Tribunal pronunciar-se sobre questões de facto suscitadas no âmbito do litígio no processo principal nem sobre eventuais divergências de opinião quanto à interpretação ou à aplicação das regras de direito nacional.

8. Quando se pronuncia sobre a interpretação ou a validade do direito da União, o Tribunal esforça-se ainda por dar uma resposta útil para a solução do litígio no processo principal, mas é ao órgão jurisdicional de reenvio que cabe tirar as consequências concretas dessa resposta, eventualmente afastando a aplicação da regra nacional em questão."

Ou seja, importa precisar que um reenvio, que obrigatoriamente deve ser feito pelas instâncias nacionais em caso de dúvidas sobre a interpretação do Direito da UE quando não há possibilidade de recurso, se confina a isso mesmo – Dar uma interpretação das normas do Direito da UE em causa e nunca em dar uma solução! Incumbe, assim, ao juiz nacional, julgar de acordo com tal interpretação, subsumindo os factos em causa.

22 Sobre a jurisprudência arbitral em geral em matéria de IVA veja-se, da autora, "Contributos da arbitragem tributária em matéria de IVA – Análise de alguns Acórdãos", *Justiça Tributária – Um novo roteiro*, op. cit..

23 Acórdão do TJUE de 15 de Setembro de 2016, Processo C516/14, Caso *Barlis*.

24 Para ser aceite para efeitos fiscais em Portugal, nomeadamente para as deduções do IVA suportado serem aceites, uma factura deve conter todos os elementos previstos no Código do Imposto sobre o Valor Acrescentado, concretamente no seu artigo 36.º, n.º5, que determina o seguinte: "5 – As faturas devem ser datadas, numeradas sequencialmente e conter os seguintes elementos:

a) Os nomes, firmas ou denominações sociais e a sede ou domicílio do fornecedor de bens ou prestador de serviços e do destinatário ou adquirente sujeito passivo do imposto, bem como os correspondentes números de identificação fiscal;

O Tribunal Arbitral submeteu ao Tribunal de Justiça, em 17 de Novembro de 2014, nos termos do artigo 267.º TFUE, a seguinte questão: «A correta interpretação do artigo 226.º, n.º 6, da [d]iretiva IVA permite à Autoridade Tributária e Aduaneira considerar insuficiente o descritivo de fatura que contenha a menção 'serviços jurídicos prestados desde determinada data até ao presente' ou apenas 'serviços jurídicos prestados até ao presente', tendo presente que esta Autoridade pode, ao abrigo do princípio da colaboração, obter os elementos complementares de informação que entender necessários para confirmação da existência e das características detalhadas das operações?»[25]

Conforme as Conclusões da Advogada Geral Kokott e do TJUE, uma factura que contenha apenas a menção "serviços jurídicos prestados" a título de descrição da natureza de uma prestação de serviços satisfaz os requisitos do artigo 226.º, n.º 6, da DIVA, a menos que o direito nacional preveja, de modo conforme com o Direito da União, uma diferença de tratamento em matéria de IVA para determinadas prestações de serviços jurídicos. Uma factura que contenha apenas a menção "serviços jurídicos prestados desde determinada data até ao presente" ou "serviços jurídicos prestados até ao presente" a título de descrição da extensão de uma prestação de serviços não satisfaz os requisitos do artigo 226.º, n.º 6, da DIVA. Uma factura que contenha apenas a menção "serviços jurídicos prestados até ao presente" a título de indicação da data de uma prestação de serviços não satisfaz os requisitos do artigo 226.º, n.º 7, da DIVA. Nos termos do artigo 178.º, alínea a), da DIVA, para exercer o direito à dedução não basta, em princípio, que o destinatário da factura, que deseja proceder à dedução, complete com outras informações as menções que, em violação do artigo 226.º, n.ºs 6 ou 7, da DIVA, faltam na factura, se não se tratar de documentos que façam, eles próprios, parte da factura. Sem rectificação da factura, o exercício do direito à dedução é possível quando a rectificação já não possa desempenhar a sua função de controlo face ao emitente da factura.

De notar que já antes nos Processos arbitrais n.ºs 148/2012-T, 61/2013-T, 411/2014-T e 759/2014-T, se tinha feito notar que, conforme sufragado no âmbito do Processo

---

b) A quantidade e denominação usual dos bens transmitidos ou dos serviços prestados, com especificação dos elementos necessários à determinação da taxa aplicável; as embalagens não efectivamente transaccionadas devem ser objecto de indicação separada e com menção expressa de que foi acordada a sua devolução;

c) O preço, líquido de imposto, e os outros elementos incluídos no valor tributável;

d) As taxas aplicáveis e o montante de imposto devido;

e) O motivo justificativo da não aplicação do imposto, se for caso disso;

f) A data em que os bens foram colocados à disposição do adquirente, em que os serviços foram realizados ou em que foram efectuados pagamentos anteriores à realização das operações, se essa data não coincidir com a da emissão da factura.

No caso de a operação ou operações às quais se reporta a factura compreenderem bens ou serviços sujeitos a taxas diferentes de imposto, os elementos mencionados nas alíneas b), c) e d) devem ser indicados separadamente, segundo a taxa aplicável."

[25] A Directiva IVA contém o sistema comum do IVA em vigor nos 27 Estados membros da União Europeia. Trata-se da Directiva 2006/112/CE, de 28 de Novembro, publicada no JO n.º L 347, de 11 de Dezembro de 2006. Essencialmente, esta Directiva veio reformular o texto da Sexta Directiva (trata-se de uma reformulação basicamente formal, atendendo ao facto de o seu texto se encontrar excessivamente denso, dadas as sucessivas alterações que lhe foram introduzidas desde a sua aprovação). Com a reformulação passou a ter 414 artigos (tinha 53). Note-se, todavia, que foram revogadas várias directivas de IVA, pelo que poderemos passar a designar a "nova" Directiva, abreviadamente, como Directiva IVA (a Directiva base do sistema comum vigente). Sobre as características fundamentais deste tributo na União Europeia, *vide* Xavier de Basto, *A tributação do consumo e a sua coordenação a nível internacional, Lições sobre a harmonização fiscal na Comunidade Económica Europeia,* CCTF n.º 164, Lisboa 1991, p. 39-73 e Clotilde Celorico Palma, *Introdução ao Imposto sobre o Valor Acrescentado,* 6.ª edição, Almedina, Setembro de 2014, pp. 19-55.

C-368/09, de 15 de Julho de 2010, do TJUE, "não é legítimo aos Estados Membros associar o exercício do direito à dedução do IVA ao preenchimento de pressupostos relativos ao conteúdo das facturas que não estão expressamente previstos nas disposições da Directiva 2006/112. Esta interpretação é igualmente corroborada pelo artigo 273º desta directiva, que prevê que os Estados Membros podem impor obrigações que considerem necessárias para assegurar a exacta percepção da IVA e para evitar a fraude, mas que esta faculdade não pode ser utilizada para impor obrigações de facturação suplementares às fixadas, designadamente, no artigo 226º da referida directiva". Isso significa que, conforme jurisprudência do TJUE, embora esta disposição permita aos Estados membros a adopção de determinadas medidas, estas não deverão, todavia, ir para além do que é necessário para atingir esse fim e não poderão, por isso, ser utilizadas de tal forma que ponham sistematicamente em causa o direito à dedução do IVA, que é um princípio fundamental do sistema comum do IVA (v. Acórdãos de 18 de Dezembro de 1997, Caso *Molenheide*, Procs. C-286/94, C-340/95, C-401/95 e C-47/96, n.º 47)[26].

Isto é, no Caso *Barlis*, podemos concluir que a AT foi mais papista que o Papa, ao atender apenas ao elemento literal da norma interna que, em respeito ao Direito da União Europeia, vem prever quais os requisitos obrigatórios que devem constar das facturas. O tribunal arbitral teve neste caso um papel extremamente relevante quer a nível interno quer ao nível da interpretação do direito da União Europeia em matéria de IVA, sendo este um caso sistematicamente invocado pelos contribuintes e estudado na academia.

5 Conclusões

A possibilidade de recurso à arbitragem em matéria fiscal é, inequivocamente, uma medida estruturante de uma nova relação entre a Administração Fiscal e os contribuintes, encontrando a sua justificação no esgotamento do sistema judicial como resposta única à resolução de litígios em sede fiscal.

É bom relembrarmos que a introdução da arbitragem tributária em Portugal deparou-se com diversos obstáculos, questionando-se, desde logo, da sua admissibilidade face ao princípio da indisponibilidade dos créditos tributários.

Por motivos vários, não existe actualmente qualquer fundamento para limitar as escolhas dos cidadãos no plano da justiça. Desde logo, porque a administração pública da justiça não cobre toda a realidade social, está longe de satisfazer as necessidades sociais, porque é excessivamente lenta, cara, e ineficiente e é fonte de custos burocráticos que são apontados pelos investidores externos como um factor negativo decisivo para as suas decisões.

Em nosso entendimento as críticas relativas à impossibilidade de acolhimento da arbitragem em matéria fiscal não colhem. A Constituição da República Portuguesa prevê a criação de tribunais arbitrais, deixando ao legislador ordinário a sua conformação,

---

[26] A este propósito veja-se, da autora, "Comentário ao Acórdão do TJUE de 15 de Setembro de 2016, Processo C516/14, Caso Barlis – A Administração Tributária mais papista que o Papa", *Revista de Finanças Públicas e Direito Fiscal*, N.º 3, ano IX.3.16, 2016.

pelo que a arbitragem tributária deve estar consagrada no nosso ordenamento jurídico tributário como um instrumento alternativo de resolução de conflitos, a que os contribuintes poderão recorrer em alternativa aos tribunais tributários judiciais. Em face do conhecimento das suas regras de funcionamento, poderão livremente escolher os tribunais tributários ou a arbitragem.

Por outro lado, em nosso entendimento a arbitragem tributária não viola os princípios da legalidade ou da indisponibilidade dos créditos tributários.

Com efeito, o Direito Tributário deixou de se configurar como uma área de rigorosa vinculação legal. As relações fisco-contribuinte deixaram de se desenvolver num sentido rigorosamente vertical para passarem a mover-se em "zonas de acordo".[27]

É o caso dos contratos fiscais,[28] dos conceitos indeterminados, das margens de livre apreciação, dos métodos de determinação indirecta do rendimento em que se permite a intervenção e, de alguma forma, o ajuste das realidades com o contribuinte.

O fundamento da indisponibilidade do crédito tributário para negar a arbitragem no direito tributário não procede.[29] A indisponibilidade do crédito tributário não impede a administração fiscal de submeter-se à arbitragem desde que a respectiva lei reguladora dessa forma de solução de conflitos seja suficientemente precisa.[30]

Também nos parece errónea a ideia de que as autoridades administrativas não estejam aptas a defender o interesse público fora de uma estrita vinculação ao princípio da legalidade e que qualquer desvio só poderia ser corrigido por um juiz.[31] Sobre o juiz e o árbitro, recai o mesmo dever de aplicar o direito e de administrar a justiça.

Pode o acordo arbitral ser estabelecido sem restrições, isto é, abranger todos os aspectos da relação tributária? A nosso ver o procedimento arbitral deve estar estritamente sujeito à lei quanto aos elementos essenciais da relação de imposto. Não deve admitir-se a decisão segundo a equidade, como, de resto, veio a ser acolhido no RJAT.

Pode a arbitragem implicar a interpretação da lei? Não vemos motivos para não incluir no procedimento arbitral a tarefa de determinação do exacto sentido e alcance da lei aplicável ao caso concreto.

Partilhamos também o entendimento de que o recurso à arbitragem em matéria tributária não fere o princípio da capacidade contributiva, podendo ser utilizado precisamente para determinar a existência de tal capacidade através da determinação dos factos em litígio, i.e., para aferir com adequada certeza e segurança que factos da vida real efectivamente ocorreram e qual a sua real configuração. Não se afectam através

---

[27] Neste sentido, Diogo Leite de Campos, "Certeza e segurança no Direito Tributário: a arbitragem", *Revista da OA*, ano 65, 9.2005, pp. 313-325, refere que, "a afirmação do Estado de Direito como um Estado-dos-cidadãos... tem vindo a reflectir-se no Direito Tributário. (...) Tende a desaparecer a ideia de acto tributário: as relações entre a administração *e o contribuinte estabelecem-se entre duas partes paritárias e independentes*".

[28] Sobre esta matéria veja-se Casalta Nabais, "Contratos Fiscais. Reflexões Acerca da Sua Admissibilidade", *Boletim da Faculdade de Direito de Coimbra*, Studia juridica, n.º 5, Coimbra, 1994.

[29] É frequente que tais correcções sejam sucessivamente menos penalizadas quanto mais cedo ocorrer o seu acatamento. Ver Diogo Leite De Campos, "A arbitragem no Direito Tributário", in *Estudos Jurídicos E Económicos de Homenagem ao Prof. Doutor António De Sousa Franco*, Faculdade de Direito da UL, vol, 1, Coimbra editora, Coimbra 2006.

[30] Ramón Falcón y Tella, "El arbitraje Tributário", in *Convención y Arbitraje En El Derecho Tributario*, Instituto de Estudios Fiscales / Marcial Pons, Madrid 1996.

[31] Francisco Delgado Piqueras, *La Terminación Convencional Del Procedimiento Administrativo*, editorial Arazandi, 1995, p. 36.

do recurso à arbitragem os limites constitucionais e legais do dever fundamental de pagar imposto.[32]

No que respeita ao reforço da tutela eficaz dos direitos e interesses legalmente protegidos dos sujeitos, é inequívoco que a arbitragem tributária consubstancia um reforço dos direitos e garantias dos contribuintes. A arbitragem tributária tal como está acolhida no Decreto-Lei n.º 10/2011, de 20 de Janeiro, não é só e apenas um instrumento alternativo de resolução dos conflitos em matéria fiscal, mas apresenta-se também como um meio cumulativo, porquanto, nos termos do normativo constante do n.º 2 do artigo 3.º, é possível deduzir pedido de impugnação judicial e pedido de pronuncia arbitral relativamente a um mesmo acto tributário, desde que os respectivos factos e fundamentos sejam diversos.

Em suma, como vimos, a arbitragem tributária foi introduzida em Portugal tendo em vista, sobretudo, a celeridade e economia de recursos, a flexibilidade e informalidade, o descongestionamento dos tribunais estatais e uma a maior especialização.

A nossa experiência é ainda recente, mas os números e as decisões falam por si. A arbitragem tributária em Portugal representa uma evolução que se impunha face aos paradigmas mais recentes.

Ultrapassados os obstáculos de natureza conceptual, permanecem muitas vozes críticas à existência desse mecanismo, apontando-se, designadamente, a pretensa falta de neutralidade dos árbitros. Podemos, contudo, afirmar que o instituto da arbitragem tributária é hoje, em termos gerais, bem aceite em Portugal.

As decisões do CAAD fazem jurisprudência respeitada e são *case studies* nas Faculdades.

Contas feitas, a experiência portuguesa da arbitragem tem sido frutífera e tem sido uma permanente e inesgotável fonte de inspiração como modelo a adoptar noutras jurisdições.

Estamos perante uma história recente. Mas, mesmo tratando-se de uma história recente, podemos e devemos retirar as devidas conclusões.

Em suma, como vimos, os dados demonstram que, em termos de aspectos positivos, podemos apontar a decisão célere, a especialização, a simplicidade do processo, a flexibilidade e a informalidade.

Como notas menos positivas apontamos a inexistência de um regime para causas de valor reduzido, o facto de não se tomar em consideração a complexidade das causas para efeitos de pagamento dos honorários, mas sim o seu valor, de o árbitro aquando da nomeação não conhecer adequadamente os factos e a matéria de Direito em causa, mas apenas em termos genéricos.

Deverá, como enfatizámos, ponderar-se acolher um regime de migração permanente e alterar o método de selecção dos árbitros.

A nossa experiência aconselha a que a nomeação dos árbitros seja levada a cabo por um júri independente com professores e praticantes da área fiscal e que seja exigida aos candidatos apresentação de provas da alegada experiência em matéria tributária, designadamente, a apresentação de peças processuais ou consultas de sua autoria ou

---

[32] O procedimento arbitral pode constituir-se exactamente com o fim de determinar se tal capacidade existe e qual é a sua exacta expressão.

em que comprovadamente tenha participado. Com efeito, estamos perante o exercício de funções que, pela sua natureza, exigem um grande cuidado na selecção dos árbitros.

Por outro lado, uma nota positiva para o facto de poderem participar como árbitros licenciados em Economia ou Gestão, que muito têm contribuído para a resolução de determinadas situações de foro mais económico e contabilístico. Note-se que a abertura da possibilidade da arbitragem a profissionais com formação académica distinta da jurídica suscita alguns problemas, como, nomeadamente, aferir exactamente que tipo de formações académicas admitir. Designadamente, os Contabilistas Certificados têm vindo a questionar o porquê de não poderem igualmente exercer tais funções, sendo certo que, em geral, os Cursos de Contabilidade até têm uma maior carga de unidades curriculares de Tributário e as funções que exercem são, regra geral, de consultoria tributária.

Desde logo, poderemos afirmar que o mecanismo da arbitragem tributária em Portugal tem-se vindo sucessivamente a afirmar pela positiva, sendo uma fonte de inspiração a nível mundial. A gestão do Centro de Arbitragem Administrativa tem sido decisiva neste contexto, dispondo de um conjunto de pessoas tecnicamente eficientes e entusiasmadas com este projecto que o têm levado a bom porto. As acções de divulgação e de pedagogia com a publicação de todas as decisões no seu site, a criação de uma newsletter própria, a publicação de livros, a realização de diversas Conferências, a celebração de protocolos e parcerias com diversas entidades a nível interno e internacional, têm pautado pela positiva a actuação do CAAD, muito contribuindo para uma melhor compreensão e divulgação da arbitragem tributária.

A possibilidade de recurso à arbitragem em matéria fiscal é, inequivocamente, uma medida estruturante de uma nova relação entre a Administração Fiscal e os contribuintes, encontrando a sua justificação no esgotamento do sistema judicial como resposta única à resolução de litígios em sede fiscal.

A experiência tem sido muito positiva, tendo-se clarificado diversas questões complexas, inclusive com reenvios para o TJUE, tendo a AT algumas vezes alterado o seu entendimento (acolhimento na lei ou em doutrina administrativa).

Sendo certo que não é um mecanismo perfeito, tem vindo a conhecer importantes alterações, embora, a nosso ver, careça de aperfeiçoamentos relevantes, tais como, tal como o mencionado, a ponderação do aumento do âmbito de aplicação, da possibilidade de consagração de migração permanente dos tribunais judiciais e processos e do procedimento de designação dos árbitros.

Informação bibliográfica deste texto, conforme a NBR 6023:2018 da Associação Brasileira de Normas Técnicas (ABNT):

PALMA, Clotilde Celorico. Contributos da Arbitragem Tributária em Portugal: uma história de sucesso?. *In*: SARAIVA FILHO, Oswaldo Othon de Pontes (coord.). *Transação e Arbitragem Tributárias*. Belo Horizonte: Fórum, 2023. (Coleção Fórum grandes temas atuais de Direito Tributário ; v.2). p. 287-304. ISBN 978-65-5518-465-5.

A ARBITRAGEM TRIBUTÁRIA NO BRASIL

FABIANA CARSONI FERNANDES

RAMON TOMAZELA

1 Introdução

Na tradição jurídica ocidental, a noção de que compete ao Estado a administração da justiça e o exercício da função jurídica fez com que a arbitragem fosse vista como uma ameaça à soberania e à expressão do poder de tutela estatal. O poder jurisdicional, visto como uma das maiores manifestações da soberania do Estado, não seria compatível com a instituição da arbitragem, enquanto instrumento privado de solução de litígios, ainda mais em casos envolvendo a Administração Pública, tal como ocorre em matéria tributária.[1]

Sucede que, no contexto econômico atual, os elevados índices de litigiosidade em matéria tributária, tanto na esfera administrativa, quanto na esfera judicial, juntamente com a conhecida morosidade do Poder Judiciário na solução dos litígios submetidos

---

[1] FERREIRA, Rogério M. Fernandes. Prefácio. *In:* PISCITELLI, Tathiane *et al.* (coord.). *Arbitragem tributária*: desafios institucionais brasileiros e a experiência portuguesa. São Paulo: Revista dos Tribunais, 2018, p. 9.

ao seu crivo, têm suscitado debates a respeito da necessidade de adoção de medidas alternativas de soluções de conflitos, como, por exemplo, a transação e a arbitragem.

A busca por alternativas mais eficientes e céleres para a solução de controvérsias não está relacionada apenas aos interesses dos particulares envolvidos no litígio, constituindo, em verdade, pressuposto essencial para o próprio desenvolvimento de atividades econômicas no Brasil, bem como para o financiamento das instituições democráticas do Estado.

A utilização de mecanismos alternativos de solução de controvérsias não é mais uma simples questão de opção ou de modelo de Estado. O cenário de instabilidade institucional no Poder Judiciário, a crise de confiança, o aumento do gasto público e a insegurança jurídica têm compelido a adoção de medidas pelos Estados, pois a atuação administrativa deve atender de forma satisfatória ao interesse público, em benefício da sociedade brasileira.[2]

Não se quer, com isso, dizer que a redução da litigiosidade e o aumento da eficiência na resolução de litígios tributários devem ser perseguidos a qualquer custo. Os fins não justificam os meios. Porém, a verdade é que os mecanismos alternativos de solução de conflitos podem ser implementados com a observância das garantias constitucionais.

Além disso, mesmo que se considere que a instabilidade do Poder Judiciário é superável, por meio de reformas institucionais, do aumento do número de juízes e da criação de varas especializadas em matéria tributária, o fato é que, ainda assim, a adoção de métodos alternativos de solução de litígios pode encerrar de forma mais célere as controvérsias tributárias e, consequentemente, aumentar a efetividade da arrecadação fiscal.[3] É provável que essa seja a principal finalidade da arbitragem tributária, pois não é razoável assumir que os tribunais arbitrais serão capazes de solucionar as milhares de demandas fiscais de contencioso de massa que assolam o Poder Judiciário,[4] ainda mais quando se considera que, em muitos casos, o direito material em litígio é de fundo constitucional, ao passo que a arbitragem deve ficar limitada a questões de interpretação e de validade do lançamento tributário. Assim, a arbitragem em matéria tributária pode ser utilizada para a resolução de causas complexas, que seriam apreciadas por árbitros com notório conhecimento no tema.

Nesse contexto, o presente artigo pretende examinar os principais aspectos envolvidos no uso da arbitragem em matéria tributária, tanto sob a perspectiva do Direito Tributário brasileiro, quanto sob o enfoque dos acordos de bitributação. Para tanto, será necessário examinar, inicialmente, os aspectos fundamentais da arbitragem, para, em seguida, enfrentar as diversas objeções são comumente levantadas contra o uso da arbitragem em matéria tributária, como o dogma da indisponibilidade do crédito tributário, o princípio da legalidade, a inexistência de previsão expressa no Código Tributário Nacional (CTN), a indisponibilidade do interesse público, a inafastabilidade do controle

---

[2]   BOSSA. Gisele Barra; VASCONCELLOS, Mônica Pereira Coelho de. *In*: PISCITELLI, Tathiane *et al.* (coord.). *Arbitragem tributária*: desafios institucionais brasileiros e a experiência portuguesa. São Paulo: Revista dos Tribunais, 2018, p. 56-56.

[3]   PISCITELLI, Tathiane. *Arbitragem no Direito Tributário: uma* demanda do estado democrático de direito. *In*: PISCITELLI, Tathiane *et al.* (coord.). *Arbitragem tributária*: desafios institucionais brasileiros e a experiência portuguesa. São Paulo: Revista dos Tribunais, 2018, p. 124-125.

[4]   PARENTE, Eduardo de Albuquerque. Seria a arbitragem tributária uma alternativa para 'desafogar' o Judiciário?. *In*: PISCITELLI, Tathiane *et al.* (coord.). *Arbitragem tributária*: desafios institucionais brasileiros e a experiência portuguesa. São Paulo: Revista dos Tribunais, 2018, p. 161.

jurisdicional em questões tributárias de índole constitucional e o potencial risco de parcialidade dos árbitros eleitos pelas partes. Feita essa análise, o artigo examinará os recentes desenvolvimentos da arbitragem no âmbito dos acordos de bitributação, que ainda enfrenta grande resistência pela maior parte dos países.

2 Aspectos fundamentais da arbitragem

A arbitragem, enquanto forma alternativa de solução de conflitos, opera no âmbito da heterocomposição, tendo em vista que uma terceira pessoa, imparcial e especialista no tema,[5] denominada de árbitro, diante de compromisso prévio firmado entre as partes litigantes, decidirá a controvérsia por meio de procedimento arbitral.

O procedimento arbitral foi regulamentado pela Lei nº 9.307/1996, que representou um grande avanço institucional nos mecanismos alternativos de solução de controvérsias. Até então, os artigos 1072 e 1102 do Código de Processo Civil de 1973 previam a possibilidade de utilização da arbitragem, mas o dever de homologação do laudo arbitral pelo Poder Judiciário prejudicava de forma significativa a sua utilidade na resolução de litígios.[6]

Essa necessidade de homologação pelo Poder Judiciário acabou sendo afastada com a edição da Lei nº 9.307/1996, cujo artigo 31 dispõe que "a sentença arbitral produz, entre as partes e seus sucessores, os mesmos efeitos da sentença proferida pelos órgãos do Poder Judiciário e, sendo condenatório, constitui título executivo". Com isso, a sentença arbitral foi incluída no rol de títulos executivos, passando a produzir os mesmos efeitos da sentença judicial.

A Lei nº 9.307/1996 define a *convenção de arbitragem* como o negócio jurídico por meio do qual as partes declaram sua vontade de se submeter ao procedimento arbitral, seja via *cláusula compromissória*, que se refere a um litígio potencial e futuro, seja via *compromisso arbitral*, que alcança uma disputa concreta e já instaurada entre as partes.

Não obstante o avanço proporcionado pela Lei nº 9.307/1996, a superação do antigo paradigma teve de passar por outros obstáculos. Como a opção pela arbitragem implicava renúncia ao acesso ao Poder Judiciário, a Corte Suprema foi instada a decidir sobre a possibilidade de estipulação de cláusula compromissória que vinculasse as partes a resolverem eventual conflito futuro via arbitragem.[7] Em sua essência, o cerne da controvérsia consistia em saber se a renúncia antecipada ao direito constitucional de submeter eventuais conflitos potenciais e futuros ao Poder Judiciário era compatível com o artigo 5º, inciso XXXV, da Constituição Federal,[8] segundo o qual "a lei não excluirá da apreciação do Poder Judiciário lesão ou ameaça a direito".

---

[5] OLIVEIRA, Rafael Carvalho Rezende. A arbitragem nos contratos da Administração Pública e a Lei nº 13.129/2015: novos desafios. *Revista Brasileira de Direito Público*, n. 51. Belo Horizonte: Fórum, 2015, p. 60.

[6] PISCITELLI, Tathiane. *Arbitragem no Direito Tributário*: uma demanda do estado democrático de direito. *In*: PISCITELLI, Tathiane *et al.* (coord.). *Arbitragem tributária*: desafios institucionais brasileiros e a experiência portuguesa. São Paulo: Revista dos Tribunais, 2018, p. 127.

[7] PISCITELLI, Tathiane. *Arbitragem no Direito Tributário*: uma demanda do estado democrático de direito. *In*: PISCITELLI, Tathiane *et al.* (coord.). *Arbitragem tributária*: desafios institucionais brasileiros e a experiência portuguesa. São Paulo: Revista dos Tribunais, 2018, p. 128.

[8] NASSER, Paulo Magalhães. *Vinculações arbitrais*. Rio de Janeiro: Lumen Juris, 2019, p. 17.

Ao final, o Supremo Tribunal Federal, em agravo regimental interposto em procedimento homologatório da sentença estrangeira (SE nº 5.206 AgR/EP, 30.04.2004),[9] reconheceu a constitucionalidade da arbitragem no Brasil, por ausência de violação ao artigo 5º, inciso XXXV, da Constitucional Federal, segundo o qual "a lei não excluirá da apreciação do Poder Judiciário lesão ou ameaça a direito". Na ocasião, a Corte Suprema considerou que a Lei nº 9.307/1996, além de constitucional, ainda representava um importante avanço para a solução de litígios sobre direitos patrimoniais, tendo em vista que o laudo resultante do procedimento arbitral não precisaria ser homologado por uma autoridade judicial.

A decisão proferida pelo Supremo Tribunal Federal, conquanto emblemática, não pôs fim em todas as controvérsias. Permaneceu em debate, por exemplo, a viabilidade jurídica de utilização da arbitragem nas relações jurídico-administrativas envolvendo a Administração Pública, tendo em vista que o artigo 1º da Lei nº 9.307/1996 faz alusão ao uso da arbitragem para "dirimir litígios relativos a direitos patrimoniais disponíveis".

Em 2015, a Lei nº 13.129/2015, por meio de alteração à Lei de Arbitragem, estabeleceu, de forma expressa, que a Administração Pública, direta e indireta, por meio da autoridade competente para realização de acordos e transações, poderá estabelecer convenção de arbitragem de direito (e não por equidade) para dirimir conflitos relativos a direitos patrimoniais disponíveis, respeitado o princípio da publicidade.[10]

Com isso, a Lei nº 13.129/2015 positivou o entendimento que já vinha sido acolhido pela jurisprudência, como se pode verificar, por exemplo, da decisão proferida pelo Superior Tribunal de Justiça (STJ) no julgamento do Recurso Especial nº 904.813-PR, de 20.10.2011, no qual se afirmou que "tanto a doutrina como a jurisprudência já sinalizaram no sentido de que não existe óbice legal na estipulação da arbitragem pelo poder público, notadamente pelas sociedades de economia mista, admitindo como válidas as cláusulas compromissórias previstas em editais convocatórios de licitação e contratos".

Ainda em 2015, o Novo Código de Processo Civil (NCPC), buscando concretizar o direito do indivíduo de autorregramento[11] e, ao mesmo tempo, mitigar o acúmulo de processos judiciais e a morosidade do Poder Judiciário,[12] expressamente admitiu a arbitragem, promovendo uma convivência harmônica entre o juízo arbitral e a justiça estatal. É o que se extrai do artigo 3º, parágrafo 1º, do NCPC, a seguir reproduzido:

Art. 3º Não se excluirá da *apreciação jurisdicional* ameaça ou lesão a direito.

§1º. *É permitida a arbitragem, na forma da lei.*

§2º. O Estado promoverá, sempre que possível, a solução consensual dos conflitos.

---

[9]   STF, SE 5.206 AgR/EP, Rel. Min. Sepúlveda Pertence, Tribunal Pleno, DJ 30.04.2004.

[10]   Artigo 1º, §1º e §2º, e art. 2º, §3º, da Lei nº 9.307/1996. Cf. OLIVEIRA, Rafael Carvalho Rezende. A arbitragem nos contratos da Administração Pública e a Lei nº 13.129/2015: novos desafios. *Revista Brasileira de Direito Público*, n. 51. Belo Horizonte: Fórum, 2015, p. 59.

[11]   Cf. DIDIER JUNIOR, Fredie. *Curso de Direito Processual Civil*: introdução ao Direito Processual Civil, Parte Geral e Processo de Conhecimento. Vol. I. 17. ed. Salvador: Juspodivm, 2015, p. 280.

[12]   Além de desencorajar o acesso ao sistema jurisdicional, a morosidade ainda atenta contra o direito fundamental à razoável duração do processo e aos meios que garantem a celeridade de sua tramitação, assegurado pelo artigo 5º, inciso LXXVIII, da Constituição Federal.

Na sequência, o artigo 42 do NCPC dispõe que "as causas cíveis serão processadas e decididas pelo juiz nos limites de sua competência, ressalvado *às* partes o direito de instituir juízo arbitral, na forma da lei".

Em linha com tal disposição, o artigo 485, inciso VII, do mesmo diploma normativo prevê que o juiz não resolverá o mérito quando acolher a alegação de existência de convenção de arbitragem ou quando o juízo arbitral reconhecer sua competência. Isso mostra que, no âmbito do NCPC, a convenção de arbitragem constitui um pressuposto negativo de desenvolvimento válido e regular do processo civil, como ensina José Rogério Cruz e Tucci.[13]

Com base nessa breve exposição, conclui-se que a arbitragem consiste numa técnica de heterocomposição de controvérsias, a ser dirimida por um ou mais árbitros escolhidos por meio de uma convenção entre as partes. A sentença proferida pelos árbitros, além de não comportar recursos, foi equiparada a uma decisão judicial, que coloca fim ao litígio.

3 A arbitragem em matéria tributária

O uso da arbitragem vem sendo debatido no âmbito do Direito Tributário não apenas em razão da especialidade dos árbitros, que podem resolver a divergência de interpretação entre o Fisco e o contribuinte de uma forma técnica e fundamentada, mas também em virtude da celeridade do procedimento arbitral, que pode encerrar o litígio de forma ágil e tempestiva.

Não obstante, sabe-se que diversas objeções são comumente levantadas contra o uso da arbitragem em matéria tributária, tais como o dogma da indisponibilidade do crédito tributário, o princípio da legalidade, a inexistência de previsão expressa no CTN, a indisponibilidade do interesse público, a inafastabilidade do controle jurisdicional em questões tributárias de índole constitucional e o potencial risco de parcialidade dos árbitros eleitos pelas partes. Essas objeções são, em grande parte, infundadas ou, pelo menos, contornáveis, como se passa a demonstrar.

O dogma da indisponibilidade do crédito tributário é, ainda hoje, apresentado como um dos principais obstáculos à introdução do regime de arbitragem tributária no Brasil.[14] Para Hugo de Brito Machado, como o tributo deve ser cobrado mediante atividade administrativa plenamente vinculada e o crédito tributário constitui um direito indisponível, não haveria a possibilidade de resolução de litígios tributários por meio da arbitragem. Veja-se:

> É fácil de se ver, portanto, que a arbitragem não se mostra adequada para a solução de conflitos na relação tributária. Embora se possa considerar que o direito do contribuinte,

---

[13] TUCCI, José Rogério Cruz e. Novo CPC traz mudanças na arbitragem, conciliação e mediação. *Consultor Jurídico*. Disponível em: https://www.conjur.com.br/2015-dez-08/paradoxo-corte-cpc-traz-mudancas-arbitragem-conciliacao-mediacao#author. Acesso em: 21 abr. 2021.

[14] VILLA-LOBOS, Nuno; PEREIRA, Tânia Carvalhais. A implementação da arbitragem tributária em Portugal: origens e resultados. *In*: PISCITELLI, Tathiane *et al*. (coord.). *Arbitragem tributária*: desafios institucionais brasileiros e a experiência portuguesa. São Paulo: Revista dos Tribunais, 2018, p. 34.

de somente ser compelido a pagar o tributo legalmente devido, é um direito disponível e de natureza patrimonial, não se pode esquecer que o direito da Fazenda de arrecadar o tributo é um direito indisponível, pelo menos quando como tal se considere o direito do qual o agente estatal não pode abrir mão, a não ser em condições excepcionais e pela mesma forma especialmente para esse fim estabelecida.[15]

Não obstante os fundamentos invocados pelo autor, é preciso ponderar que o princípio da indisponibilidade do crédito tributário refere-se exclusivamente aos créditos consolidados, com existência assente e despida de controvérsias.[16] Logo, havendo controvérsia a respeito da própria existência da obrigação tributária, não haverá disponibilidade do crédito tributário na escolha pelo procedimento arbitral, mas, sim, mera solução heterônoma do litígio.

Dito de outra forma, o recurso à arbitragem não implica renúncia ou disposição do crédito tributário, constituindo mera opção por uma via alternativa de solução de litígios.[17] Assim, a invocação do dogma da indisponibilidade do crédito tributário é equivocada, pois não se pode confundir o *direito material* relativo ao crédito tributário com a *opção*, no plano instrumental, *de perseguir a solução arbitral*, renunciando à prestação da tutela estatal. O ato de submissão de eventual litígio tributário a uma câmara arbitral não implica o exercício de qualquer poder de disposição sobre o direito material em discussão, sendo mera opção por um método heterocompositivo de solução de conflitos, prestado por um órgão privado.[18]

Ana Paula Pasinatto chega ao ponto de tachar o dogma da indisponibilidade do crédito tributário de "muro invisível *à* arbitragem", em razão da ausência de previsão legal expressa no ordenamento jurídico brasileiro, ao contrário do que se verifica em Portugal.[19] Apesar de não se concordar com a afirmação da autora, uma vez que há diversos princípios jurídicos que não encontram formulação textual específica (*v.g.* segurança jurídica), o fato é que a indisponibilidade do crédito tributário também se curva à lei. Se a lei pode permitir até a remissão do crédito tributário, como prevê o artigo 156, inciso IV, do CTN, com muito maior razão pode admitir o desfecho de uma controvérsia via procedimento arbitral.[20]

Ao optar pela arbitragem, a Administração Pública não está renunciando ao crédito tributário, mas submetendo a controvérsia à apreciação de um árbitro. Não se trata, portanto, de dispor do crédito tributário para atender aos interesses do contribuinte, mas de utilizar o procedimento arbitral para garantir uma solução eficiente para o conflito.

---

[15] MACHADO, Hugo de Brito. Transação e arbitragem no âmbito tributário. *Revista Fórum de Direito Tributário*, n. 28. Belo Horizonte: Fórum, 2007, item 4.2 (on-line).

[16] SOUSA, Jorge Lopes de. Comentários ao regime jurídico da arbitragem tributária. *Guia da Arbitragem tributária*. Cood. Nulo Villa-Lobos *et al.* Coimbra: Almedina, 2017, p. 34.

[17] VILLA-LOBOS, Nuno; PEREIRA, Tânia Carvalhais. A implementação da arbitragem tributária em Portugal: origens e resultados. *In:* PISCITELLI, Tathiane *et al.* (coord.). *Arbitragem tributária*: desafios institucionais brasileiros e a experiência portuguesa. São Paulo: Revista dos Tribunais, 2018, p. 35.

[18] BARBI, Marcelo. Arbitragem tributária no Brasil: Por que não? *In:* PISCITELLI, Tathiane *et al.* (coord.). *Arbitragem tributária*: desafios institucionais brasileiros e a experiência portuguesa. São Paulo: Revista dos Tribunais, 2018, p. 209-210.

[19] PASINATTO, Ana Paula. Arbitragem tributária: breves considerações sobre o regime português. *Revista Fórum de Direito Tributário*, n. 101. Belo Horizonte: Fórum, 2016, p. 90.

[20] SCHOUERI, Luís Eduardo. Direito Tributário. 9. ed. São Paulo: Saraiva, 2019, p. 718.

A maior prova de que não há renúncia ao direito material objeto de litígio reside no fato de que, ao final do procedimento arbitral, a pretensão pode ser julgada em favor da Administração Tributária. Essa constatação demonstra cabalmente que a Administração Tributária não abdica do crédito tributário ao eleger o juízo arbitral. O interesse público, visado pela Administração Tributária, está na correta aplicação da lei, seja no âmbito nas demandas judiciais submetidas ao crivo do Poder Judiciário, seja no juízo arbitral. É infundada, portanto, a compreensão do princípio da indisponibilidade do crédito tributário como uma obrigação de tentar manter o crédito tributário a qualquer custo.

Não por acaso, Tathiane Piscitelli pontua que a arbitragem representa mera transferência da decisão a respeito da legalidade do lançamento tributário para outra instância, uma vez que a decisão não será dada por juízes togados ou julgadores administrativos, mas por um tribunal arbitral (singular ou coletivo), cuja decisão é equiparada à sentença judicial.[21]

Nesses termos, a arbitragem tributária não estaria sequer submetida ao artigo 14 da Lei de Responsabilidade Fiscal (Lei Complementar nº 101/2000), segundo o qual a concessão ou ampliação de incentivo ou benefício de natureza tributária da qual decorra renúncia de receita deverá estar acompanhada de estimativa do impacto orçamentário-financeiro. Como já enfatizado, não haverá renúncia de receita, pois a arbitragem não implica a realização de concessões recíprocas sobre o objeto da relação jurídico-tributária, tal como ocorre, por exemplo, na transação. Trata-se, na realidade, de mera transferência do poder de decisão para um tribunal arbitral, que deverá proferir uma decisão técnica e imparcial a respeito da aplicação do Direito ao caso concreto, sem beneficiar o Fisco ou o contribuinte.[22]

Veja-se que, em qualquer estágio da relação jurídico-tributária, não haverá renúncia de receita. De um lado, se o procedimento arbitral for anterior à constituição do crédito tributário, ainda não há, tecnicamente, receita tributária passível de renúncia por parte do Poder Público. De outro lado, se o procedimento arbitral for posterior à constituição do crédito tributário, é porque a autoridade fiscal exerceu a sua competência e efetuou o lançamento de ofício. Em ambos os casos, não há que se falar em renúncia de receita tributária por parte do Estado, pois há incerteza em relação à própria possibilidade de exigência do tributo no caso concreto a ser resolvido via arbitragem.[23]

Desse modo, ao optar pela arbitragem, o Poder Executivo não renuncia a qualquer parcela do tributo em litígio com o contribuinte, mas apenas estabelece que a controvérsia será dirimida por um árbitro ou um tribunal arbitral. Seria possível falar, quando muito, em renúncia ao juízo estatal de solução de controvérsias, mas não em disposição do crédito tributário. É o que ensina Priscila Faricelli de Mendonça:

[21] PISCITELLI, Tathiane. *Arbitragem no Direito Tributário: uma* demanda do estado democrático de direito. *In:* PISCITELLI, Tathiane *et al.* (coord.). *Arbitragem tributária*: desafios institucionais brasileiros e a experiência portuguesa. São Paulo: Revista dos Tribunais, 2018, p. 130.

[22] PISCITELLI, Tathiane. *Arbitragem no Direito Tributário: uma* demanda do estado democrático de direito. *In:* PISCITELLI, Tathiane *et al.* (coord.). *Arbitragem tributária*: desafios institucionais brasileiros e a experiência portuguesa. São Paulo: Revista dos Tribunais, 2018, p. 127.

[23] SANTOS, Helder dos. Arbitragem e Lei de Responsabilidade Fiscal. *In:* PISCITELLI, Tathiane *et al.* (coord.). *Arbitragem tributária*: desafios institucionais brasileiros e a experiência portuguesa. São Paulo: Revista dos Tribunais, 2018,

Ao optarem por submeter a controvérsia tributária ao juízo arbitral, as partes não estão dispondo do direito em discussão, mas somente renunciado *à* solução estatal de conflito. (...) Na opção pela solução de arbitragem, qualquer das partes envolvidas (poder público ou contribuinte) não estará abrindo mão de parcela do direito em disputa, mas sim estabelecendo que a decisão quanto ao julgamento da controvérsia será tomada por tribunal distinto do judicial estatal e, da mesma forma, vinculará as partes tal como ocorreria com a solução adjudicada judicial.[24]

Ao adotar a cláusula compromissória e, assim, optar pela arbitragem, a Administração Pública não interfere em *interesses públicos indisponíveis*, pois, como ensina Eros Roberto Grau, não se pode confundir o interesse público primário com o mero interesse da Administração Pública, enquanto aparato organizacional autônomo.[25] Apenas o interesse público primário, resultante do plexo de interesses da coletividade, é considerado indisponível, tal como a saúde, a educação, a moradia, a segurança e os demais direitos assegurados pelo Estado Democrático e Social de Direito erigido pelo Poder Constituinte de 1988. Ocorre que, na persecução do crédito tributário, a Administração Pública busca um interesse público secundário, que se presta a instrumentalizar o interesse público primário. Trata-se – o interesse público secundário – de interesse de cunho patrimonial, vocacionado que está à obtenção de meios para a concretização dos interesses primários.

Na persecução do crédito tributário, a Administração Pública visa auferir receita pública derivada, nos termos do artigo 9º da Lei nº 4.320/1962, que se destina ao custeio de atividades gerais e específicas de cada ente. A arrecadação tributária, por meio da coleta de tributos, constitui meio pelo qual a Administração Pública promove interesse público secundário, que se faz necessário, afinal, para a satisfação dos interesses da coletividade (interesse público primário) – estes, sim, indisponíveis. Daí por que a chamada indisponibilidade do crédito tributário não justifica a negativa de uso da arbitragem em matéria tributária.[26]

O segundo argumento comumente invocado contra o uso de arbitragem em matéria tributária está relacionado ao princípio da legalidade. Embora a expressão "princípio da legalidade" esteja consolidada na tradição jurídico tributária, sabe-se que a legalidade tributária consagra, a um só tempo, uma regra jurídica, segundo a qual o fato gerador do tributo e os seus elementos devem ser veiculados, com clareza e exaustividade, por meio de lei, bem como um princípio jurídico, que concretiza valores do Estado Democrático de Direito e do sistema jurídico tributário, como a segurança jurídica e a liberdade privada.[27]

Com base nisso, argumenta-se que não seria possível substituir a vontade objetiva da lei, que especifica os elementos constitutivos do fato gerador da obrigação tributária, pela vontade que resulta do acordo entre o contribuinte e a Administração Tributária, ao

[24] MENDONÇA, Priscila Faricelli de. *Arbitragem e transações tributárias*. Brasília: Gazeta Jurídica, 2014, p. 84-86.

[25] GRAU, Eros Roberto. Arbitragem e contrato administrativo. *Revista da Faculdade de Direito da UFRGS*, n. 21. Porto Alegre: UFRGS, 2002, p. 146-147.

[26] MONTEIRO, Alexandre Luiz Moraes do Rêgo. *A arbitragem como mecanismo suplementar de solução de controvérsias nos acordos contra a bitributação celebrados pelo Brasil*. Tese de Doutorado (Doutorado em Direito Econômico, Financeiro e Tributário). São Paulo: Universidade de São Paulo, 2014, p. 260.

[27] YAMASHITA, Douglas. *Direito Tributário: uma visão sistemática*. São Paulo: Atlas, 2014, p. 18.

optarem por submeter os desígnios da lei à interpretação de um árbitro.[28] Nessa linha, o princípio da estrita legalidade que orienta o Direito Tributário seria incompatível com a heterocomposição e a solução jurisdicional privada. Com a devida vênia, trata-se de argumento que incorre no mesmo equívoco já examinado, na medida em que associa os elementos constitutivos da obrigação tributária e o primado da legalidade tributária com o monopólio estatal da jurisdição. O fato de a obrigação tributária estar submetida ao princípio da legalidade não significa que qualquer litígio envolvendo a sua intepretação tenha que ser resolvido pelo Poder Judiciário. Não há uma *reserva de jurisdição estatal* subjacente ao princípio da legalidade tributária, que impeça a utilização de meios heterocompositivos de solução de conflitos. Assim, desde que o procedimento arbitral ocorra dentro dos limites da lei que instituiu esse mecanismo de solução de controvérsia, não há que se falar em violação ao princípio da legalidade, seja no plano do direito material em litígio, seja no plano processual.

Outro argumento comumente invocado contra a arbitragem em matéria tributária reside no artigo 156 do CTN, que arrola as hipóteses de extinção do crédito tributário,[29] notadamente: pagamento, compensação, transação, remissão, prescrição e decadência, conversão de depósito em renda, pagamento antecipado e sua ulterior homologação, consignação em pagamento, decisão administrativa irreformável, decisão judicial transitada em julgado e dação em pagamento de bens imóveis. Como a arbitragem não é expressamente mencionada em tal dispositivo, poder-se-ia entender que não cabe arbitragem em matéria tributária.

O argumento deve ser visto com cautela. Afinal de contas, se for esse o único obstáculo jurídico à arbitragem em matéria tributária, bastará a edição de uma lei complementar definindo a arbitragem como meio de extinção das obrigações tributárias para que o problema seja solucionado, como, aliás, propõe Heleno Taveira Torres.[30]

Luís Eduardo Schoueri acrescenta que o rol do artigo 156 do CTN sequer pode ser considerado exaustivo, pois há hipóteses de extinção do crédito tributário não expressamente mencionadas, tal como a extinção por confusão. O autor cita o exemplo da herança jacente, com a versão de bens para o Poder Público. Havendo tributos devidos pelo autor da herança ao próprio ente federado beneficiado, operada estará a confusão patrimonial, extinguindo-se, por consequência, a obrigação tributária. Isso sem contar que, para Schoueri, o laudo arbitral pode ser equiparado à decisão administrativa irrevogável.[31]

Outros autores, como Andréa Mascitto, equiparam a decisão arbitral à sentença judicial transitada em julgada, com fulcro no artigo 31 da Lei nº 9.307/1996 e no artigo 515, inciso VII, do NCPC. Diante de tal equiparação, não haveria a necessidade de alteração

[28] BARBI, Marcelo. Arbitragem tributária no Brasil: por que não? *In*: PISCITELLI, Tathiane *et al*. (coord.). *Arbitragem tributária*: desafios institucionais brasileiros e a experiência portuguesa. São Paulo: Revista dos Tribunais, 2018, p. 213.

[29] VASCONCELLOS, Mônica Pereira Coelho de; VASCONCELLO, Roberto Franca de. *Arbitragem*: questões controvertidas no Brasil e a experiência portuguesa. Medidas de redução do contencioso tributário e o CPC/2015. São Paulo: Almedina, 2017, p. 349-375.

[30] TORRES, Heleno Taveira. Transação, arbitragem e conciliação judicial como medidas alternativas para resolução de conflitos entre administração e contribuintes: simplificação e eficiência administrativa. *Revista Fórum de Direito Tributário*, n. 2. Belo Horizonte: Fórum, 2003, item 6 (on-line).

[31] SCHOUERI, Luís Eduardo. *Direito Tributário*. 9. ed. São Paulo: Saraiva, 2019, p. 715.

do CTN, bastando a edição de lei ordinária para regulamentar o uso da arbitragem no âmbito no Direito Tributário por todos os entes federados.[32]

Não obstante o abalizado entendimento de Luís Eduardo Schoueri e Andréa Mascitto, é preciso reconhecer que a inclusão expressa da sentença arbitral como forma de extinção do crédito tributário no artigo 156 do CTN e, quiçá, como mecanismo de suspensão da exigibilidade do crédito tributário no artigo 151 do CTN, pode trazer maior segurança jurídica tanto para o contribuinte, quanto para a Fazenda Pública, evitando quaisquer discussões que poderiam surgir em relação à viabilidade da arbitragem.

Seguindo adiante, no que tange ao princípio da inafastabilidade do controle jurisdicional, o tema assume uma relevância especial no âmbito do Direito Tributário pelo fato de que inúmeras demandas tributárias envolvem questões de inconstitucio-nalidade de leis. Assim, embora o Supremo Tribunal Federal tenha decidido que a arbitragem é compatível com princípio da inafastabilidade do controle jurisdicional, o tema pode ganhar novos contornos no âmbito do Direito Tributário, pelo menos em relação a uma parte dos litígios.

É que o uso de procedimento arbitral para dirimir lides tributárias de cunho constitucional poderia não apenas conflitar com as regras que disciplinam o controle de constitucionalidade (por exemplo, o artigo 97 da Constituição Federal), mas também resultar em tributação não isonômica de contribuintes que estão em situação equivalente. Isso porque o contribuinte cujo caso foi submetido ao procedimento arbitral poderia ter seu caso solucionado de forma diversa de outro contribuinte em situação equiva-lente, mas que optou por discutir o tema perante o Poder Judiciário ou cujo caso foi julgado por outro tribunal arbitral. Esse tipo de distorção, que pode ocorrer no sistema judicial de solução de controvérsias, tende a se agravar de maneira desenfreada caso se admita que o árbitro aprecie questões ainda não pacificadas de inconstitucionalidade de normas tributárias.[33]

Assim, para evitar esse tipo de celeuma, o procedimento arbitral apenas deve ser utilizado em lides tributárias cujo cerne da divergência de interpretações entre Fisco e contribuinte não esteja baseada em questões de natureza constitucional.

Outra hipótese em que a arbitragem poderia causar controvérsia seria na discus-são de teses submetidas ao sistema de precedentes obrigatórios. O artigo 927 do NCPC, ao tratar das decisões acobertadas pelo efeito vinculante dos precedentes, somente faz referência aos juízes e tribunais. Veja-se:

Art. 927. Os *juízes* e os *tribunais* observarão:
I – as decisões do Supremo Tribunal Federal em controle concentrado de constitucionalidade;
II – os enunciados de súmula vinculante;
III – os acórdãos em incidente de assunção de competência ou de resolução de demandas repetitivas e em julgamento de recursos extraordinário e especial repetitivos;

---

[32] MASCITTO, Andréa. Requisitos institucionais para a arbitragem entre Fisco e contribuintes no Brasil: necessi-dade de norma geral. *Arbitragem tributária*: desafios institucionais brasileiros e a experiência portuguesa. São Paulo: Revista dos Tribunais, 2018, p. 81-82.

[33] MENDONÇA, Priscila Faricelli de. Questões tributárias arbitráveis. *In:* PISCITELLI, Tathiane *et al.* (coord.). *Arbitragem tributária*: desafios institucionais brasileiros e a experiência portuguesa. São Paulo: Revista dos Tribunais, 2018, p. 169-171.

IV – os enunciados das súmulas do Supremo Tribunal Federal em matéria constitucional e do Superior Tribunal de Justiça em matéria infraconstitucional;

V – a orientação do plenário ou do órgão especial aos quais estiverem vinculados.

Como se vê, a literalidade de tal preceito normativo poderia levar ao entendimento de que o arbitro está livre para decidir, inclusive de modo contrário aos procedentes vinculantes.

Não obstante, não se pode concordar com tal intepretação meramente literal do artigo 927 do NCPC. Admitir o livre convencimento do árbitro quando há precedente judicial com efeito vinculante, além de levar a um cenário de grave insegurança jurídica, pode acarretar desequilíbrios concorrenciais e problemas de igualdade.[34]

Em primeiro lugar, no que tange à segurança jurídica, cabe pontuar que a estabilidade, a integridade e a coerência que decorrem da uniformização da jurisprudência não podem ser descartadas quando há a opção pelo procedimento arbitral. A segurança jurídica é fundamental para a previsibilidade e estabilidade do sistema jurídico e do próprio convívio social, não sendo possível admitir a sua relativização pela simples vontade do árbitro.

Assim, assiste razão a Paulo Magalhães Nasser quando afirma que a unidade do Direito não permite a deliberada desconsideração dos precedentes vinculantes pelo árbitro, pois a jurisprudência exerce papel substancial na apreensão do conteúdo das normas jurídicas e, consequentemente, na regulamentação de condutas na sociedade.[35]

Em segundo lugar, com relação ao princípio da isonomia, foi visto anteriormente que, se a situação fática sob julgamento é idêntica à outra situação outrora julgada, o deslinde da controvérsia deve ser paritário, sob pena de um tratamento desigual sem a presença de um critério de discriminação que autorize a aplicação de soluções antagônicas.[36]

Diante disso, conclui-se que os árbitros também estão vinculados aos precedentes obrigatórios do NCPC, que apenas poderão ser afastados caso seja feita a necessária distinção entre o caso concreto e o paradigma (*distinguishing*), por meio da demonstração de que os fatos e os fundamentos jurídicos do caso concreto são distintos daqueles que serviram de base para a formação da "*ratio decidendi*" do precedente vinculante.[37] Dessa forma, se o árbitro reconhecer o precedente vinculante, mas fizer o "*distinguishing*" entre o caso concreto e o paradigma, a sentença arbitral pode ser considerada correta e não será passível de anulação. Diversamente, se o árbitro reconhecer o precedente vinculante, mas julgar contrariamente ao entendimento nele consolidado com base na sua convicção, por considerá-lo equivocado, a sentença arbitral seria passível de anulação. Daí se dizer que o controle judicial das decisões arbitrais, em face da jurisprudência,

---

[34] FERREIRA, Thiago José Millet Cavalcanti. Tribunal multiportas e a arbitragem em matéria tributária: proposta de um modelo eficiente e legítimo de solução dos conflitos. *In:* PISCITELLI, Tathiane *et al.* (coord.). *Arbitragem tributária*: desafios institucionais brasileiros e a experiência portuguesa. São Paulo: Revista dos Tribunais, 2018, p. 195.

[35] NASSER, Paulo Magalhães. *Vinculações arbitrais*. Rio de Janeiro: Lumen Juris, 2019, p. 182-183.

[36] NASSER, Paulo Magalhães. *Vinculações arbitrais*. Rio de Janeiro: Lumen Juris, 2019, p. 45.

[37] FERREIRA, Thiago José Millet Cavalcanti. Tribunal multiportas e a arbitragem em matéria tributária: proposta de um modelo eficiente e legítimo de solução dos conflitos. *In:* PISCITELLI, Tathiane *et al.* (coord.). *Arbitragem tributária*: desafios institucionais brasileiros e a experiência portuguesa. São Paulo: Revista dos Tribunais, 2018, p. 194-195.

deve ficar restrito às hipóteses de desconsideração ou afastamento consciente de precedente vinculante.[38]

Por fim, quanto ao possível questionamento relacionado à imparcialidade dos árbitros, eventual objeção pode ser resolvida por meio de simples análise da lei.

Nos termos do artigo 13 da Lei nº 9.307/1996, o árbitro é a pessoa física escolhida pelas partes para dirimir a controvérsia. Estabelece o parágrafo 3º do referido dispositivo legal que as partes poderão, livremente, dispor sobre a forma de indicar o árbitro, podendo valer-se, também, de regras de um órgão arbitral institucional ou entidade especializada. Esses órgãos e entidades especializados exercem a administração do processo de arbitragem e mediação, com funções similares àquelas desempenhadas pelos cartórios auxiliares do Poder Judiciário, nas hipóteses em que as partes optam por utilizar seu regulamento. Cabe aos árbitros atuar com imparcialidade, independência, competência, diligência e discrição, à semelhança do que sucede com magistrados no âmbito do Poder Judiciário.

> Art. 13. Pode ser árbitro qualquer pessoa capaz e que tenha a confiança das partes.
> (...)
> §3º As partes poderão, de comum acordo, estabelecer o processo de escolha dos árbitros, ou adotar as regras de um órgão arbitral institucional ou entidade especializada.
> (...)
> §6º No desempenho de sua função, o árbitro deverá proceder com *imparcialidade, independência, competência, diligência e discrição*.

A imparcialidade, independência e competência são requisitos fundamentais do árbitro. Isso porque, em termos ideais, a sentença arbitral deve ser autorizada a ponto de inibir qualquer pretensão da parte perdedora de questioná-la perante o Poder Judiciário.[39] Para tanto, a sentença arbitral deve ser proferida por árbitros com notória expertise no tema e imparciais, que devem exaurir a análise do caso e proferir uma decisão devidamente justificada.

É por isso que o artigo 14 da Lei nº 9.307/1996 diz que as pessoas que tenham com as partes ou com o litígio que lhes for submetido algumas das relações que caracterizam casos de impedimento ou suspeição de juízes não podem atuar como árbitros, aplicando-se-lhes, no que couber, os mesmos deveres e responsabilidades, conforme previsto no Código de Processo Civil, porque sua função judicante assemelha-se à dos magistrados, sendo de rigor uma atuação imparcial e independente (parágrafo 1º do mesmo artigo).

Na arbitragem, em regra, as partes escolhem, cada qual, um ou mais árbitros, sendo que, quando a nomeação for em número par, os próprios árbitros estão autorizados a nomear mais um árbitro. Na hipótese de não haver acordo, as partes requererão ao órgão do Poder Judiciário a que tocaria, originariamente, o julgamento da causa a

---

38 AMARAL, Guilherme Rizzo. O Controle dos Precedentes na Arbitragem Tributária. *In*: PISCITELLI, Tathiane *et al.* (coord.). *Arbitragem tributária*: desafios institucionais brasileiros e a experiência portuguesa. São Paulo: Revista dos Tribunais, 2018, p. 295-296.
39 PARENTE, Eduardo de Albuquerque. Seria a arbitragem tributária uma alternativa para 'desafogar' o Judiciário?. *In*: PISCITELLI, Tathiane *et al.* (coord.). *Arbitragem tributária*: desafios institucionais brasileiros e a experiência portuguesa. São Paulo: Revista dos Tribunais, 2018, p. 153.

nomeação do árbitro (artigo 13, parágrafos 1º e 2º). O fato de as partes deterem a prerrogativa de nomeação de árbitros não retira destes julgadores o dever de imparcialidade.

Situação semelhante ocorre em tribunais administrativos paritários, como o Conselho Administrativo de Recursos Fiscais (CARF), de que trata o art. 25, inciso II, do Decreto nº 70.235/1972. No CARF, os conselheiros são representantes dos contribuintes ou da Fazenda Nacional. A despeito de sua representação, é dever dos conselheiros, em qualquer caso, atuar com imparcialidade, nos termos do art. 41, incisos I e IV, do Regimento Interno do referido tribunal (Portaria MF nº 343/2015). Não poderia ser de outro modo, inclusive porque a missão do órgão é atuar com celeridade e imparcialidade.[40]

Além disso, o artigo 32, inciso VI, da Lei nº 9.307/1996 dispõe que a sentença arbitral será nula se proferida por prevaricação, concussão ou corrupção passiva. Assim, a lei nega validade à sentença arbitral que tenha sido influenciada por uma conduta do árbitro que se amolde aos crimes de prevaricação, concussão ou corrupção passiva.[41] Essa remissão aos crimes cometidos por funcionários públicos não é despropositada. Segundo o artigo 17 da mesma lei, "os árbitros, quando no exercício de suas funções ou em razão delas, ficam equiparados aos funcionários públicos, para os efeitos da legislação penal".

Logo, não parece razoável pretender excluir a possibilidade de uso da arbitragem em matéria tributária apenas em razão do risco de imparcialidade dos árbitros, ainda mais quando se considera que a própria Lei nº 9.307/1996 prevê mecanismos e sanções para evitar qualquer tipo de irregularidade e imparcialidade na condução do procedimento arbitral.

4 A arbitragem no Direito Tributário internacional

Com relação à arbitragem no Direito Tributário internacional, sabe-se que a Convenção Multilateral do Projeto BEPS (*Base Erosion and Profit Shifting*) estabeleceu um padrão mínimo (*minimum standard*) no âmbito do procedimento amigável, a fim de tornar mais eficaz o mecanismo de resolução de litígios previsto nos acordos de bitributação, promovendo, assim, segurança jurídica para os investidores e, ao mesmo tempo, reduzindo os riscos de dupla tributação internacional da renda. Trata-se de uma importante iniciativa da Organização para a Cooperação e Desenvolvimento Econômico

---

[40] É bem verdade que, em 2018, o CARF divulgou pesquisa em que 43% dos entrevistados afirmaram discordar, total ou parcialmente, da atuação imparcial do tribunal na apreciação de recursos (CARF. Pesquisa com a percepção de usuários sobre serviços prestados pelo órgão. Disponível em: http://carf.economia.gov.br/noticias/2018/carf-publica-resultado-de-pesquisa-com-a-percepcao-de-usuarios-sobre-servicos-prestados-pelo-orgao. Acesso em: 22 abr. 2021). É possível que a discordância seja, em grande parte, decorrente do uso massivo do voto de qualidade por conselheiro representante da Fazenda Nacional em julgamentos envolvendo valores expressivos, procedimento esses autorizado pelo artigo 25, parágrafo 9º, do Decreto nº 70.235/1972, mas que teve seu uso restringido em 2020 com a introdução do artigo 19-E na Lei n. 10.522/2002 (Art. 19-E. Em caso de empate no julgamento do processo administrativo de determinação e exigência do crédito tributário, não se aplica o voto de qualidade a que se refere o § 9º do art. 25 do Decreto nº 70.235, de 6 de março de 1972, resolvendo-se favoravelmente ao contribuinte). Sobre a possível polarização dos conselheiros conforme suas representações, vide resultados de estudo feito pela Direito FGV-SP (DIREITO FGV-SP. Macrovisão do crédito tributário: Pensando o Carf. Disponível em: https://www.jota.info/opiniao-e-analise/artigos/macrovisao-do-credito-tributario-pensando-o-carf-27092017. Acesso em: 22 abr. 2021).

[41] NASSER, Paulo Magalhães. *Vinculações arbitrais*. Rio de Janeiro: Lumen Juris, 2019, p. 19.

(OCDE), tendo em vista que os litígios fiscais internacionais representam um comum empecilho à consecução dos objetivos visados pelos Estados com a celebração dos acordos de bitributação.

Em virtude das inúmeras controvérsias em torno da arbitragem, a OCDE não conseguiu incluir esse mecanismo de solução de controvérsias entre as medidas que compõem o padrão mínimo a ser observado pelos Estados no âmbito do procedimento amigável. A resistência à arbitragem por parte dos Estados já era esperada, uma vez que não havia consenso entre os países participantes da Ação 14 do Projeto BEPS sobre o uso da arbitragem compulsória como etapa final do procedimento amigável. De fato, poucos países envolvidos no Projeto BEPS acreditavam que a arbitragem compulsória era a melhor alternativa para a resolução das controvérsias que surgem no âmbito dos acordos de tributação, como Austrália, França, Alemanha, Japão, Reino Unido e Estados Unidos.[42] Esses países desenvolveram uma cláusula de arbitragem como etapa final do procedimento amigável, mas que permanece como uma disposição opcional, que não integra o padrão mínimo.

É nesse contexto que o artigo 19 da Convenção Multilateral contém uma cláusula compromissória inspirada no artigo 25 (5) da Convenção Modelo da OCDE, que pretende permitir que os Estados interessados atualizem a sua rede de acordos de bitributação para a adoção da arbitragem. No âmbito da Convenção Multilateral, há duas alternativas para os países que optam pela arbitragem compulsória: a arbitragem de opinião independente (*independent opinion approach*) e a arbitragem de oferta final (*final offer approach*). De acordo com a abordagem de opinião independente, o painel de arbitragem emite uma decisão autônoma e livre, com base em sua própria análise do caso concreto. Já na arbitragem da oferta final, o painel de arbitragem só pode escolher uma das soluções apresentadas pelas autoridades competentes dos Estados quanto à forma de resolução do caso em litígio.[43] Ou seja, cada Estado apresenta a sua visão a respeito da controvérsia e o árbitro escolhe aquela que considera a solução mais adequada para o litígio submetido a sua apreciação.

Em geral, os países ainda relutam em adotar a arbitragem compulsória em seus acordos de bitributação, com base na ideia de que a decisão proferida por um árbitro pode ofender a soberania em matéria tributária, além de desvalorizar o acesso aos remédios jurídicos internos de solução de controvérsias. Outros argumentos geralmente levantados contra a inclusão de cláusulas arbitrais nos acordos de bitributação envolvem o princípio da legalidade e a proibição de renúncia de receitas tributárias,[44] que já foram enfrentados no item 3 acima.

Ademais, para os países em desenvolvimento, os custos potenciais do procedimento de arbitragem também podem ser um obstáculo relevante, uma vez que os Estados Contratantes terão que concordar mutuamente sobre a divisão dos honorários

---

[42] KADET, Jeffery M. BEPS Primer: Past, Present, and Future. *Tax Notes International*, v. 99, n. 51 Falls Church: Tax Analysts, 2020 (on-line).

[43] PIT, Harm Mark. Arbitration under the OECD Multilateral Instrument: Reservations, Options and Choices. *Bulletin for International Taxation*. Vol. 71. No. 10. Amsterdam: IBFD, 2017 (on-line); SNODGRASS, Elizabeth. Tax Controversies and Dispute Resolution under Tax Treaties: Insights from the Arbitration Sphere. *Finance and Capital Markets*. Vol. 19. No. 5. Amsterdam: IBFD, 2017 (on-line).

[44] SCHOUERI, Luís Eduardo. Chapter 8: Arbitration and Constitutional Issues. *In*: LANG, Michael; OWENS, Jeffrey (coord.). *International Arbitration in Tax Matters*. Amsterdam: IBFD, 2016 (on-line).

dos árbitros e as despesas incorridas durante o procedimento de arbitragem.[45] Os países em desenvolvimento também resistem à arbitragem compulsória por receio de perder o controle sobre tributação na fonte dos rendimentos auferidos de não residentes, o que pode constituir uma parcela relevante da arrecadação tributária gerada em operações transnacionais.[46]

Mesmo que se aceite que a arbitragem compulsória constitui um mecanismo para encorajar os países a resolverem seus litígios fiscais antes de se tornarem sujeitos ao procedimento arbitral,[47][48] o que pode ser discutível à luz das estatísticas divulgadas pela OCDE[49] e da ausência de sanções às autoridades que não seguem o procedimento de submeter o caso à arbitragem,[50] o fato é que a maioria dos países não parece disposta a aceitar a mera possibilidade de ter seus litígios fiscais internacionais arbitrados por um painel ad hoc, que não faz parte de seus sistemas judiciais. A arbitragem da oferta final pode aliviar parte dessa preocupação, pois permite que os países antecipem e controlem a decisão final. Todos os outros obstáculos também podem ser superados caso se considere que o recurso à arbitragem envolve a correta delimitação da jurisdição dos Estados Contratantes e que não haverá qualquer violação a direitos individuais se o contribuinte concordar em submeter o seu caso à arbitragem.[51] Apesar disso, o progresso no campo da arbitragem em casos de dupla tributação internacional ainda é modesto e altamente controverso em muitos países.

Portanto, se a OCDE considera a arbitragem compulsória como uma alternativa adequada para tornar os mecanismos de resolução de controvérsias mais eficazes, então será preciso discutir a possibilidade de criação de um tribunal arbitral internacional para resolver as disputas tributárias transnacionais, no qual seria possível chegar a uma jurisprudência consolidada e coerente a nível mundial a respeito das principais controvérsias envolvidas na aplicação dos acordos de bitributação.[52] Até lá, é possível que os países continuem evitando os procedimentos de arbitragem, sob o argumento de que as decisões podem variar de acordo com os países envolvidos e com a vontade dos membros do painel de arbitragem.

[45] GROEN, Gerrit. The Nature and Scope of the Mandatory Arbitration Provision in the OECD Multilateral Convention. *Bulletin for Internacional Taxation*. Vol. 71. No. 11. Amsterdam: IBFD, 2017 (on-line).

[46] LENNARD, Michael. International Tax Arbitration and Developing Countries. *In*: LANG, Michael; OWENS, Jeffrey (coord.). *International Arbitration in Tax Matters*. Amsterdam: IBFD, 2016 (online).

[47] Segundo a OECD e o Fundo Monetário Internacional, *the mere existence of including an arbitration provision in the text of a tax treaty incentivises competent authorities to reach an agreement during the MAP phase* (OECD/IMF, *2019 Progress Report on Tax Certainty*. Paris: OECD Publishing, 2019, p. 37).

[48] MOZO, Gracia M. Luchena. A Collaborative Relationship in the Resolution of International Tax Disputes and Alternative Measures for Dispute Resolution in a Post-BEPS Era. *European Taxation*. Vol. 58. No. 1. Amsterdam: IBFD, 2018 (on-line).

[49] Como se pode inferir da análise estatística feita pela OCDE, o ciclo médio de duração do procedimento amigável não reduziu após a introdução de arbitragem em determinados acordos de bitributação. OECD. *Mutual Agreement Procedure Statistics for 2017, 2018, and 2019*. Paris: OECD Publishing, 2019 (on-line).

[50] MOOIJ, Hans. Chapter 14: MAP Arbitration in Tax Treaty Disputes. PISTONE, Pasquale; GOEDE, Jan de (coord.). *Flexible Multi-Tier Dispute Resolution in International Tax Disputes*. Amsterdam: IBFD, 2021 (on-line).

[51] SCHOUERI, Luís Eduardo. Chapter 8: Arbitration and Constitutional Issues. *In*: LANG, Michael; OWENS, Jeffrey (coord.). *International Arbitration in Tax Matters*. Amsterdam: IBFD, 2016 (on-line).

[52] DOURADO, Ana Paula; PISTONE, Pasquale. Arbitrating Cross-Border Tax Disputes in Line with European Union Law: Issues and Solutions. MONSENEGO, Jérôme; BJUVBERG, Jan (coord.). *International Taxation in a Changing Landscape*: Liber Amicorum in Honour of Bertil Wiman. Alphen aan den Rijn: Kluwer Law International: 2019, p. 67.

5 Conclusões

As considerações precedentes permitem chegar às seguintes conclusões:
- a arbitragem consiste numa técnica de heterocomposição de controvérsias, a ser dirimida por um ou mais **árbitros** escolhidos por meio de uma convenção entre as partes, na forma regulamentada pela Lei nº 9.307/1996 e demais dispositivos legais aplicáveis à espécie;
- o recurso à arbitragem não implica renúncia ou disposição do crédito tributário, constituindo mera opção por uma via alternativa de solução de litígios;
- ao optar pela arbitragem, a Administração Pública não afeta os interesses públicos indisponíveis, resultantes do plexo de interesses da coletividade, que não se confundem com o mero interesse da Administração Pública, enquanto aparato organizacional autônomo;
- o fato de a obrigação tributária estar submetida ao princípio da legalidade não significa que qualquer litígio envolvendo a sua intepretação tenha que ser resolvido pelo Poder Judiciário, pois não há uma *reserva de jurisdição estatal* subjacente ao princípio da legalidade tributária, que impeça a utilização de meios heterocompositivos de solução de conflitos;
- embora o rol do artigo 156 do CTN não seja exaustivo, a inclusão expressa da sentença arbitral como forma de extinção do crédito tributário e, quiçá, como mecanismo de suspensão da exigibilidade do crédito tributário pode trazer maior segurança jurídica tanto para o contribuinte, quanto para a Fazenda Pública, evitando quaisquer discussões que poderiam surgir em relação à viabilidade da arbitragem;
- o uso de procedimento arbitral para dirimir lides tributárias de cunho constitucional pode não apenas conflitar com as regras que disciplinam o controle de constitucionalidade, mas também resultar em tributação não isonômica de contribuintes que estão em situação equivalente, motivo pelo qual o procedimento arbitral apenas deve ser utilizado em lides tributárias cujo cerne da divergência de interpretações entre Fisco e contribuinte não esteja baseada em questões de natureza constitucional;
- os árbitros também estão vinculados aos precedentes obrigatórios do NCPC, que apenas poderão ser afastados caso seja feita a necessária distinção entre o caso concreto e o paradigma (*distinguishing*),
- a imparcialidade, independência e competência são requisitos fundamentais do árbitro, sendo nula a sentença arbitral proferida por prevaricação, concussão ou corrupção passiva;
- no plano do Direito Tributário internacional, ainda há forte resistência ao uso de arbitragem compulsória no **âmbito** dos acordos de bitributação, com base na ideia de que a decisão proferida por um árbitro pode ofender a soberania em matéria tributária, além de desvalorizar o acesso aos remédios jurídicos internos de solução de controvérsias. Apesar disso, o artigo 19 da Convenção Multilateral do Projeto BEPS contém uma cláusula de arbitragem compulsória,

que pode ser adotada pelos países interessados nesse mecanismo de solução de controvérsias.

Informação bibliográfica deste texto, conforme a NBR 6023:2018 da Associação Brasileira de Normas Técnicas (ABNT):

FERNANDES, Fabiana Carsoni; TOMAZELA, Ramon. A arbitragem tributária no Brasil. *In*: SARAIVA FILHO, Oswaldo Othon de Pontes (coord.). *Transação e Arbitragem Tributárias*. Belo Horizonte: Fórum, 2023. (Coleção Fórum grandes temas atuais de Direito Tributário ; v.2). p. 305-321. ISBN 978-65-5518-465-5.

CAMINHOS PARA A ARBITRAGEM TRIBUTÁRIA NO BRASIL – BREVES CONSIDERAÇÕES SOBRE OS PROJETOS DE LEI NºS 4.257/19 E 4.468/20

JULIA DE MENEZES NOGUEIRA

I O cenário da arbitragem tributária no Brasil

Crises globais como as vividas no último ano nos colocam face a face com a finitude, e certas situações, até então aceitáveis, passam a ser vistas como inadmissíveis. A crise do contencioso tributário brasileiro, que vem se arrastando há décadas, parece imoral aos olhos pós-pandemia. Justiça que tarda, falha miseravelmente, e não há mais tempo a perder.

A morosidade, a falta de especialização dos julgadores e a litigiosidade excessiva entre Fisco e contribuinte não interessam a ninguém, e talvez por isso a discussão da arbitragem tributária tenha conquistado a tantos e se intensificado no Brasil nos últimos anos. Já há consenso de que um sistema multiportas que contemple a arbitragem, entre outros meios de solução de conflitos tributários, permite a escolha, pelas partes, do método mais adequado e contribui para a racionalização do sistema. Só falta implementá-la.

A boa notícia é que, aparentemente, a implementação da arbitragem no país deve ocorrer em breve. Fazendo um breve retrospecto dos últimos desenvolvimentos do tema, vemos que em agosto de 2019 foi publicado o Projeto de Lei nº 4.257/19, de autoria e iniciativa do Senador Antonio Anastasia (PSDB/MG), instituindo a arbitragem no processamento dos embargos a fiscal e nas ações anulatórias e de consignação, mediante alterações na Lei nº 6.830, de 22 de setembro de 1980 (Lei de Execuções Fiscais).

Logo em seguida, no dia 7 de setembro de 2019, nasceu o Instituto Brasileiro de Arbitragem e Transação Tributárias (IBATT), com o objetivo de fomentar a implementação da arbitragem e métodos adequados de solução de conflitos tributários. O IBATT imediatamente passou a contribuir para o aprimoramento do referido projeto, que em seguida recebeu parecer favorável da Comissão de Assuntos Econômicos (CAE) do Senado Federal.

Durante o ano de 2020, o IBATT realizou diversos debates sobre métodos adequados de solução de conflitos tributários, com estudiosos de todo o país, e realizou o I Congresso Internacional de Arbitragem Tributária para trocar experiências com estudiosos do mundo inteiro sobre o tema, e esses eventos vêm se repetindo em 2021.

Finalmente, em setembro de 2020, foi apresentado o PL nº 4.468/20, de iniciativa da Senadora Daniella Ribeiro (PP/PB), instituindo a chamada "arbitragem especial tributária", destinada a solucionar consultas dos contribuintes, controvérsias sobre matérias de fato no curso de fiscalização e quantificar créditos decorrente de decisões judiciais transitadas em julgado.

Esse projeto de lei, idealizado pelas Dras. Selma Lemes, Priscila Faricelli e pelo Professor Heleno Torres, encontra-se em fase inicial de tramitação e já suscita intensos debates e propostas de aperfeiçoamento, dos quais o IBATT tem participado ativamente.

Nesse contexto, entendemos relevante analisar os projetos em andamento, suas semelhanças e dessemelhanças, a fim de compreender seu alcance e suas limitações e avaliar se são conflitantes ou se poderiam coexistir, ou até mesmo serem fundidos. É o que faremos a seguir.

II Pontos em comum e divergentes entre os PLs nºs 4.427/19 e 4.468/20

Os referidos projetos de lei pretendem autorizar e regular a utilização da arbitragem para a decisão de controvérsias em matéria tributária. Porém, escolhem caminhos distintos para alcançar esse resultado.

Comentaremos, a seguir, aquelas que entendemos ser as diferenças mais patentes e as semelhanças mais relevantes entre suas propostas, expondo nossa visão a respeito dessas questões ao final de cada tópico.

II.I Momento em que a arbitragem pode ser eleita pelas partes

Uma das principais diferenças entre os projetos é que o primeiro – PL nº 4.257/2019 – prevê a possibilidade de opção pela arbitragem tributária somente no curso de discussão judicial do crédito, mais precisamente após a oposição dos embargos e apresentação de garantia pelo contribuinte, na execução fiscal.

Pressupõe, portanto, que o crédito tributário esteja constituído, em fase de execução e devidamente garantido, com exigibilidade suspensa. Nesse momento, torna-se possível a adoção do juízo arbitral para julgar os embargos.

A escolha desse estágio processual limitado e circunscrito a um momento específico de sua discussão judicial revela o intuito de afastar dificuldades quanto à suspensão da exigibilidade do crédito tributário, questão a ser enfrentada quando se trata da implementação da arbitragem tributária e que, para alguns, teria de ser tratada por lei complementar.

Adicionalmente, esse primeiro PL autoriza a opção pelo procedimento arbitral em ações de consignação de pagamento ou anulatórias garantidas por depósito em dinheiro, fiança bancária ou seguro em garantia. Nessas hipóteses, assim como nos embargos à execução, o crédito tributário encontra-se suspenso, afastando-se questionamentos sobre o tema.

Já o PL nº 4.468/20 viabiliza a arbitragem em situações distintas.

Em primeiro lugar, faculta sua escolha antes da constituição do crédito tributário, ainda durante a fiscalização. A opção pela instauração da arbitragem antes de sua constituição tem a comodidade de afastar o questionamento mais comum quanto à viabilidade da arbitragem tributária: o da suposta barreira da indisponibilidade do crédito tributário. Não havendo crédito constituído, não é necessário enfrentar esse suposto problema.

O PL nº 4.468/20 também autoriza arbitragem para solucionar consultas dos contribuintes, mediante alteração da Lei nº 9.430, de 27 de dezembro de 1996.

Também nessa hipótese ter-se-ia arbitragem antes da constituição de crédito tributário, num momento em que não há ainda, propriamente, conflito instaurado entre Fisco e contribuinte, mas somente dúvida em relação à interpretação da legislação tributária. A arbitragem nesse caso seria, então, meramente preventiva, pois não há crédito, e o conflito é apenas potencial, restando afastados eventuais questionamentos relativos à respectiva indisponibilidade.

Por fim, o PL nº 4.468/20 propõe a possibilidade de opção pela arbitragem para a liquidação de crédito tributário do contribuinte fundado em sentença transitada em julgado.

Nessa hipótese, embora estejamos tratando de créditos constituídos, o objetivo da arbitragem tributária é determinar o respectivo *quantum*, não havendo que se falar, propriamente, na possibilidade de sua redução ou extinção por meio da arbitragem. Sendo assim, também não há questionamento quanto à suspensão do crédito ou à respectiva indisponibilidade.

Analisando-se as etapas anteriores e posteriores à constituição do crédito tributário, os projetos de lei abrangem a instituição da arbitragem tributária nas seguintes situações:

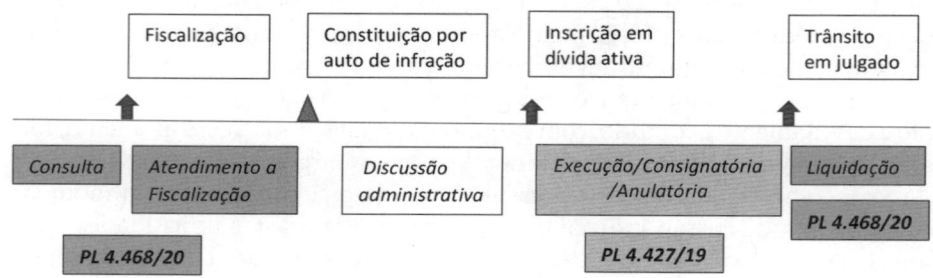

O PL nº 4.468/20 autoriza a arbitragem antes da constituição do crédito tributário ao permitir que a consulta apresentada pelo contribuinte seja solucionada por arbitragem especial tributária e, também, após iniciada a fiscalização. Passados esses momentos, de acordo com o projeto, somente poderia ser utilizada a arbitragem após o trânsito em julgado da discussão judicial do crédito e somente com o objetivo de quantificá-lo.

Já o PL nº 4.427/19 permite a utilização da arbitragem apenas para decidir matéria tributária discutida judicialmente em sede de embargos à execução, ação anulatória ou ação consignatória, após a garantia do Juízo.

Considerado o alcance dos projetos, se ambos fossem aprovados, restaria em aberto a possibilidade de opção pela arbitragem durante toda a discussão administrativa do crédito tributário.

Ao optarem por não se aventurar a permitir a arbitragem tributária nesse momento, os projetos evitam discussões sobre indisponibilidade do crédito tributário (PL nº 4.468/2020) e suspensão da respectiva exigibilidade (PL nº 4.427/2019).

O debate sobre essas supostas dificuldades é válido e salutar, mas não deve ser empecilho à implantação da arbitragem tributária no país de forma mais abrangente.

Não nos alongaremos na análise aqui, porém pontuamos que o princípio da supremacia do interesse público e seu corolário da indisponibilidade do crédito tributário não inviabilizam a adoção ampla do instituto. Esses princípios devem ser interpretados levando-se em conta o interesse público primário, que é privilegiado sempre que são adotadas soluções adequadas de conflitos entre os cidadãos e o Estado. E não há que se falar em indisponibilidade absoluta do crédito tributário, que deve ser considerado arbitrável na mesma medida em que é transacionável, nos termos do artigo 156, III, do Código Tributário Nacional.

Como ensina Tathiane Piscitelli, "o simples fato de a administração pública ser parte em um litígio não afasta, a priori, a possibilidade de disposição do direito". Continua:

> O mesmo raciocínio deve ser aplicado ao direito tributário. O interesse público primário se relaciona com o uso da tributação para a persecução dos fins do Estado – trata-se de assegurar que a estrutura tributária irá garantir formas justas de tributação, destinação correta dos recursos e formas institucionais de acesso à justiça que viabilizem o debate

sobre a observância material dos valores constitucionalmente previstos. De outro lado, o interesse público secundário estaria vinculado com o interesse arrecadatório, que se identifica com o interesse da administração tributária em específico.

(...)

Assim, mostra-se absolutamente descabido prender-nos ao mito da indisponibilidade da receita tributária. A adoção de métodos alternativos de resolução de disputa representa maior (e mais efetivo) acesso à justiça, além de agregar eficiência à arrecadação tributária e, assim, à disposição das receitas para o cumprimento dos objetivos e valores distributivos imbricados no texto constitucional.

Importante ter em mente, também, ainda no tema da indisponibilidade do crédito tributário, que quando se submete um litígio à arbitragem não se está necessariamente renunciando a direitos. É o que explica José Eduardo Tellini Toledo:

Veja-se que, de fato, na arbitragem com a Administração Pública não há renúncia de direitos ou poderes, mas sim uma escolha de um procedimento para a solução de conflitos, em opção ao Poder Judiciário, que também vai ao encontro do próprio interesse público, uma vez que tal metodologia está em consonância com o artigo 3º, §§ 1º a 3º, do Código de Processo Civil de 2015, que permite a arbitragem na forma da lei, bem como determina que o Estado deverá promover, sempre que possível, a solução consensual de conflitos.

Quanto à suspensão de exigibilidade do crédito tributário, também não é questão insuperável, que impeça a atribuição de maior abrangência à arbitragem tributária.

Embora haja controvérsia, recentemente o Supremo Tribunal Federal decidiu na Ação Direta de Inconstitucionalidade nº 2.405/RS que há a possibilidade de os Estados-Membros estabelecerem, por lei ordinária, novas modalidades de extinção e suspensão de créditos tributários.

Nesse processo, o relator Ministro Alexandre de Moraes, seguido por unanimidade, entendeu que "(...) a Constituição não reservou à lei complementar a enumeração dos meios de extinção e de suspensão dos créditos tributários". O voto do Ministro Alexandre de Moraes partiu de que "se o Estado pode anistiar crédito tributário, abrindo mão do recebimento daquele, por que não poderia implementar nova forma de extinção do crédito? Quem pode o mais, pode o menos". Concluiu o acórdão que "a Constituição Federal não reservou à lei complementar o tratamento das modalidades de extinção e suspensão dos créditos tributários, a exceção da prescrição e decadência, previstos no art. 146, III, b, da CF."

Com base nesse recente acórdão, portanto, a extinção e a suspensão do crédito tributário não são matérias reservadas a lei complementar, podendo ser tratadas por lei ordinária. O que a lei ordinária não pode é restringir o alcance das hipóteses de suspensão previstas no CTN. Esse foi o entendimento do STF no RE nº 917.285/SC, julgado em 18/8/20.

A nosso ver, portanto, a jurisprudência atual do Supremo Tribunal Federal permite que lei ordinária instituidora de arbitragem tributária estabeleça que, entre a instauração do procedimento e a emissão da sentença arbitral, o crédito ficará suspenso.

II.II Matérias passíveis de serem julgadas por arbitragem

Outra diferença importante encontrada no cotejo entre os dois projetos diz respeito às matérias passíveis de serem decididas no âmbito da arbitragem tributária.

No Projeto de Lei nº 4.257/19 não há restrições às matérias tributárias passíveis de serem julgadas por arbitragem. Assim, parece-nos que qualquer matéria útil à defesa e, portanto, passível de ser arguida em sede de embargos à execução, em ação anulatória ou consignatória poderia ser decidida por arbitragem, seja ela de fato, de direito ou até mesmo envolvendo discussão de fundo constitucional. Já o PL nº 4.468/20 só permite a solução de controvérsias de matérias de fato (artigo 1º, acima citado), e veda expressamente a discussão sobre constitucionalidade de normas e sobre lei em tese.

Ambos os projetos vedam decisões contrárias a precedentes reiterados do Poder Judiciário.

O PL nº 4.257/19 determina ser nula a sentença arbitral que "contrarie enunciado de súmula vinculante, decisão do Supremo Tribunal Federal em controle concentrado de constitucionalidade ou acórdão proferido em julgamento de incidente de resolução de demandas repetitivas, incidente de assunção de competência, recurso extraordinário com repercussão geral reconhecida e recursos extraordinário ou especial repetidos, desde que anteriores ao recebimento da notificação arbitral ou da decisão do pedido de esclarecimentos sendo aplicável, no que couber, o previsto nos arts. 32 e 33 da Lei nº 9.037, de 23 de setembro de 1996". Nessa hipótese, as partes podem pleitear ao órgão do Poder Judiciário competente a declaração de nulidade, e, sendo esta declarada, proceder-se-á diretamente ao julgamento de mérito dos embargos.

O PL nº 4.468/20 adota redação mais sucinta e veda "decisão contrária a entendimento consolidado pelo Poder Judiciário nas hipóteses de que trata o art. 927 da Lei nº 13.105, de 16 de março de 2015 (Código de Processo Civil), bem como julgamentos em sede de repercussão geral pelo Supremo Tribunal Federal". Também prevê como hipótese de nulidade do laudo arbitral o desrespeito a tal determinação.

No que diz respeito à arbitrabilidade, portanto, observa-se que o PL nº 4.257/19 é bem mais abrangente, pois permite que se decida por arbitragem qualquer matéria, seja ela de fato, de direito e até mesmo discussão sobre constitucionalidade.

Nenhum dos dois projetos permite, contudo, decisões que contrariem jurisprudência consolidada dos tribunais superiores.

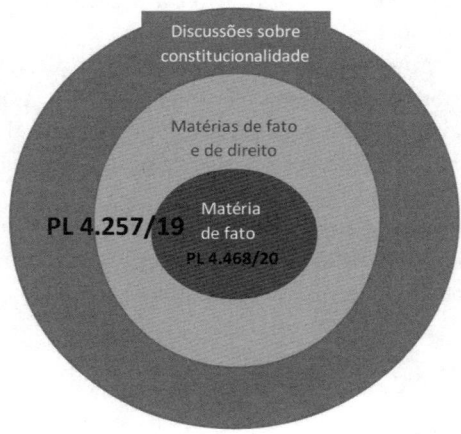

Consignamos aqui nossa posição de que qualquer matéria, de fato, de direito e até mesmo envolvendo constitucionalidade poderiam, teoricamente, ser objeto de julgamento por arbitragem tributária, não havendo, no sistema constitucional vigente, impedimentos ou limitações a tal abrangência.

Naturalmente que a "declaração de inconstitucionalidade", o controle concentrado de constitucionalidade, só pode ser realizada pelo Supremo Tribunal Federal. O que a arbitragem poderia fazer seria afastar a aplicação da norma considerada inconstitucional ao caso concreto, realizando controle difuso de forma análoga à realizada pelo Poder Judiciário.

A opção feita pelo PL nº 4.468/20, de limitar a arbitragem tributária à decisão de matérias de fato tem como fundamento a cautela, como têm asseverado seus idealizadores, e não eventuais vedações do ordenamento jurídico.

II.III Árbitros, tribunal arbitral e árbitro desempatador

O PL nº 4.257/19 não traz disposições expressas sobre a composição do tribunal arbitral. Apenas estabelece que, feita a opção pela adoção de juízo arbitral para julgamento dos embargos (ou da petição inicial da ação anulatória ou consignatória), terão que ser respeitados os requisitos da Lei nº 9.307/19 (Lei de Arbitragem) e do regulamento de cada entidade da Federação.

Como inovação em relação às disposições da Lei de Arbitragem, traz apenas a disposição do artigo 16-B a ser inserido na Lei de Execuções Fiscais, a qual estabelece que "nenhum árbitro pode decidir mais de um processo do mesmo particular ou do grupo econômico do qual este faça parte o particular por dois anos".

Já o PL nº 4.468/20 optou por regular detalhadamente a matéria, primeiro trazendo disposições semelhantes às da lei de arbitragem, segundo as quais o tribunal arbitral é composto por um árbitro indicado por cada uma das partes e o terceiro árbitro, que presidirá o procedimento, pelos dois primeiros. Também reitera princípios da arbitragem previstos na Lei de Arbitragem quanto à obrigação dos árbitros de revelar previamente qualquer fato que possa gerar dúvidas quanto à sua independência e imparcialidade, e a obrigação destes de permanecerem independentes e imparciais durante o procedimento. Prevê também que se aplicam aos árbitros os motivos de impedimento e suspeição previstos no Código de Processo Civil.

No que tange aos tópicos acima, observamos que projetos adotam fórmulas bem distintas. Enquanto o PL nº 4.257/19 opta por determinar, como regra geral, a observância da Lei de Arbitragem, o PL nº 4.468/20 prefere reproduzir a essência de seus principais dispositivos.

Uma inovação trazida pelo PL nº 4.468/20 que não consta da Lei de Arbitragem diz respeito à qualificação dos árbitros. Enquanto a LARB requer apenas que o árbitro seja capaz e tenha a confiança das partes, o PL nº 4.468/20 traz requisitos adicionais. Exige que os árbitros detenham "conhecimento técnico compatível com a natureza do litígio a ser dirimido, jurídico ou não, sendo essencial, no mínimo, dez anos de comprovada experiência profissional na área de atuação, bem como duas graduações em nível técnico ou superior ou uma graduação e uma pós-graduação em instituições de ensino nacionais ou estrangeiras cuja titulação tenha sido reconhecida no Brasil" (art. 4º, §9º, II).

A exigência de conhecimento técnico especializado por parte dos árbitros, na esfera tributária, vem sendo defendida por muitos, como é o caso da Profa. Betina Treiger Grupenamcher, que assevera:

> Assim como ocorreu em Portugal, também no Brasil a arbitragem há de ser veiculada por lei em que se estabeleçam os ritos e os critérios para escolha do árbitro ou do tribunal que resolverá a questão, além das matérias que poderão ser submetidas a ela.
>
> Naturalmente, os árbitros devem ter moral comprovadamente ilibada e profundo conhecimento técnico de Direito Tributário.[1]

Mais uma diferença essencial entre os projetos, no que diz respeito aos árbitros, é a criação pelo PL nº 4.468/20 da figura do "árbitro desempatador", que não existe na Lei de Arbitragem, tampouco no PL nº 4.427/19.

O recurso a um árbitro desempatador, de acordo com o PL nº 4.468/20, poderia ser previsto no compromisso arbitral e, na hipótese de decisão não unânime entre os três árbitros, este seria designado para analisar as provas e emitir decisão.

A inovação do PL nº 4.468/20, consistente na criação da figura do árbitro desempatador, vem gerando discussões acirradas, havendo quem alegue que essa figura seria equiparável a uma segunda instância na arbitragem, o que não seria desejável, considerando a celeridade almejada com o instituto. Também se aponta que essa segunda instância seria monocrática, enquanto a instância julgadora inicial seria colegiada.

O que se argumenta em sentido contrário é que não se trata de segunda instância, mas sim de um árbitro adicional que só atuaria na hipótese de decisões não unânimes, para dar mais consistência ao julgamento e evitar questionamentos. Além disso, seria opcional sua previsão, mantendo-se o modelo mais célere se for do interesse das partes.

Entendemos ser desnecessária a introdução da figura do árbitro desempatador na legislação que instituir o instituto, pois o que se deseja na arbitragem é justamente um julgamento técnico, célere e em instância única. A experiência já obtida mostra que é possível obter tais benefícios sem a necessidade de julgador ou instância adicional.

II.IV Arbitragem tributária é institucional, de direito e observa o princípio da publicidade

Algumas regras da arbitragem comercial tiveram que ser ajustadas a fim de que o instituto pudesse ser aplicado na esfera tributária.

De acordo com ambos os projetos, na arbitragem tributária, assim como na arbitragem envolvendo a administração pública em geral, deve ser aplicado o princípio da publicidade, e serão observadas necessariamente as regras do direito brasileiro.

---

[1] Arbitragem e transação em matéria tributária. *In*: MASCITO, Andréa; PISCITELLI, Tathiane; MENDONÇA, Priscila Faricelli de (coord.). *Arbitragem tributária*: desafios institucionais brasileiros e a experiência portuguesa. 2. ed. rev., atual. e ampl. São Paulo: Thomson Reuters Brasil, 2019. p. 207.

Essas determinações diferem do regramento aplicável à arbitragem comercial, que permite a arbitragem de direito ou com base em equidade, e que as partes possam escolher livremente as regras de direito que serão aplicadas, desde que não haja violação aos bons costumes e à ordem pública. Ainda é permitido na arbitragem comercial que, conforme a vontade das partes, a arbitragem se realize com base nos princípios gerais de direito, nos usos e costumes e nas regras internacionais de comércio.

A fim de estabelecer regras adequadas à arbitragem tributária, o artigo 3º proposto pelo PL nº 4464/20 estabelece que a arbitragem especial tributária será exclusivamente de direito, sendo vedada a arbitragem por equidade; obedecerá as regras de direito brasileiro, será realizada no Brasil e em língua portuguesa.

Com efeito, a própria LARB foi alterada em 2015 passando a prever no §3º inserido em seu artigo 2º que "a arbitragem que envolva a administração pública será sempre de direito e respeitará o princípio da publicidade".

Sobre essas características distintivas da arbitragem com a administração pública, discorre Francisco José Cahali:

> Realmente, diante da supremacia do interesse público, pelos princípios e características da participação da Administração Pública em litígios, há de se rejeitar o julgamento por equidade e a confidencialidade.
>
> (...)
>
> Temos para nós, como referido, que a publicidade deve ser ampla, tal qual se tem no Judiciário, com total transparência, e acesso de qualquer pessoa ao conteúdo do procedimento. E assim, caberá também à Instituição, disponibilizar estas informações aos interessados. É evidente que, como em qualquer processo público, pode haver controle do acesso, e informações (ou documentos) sigilosos pela sua natureza, mas a reserva seria exceção, justificada, não a regra.[2]

O PL nº 4.257/19 tratou da matéria de forma semelhante. No artigo 16-C proposto estabelece que "o processo arbitral será de direito, respeitará o princípio da publicidade, conduzido por órgão arbitral institucional ou entidade especializada previamente credenciado por cada unidade da Federação, facultada a realização de atos procedimentais de forma presencial ou eletrônica".

Observa-se nessa passagem mais uma diferença entre a arbitragem tributária proposta pelos projetos e a arbitragem comercial: a tributária terá que ser necessariamente institucional, administrada e processada perante instituições ou câmaras arbitrais credenciadas, não podendo ser *ad hoc*, ou seja, conduzida livremente pelas partes segundo as regras por elas estabelecidas, o que é autorizado para a arbitragem comercial.

Nesse mesmo sentido, o PL nº 4.464 estabelece em seu artigo 3º, XII, que "a arbitragem especial será necessariamente institucional, podendo o ato de regulamentação credenciar as instituições ou câmaras arbitrais competentes para processar as controvérsias tributárias reguladas nesta Lei".

---

[2] *Curso de arbitragem*: mediação: conciliação: tribunal multiportas. 7. ed. São Paulo: Thomson Reuters Revista dos Tribunais, 2018, p. 453.

II.V Adoção subsidiária – Lei de Arbitragem – Lei de Transação

Característica importante do PL nº 4.257/19 é prever a aplicação da Lei Brasileira de Arbitragem juntamente aos dispositivos que insere na Lei de Execuções Fiscais (Lei nº 6.830/80).

O *caput* do artigo 16-A proposto pelo projeto estabelece o seguinte: "Art. 16-A. Se o executado garantir a execução integralmente por depósito em dinheiro, fiança bancária ou seguro garantia, pode optar pela adoção de juízo arbitral para julgar os embargos ofertados, respeitados os requisitos da Lei nº 9.307, de 23 de setembro de 1996 e os a seguir definidos, na forma de regulamento de cada entidade da Federação".

Com efeito, analisando-se o projeto, observa-se que é bastante sucinto. Insere apenas os artigos 16-A a 16-G na Lei de Execuções Fiscais, autorizando a opção do executado pela adoção do juízo arbitral para julgamento dos embargos, nos termos da Lei Brasileira de Arbitragem, e alguns poucos dispositivos adicionais exigidos pela especificidade da matéria tributária, como o que prevê que o processo arbitral será sempre de direito, que será assegurada a confidencialidade dos documentos considerados sigilosos e a obrigação do credenciamento da instituição arbitral a cada unidade da federação, entre poucos outros.

Portanto, afora as poucas determinações especiais trazidas pelo PL para aplicação na arbitragem tributária, a opção feita pelo projeto foi a de serem adotadas, subsidiariamente, as regras da Lei Brasileira de Arbitragem.

Já o PL nº 4.468/20 trilhou caminho diverso, distanciando-se de tal legislação e optando por regular integralmente o instituto da arbitragem tributária. Tratou de todas as matérias necessárias à sua aplicação, desde as regras para o requerimento da arbitragem e sua instalação, passando pela constituição do tribunal arbitral, até os efeitos do laudo, e evitou indicar a LARB para fins de aplicação subsidiária. Elegeu, em seu lugar, estabelecer em seu artigo 13 que se aplica subsidiariamente, no que couber, o disposto na Lei nº 13.988, de 14 de abril de 2020, também conhecida como "Lei Geral de Transação em Matéria Tributária".

A legislação subsidiária eleita estabelece os requisitos e as condições para que a União, as suas autarquias e fundações, e os devedores ou as partes adversas realizem transação resolutiva de litígio relativo à cobrança de créditos da Fazenda Pública, de natureza tributária ou não tributária.

Como é sabido, a transação é método autocompositivo de resolução de conflitos, ou seja, as próprias partes, mediante concessões mútuas, decidem resolver o modo pelo qual este será solucionado e extinto.

Embora se assemelhem por serem métodos alternativos ao Poder Judiciário para a solução de conflitos, são distintos na medida em que a arbitragem contempla a figura de um terceiro, entidade privada – o árbitro ou tribunal arbitral – que decide a lide da forma que julgar correta juridicamente, independentemente da realização de concessões entre as partes, e de forma cogente.

Sendo assim, não nos parece adequado utilizar a Lei de Transação como legislação supletiva à normatização da arbitragem tributária. Entendemos que a LARB, após os testes de constitucionalidade a que foi submetida nas últimas décadas, e amadurecimento da respectiva jurisprudência, presta-se mais adequadamente à função.

III Conclusão

O advento dos Projetos de Lei nºs 4.257/19 e 4.464/20 são excelentes notícias para a discussão da implantação da arbitragem tributária no país.

Desde que foram apresentados, têm sido realizados intensos debates, que têm proporcionado visibilidade e amadurecimento à discussão, antes restrita a um círculo limitado de estudiosos que se debruçavam sobre a experiência portuguesa.

Os projetos, como visto, buscam a implantação da arbitragem tributária por caminhos distintos, mas ambos válidos e viáveis, e com técnica precisa.

O PL nº 4.257/19 leva a arbitragem ao importante âmbito da discussão da dívida ativa, permitindo que a matéria em discussão seja submetida a tribunal arbitral e decidida de forma célere e técnica, em instância única. Já o PL nº 4.464/20 permite a adoção do instituto de forma preventiva à instauração do conflito e à constituição do crédito, o que também se mostra desejável, viabilizando a redução de litigiosidade tão almejada por todos os que atuam na esfera tributária.

Acreditamos que a discussão desses projetos por toda a sociedade e todos os interessados levará a que seja implementado um instituto consistente e amadurecido. Também entendemos ser possível a sua reunião e consolidação num único projeto, que venha a abranger a discussão do crédito tributário antes, durante e após sua constituição, enquanto não transitado em julgado.

Viu-se, recentemente, como a regulamentação da transação em matéria tributária levou à imediata aplicação e proliferação do instituto em todas as esferas federativas. Estamos certos de que o mesmo se dará com a arbitragem tributária tão logo seja regulamentada, proporcionando ao contribuinte mais uma porta para que a jurisdição lhe seja oferecida de forma ampla e irrestrita, conforme desejado no Estado Democrático de Direito.

Informação bibliográfica deste texto, conforme a NBR 6023:2018 da Associação Brasileira de Normas Técnicas (ABNT):

NOGUEIRA, Julia de Menezes. Caminhos para a arbitragem tributária no Brasil: breves considerações sobre os Projetos de Lei nºs 4.257/19 e 4.468/20. *In*: SARAIVA FILHO, Oswaldo Othon de Pontes (coord.). *Transação e Arbitragem Tributárias*. Belo Horizonte: Fórum, 2023. (Coleção Fórum grandes temas atuais de Direito Tributário ; v.2). p. 323-333. ISBN 978-65-5518-465-5.

ARBITRAGEM TRIBUTÁRIA NO DIREITO BRASILEIRO E NO DIREITO COMPARADO: QUESTÕES PONTUAIS EM PORTUGAL E EM CABO VERDE

ANA PAULA PASINATTO

1 Palavras iniciais

> *O que nesse apanhado de estudos se contém são propostas à reflexão e à prudente busca de soluções [...]. Ousar sem o açodamento de quem quer afrontar, inovar sem desprezar os grandes pilares do sistema.*[1]
> (Cândido Rangel Dinamarco)

---

[1] DINAMARCO, Cândido Rangel. *Nova era do Processo Civil*. São Paulo: PC Editorial Ltda, 2003, p. 21.

O uso de meios complementares para a resolução de controvérsias tributárias está se tornando prática em muitos países.[2] Dentre esses países, citamos, como exemplo: i. Portugal; ii. Cabo Verde; iii. Áustria; iv. Alemanha; v. Estados Unidos da América; vi. França; vii. Itália; viii. México.[3][4] A própria Organização para a Cooperação e Desenvolvimento Econômico (OCDE) estimula a utilização de meios complementares, como a arbitragem, para a resolução de litígios tributários. De igual modo, incentivos partem da *International Fiscal Association*, da Câmara de Comércio Internacional (CCI) e da Organização das Nações Unidas (ONU).

Neste trabalho, concentraremos comentários sobre Portugal e Cabo Verde. Entretanto, é válido ressaltar que, em alguns desses países mencionados, o requisito da disponibilidade é visto como um mero óbice. Afinal, basta previsão em lei para que a arbitrabilidade objetiva seja atendida.[5] Entretanto, em outros países, o requisito da disponibilidade nem é visto como óbice. Isso se deve ao fato de ele, simplesmente, inexistir. Prevalecendo, tão somente, o requisito da patrimonialidade. Por exemplo, assim como na Áustria,[6] na Alemanha, conforme o artigo 1.030, número 1 do Código de Processo Civil alemão (*Zivilprozessordnung* – ZPO), "qualquer direito de caráter patrimonial pode ser objeto de convenção de arbitragem". Logo, as matérias indisponíveis, desde que patrimoniais, podem ser submetidas ao juízo arbitral tranquilamente. Mas caso as matérias não sejam patrimoniais, devem ser disponíveis, conforme prescreve o mesmo artigo do Código de Processo Civil alemão (ZPO.[7]

---

[2] Nos Estados Unidos da América, encontramos a "arbitration" e os "closing agreements". Na França a "arbitrage" e "agréments fiscaux". No México tem-se o "concordato fiscal" e na Itália também como "concordato tributário"; "*Concordato tributário* – dans cette dénomination plus large, on reencontre, dans l'ordre juridique italienne, plusieurs mécanismes comme: La programazione fiscale, L' autotutela, L' aquiescenza, L' accertamento com adesione, L' conciliazione guidiziale e adesione conciliazone". "Concordato tributário – nesta denominação maior, que reencontre no direito italiano a ordem, uma série de mecanismos, tais como: La programazione fiscale, L' autotutela, L' aquiescenza, L' accertamento com adesione, L' conciliazione guidiziale e adesione conciliazone" (tradução nossa). CATARINO, Joao Ricardo; FILIPPO, Luciano. *L'arbitrage dans le droit fiscal etat actuel et perspectives*. Disponível em: http://aqlfad vogados.com.br/docs/larbitrage_dans_le_droit_fiscal_etat_actuel_et_perspectives.pdf. Acesso em: 10 de mar. de 2021.

[3] "Considerando sua natureza, credibilidade, transparência e eficiência, cumpre sublinhar queo recurso à arbitragem não coloca em questão a indisponibilidade dos créditos tributários, e tem ganhado aceitação crescente no panorama internacional, já sendo prática comum na Alemanha, nos Estados Unidos da América, na Áustria, na Holanda, no Canadá, no Japão, na França, no México e no Reino Unido. A aplicação nesses países tem desvelado resultados claros e imediatos no sentido de combater a morosidade dos sistemas judiciais [...]". RIBAS, Lídia Maria. Arbitragem fiscal no ambiente do CAAD: Uma proposta para o Brasil. *Revista de Arbitragem Tributária*, n. 3. Portugal: CAAD, jun., 2015, p. 33.

[4] Recomendamos a leitura da pesquisa realizada por Luiz Dias Martins Filho e Luís Inácio Lucena Adams em: A transação no Código Tributário Nacional (CTN) e as novas propostas normativas de lei autorizadora. *In*: SARAIVA FILHO, Oswaldo Othon de Pontes; GUIMARÃES, Vasco Branco. *Transação e Arbitragem no Âmbito tributário*. Belo Horizonte: Fórum, 2018, p. 32-34.

[5] Recomendamos a seguinte leitura: VALLE Mauricio Dalri Timm do; PASINATTO, Ana Paula. Arbitragem tributária no Brasil e o interesse público: um novo mito da caverna? *In*: DOMINGOS, Francisco Nicolau (org.). *Justiça tributária*: um novo roteiro. Lisboa: Rei dos Livros, 2018, p. 298.

[6] "O Direito alemão, em conjunto com o austríaco, não mais impõe a disponibilidade como impedimento de acesso à via arbitral." O movimento contra a inarbitrabilidade é crescente, a ponto de ver-se em alguns países a exclusão, em seus ordenamentos jurídicos, do critério da disponibilidade. LIMA, Bernardo Silva de. *A arbitrabilidade do dano ambiental*. São Paulo: Atlas, 2010, p. 105-106.

[7] Art. 1.030, nº. 1, da Zivilprozessordnung (ZPO): "Jeder vermögensrechtliche Anspruch kann Gegenstand einer Schiedsvereinbarung sein Eine Schiedsvereinbarung über nichtvermögensrechtliche Ansprüche hat insoweit rechtliche Wirkung, als die Parteien berechtigt sind, über den Gegenstand des Streites einen Verleich zu schliessen" – "Qualquer litígio de direito patrimonial pode ser objecto de uma convenção de arbitragem. A convenção de arbitragem a respeito de lides que não *são patrimoniais tem efeito legal/eficácia jurídica apenas em casos nos quais*

Portugal segue o modelo da Alemanha. Com a alteração da Lei de Arbitragem Voluntária, em 14 de dezembro de 2011, restou estabelecido em seu artigo 1º que, havendo natureza patrimonial no objeto do litígio, pode ser submetido à arbitragem, desde que seja transacionável:

> [...] qualquer litígio respeitante a interesses de natureza patrimonial pode ser cometido pelas partes, mediante convenção de arbitragem, à decisão de árbitros. 2 – É também válida uma convenção de arbitragem relativa a litígios que não envolvam interesses de natureza patrimonial, desde que as partes possam celebrar transacção sobre o direito controvertido.[8]

Ou seja, caso não haja natureza patrimonial, mas o objeto do litígio seja transacionável, a LAV torna-se aplicável. Manuel Pereira Barrocas destaca, ao comentar sobre a LAV, que a moderna doutrina portuguesa "tem entendido que são arbitráveis todos os direitos de natureza patrimonial e ainda os de natureza não patrimonial desde que as partes possam celebrar transação sobre o direito controvertido".[9] Restando inarbitráveis os litígios que versem sobre direitos não patrimoniais e que não são transacionáveis.

Assim como Bertrand Moreau, reconhecemos que o conhecimento de legislações e jurisdições estrangeiras é gratificante. É, com ele, que os nossos padrões são colocados em pauta, como um convite a reconsiderá-los.[10] Eis a razão pela qual colocamos em pauta a arbitrabilidade objetiva no Brasil: será que o requisito da disponibilidade, previsto pela Lei de Arbitragem brasileira nº 9.307, de 23 de setembro de 1996, não se encontra ultrapassado? Parece-nos que sim. E, infelizmente, são esses "fundamentos que costumam ser aceitos como demasiado 'óbvios' para merecerem a análise crítica" que levam o Direito Tributário à "desgraça", como bem menciona Alfredo Augusto Becker.[11] Dentro desses fundamentos supostamente óbvios, incluímos o Princípio da Indisponibilidade do Crédito Tributário.[12] Supostamente óbvio por sofrer falseabilidade diante da distinção jus-filosófica realizada pela doutrina. Nas palavras de Luiz Dias Martins Filho e Luís Inácio Lucena Adams: "Os interesses da Fazenda Pública, por representarem o que a doutrina denominou de interesses públicos secundários,

as partes podem estipular contrato, chegando em um acordo" (tradução nossa). ALEMANHA. Zivilprozessordnung (Processo Civil). ZPO. Na versão publicada em 5 de dezembro de 2005. Art. 1.030, nº. 1, da Zivilprozessordnung (ZPO). Disponível em: https://www.gesetze-im-internet.de/bundesrecht/zpo/gesamt.pdf. Acesso em: 2 jan. 2021.

8   PORTUGAL. *Lei de Arbitragem Voluntária.* Lei nº. 63 de 14 de dezembro de 2011. Assembleia da República, 2011. Disponível em: http://www.pgdlisboa.pt/leis/lei_print_articulado.php?tabela=leis&artigo_id=1579A0055 &nid=1579&nversao=&tabela=leis. Acesso em: 13 mar. 2021.

9   BARROCAS, Manuel Pereira. *Manual De Arbitragem.* 2. ed. Coimbra: Almedina, 2013, p. 13.

10   "La connaissance de l'appréhension de l'arbitrage par les législations et les juridictions *étrangères* est toujours enrichissante car elle remet en cause les certitudes de nos schémas personnels et nous invite à les reconsidérer." – "O reconhecimento da adoção da arbitragem pelas legislações e jurisdições estrangeiras é sempre gratificante/ enriquecedora, uma vez que ela coloca em causa as certezas de nossos próprios padrões, nos convidando a reconsiderá-los.". (tradução nossa). MOREAU, Bertrand. *La Lettre de L'AFA – Association For Arbitration,* nº. 19. França: [s.n], Mar./2016. Disponível em:http://www.afa-arbitrage.com/?wysija=-page1=&controller=email&action-view&email_id=212&wysijap=subscriptions. Acesso em: 13 de jan. de 2021.

11   BECKER, Alfredo Augusto. *Teoria GERAL do Direito Tributário.* São Paulo: Saraiva, 1998, p. 10.

12   Lembrando que, para Sasha Calmon Navarro Coêlho, a obrigação tributária é o instrumento que possibilita o crédito tributário. Afirma que o lançamento é mero ato administrativo, não lei. Por esta razão, o lançamento não cria o crédito tributário: "não podendo, pois, criar o crédito a ser pago pelos sujeitos passivos da obrigação". COÊLHO, Sasha Calmon Navarro. *Curso de Direito Tributário brasileiro.* Rio de Janeiro: Forense, 2018, p. 561.

podem ser sim, nos estritos limites legais, objeto de transação tributária, prevista em dispositivos do CTN (art. 156, III, e art. 171)".

Melhor dizendo, como mencionamos em outra oportunidade,[13] os interesses públicos secundários instrumentalizam os interesses públicos primários.[14] Portanto, são disponíveis e arbitráveis. Ademais, por mais que o crédito tributário fosse, de fato, indisponível, como menciona Oswaldo Othon de Pontes Saraiva Filho "nada impede que lei específica do ente titular da competência tributária venha a autorizar a utilização da arbitragem".[15] No caso, bastaria lei para que a arbitragem tributária fosse consolidada no Brasil:

> Se a lei expressamente autorizar a resolução de conflitos tributários por meio da arbitragem, ao contrário de afronta ao interesse público, estaremos diante de forma de sua realização. Não é porque em determinadas sentenças arbitrais os interesses secundários da Administração possam deixar de ser atendidos que haverá mácula ao interesse público. A resolução célere dos conflitos tributários, por árbitros imparciais e com profundo conhecimento técnico, reduzindo a taxa de congestionamento do Poder Judiciário, ao contrário de macular o interesse público, privilegia- o.[16]

Inclusive, com relação ao congestionamento do Poder Judiciário, as execuções fiscais representam 70% do estoque dos processos de execução. São consideradas como as principais responsáveis "pela alta taxa de congestionamento do Poder Judiciário, representando aproximadamente 39% do total de casos pendentes e congestionamento de 87% em 2019".[17] Em entrevista para a revista *ETCO*, Luís Inácio Lucena Adams frisa:

> Jornalista: É verdade que seriam necessários 100 anos para resolver todos os casos de créditos tributários no Brasil, já que cada um dos 600 procuradores dedicados à cobrança da dívida pública é responsável por mais de 5 mil processos judiciais de execução fiscal?
> Adams: Sim. Nós cobramos, em regra, 1% desse estoque por ano. Isso é uma média histórica. Significa que, se não entrasse mais nenhum processo e nós só trabalhássemos com o estoque que já temos levaria 100 anos.
> Jornalista: O que poderia ser feito para resolver esta questão?
> Adams: É preciso criar instrumentos para que o devedor encontre soluções para seu problema, pois às vezes a pessoa quer efetivamente pagar, mas não tem recursos nas condições originais. Vamos tomar como exemplo um funcionário aposentado da Varig. Ele auferia uma renda mensal de R$ 4 mil do fundo de pensão Aeros. Quando a Varig

---

[13] PASINATTO, Ana Paula; VALLE, Maurício Dalri Timm do. Arbitragem tributária: breve análise luso-brasileira. *Revisa Jurídica Luso-Brasileira*, Ano 3 (2017), n. 6, Portugal, p. 1.044.

[14] "os tributos, normalmente instituídos com observância à Constituição e às leis, são exigidos e arrecadados não com o escopo de enriquecer à Administração, mas para que seja possível atender às necessidades públicas, ou seja, aos interesses primários da sociedade[...]". SARAIVA FILHO, Oswaldo Othon de Pontes. A transação e a arbitragem no direito constitucional-tributário brasileiro. *In*: SARAIVA FILHO, Oswaldo Othon de Pontes; GUIMARÃES, Vasco Branco. *Transação e arbitragem no âmbito tributário*. Belo Horizonte: Fórum, 2018, p. 79.

[15] SARAIVA FILHO, Oswaldo Othon de Pontes. A constitucionalidade da nova lei de arbitragem. *Revista Dialética de Direito Tributário*, n. 17, p. 44-48, fev., 1997, p. 44-45.

[16] valle mauricio dalri timm do; pasinatto, ana paula. arbitragem tributária no brasil e o interesse público: um novo mito da caverna? *In*: DOMINGOS, Francisco Nicolau (org.). *Justiça tributária*: um novo roteiro. Lisboa: Rei dos Livros, 2018, p. 298.

[17] Conselho Nacional de Justiça. Justiça em Números 2020, atualizado em 25 de agosto de 2020, p. 150. Disponível em: https://www.cnj.jus.br/wp-content/uploads/2020/08/WEB-V3-Justi%C3%A7a-em-N%C3%BAmeros-2020-atualizado-em-25-08-2020.pdf. Acesso em: 30 out. 2020.

quebrou, passou a receber apenas o benefício do INSS. Se ele devesse o Imposto de Renda, como faria? O modelo de transação surge para tentar resolver essas situações ao permitir que haja uma continuidade no pagamento da dívida.[18]

Para tanto, nesse momento, partindo do método hipotético-dedutivo de Karl Popper,[19] verificaremos a Arbitragem Tributária em Portugal e em Cabo Verde, analisando qual a melhor forma de consolidar a Arbitragem Tributária no Brasil, se por meio de lei estadual, se por meio de lei federal ou, se não há necessidade de legislação. Assim, apreciaremos algumas questões pontuais da Arbitragem Tributária em Portugal, passando pela consolidação da AT em Cabo Verde para que possamos finalizar levantando um possível modelo a ser seguido pelo Brasil. Verificando, inclusive, se a AT é, ou não, praticada em nosso país.

2 Apreciações pontuais da arbitragem tributária em Portugal

Portugal é o País pioneiro da Arbitragem Tributária. Simplesmente, um exemplo a ser seguido por todos os demais países que podem fazê-lo. As revisões críticas permitem o aprimoramento do conhecimento científico. Afinal, como já dizia Karl Popper, todo o conhecimento científico é criado e, principalmente, construído. Eis o intuito nesse momento,[20] realizar considerações sobre questões pontuais que podem melhorar, ainda mais, o instrumento da Arbitragem Tributária. Primeiro, sobre a alteração legislativa de nº 7, publicada no *Diário da República* nº 40/2021, série I, em 26 de fevereiro de 2021. Segundo, sobre a possibilidade de profissionais licenciados em fiscalidade atuarem como árbitros, desde que não ocupem a presidência do tribunal arbitral. Por conseguinte, sobre o caso de impedimento do exercício da função de árbitro. E, por fim, sobre o teto de 10 (dez) milhões de euros para que a matéria tributária possa ser submetida à arbitragem.

A alteração legislativa de nº 7, publicada no Diário da República nº 40/2021, série I, de 26 de fevereiro de 2021, incluiu novidade no art. 7º e no art. 10º do Regime Jurídico da Arbitragem Tributária (RJAT). Interessa-nos, neste momento, a alteração feita no art. 7º. Esse artigo estabelece os requisitos de designação dos árbitros. Entre tais requisitos, temos: i. que os árbitros serão escolhidos entre profissionais com comprovada capacidade técnica, idoneidade moral e sentido de interesse público; ii. que os árbitros devem ser juristas com, pelo menos, 10 (dez) anos de comprovada experiência

---

18 Luís Inácio Lucena Adams, em entrevista para a Revista ETCO – Procurador geral da fazenda defende execução fiscal administrativa. *Revista Consultor Jurídico:* São Paulo, 29 julho 2009. Entrevista concedida a Andréa Assef da Revista *ETCO*. Disponível em: http://www.conjur.com.br/2009-jul-24/procurador-geral-fazenda-defende-execucao-fiscal-administra tiva. Acesso em: 20 jul. 2019, p. 1-3.

19 São os escritos do Autor: POPPER, Karl. *A lógica da pesquisa científica.* São Paulo: Cultrix, 2007; *A miséria do historicismo.* São Paulo: Cultrix, 1980; *A sociedade aberta e seus inimigos.* Belo Horizonte: Itatiaia; São Paulo: Ed. Universidade de São Paulo, 1974; *Búsqueda sin* **término: una autobiografía intelectual.** Madrid: Tecnos, 1977; *Conjecturas e refutações.* Brasília: Editora Universidade de Brasília, 1972; *Mito do contexto*: em defesa da ciência e da racionalidade. Lisboa: Edições 70, 2009; *Os dois problemas fundamentais da teoria do conhecimento.* São Paulo: Unesp, 2013; Popper: *textos escolhidos.* Organização de David Miller. Rio de Janeiro: Contraponto, 2010.

20 Em outro momento, analisamos a Arbitragem Tributária de forma mais minuciosa. Para tanto, recomendamos a leitura: PASINATTO, Ana Paula. Arbitragem tributária: breves considerações sobre o regime português. *Revista Fórum de Direito Tributário – RFDT.* Belo Horizonte, ano 17, n. 101, p. 77-97, set./out. 2019.

profissional no âmbito do Direito Tributário;[21] iii. que, nos casos em que exijam conhecimento especializado de outras áreas que não o Direito Tributário, será designado como árbitro um profissional licenciado, tão somente, em Economia ou em Gestão, com a exigência de que esse árbitro não jurista não atue como árbitro presidente. Por sua vez, o nº 4 do art. 7º dispõe que a lista de árbitros que compõem o CAAD será feita de acordo com as legislações vigentes sobre a Arbitragem Tributária. Entretanto, com a alteração legislativa de nº 7/2021, há previsão expressa determinando que os árbitros integrantes da lista de árbitros presidentes não podem ser designados pelas partes. Parece-nos, com isso, que a alteração acabou por criar outra lista de árbitros. Uma lista de árbitros não presidentes e outra lista de árbitros presidentes. Acreditamos que, para os profissionais que atuam como árbitros, tal alteração não foi vantajosa e, quiçá, acabe por causar confusão entre as partes e os árbitros.

No tocante à possibilidade de profissionais licenciados em fiscalidade atuarem como árbitros, desde que não ocupem a presidência do tribunal arbitral, para o RJAT, não é possível. O Regime Jurídico da Arbitragem Tributária permite, tão somente, licenciados em Gestão ou em Economia. Concordamos com Cláudia Sofia Melo Figueiras ao afirmar que, como Gestão e Economia são áreas próximas à fiscalidade, "não se compreende a não inclusão no Regime Jurídico da Arbitragem Tributária dos licenciados em Fiscalidade e em Contabilidade".[22]

Por sua vez, segundo o Regime Jurídico da Arbitragem Tributária, constituem casos de impedimento do exercício da função de árbitro o profissional que, nos dois anos anteriores ao da sua indicação:

> [...] tenha sido dirigente, funcionário ou agente da administração tributária, membro de órgãos sociais, trabalhador, mandatário, auditor ou consultor do sujeito passivo que seja parte no processo, de entidade que se encontre com aquele em relação de domínio, tal como esta é definida no Código das Sociedades Comerciais, ou de pessoa ou entidade que tenha interesse próprio na procedência da pretensão;
> [...] tenha sido trabalhador, colaborador, membro, associado ou sócio de entidade que tenha prestado serviços de auditoria, consultoria e jurisconsultoria ou advocacia ao sujeito passivo.

Entretanto, para Rui Ribeiro Pereira,[23] esse período deveria ser de cinco anos, não de dois anos. É o que entende, também, Jorge Lopes de Sousa.[24] O autor explica que, para ele, o período de dois anos previsto em Portugal não assegura distanciamento suficiente para afastar suspeições, afinal "a possibilidade de intervir como árbitro quem

---

[21] Ressaltamos: Essa experiência profissional pode ser comprovada tanto por meio do exercício de funções públicas na área do Direito Tributário, como da magistratura, da advocacia, de consultoria e jurisconsultoria, inclusive da docência no ensino superior ou de pesquisas relevantes no âmbito do Direito Tributário. PORTUGAL. Decreto-Lei nº. 10, de 20 de janeiro de 2011. *Regime Jurídico da Arbitragem Tributária* (RJAT). Disponível em: https://www.pwc.pt/pt/pwcinforfisco/codigos/rjat.html. Acesso em: 14 mar. 2021.

[22] FIGUEIRAS, Cláudia Sofia Melo. *Justiça tributária*. Coimbra: Almedina, 2018, p. 322.

[23] PEREIRA, Rui Ribeiro. Breves notas sobre o regime da arbitragem tributária. *In:* FONSECA, Isabel Celeste Monteiro da. *A arbitragem administrativa e tributária*: problemas e desafios. Coimbra: Almedina, 2012, p. 198; SOUSA, Jorge Lopes de. Algumas Notas sobre o regime da arbitragem tributária. *In:* FONSECA, Isabel Celeste Monteiro da. *A arbitragem administrativa e tributária*: problemas e desafios. Coimbra: Almedina, 2012, p. 128.

[24] SOUSA, 2012, p. 128.

há mais de dois anos teve relações de trabalho ou prestação de serviço com os sujeitos passivos, causa alguma perplexidade".[25]

Por fim, a Portaria nº 112-A, de 22 de março de 2011, prevê, em seu art. 3º, nº 1, a limitação de litígios com valor não superior a 10 milhões de euros.[26] Francisco Nicolau Domingos considera sem sentido a limitação imposta pelo legislador no tocante a dez milhões de euros. Concordamos com o autor ao mencionar que "não deve ser imposta qualquer limitação quantitativa à vinculação da administração tributária". Afinal, um dos objetivos da Arbitragem Tributária é a celeridade e a elevada especialização dos membros do tribunal arbitral. Logo, "nenhum sentido faz limitar a vinculação da administração às disputas com valor inferior a E 10.000.000,00". Até mesmo pelo fato de os litígios com valor mais elevado serem complexos tanto quanto os que são analisados pela arbitragem tributária.[27]

3 Notas sobre a arbitragem tributária de Cabo Verde[28]

Após 5 (cinco) anos da consolidação da Arbitragem Tributária em Portugal, ela foi, também, consolidada em Cabo Verde, país da África, exatamente no dia 28 de janeiro do ano de 2016, por meio da Lei de nº 108/VIII.[29] O conceito da Arbitragem Tributária nesse país é o mesmo de Portugal, qual seja: "meio alternativo de resolução jurisdicional de conflitos em matéria tributária".[30] Entretanto, assim como prefere Luiz Dias Martins Filho, Luís Inácio Lucena Adams[31] e Francisco Nicolau Domingos,[32] vale mencionarmos que preferimos também tratar, neste trabalho, como meios complementares de resolução de conflitos tributários. Concordamos com Francisco Nicolau Domingos ao mencionar que os meios alternativos de resolução de conflitos "são indiscutivelmente

---

[25] *Ibid.*

[26] PORTUGAL. *Portaria n. 112-A, de 22 de março de 2011*. Disponível em: https://www.pgdlisboa.pt/leis/lei_mostra_articulado.php?nid=1415&tabela=leis&so_miolo=. Acesso em: 1 fev. 2021.

[27] DOMINGOS, Francisco Nicolau. Estrutura do Centro de Arbitragem Administrativa (CAAD): Funcionamento, Escolha dos Árbitros e Limites Institucionais. *In*: PISCITELLI, Tathiane; et.al. *Arbitragem tributária*: desafios institucionais brasileiros e a experiência portuguesa. São Paulo: Thomson Reuters Brasil, 2018, p. 73.

[28] Conhecida, oficialmente, por República de Cabo Verde. Trata-se de um país Insular com quase 600 mil habitantes. Sua localização: aproximadamente, 600 quilômetros da África Ocidental.

[29] É importante destacarmos que, apesar da existência dos enunciados prescritivos, apenas o Conselho Diretivo está completamente formado e fechado em Cabo Verde. O Presidente será António Pedro Tavares Silva e os vogais serão o Nataniel Lima Barros e Cremilda Lopes Carvalho. Ou seja, a Arbitragem Tributária ainda não está em prática neste País. Como veremos, também devem ser completamente formados tanto o Conselho Fiscal, como o Conselho Deontológico. Recomendamos o acompanhamento das notícias publicadas constantemente pelo Governo de Cabo Verde em: https://www.governo.cv/centro-de-arbitragem-tributaria-ja-tem-conselho-diretivo/. Acesso em: 9 mar. 2021.

[30] Art. 1. CABO VERDE. Lei n. 108/VIII, de 28 de janeiro de 2016. *Boletim Oficial*. I Série, n. 5, p. 172. O presente diploma estabelece o regime de arbitragem como meio alternativo de resolução jurisdicional de conflitos em matéria tributária.

[31] MARTINS FILHO, Luiz Dias; ADAMS, Luís Inácio Lucena. A transação no Código Tributário Nacional (CTN) e as novas propostas normativas de lei autorizadora. *In*: SARAIVA FILHO, Oswaldo Othon de Pontes; GUIMARÃES, Vasco Branco. *Transação e arbitragem no âmbito tributário*. Belo Horizonte: Fórum, 2018, p. 34-35.

[32] DOMINGOS, Francisco Nicolau. *Os métodos alternativos de resolução de conflitos tributários*. Porto Alegre: Núris Fabris Ed., 2016, p. 355.

meios de acesso à Justiça e, como tal, poder-se-á igualmente designá-los como meios complementares de resolução de litígios".[33]

Em Cabo Verde, nos primeiros cinco anos, a contar da entrada em vigor da Lei de nº 108/VIII, a arbitragem apenas é admissível nas causas inferiores ao valor de dez milhões de escudos, o equivalente a, aproximadamente, R$600.000,00 (seiscentos mil reais). Decorrido o prazo dos primeiros cinco anos a contar da entrada em vigor da Lei de nº 108/VIII, não será admissível a arbitragem para causas com montantes superiores a vinte milhões de escudos, aproximadamente R$1.200.000,00 (um milhão e duzentos mil reais).

Em Portugal, dependendo da complexidade, vontade da parte e do valor da causa, a arbitragem tributária pode ser conduzida por árbitro único. Já em Cabo Verde, não há essa possibilidade. O tribunal arbitral deverá ser composto por três árbitros, além de seguir o direito constituído, não sendo permitida a equidade. Ou seja, cada uma das partes poderá designar um árbitro. Entretanto, o terceiro árbitro deverá ser designado pelos dois árbitros escolhidos pelas partes. Se os árbitros não acordarem na escolha do árbitro presidente, competirá ao Conselho Deontológico essa escolha. Basta, para tanto, o pedido de um ou de ambos os árbitros.

Outro ponto que merece a nossa atenção é a imparcialidade do tribunal arbitral. Para tentar evitar, além do Regime Jurídico da Arbitragem Tributária de Portugal e de Cabo Verde solicitarem comprovada idoneidade moral, também exigem dois anos de afastamento de quaisquer das partes. Nas palavras da Lei nº 108/VIII, de 28 de janeiro de 2016:

> 2. Constituem casos de impedimento específico do exercício da função de árbitro quando:
> a) Nos dois anos anteriores ao da sua indicação como árbitro, a pessoa designada tenha sido dirigente, funcionário ou agente da Administração Tributária;
> b) A pessoa designada tenha sido, nos últimos dois anos, membro de órgãos sociais, trabalhador, mandatário, auditor ou consultor do sujeito passivo que seja parte no processo, de entidade que se encontre com aquele em relação de domínio, ou de pessoa ou entidade que tenha interesse próprio na procedência da pretensão; [...][34]

Entretanto, como verificamos, a doutrina portuguesa tem criticado o requisito mínimo de dois anos, com sugestão para cinco anos.[35]

Em Portugal, as arbitragens em matéria tributária acontecem no denominado Centro de Arbitragem Administrativa (CAAD), com sede em Lisboa. Cabo Verde, por sua vez, também possui previsão para tanto. Nesse país, o local a serem realizadas as arbitragens em matéria tributária denomina-se por Centro De Arbitragem Tributária (CAT) e tem sede na cidade da Praia.

---

[33] DOMINGOS, 2016, p. 355.

[34] Art. 9, n. 2. CABO VERDE. Lei n. 108/VIII, de 28 de janeiro de 2016. *Boletim Oficial*. I Série, n. 5, p. 172. O presente diploma estabelece o regime de arbitragem como meio alternativo de resolução jurisdicional de conflitos em matéria tributária.

[35] PEREIRA, Rui Ribeiro. Breves Notas sobre o Regime da Arbitragem Tributária. *In:* FONSECA, Isabel Celeste Monteiro da. A arbitragem administrativa e tributária: problemas e desafios. Coimbra: Almedina, 2012, p. 198; SOUSA, Jorge Lopes de. Algumas Notas Sobre o Regime da Arbitragem Tributária. *In:* FONSECA, Isabel Celeste Monteiro da. *A arbitragem administrativa e tributária:* problemas e desafios. *Coimbra:* Almedina, 2012, p. 128.

O CAT foi criado pelo Decreto-Lei nº 25, de 24 de maio de 2018. Sem fins lucrativos, é uma "pessoa coletiva pública", autônoma, tanto administrativa, como financeira e patrimonialmente. Sua função é, tão somente, promover a resolução dos litígios relativos a Direito Tributário conforme o Regime Jurídico da Arbitragem Tributária de Cabo Verde.[36]

Para tanto, é composto de Conselho Diretivo, Conselho Fiscal e Conselho Deontológico, tal como em Portugal. Os mandatos dos seus integrantes totalizam 3 (três) anos. Sendo que o Presidente do Conselho Diretivo será nomeado por meio de despacho, pelos membros governamentais das áreas da Justiça e das Finanças. Mas, para que possa ser nomeado, deverá cumprir os seguintes requisitos: i. ser nacional; ii. ser da área do Direito, da Gestão ou da Economia; iii. ter, pelo menos, 10 (dez) anos de experiência prática na referida área profissional.[37] Lembrando que, junto com a nomeação do Presidente, serão nomeados, igualmente, dois vogais para compor o Conselho Diretivo. Inclusive, para que o CAT seja obrigado a algo, deverá haver assinatura conjunta do Presidente do Conselho Diretivo e de um de seus vogais.[38]

A importância desse Conselho Diretivo se deve ao fato de que restará responsável por: i. assegurar tanto a gestão, como a representação do Centro de Arbitragem Tributária; ii. aprovar quaisquer planos de atividades, propostas de orçamento, eventuais relatórios e as próprias contas; iii. propor ao Governo a criação de delegações necessárias do CAT; iv. aprovar o próprio regulamento que determinará o seu funcionamento; v. exercer todas as demais competências que se apresentarem no regulamento do CAT e; vi. elaborar a lista dos árbitros dos tribunais que forem designados pelo CAT.

Sobre a quarta e quinta responsabilidades, temos, nesse momento, uma revisão crítica a fazer. Estranhamos o fato de ser o Conselho Diretivo detentor da responsabilidade de aprovar o próprio regulamento determinando o seu funcionamento e, ao mesmo tempo, esse regulamento conter competências específicas do CAT. Melhor dizendo, estranhamos o fato de o CAT se autorregular, conforme prevê o art. 4º, nº 3 do Decreto-Lei nº 25, de 24 de maio de 2018.[39] Afinal, o Conselho Diretivo é formado por um Presidente e dois vogais, que são nomeados por despacho, e não eleitos por voto popular. E esse mesmo Conselho Diretivo aprova o seu próprio regulamento de funcionamento. Parece-nos um tanto delicado. Quiçá, o melhor seria um corpo de, pelo menos, 5 (cinco) profissionais nomeados por despacho para compor o Conselho Diretivo. Ou, ainda, que a aprovação do seu funcionamento se desse por outro órgão que não por seu Presidente.

Até mesmo pelo fato de o Presidente do Conselho Diretivo já ter outras inúmeras responsabilidades. Entre elas, inclusive, estão: i. executar as deliberações e recomendações do Conselho Diretivo; ii. coordenar todos os serviços que respeitem ao CAT;

---

[36] Art. 3. CABO VERDE. Decreto-Lei n. 25, de 24 de maio de 2018. *Boletim Oficial*. I Série, n. 32, p. 710. O presente diploma cria o Centro de Arbitragem Tributária, doravante designado CAT, e aprova os respectivos Estatutos.

[37] Art. 4. CABO VERDE. Decreto-Lei n. 25, de 24 de maio de 2018. *Boletim Oficial*. I Série, n. 32, p. 710. O presente diploma cria o Centro de Arbitragem Tributária, doravante designado CAT, e aprova os respectivos Estatutos.

[38] Art. 5, n.s. 1 e 5. CABO VERDE. Decreto-Lei n. 25, de 24 de maio de 2018. *Boletim Oficial*. I Série, n. 32, p. 710. O presente diploma cria o Centro de Arbitragem Tributária, doravante designado CAT, e aprova os respectivos Estatutos.

[39] Art. 4, n. 3. CABO VERDE. Decreto-Lei n. 25, de 24 de maio de 2018. *Boletim Oficial*. I Série, n. 32, p. 710. O presente diploma cria o Centro de Arbitragem Tributária, doravante designado CAT, e aprova os respectivos Estatutos.

iii. assegurar o cumprimento dos objetivos e das estratégias do CAT, focando no seu bom funcionamento; iv. caso necessário, recrutar profissionais; v. propor eventuais alterações tanto ao regulamento do CAT, como ao regulamento de encargos processuais; vi. propor a composição da lista de árbitros, após o crivo do Conselho Deontológico.

Agora, o Conselho Fiscal, por sua vez, pode do mesmo modo ser denominado por Fiscal Único. Assim como o Conselho Diretivo, também será composto por um Presidente e dois vogais. Tudo o que for submetido pelo Conselho Diretivo, será o Conselho Fiscal quem deverá emitir parecer, inclusive sobre o relatório de balanço. Para tanto, os profissionais a comporem tais cargos no Conselho Fiscal devem preencher os seguintes requisitos: i. deve ser contabilista ou auditor certificado e; ii. deve ser nomeado "pelo membro do Governo responsável pela *área* das Finanças".[40]

Por sua vez, o Conselho Deontológico segue rito mais restrito. É composto, também, por um Presidente e dois vogais. Entretanto, eles são nomeados de forma diferente da nomeação feita no Conselho Diretivo e no Conselho Fiscal. No Conselho Deontológico, o Presidente será um Juiz de algum dos Tribunais Superiores, devendo ser nomeado pelo Conselho Superior de Magistratura Judicial. Os dois vogais, por sua vez, serão nomeados da seguinte forma: i. o primeiro vogal será um Procurador da República com, pelo menos, 15 (quinze) anos de experiência, devendo ser nomeado pelo Conselho Superior do Ministério Público e; ii. o segundo vogal será um advogado com, pelo menos, 15 (quinze) anos de experiência, devendo ser nomeado pela Ordem dos Advogados de Cabo Verde.

A principal função do Conselho Deontológico é a eventual necessidade de designação de árbitros, quando solicitado pelo Conselho Diretivo. Especialmente quando não houver acordo entre os árbitros sobre a designação do árbitro presidente perante a lista de árbitros do CAT. Vale ressaltar que essa lista de árbitros deve ser composta por profissionais de comprovada capacidade técnica, idoneidade moral e sentido de interesse público. Para além, devem ser profissionais com comprovada experiência na arbitragem, formados em arbitragem ou, ainda, licenciados, pós-graduados ou mestres nas áreas de direito, economia, gestão, contabilidade, auditoria e fiscalidade. Se o profissional se enquadrar nesse último caso, deverá atingir a classificação mínima de "Bom" no "curso para juízes *árbitros* reconhecido por despacho conjunto dos ministros responsáveis pelas *áreas* da justiça e das finanças".[41] Inclusive, diferentemente de Portugal, Cabo Verde permite árbitros licenciados em fiscalidade. O que, parece-nos, faz todo o sentido. Afinal, como defende Paulo Núncio, os profissionais ligados à área da fiscalidade, assim como os juristas, também possuem capacidade para realizar a análise de matérias técnicas complexas, com elevado grau de especialização.[42] Colaborando, inclusive, com os resultados esperados por Cabo Verde, com a instalação do Centro de

---

[40] Art. 7, n. 3. CABO VERDE. Decreto-Lei n. 25, de 24 de maio de 2018. *Boletim Oficial*. I Série, n. 32, p. 710. O presente diploma cria o Centro de Arbitragem Tributária, doravante designado CAT, e aprova os respectivos Estatutos.

[41] Art. 8, n. 2, alínea c). CABO VERDE. Lei n. 108/VIII, de 28 de janeiro de 2016. *Boletim Oficial*. I Série, n. 5, p. 172. O presente diploma estabelece o regime de arbitragem como meio alternativo de resolução jurisdicional de conflitos em matéria tributária.

[42] NÚNCIO, Paulo. A arbitragem em Direito Tributário: traços gerais. *In:* CAMPOS, Diogo José Paredes Leite de. FERREIRA, Eduardo Paz (com. Org.). *A arbitragem em direito tributário:* I Conferência Associação Ibero-Americana de Arbitragem Tributária (AIBAT)/Instituto de Direito Econômico, Financeiro e Fiscal (IDEFF). Coimbra: Almedina, 2010, p. 63-71.

Arbitragem Tributária (CAT). Vale ressaltar que esses resultados se resumem em três: i. celeridade processual; ii. eficiência; iii. boa administração do tempo. Afinal, assim como no Brasil, a morosidade processual tem marcado negativamente não apenas os contribuintes, mas também os investidores.

4 Arbitragem tributária no Brasil: possível modelo a ser seguido

Concordarmos com Marcelo Ricardo Escobar no tocante à necessidade de complementação no art. 156 do CTN,[43] que trata sobre as formas de extinção do crédito tributário. Menciona o autor: *"A arbitragem é hipótese clara de extinção do crédito tributário no bojo do próprio CTN".*[44] De fato, realmente, é. Afinal, como bem explica o autor, há, no inciso X[45] do art. 156 do CTN a possibilidade de extinção do crédito tributário por meio de decisão judicial passada em julgado. Ora, se a Lei de Arbitragem brasileira, em seu art. 31,[46] e o Código de Processo Civil, no inciso VII do art. 515,[47] "equiparam a sentença arbitral ao título executivo judicial, ou seja, *à* decisão judicial transitada em julgado",[48] não há que se falar que o CTN não permite a extinção do crédito tributário por meio da sentença arbitral. Afinal, encontramos a permissão no próprio teor do inciso X do seu art. 156.

Acreditamos também que é desnecessário e, para além, arriscado repetir o que consta na Lei de Arbitragem brasileira nº 9.307, de 23 de setembro de 1996, em eventual Lei Ordinária da Arbitragem Tributária. Entretanto, consideramos relevante que haja, pelo menos, um regulamento geral sobre a Arbitragem Tributária no Brasil. Evitando que os Estados, como o Estado de Mato Grosso,[49] criem suas próprias leis. Correndo o risco de a arbitragem tributária ser consolidada de diferentes formas no Brasil. Poderíamos mencionar que, tal cenário, estaria mais para o novo "carnaval tributário" de Alfredo

---

[43] "Art. 156. Extinguem o crédito tributário: I – o pagamento; II – a compensação; III – a transação; IV – remissão; V – a prescrição e a decadência; VI – a conversão de depósito em renda; VII – o pagamento antecipado e a homologação do lançamento nos termos do disposto no artigo 150 e seus §§1º e 4º; VIII – a consignação em pagamento, nos termos do disposto no §2º do artigo 164; IX – a decisão administrativa irreformável, assim entendida a definitiva na órbita administrativa, que não mais possa ser objeto de ação anulatória; X – a decisão judicial passada em julgado. XI – a dação em pagamento em bens imóveis, na forma e condições estabelecidas em lei. (Incluído pela Lcp *nº 104, de 2001*) (*Vide Lei nº 13.259, de 2016*) *Parágrafo único. A lei disporá quanto aos efeitos da extinção total ou parcial do crédito sobre a ulterior verificação da irregularidade da sua constituição, observado o disposto nos artigos 144 e 149.".*

[44] ESCOBAR, Marcelo Ricardo. *Arbitragem tributária no Brasil.* São Paulo: Almedina, 2017, p. 232.

[45] "X – a decisão judicial passada em julgado.". BRASIL. *Código Tributário Nacional.* Lei n. 5.172, de 25 de outubro de 1966. Disponível em: www.planalto.gov.br/ccivil_03/leis/l5172compilado.htm. Acesso em: 5 fev. 2021.

[46] "Art. 31. A sentença arbitral produz, entre as partes e seus sucessores, os mesmos efeitos da sentença proferida pelos órgãos do Poder Judiciário e, sendo condenatória, constitui título executivo." BRASIL. *Lei nº 9.307/96.* Dispõe sobre a arbitragem. Brasília, DF, 23 de setembro de 1996. Disponível em: https://legislacao.presidencia. gov.br/atos/?tipo=LEI&numero=9307&ano=1996&ato=121IzZq1UMJpWT25d. Acesso em: 29 jan. 2021.

[47] "Art. 515. São títulos executivos judiciais, cujo cumprimento dar-se-á de acordo com os artigos previstos neste Título: [...] VII – a sentença arbitral;". BRASIL. Código de Processo Civil. Lei nº. 13.105, de 16 de março de 2015. Disponível em: http://www.planalto.gov.br/ccivil_03/_ato2015-2018/2015/lei/l13105.htm. Acesso em: 13 mar. 2021.

[48] ESCOBAR, *op. cit.*, p. 232.

[49] BRASIL. *Projeto de Lei nº. 231/2020.* Estabelece a Arbitragem em matéria tributária no Estado de Mato Grosso. Protocolo nº. 3.754/2020. Processo nº. 831/2020, de autoria do Deputado Estadual Xuxu Dal Molin. Disponível em: https://www.al.mt.gov.br/proposicao/cpdoc/80652/visualizar. Acesso em: 31 jan. 2021.

Augusto Becker.[50] Afinal, diferentes formas de arbitragem tributária passariam a existir. Portanto, resta inviável a criação de eventuais regulamentos pelos próprios Estados.

Parece-nos que o mais aconselhável é, de fato, Lei Federal versando sobre o assunto. Tratando, por exemplo: i. sobre a confidencialidade, ou não, da Arbitragem Tributária; ii. como será a escolha dos árbitros; iii. quem serão os árbitros; iv. quais serão as custas; v. sendo arbitragem institucional, como será o credenciamento das Câmaras; vi. quais serão os requisitos para o credenciamento das Câmaras; vii. sobre a questão da suspensão, ou não, da exigibilidade do crédito tributário; viii. quanto tempo o contribuinte terá para manifestar a sua vontade; ix. como o contribuinte manifestará a sua vontade, entre outras questões.

Quiçá, sobre essas últimas questões, para que o contribuinte pudesse manifestar a sua vontade pela arbitragem, poderia o Fisco enviar uma espécie de carta, com o prazo de 10 (dez) dias úteis. Sendo que a não resposta do Contribuinte acarretaria, consequentemente, a proposição das medidas tradicionalmente cabíveis pelo Fisco.

Acreditamos que, considerando o direito dos contribuintes ao acesso à justiça, não há que se retirar a possibilidade de o contribuinte tentar resolver os seus litígios na via administrativa (CARF), antes de ir para a via arbitral. Ou seja, concordamos com a possibilidade de o contribuinte tentar a via administrativa antes da arbitragem tributária. Entretanto, não concordamos com a possibilidade de o contribuinte tentar a via judicial antes da via arbitral. A partir do momento em que o contribuinte manifesta a vontade de resolver o seu conflito mediante a arbitragem tributária, automaticamente opta pela AT ao invés do Poder Judiciário. Inclusive, parece-nos que tal escolha é definitiva.

Igualmente, não estamos de acordo com a recorribilidade da sentença arbitral tributária. Se, eventualmente, não possuírem o caráter de irrecorribilidade, vedaremos uma das principais vantagens desse meio complementar de resolução de conflitos, que é a celeridade. Lembrando: celeridade para os contribuintes que querem resolver os seus conflitos de forma imediata, não para aqueles em que a morosidade do Poder Judiciário lhes é favorável.

4.1 CCAF: existência da arbitragem tributária no Brasil?

Em 27 de setembro de 2007, pelo Ato Regimental nº 5, nasceu a Câmara de Conciliação e Arbitragem da Administração Pública Federal (CCAF), unidade da Consultoria-Geral da União (CGU), que é órgão de direção superior da Advocacia-Geral da União (AGU). A CCAF teve origem para efetivar o que estabelece a Medida Provisória nº 2.180-35/2001, em seu art. 11, parágrafo único: "incumbirá ao Advogado-Geral da União adotar todas as providências necessárias ao deslinde, na seara administrativa, de controvérsias de natureza jurídica instauradas entre entidades da Administração Federal indireta, ou entre tais entes e a União".

---

[50] BECKER, Alfredo Augusto. *Carnaval tributário*. 2. ed. São Paulo: LEJUS, 1999, p. 13-151.

É a Portaria da AGU de nº 1.281, de 27 de setembro de 2007, que regulamenta o deslinde das controvérsias entre órgãos e entidades da Administração Federal. Seja por conciliação, seja por arbitramento.[51]

No ano de 2012, a CCAF publicou a terceira edição da sua cartilha. O intuito, com ela, era esclarecer a atuação da CCAF. À época, o Advogado-Geral da União era Luís Inácio Lucena Adams, enquanto o Consultor-Geral da União era Arnaldo Sampaio de Moraes Godoy. Logo no início da cartilha publicada, quando busca conceituar os termos utilizados pela Câmara de Conciliação e Arbitragem da Administração Pública Federal, verificamos que o termo "Arbitragem", em verdade, "não se trata da mesma arbitragem prevista na Lei *nº* 9.307, de 23.09.1996 (Lei de Arbitragem)".[52]

No ano de 2016, em entrevista realizada no âmbito da Universidade de Brasília, a então Diretora do Departamento de Informações Jurídico-Estratégicas (DEINF) da CGU, Sávia Maria Leite Rodrigues Gonçalvez, afirmou que, "caso a tentativa de auto-composição seja frustrada, os interessados na controvérsia não só podem, como devem recorrer ao Poder Judiciário para resolvê-la. O que a autocomposição no *âmbito* da CCAF faz *é* uma tentativa de desafogamento do Poder Judiciário [...]".[53]

O Decreto-Lei nº 7.392, de 13 de dezembro de 2010, alterada parte de sua redação pelo Decreto-Lei nº 7.526, de 15 de julho de 2011, define a estrutura da CCAF e prescreve, em seu art. 18, algumas de suas competências. Entre elas:

> Art. 18. A Câmara de Conciliação e Arbitragem da Administração Federal compete:
> I – avaliar a admissibilidade dos pedidos de resolução de conflitos, por meio de conciliação, no âmbito da Advocacia-Geral da União;
> II – requisitar aos órgãos e entidades da Administração Pública Federal informações para subsidiar sua atuação;
> III – dirimir, por meio de conciliação, as controvérsias entre órgãos e entidades da Administração Pública Federal, bem como entre esses e a Administração Pública dos Estados, do Distrito Federal, e dos Municípios;
> IV – buscar a solução de conflitos judicializados, nos casos remetidos pelos Ministros dos Tribunais Superiores e demais membros do Judiciário, ou por proposta dos órgãos de direção superior que atuam no contencioso judicial;
> V – promover, quando couber, a celebração de Termo de Ajustamento de Conduta nos casos submetidos a procedimento conciliatório;
> VI – propor, quando couber, ao Consultor-Geral da União o arbitramento das controvérsias não solucionadas por conciliação; e
> VII – orientar e supervisionar as atividades conciliatórias no âmbito das Consultorias Jurídicas nos Estados.

---

[51] "Art. 1º. O deslinde, em sede administrativa, de controvérsias de natureza jurídica entre órgãos e entidades da Administração Federal, por meio de conciliação ou arbitramento, no âmbito da Advocacia-Geral da União, far-se-á nos termos desta Portaria." BRASIL. Portaria AGU nº. 1.281, de 27 de setembro de 2007. Disponível em: https://www.legisweb.com.br/legislacao/?id=204064. Acesso em: 30 jan. 2021.

[52] BRASIL. *Cartilha da Câmara de Conciliação e Arbitragem da Administração Pública Federal*. 3. ed. 2012, p. 13. Disponível em: https://www.gov.br/agu/pt-br/composicao/consultoria-geral-da-uniao-1/arquivos/Cartilhada CamaradeConciliacaoeArbitragemdaAPF.pdf. Acesso em: 30 jan. 2021.

[53] AFFONSO, Andressa Kellen Lauriano Lucio. Autocomposição de conflitos na Administração Pública: um estudo sobre a atuação da Câmara de Conciliação e Arbitragem da Administração Federal. *Repositório de monografias da UNB*. Brasília, 2016. Disponível em: https://bdm.unb.br/bitstream/10483/14763/1/2016_ AndressaKellenLaurianoLucioAffonso_tcc.pdf. Acesso em: 30 jan. 2021.

O inciso VI do mencionado art. 18 deixa claro que compete à CCAF "propor, quando couber, ao Consultor-Geral da União o arbitramento das controvérsias não solucionadas por conciliação". O "arbitramento" mencionado retrata a autocomposição, enquanto a "arbitragem" retrata a heterocomposição. Ou seja, de acordo com a cartilha, a CCAF realiza, em verdade, autocomposições, como a conciliação e o arbitramento. A arbitragem heterocompositiva da Lei de Arbitragem nº 9.307, de 23 de setembro de 1996, está automaticamente fora da alçada estabelecida pelo Decreto-Lei nº 7.392/2010, que rege as competências da CCAF.

Há um parecer que, por motivos que acreditamos não coincidirem com o que será, aqui, reforçado por ele, não temos notícias sobre o seu efeito vinculativo, ou seja, a sua aprovação pelo Advogado-Geral da União e publicação, nos moldes elencados pelos arts. 40 e 41 da Lei Complementar de nº 73, de 10 de fevereiro de 1993. Mas a parte que destacaremos de seu inteiro teor coincide com o preconizado pela cartilha publicada e, também, com a forma autocompositiva de resolução de conflitos privilegiada no texto da Portaria nº 1.281/2007:

> Por estas razões, consideramos que a CCAF, malgrado conter no seu título o termo arbitragem, não tem competência para o exercício de jurisdição. A CCAF é o órgão, concebido por excelência e por essência, para atuar na resolução consensual de conflitos, ou seja, para colocar em prática técnicas autocompositivas de pacificação sem intervenção judicial ou jurisdicional. Esse modelo não somente objetiva a "desjudicialização" dos conflitos, mas também visa a pacificação das contendas com maior eficiência. Acreditamos que a autocomposição, na maioria dos casos, é a forma mais eficaz e mais abrangente de pacificação do conflito; e às vezes, a depender do conflito, é a única forma de se obter uma solução viável. Por esta razão, consideramos desnecessário atribuir à CCAF uma competência que difere totalmente de sua essência autocompositiva.
> [...]
> b) A CCAF não é uma câmara de arbitragem e aos seus processos não se aplica a Lei 9.307/1996;[54]

Por outro lado, se considerarmos que a CCAF realiza a heterocomposição de litígios, tratando, sim, de "arbitragem" e não de "arbitramento", poderíamos mencionar que temos vigente um exemplo de Arbitragem Tributária no Brasil. Mas, com isso, para a Advogada da União e Coordenadora Geral da CCAF, Kaline Santos Ferreira, corremos dois perigos: i. a necessidade de submeter a sentença arbitral ao Advogado-Geral da União para, só assim, se tornar título executivo, vai contra o que preconiza a LArb. em seu arts. 18 e 31[55]; ii. modelo de dualidade de jurisdição.

---

[54] BRASIL. Advocacia-Geral da União. Consultoria-Geral da União. Câmara de Conciliação e Arbitragem da Administração Federal. PARECER nº 00001/2019/CCAF/CGU/AGU. NUP: 00791.000023/2015-40. Interessados: Artur Roberto Couto e outros. Assuntos: Nomeação. Assinado em 20 de março de 2019, por Kaline Santos Ferreira, Advogada da União e Coordenadora Geral da CCAF.

[55] Lei de Arbitragem, n. 9.307, de 23 de setembro de 1996: "Art. 18. O árbitro é juiz de fato e de direito, e a sentença que proferir não fica sujeita a recurso ou a homologação pelo Poder Judiciário." e "Art. 31. A sentença arbitral produz, entre as partes e seus sucessores, os mesmos efeitos da sentença proferida pelos órgãos do Poder Judiciário e, sendo condenatória, constitui título executivo. [...] Art. 31. A sentença arbitral produz, entre as partes e seus sucessores, os mesmos efeitos da sentença proferida pelos órgãos do Poder Judiciário e, sendo condenatória, constitui título executivo.".

Sobre o primeiro ponto, não queremos mencionar, aqui, apenas sobre a sentença arbitral não depender de homologação pelo Poder Judiciário. Afinal, por uma interpretação restritiva, poderíamos dizer que o art. 18 da Lei de Arbitragem não veda a necessidade de submeter a sentença arbitral ao Advogado-Geral da União. A responsabilidade da Advocacia-Geral da União é a defesa judicial do Estado Federal, "isto é, pela representação em juízo dos Poderes Legislativo, Executivo e Judiciário, bem como também é responsável pela orientação jurídica do Poder Executivo".[56] Mas, parece-nos que submeter a sentença arbitral ao crivo do Advogado-Geral da União, no mínimo, desestruturaria o instituto como um todo, especialmente no tocante à segurança jurídica. Nas palavras de Kaline Santos Ferreira: "fere a lei de arbitragem que preconiza a suficiência da decisão arbitral. Manifestação acerca de validade de um ato tem natureza de homologação e as sentenças arbitrais não podem depender de homologação sob pena de desnaturarem o instituto".[57] Por sua vez, a respeito do segundo ponto, comenta Kaline Santos Ferreira:

> [...] a legitimidade de um agente/órgão integrante do Poder Executivo exercer competência própria do Poder Judiciário merece uma análise mais acurada. Não se trata aqui de exercício de jurisdição privada expressamente regulamentada pela Lei 9.307/1996 e reconhecida pelo Código de Processo Civil, nas ações que versem sobre direito patrimonial disponível. Nesse caso específico, pretende-se criar de uma Câmara Federal, sediada na AGU, de natureza pública, portanto, exercendo função arbitral. O que temos é um projeto de criar uma jurisdição pública não exercida pelo Poder Judiciário e sim pelo Poder Executivo. Aproxima-se tal modelo, não da arbitragem prevista na Lei 9.307/1996, mas sim, da dualidade de jurisdição existente em alguns países, que autorizam esse modelo, a exemplo da França, com seus Tribunais Administrativos.
> 21. A dualidade de jurisdição somente foi adotada no Brasil durante o período colonial. A partir de 1891 foi adotado o modelo Anglo-Saxônico, onde os tribunais judiciários têm plenitude de competência. Desta forma, o exercício de função jurisdicional por um órgão público externo ao Poder Judiciário, nos remete a esse modelo de dualidade de jurisdição, de implantação de uma justiça administrativa, e não de uma jurisdição privada fundamentada na nossa Lei de Arbitragem.[58]

O que nos leva a acreditar, nesse momento, que a CCAF não realiza a Arbitragem Tributária (heterocompositiva), e sim o arbitramento tributário (autocompositivo). Melhor dizendo, a Câmara de Conciliação e Arbitragem da Administração Pública Federal coloca em prática a autocomposição que, consequentemente, não contempla a Arbitragem da Lei nº 9.307/1996.

---

56   ANAUMI, Associação Nacional dos Advogados da União. AGU – Função Essencial à Justiça. Disponível em: https://www.anauni.org.br/agu-funcao-essencial-a-justica/. Acesso em: 29 jan. 2021.

57   BRASIL. Advocacia-Geral da União. Consultoria-Geral da União. Câmara de Conciliação e Arbitragem da Administração Federal. PARECER nº 00001/2019/CCAF/CGU/AGU. NUP: 00791.000023/2015-40. Interessados: Artur Roberto Couto e outros. Assuntos: Nomeação. Assinado em 20 mar. 2019, por Kaline Santos Ferreira, Advogada da União e Coordenadora Geral da CCAF.

58   Id. nota 59.

5 Palavras finais

Partimos do método hipotético-dedutivo de Karl Popper[59] e verificamos questões específicas que podem ser melhoradas na Arbitragem Tributária. Seja em Portugal, seja no modelo brasileiro. Verificamos, inclusive, como se deu a consolidação da Arbitragem Tributária em Cabo Verde. Buscando resumir, podemos mencionar que esta pesquisa chegou às seguintes conclusões:

1. A alteração legislativa de nº 7, publicada no *Diário da República* nº 40/2021, série I, em 26 de fevereiro de 2021, não deveria ter acrescentado disposição no art. 7º do RJAT. Afinal, acabou por ocasionar certa confusão entre as listas de árbitros e, possivelmente, acabou por criar outra lista de árbitros, a lista de árbitros presidentes;

2. Assim como em Cabo Verde, em Portugal, os profissionais licenciados em fiscalidade devem poder atuar, também, como árbitros, desde que não ocupem a presidência do tribunal arbitral. Afinal, possuem tanto conhecimento quanto aqueles licenciados em Gestão e em Economia;

3. É bem verdade que as regulações não podem substituir a consciência moral dos profissionais que aceitarem a atuação como árbitros. Em regra, o árbitro segue o princípio da independência, da imparcialidade, da isenção e da objetividade. Dentro disso, o RJAT estipula que os profissionais não devem ter tido qualquer relação com quaisquer das partes nos dois anos anteriores ao conflito. Parece-nos, entretanto, que esse tempo deveria ser de cinco anos;

4. O teto de 10 (dez) milhões de euros para que a matéria tributária possa ser submetida à arbitragem é, completamente, sem sentido, como bem demonstramos concordar com Francisco Nicolau Domingos;

5. Os resultados esperados por Cabo Verde, com a instalação do Centro de Arbitragem Tributária (CAT) se resumem em três: i. celeridade processual; ii. eficiência; iii. boa administração do tempo. Afinal, assim como no Brasil, a morosidade processual tem marcado negativamente não apenas os contribuintes, mas também os investidores;

6. Não há que se falar que o Código Tributário Nacional não permite a extinção do crédito tributário por meio da sentença arbitral. Afinal, encontramos a permissão no próprio teor do inciso X do seu art. 156;

7. O melhor modelo brasileiro a ser seguido para a inserção da arbitragem tributária não é por meio de leis estaduais, e sim por meio de lei federal, tão somente;

8. A recorribilidade das sentenças arbitrais tributárias afetará a celeridade, uma das maiores vantagens da AT, e, por fim;

9. A Câmara de Conciliação e Arbitragem da Administração Pública Federal (CCAF) não realiza a Arbitragem Tributária (heterocompositiva), e sim o arbitramento tributário (autocompositivo). Melhor dizendo, a CCAF coloca em prática a autocomposição, que, consequentemente, não contempla a arbitragem da Lei nº 9.307/1996.

---

[59] Popper: *textos escolhidos*. Organização de David Miller. Rio de Janeiro: Contraponto, 2010.

Referências

ADAMS, Luís Inácio Lucena Adams. *Revista Consultor Jurídico,* São Paulo, 29 julho 2009. Entrevista concedida a Andréa Assef da Revista ETCO. Disponível em: http://www.conjur.com.br/2009-jul-24/procurador-geral-fazenda-defende-execucao-fiscal-administra tiva. Acesso em: 20 jul. 2019.

AFFONSO, Andressa Kellen Lauriano Lucio. Autocomposição de conflitos na administração pública: um estudo sobre a atuação da câmara de conciliação e arbitragem da administração federal. *Repositório de Monografias da UNB.* Brasília, 2016. Disponível em: https://bdm.unb.br/bitstream/10483/14763/1/2016_AndressaKellenLaurianoLucioAffonso_tcc.pdf. Acesso em: 30 jan. 2021.

ANAUMI, Associação Nacional dos Advogados da União. AGU – Função Essencial à Justiça. Disponível em: https://www.anauni.org.br/agu-funcao-essencial-a-justica/. Acesso em: 29 jan. 2021.

BARROCAS, Manuel Pereira. *Manual de arbitragem.* 2. ed. Coimbra: Almedina, 2013.

BECHO, Renato Lopes. *TAX CLAIM:* the need for new paradigms for a great issue. Brasília: Revista CEJ, Ano XVIII, nº 63, maio/ago. 2014.

BECKER, Alfredo Augusto. *Teoria geral do Direito Tributário.* São Paulo: Saraiva, 1998.

BECKER, Alfredo Augusto. *Carnaval tributário.* 2. ed. São Paulo: LEJUS, 1999. p. 13-151.

BRASIL. Advocacia-Geral da União. Consultoria-Geral da União. Câmara de Conciliação e Arbitragem da Administração Federal. *Parecer nº 00001/2019/CCAF/CGU/AGU.* NUP: 00791.000023/2015-40. Interessados: Artur Roberto Couto e outros. Assuntos: Nomeação. Assinado em 20 de março de 2019, por Kaline Santos Ferreira, Advogada da União e Coordenadora Geral da CCAF.

BECKER, Alfredo Augusto. *Cartilha da Câmara de Conciliação e Arbitragem da Administração Pública Federal.* 3. d. 2012. p. 13. Disponível em: https://www.gov.br/agu/pt-br/composicao/consultoria-geral-da-uniao-1/arquivos/CartilhadaCamaradeConciliacaoeArbitragemdaAPF.pdf. Acesso em: 30 jan. 2021.

BECKER, Alfredo Augusto. *Lei nº 13.105, de 16 de março de 2015.* Código de Processo Civil. Disponível em: http://www.planalto.gov.br/ccivil_03/_ato2015-2018/2015/lei/l13105.htm. Último acesso em: 13 mar. 2021.

BECKER, Alfredo Augusto. *Lei nº 9.307/96.* Dispõe sobre a arbitragem. Brasília, DF, 23 de setembro de 1996. Disponível em: https://legislacao.presidencia.gov.br/atos/?tipo=LEI&numero=9307&ano=1996&ato=121IzZq1UMJpWT25d. Último acesso em: 29 jan. 2021.

BECKER, Alfredo Augusto. *Portaria AGU nº 1.281, de 27 de setembro de 2007.* Disponível em: https://www.legisweb.com.br/legislacao/?id=204064. Acesso em: 30 jan. 2021.

BRASIL. *Projeto de Lei* nº 231/2020. Estabelece a arbitragem em matéria tributária no Estado de Mato Grosso. Protocolo *nº* 3.754/2020. Processo *nº* 831/2020 de autoria do Deputado Estadual Xuxu Dal Molin. Disponível em: https://www.al.mt.gov.br/proposicao/cpdoc/80652/visualizar. *Último* acesso em: 31 jan. 2021

CABO VERDE. Decreto-Lei **nº** 25, de 24 de maio de 2018. Boletim Oficial. I Série. n. 32. p. 710. O presente diploma cria o Centro de Arbitragem Tributária, doravante designado CAT, e aprova os respectivos Estatutos.

CABO VERDE. Lei nº 108/VIII, de 28 de janeiro de 2016. Boletim Oficial. I Série. n. 5. p. 172. O presente diploma estabelece o regime de arbitragem como meio alternativo de resolução jurisdicional de conflitos em matéria tributária.

CATARINO, Joao Ricardo; FILIPPO, Luciano. *L'arbitrage dans le droit fiscal etat actuel et perspectives.* Disponível em: http://aqlfadvogados.com.br/docs/larbitrage_dans_le_droit_fiscal_etat_actuel_et_perspectives.pdf. Acesso em: 10 jan. 2021.

COÊLHO, Sasha Calmon Navarro. *Curso de Direito Tributário brasileiro.* Rio de Janeiro: Forense, 2018.

DINAMARCO, Cândido Rangel. *Nova era do processo civil.* São Paulo: PC Editorial Ltda, 2003.

DOMINGOS, Francisco Nicolau. Estrutura do Centro de Arbitragem Administrativa (CAAD): funcionamento, escolha dos árbitros e limites institucionais. *In:* PISCITELLI, Tathiane *et al. Arbitragem tributária:* desafios institucionais brasileiros e a experiência portuguesa. São Paulo: Thomson Reuters Brasil, 2018.

DOMINGOS, Francisco Nicolau. *Os métodos alternativos de resolução de conflitos tributários.* Porto Alegre: Núris Fabris Ed., 2016.

ESCOBAR, Marcelo Ricardo. *Arbitragem tributária no Brasil.* São Paulo: Almedina, 2017.

FIGUEIRAS, Cláudia Sofia Melo. *Justiça tributária*. Coimbra: Almedina, 2018.

FOUCHARD, Clément; PINTO, Filipe Vaz. La Nouvelle Loi Portugaise sur L'Arbitrage. França: *Revue de l'arbitrage*, 2013.

LIMA, Bernardo Silva de. *A arbitrabilidade do dano ambiental*. São Paulo: Atlas, 2010.

MARTINS FILHO, Luiz Dias; ADAMS, Luís Inácio Lucena. A transação no Código Tributário Nacional (CTN) e as novas propostas normativas de lei autorizadora. *In*: SARAIVA FILHO, Oswaldo Othon de Pontes; GUIMARÃES, Vasco Branco. *Transação e arbitragem no âmbito tributário*. Belo Horizonte: Fórum, 2018.

MOREAU, Bertrand. *La Lettre de L'AFA – Association For Arbitration*, n. 19. França: [s.n], mar. 2016. Disponível em: http://www.afa-arbitrage.com/?wysija-page=1&controller=email&action=view&email_id=212&wysijap=subscriptions. Acesso em: 13 jan. 2021.

NÚNCIO, Paulo. A arbitragem em Direito Tributário: traços gerais. *In*: CAMPOS, Diogo José Paredes Leite de; FERREIRA, Eduardo Paz (com. Org.). *A arbitragem em direito tributário:* I Conferência Associação Ibero-Americana de Arbitragem Tributária (AIBAT)/Instituto de Direito Econômico, Financeiro e Fiscal (IDEFF). Coimbra: Almedina, 2010.

PASINATTO, Ana Paula. Arbitragem Tributária: breves considerações sobre o regime português. *Revista Fórum de Direito Tributário – RFDT*, Belo Horizonte, ano 17, n. 101, p. 77-97, set./out. 2019.

PASINATTO, Ana Paula; VALLE, Maurício Dalri Timm do. Arbitragem tributária: breve análise luso-brasileira. *Revisa Jurídica Luso-Brasileira*, Ano 3 (2017), n. 6, Portugal.

PEREIRA, Rui Ribeiro. Breves Notas sobre o Regime da Arbitragem Tributária. *In*: FONSECA, Isabel Celeste Monteiro da. *A arbitragem administrativa e tributária*: problemas e desafios. Coimbra: Almedina, 2012.

POPPER, Karl. Popper: *textos escolhidos*. Organização de David Miller. Rio de Janeiro: Contraponto, 2010.

SARAIVA FILHO, Oswaldo Othon de Pontes. A constitucionalidade da nova lei de arbitragem. *Revista Dialética de Direito Tributário*, n. 17, p. 44-48, fev., 1997.

SARAIVA FILHO, Oswaldo Othon de Pontes. A transação e a arbitragem no direito constitucional-tributário brasileiro. *In*: SARAIVA FILHO, Oswaldo Othon de Pontes; GUIMARÃES, Vasco Branco. *Transação e arbitragem no âmbito tributário*. Belo Horizonte: Fórum, 2018.

SOUSA, Jorge Lopes de. Algumas notas sobre o regime da arbitragem tributária. *In*: FONSECA, Isabel Celeste Monteiro da. *A arbitragem administrativa e tributária*: problemas e desafios. Coimbra: Almedina, 2012. p. 128.

PORTUGAL. Decreto-Lei nº 10, de 20 de janeiro de 2011. *Regime Jurídico da Arbitragem Tributária* (RJAT). Disponível em: https://www.pwc.pt/pt/pwcinforfisco/codigos/rjat.html. Acesso em: 14 mar. 2021.

PORTUGAL. *Lei nº 63 de 14 de dezembro de 2011*. Lei de Arbitragem Voluntária. Assembleia da República, 2011. Disponível em: http://www.pgdlisboa.pt/leis/lei_print_articulado.php?tabela=leis&artigo_id=1579A0055&nid=1579&nversao=&tabela=leis. Acesso em: 13 mar. 2021.

PORTUGAL. *Portaria nº 112-A, de 22 de março de 2011*. Disponível em: https://www.pgdlisboa.pt/leis/lei_mostra_articulado.php?nid=1415&tabela=leis&so_miolo=. Acesso em: 1 fev. 2021.

RIBAS, Lídia Maria. Arbitragem fiscal no ambiente do CAAD: uma proposta para o Brasil. *Revista de Arbitragem Tributária*, n. 3. Portugal: CAAD, jun., 2015.

VALLE Mauricio Dalri Timm do; PASINATTO, Ana Paula. Arbitragem tributária no Brasil e o interesse público: um novo mito da caverna? *In*: DOMINGOS, Francisco Nicolau (org.). *Justiça tributária:* um novo roteiro. Lisboa: Rei dos Livros, 2018.

Informação bibliográfica deste texto, conforme a NBR 6023:2018 da Associação Brasileira de Normas Técnicas (ABNT):

PASINATTO, Ana Paula. Arbitragem tributária no direito brasileiro e no direito comparado: questões pontuais em Portugal e em Cabo Verde. *In*: SARAIVA FILHO, Oswaldo Othon de Pontes (coord.). *Transação e Arbitragem Tributárias*. Belo Horizonte: Fórum, 2023. (Coleção Fórum grandes temas atuais de Direito Tributário ; v.2). p. 335-352. ISBN 978-65-5518-465-5.

ARBITRAGEM TRIBUTÁRIA

MARIA DAS GRAÇAS PATROCÍNIO OLIVEIRA

> *Justiça atrasada não é justiça, senão injustiça qualificada e manifesta.*
> (Rui Barbosa, 1920)

Introdução

Este estudo tem por objetivo analisar a possibilidade de implementação de arbitragem em matéria tributária no Brasil. Procurar-se-á responder questões como: A arbitragem é um meio adequado para a resolução de conflitos fiscais? Quais os obstáculos à inserção da arbitragem tributária no Brasil? Como é a experiência de Portugal em arbitragem tributária? Há necessidade de modificação legislativa para a implementação da arbitragem em matéria tributária no Brasil?

Estudos apontam que o sistema tradicional de solução de conflitos está esgotado e precisa ser repensado.

No âmbito tributário, observa-se nas últimas décadas um aumento da litigiosidade entre o Fisco e o contribuinte, culminando em um grande número de processos e também em relevante passivo do Estado, posto que este não consegue efetivamente arrecadar de forma proporcional tudo o que deveria.

Segundo dados apresentados pelo Secretário Especial da Receita Federal do Brasil:[1]

- os valores envolvidos nos processos em litígio na primeira instância administrativa equivalem a aproximadamente R$155 bilhões. Em fevereiro de 2019, o estoque de processos nas delegacias da Receita Federal do Brasil de Julgamento (DRJ) era de cerca de 261.000 processos, com permanência média de 969 dias;
- no âmbito do Conselho Administrativo de Recursos Fiscais (CARF), em números aproximados, são R$628 bilhões distribuídos em 116.400 processos em fevereiro de 2020, contra R$567 bilhões em 121.100 processos, em fevereiro de 2019;
- em fevereiro de 2019, o CARF estimou o tempo para julgamento do estoque das Turmas Extraordinárias, que julgam processos de valor até 60 salários mínimos, em cerca de 6 anos, contra cerca de 1 ano na Câmara Superior de Recursos Fiscais, e de 3 anos nas Turmas Ordinárias;
- em suma, considerados apenas os órgãos julgadores administrativos, o montante em litígio perfaz o valor de R$783 bilhões. Isso significa 11% do PIB de 2019, equivalente a R$7,257 trilhões;
- o uso de ferramentas tecnológicas para automatizar o julgamento de processos, a centralização da gestão do acervo de processos aguardando julgamento em âmbito nacional, o fim da competência territorial das DRJs, a autorregularização fiscal, que evita a instauração de procedimentos fiscais e de litígios subsequentes, não foram suficientes para dar concretude ao princípio constitucional da razoável duração do processo.

Recentemente foi aprovada, pela Lei nº 13.988, de 14 de abril de 2020, a transação tributária e a instituição de rito processual simplificado para processos de pequeno valor, sendo ainda cedo para avaliar os resultados advindos desta norma no contencioso administrativo fiscal.

Os dados citados demonstram o alto grau de litigiosidade na seara tributária, o que não é uma exclusividade do contencioso administrativo. As execuções fiscais têm sido apontadas como o principal fator de morosidade do Poder Judiciário. Os processos de execução fiscal representam 39% do total de casos pendentes e 70% das execuções pendentes no Poder Judiciário, com taxa de congestionamento de 87%. Ou seja, de cada cem processos de execução fiscal que tramitaram no ano de 2019, apenas 13 foram baixados.[2]

A complexidade do sistema tributário, a complexidade da legislação tributária, que gera interpretações divergentes, e a multiplicidade de normas estão entre as principais causas do elevado contencioso tributário verificado no país.

Esse contencioso pode percorrer até três instâncias em órgãos administrativos e, se a decisão é favorável à Fazenda, a lide pode ser levada ao Poder Judiciário, com mais três instâncias, ou quatro, caso envolva questão constitucional. E em cada fase são admitidos diferentes recursos jurídicos, sem que haja qualquer integração ou harmonização

---

[1] Entrevista concedida pelo Secretário Especial da Receita Federal do Brasil, José Barroso Tostes Neto, à revista *Etco*, ago. 2020, p. 16-19.

[2] Relatório Justiça em Números 2020: ano-base 2019. 27 de agosto de 2020. Disponível em: https://www.cnj.jus.br/justica-em-numeros-execucao-fiscal-eleva-arrecadacao-do-judiciario/.

entre os processos administrativo e judicial, causando enorme desperdício de tempo, trabalho e custos.

No Brasil é arraigada a cultura segundo a qual os litígios, especialmente envolvendo o Poder Público, somente podem ser resolvidos judicialmente. Contudo, esse modelo de solução de conflitos não tem conseguido atender satisfatoriamente a grande quantidade de ações que chegam ao Poder Judiciário, o que leva à prestação de uma atividade ineficiente e demorada. Daí a preocupação do legislador nas últimas décadas com reformas legislativas no sentido de fomentar a efetividade da tutela jurisdicional e a ideia de duração razoável do processo.[3]

Não há dúvida de que a reforma tributária deve envolver não apenas a legislação material dos tributos, mas também novos modelos de solução de conflitos tributários hábeis a otimizar o custo do processo, garantir maior satisfatividade e segurança jurídica por meio da cooperação processual.[4]

Nesse cenário, vêm à tona discussões sobre meios alternativos de solução de litígios, como a mediação, a conciliação e a arbitragem, sendo este último meio o objeto de nosso estudo.

1 A arbitragem no ordenamento jurídico brasileiro

No Brasil, a arbitragem está inserida no ordenamento jurídico desde a Constituição Imperial de 1824, que fazia menção ao juízo arbitral.[5] O Código Comercial de 1850, em seu art. 294, estabeleceu o denominado arbitramento obrigatório,[6] posteriormente revogado pela Lei nº 1.350/1866.

Outro importante momento da arbitragem no direito interno foi a promulgação, por meio do Decreto nº 4.311/02, da Convenção sobre o Reconhecimento e Execução de Sentenças Arbitrais Estrangeiras, celebrada em Nova Iorque, no ano de 1958.

Durante anos o Brasil se posicionou com certo distanciamento em relação à ampliação do conceito de atividade jurisdicional representada pela arbitragem, sendo que, nos dias atuais, o instituto se apresenta efetivamente como realidade, especialmente no âmbito do setor privado.

O Brasil vem incorporando, gradualmente, a utilização de métodos consensuais de solução de conflitos nas mais diversas áreas e situações. A arbitragem, modelo adjudicatório de base consensual, ganhou destaque a partir da edição da Lei nº 9.307, de 23 de setembro de 1996, conhecida como Lei da Arbitragem. Referida lei elenca, em seu art. 1º, tanto a arbitrabilidade subjetiva como a arbitrabilidade objetiva.

---

[3] A Emenda Constitucional nº 45/04 e o CPC de 2015 são exemplos disso.

[4] BOSSA, Gisele Barra; VASCONCELLOS, Mônica Pereira Coelho de. Arbitragem e reconstrução do interesse público. In: Arbitragem tributária [livro eletrônico]: desafios institucionais brasileiros e a experiência portuguesa. PISCITELLI, Tahiane; MASCITTO, Andrea; MENDONÇA, Priscila Faricelli. 2. ed. rev., atual. e ampl. São Paulo: Thomson Reuters Brasil, 2020. p 1066.

[5] Na Constituição Imperial do Brasil, de 1824, constava de seu artigo 161 que: "Sem se fazer constar que se tem intentado o meio de reconciliação, não começará processo algum".

[6] Assim dispunha o art. 294 do Código Comercial de 1850: "Todas as questões sociais que se suscitarem entre sócios durante a existência da sociedade ou companhia, sua liquidação ou partilha, serão decidas em juízo arbitral".

A arbitrabilidade subjetiva compreende que as "pessoas capazes de contratar poderão valer-se da arbitragem". Já a arbitrabilidade objetiva (matéria que pode ser submetida à arbitragem) está relacionada aos "direitos patrimoniais disponíveis". Ou seja, a capacidade da pessoa e a disponibilidade do direito (patrimonial) são os dois aspectos que, nos termos da legislação em vigor, definiriam ou não pela possibilidade de adoção da arbitragem para solucionar determinado conflito.

Com a alteração promovida pela Lei nº 13.129, de 26 de maio de 2015, que acrescentou o §1º ao art. 1º da Lei nº 9.307/96, a Administração Pública direta e indireta passou a estar legalmente autorizada a se valer da arbitragem para dirimir conflitos relativos a direitos patrimoniais disponíveis,[7] restando superada a discussão se o ente público pode ou não ser parte de um processo arbitral.

A Lei nº 9.307/96 se constitui, sem dúvida, no principal marco legislativo para a expansão da arbitragem no Brasil. Essa lei trouxe inovações legislativas importantes para a consolidação do instituto, especialmente no que se refere à dispensa da necessidade de homologação pelo Poder Judiciário da sentença arbitral,[8] e a atribuição de força vinculante à cláusula compromissória, ou seja, as partes gozam da prerrogativa de, já no contrato, prever a utilização da arbitragem para a resolução de conflitos que porventura possam surgir.

A constitucionalidade da Lei nº 9.307/96 foi arguida na homologação de Sentença Estrangeira nº 5.206, de 12 de dezembro de 2001, tendo o Supremo Tribunal Federal (STF) declarado que a instituição da arbitragem não viola o princípio da inafastabilidade da jurisdição, previsto no art. 5º, XXXV, da Constituição Federal de 1988 (CF/88).[9]

Esse julgamento, embora feito em sede de controle difuso de constitucionalidade, foi determinante para que o instituto da arbitragem ganhasse força na ordem jurídica interna, inclusive quanto à participação em conflitos que envolvam a Administração Pública.

A arbitragem pode ser caracterizada como um meio heterocompositivo de solução de conflitos, vez que as partes não entram em um consenso (não há transação), mas elegem um terceiro (árbitro ou tribunal arbitral) que está fora do contexto do Poder Judiciário, para, a partir de conhecimento técnico e específico sobre determinada matéria, decidir o conflito com imparcialidade e com a máxima eficiência possível, sendo lícito se falar em renúncia à jurisdição estatal quando da aceitação de uma cláusula compromissória.

Na decisão arbitral não há acordo entre as partes, ou concessões mútuas, mas apenas uma decisão impositiva que encerra a discussão.

---

[7] "Art. 1º As pessoas capazes de contratar poderão valer-se da arbitragem para dirimir litígios relativos a direitos patrimoniais disponíveis.
§1º A administração pública direta e indireta poderá utilizar-se da arbitragem para dirimir conflitos relativos a direitos patrimoniais disponíveis. [...]"
[8] "Art. 18. O árbitro é juiz de fato e de direito, e a sentença que proferir não fica sujeita a recurso ou a homologação pelo Poder Judiciário."
[9] BRASIL. Supremo Tribunal Federal. Sentença Estrangeira n. 5.206 Agr/EP. Constitucionalidade declarada pelo plenário, considerando o Tribunal, por maioria de votos, que a manifestação de vontade da parte na cláusula compromissória, quando da celebração do contrato, e a permissão legal dada ao juiz para que substitua a vontade da parte recalcitrante em firmar o compromisso não ofendem o artigo 5º, XXXV, da CF.[...]. Relator: Ministro Sepúlveda Pertence. Data do Julgamento: 12/12/2001. Diário da Justiça de 30.04.2004.

A decisão arbitral tem caráter jurisdicional, traduzindo a aplicação do Direito Constituído por um terceiro imparcial.

A escolha pela arbitragem revela seu caráter facultativo, ou seja, não imposição para submissão de determinada controvérsia a determinado árbitro ou tribunal arbitral. Porém, após as partes formalizarem essa opção, de maneira livre e espontânea, a decisão proferida se torna de cumprimento obrigatório, vez que não se trata de uma solução consensual, mas sim adjudicada, distinguindo-se nesse aspecto da transação alcançada pela conciliação ou mediação.[10]

A morosidade no julgamento dos processos viola o disposto no inciso LXXVIII, inserido no art. 5º da CF/88 por força da Emenda Constitucional nº 45/04, que tratou sobre a Reforma do Poder Judiciário, prevendo que "a todos, no âmbito judicial e administrativo, são assegurados a razoável duração do processo e os meios que garantam a celeridade de sua tramitação".

É nesse ambiente que os estudos acerca de outros meios adequados de resolução de conflitos encontram solo fértil para se desenvolver, visando a que os litígios sejam solucionados de maneira mais eficiente e racional.

Não obstante alguns avanços expressivos na legislação, como a edição da Lei nº 9.099/95 (Lei dos Juizados Especiais), que prevê a conciliação; da Lei nº 9.307/96 (Lei da Arbitragem); da Resolução nº 125/2010 do Conselho Nacional de Justiça (CNJ), que regulamenta a Política Judiciária Nacional de tratamento adequado dos conflitos de interesses no âmbito do Poder Judiciário;[11] da Lei nº 13.140/15, que dispõe sobre a autocomposição de conflitos, inclusive, no âmbito da própria Administração Pública; e do próprio Código de Processo Civil de 2015 (Lei nº 13.105/15 – CPC/2015), o qual menciona a arbitragem, conciliação e mediação já no capítulo inicial,[12] a taxa de congestionamento do Poder Judiciário ainda é tão alta que compromete a qualidade da prestação jurisdicional.

Diante dessa realidade, alguns processualistas despertaram o interesse por outros mecanismos de resolução de conflitos. Nesse sentido pontua Ada Pellegrini Grinover:

> Se é certo que, durante um longo período, a heterocomposição e a autocomposição foram considerados instrumentos próprios das sociedades primitivas e tribais, enquanto o processo jurisdicional representava insuperável conquista da civilização, ressurge hoje o

---

[10] OLIVEIRA. Bruno Bastos de. *Arbitragem tributária:* gatilho para racionalização do contencioso fiscal e a consequente promoção do desenvolvimento econômico nacional. Tese (Doutorado em Ciências Jurídicas) – Universidade Federal da Paraíba. João Pessoa, p. 91. 2018.

[11] Essa medida significou um passo importante para a promoção da cultura do consenso, estabelecendo o marco histórico de uma nova identidade jurisdicional no Brasil. Essa nova realidade encontra-se alicerçada numa cultura de lealdade, de ética e de transparência, que pretende estabelecer uma ruptura com a tradição jurídica estritamente belicosa e maniqueísta, ressignificando a definição das disputas e recolocando os conflitos num patamar de ganha-ganha, ao invés do ganha-perde. Pretende-se, dessa maneira, uma composição de conflitos com foco maior em atitudes compreensivas e preventivas, em lugar de ações repressivas; enfim, trata-se de uma nova cultura de afirmação da cidadania. MACHADO, Carlos Henrique; SANTOS, Ricardo Soares Sterso dos; CATARINO, João Ricardo. A arbitrabilidade objetiva dos conflitos envolvendo o poder público e as perspectivas da arbitragem tributária no Brasil. *Revista de Direito*. Santa Cruz do Sul, v. 1, n. 54, p. 65-66.

[12] Com a entrada em vigor do CPC/15, houve inclinação do sistema jurídico processual à ideia de busca por soluções de conflitos por meio de mecanismos de base consensual, havendo nítida valorização de instrumentos como a conciliação, a mediação e a arbitragem. Nesse sentido, o art. 174 autoriza a União, os Estados, os Municípios e o Distrito Federal a criarem câmaras de mediação e conciliação, para solução consensual dos conflitos no âmbito administrativo.

interesse pelas vias alternativas ao processo, capazes de evitá-lo e encurtá-lo, conquanto não os excluam necessariamente.[13]

Há, na última década, um movimento direcionado para busca de alternativas adequadas de soluções de conflitos, reforçado inclusive pela promulgação do CPC/15, em que se vislumbra a importância fundamental da mediação e conciliação, além do reconhecimento formal da arbitragem como equivalente jurisdicional.

Não se trata de aniquilar a relevância do Poder Judiciário e da prestação jurisdicional, pois é inconteste a sua essencialidade em um Estado Democrático de Direito, mas sim de superar a monopolização que já não se mostra tão eficiente na condução de todos os litígios e encorajar o desenvolvimento de outros métodos, cujos "resultados representam verdadeiros êxitos, não apenas remédios para problemas do Judiciário, que poderiam ter outras soluções", segundo Capelletti e Garth.[14]

Em contrapartida, na arbitragem, há um terceiro denominado árbitro – o qual, como regra, é especialista na matéria discutida –, que julga o conflito sem a participação do Poder Judiciário, mediante procedimento sigiloso e cuja decisão substitui a vontade dos litigantes. À vista disso, pode-se afirmar que o juízo arbitral oferece soluções adjudicatórias, assim como ocorre no processo judicial.

Entende parte da doutrina que a arbitragem é fruto de um compromisso arbitral, por conseguinte de natureza eminentemente privada, sendo, pois, impossível reconhecer a existência de atividade jurisdicional pelos árbitros, posição defendida pelos privatistas. Por outro lado, os publicistas defendem que há, sim, outras formas de exercício da atividade jurisdicional além da tradicionalmente exercida pelo Estado.

É preciso fazer a adequação entre o modelo constitucional de processo implementado pela constituição vigente e o procedimento arbitral, de modo a se ter correta interpretação dos princípios de índole constitucional, primordialmente o princípio do devido processo legal e o princípio da inafastabilidade do controle jurisdicional.

Estaria a arbitragem em descompasso com esse modelo em que o controle jurisdicional clássico supostamente se apresenta como via obrigatória para a solução dos conflitos? A resposta é negativa, porém necessário se ater à extensão do princípio da inafastabilidade, sobre o qual Grinover menciona que:

> (...) Tratava-se da autotutela, naturalmente precária e aleatória, que não garantia a justiça, mas a vitória do mais forte, astuto e ousado. Além da autotutela, nos sistemas primitivos, existia a autocomposição, pela qual umas das partes em conflito, ou ambas, abriam mão do interesse ou de parte dele. Pouco a pouco, foram sendo procuradas soluções imparciais por decisão de terceiros, pessoas de confiança mútua das partes, que resolvessem seus conflitos. Surgiram assim os árbitros, sacerdotes ou anciãos, que agiam de acordo com a vontade dos deuses ou por conhecerem os costumes do grupo social integrado pelos

---

[13] GRINOVER, Ada Pellegrini. Os fundamentos da Justiça Conciliativa. *Revista de Arbitragem e Mediação*, São Paulo, ano 4, n. 14, jul./set. 2007, p. 17.

[14] Apud OLIVEIRA. Bruno Bastos de. *Arbitragem tributária*: gatilho para racionalização do contencioso fiscal e a consequente promoção do desenvolvimento econômico nacional. Tese (Doutorado em Ciências Jurídicas) – Universidade Federal da Paraíba. João Pessoa, p. 32. 2018.

interessados [...]. A jurisdição acabou absorvendo todo o poder de dirimir conflitos e pacificar pessoas, tornando-se monopólio do Estado.[15]

Entretanto, há tempos o Judiciário não vem se desincumbindo de sua função de forma satisfatória e isso ocorre em virtude de diversos fatores, tais como o alto grau de litigiosidade verificado no país. Esse cenário fez com que a busca por meios alternativos se tornasse uma necessidade e não uma mera possibilidade.

É certo que o princípio da inafastabilidade do Poder Judiciário é garantia fundamental. Contudo, a livre manifestação da vontade de pessoas capazes, no sentido de solucionar suas pendências fora do Poder Judiciário, deve ser respeitada, sem que reste prejudicado o monopólio jurisdicional, muito menos afrontado o princípio da inafastabilidade.

Nesse contexto, é possível afirmar que a ideia de monopólio jurisdicional pelo Estado não pode mais ser considerada de maneira absoluta, vez que a distribuição da justiça, de forma efetiva, célere e técnica, passa a ser feita por meios adequados que estão fora do quadrante estatal, tal como a arbitragem.

Entende-se aqui não ser possível interpretar o art. 5º, XXXV, da CF/88 como uma norma que exclui a possibilidade de solução de conflitos por meios que se apresentem mais adequados para tal mister. Essa é a lição de Alvim, ao comentar, de maneira ampla, o instituto da arbitragem:

> Contemporaneamente, o acesso à justiça não pode ser entendido como simples acesso ao Judiciário, abrangendo também outras formas de solução de conflitos, tanto adjudicatórias como autocompositivas. Mais que isso, o acesso à justiça deve buscar o método de resolução adequado para cada tipo de conflito, o que é determinado pela espécie de direito versado e por aspectos pertinentes à própria relação entre as partes. (...) Nesse ponto, o instituto não se distancia do processo judicial, eis que cumpre o mesmo objetivo jurisdicional, iluminado pelo objetivo de tutelar direitos e solucionar conflitos, na perspectiva contemporânea do acesso à justiça.[16]

2 Interesse público e disponibilidade do crédito tributário

O pano de fundo das discordâncias existentes no âmbito doutrinário brasileiro acerca da possibilidade (e seus limites) ou não da utilização de meios alternativos de composição de conflitos entre o Fisco e o contribuinte é a concepção subjacente acerca do chamado *princípio da supremacia do interesse público* que, se entendido na acepção forte que se tornou difundida na dogmática do Direito Público, implica uma absoluta e inafastável indisponibilidade do crédito tributário.[17]

---

[15] GRINOVER, Ada Pellegrini. A inafastabilidade do controle jurisdicional e uma nova modalidade de autotutela. *Revista Brasileira de Direito Constitucional*, São Paulo, ESDC, n. 10, jul./dez. 2007, p. 13.

[16] ALVIM, Arruda. Sobre a natureza jurisdicional da arbitragem. *In:* CAHALI, Francisco José; RODOVALHO, Thiago; FREIRE, Alexandre (org.). *Arbitragem*: estudos sobre a Lei n. 13.129, de 26-5-2015. São Paulo: Saraiva, 2016, p. 133-134.

[17] DANIEL NETO, Carlos Augusto; RIBEIRO, Diego Diniz. Meios alternativos de composição de conflitos e sua incidência no âmbito da persecução do crédito tributário. *In:* ARAÚJO, Juliana Furtado Costa; CONRADO,

A ideia de supremacia do interesse público remonta à imperatividade da atuação administrativa decorrente do modelo romano-germânico, que alicerçava o regime jurídico dos atos administrativos na sua autoridade qualificada.

A doutrina administrativista clássica se posiciona na direção da indisponibilidade dos interesses do Estado, determinando o princípio da supremacia do interesse público como verdadeiro dogma, que dispensa, inclusive, a ponderação dos interesses do Estado em relação aos interesses dos particulares.

Nesse sentido, Hely Lopes Meirelles afirma que "a noção de supremacia do interesse público sobre o privado decorre da desigualdade entre Administração e os administrados, constituindo um dos pressupostos do direito administrativo".[18] Na mesma toada, Mello menciona que "caracteriza a supremacia do interesse público sobre o privado como um princípio basilar de direito administrativo, o qual representa 'verdadeiro axioma reconhecido no moderno Direito Privado'".[19]

Contudo, a relação entre Estado e sociedade ficou, com o passar dos anos, cada vez mais complexa e diversificada, sendo imprescindível haver uma releitura da concepção clássica da noção de interesse público à luz da necessidade de se desenvolver uma perspectiva consensual que efetivamente atenda aos interesses da coletividade.

Toda essa discussão se deve ao fato de que muito se questiona acerca de quais os interesses seriam disponíveis para que seja validada a utilização da arbitragem no âmbito da Administração Pública. Para tanto, é preciso revisar o paradigma clássico sobre a indisponibilidade do interesse público, avançando-se, assim, em uma nova forma de enxergar a relação entre Estado e sociedade quando se fala em relação jurídica tributária, relação esta cheia de particularidades.

Como mencionado acima, o estudo acerca da arbitragem no âmbito da Administração Pública pressupõe a reflexão sobre a evolução do conceito sobre supremacia e indisponibilidade do interesse público, fruto da superação da clássica divisão entre público e privado.

A relação jurídica tributária é essencialmente conflituosa, sendo imprescindível que o Estado disponha de mecanismos adequados para solução dessas controvérsias. O tributo é obrigação *ex lege*, o que por si só já demonstra a alta capacidade de surgimento de conflitos, especialmente num sistema tributário tão regressivo e injusto como o do Brasil.

O aparato estatal sobre o sistema de resolução de demandas está sobrecarregado com uma infinidade de processos que ingressam diariamente na esfera administrativa e no âmbito do Poder Judiciário.

No Brasil, o Poder Judiciário não consegue suprir com efetividade o volume de demandas, especialmente as de natureza fiscal, chegando-se à clara percepção de que o sistema tributário nacional está inserido em um modelo irracional de solução de conflitos, que atua de maneira decisiva como mais um entrave ao desenvolvimento econômico do país.

Paulo Cesar (coord.). *Inovações na cobrança do crédito tributário*. São Paulo: Thomson Reuters Brasil, 2019, p. 167-168.

[18] MEIRELLES, HELY LOPES. *Direito Administrativo brasileiro*. 35. ed. São Paulo: Malheiros, 2009, p. 105.

[19] MELLO, Celso Antônio Bandeira de. *Curso de Direito Administrativo*. 14. ed. São Paulo: Malheiros, 2001, p. 66.

Tradicionalmente as controvérsias fiscais são decididas em dois planos, chamados contencioso administrativo e contencioso judicial.

O processo administrativo tributário tem grande relevância, até mesmo pelo fato de que, quando instaurado, ocorre a suspensão da exigibilidade do crédito tributário, o que se mostra bastante benéfico ao contribuinte que contesta algum elemento quanto à constituição do crédito tributário.

O processo judicial tributário, por sua vez, sufocado por um grande volume de demandas, faz com que a resposta da atividade jurisdicional não seja efetiva.

3 A arbitragem tributária no Brasil

No Brasil, a discussão sobre a possibilidade de arbitrabilidade da matéria tributária paira sobre dois principais argumentos: i) o princípio da indisponibilidade do crédito tributário, que supostamente ofende a arbitrabilidade objetiva, e ii) o fato de o Ente Público ser parte na arbitragem sem que seja afrontado o princípio da legalidade – arbitrabilidade subjetiva.

O professor Heleno Torres, entusiasta e defensor dos métodos extrajudiciais de solução de conflitos na área tributária, apresenta alguns obstáculos que devem ser superados com vistas à implementação da arbitragem tributária:

> (...) é o princípio da indisponibilidade do patrimônio público (tributo) o que maiores problemas de análise e de afetação comporta. O que vem a ser, precisamente, 'indisponibilidade do crédito tributário'? O princípio da indisponibilidade do patrimônio público e, no caso em apreço, do crédito tributário, desde a ocorrência do fato jurídico tributário, firmou-se como dogma quase absoluto do direito de estados ocidentais, indiscutível e absoluto na sua formulação, a tal ponto que sequer a própria legalidade, seu fundamento, poderia dispor em contrário. E como o conceito de tributo, até hoje não definido satisfatoriamente, acompanha também essa indeterminação conceitual da sua indisponibilidade, avolumam-se as dificuldades para que a doutrina encontre rumo seguro na discussão do problema. Porquanto 'tributo' e 'indisponibilidade' não sejam conceitos lógicos, mas sim conceitos de direito positivo, variáveis segundo a cultura de cada nação, próprios de cada ordenamento. Será o direito positivo a dar os contornos que queira denominar de 'direito disponível', inclusive suas exceções. Tome-se como premissa a inexistência, no direito de todos os povos, de um tal princípio universal de 'indisponibilidade do tributo.[20]

No Brasil alguns autores vêm rebatendo a asserção de que o caráter indisponível do objeto litigioso implica, em si mesmo, a proibição de se recorrer à arbitragem em matéria tributária.

Marciano Seabra de Godoi e Leonardo Varella Giannetti defendem que o caráter indisponível do objeto litigioso não implica em si mesmo a proibição de se recorrer à

---

[20] TORRES, Heleno Taveira. Transação, arbitragem e conciliação judicial como medidas alternativas para resolução de conflitos entre administração e contribuintes: simplificação e eficiência administrativa. *Revista Fórum de Direito Tributário*, ano 1, n. 2, mar./abr. São Paulo: Dialética, 2003, p. 12.

arbitragem, "mas sim a proibição de se proferir uma decisão por equidade, pois esta pode prescindir da aplicação da lei".[21]

Ademais, a pretensa indisponibilidade, ainda que assim considerada, não estaria no próprio crédito tributário, mas sim na atividade de cobrança e arrecadação do tributo, nos termos do art. 3º do CTN.

Assim, o caráter patrimonial do crédito tributário torna firme o entendimento de que este é disponível. A questão agora reside no fato de perceber se este caráter patrimonial é capaz de validar a utilização da arbitragem para a solução dos conflitos, nos termos que dispuser a lei regulamentadora. Para tanto, necessário investigar se a solução arbitral, nestes casos, representaria ato de disposição do crédito tributário. Priscila Faricelli Mendonça conclui que na arbitragem tributária haveria, na verdade, a disposição e renúncia à "solução jurisdicional estatal do conflito":

> Ao optarem por submeter a controvérsia tributária ao juízo arbitral, as partes não estão dispondo do direito em discussão, mas somente "renunciando à solução estatal do conflito".[22]
>
> Na opção pela solução de arbitragem, qualquer das partes envolvidas (poder público ou contribuinte) não estará abrindo mão de parcela do direito em disputa, mas sim estabelecendo que a decisão quanto ao julgamento controvérsia será tomada por tribunal distinto do judicial estatal e, da mesma forma, vinculará as partes tal como ocorreria com a solução adjudicada judicial.[23]

Entende-se adequado tal posicionamento, sendo mais um argumento favorável à arbitrabilidade das questões fiscais. Assim, duas são as premissas partidárias: primeiro, não seria o crédito tributário indisponível, em razão de seu caráter patrimonial evidente; segundo, na arbitragem fiscal o que é objeto de renúncia é a atividade jurisdicional estatal, e não o crédito tributário em si.

Com efeito, ao optarem por submeter a controvérsia tributária ao juízo arbitral, as partes não estão *dispondo* do direito em discussão, mas somente *renunciando à solução jurisdicional estatal do conflito*. Ou seja, não se sabe de antemão qual será a decisão. As partes definem apenas que a solução será conferida por uma corte não estatal e que a decisão será vinculante entre as partes.

O fato de o lançamento ser um ato vinculado e obrigatório não significa que haja vedação para a disposição do crédito tributário. A possibilidade de dispor-se do crédito tributário encontra-se no próprio Código Tributário Nacional, sob a forma de anistia, transação, remissão e parcelamento.

Apenas para citar alguns casos de disposição do crédito por intermédio dos denominados parcelamentos especiais no âmbito federal, temos o Programa de Recuperação Fiscal (Refis), instituído pela Lei nº 9.964, de 10 de abril de 2000; o Parcelamento Especial (Paes), disposto na Lei nº 10.684, de 30 de maio de 2003; o Programa de Regularização

---

[21] GODOI, Marciano Seabra de; GIANNETTI, Leonardo Varella. Arbitragem e direito tributário brasileiro: a superação do dogma da indisponibilidade do crédito tributário. *Revista Arbitragem Tributária*, n. 3, p. 40, jun. 2015.

[22] MENDONÇA, Priscila Faricelli de. Arbitragem e transação tributárias. *In:* GRINOVER, Ada Pelegrini; WATANABE, Kazuo (coord.). Brasília, DF: Gazeta Jurídica, 2014, p. 84.

[23] MENDONÇA, Priscila Faricelli de. Arbitragem e transação tributárias. *In:* GRINOVER, Ada Pelegrini; WATANABE, Kazuo (coord.). Brasília, DF: Gazeta Jurídica, 2014, p. 86.

Tributária (PERT ou Novo REFIS), previsto na Lei nº 13.496, de 24 de outubro de 2017, dentre outros.

O Crédito Tributário é classificado como interesse público secundário, ou seja, disponível e arbitrável. Isso, pois os interesses públicos secundários nada mais são do que interesses com uma natureza instrumental que "resolvem-se em relações patrimoniais e, por isso, tornaram-se disponíveis na forma da lei, não importando sob que regime". Eles existem, simplesmente, para haja uma satisfação dos interesses primários, estes, sim, indisponíveis.[24]

Nas palavras de Celso Antônio Bandeira de Mello: "interesses primários – que são os interesses da coletividade como um todo – e interesses secundários, que o Estado (pelo só fato de ser sujeito de direitos) poderia ter como qualquer outra pessoa".[25]

A arbitragem, também em matéria fiscal, se coloca como uma solução adequada a determinados conflitos que certamente não seriam solucionados pelo Poder Judiciário de maneira eficaz.

Há possibilidade de, por meio do compromisso arbitral, haver a renúncia à solução judicial estatal para o conflito, tal como é possível ao contribuinte renunciar ao processo administrativo fiscal em detrimento da direta discussão judicial sobre a controvérsia. Assim, caso a arbitragem se dê anteriormente à constituição definitiva do crédito tributário, ou seja, quando a questão ainda está sendo discutida administrativamente, há renúncia às esferas administrativa e judicial.

Dentre as vantagens do instituto estão: celeridade na solução da controvérsia, a liberdade de escolha de árbitros especializados, imparcialidade dos árbitros. É em razão da qualidade técnica e imparcialidade do árbitro que se esperam dos tribunais arbitrais decisões tecnicamente mais adequadas do que as prolatadas no âmbito do Poder Judiciário.

O conhecimento técnico deve balizar o critério de escolha dos árbitros, ainda que haja necessidade de abertura a profissionais de outros ramos que não o Direito Tributário, repousando-se aí a questão da interdisciplinaridade que envolve a arbitragem, também no âmbito tributário.

Heleno Torres, tratando sobre novos meios para recuperação de dívidas tributárias, menciona a qualificação por força de lei, a partir de critérios e limites que atendam o interesse coletivo:

> O procedimento de arbitragem aplicado em matéria tributária, para ser adotado na exigência de créditos tributários ou mesmo na solução de conflitos em geral, teria que atender a todos os ditames de legalidade, como: a) previsão por Lei, a definir a arbitragem como medida de extinção de obrigações tributárias e indicar seus pressupostos gerais, limites e condições; b) edição de lei ordinária pelas pessoas de direito público interno para regular, no âmbito formal, o procedimento de escolha dos árbitros, bem como a composição do tribunal arbitral, a tramitação de atos, e bem assim os efeitos da decisão e do laudo arbitral, além de outros (artigo 37, da CF); e c) que ofereça, em termos materiais, os contornos dos conflitos que poderiam ser levados ao conhecimento e decisão do tribunal arbitral (artigo

---

[24] PASINATTO, Ana Paula; VALLE, Maurício Dalri Timm. Arbitragem tributária: breve análise luso-brasileira.
.   RJLB, ano 3, n. 6, 2017, p. 1061.

[25] *Apud* PASINATTO, Ana Paula; VALLE, Maurício Dalri Timm. Arbitragem tributária: breve análise luso-brasileira. RJLB, ano 3, n. 6, 2017, p. 1061.

150, CF). A legalidade deve perpassar todo o procedimento, reduzindo o campo de discricionariedade e garantindo plena segurança jurídica na sua condução. Como visto, esta é uma questão que só depende de esforço político. Sobre seus limites materiais, no âmbito de relações tributárias, a arbitragem poderia ser adotada para hipóteses de litígios fundados em questões de fato, mesmo que envolvendo aplicação do direito material; simples dúvidas sobre a aplicação da legislação tributária restaria como âmbito próprio para ser resolvidas por consultas fiscais; do mesmo modo que assuntos vinculados a matérias típicas de sujeição a julgamento sobre o direito material, como controle de inconstitucionalidade ou de legalidade, aplicação de sanções pecuniárias, dentre outras, continuariam sujeitas a controle exclusivo dos órgãos do processo administrativo ou judicial.[26]

Entende-se que a norma geral a tratar de arbitragem tributária deve ter natureza de lei complementar,

Porém, lei ordinária deverá tratar do procedimento arbitral, critérios de escolha de árbitros, composição do tribunal arbitral, definição das controvérsias que podem ser submetidas à arbitragem, dentre outras particularidades que merecerão do legislador tratamento específico.

Quando se fala em implementação da arbitragem tributária no ordenamento jurídico brasileiro, está implícito o respeito aos princípios processuais insertos na CF/88, além de princípios específicos desse instituto, tais como o da autonomia da vontade, da boa-fé, do devido processo legal, da igualdade das partes e da imparcialidade do árbitro.

Quando se defende a implementação da arbitragem em matéria tributária no ordenamento jurídico pátrio, parte-se da concepção de que a mesma só será viável a partir da existência de um processo arbitral que seja eficiente e entregue o que dele se espera, de maneira célere e com a qualidade técnica desejada.

Uma questão importante será a definição das matérias que podem ou não ser submetidas à solução arbitral.

Alguns autores defendem que a utilização da arbitragem tributária deve ser relacionada a matéria fática. Este é o caso de Rita Dias Nolasco e Osvaldo Antônio de Lima, para quem a arbitragem seria de grande utilidade nos casos em que existe dúvida do contribuinte a respeito dos critérios de tributação, de classificação fiscal, envolvendo questões complexas de interpretação, casos em que seria necessário ir além da mera consulta tributária, para realmente abrir a possibilidade de contraditório entre as partes envolvidas, com ampla possibilidade de produção de provas técnicas, sendo a decisão proferida, por árbitro especializado na matéria, a respeito da interpretação e aplicação das normas tributárias.[27]

Nesse sentido, de que a arbitragem tributária pode se mostrar de grande valia para a solução das questões de fato que surgem nas controvérsias instaladas entre Fisco e contribuintes, aponta Priscila Faricelli de Mendonça exemplos como cálculos complexos, aspectos contábeis, composição de produtos e materiais, classificações fiscais

---

[26] TORRES, Heleno Taveira. *Novas medidas de recuperação de dívidas tributárias*. Disponível em: https://www.conjur.com.br/2013-jul-17/consultor-tributario-novas-medidas- recuperacao-dividas-tributarias. Acesso em: 18 maio 2021.

[27] NOLASCO, Rita Dias; LIMA, Osvaldo Antônio de. Arbitragem tributária: a experiência portuguesa e os desafios para sua implementação no Brasil. *In:* PISCITELLI, Tahiane; MASCITTO, Andrea; MENDONÇA, Priscila Faricelli (coord.). *Arbitragem tributária:* desafios institucionais brasileiros e a experiência portuguesa. 2. ed. rev., atual. e ampl. São Paulo: Thomson Reuters Brasil, 2020. E-book Kindle, p. 4625 e 4634.

de produtos, que são questões que envolvem certo nível de técnica que nem sempre encontram melhor solução por meio do processo judicial clássico.[28]

Entende-se que a classificação fiscal de mercadoria é um bom exemplo de matéria que possa ser submetida à arbitragem tributária, pois normalmente envolve discussão complexa, sendo necessária, não raras vezes, perícia técnica para definir a composição do produto ou atinente à interpretação da melhor posição tarifária, dentro das regras previstas no sistema harmonizado. As questões aduaneiras de uma maneira geral, poderiam ser passíveis de arbitragem, bem como questões mais complexas e particularizadas, como as relativas a preços de transferências.

Além dos limites em relação às matérias que poderão ser objeto de arbitragem tributária, poderão ou não ser estabelecidos limites de valor, tal como se dá na legislação portuguesa.

Quanto à abrangência da arbitragem, entende-se que não haverá possibilidade de que o julgamento se dê por equidade, seja em razão do princípio da legalidade aplicado à Administração Pública no *caput* do art. 37 e ainda do princípio da legalidade tributária constante do art. 150, ambos os dispositivos da CF/88, seja em virtude da vedação prevista no art. 108, IV, e §2º do CTN, à dispensa do pagamento de tributo pela utilização da equidade.

Ressalte-se que a Lei nº 13.129/2015, ao acrescentar o §3º ao art. 2º da Lei nº 9.307/96, firmou posicionamento de que a arbitragem que envolva a Administração Pública será sempre de direito; logo, a própria escolha da via arbitral em matéria tributária já impede o emprego da equidade.

Segundo Heleno Torres,[29] a arbitragem tributária pode ser instaurada antes da constituição do crédito tributário, em uma espécie de solução preventiva a ser apresentada pelo juízo arbitral. O autor cita exemplos de situações em que podem ocorrer essa solução preventiva, tais como fixação e definição de preço de mercado e valor venal, elementos fundamentais para se chegar à extensão da cobrança do Imposto Predial Territorial Urbano (IPTU) e do Imposto Territorial Rural (ITR), impostos de competência do município e da União, respectivamente.

Contudo, é mais fácil identificar a arbitragem tributária após a constituição do crédito tributário, quando instaurado o contraditório. Isso porque a arbitragem é aplicada na solução de litígio, sendo que no âmbito do processo tributário este ocorre com a impugnação ao lançamento ou com a manifestação de inconformidade.

Cumpre registrar que a sentença arbitral eventualmente proferida no âmbito da solução das controvérsias tributárias deve vincular tanto o Fisco como o contribuinte.

Por outro lado, via de regra, o mérito da sentença arbitral não está sujeito à revisão pelo Poder Judiciário, sob pena de esvaziamento do próprio instituto. Nesse sentido, as hipóteses de nulidade da sentença arbitral trazidas no art. 32 da Lei nº 9.307/96 são, em sua maioria, relativas às questões formais, podendo constituir balizamento para a arbitragem tributária.

---

[28] MENDONÇA, Priscila Faricelli de. Arbitragem e transação tributárias. *In*: GRINOVER, Ada Pelegrini; WATANABE, Kazuo (coord.). Brasília, DF: Gazeta Jurídica, 2014, p. 116.

[29] TORRES, Heleno Taveira. Transação, arbitragem e conciliação judicial como medidas alternativas para resolução de conflitos entre administração e contribuintes: simplificação e eficiência administrativa. *Revista Fórum de Direito Tributário*, ano 1, n. 2, mar./abr. São Paulo: Dialética, 2003, p. 51.

Como já mencionado, os critérios para escolha dos árbitros devem ser estabelecidos por lei, de forma a garantir a máxima eficiência do processo arbitral em âmbito tributário, atingindo-se, assim, sua finalidade precípua e permitindo que de fato possa funcionar como um meio de solução verdadeiramente adequada aos litígios fiscais.

Num modelo brasileiro de arbitragem tributária poderiam figurar como árbitro ex-conselheiros do Conselho Administrativo de Recursos Fiscais (CARF) e outros servidores públicos aposentados com experiência em direito tributário, como ex-auditores e procuradores da Fazenda nacional, magistrados aposentados, com um bom período de quarentena,[30] advogados tributaristas e até mesmo outros profissionais da área não jurídica.

A arbitragem tem um custo mais elevado que o processo judicial. Este é mais barato porque é fortemente subsidiado, mas não é um meio especializado de jurisdição. Já a arbitragem, sendo uma modalidade de jurisdição privada, possui um custo equivalente ao preço real do serviço prestado, muito embora os valores possam variar entre as diversas instituições arbitrais. As grandes Câmaras de arbitragem certamente possuem um custo mais elevado, exatamente em razão da experiência e *expertise*, necessárias nos casos de alta complexidade. Somente com a massificação dos métodos adequados de resolução de conflito será possível obter um acesso mais barato às Câmaras Arbitrais, mas isso exigirá que os litigantes adquiram maior confiança no modelo e busquem a utilização de diferentes instituições e profissionais.[31]

Ressalte-se que o Brasil já possui previsão de aplicação da arbitragem para solução administrativa das controvérsias surgidas entre órgãos e entidades da Administração Federal, inclusive em matéria tributária.

A Câmara de Conciliação e Arbitragem da Administração Pública (CCAF) foi criada pela Lei Complementar (LC) nº 73/93, com previsão inserta em seu art. 4º, incisos X a XIII e §2º. Posteriormente a Medida Provisória (MP) nº 2.180-35/01, em seu art. 11, estabeleceu ser dever do Advogado-Geral da União adotar todas as providências necessárias para solução administrativa das controvérsias surgidas entre entidades da Administração Federal indireta, ou entre esses entes e a União.

A Portaria nº 1.281/07 dispõe sobre o deslinde, em sede administrativa, de controvérsias de natureza jurídica entre órgãos e entidades da Administração Federal, no âmbito da AGU. Tal ato aplica-se, inclusive, para solução de controvérsias de natureza tributária, conforme ficou assentado no Parecer AGU/SRG nº 01/2007, cuja conclusão foi no sentido de que "com a edição da Portaria da AGU nº 1.281/2007, não remanescem interrogantes quanto à viabilidade e propriedade da conciliação em matéria tributária [...]".

---

[30] Um bom parâmetro para definir o prazo de quarentena aos árbitros é a regra prevista no art. 95, parágrafo único, V, da Constituição Federal de 1988, que veda que o magistrado, de qualquer instância, retorne à advocacia e atue junto ao juízo que exerceu o cargo antes de três anos de sua aposentadoria ou exoneração.

[31] MACHADO, Carlos Henrique; SANTOS, Ricardo Soares Sterso dos; CATARINO, João Ricardo. A arbitrabilidade objetiva dos conflitos envolvendo o poder público e as perspectivas da arbitragem tributária no Brasil. *Revista de direito*, Santa Cruz do Sul, v. 1, n. 54, jan./abr. 2018, p. 69.

4 A arbitragem tributária no Direito português

A arbitragem tributária vem se tornando cada vez mais presente nos ordenamentos jurídicos alienígenas, representando importante meio para a solução de controvérsias fiscais. Portugal demonstrou pioneirismo ao disciplinar a arbitragem nessa matéria.

A Constituição da República Portuguesa (CRP) faz expressa menção aos "tribunais arbitrais" em seu art. 209. O n. 2 do art. 209 da CRP prevê a possibilidade de criação de tribunais arbitrais "como uma das espécies da categoria Tribunais", a quem compete "administrar a justiça em nome do povo", sem qualquer restrição quanto ao objeto.

A autorização legislativa para a instituição da arbitragem tributária deu-se com o art. 124º da Lei nº 3-B/2010, de 28 de abril (Lei do Orçamento do Estado para 2010). No exercício dessa autorização, foi baixado o Decreto-Lei nº 10/2011 fixando os contornos deste instituto. Tal norma, juntamente com as Portarias e alterações subsequentes, formam o chamado Regime Jurídico da Arbitragem em Matéria Tributária (RJAMT).

Segundo a Exposição de Motivos do referido Decreto-Lei nº 10/2011, a introdução no ordenamento jurídico português da arbitragem em matéria tributária, como forma alternativa de resolução jurisdicional de conflitos no domínio fiscal, visa a três objetivos principais: "reforçar a tutela eficaz dos direitos e interesses legalmente protegidos dos sujeitos passivos", "imprimir uma maior celeridade na resolução de litígios que opõem a administração tributária ao sujeito passivo" e, ainda, "reduzir a pendência de processos nos tribunais administrativos e fiscais".

A arbitragem tributária é realizada através dos tribunais arbitrais que funcionam sob a organização do Centro de Arbitragem Administrativa (CAA), o qual possui natureza jurídica de associação de direito privado, sem fins lucrativos.

Conforme consta na Exposição de Motivos do Decreto-Lei nº 10/2011, a celeridade e a efetividade são pontos fundamentais levados em consideração pela legislação lusitana. Exatamente por isso, o procedimento insculpido no RJAMT é dotado de certa informalidade e flexibilidade, havendo a determinação normativa de que a sentença arbitral seja proferida no prazo de seis meses contados da data de início do processo arbitral, podendo esse prazo ser prorrogado até três vezes por períodos de dois meses, o que se traduz numa duração máxima do processo de 12 meses, segundo o art. 21 do Decreto-Lei nº 10/2011. Contudo, na prática, a duração média do processo é de 4,5 meses.[32]

Outra característica da arbitragem portuguesa é que os árbitros decidem com base no direito constituído, sendo vedada a aplicação da equidade.

O modelo português prestigiou a irrecorribilidade das decisões proferidas pelos tribunais arbitrais, admitindo-se excepcionalmente recursos para o Tribunal Constitucional, quando a sentença arbitral recusar a aplicação de determinada norma se fundamentando em sua inconstitucionalidade ou quando a sentença recuse a aplicação da norma cuja constitucionalidade tenha sido suscitada.

Além da limitação quanto ao tipo de litígio (exemplo, não se aplica às taxas), existe também uma limitação em função do valor, que não pode ultrapassar a 10 milhões de euros.

---

[32] Conforme informação disponibilizada pelo CAAD em julho de 2019.

Outra característica é a publicidade obrigatória das decisões arbitrais, sem identificação do contribuinte.

Ressalte-se que a existência de tribunais administrativos fiscais com competência para julgar o contencioso administrativo não retira a possibilidade de existência dos tribunais arbitrais.

O RJAMT acolheu no processo arbitral os princípios processuais que se aplicam na esfera judicial, tais como o princípio do contraditório, da igualdade, da cooperação, da boa-fé processual e da publicidade, segundo o art. 16 do Decreto-Lei nº 10/2011.

Há, ainda, a obrigatoriedade de a Administração remeter ao juízo arbitral a cópia integral do processo administrativo fiscal, medida salutar, uma vez que o processo administrativo fiscal pode conter elementos capazes de influenciar na solução da controvérsia. Uma vez implantada a arbitragem tributária no Brasil, entende-se que também aqui o processo administrativo fiscal deverá ser levado em consideração quando da regulamentação da solução arbitral para controvérsias tributárias.

Como já sustentado no presente trabalho, um dos principais aspectos que envolvem a arbitragem tributária é a possibilidade de se obter uma sentença arbitral que efetivamente soluciona a controvérsia, em um período de tempo que seja compatível com a razoabilidade e que dê às partes a segurança jurídica necessária.

Assim, a efetividade do provimento arbitral está intimamente relacionada com a celeridade do processo, ou seja, o tempo entre a instauração do tribunal arbitral e a decisão arbitral. A experiência portuguesa é bastante positiva nesse aspecto.

O modelo português, inclusive quanto aos aspectos procedimentais, pode servir de parâmetro para a regulamentação da arbitragem tributária no ordenamento jurídico brasileiro.

5 Necessidade de edição de norma tributária

Há que se questionar se a arbitragem tributária no Brasil já poderia ser praticada, dada a equiparação de sentença arbitral à sentença judicial, tal como prescrito no art. 31 da Lei nº 9.307/96[33] e no art. 515, VII, do CPC,[34] combinados com o art. 156, inciso X, da Lei nº 5.172, de 25 de outubro de 1966 (Código Tributário Nacional – CTN).[35]

Em outras palavras, a sentença arbitral já estaria incluída no rol das causas extintivas do crédito tributário, dada a referida equiparação à sentença judicial. Não resta dúvida de que a interpretação sistemática dos dispositivos acima elencados permite concluir que a arbitragem tributária já poderia ser praticada sob o arcabouço normativo atualmente existente. Contudo, tendo em vista as peculiaridades da obrigação tributária, o formalismo do sistema tributário, os princípios que o cercam, e para dar maior legitimidade e segurança jurídica às partes, para que a arbitragem tributária se torne efetivamente uma realidade no Brasil, evidencia-se a necessidade de mudança legislativa.

---

[33] "Art. 31. A sentença arbitral produz, entre as partes e seus sucessores, os mesmos efeitos da sentença proferida pelos órgãos do Poder Judiciário e, sendo condenatória, constitui título executivo."

[34] "Art. 515. São títulos executivos judiciais, cujo cumprimento dar-se-á de acordo com os artigos previstos neste Título: [...] VII – a sentença arbitral; [...]"

[35] "Art. 156. Extinguem o crédito tributário: X – a decisão judicial passada em julgado."

O art. 146, III, da CF/88 estabeleceu ser necessária a edição de lei complementar para dispor sobre normas gerais em matéria de legislação tributária, tendo ainda a sua alínea "b" determinado a utilização desse meio para regulamentar "obrigação, lançamento, crédito, prescrição e decadência tributários".

Dessa forma, seria recomendável alterações no CTN para dispor sobre a arbitragem tributária no que se refere a aspectos relacionados com a suspensão ou extinção do crédito tributário, bem como sobre as causas de suspensão ou interrupção da prescrição ou decadência. Por outro lado, lei ordinária disporia sobre composição do tribunal arbitral.

Sem perder de vista que a matéria demandará ainda regulamentação infralegal para estabelecer procedimentos, visando a maior clareza.

É fundamental, portanto, ajustar cada modalidade de conflito ao respectivo meio jurisdicional subjacente, assegurando e promovendo, assim, um verdadeiro e amplo acesso à justiça a todos os cidadãos.

Entende-se que no âmbito da arbitragem tributária devem ser vedadas discussões sobre constitucionalidade de normas jurídicas.

6 Projetos de lei concernentes à arbitragem tributária

Algumas iniciativas legislativas foram tomadas no campo da arbitragem tributária. Trata-se do Projeto de Lei (PL) nº 4.257/2019, PL nº 4.468/2020 e do Projeto de Lei Complementar (PLP) nº 469/2009.

6.1 PL nº 4.257/2019

O PL do Senado nº 4.257/2019, de autoria do senador Antônio Anastasia, propõe alterações na Lei de Execuções Fiscais (Lei nº 6.830/80), para que nela conste expressamente a possiblidade de opção pela arbitragem tributária após o ajuizamento da Execução Fiscal por parte do Poder Público.

Em linhas gerais, o PL nº 4.257/2019 propõe que seja facultado o uso da arbitragem tributária na hipótese de débitos inscritos em dívida ativa e objeto de execução fiscal, assim como ação consignatória e anulatória.

A opção será exercida pelo contribuinte no momento da interposição dos respectivos Embargos à Execução Fiscal, a qual não poderá ser recusada pela parte contrária. Esse dispositivo poderá gerar grande discussão por sua imposição, contrariando corolário da arbitragem, que reside na vontade das partes.

Uma vez garantido o débito tributário por depósito, fiança ou seguro, o contribuinte poderia optar pela via do juízo arbitral, o qual se desenvolveria em câmaras arbitrais já existentes, desde que de reconhecida experiência, competência e idoneidade na administração de procedimentos arbitrais, assim como já ocorre com as arbitragens envolvendo a Administração Pública.

6.2 PL nº 4.468/2020

O PL nº 4.468, de autoria da senadora Daniella Ribeiro, institui a arbitragem especial tributária e dá outras providências. Esse PL teve origem, conforme sua Justificação, em proposta apresentada por Heleno Taveira Torres, Selma Maria Ferreira Lemes e Priscila Faricelli de Mendonça.

O novo PL tem por objetivo criar uma arbitragem especial tributária para no curso da fiscalização e, portanto, antes da formalização do lançamento, prevenir conflitos mediante solução de controvérsias sobre matérias de fato (arts. 1º e 2º).

Além disso, a arbitragem especial tributária do novo PL tem por objetivo solucionar conflitos anteriormente à constituição do crédito tributário nas hipóteses de *"consultas que envolvam questões fáticas e sua qualificação jurídica"* (art. 12). E pode servir de meio, ainda, para quantificação de crédito do sujeito passivo da obrigação tributária decorrente de decisão judicial transitada em julgado e não liquidado judicialmente (art. 12).

Os modelos de arbitragem tributária do PL nº 4.257/19 e do PL nº 4.468/20 estão limitados, assim, a hipóteses restritas e distintas: o primeiro envolve litígios que digam respeito a crédito tributário já constituído (isto é, o foco é o momento pós-constituição do crédito tributário), e desde que garantido o juízo; o segundo está voltado à prevenção de controvérsias tributárias, antes da constituição do crédito tributário, ou seja, o momento é de pré-constituição do crédito tributário.

6.3 PLP nº 469/2009

O Projeto de Lei Complementar (PLP) nº 469/2009, oriundo do Poder Executivo, altera o CTN (Lei nº 5.172/66).

O PLP nº 469/2009, enviado à Câmara dos Deputados juntamente com o Projeto de Lei nº 5.082/09, que versa sobre a Lei Geral de Transação em Matéria Tributária, foi concebido no bojo de um conjunto de medidas para "modernizar a Administração Fiscal, tornando-a mais transparente, célere e eficiente" (Exposição de Motivos nº 187, de 2008, do Ministério da Fazenda).

Atualmente, o PLP nº 469/2009 tramita na Câmara dos Deputados e obteve parecer tanto da Comissão de Desenvolvimento Econômico, Indústria e Comércio (CDEIC) quanto da Comissão de Finanças e Tributação (CFT). Os primeiros pareceres resultaram em um texto substitutivo, cuja ênfase se deu também sobre a correta instrumentalização da arbitragem tributária.

O texto substitutivo, no que diz respeito à arbitragem tributária, prevê as seguintes alterações na Lei nº 5.172/66:

Art. 156. Extinguem o crédito tributário:
[...]
XII – o efetivo cumprimento dos termos do laudo arbitral, na forma da lei.

Art. 171-A Conflito ou litígio de natureza tributária poderá, na forma da lei, ser solucionado por meio de arbitragem, cujo laudo arbitral terá caráter vinculante para as partes.
Parágrafo único. A lei poderá, ainda:
– estabelecer outras formas de resolução de conflitos ou litígios de natureza tributária;
– definir as hipóteses em que o litígio tributário, no âmbito judicial, deva ser de competência dos juizados especiais.

Art. 174. A ação para a cobrança do crédito tributário prescreve em cinco anos, contados da data da sua constituição definitiva.
Parágrafo único. A prescrição se interrompe:
[...]
VI – pela admissão em procedimento de transação ou arbitragem, ou pelo descumprimento das obrigações constantes do termo de transação ou do laudo arbitral.

Com a alteração proposta no Substitutivo, o CTN passaria a prever expressamente a arbitragem na seção que dispõe sobre as demais modalidades de extinção do crédito tributário, possibilitando a adoção da arbitragem para solução de litígio, com efeito vinculante para o laudo arbitral.

De se observar que o texto substitutivo não contempla no art. 151 a arbitragem como hipótese de suspensão de exigibilidade do crédito tributário, o que pode desestimular a opção pela arbitragem tributária no Brasil, após constituído o crédito tributário.

Síntese conclusiva

A morosidade do Judiciário brasileiro interfere diretamente na efetividade da jurisdição e na razoável duração dos litígios em matéria tributária, violando o direito constitucional da razoável duração do processo, previsto no inciso LXXVIII do art. 5º da CF/88.

A arbitragem tributária constitui um mecanismo alternativo de resolução de litígios tributários, que atua de forma mais rápida e, ao mesmo tempo, garante a legalização das decisões e a proteção dos direitos fundamentais.

Ao optarem por submeter a controvérsia tributária ao juízo arbitral, as partes não estão dispondo do direito em discussão, mas apenas renunciando à solução estatal do conflito.

A apreciação acerca da arbitragem no âmbito da administração pública, e especificamente no âmbito das questões tributárias, pressupõe a evolução do conceito sobre supremacia e indisponibilidade do interesse público, fruto da superação da clássica divisão entre público e privado.

Se é certo que a Administração não está violando o princípio da indisponibilidade quando ela própria julga procedente uma impugnação e elimina juridicamente um crédito tributário, é igualmente verdadeiro que o juízo arbitral não fere a ordem jurídica quando realiza o controle de legalidade do lançamento.

É viável a implementação no Brasil da arbitragem tributária – que será uma nova forma e uma terceira via para resolver litígios tributários fora do Judiciário e dos tribunais administrativos. Assim como a transação implementada pela Lei nº 13.988/2020, a arbitragem na esfera tributária será benéfica para o Fisco e para o contribuinte, por representar um método eficaz e célere capaz de conferir segurança jurídica na interpretação e aplicação das leis tributárias.

Entende-se que há ambiente institucional favorável à criação da arbitragem tributária no Brasil. Tal pode ser verificado pelo avanço jurisprudencial, doutrinário, legislativo e pelos projetos de lei em tramitação (PL nºs 4.257/2019 e 4468/2020 e pelo PLP nº 469/2009), que certamente representarão para o contencioso tributário o mesmo avanço vivenciado com a arbitragem da Lei nº 9.307/96.

Contudo, em face de sua complexidade, a arbitragem tributária deve ser precedida de um amplo e aprofundado debate, sopesando-se os efeitos práticos de sua inserção em nosso sistema jurídico, definindo os tipos de conflitos passíveis de arbitramento, o modelo de arbitragem e demais particularidades.

Sua implementação demandará uma mudança profunda na percepção e nos atuais paradigmas adotados por todos os agentes envolvidos.

O modelo português, inclusive quanto aos aspectos procedimentais, pode servir de parâmetro para a regulamentação da arbitragem tributária no ordenamento jurídico brasileiro.

Referências

ALVIM, Arruda. Sobre a natureza jurisdicional da arbitragem. *In:* CAHALI, Francisco José; RODOVALHO, Thiago; FREIRE, Alexandre (org.). *Arbitragem*: estudos sobre a Lei n. 13.129, de 26-5-2015. São Paulo: Saraiva, 2016.

BOSSA, Gisele Barra; VASCONCELLOS, Mônica Pereira Coelho de. Arbitragem e reconstrução do interesse público. *In*: PISCITELLI, Tahiane; MASCITTO, Andrea; MENDONÇA, Priscila Faricelli (Coord.). *Arbitragem tributária*: desafios institucionais brasileiros e a experiência portuguesa. 2. ed. rev., atual. e ampl. São Paulo: Thomson Reuters Brasil, 2020. E-book Kindle.

DANIEL NETO, Carlos Augusto; RIBEIRO, Diego Diniz. Meios alternativos de composição de conflitos e sua incidência no âmbito da persecução do crédito tributário. *In:* ARAÚJO, Juliana Furtado Costa e CONRADO, Paulo Cesar (coord.)*Inovações na cobrança do crédito tributário*. São Paulo: Thomson Reuters Brasil, 2019..

GODOI, Marciano Seabra de; GIANNETTI, Leonardo Varella. Arbitragem e direito tributário brasileiro: a superação do dogma da indisponibilidade do crédito tributário. *Revista Arbitragem Tributária*, n. 3, p. 40, jun. 2015.

GRINOVER, Ada Pellegrini. A inafastabilidade do controle jurisdicional e uma nova modalidade de autotutela. *Revista Brasileira de Direito Constitucional*, São Paulo, ESDC, n. 10, p. 13, jul./dez. 2007.

MACHADO, Carlos Henrique; SANTOS, Ricardo Soares Sterso dos; CATARINO, João Ricardo. A arbitrabilidade objetiva dos conflitos envolvendo o poder público e as perspectivas da arbitragem tributária no Brasil. *Revista de Direito*, Santa Cruz do Sul, v. 1, n. 54, p. 59-85, jan./abr. 2018.

MEIRELLES, HELY LOPES. *Direito Administrativo brasileiro*. 35. ed. São Paulo: Malheiros, 2009.

MELLO, Celso Antônio Bandeira de. *Curso de Direito Administrativo*. 14. ed. São Paulo: Malheiros, 2001.

MENDONÇA, Priscila Faricelli de. Arbitragem e transação tributárias. *In*: GRINOVER, Ada Pelegrini; WATANABE, Kazuo (coord.). Brasília, DF: Gazeta Jurídica, 2014.

NOLASCO, Rita Dias; LIMA, Osvaldo Antônio de. Arbitragem tributária: a experiência portuguesa e os desafios para sua implementação no Brasil. *In*: PISCITELLI, Tahiane; MASCITTO, Andrea; MENDONÇA, Priscila Faricelli (coord.). *Arbitragem tributária*: desafios institucionais brasileiros e a experiência portuguesa. 2. ed. rev., atual. e ampl. São Paulo: Thomson Reuters Brasil, 2020. E-book Kindle.

OLIVEIRA, Bruno Bastos de. *Arbitragem tributária*: gatilho para racionalização do contencioso fiscal e a consequente promoção do desenvolvimento econômico nacional. Tese (Doutorado em Ciências Jurídicas) – Universidade Federal da Paraíba. João Pessoa. 2018.

PASINATTO, Ana Paula; VALLE, Maurício Dalri Timm. Arbitragem tributária: breve análise luso-brasileira. *RJLB*, ano 3, n. 6, 2017, p. 1041-1073.

SILVA, Heitor Vitor Mendonça. Arbitragem e Fazenda Pública. *In*: CAHALI, Francisco José; RODOVALHO, Thiago; FREIRE, Alexandre (org.). *Arbitragem*: estudos sobre a Lei 13.129 de 2015. São Paulo: Saraiva, 2016.

TORRES, Heleno Taveira. É urgente a reforma do modelo de cobrança de crédito tributário. Disponível em: https://www.conjur.com.br/2017-abr-26/consultor-tributario-urgente-reforma-modelo-cobranca-credito-tributario. Acesso em: 10 jan. 2018.

TORRES, Heleno Taveira. Novas medidas de recuperação de dívidas tributárias. Disponível em: https://www.conjur.com.br/2013-jul-17/consultor-tributario-novas-medidas-recuperacao-dividas-tributarias. Acesso em: 18 maio 2021.

TORRES, Heleno Taveira. Reformas do federalismo fiscal avançam no Brasil. Disponível em: <https://www.conjur.com.br/2015-ago-12/consultor-tributario-reformas-federalismo-fiscal-avancam-brasil. Acesso em: 12 abr. 2021.

TORRES, Heleno Taveira. Transação, arbitragem e conciliação judicial como medidas alternativas para resolução de conflitos entre administração e contribuintes: simplificação e eficiência administrativa. *Revista Fórum de Direito Tributário*, ano 1, n. 2, mar./abr. São Paulo: Dialética, 2003.

Informação bibliográfica deste texto, conforme a NBR 6023:2018 da Associação Brasileira de Normas Técnicas (ABNT):

OLIVEIRA, Maria das Graças Patrocínio. Arbitragem tributária. *In*: SARAIVA FILHO, Oswaldo Othon de Pontes (coord.). *Transação e Arbitragem Tributárias*. Belo Horizonte: Fórum, 2023. (Coleção Fórum grandes temas atuais de Direito Tributário ; v.2). p. 353-373. ISBN 978-65-5518-465-5.

PONTOS NODAIS DA ARBITRAGEM NA ADMINISTRAÇÃO PÚBLICA

OSWALDO OTHON DE PONTES SARAIVA FILHO

OSWALDO OTHON DE PONTES SARAIVA NETO

1 Introdução

1 Neste artigo, serão abordadas algumas questões-chaves relativas ao uso da arbitragem para dirimir conflitos entre a Administração Pública e particulares, como a conveniência da adoção da arbitragem, como instrumento processual mais célere e tecnicamente mais confiável para solução de controvérsias entre o Poder Público e os particulares, aplicação desse instituto para dirimir conflitos decorrentes de contratos administrativos, a identificação da autoridade competente para autorizar a arbitragem e os requisitos legais para abertura da arbitragem no âmbito da Administração Pública, com a identificação dos chamados *direitos patrimoniais disponíveis*.

2 A arbitragem, no Brasil, teve impulso com a edição da Lei nº 9.307, de 23 de setembro de 1996, a chamada Lei Geral de Arbitragem, tendo sido contemplada pelo novo Código de Processo Civil (Lei nº 13.501, de 16 de março de 2015), e, para espancar qualquer dúvida por acaso ainda existente, estendida, expressamente, para a entidades e órgãos da Administração Pública direta e indireta pela Lei nº 13.129, de 26 de maio de 2015, e demais leis específicas, diplomas legais que serão focalizados neste trabalho.

3 Impende apenas mencionar que a Lei nº 13.140, de 26 de junho de 2015, trata, ainda, de outros formas alternativas de composição de litígios: a mediação entre particulares e a autocomposição de conflitos entre órgãos e entidades da Administração Pública, assuntos que não serão enfrentados neste artigo.

2 Novo paradigma que deveria existir entre o Estado e o setor privado: ruptura da cultura demandista em prol de soluções resolutivas e consensuais

4 Um traço típico da arbitragem é a voluntariedade, que se caracteriza pela disponibilidade das partes de dirimir o conflito através da submissão consensual de questões técnicas a um Comitê de árbitros com experiência no assunto e que sejam de confiança das partes, obstando assim a *via crucis*, praticamente, interminável do tradicional processo judicial.

5 No processo civil tradicional, a voluntariedade recai mais sobre o autor, que pode propor a inicial a qualquer momento (desde que dentro do prazo prescricional), podendo, ainda, desistir da sua pretensão a depender do estágio do processo. O réu, por outro lado, é surpreendido com a demanda e é obrigado a contestar a inicial, dentro do prazo legal, sob pena de revelia, tendo, ainda, que impugnar todos os argumentos da parte, sob pena de tornar incontroverso os fatos ignorados.

6 Em assuntos complexos e de elevado caráter técnico, as partes se desdobram para esclarecer os fatos ao juiz, sabendo, desde já, que o assunto dificilmente receberá a devida atenção por causa do excesso de processos que se acumulam em sua mesa – segundo dados do CNJ, são quase 93 milhões de feitos a serem solucionados por 17 mil juízes no país.

7 Por isso, as partes abusam de argumentos retóricos como principal meio de convencimento, o que acaba por tornar os fatos nebulosos, podendo a solução judicial pender para qualquer dos lados, escancarando a insegurança jurídica.

8 Observa-se também que as partes tendem a acatar mais as decisões de juízes arbitrais do que as decisões de juízes de primeira instância. É que a própria sistemática de recursos do processo civil permite a postergação por anos do resultado definitivo, inviabilizando a satisfação do direito por uma das partes. A definitividade da sentença arbitral (impossibilidade de recursos) e a submissão voluntária das partes à jurisdição especializada possibilitam o cumprimento espontâneo das decisões.

9 Ademais, no processo civil tradicional, transigir algum direito não faz parte do hábito das partes, posto que, a partir da judicialização da demanda, a preocupação dos litigantes gira em torno das eventuais despesas da sucumbência, fomentando a litigiosidade pela litigiosidade.

10 Por essas razões, a via judicial não é o ambiente adequado para a construção dialética da verdade material.

11 A União Federal é a maior litigante no sistema judiciário, o que é previsível diante da enorme gama de serviços que presta.[1] Não se pode, todavia, naturalizar os números de litigiosidade da Administração Pública. Por essa razão, o legislador, através dos parágrafos art. 3º do novo Código de Processo Civil (CPC, Lei nº 13.105/2015) autoriza e incentiva que o Estado promova a solução consensual de conflitos, como autocomposição de conflitos[2] ou arbitragem, nos seguintes termos:

> Art. 3º [...]
> §1º É permitida a arbitragem, na forma da lei.
> §2º O Estado promoverá, sempre que possível, a solução consensual dos conflitos.
> §3º A conciliação, a mediação e outros métodos de solução consensual de conflitos deverão ser estimulados por juízes, advogados, defensores públicos e membros do Ministério Público, inclusive no curso do processo judicial.

12 O artigo 42 do CPC repete a previsão da arbitragem[3] ao dispor que *as causas cíveis serão processadas e decididas pelo juiz nos limites de sua competência, ressalvado às partes o direito de instituir juízo arbitral, na forma da lei,* vale dizer, com supedâneo na Lei nº 9.307, de 23.9.1996, com as inovações introduzidas pela Lei nº 13.129, de 26.5.2015.

13 Aliás, o mesmo diploma processual civil sinalizou a necessidade e utilidade de os entes federativos adotarem postura resolutiva e consensual ao impor a criação das câmaras com atribuições relacionadas à solução consensual de conflitos no âmbito administrativo, sem excluir "outras formas de mediação e conciliação extrajudicial" (arts. 174 c/c 165[4]).[5]

14 Embora originariamente a chamada Lei de Arbitragem – Lei nº 9.307/1996[6] – não tenha deixado explícita a faculdade de o Poder Público recorrer à jurisdição

---

[1]   ADAMS, Luís Inácio. União é maior litigante e maior prestador de serviços. Disponível em: https://www.conjur.com.br/2012-set-30/luis-adams-nao-separacao-entre-estado-governo-burocracia-politica. Acesso em 15 mar. 2021.

[2]   Entende-se como autocomposição de conflitos o meio de solução de controvérsia empregado no âmbito da Administração Pública, sem recurso ao Poder Judiciário ou terceiros.

[3]   A arbitragem é um meio privado de solução de litígios, regida por legislação própria, através da qual pessoas capazes de direito privado e de direito público dirimem definitivamente os conflitos por intermédio de árbitros de confiança das partes, que exaram decisões arbitrais, em regra, não sujeitas a recursos.

[4]   CPC, "Art. 174. A União, os Estados, o Distrito Federal e os Municípios criarão câmaras de mediação e conciliação, com atribuições relacionadas à solução consensual de conflitos no âmbito administrativo, tais como: I – dirimir conflitos envolvendo órgãos e entidades da administração pública; II – avaliar a admissibilidade dos pedidos de resolução de conflitos, por meio de conciliação, no âmbito da administração pública; III – promover, quando couber, a celebração de termo de ajustamento de conduta."

[5]   MOURA, Wesley Luiz de. Novo código de processo civil comentado na prática da Fazenda Nacional (coordenadores: Rogério Campos *et al.*). São Paulo: Revista dos Tribunais, 2017, p. 374.

[6]   O Pleno do STF decidiu pela constitucionalidade da lei de arbitragem, quando as partes sejam capazes e quando o litígio envolva interesses disponíveis, por ocasião do julgamento, em 12.12.2001, do SE-AgR nº 5.206/ES, rel. Min. Sepúlveda Pertence, publicação 30.4.2004. "EMENTA: 1. Sentença estrangeira: laudo arbitral que dirimiu conflito entre duas sociedades comerciais sobre direitos inquestionavelmente disponíveis... 3. Lei de Arbitragem (L. 9.307/96): constitucionalidade, em tese, do juízo arbitral; discussão incidental da constitucionalidade de vários dos tópicos da nova lei, especialmente acerca da compatibilidade, ou não, entre a execução judicial específica para a solução de futuros conflitos da cláusula compromissória e a garantia constitucional da universalidade da jurisdição do Poder Judiciário (CF, art. 5º, XXXV). Constitucionalidade declarada pelo plenário, considerando o Tribunal, por maioria de votos, que a manifestação de vontade da parte na cláusula compromissória, quando da celebração do contrato, e a permissão legal dada ao juiz para que substitua a vontade da parte recalcitrante em firmar o compromisso não ofendem o artigo 5º, XXXV, da CF (art. 6º, parág. único; 7º e seus parágrafos e, no art. 41 e art. 42)... Constitucionalidade – aí por decisão unânime, dos dispositivos da Lei

especializada, a Lei nº 13.129, de 26 de maio de 2015, ampliando as disposições legais anteriores, deixou estreme de dúvida a possibilidade de a Administração Pública utilizar a arbitragem em inúmeros conflitos existentes no âmbito dos contratos públicos. Destacam-se as seguintes inovações:

Art. 1º(...)
§1º A administração pública direta e indireta poderá utilizar-se da arbitragem para dirimir conflitos relativos a direitos patrimoniais disponíveis.
§2º A autoridade ou o órgão competente da administração pública direta para a celebração de convenção de arbitragem é a mesma para a realização de acordos ou transações.
Art. 2º (...)
§3º A arbitragem que envolva a administração pública será sempre de direito e respeitará o princípio da publicidade.

13 Logo em seguida, ampliando o leque de possibilidades de resolução extrajudicial de conflitos, a Lei nº 13.140, de 26 de junho de 2015, tratou da mediação entre particulares como meio de solução de controvérsias e sobre a autocomposição de conflitos entre órgãos e entidades da administração pública.

14 Assim, a Lei nº 13.140/2015 dispõe, nos seus artigos 1º ao 31, sobre a mediação[7] (judicial ou extrajudicial) entre particulares como meio de solução de litígios privados, e preceitua, nos artigos 32 ao 40, sobre a autocomposição de conflitos no âmbito da Administração Pública,[8] deixando as disposições finais para o regramento dos seus artigos 41 ao 48.

15 A legislação retrocitada – entre outras – é posterior à Lei nº 9.307/1996 e teve como escopo deixar clara a possibilidade do uso da arbitragem também pela Administração Pública em relação a direitos patrimoniais disponíveis.

16 Portanto, cumpre ser visto com bons olhos que a Administração Pública possa se valer da arbitragem para a solução de conflitos relativos a direitos patrimoniais disponíveis. Esse entendimento é manifestado por Joel Figueira Jr.,[9] *in verbis*:

A Lei 9.307/1996 (com as alterações trazidas pela Lei 13.129/2015) representa muito mais do que um microssistema específico; acima de tudo, é representativo de uma verdadeira revolução em nossa cultura jurídica, na medida em que coloca, lada a lado, a jurisdição estatal com a privada, à escolha do jurisdicionado.
[...]
Esse modelo – inversamente do que pensavam alguns operadores e estudiosos do Direito – em nada afronta a Lei Maior, enfraquece ou desprestigia o Judiciário. Muito pelo contrário, veio para minimizar reflexamente a crise jurisdicional, e, permitir ao Estado-juiz que

de Arbitragem que prescrevem a irrecorribilidade (art. 18) e os efeitos de decisão judiciária da sentença arbitral (art. 31)."

[7] Na mediação, pessoas privadas socorrem-se do auxílio de terceiro, pessoa da confiança das partes para chegarem a acordo que extinga o litígio. Segundo o parágrafo único do art. 1º da Lei 13.140/2015, "considera-se mediação a atividade técnica exercida por terceiro imparcial sem poder decisório, que, escolhido ou aceito pelas partes, as auxilia e estimula a identificar ou desenvolver soluções consensuais para a controvérsia".

[8] O termo *autocomposição* significa que a resolução da controvérsia (seja entre órgãos e entidades da própria Administração Pública direta e indireta, seja entre esta e particulares) é atingida na própria seara administrativa, sem necessidade de se recorrer às vias judiciais ou a terceiros (particulares).

[9] FIGUEIRA JR., Joel. Arbitragem, 3. ed. Rio de Janeiro: Forense, 2019, p. 44, 56 e 57.

dirija a sua atividade principal à solução dos conflitos que não podem, por questões de ordem pública, ser conhecidos pelo particular.

Houve sim [...] a reestruturação de nossa cultura jurídica, à medida que a Lei nº 9.307/1996 passou a oferecer mais uma forma de resolução de conflitos que envolvem direitos patrimoniais disponíveis, especialmente os mais complexos, de elevado valor econômico.

[...] a arbitragem é simplesmente mais um instrumento válido e colocado à disposição dos interessados para a solução de seus conflitos de natureza patrimonial disponível, ao lado de outras formas alternativas de composição (v.g. Juizados Especiais, Mediação, etc.), concomitantemente à jurisdição estatal.

17 Ademais, a Lei de Arbitragem (Lei nº 9.307/1996, arts. 1º, §1º; 2º, §3º, acréscimos promovidos pela Lei nº 13.129/2015) garante o cumprimento do princípio da legalidade administrativa em sentido estrito (CF, art. 37, *caput*), segundo o qual o administrador público só pode fazer o que a lei expressamente lhe permite.[10]

18 A solução consensual e extrajudicial de conflitos também é a orientação da jurisprudência:

STJ-T3
RECURSO ESPECIAL 1.623.475/PR[11]
[...]
6. A desjudicialização dos conflitos e a promoção do sistema multiportas de acesso à justiça devem ser francamente incentivadas, estimulando-se a adoção da solução consensual, dos métodos autocompositivos e do uso dos mecanismos adequados de solução das controvérsias, tendo como base a capacidade que possuem as partes de livremente convencionar e dispor sobre os seus bens, direitos e destinos.

19 A propósito, cumpre realçar o Enunciado nº 17 do Conselho de Justiça Federal (CFJ), exarado por ocasião do I Jornada Prevenção e Solução Extrajudicial de Litígios: "Nos processos administrativos e judiciais, é dever do Estado e dos operadores do Direito propagar e estimular a mediação, a autocomposição e a arbitragem como solução pacífica dos conflitos".[12]

20 Nesse sentido, seria um contrassenso o esforço de instituições públicas e privadas para promover meios alternativos de solução de controvérsias, como conciliação, mediação e arbitragem, se o Estado litigante procurasse continuar criando todo tipo de embaraços para não aceitação do compromisso arbitral, preferindo continuar a fazer uso da via congestionada, morosa e nem sempre tecnicamente adequada do Poder Judiciário.

---

[10] MARTINS, André Chateaubriand. A administração pública na reforma da lei de arbitragem. *In*: ROCHA, Caio Cesar Vieira; SALOMÃO, Luis Felipe (coord.). *Arbitragem e mediação*: a reforma da legislação brasileira. 2. ed. São Paulo: Atlas, 2017, p. 21.

[11] BRASIL. STJ-T3. REsp 1.623.475/PR, Ministra Relatora Nancy Andrighi, data do julgamento 17.4.2018, *DJe* 20.4.2018.

[12] BRASIL. CJF. I Jornada Prevenção e Solução Extrajudicial de litígios. Brasília-DF: Centro de Estudos Judiciários do CJF, 22 e 23.8.2016, p. 1 a 3. *Apud* NASCIMBENI, Asdrubal Franco; RAMIRES, Rosana Laura de Castro Farias. *Administração Pública na era da consensualidade*: a visão e a prática dos Tribunais de Contas, 2018, posição 2.162.

3 Proveito da arbitragem para a Administração Pública

21 Na seara dos contratos administrativos, fala-se no princípio do benefício como diretriz do administrador público para uma contratação que seja tanto economicamente quanto qualitativamente mais vantajosa.[13]

22 Para além da aplicação da vantagem na seleção de propostas em certames públicos, deve-se, por força de sua conjugação com os princípios economicidade, eficiência e do interesse público, desbordar sua aplicação para todas as cláusulas contratuais além da cláusula que fixa o preço.

23 Já é amplamente reconhecido que a estipulação de cláusula de arbitragem em contratos de concessão é medida de interesse público, considerando as vantagens de uma jurisdição mais célere e técnica para contratos complexos e de longo prazo.

24 Cumpre observar que a própria Constituição da República de 1988, de forma pioneira, estimula a solução de conflitos por meio de arbitragem, como se pode constatar no preceptivo constitucional do §1º do artigo 114.[14]

25 Por essas razões, a lei geral das concessões públicas (Lei nº 8.987/1995) confere ao gestor público a discricionariedade técnica[15] de entabular convenção arbitral, assim como a Lei nº 13.448/2017 possibilita o aditamento de contratos, sempre considerando que o gestor público deve sopesar as razões de interesse público:

> Art. 23-A. O contrato de concessão poderá prever o emprego de mecanismos privados para resolução de disputas decorrentes ou relacionadas ao contrato, inclusive a arbitragem, a ser realizada no Brasil e em língua portuguesa, nos termos da Lei no 9.307, de 23 de setembro de 1996.

> Art. 31. As controvérsias surgidas em decorrência dos contratos nos setores de que trata esta Lei após decisão definitiva da autoridade competente, no que se refere aos direitos patrimoniais disponíveis, podem ser submetidas a arbitragem ou a outros mecanismos alternativos de solução de controvérsias.
> §1º Os contratos que não tenham cláusula arbitral, inclusive aqueles em vigor, poderão ser aditados a fim de se adequar ao disposto no *caput* deste artigo.

26 O interesse público não se iguala com o interesse arrecadatório, embora a obtenção de receita seja um instrumento para a satisfação daquele, muito menos não se

---

[13] VALENTIM, Carlos Eduardo Moreira. Princípio da vantajosidade: busca por contratação implica no melhor e menor gasto. Disponível em: https://www.conjur.com.br/2010-fev-09/principio-vantajosidade-implica-busca-melhor-menor-gasto#author. Acesso em: 20 mar. 2021.

[14] CF/1988. §1º do "art. 114: frustrada a negociação coletiva [em matéria trabalhista], as partes poderão eleger árbitros".

[15] Na análise da "discricionariedade técnico-administrativa", há um primeiro momento de cognição técnica e outro de submissão das alternativas ao interesse público (PEREIRA, Cesar Augusto Guimarães. Discricionariedade e apreciações técnicas da administração. *Revista de Direito Administrativo*. Rio de Janeiro, n. 231, p. 217-267, jan./mar. 2003). Diante de conceitos jurídicos indeterminados, nem sempre os critérios técnicos serão capazes de indicar uma única solução correta, devendo a escolha das alternativas caber à autoridade administrativa (DAROCA, Eva Desdentado. Los problemas del control judicial de la discrecionalidad técnica: un estudio crítico de la jurisprudencia. Madrid: Civitas, 1997. p. 63 *et seq*. In: GROTTI, Dinorá Adelaide Musetti. *Eficiência administrativa*: alargamento da discricionariedade acompanhado do aperfeiçoamento dos instrumentos de controle e responsabilização dos agentes públicos – um paradigma possível?. *Revista Brasileira de Estado e Função Pública – RBEFP*, Fórum, ano 4, n. 10, jan./abr. 2015, p. 141).

confunde com o interesse de postergar o pagamento de indenização à concessionária. Nesse sentido, são perenes as lições de Celso Antônio Bandeiro de Mello,[16] que diferenciou o interesse público do interesse particular do Estado:

41. É que, além de subjetivar esses interesses, o Estado, tal como os demais particulares, é também ele, uma pessoa jurídica, que, pois, existe e convive no universo jurídico em concorrência com todos os demais sujeitos de direito. Assim, independentemente do fato de ser, por definição, encarregado dos interesses públicos, o Estado pode ter, tanto quanto as demais pessoas, interesses que lhe são particulares, individuais, e que, tal como os interesses delas, concebidas em suas meras individualidades, se encarnam no Estado enquanto pessoas. Estes últimos não são interesses públicos, mas interesses individuais do Estado, similares, pois (sob prisma extrajurídico), aos interesses de qualquer outro sujeito. Similares, mas não iguais. Isto porque a generalidade de tais sujeitos pode defender esses interesses individuais, ao passo que o Estado, concebido que é para a realização de interesses públicos (situação, pois, inteiramente diversa da dos particulares), só poderá defender seus próprios interesses privados quando, sobre não se chocarem com os interesses públicos propriamente ditos, coincidam com a realização deles. Tal situação ocorrerá sempre que a norma donde defluem os qualifique como instrumentais ao interesse público e na medida em que o sejam, caso em que sua defesa será, ipso facto, simultaneamente a defesa de interesses públicos, por concorrerem indissociavelmente para a satisfação deles.

27 Pois bem, a arbitragem, como método alternativo de solução de conflito, oferece várias vantagens à Administração Pública. A primeira e principal vantagem para ela é a redução de riscos decorrentes da judicialização, especialmente, no âmbito do Poder Judiciário hodierno, promotor de reduzida segurança jurídica, onde os julgamentos têm se realizado frequentemente não com supedâneo em norma legal expressa, mas com base na ponderação entre princípios abstratos e genéricos dentro de uma certa realidade, de modo que, de acordo com a ideologia do julgador, este ou aquele princípio poderá prevalecer ou não.

28 Ademais, a Administração Pública, como uma das maiores litigantes do sistema judiciário, é especialmente atingida pela morosidade e pela deficiente especialização técnica da prestação jurisdicional em determinados assuntos.[17]

29 Não é realista a perspectiva do gestor público de que a Administração sempre conseguirá o melhor resultado no futuro, seja pela via judicial ou normativa. Quanto mais complexo o litígio, maiores serão os riscos decorrentes de sua judicialização.

30 De modo que, em contratos públicos de realização de obras e aparelhamentos e de exploração de serviços públicos, tem a Administração, diante de faculdade conferida por lei, escolhido estipular a cláusula compromissória para a solução de eventuais litígios contratuais, uma vez que a arbitragem tem proporcionado decisões de árbitros que dominam a respectiva matéria que lhes é posta, tendo apresentado a maior celeridade, simplicidade e objetividade.

31 Como visto, a disponibilidade possível do patrimônio público pode ser de maior interesse da coletividade do que a sua preservação, a exemplo da recomposição do equilíbrio-financeiro dos contratos administrativos, porque sem ela, tornar-se-ia

16 BANDEIRA DE MELLO, Celso Antônio. *Curso de Direito Administrativo Brasileiro*. 15. ed. São Paulo: Malheiros, p. 56/57.
17 ACCIOLY, João Pedro. *Arbitragem em conflitos com a Administração Pública*. Rio de Janeiro: Lumen Juris, 2019, p. 12.

inviável a continuidade da obra ou da prestação de serviços públicos.[18] Aliás, não raro a disponibilidade do patrimônio pode ser mais interessante se considerarmos a acumulação da dívida com a incidência de juros no tempo.

32 Nesse sentido, a arbitragem é vantajosa porque confere segurança jurídica pela previsibilidade das decisões e redução de riscos.

33 Não se pode empurrar litígios para a gestão do futuro sem que isso não signifique a perda de uma chance de conciliar ou dirimir o conflito. Por isso, orienta-se aos gestores uma postura proativa e resolutiva, como, aliás, estimula o §3º do artigo 3º do Código de Processo Civil.

34 No mesmo sentido, na esfera das teorias do direito regulatório, a doutrina[19] tem se posicionado no sentido de que a utilização de instrumentos mais drásticos do que aqueles necessários para o atingimento do objetivo da política regulatória pode gerar ambiente de desconfiança e enfrentamento,[20] de maneira que a cooperação entre as partes favorece um modelo de regulação mais seguro e eficiente.

35 Em diálogo com essas razões (redução de riscos e previsibilidade das decisões), a arbitragem também possibilita flexibilização das regras procedimentais, podendo as partes defini-las para melhor atender às peculiaridades do caso concreto. Nesse sentido, ensina o administrativista João Pedro Accioly:[21] [22]

> A consensualidade e a flexibilidade procedimental são fortes traços identitários do sistema arbitral. Como a própria arbitragem só ocorre por acordo das partes, não há porque negar-lhes o direito de conformar o procedimento de modo a melhor atender às suas necessidades e interesses – faculdade que também foi introduzida, com maiores restrições, aos litigantes em processos judiciais pelo Código de Processo Civil de 2015.

36 A arbitragem é ainda mais flexível do que o processo judicial, porque permite a concentração de certos atos e a superação das formalidades prescindíveis.

37 A flexibilidade dos procedimentos, a unidade da instância e a instauração extraordinária do juízo arbitral asseguram um procedimento mais célere e livre da taxa de congestionamento do Judiciário.[23]

38 Outra vantagem da arbitragem é a possibilidade de escolha de julgadores técnicos e de confiança das partes, o que permite que se entregue "a solução de litígios

---

[18] DI PIETRO, Maria Sylvia Zanella. *Direito administrativo*,. 33. ed. (*ebook*), 2020, p. 1.085 a 1.088.

[19] ARANHA, Márcio Iorio. *Manual de direito regulatório*: fundamentos do direito regulatório. Laccademia Publishing: London, 2018, e-book, posição 992; GUNNINGHAM, N.; GRABOSKY, P. *Smart regulation:* designing environmental policy. Oxford: Clarendon Press, 1998.

[20] MÉLO FILHO, Marconi Araní. Da regulação responsiva à regulação inteligente: uma análise crítica do desenho regulatório do setor de transporte ferroviário de cargas no Brasil. *Revista de Direito Setorial e Regulatório*, Brasília, v. 6, n. 1, p. 153, maio 2020.

[21] ACCIOLY, João Pedro. Obra citada, p. 8.

[22] CPC, "Art. 190: Versando o processo sobre direitos que admitam autocomposição, é lícito às partes plenamente capazes estipular mudanças no procedimento para ajustá-lo às especificidades da causa e convencionar sobre os seus ônus, poderes, faculdades e deveres processuais, antes ou durante o processo".

[23] O próprio Decreto nº 10.025/2019 estipula calendário processual fixando tempo máximo para a apresentação e sentença arbitral, permitida a prorrogação uma única vez: "Art. 8º. No procedimento arbitral, deverão ser observados os seguintes prazos: I – o prazo mínimo de sessenta dias para resposta inicial; e II – o prazo máximo de vinte e quatro meses para a apresentação da sentença arbitral, contado da data de celebração do termo de arbitragem. Parágrafo único. O prazo a que se refere o inciso II do caput poderá ser prorrogado uma vez, desde que seja estabelecido acordo entre as partes e que o período não exceda quarenta e oito meses".

especializados a um corpo de julgadores (escolhidos pelos próprios litigantes) que entenda desse tipo específico de conflito e que tenha habilidade e conhecimento técnico para melhor decidir".[24]

39 Nesse sentido, as partes poderão indicar aquelas pessoas que mais inspiram confiança em face da sua experiência, conhecimento específico da matéria e retidão de conduta. Devem ser técnicos especializados na aérea do objeto em conflito, de elevado quilate científico e credibilidade.

40 Cumpre ressaltar, igualmente, que outro benefício da arbitragem é o cumprimento espontâneo das sentenças, posto que as decisões são proferidas em instância única e possuem força executiva.

41 A propósito, o artigo 18 da Lei nº 9.307/1996 reza que "o *árbitro é* juiz de fato e de direito, e a sentença que proferir não fica sujeita a recurso ou a homologação pelo Poder Judiciário".

42 A esse respeito, Leonardo Saraiva[25] esclarece, citando o civilista José Francisco Cahali:[26]

> A experiência demonstra que as partes respeitam a sentença arbitral e a ela se submetem voluntariamente partindo do pressuposto de que os interessados elegeram o julgador por vontade própria, pela confiança e considerando ser ele conhecedor da matéria.

43 Observe-se que as hipóteses de rediscussão das decisões arbitrais perante o Judiciário se limitam a situações formais ou teratológicas, onde se verificam, por exemplo, a inobservância do devido processo legal, do contraditório e da ampla defesa (CF, art. 5º, LIV e LV), hipóteses de suspeição, prevaricação, concussão ou corrupção passiva, conforme art. 32, da Lei nº 9.307/96.

44 A propósito, uma vez acionada a cláusula arbitral, Asdrubal Nascimbeni e Rosana Ramires[27] destacam uma visão mais crítica de atuação possível dos Tribunais de Contas em matéria de controle da arbitrabilidade administrativa, que concebe que, do mesmo modo que as decisões arbitrais não ficam sujeitas a recurso ou à homologação do Poder Judiciário, pois igualam-se às judiciais, consoante regra do artigo 31 da Lei nº 9.307/1996,[28] elas também não ficam sujeitas ao controle externo exercido pelas Cotes de Contas. De modo que o TCU não detém qualquer competência relativa à decisão arbitral em si ou ao procedimento em que se insere. Não lhe cabe controlar a validade da arbitragem. O controle que caberia ao TCU é relativo ao exercício do direito de propor a ação anulatória do artigo 33 da Lei nº 9.397/1996,[29] sendo firme o entendimento do

---

[24] CARMONA, Carlos Alberto. A arbitragem no setor de infraestrutura portuária e as jabuticabas. Artigo. Disponível em: https://www.migalhas.com.br/depeso/224914/a-arbitragem-no-setor-de-infraestrutura-portuaria-e-as-jabuticabas. Acesso em 19 mar. 2021.

[25] SARAIVA, Leonardo. *Arbitragem na administração pública*: peculiaridades, governança, compliance e o desafio do envolvimento dos Tribunais de Contas no processo de sua institucionalização. Rio de Janeiro: Lumen Juris, 2019, p. 11.

[26] CAHALI, Francisco José. *Curso de arbitragem*: mediação: conciliação: tribunal multiportas. 7. ed. São Paulo: Thomson Reuters, 2018, p. 126.

[27] NASCIMBENI, Asdrubal F.; RAMIRES, Rosana L. de C. F. Obra citada, posições 2.551 e 2.687.

[28] Lei nº 9.307/1996. "Art. 31. A sentença arbitral produz, entre as partes e seus sucessores, os mesmos efeitos da sentença proferida pelos órgãos do Poder Judiciário e, sendo condenatória, constitui título executivo".

[29] Lei nº 9.307/1996. "Art. 33. A parte interessada poderá pleitear ao órgão do Poder Judiciário competente a declaração de nulidade da sentença arbitral, nos casos previstos nesta Lei" (redação dada pela Lei nº 13.129/2015).

STJ no sentido de que, na ação de invalidação de sentença arbitral, o controle judicial, exercido somente após a sua prolação, está circunscrito a aspectos de ordem formal, a exemplo dos vícios previamente elencados pelo legislador (art. 32 da Lei nº 9.307/1996), em especial, aqueles que dizem respeito às garantias constitucionais aplicáveis a todos os processos, que não podem ser afastadas pela vontade das partes.[30]

45 Diante das vantagens da arbitragem expostas neste tópico[31] e para se evitar que se postergue a resolução do litígio para gestões futuras, conclui-se que a instauração do juízo arbitral no âmbito da administração pública, quando legalmente possível, é a medida mais razoável e adequada.

46 Ademais, não se pode olvidar o mandamento constitucional do inciso LXXVIII do artigo 5º, acrescentado pela Emenda Constitucional nº 45, de 8.12.2004,[32] reafirmado mais recentemente pelo artigo 4º do Código de Processo Civil,[33] no sentido de que a todos, tanto no âmbito judicial quanto na seara administrativa, são assegurados razoável duração do processo e os meios que garantam a celeridade de sua tramitação.

47 Cabe ponderar que atende perfeitamente aos princípios da legalidade, da moralidade administrativa[34] e da celeridade no âmbito administrativo, da eficiência e da economicidade (CF, arts. 5º, LXXVIII; art. 37, *caput*; art. 70), que gestor público resolva controvérsias relativas a direitos patrimoniais disponíveis pelo juízo arbitral, existindo, no contrato público, expressa regra de convenção de arbitragem.

48 Contudo, não se pode negar que ainda persiste certa desconfiança quanto à arbitragem, sobretudo no que se refere à imparcialidade dos árbitros, embora esse entrave venha dia a dia se dispersando.

49 Em sua obra dedicada ao tema,[35] João Pedro Accioly propõe uma narrativa menos romantizada do instituto da arbitragem, que se preocupe na "contenção ou superação" dos riscos de uma "captura" do árbitro.

---

[30] BRASIL. STJ-T3. REsp nº 1.636.102/SP, rel. Min. Ricardo Villas Bôas Cueva. *DJe* 1.8.2017.

[31] Entre outras vantagens citadas pela doutrina, destacamos: criação de ambiente propício ao investimento em concessões de infraestrutura, pacificação social e alívio do Judiciário (SARAIVA, Leonardo. Obra citada, p. 11 e 16).

[32] CF/1988. "Art. 5º. [...] LXXVIII – a todos, no âmbito judicial e administrativo, são assegurados a razoável duração do processo e os meios que garantam a celeridade de sua tramitação."

[33] CPC – Lei nº 13.105, de 16.3.2015. "Art. 4º As partes têm o direito de obter em prazo razoável a solução integral do mérito, incluída a atividade satisfativa.

[34] SARAIVA FILHO. Oswaldo Othon de Pontes. O princípio da moralidade da administração pública. *Revista de Informação Legislativa*, Brasília, Subsecretaria de Edições Técnicas do Senado Federal, n. 132, p. 125 a 129, out./dez. 1996: "Por força do princípio da moralidade, os atos da administração pública e de seus agentes em geral devem conter a maior eficiência possível, pela obrigação de prestarem uma boa administração, observando-se a honestidade, a boa-fé, a lealdade, a moderação, a discrição. A economicidade, a sinceridade, sem que possa existir qualquer inconfessável desejo de prejudicar este ou aquele administrado. Merecem destaques as seguintes palavras do jurista luso Antônio José Brandão (espinçado do artigo *Moralidade administrativa*, RDA 25/459): '[...] tanto infringe a moralidade administrativa o administrador que, para atuar, foi determinado por fins imorais ou desonestos, como aquele que desprezou a ordem institucional; embora movido por zelo profissional, invade a esfera reservada a outras funções, ou procura obter mera vantagem para o patrimônio público à sua guarda. Em ambos os casos, os seus atos são infiéis à ideia que tinha de servir, pois violam o equilíbrio que deve existir entre todas as funções, ou, embora mantendo ou aumentando o patrimônio gerido, desviam-no do fim institucional, que é o de concorrer para a criação do bem-comum'".

[35] Como ensina ACCIOLY, João Pedro: "De um lado, como antecipado, são as partes que remuneram e escolhem, direta ou indiretamente, os árbitros que julgarão o processo. Do outro, os profissionais escolhidos têm interesse econômico na manutenção ou intensificação das atividades arbitrais, no geral altamente lucrativas, que exercem" (*In: Arbitragem em Conflitos com a Administração Pública*. Rio de Janeiro: Lumen Juris, 2019, p. 11/12).

50 No âmbito do direito regulatório, a teoria da captura "ocorre quando a agência perde sua condição de autoridade comprometida com a realização do interesse coletivo e passa a reproduzir atos destinados a legitimar a consecução de interesses privados dos segmentos regulados".[36] *Mutatis mutandis*, o fenômeno pode ocorrer em relação aos árbitros, ocasião em que a jurisdição especializada passa a servir de instrumento para legitimar interesses privados.[37]

51 Embora razoáveis as preocupações em torno da garantia da imparcialidade e neutralidade dos árbitros, não se pode ignorar que a arbitragem é um instituto já consolidado nas relações privadas, utilizada amplamente no mundo inteiro e cuja previsão em contratos públicos tem sido essencial para gerar um ambiente de confiança para investimentos de longo prazo, como concessões envolvendo obras públicas.

52 Além do fator tranquilizante da prática reiterada da via arbitral, a regulamentação adequada do uso da arbitragem por lei ou por ato administrativo normativo oferece regras claras sobre o assunto e maior segurança jurídica para as partes.

4 Escólio sobre o instituto da arbitragem e de sua aplicação em contratos administrativos

53 Arbitragem é um instituto voltado à heterocomposição entre as partes e resolução extrajudicial pelos árbitros de litígios, pautada pelos parâmetros de tecnicidade, celeridade, consensualidade, publicidade, flexibilidade procedimental, cumprimento espontâneo das decisões e diminuição de riscos decorrentes da judicialização.

54 A Lei nº 13.129/2015, que trouxe algumas inovações na lei de arbitragem (Lei nº 9.307/1996), assentou a possibilidade de arbitragem em relação à Administração Pública (art. 1º, §1º), resolvendo a controvérsia da cláusula compromissória nos contratos administrativos em geral.[38]

55 Assim, não há mais a menor dúvida de que a Administração Pública pode participar de processos de arbitragem, uma vez que o §1º do artigo 1º da Lei nº 9.307, de 23.9.1996, dispõe expressamente que: "A administração pública direta e indireta poderá utilizar-se da arbitragem para dirimir conflitos relativos a direitos patrimoniais disponíveis". (Inclusão feita pela Lei nº 13.129, de 25.5.2015)

56 Além da previsão geral do §1º do artigo 1º da Lei nº 9.307/96, são vários os preceptivos que disciplinam a arbitragem no âmbito da Administração Pública com viés específico, cabendo citar, entre outros: o artigo 23-A da Lei nº 8.987, de 13.2.1995,

---

[36] JUSTEN FILHO, Marçal. *O direito das agências reguladoras independentes*. SP: Dialética, 2002, ps. 369/370.

[37] ACCIOLY, João Pedro. Obra citada, p. 9.

[38] Lei nº 9.307/1996. "Art. 3º As partes interessadas podem submeter a solução de seus litígios ao juízo arbitral mediante convenção de arbitragem, assim entendida a cláusula compromissória e o compromisso arbitral. Art. 4º A cláusula compromissória é a convenção através da qual as partes em um contrato comprometem-se a submeter à arbitragem os litígios que possam vir a surgir, relativamente a tal contrato... Art. 7º Existindo cláusula compromissória e havendo resistência quanto à instituição da arbitragem, poderá a parte interessada requerer a citação da outra parte para comparecer em juízo a fim de lavrar-se o compromisso, designando o juiz audiência especial para tal fim... § 7º A sentença que julgar procedente o pedido valerá como compromisso arbitral... Art. 9º O compromisso arbitral é a convenção através da qual as partes submetem um litígio à arbitragem de uma ou mais pessoas, podendo ser judicial ou extrajudicial".

que dispõe sobre o regime de concessão e permissão da prestação de serviços públicos previsto no art. 175 da Constituição Federal, preceptivo incluído pelo artigo 120 da Lei nº 11.196, de 21.11.2005, que estatui que "o contrato de concessão poderá prever o emprego de mecanismos privados para resolução de disputas decorrentes ou relacionadas ao contrato, inclusive a arbitragem, a ser realizada no Brasil e em língua portuguesa, nos termos da Lei nº 9.307", de 23.9.1996; o inciso XV do *caput* do artigo 93 da Lei dos Serviços de Telecomunicações (Lei nº 9.427, de 16.7.1997), que permite arbitragem pra solução de divergências contratuais; o inciso X do *caput* do artigo 43 da Lei de Petróleo e Gás (Lei nº 9.478, de 6.8.1997), que reza que o contrato de concessão deverá conter, como uma das cláusulas essenciais, regras sobre solução de controvérsias, relacionadas com o contrato e sua execução, inclusive a conciliação e a arbitragem internacional; o inciso XVI do *caput* do artigo 35 da Lei de Transportes Aquaviário e Terrestre (Lei nº 10.233, de 5.6.2001), que impõe como uma das cláusulas essenciais do contrato de concessão, regras sobre solução de controvérsias relacionadas com o contrato e sua execução, inclusive a conciliação e a arbitragem; o inciso III do *caput* do artigo 11 da Lei da Parceria Público Privada (PPP) no âmbito da Administração Pública (Lei nº 11.079, de 30.12.2004), que estipula que o correspondente contrato deverá prever "o emprego dos mecanismos privados de resolução de disputas, inclusive a arbitragem, a ser realizada no Brasil e em língua portuguesa, nos termos da Lei nº 9.307, de 23.9.1996, para dirimir conflitos decorrentes ou relacionados ao contrato"; a Lei nº 13.190, de 19.11.2015, que acrescentou o artigo 44-A na Lei nº 12.462, de 4.8.2011, que institui o Regime Diferenciado de Contratações Públicas (RDC), para determinar que, "nos contratos regidos por esta Lei, poderá ser admitido o emprego dos mecanismos privados de resolução de disputas, inclusive a arbitragem, a ser realizada no Brasil e em língua portuguesa, nos termos da Lei nº 9.307, de 23 de setembro de 1996, e a mediação, para dirimir conflitos decorrentes da sua execução ou a ela relacionados"; e o parágrafo único do artigo 12 da Lei nº 13.303, de 30.6.2016, que instituiu o "Estatuto das Estatais" e autoriza o uso a arbitragem por estas.[39]

57 Por sua vez, a Lei nº 13.867, de 26.8.2019, alterou a Lei Geral da Desapropriação (Decreto-Lei nº 3.365, de 21 de junho de 1941), para nela incluir o artigo 10-B, para possibilitar a opção pela mediação ou pela via arbitral. Já o §4º do artigo 10-B estabelece

---

[39] O caso paradigmático acerca da possibilidade de utilização da arbitragem por parte de estatais está no julgamento pelo STJ-T2 do REsp nº 612.439/RS, rel. Min. João Otávio Noronha, *DJ* 14.9.2006, p. 299. Ementa: "PROCESSO CIVIL. JUÍZO ARBITRAL. CLÁUSULA COMPROMISSÓRIA. EXTINÇÃO DO PROCESSO. ART. 267, VII, DO CPC. SOCIEDADE DE ECONOMIA MISTA. DIREITOS DISPONÍVEIS. EXTINÇÃO DA AÇÃO CAUTELAR PREPARATÓRIA POR INOBSERVÂNCIA DO PRAZO LEGAL PARA A PROPOSIÇÃO DA AÇÃO PRINCIPAL.
1. Cláusula compromissória é o ato por meio do qual as partes contratantes formalizam seu desejo de submeter à arbitragem eventuais divergências ou litígios passíveis de ocorrer ao longo da execução da avença. Efetuado o ajuste, que só pode ocorrer em hipóteses envolvendo direitos disponíveis, ficam os contratantes vinculados à solução extrajudicial da pendência. 2. A eleição da cláusula compromissória é causa de extinção do processo sem julgamento do mérito, nos termos do art. 267, inciso VII, do Código de Processo Civil.
3. São válidos e eficazes os contratos firmados pelas sociedades de economia mista exploradoras de atividade econômica de produção ou comercialização de bens ou de prestação de serviços (CF, art. 173, §1º) que estipulem cláusula compromissória submetendo à arbitragem eventuais litígios decorrentes do ajuste. 4. Recurso especial parcialmente provido." No mesmo diapasão, cf. STJ-T2, REsp nº 606.345/RS rel. Min. João Otávio Noronha, *DJ* 8.6.2007; e STJ-T3, REsp nº 904.813/PR, rel. Min. Nancy Andrighi, *DJe* 28.2.2012, em que se abriu, ainda, o precedente segundo o qual "o fato de não haver previsão da arbitragem no edital de licitação ou no contrato celebrado entre as partes, não invalida o compromisso arbitral firmado posteriormente".

que "a arbitragem seguirá as normas da Lei nº 9.307/1996, e, subsidiariamente, os regulamentos do *órgão* ou instituição responsável".

58 Insta colimar que o retrocitado diploma legal, ao permitir o emprego da mediação e da arbitragem, reconheceu que o valor da indenização nas desapropriações a cargo do poder público, ainda que em decorrência de um ato original não de gestão, mas de império, constitui bem patrimonial disponível.

59 Em relação ao retromencionado inciso III do artigo 11 da Lei nº 11.079/2004, o Tribunal de Contas da União aprovou, por intermédio do acórdão 1.330/2007, Instrução Normativa nº 52, de 4 de julho de 2007, que dispõe sobre o controle e fiscalização de procedimentos de licitação, contratação e execução contratual de Parcerias Público-Privadas (PPP), incluindo a possibilidade de os contratos públicos estipularem a solução de controvérsias por meio da arbitragem.[40]

60 Especificamente para os setores aeroportuários, portuário e de transportes, por exemplo, o *caput* do artigo 31 da Lei nº 13.448/2017 estatui que as controvérsias surgidas entre a Administração Pública Federal e empresas desses setores, no que se refere aos direitos patrimoniais disponíveis decorrentes dos pertinentes contratos, podem ser submetidas a arbitragem ou a outros mecanismos alternativos de solução de controvérsias, após decisão definitiva da autoridade competente.

61 O Senhor Presidente da República expediu o Decreto nº 10.025/2019, que regulamenta a arbitragem da Lei nº 13.448/2017, estipulando, no seu inciso VIII do artigo 3º, que "a decisão administrativa contestada na arbitragem deverá ser definitiva, assim considerada aquela insuscetível de reforma por meio de recurso administrativo".

62 Há uma especial atenção para a preservação dos princípios administrativos da legalidade e da indisponibilidade do interesse público, não se admitindo a arbitragem por equidade (Lei nº 9.703/1996, §3º do art. 2º, incluído pela Lei nº 13.129/2015).

63 Cumpre anotar, todavia, que, por um tempo, existia dúvida se a Administração Pública realmente poderia ser parte no processo, considerando a natureza de direito privado do compromisso arbitral: trata-se de cláusula autônoma em relação ao contrato administrativo, ainda que nele inserido.

64 Entendimento refratário tem sido derrotado diante de previsões legais geral e específicas, autorizando a arbitragem no âmbito da administração pública, bem como diante da visão do Superior Tribunal de Justiça (STJ), uniformizada por meio da Súmula nº 485, segundo a qual "a Lei de Arbitragem aplica-se aos contratos que contenham cláusula arbitral, ainda que celebrados antes da sua edição".[41]

---

[40] BRASIL. TCU. Acórdão nº 1.330/2007, Plenário, Relator Raimundo Carreiro, Processo Administrativo 011.988/2007-4, Data da sessão 04.07.2007.
[41] BRASIL. STJ. Súmula 485.*DJe* 1.8.2012, *RSTJ* v. 227, p. 943.

65 Nesse assunto, sobressai judiciosa Ementa do Acórdão da 1ª Seção do STJ, de lavra do então Ministro Luiz Fux, exarada ainda antes da edição da Lei nº 13.129/2015, que autorizou expressamente a utilização da arbitragem por parte da Administração Pública para dirimir conflitos relativos a direitos patrimoniais disponíveis:

MANDADO DE SEGURANÇA nº 11.308/DF[42]

Ementa: ADMINISTRATIVO. MANDADO DE SEGURANÇA. PERMISSÃO DE ÁREA PORTUÁRIA. CELEBRAÇÃO DE CLÁUSULA COMPROMISSÓRIA. JUÍZO ARBITRAL. SOCIEDADE DE ECONOMIA MISTA. POSSIBILIDADE. ATENTADO.

[...]

5. Questão gravitante sobre ser possível o juízo arbitral em contrato administrativo, posto relacionar-se a direitos indisponíveis.

6. A doutrina do tema sustenta a legalidade da submissão do Poder Público ao juízo arbitral, calcado em precedente do E. STF, *in litteris: "Esse fenômeno, até certo ponto paradoxal, pode encontrar inúmeras explicações, e uma delas pode ser o erro, muito comum de relacionar a indisponibilidade de direitos a tudo quanto se puder associar, ainda que ligeiramente, à Administração." Um pesquisador atento e diligente poderá facilmente verificar que não existe qualquer razão que inviabilize o uso dos tribunais arbitrais por agentes do Estado. Aliás, os anais do STF dão conta de precedente muito expressivo, conhecido como 'caso Lage', no qual a própria União submeteu-se a um juízo arbitral para resolver questão pendente com a Organização Lage, constituída de empresas privadas que se dedicassem a navegação, estaleiros e portos. A decisão nesse caso unanimemente proferida pelo Plenário do STF é de extrema importância porque reconheceu especificamente 'a legalidade do juízo arbitral, que o nosso direito sempre admitiu e consagrou, até mesmo nas causas contra a Fazenda.' Esse acórdão encampou a tese defendida em parecer da lavra do eminente Castro Nunes e fez honra a acórdão anterior, relatado pela autorizada pena do Min, Amaral Santos. Não só o uso da arbitragem não é defeso aos agentes da administração, como, antes é recomendável, posto que privilegia o interesse público."* (in "Da Arbitrabilidade de Litígios Envolvendo Sociedades de Economia Mista e da Interpretação de Cláusula Compromissória", publicado na Revista de Direito Bancário do Mercado de Capitais e da Arbitragem, Editora Revista dos Tribunais, Ano 5, outubro – dezembro de 2002, coordenada por Arnold Wald, esclarece às páginas 398/399).

7. Deveras, não é qualquer direito público sindicável na via arbitral, mas somente aqueles cognominados como "disponíveis", porquanto de natureza contratual ou privada.

8. A escorreita exegese da dicção legal impõe a distinção jus-filosófica entre o interesse público primário e o interesse da administração, cognominado "interesse público secundário". Lições de Carnelutti, Renato Alessi, Celso Antônio Bandeira de Mello e Min. Eros Roberto Grau.

9. O Estado, quando atestada a sua responsabilidade, revela-se tendente ao adimplemento da correspectiva indenização, coloca-se na posição de atendimento ao "interesse público". Ao revés, quando visa a evadir-se de sua responsabilidade no afã de minimizar os seus prejuízos patrimoniais, persegue nítido interesse secundário, subjetivamente pertinente ao aparelho estatal em subtrair-se de despesas, engendrando locupletamento à custa do dano alheio.

10. Destarte, é assente na doutrina e na jurisprudência que indisponível é o interesse público, e não o interesse da administração.

11. Sob esse enfoque, saliente-se que dentre os diversos atos praticados pela Administração, para a realização do interesse público primário, destacam-se aqueles em que se dispõe de determinados direitos patrimoniais, pragmáticos, cuja disponibilidade, em nome

---

[42] BRASIL. STJ-1ª Seção, MS nº 11.308/DF, Rel. Min. Luiz Fux, *DJe* 19.05.2008.

do bem coletivo, justifica a convenção da cláusula de arbitragem em sede de contrato administrativo.

[...]

13. Outrossim, a ausência de óbice na estipulação da arbitragem pelo Poder Público encontra supedâneo na doutrina clássica do tema, *verbis*: "(...) *Ao optar pela arbitragem o contratante público não está transigindo com o interesse público, nem abrindo mão de instrumentos de defesa de interesses públicos, Está, sim, escolhendo uma forma mais expedita, ou um meio mais hábil, para a defesa do interesse público. Assim como o juiz, no procedimento judicial deve ser imparcial, também o árbitro deve decidir com imparcialidade. O interesse público não se confunde com o mero interesse da Administração ou da Fazenda Pública; o interesse público está na correta aplicação da lei e se confunde com a realização correta da Justiça.*" (No sentido da conclusão Dalmo Dallari, citado por Arnold Wald, Atlhos Gusmão Carneiro, Miguel Tostes de Alencar e Ruy Janoni Doutrado, em artigo intitulado "Da Validade de Convenção de Arbitragem Pactuada por Sociedade de Economia Mista", publicado na Revista de Direito Bancário do Mercado de Capitais e da Arbitragem, nº 18, ano 5, outubro-dezembro de 2002, à página 418).

[...]

16. É cediço que o juízo arbitral não subtrai a garantia constitucional do juiz natural, ao contrário, implica realizá-la, porquanto somente cabível por mútua concessão entre as partes, inaplicável, por isso, de forma coercitiva, tendo em vista que ambas as partes assumem o "risco" de serem derrotadas na arbitragem. (Precedente: Resp nº 450881 de relatoria do Ministro Castro Filho, publicado no DJ 26.05.2003)

17. Destarte, uma vez convencionado pelas partes cláusula arbitral, o árbitro vira juiz de fato e de direito da causa, e a decisão que então proferir não ficará sujeita a recurso ou à homologação judicial, segundo dispõe o artigo 18 da Lei 9.307/96, o que significa categorizá-lo como equivalente jurisdicional, porquanto terá os mesmos poderes do juiz togado, não sofrendo restrições na sua competência.

(...)

21. Por fim, conclui com acerto Ministério Público, *verbis*: "*In casu, por se tratar tão somente de contrato administrativo versando cláusulas pelas quais a Administração está submetida a uma contraprestação financeira, indubitável o cabimento da arbitragem. Não faria sentido ampliar o conceito de indisponibilidade à obrigação de pagar vinculada à obra ou serviço executado a benefício auferido pela Administração em virtude da prestação regular do outro contratante. A arbitragem se revela, portanto, como o mecanismo adequado para a solução da presente controvérsia, haja vista, tratar-se de relação contratual de natureza disponível, conforme dispõe o artigo 1º, da Lei nº 9.307/96: "as pessoas capazes de contratar poderão valer-se da arbitragem para dirimir litígios relativos a direitos patrimoniais disponíveis.*" (fls. 472/473)

66 Do bem fundamentado acórdão, podemos deduzir que: proíbe-se uma interpretação ampliativa do que seja direito indisponível; é cabível a arbitragem para dirimir conflitos envolvendo contraprestação financeira do Estado; a regra da prevalência do interesse público se aplica mais intensamente em garantir que o Estado que atesta a sua responsabilidade de indenizar cumpra suas obrigações ao invés de evadir-se da responsabilidade patrimonial.

67 Outras decisões do STJ estão nessa linha de reconhecer e de estimular a utilização pela Administração Pública da via da arbitragem, como se pode demonstrar, mais uma vez, tão somente a título exemplificativo, a seguinte Ementa de Acórdão:

STJ-1ª Seção

CONFLITO DE COMPETÊNCIA Nº 139.519/RJ[43]

CONFLITO POSITIVO DE COMPETÊNCIA. JUÍZO ARBITRAL E ÓRGÃO JURISDICIONAL ESTATAL. CONHECIMENTO. ARBITRAGEM. NATUREZA JURISDICIONAL. MEIOS ALTERNATIVOS DE SOLUÇÃO DE CONFLITO. DEVER DO ESTADO. PRINCÍPIO DA COMPETÊNCIA-COMPETÊNCIA. PRECEDÊNCIA DO JUÍZO ARBITRAL EM RELAÇÃO À JURISDIÇÃO ESTATAL. CONTROLE JUDICIAL *A POSTERIORI*. CONVIVÊNCIA HARMÔNICA ENTRE O DIREITO PATRIMONIAL DISPONÍVEL DA ADMINISTRAÇÃO PÚBLICA E O INTERESSE PÚBLICO. CONFLITO DE COMPETÊNCIA JULGADO PROCEDENTE.

I – Conflito de competência entre o Tribunal Arbitral da Corte Internacional de Arbitragem da Câmara de Comércio Internacional e o Tribunal Regional Federal da 2ª Região, suscitado pela Petróleo Brasileiro S/A – PETROBRAS. Reconhecida a natureza jurisdicional da arbitragem, compete a esta Corte Superior dirimir o conflito.

II – Definição da competência para decidir acerca da existência, validade e eficácia da Cláusula Compromissória de Contrato de Concessão firmado para exploração, desenvolvimento e produção de petróleo e gás natural, cujas condições para execução foram alteradas unilateralmente pela agência reguladora por meio da Resolução da Diretoria (RD) n. 69/2014.

III – O conflito de competência não se confunde com os pedidos e causa de pedir da ação originária, na qual se objetiva a declaração de indisponibilidade do direito objeto da arbitragem e consequente inaplicabilidade da cláusula arbitral e a declaração de nulidade do procedimento arbitral em decorrência da Resolução da Diretoria n. 69/14, alterando a área de concessão controvertida, cumulado com pedido de anulação do processo arbitral, qual seja, de *anti-suit injuction*, destinada a evitar seu processamento junto ao Juízo Arbitral.

V – O CPC/2015 trouxe nova disciplina para o processo judicial, exortando a utilização dos meios alternativos de solução de controvérsia, razão pela qual a solução consensual configura dever do Estado, que deverá promovê-la e incentivá-la (art. 3º, §§1º e 2º). A parte tem direito de optar pela arbitragem, na forma da lei (art. 42).

VI – A Lei n. 13.129/15 introduziu no regime jurídico da arbitragem importantes inovações, com destaque para os princípios da competência-competência, da autonomia da vontade e da cláusula compromissória (arts. 1º, 3º e 8º, parágrafo único).

VII – No âmbito da Administração Pública, desde a Lei n. 8.987/95, denominada Lei Geral das Concessões e Permissões de Serviços Públicos, com a redação dada pela Lei n. 11.196/05, há previsão expressa de que o contrato poderá dispor sobre o emprego de mecanismos privados para resolução de conflitos, inclusive a arbitragem. No mesmo sentido a Lei n. 9.478/97, que regula a política energética nacional, as atividades relativas à extração de petróleo e a instituição da ANP (art. 43, X) e a Lei n. 13.129/15, que acresceu os §§1º e 2º, ao art. 1º da Lei n. 9.307/96, quanto à utilização da arbitragem pela Administração Pública.

VIII – A jurisdição estatal decorre do monopólio do Estado de impor regras aos particulares, por meio de sua autoridade, consoante princípio da inafastabilidade do controle judicial (art. 5º, XXXV, da Constituição da República), enquanto a jurisdição arbitral emana da vontade dos contratantes.

---

43   BRASIL. STJ. CC nº 139.519/RJ, Rel. para o Acórdão Min. Regina Helena Costa, *DJe* 10.11.2017; *RSTJ* vol. 249, p. 99.

IX – A jurisdição arbitral precede a jurisdição estatal, incumbindo àquela deliberar sobre os limites de suas atribuições, previamente a qualquer outro órgão julgador (princípio da competência-competência), bem como sobre as questões relativas à existência, à validade e à eficácia da convenção de arbitragem e do contrato que contenha a cláusula compromissória (arts. 8º e 20, da Lei n. 9.307/96, com a redação dada pela Lei n. 13.129/15).

X – Convivência harmônica do direito patrimonial disponível da Administração Pública com o princípio da indisponibilidade do interesse público. A Administração Pública, ao recorrer à arbitragem para solucionar litígios que tenham por objeto direitos patrimoniais disponíveis, atende ao interesse público, preservando a boa-fé dos atos praticados pela Administração Pública, em homenagem ao princípio da segurança jurídica.

XI – A arbitragem não impossibilita o acesso à jurisdição arbitral por Estado-Membro, possibilitando sua intervenção como terceiro interessado. Previsões legal e contratual.

XIII – Prematura abertura da instância judicial em descompasso com o disposto no art. 3º, §2º, do CPC/2015 e os termos da Convenção Arbitral.

XIV – Conflito de competência conhecido e julgado procedente, para declarar competente o Tribunal Arbitral da Corte Internacional de Arbitragem da Câmara de Comércio Internacional. Agravos regimentais da Agência Nacional do Petróleo, Gás Natural e Biocombustíveis e do Estado do Espírito Santo prejudicados.

68 A propósito, nesse diapasão, é o Enunciado nº 60 do CJF, expedido por ocasião da I Jornada Prevenção e Solução Extrajudicial de Litígios: "As vias adequadas de solução de conflitos previstas em lei, como a conciliação, a arbitragem e a mediação, são plenamente aplicáveis *à* Administração Pública e não se incompatibilizam com a indisponibilidade do interesse público, diante do Novo Código de Processo Civil e das autorizações legislativas pertinentes aos entes públicos".[44]

69 Hodiernamente, as Administrações Públicas vêm utilizando com grande êxito a arbitragem em inúmeros conflitos ocorridos no âmbito da execução e extinção dos contratos,[45] nomeadamente, em relação às cláusulas financeiras, que dizem respeito à remuneração do contratado, ao equilíbrio econômico-financeiro do contrato ou à indenização em face da extinção do contrato público de concessão de obras e serviços públicos.

70 Enfim, a convenção de arbitragem decorre da discricionariedade técnica do administrador, que ocorre quando há um primeiro momento de cognição técnica e outro de submissão das alternativas ao interesse público. Na ocasião, deve-se ponderar a complexidade técnica do caso, a longa duração da concessão e a necessidade de soluções céleres. Na formulação da cláusula, ambas as partes se obrigam à jurisdição arbitral por força do princípio da *pacta sunt servanda*.

---

44 BRASIL. CFJ. *I Jornada Prevenção e Solução Extrajudicial de Litígios.* Brasília-DF: Centro de Estudos Judiciários do CJF, 22 e 23.8.2016, p. 1 a 3, *apud* COSTA, Patrícia Ayub da; MUNIZ, Tânia Lobo. *Lei de arbitragem e Lei de mediação anotadas.* Coleção Códigos Anotados, FUGA, Bruno (coordenador). Londrina: Thoth Editora, 2020, p. 16.

45 Deste trabalho, observam-se frutos a exemplo de disputa envolvendo o Porto de Santos, cuja disputa foi encerrada com sentença arbitral final de mérito favorável à União – https://www.gov.br/agu/pt-br/comunicacao/noticias/nucleo-especializado-em-arbitragem-da-agu-atua-em-processos-que-passam-de-r-60-bi.

5 Autoridade competente para autorizar a arbitragem

71 O §2º do artigo 1º da Lei nº 9.307/1996, preceptivo incluso pela Lei nº 13.129/2015, dispõe que "a autoridade ou o *órgão* competente da administração pública direta para a celebração de convenção de arbitragem *é* a mesma para a realização de acordos ou transações".

72 Cumpre esclarecer, no âmbito federal, a autoridade competente para conhecer do pedido, analisar o mérito, deferindo ou não a arbitragem, ou ainda coordenar a resolução do litígio através de conciliação.

73 Pois bem, conforme a Lei Complementar nº 73/1993, o Advogado-Geral da União tem atribuição para conciliar litígios, na forma do inciso VI, do art. 4º: "São atribuições do Advogado-Geral da União: VI – desistir, transigir, acordar e firmar compromisso nas ações de interesse da União, nos termos da legislação vigente".

74 Ademais, a Lei nº 9.469, de 10 de julho de 1997, no *caput* do seu artigo 1º, com redação dada pela Lei nº 13.140/2015, definiu que o "Advogado-Geral da União, diretamente ou mediante delegação, e os dirigentes máximos das empresas públicas federais, em conjunto com o dirigente estatutário da *área* afeta ao assunto, poderão autorizar a realização de acordos ou transações para prevenir ou terminar litígios, inclusive os judiciais".

75 Consoante §4º do artigo 1º da Lei nº 9.469/1997, incluído pela Lei nº 13.140/2015, *quando o litígio envolver valores superiores aos fixados em regulamento,*[46] *o acordo ou a transação [ou arbitragem], sob pena de nulidade, dependerá de prévia e expressa autorização do Advogado-Geral da União e do Ministro de Estado a cuja área de competência estiver afeto o assunto, ou ainda do Presidente da Câmara dos Deputados, do Senado Federal, do Tribunal de Contas da União, de Tribunal ou Conselho, ou do Procurador-Geral da República, no caso de interesse dos órgãos dos Poderes Legislativo e Judiciário ou do Ministério Público da União, excluídas as empresas públicas federais não dependentes, que necessitarão apenas de prévia e expressa autorização dos dirigentes de que trata* o já transcrito caput desse dispositivo.

76 Nos Estados, no Distrito Federal e nos Municípios, a competência **é** definida pela respectiva legislação.

6 A cláusula compromissória e o cumprimento dos requisitos para a instauração do juízo arbitral

77 Há duas espécies de convenção de arbitragem: a cláusula compromissória, que é necessariamente prévia ao litígio, e o compromisso arbitral, que é o acordo entre as partes para submeter um litígio atual à jurisdição especializada.

78 Como ensina Alexandre Freitas Câmara, a cláusula compromissória é, em verdade, um contrato preliminar, quer dizer, é uma promessa de celebrar o contrato

---

[46] O Decreto nº 10.021, de 15.1.2020 regulamenta o § 4º do art. 1º e o art. 2º da Lei nº 9.469, de 10 de julho de 1997, para fixar os valores de alçada para a autorização de acordos ou transações celebradas por pessoa jurídica de direito público federal e por empresas públicas federais, para prevenir ou terminar litígios, inclusive os judiciais, parâmetros que servem também para a arbitragem.

definitivo quando presente o litígio antes imaginado. A cláusula compromissória gera, portanto, uma obrigação de fazer, que é o compromisso arbitral.[47] [48]

79 No que concerne à *clausula compromissória* e ao *compromisso arbitral*, transcrevam-se trechos das seguintes Ementas de Acórdãos do STJ:

> RECURSO ESPECIAL Nº 1.569.422/RJ[49]
> [...]
> 2. Por meio da cláusula compromissória, as partes signatárias ajustam convenção de arbitragem para solver eventuais conflitos de interesses, determinados ou não, advindos de uma relação contratual subjacente, cuja decisão a ser prolatada assume eficácia de sentença judicial. Desse modo, com esteio no princípio da autonomia da vontade, os contratantes elegem um terceiro – o árbitro, que pode ser qualquer pessoa que detenha, naturalmente, a confiança das partes –, para dirimir, em definitivo, a controvérsia a ele submetida. Como método alternativo de solução de litígios, o estabelecimento da convenção de arbitragem produz, de imediato, dois efeitos bem definidos. O primeiro, positivo, consiste na submissão das partes à via arbitral, para solver eventuais controvérsias advindas da relação contratual subjacente (em se tratando de cláusula compromissória). O segundo, negativo, refere-se à subtração do Poder Judiciário em conhecer do conflito de interesses que as partes tenham reservado ao julgamento dos árbitros.
> [...]
> SENTENÇA ESTRANGEIRA CONTESTADA Nº 1.210/GB[50]
> [...]
> 2. As duas espécies de convenção de arbitragem, quais sejam, a cláusula compromissória e o compromisso arbitral, dão origem a processo arbitral, porquanto em ambos ajustes as partes convencionam submeter a um juízo arbitral eventuais divergências relativas ao cumprimento do contrato celebrado.
> 3. A diferença entre as duas formas de ajuste consiste no fato de que, enquanto o compromisso arbitral se destina a submeter ao juízo arbitral uma controvérsia concreta já surgida entre as partes, a cláusula compromissória objetiva submeter a processo arbitral apenas questões indeterminadas e futuras, que possam surgir no decorrer da execução do contrato.
> [...]
> 5. O mérito da sentença estrangeira não pode ser apreciado pelo Superior Tribunal de Justiça, pois o ato homologatório restringe-se à análise dos seus requisitos formais. Precedentes do STF e do STJ.
> 6. Pedido de homologação deferido.

80 A resistência ao cumprimento da obrigação de fazer por uma das partes permite que a outra recorra ao Poder Judiciário para que a tutela jurisdicional substitua a declaração vontade da parte relutante, na forma do art. 7º da Lei nº 9.307/96.[51]

---

[47] CÂMARA, Alexandre Freitas. *Arbitragem Lei nº 9.307/96*. Rio de Janeiro: Lumen Juris, 1997, p. 23.

[48] Lei 9.307/1996. "Art. 3º As partes interessadas podem submeter a solução de seus litígios ao juízo arbitral mediante convenção de arbitragem, assim entendida a cláusula compromissória e o compromisso arbitral. Art. 4º A cláusula compromissória é a convenção através da qual as partes em um contrato comprometem-se a submeter à arbitragem os litígios que possam vir a surgir, relativamente a tal contrato".

[49] BRASIL. STJ-T3. REsp nº 1.569.422/RJ, Rel. Min. Marco Aurélio Bellizze, *DJe* 20.5.2016.

[50] BRASIL. STJ-CE. SEC 1.210/GB, Rel. Min. Fernando Gonçalves, *RSTJ* vol. 211, p. 37.

[51] "Art. 7º Existindo cláusula compromissória e havendo resistência quanto à instituição da arbitragem, poderá a parte interessada requerer a citação da outra parte para comparecer em juízo a fim de lavrar-se o compromisso,

81 A convenção de arbitragem decorre do exercício de liberdade entre as partes, com a ressalva de que, em relação à Administração Pública, a autonomia privada deve estar submetida a uma cognição técnica e de oportunidade e conveniência.

82 O que não se pode admitir é que, já existindo por disposição contratual a cláusula compromissória, o gestor público de plantão venha a substituir a vontade de seus antecessores e realizar nova avaliação quanto a vantagens e desvantagens da arbitragem no caso concreto. Nesse ponto, o Estado está vinculado ao contrato subscrito por força da cláusula da *pacta sunt servanda*.

83 A resistência em firmar o compromisso arbitral pelo gestor público está limitada tão somente à identificação da falta de algum dos requisitos indispensáveis para a validade e eficácia da convenção.

84. Nesse sentido, por força do princípio da legalidade (CF, art. 37, *caput*), diferentemente da arbitragem entre particulares (Lei nº 9.307/1996, art. 2º, *caput*), o §3º do artigo 2º da lei de arbitragem, inserido pela Lei nº 13.129/2015, reza que *a arbitragem que envolva administração pública será sempre de direito*, ou seja, fundamentada na lei ou em atos normativos administrativos, inclusive com base nos princípios previstos no ordenamento jurídico, não podendo, contudo, os árbitros decidirem litígios envolvendo órgãos administrativos ou entes públicos com base na equidade.

85 Ademais, a lei de arbitragem dispõe que o objeto a ser arbitrado deve envolver sempre direitos patrimoniais disponíveis (Lei nº 9.307/1996, art. 1º, *caput* e §1º, incluído esse parágrafo pela Lei nº 13.129/2015).

86 Outros diplomas legais, como a lei que prevê a arbitragem para os setores portuários e de transportes, condiciona, também, a instauração do juízo arbitral à prévia ocorrência de decisão definitiva da autoridade administrativa competente (Lei nº 13.448/2017, art. 31, *caput*).

7 Patrimonialidade e disponibilidade do direito discutido

87 Insta realçar que indisponível pela Administração Pública é o interesse público cujo titular é o povo, a população. Todavia isso não significa que todos os direitos patrimoniais, na seara do Direito Público, sejam indisponíveis, uma vez que a disponibilidade de um patrimônio público pode ser de maior interesse da coletividade do que a sua preservação.[52][53]

---

designando o juiz audiência especial para tal fim. (...) § 7º A sentença que julgar procedente o pedido valerá como compromisso arbitral."

[52] Por exemplo, é preferível a recomposição do equilíbrio-financeiro dos contratos administrativos, porque sem ela, tornar-se-ia inviável a continuação dos mesmos, levando-os à necessidade de suas rescisões, sendo do interesse público a manutenção e o equilíbrio econômico-financeiro dos contratos administrativos.

[53] DI PIETRO, Maria Sylvia Zanella. Obra citada, *ebook*, p. 1.085 a 1.088. Nessa obra, a administrativista resume, com base na doutrina e na jurisprudência, os direitos patrimoniais disponíveis: "a) é possível usar a arbitragem quando se trata de ato de gestão (em que a Administração Pública atua sem o seu poder de império, ou seja, como se fosse um particular na gestão de seus negócios); [...] ao contrário do que ocorre quando se trata de ato de império; b) [...] o interesse público é sempre indisponível; os direitos patrimoniais podem ser disponíveis ou indisponíveis; c) é possível a arbitragem [...] quando se trata de atividade econômica; d) é possível a arbitragem nos atos negociais, em que a Administração Pública se iguala ao particular, porque age sem prerrogativas públicas; e) é possível nos contratos de direito privado firmado pela Administração Pública; f) é possível

88 De modo que uma das acatadas correntes doutrinárias legitimadoras da arbitrabilidade objetiva separa o interesse público primário, assim entendido como os fins que cabe ao Estado promover (direitos à vida, à saúde, à educação, à segurança, ao meio-ambiente preservado, etc.), que são indisponíveis; dos interesses secundários, vale dizer, os interesses de natureza instrumental, resolvendo-se em relações patrimoniais, que seriam disponíveis e, portanto, arbitráveis, de modo que não poderia se confundir a indisponibilidade do interesse público com a disponibilidade de direitos patrimoniais, uma vez que o Estado é detentor dessa segunda categoria de direitos e dele se utilizam para concretizar os objetivos traçados pela sociedade, sendo perfeitamente cabível a adoção de cláusulas compromissória em contratos que envolvam tais direitos instrumentais, mesmo porque, se isso não fosse correto, nem sequer poderia a Administração Pública participar de contratos administrativos.[54] [55] [56]

89 Outra vertente mais moderada dessa primeira corrente, que adota a bipartição do interesse público, concebe que tanto os interesses públicos primários quanto os secundários seriam indisponíveis, mas, para que uma questão que envolva a Administração Pública pudesse ser dirimida por arbitragem, deveria haver autorização legal geral ou específica para tanto.[57] [58]

90 A segunda corrente doutrinária entende que todo e quaisquer direitos e obrigações discutidos contratualmente pela Administração são passíveis, portanto, de discussão arbitral.[59]

91 Nessa esteira, Marçal Justen Filho[60] advoga que "todas as questões que comportam disciplina por via contratual também admitem a instituição de arbitragem. Trata-se

---

nas empresas estatais que exercem atividade econômica, com fundamento no art. 173, §1º, II, da Constituição Federal, [...]".

54 MARINHO, Fábio Rascão. A arbitragem em contratos administrativos. *In:* PINHO, Humberto Dalla Bernardina de; RODRIGUES, Roberto de Aragão Ribeiro (org.). *Mediação e arbitragem na administração pública.* Curitiba: CRV, 2018, p. 131 a 133. Para este autor, esta primeira corrente parece ser a mais correta, posto que "a divisão entre interesse público primário e secundário contempla melhor todas as dimensões de um contrato administrativo com suas repercussões disponíveis e aquelas que são indisponíveis, além de se adequar ao dinamismo das relações contratuais entre poder público e particular que imperam atualmente".

55 SESTER, Peter Christian. *Comentários à lei de arbitragem e à legislação extravagante.* São Paulo: Quartier Latin, 2020, p. 113 a 115.

56 Dispõe a CF/1988, no seu art. 21, *caput,* inciso XII, alíneas "d" e "f", que compete à União explorar, diretamente ou mediante autorização, permissão ou contrato de concessão, os serviços de transporte ferroviário e aquaviário entre portos brasileiros e fronteiras nacionais, ou que transponham os limites de Estado; os portos marítimos, fluviais e lacustres.

57 Lei nº 8.666, de 21.6.1993. "Art. 17. A alienação de bens da Administração Pública, subordinada à existência de interesse público devidamente justificado, será precedida de avaliação e obedecerá às seguintes normas: I – quando imóveis, dependerá de autorização legislativa para órgãos da administração direta e entidades autárquicas e fundacionais, e, para todos, inclusive as entidades paraestatais, dependerá de avaliação prévia e de licitação na modalidade de concorrência, dispensada esta nos seguintes casos: [...]"

58 Cf. GRUPENMACHE, Betina Treiger. Arbitragem e transação em matéria tributária. PISCITELLI, Tathiane; MASCITTO, Andréa; MENDONÇA, Priscila Faricelli de (Coordenação). *Arbitragem tributária:* desafios institucionais brasileiros e a experiência portuguesa. 2. ed. São Paulo: Revista dos Tribunais, 2020, posições 5499 e 5639.

59 Cf. REIS, Marcos Hokumura; CEZIMBRA, Gabriela Souza. Arbitragem e administração pública: possibilidade de inversão da multa pactuada em contrato administrativo, em detrimento de sociedade de economia mista. *In:* FERREIRA, Olavo A. V. Alves; LUCON, Paulo Henrique dos Santos (coord.). *Arbitragem;* 5 anos da Lei nº 13.129, de 26 de maio de 2015. Ribeirão Preto/SP: Migalhas, 2020, p. 878.

60 JUSTEN FILHO, Marçal. *Curso de direito administrativo.* 11. ed. São Paulo: Revista dos Tribunais, 2015, p. 824.

de uma questão indissociável, já que existe um *único* mundo jurídico. A disponibilidade para impor a arbitragem *é* a mesma para criar direitos e obrigações por via consensual".

92 Essa concepção no sentido de que o fato de o direito litigioso estar previsto em contrato administrativo autoriza a busca da solução pela via do tribunal arbitral é corroborada por Eros Grau,[61] para quem "sempre que puder contratar, o que importa disponibilidade de direitos patrimoniais, poderá a Administração, sem que isso importe disposição do interesse público, convencionar cláusula de arbitragem".

93 Tal entendimento é lecionado, outrossim, por Alexandre Santos de Aragão,[62] *ipsis litteris*:

> Em linhas gerais, pode-se afirmar que todos os direitos e obrigações que decorram, em última análise, de contratos celebrados pela Administração Pública podem, também por disposição negocial nesse sentido (cláusula compromissória ou compromisso arbitral), ser submetidos à arbitragem. [...]
>
> Vimos também que os reflexos pecuniários de direitos extrapatrimoniais ou indisponíveis podem ser apreciados perante os Tribunais arbitrais, a exemplo do que ocorre no instituto da transação.

94 Cumpre repisar que o §1º do artigo 1º da Lei de Arbitragem autoriza, de forma genérica, à Administração Pública utilizar-se da arbitragem para dirimir conflitos relativos a direitos patrimoniais disponíveis.

95 Seguindo essa senda da Lei Geral de Arbitragem, por exemplo, o §4º do artigo 31 da Lei nº 13.448/2017 esclarece que *"consideram-se controvérsias sobre direitos patrimoniais disponíveis, entre outras:... o cálculo de indenizações decorrentes de extinção ou de transferência do contrato de parceria".*[63] [64]

96 A expressão contrato de parceria é ampla e abarca o contrato de concessão, conforme o próprio Decreto nº 10.025/2019 esclarece no §1º do seu artigo 9º: "considera-se como contratado: I – o concessionário; II – o subconcessionário; III – o permissionário; IV – o arrendatário; V – o autorizatário; ou VI – o operador portuário".

97 Nessa mesma vereda, percorre o Enunciado nº 13 da I Jornada Prevenção e Solução Extrajudicial de Litígios do CJF, liderada pelo Excelentíssimo Senhor Ministro Luiz Felipe Salomão do STJ, ao ratificar que podem ser objeto de arbitragem relacionada à Administração Pública, dentre outros, litígios relativos ao inadimplemento de obrigações

---

[61] GRAU, Eros Roberto. Arbitragem e contrato administrativo. *Revista dos Trimestral de Direito Público*, São Paulo, n. 32, p. 14-20, 2000.

[62] ARAGÃO, Alexandre Santos de. Arbitragem no direito administrativo. *Revista da AGU*, v. 16, n. 3, Brasília/DF, p. 38, 2017.

[63] "Art. 31. (...) §4º Consideram-se controvérsias sobre direitos patrimoniais disponíveis, para fins desta Lei: I – as questões relacionadas à recomposição do equilíbrio econômico-financeiro dos contratos; II – o cálculo de indenizações decorrentes de extinção ou de transferência do contrato de concessão; e III – o inadimplemento de obrigações contratuais por qualquer das partes."

[64] No mesmo sentido, dispõe o Decreto nº 10.025/2019: "Art. 2º Poderão ser submetidas à arbitragem as controvérsias sobre direitos patrimoniais disponíveis. Parágrafo único. Para fins do disposto neste Decreto, consideram-se controvérsias sobre direitos patrimoniais disponíveis, entre outras: (...) II – o cálculo de indenizações decorrentes de extinção ou de transferência do contrato de parceria".

contratuais por qualquer das partes; à recomposição do equilíbrio econômico-financeiro dos contratos, cláusulas financeiras e econômicas.[65]

98 A arbitragem para definição dos critérios de cálculo de indenização também é utilizada nos casos de desapropriações a cargo do poder público, nos termos do art. 10-B da Lei Geral da Desapropriação (Decreto-Lei nº 3.365, de 21 de junho de 1941), alterada pela Lei nº 13.867, de 26.8.2019. Ainda que a desapropriação decorra de ato de império, a indenização constitui bem patrimonial disponível.

99 Acerca das matérias que podem ser submetidas à arbitragem, ciente de que nem todas podem ser objeto de decisão pela via da arbitragem – mas apenas os direitos patrimoniais disponíveis –, Di Pietro[66] apresenta a seguinte ponderação, *verbo ad verbum*:

> O fato de ser inserida a cláusula de arbitragem nos contratos administrativos não significa que a arbitragem poderá referir-se a todas as matérias de que trata o contrato, porque algumas podem referir-se a direitos patrimoniais indisponíveis.
>
> Note-se que os contratos administrativos contêm *cláusulas regulamentares* e *cláusulas finan-ceiras*. As primeiras referem-se ao próprio objeto do contrato, à forma de sua execução; elas decorrem do poder regulador da Administração Pública; são fixadas unilateralmente e alteradas unilateralmente. Correspondem às chamadas cláusulas exorbitantes ou cláu-sulas de prerrogativas. Mas as cláusulas financeiras, que dizem respeito à remuneração do contratado e ao equilíbrio econômico-financeiro do contrato têm natureza tipicamente contratual. Por isso mesmo, não podem ser alteradas unilateralmente pelo poder público. Mas podem ser objeto de acordo entre as partes.
>
> Também não teria sentido que se instalasse um procedimento de arbitragem para decisão de conflito que envolva prerrogativa de autoridade que só o poder público pode exercer. [...] Mas pode decidir sobre efeitos patrimoniais decorrentes do uso de prerrogativas próprias do poder público, como as de alterar e rescindir unilateralmente os contratos, que podem provocar o desequilíbrio econômico-financeiro. São aspectos que se incluem no conceito de direitos patrimoniais disponíveis, não porque a Administração Pública possa abrir mão de seus direitos, mas porque se trata de direitos passíveis de valoração econômica.
>
> Visto o mesmo argumento sob outro ângulo, pode-se partir da distinção entre atos de império e atos de gestão. Os primeiros são praticados pelo poder público como autoridade, como ente que atua em nome do estado. As decisões sobre desapropriação, tombamento, servidão administrativa, por exemplo, não podem ser objeto de apreciação por árbitros. Mas os efeitos patrimoniais dessas decisões podem, porque são passíveis de valorização econômica. [...] constitui bem patrimonial disponível.
>
> Já os atos de gestão são praticados pelo poder público sem as prerrogativas próprias de autoridade, tal como ocorre com os contratos de direito privado celebrados pela Administração Pública, como compra e venda, locação, permuta etc. Os conflitos surgidos podem ser decididos pela via da arbitragem.

---

[65] BRASIL. CJF. I Jornada Prevenção e Solução Extrajudicial de litígios. Brasília-DF: Centro de Estudos Judiciários do CJF, 22 e 23.8.2016, p. 1 a 3. *Apud* NASCIMBENI, Asdrubal Franco; RAMIRES, Rosana Laura de Castro Farias. *Administração Pública na era da consensualidade*: a visão e a prática dos Tribunais de Contas, 2018, posição 3.280.

[66] DI PIETRO, Maria Sylvia Zanella. Obra citada, p. 1089.

8 Arbitragem de direito

100 Com esteio no princípio da legalidade, que orienta a Administração Pública direta e indireta dos três Poderes dos entes da Federação brasileira (CF/1988, art. 37, *caput*), a primeira parte do §3º do artigo 2º da Lei nº 9.307/1996, inserto pela Lei nº 13.129/2015, estabelece que *a arbitragem, que envolva a administração pública, será sempre de direito,* ou seja, com supedâneo nos princípios e normas que possam ser espinçadas do ordenamento jurídico, afastada a arbitragem baseada na equidade, a critério das partes.

101 O princípio da legalidade do *caput* do art. 37 da CF/1988 pode ser entendido tanto em sentido restrito, para alcançar apenas os atos normativos aprovados pelo Poder Legislativo, quanto em sentido amplo, alcançando, além das leis gerais e específicas que cuidem da arbitragem, os atos administrativos normativos (decretos, portarias, instruções normativas, resoluções, contratos), quando utilizados dentro dos seus limites juridicamente aceitáveis.

9 Conflito entre os princípios publicidade e privacidade

102 Encerramos, com breves palavras, este artigo, enfrentando o conflito entre o princípio da publicidade no âmbito da arbitragem e o princípio do direito à privacidade.

103 Determina o *caput* do artigo 37 da Constituição da República que a Administração Pública direta e indireta de qualquer dos Poderes dos entes da Federação obedecerá, entre outros princípios, como os da legalidade, impessoalidade ou finalidade, moralidade, da eficiência, e, com base no *caput* do artigo 70 da Lei Maior da economicidade, o princípio da publicidade.

104 A seu turno, o artigo 5º, inciso XXXIII, da Lei Maior garante a todos o direito a receber dos órgãos públicos informações de seu interesse particular, ou de interesse coletivo ou geral, ressalvados, contudo, aqueles cujo sigilo seja imprescindível à segurança da sociedade e do Estado.

105 Por sua vez, o inciso LX do artigo 5º do Estatuto Político estabelece que a lei só poderá restringir a publicidade dos atos processuais quando a defesa da intimidade ou o interesse social o exigirem.

106 Por outro lado, a Constituição Federal, no artigo 5º, incisos X, assegura a inviolabilidade da intimidade, da vida privada, da honra e da imagem das pessoas.

107 Já o preceptivo do artigo 2º, §3º, *in fine*, da Lei nº 9.307/1996, inserto pela Lei nº 13.129/2015, dispõe que a arbitragem que envolva a Administração Pública respeitará o princípio da publicidade.

108 Tal preceptivo infralegal deverá ser interpretado, quanto à sua constitucionalidade, com a utilização da técnica exegética de ponderação de princípios ou de valores constitucionais, com o uso do devido processo legal substancial (CF/1988, art. 5º, LIV).

109 Sem dúvida, deve prevalecer o princípio da publicidade quando as informações ou dados relativos à arbitragem sejam inerentemente públicos, merecedores de controle da sociedade, estando, em baila, o interesse ou o patrimônio público, como as informações de dados decorrentes de gestão de dinheiro público.[67] [68]

110 A prevalência do princípio da privacidade, em detrimento do princípio da publicidade na arbitragem, só poderá acontecer, em casos excepcionais, quando o sigilo seja imprescindível à segurança da sociedade e do Estado, quando a defesa da intimidade ou o interesse social o exigirem e em relação aos aspectos pertinentes apenas à intimidade e à vida privada de pessoas privadas envolvidas com o Poder Público, que não apresentem interesse algum que justifique o conhecimento público desses dados por terceiros.

111 Desse modo, devem ser observadas, dentre outras normas legais, as normas da lei de acesso a informações (Lei nº 12.527, de 18.11.2011, regulamentada pelo Decreto nº 7.724, de 16.5.2012), de modo que os árbitros devem, também, colimar cada uma das normas dessa lei, que define o que se considera sigilo imprescindível à segurança da sociedade e do Estado e, portanto, identifica o que não é sujeito a divulgação (arts. 23 e 24); que protege os casos de sigilo, de segredo de justiça e de segredo industrial (art. 22); e que estatui que as informações pessoais, relativas à intimidade, vida privada, honra e imagem, terão seu acesso restrito a agentes públicos legalmente autorizadas e à pessoa a que elas se referirem (§1º do art. 31).

112 Ademais, devem os árbitros e as partes respeitarem a Lei Geral de Proteção de Dados Pessoais (LGPD) (Lei nº 13.709, de 14.8.2018, com as inovações introduzidas pela Lei nº 13. 853, de 8.7.2019).

10 Conclusão

113 Diante de todo o exposto, resta concluir que a arbitragem é solução alternativa e adequada para se dirimir, com supedâneo sempre no Direito, conflitos entre a Administração Pública e particulares pertinentes a direitos patrimoniais disponíveis, posto que há autorizações para a sua adoção por leis geral e específicas, além de cláusulas contratuais prevendo o recurso à via arbitral, com ingente vantagens para ambas as partes, pois as experiências arbitrais têm comprovado mais celeridade e maior segurança técnica de suas decisões, não havendo razão para que a arbitragem não seja estimulada pelas autoridades públicas, observadas todas as recomendações discorridas nos tópicos anteriores deste trabalho.

---

[67] SARAIVA FILHO, Oswaldo Othon de Pontes. Sigilos bancário e fiscal em face da administração tributária e do Ministério Público. *In:* SARAIVA FILHO, Oswaldo Othon de Pontes; GUIMARÃES, Vasco Branco (coord.). *Sigilos bancário e fiscal: homenagem ao jurista José Carlos Moreira Alves.* 2. ed. Belo Horizonte: Fórum, 2015, p. 52.

[68] BRASIL. STF-Pleno. MS nº 21.729/DF, rel. para o Acórdão o senhor Ministro Néri da Silveira, in *RTJ* 179-01, p. 225: "EMENTA: – Mandado de Segurança. Sigilo bancário. Instituição financeira executora de política creditícia e financeira do Governo Federal. Legitimidade do Ministério Público para requisitar informações e documentos destinados a instruir procedimentos administrativos de sua competência. [...] 5. Não cabe ao Banco do Brasil negar, ao Ministério Público, informações sobre nomes de beneficiários de empréstimos concedidos pela instituição, com recursos subsidiados pelo erário federal, sob invocação do sigilo bancário, em se tratando de requisição de informações e documentos para instruir procedimento administrativo instaurado em defesa do patrimônio público. Princípio da publicidade, *Caput* art. 37 da Constituição. 6. No caso concreto, os empréstimos concedidos eram verdadeiros financiamentos públicos, porquanto o Banco do Brasil os realizou na condição de executor da política creditícia e financeira do Governo Federal, que deliberou sobre sua concessão e ainda se comprometeu a proceder à equalização da taxa de juros, sob a forma de subvenção econômica ao setor produtivo, de acordo com a Lei nº 8.427/1992. 7. Mandado de segurança indeferido."

Referências

ACCIOLY, João Pedro. *Arbitragem em Conflitos com a Administração Pública.* Rio de Janeiro: Lumen Juris, 2019.

ADAMS, Luís Inácio. União é maior litigante e maior prestador de serviços. https://www.conjur.com.br/2012-set-30/luis-adams-nao-separacao-entre-estado-governo-burocracia-politica. Acesso em: 15 mar. 2021.

ARAGÃO, Alexandre Santos de. Arbitragem no direito administrativo. *Revista da AGU,* v. 16, n. 3, Brasília/DF, 2017.

ARANHA, Márcio Iório. *Manual de direito regulatório*: fundamentos do direito regulatório. Laccademia Publishing: London, 2018, (e-book).

BANDEIRA DE MELLO, Celso Antônio. *Curso de Direito Administrativo Brasileiro.* 15. ed. São Paulo: Malheiros.

BRASIL. CJF. I Jornada Prevenção e Solução Extrajudicial de litígios. Brasília-DF: Centro de Estudos Judiciários do CJF, 22 e 23.8.2016, p. 1 a 3. *Apud* NASCIMBENI, Asdrubal Franco; RAMIRES, Rosana Laura de Castro Farias. *Administração Pública na era da consensualidade*: a visão e a prática dos Tribunais de Contas, 2018.

BRASIL. STF-Pleno. SE-AgR nº 5.206/ES, rel. Min. Sepúlveda Pertence, publicação *DJ* 30.4.2004.

BRASIL. STJ-T3. REsp nº 1.623.475/PR, Ministra Relatora Nancy Andrighi, data do julgamento 17.4.2018, *DJe* 20.4.2018.

BRASIL. STJ-T3. REsp nº 1.636.102/SP, rel. Min. Ricardo Villas Bôas Cueva. *DJe* 1.8.201.

Brasil. STJ-T2 do REsp nº 612.439/RS, rel. Min. João Otávio Noronha, *DJ* 14.9.2006, p. 299.

BRASIL. TCU. Acórdão 1330/2007, Plenário, Relator Raimundo Carreiro, Processo Administrativo 011.988/2007-4, Data da sessão 04.07.2007.

BRASIL. STJ. Súmula nº 485, *DJe* 1.8.2012, *RSTJ* v. 227, p. 943.

BRASIL. STJ-1ª Seção. MS nº 11.308/DF, Rel. Min. Luiz Fux, *DJe* 19.05.2008.

BRASIL. STJ. CC nº 139.519/RJ, Rel. para o Acórdão Min. Regina Helena Costa, *DJe* 10.11.2017; *RSTJ* vol. 249, p. 99.

BRASIL. STJ-T3. REsp nº 1.569.422/RJ, Rel. Min. Marco Aurélio Bellizze, *DJe* 20.5.2016.

BRASIL. STJ-CE. SEC 1.210/GB, Rel. Min. Fernando Gonçalves, *RSTJ* vol. 211, p. 37.

BRASIL. STF-Pleno. MS 21.729/DF, rel. para o Acórdão o senhor Ministro Néri da Silveira, in *RTJ* 179-01, p. 225.

CAHALI, Francisco José. Curso de arbitragem: mediação: conciliação: tribunal multiportas, 7. ed. São Paulo: Thomson Reuters, 2018.

CÂMARA, Alexandre Freitas. *Arbitragem Lei nº 9.307/96.* Rio de Janeiro: Editora Lumen Juris, 1997.

CARMONA, Carlos Alberto. A arbitragem no setor de infraestrutura portuária e as jabuticabas. Disponível em: https://www.migalhas.com.br/depeso/224914/a-arbitragem-no-setor-de-infraestrutura-portuaria-e-as-jabuticabas. Acesso em: 19 mar. 2021.

COSTA, Patrícia Ayub da. MUNIZ, Tânia Lobo. FUGA, Bruno (coordenador). *Lei de Arbitragem e Lei de Mediação anotadas.* Coleção códigos anotados. Londrina: Thoth Editora, 2020.

DAROCA, Eva Desdentado. *Los problemas del control judicial de la discrecionalidad técnica*: un estudio crítico de la jurisprudência. Madrid: Civitas, 1997.

DI PIETRO, Maria Sylvia Zanella. *Direito administrativo.* 33. ed. (*ebook*), 2020.

FIGUEIRA JR., Joel. *Arbitragem.* 3. ed. Rio de Janeiro: Editora Forense, 2019.

GRAU, Eros Roberto. Arbitragem e contrato administrativo. *Revista dos Trimestral de Direito Público,* n. 32, São Paulo, 2000, p. 14-20.

GROTTI, Dinorá Adelaide Musetti, *Eficiência administrativa*: alargamento da discricionariedade acompanhado do aperfeiçoamento dos instrumentos de controle e responsabilização dos agentes públicos: um paradigma possível?. *Revista Brasileira de Estado e Função Pública – RBEFP –* Fórum, ano 4, n. 10, jan./abr. 2015.

GRUPENMACHE, Betina Treiger. Arbitragem e transação em matéria tributária. PISCITELLI, Tathiane; MASCITTO, Andréa; MENDONÇA, Priscila Faricelli de (Coordenação). *Arbitragem tributária*: desafios institucionais brasileiros e a experiência portuguesa. 2. ed. São Paulo: Revista dos Tribunais, 2020.

GUNNINGHAM, N.; GRABOSKY, P. *Smart regulation*: designing environmental policy. Oxford: Clarendon Press, 1998.

JUSTEN FILHO, Marçal. *O direito das agências reguladoras independentes*. SP: Dialética, 2002.

JUSTEN FILHO, Marçal. *Curso de direito administrativo*. 11. ed. São Paulo: Revista dos Tribunais, 2015.

MARINHO, Fábio Rascão. A arbitragem em contratos administrativos. *In:* PINHO, Humberto Dalla Bernardina de; RODRIGUES, Roberto de Aragão Ribeiro (org.). *Mediação e arbitragem na administração pública*. Curitiba: CRV, 2018.

MARTINS, André Chateaubriand. A administração pública na reforma da lei de arbitragem. *In:* ROCHA, Caio Cesar Vieira; SALOMÃO, Luis Felipe (coord.). *Arbitragem e mediação*: a reforma da legislação brasileira. 2. ed. São Paulo: Atlas, 2017.

MÉLO FILHO, Marconi Araní. Da regulação responsiva à regulação inteligente: uma análise crítica do desenho regulatório do setor de transporte ferroviário de cargas no Brasil. *Revista de Direito Setorial e Regulatório*, Brasília, v. 6, n. 1, p. 153, maio 2020.

MOURA, Wesley Luiz de. Novo código de processo civil comentado na prática da Fazenda Nacional (coordenadores: Rogério Campos *et al.*). São Paulo: Revista dos Tribunais, 2017.

NASCIMBENI, Asdrubal Franco. RAMIRES, Rosana Laura de Castro Farias. *Administração Pública na era da consensualidade: A visão e a prática dos Tribunais de Contas, ebook*, 2018.

PEREIRA, Cesar Augusto Guimarães. Discricionariedade e apreciações técnicas da administração. *Revista de Direito Administrativo,* Rio de Janeiro, n. 231.

REIS, Marcos Hokumura; CEZIMBRA, Gabriela Souza. Arbitragem e administração pública: possibilidade de inversão da multa pactuada em contrato administrativo, em detrimento de sociedade de economia mista. *In:* FERREIRA, Olavo A. V. Alves; LUCON, Paulo Henrique dos Santos (coord.). *Arbitragem*; 5 anos da Lei nº 13.129, de 26 de maio de 2015. Ribeirão Preto/SP: Migalhas, 2020.

SARAIVA, Leonardo. *Arbitragem na Administração Pública:* peculiaridades, governança, compliance e o desafio do envolvimento dos Tribunais de Contas no processo de sua institucionalização. Rio de Janeiro: Lumen Juris, 2019.

SARAIVA FILHO, Oswaldo Othon de Pontes. O princípio da moralidade da administração pública. *Revista de Informação Legislativa*, Brasília, Subsecretaria de Edições Técnicas do Senado Federal, n. 132, p. 125 a 129, out./dez. 1996.

SARAIVA FILHO, Oswaldo Othon de Pontes. Sigilos bancário e fiscal em face da administração tributária e do Ministério Público. *In:* SARAIVA FILHO, Oswaldo Othon de Pontes; GUIMARÃES, Vasco Branco (coord.). *Sigilos bancário e fiscal: homenagem ao jurista José Carlos Moreira Alves*. 2. ed. Belo Horizonte: Fórum, 2015.

SESTER, Peter Christian. *Comentários* à *lei de arbitragem e* à *legislação extravagante*. São Paulo: Quartier Latin, 2020.

VALENTIM, Carlos Eduardo Moreira. Princípio da vantajosidade: busca por contratação implica no melhor e menor gasto. Disponível em: https://www.conjur.com.br/2010-fev-09/principio-vantajosidade-implica-busca-melhor-menor-gasto#author. Acesso em: 20 mar. 2021.

Informação bibliográfica deste texto, conforme a NBR 6023:2018 da Associação Brasileira de Normas Técnicas (ABNT):

SARAIVA FILHO, Oswaldo Othon de Pontes; SARAIVA NETO, Oswaldo Othon de Pontes. Pontos nodais da arbitragem na Administração Pública. *In:* SARAIVA FILHO, Oswaldo Othon de Pontes (coord.). *Transação e Arbitragem Tributárias*. Belo Horizonte: Fórum, 2023. (Coleção Fórum grandes temas atuais de Direito Tributário ; v.2). p. 375-401. ISBN 978-65-5518-465-5.

Oswaldo Othon de Pontes Saraiva Filho

É mestre em Direito. Professor de Direito Financeiro e de Direito Tributário da Faculdade de Direito da Universidade de Brasília (UnB). Ex-procurador da Fazenda Nacional de categoria especial (aposentado). Ex-consultor da União (1996-2015). Sócio sênior de serviço do escritório MJ Alves e Burle Advogados e Consultores. Advogado e parecerista. Coordenador de algumas dezenas de livros. Autor de mais de três centenas artigos publicados em livros e em periódicos científicos. É, ainda, diretor científico fundador da *Revista Fórum de Direito Tributário – RFDT* e associado do Fórum de Integração Brasil Europa (FIBE), do Instituto Brasileiro de Estudos de Direito Administrativo, Financeiro e Tributário (IBEDAFT) e da União dos Juristas Católicos de São Paulo (UJUCASP). E-mails: othonsaraiva.filho@gmail.com; othon.saraiva@mjab.adv.br.

SOBRE OS AUTORES

Alice Gontijo Santos Teixeira
Doutoranda em Direito Tributário pela Universidade de São Paulo (USP). Mestre em Direito Tributário e Bacharel em Direito pela Universidade Federal de Minas Gerais. Advogada.

Ana Frazão
Advogada. Professora de Direito Civil, Comercial e Econômico da Universidade de Brasília (UnB). Ex-Conselheira do CADE.

Ana Paula Pasinatto
Mestre pela Faculdade de Direito da Universidade de Brasília (UnB). Pós-Graduada pela Escola da Magistratura do Distrito Federal. Presidente da Subcomissão de Arbitragem da OAB/DF. Sócia-Fundadora do Instituto Jurídico de Arbitragem Tributária (AT) no Estado de São Paulo. Diretora Científica da Associação de Mediadores e Arbitralistas do Distrito Federal. Realizou estudos e pesquisas sobre a Arbitragem Tributária na Faculdade de Direito da Universidade de Lisboa.

Ciro César Soriano de Oliveira
Advogado em São Paulo.

Clotilde Celorico Palma
Doutora em Ciências Jurídico-Econômicas, com foco em Direito Fiscal. Mestre em Direito das Comunidades Europeias pela Faculdade de Direito da Universidade de Lisboa.

Danilo de Castro
Especialista em Direito Tributário pelo IBET e Advogado.

Daury Cesar Fabriz
Doutor e Mestre em Direito Constitucional pela Faculdade de Direito da UFMG. Ex-Professor Adjunto da Faculdade de Direito da UFMG. Professor Associado do Departamento de Direito da UFES. Professor do PPGD (Doutorado e Mestrado) da Faculdade de Direito de Vitória/ES. Presidente da Academia Brasileira de Direitos Humanos. Sociólogo. Advogado.

Edison Carlos Fernandes
Doutor em Direito pela PUC-SP. Professor da FGV Direito-SP e advogado.

Fabiana Carsoni Fernandes
Graduada em Ciências Jurídicas e Sociais pela PUC-SP. Especialista em Direito Tributário pela GV/Law. LLM em Direito Societário pelo Insper//IBMEC. Mestre em Direito Tributário pela USP. Professora dos Cursos de Atualização e de Especialização em Direito Tributário do IBDT. Advogada.

Fábio Martins de Andrade
Doutor em Direito Público e autor de diversos livros e artigos jurídicos. Advogado.

Fabrício Da Soller
Adjunto do Advogado-Geral da União. Procurador da Fazenda Nacional.

Hadassah Laís de Sousa Santana
Professora da escola de políticas públicas e governo pela Fundação Getulio Vargas. Estágio pós-doutoral em Direito Tributário pela UnB. Doutora em Educação pela Universidade Católica de Brasília, com período cotutela na Universidade Portucalense Infante D. Henrique – Portugal. Mestre em Direito Tributário. Especialista em Direito Tributário e Finanças Públicas.

Harrison Leite
Doutor em Direito Tributário pela UFRGS. Professor de Direito Tributário e Direito Financeiro da UFBA e da UESC. Advogado.

Hilyn Hueb
Procuradora da Fazenda Nacional, com atuação na Coordenação-Geral de Assuntos Tributários. Mestranda em Direito no UniCEUB/DF, linha de pesquisa Políticas Públicas, Constituição e Organização do Estado. Foi consultora da União e coordenadora de assuntos financeiros.

José Clito Carneiro
Mestre em Direito Constitucional pela UFC. Doutorando pela FDV/UVA. Professor Titular da Universidade Estadual Vale do Acaraú/CE.

José Levi Mello do Amaral Júnior
Professor Associado da Faculdade de Direito da Universidade de São Paulo (ingresso na carreira em 2008, mediante aprovação, em primeiro lugar, em concurso público de provas e títulos, promovido a Professor Associado em 2019). É Mestre em Direito do Estado e Teoria do Direito (UFRGS, 2001). Doutor em Direito do Estado (USP, 2003) e Livre-Docente em Direito Constitucional (USP, 2018). Cumpriu estágios de pesquisas pós-doutorais na Faculdade de Direito da Universidade de Coimbra (2012-2013) e na Faculdade de Direito da Universidade de Granada (2013), nesta última com bolsa da Fundação Carolina. É membro eleito do Conselho do Departamento de Direito do Estado (desde 2019), da Comissão de Graduação (desde 2021) e da Congregação (desde 2019) da Faculdade de Direito da Universidade de São Paulo. Procurador da Fazenda Nacional (desde 2000). Exerceu os seguintes cargos: Advogado-Geral da União (2020-2021), Procurador-Geral da Fazenda Nacional (2019-2020), Secretário Executivo do Ministério da Justiça (2016-2017) e Consultor-Geral da União (2015-2016).

José Luis Ribeiro Brazuna
Advogado em São Paulo e Brasília. Mestre em Direito Econômico e Financeiro pela Faculdade de Direito da Universidade de São Paulo. Ex-julgador do Tribunal de Impostos e Taxas do Estado de São Paulo e do Conselho Municipal de Tributos da Prefeitura de São Paulo.

Julia de Menezes Nogueira
Advogada. Professora. Mestre e Doutora em Direito Tributário pela PUC-SP. Conselheira Fiscal do Instituto Brasileiro de Arbitragem e Transação Tributárias (IBATT).

Lucas Vasconcellos Campos de Aquino
MBA em Direito Tributário pelo Centro de Estudos em Direito e Negócios (CEDIN). Bacharelando em Ciências Contábeis pela Fundação Instituto de Pesquisas Contábeis, Atuariais e Financeiras (FIPECAFI). Bacharel em Direito pela Universidade Federal de Minas Gerais (UFMG). Advogado.

Marcos Aurélio Pereira Valadão
Pós-Doutor em Direito (UnB). Doutor em Direito pela Southern Methodist University (SMU), Texas, EUA. Mestre em Direito pela Universidade de Brasília (UnB). Professor da Fundação Getulio Vargas (EPPG, Brasília/DF). Ex-membro do Comitê de Peritos em Tributação da ONU e ex-Presidente da 1ª Seção e da 2ª Turma da 3ª Seção do CARF. Advogado e Consultor Tributário.

Maria das Graças Patrocínio Oliveira
Mestre em Direito pela Universidade Católica de Brasília. Auditora-Fiscal da Receita Federal do Brasil aposentada.

Maria Inês Murgel
Doutora em Direito Tributário pela UFMG. Diretora da ABRADT e Advogada.

Oswaldo Othon de Pontes Saraiva Filho
É mestre em Direito. Professor de Direito Financeiro e de Direito Tributário da Faculdade de Direito da Universidade de Brasília (UnB). Ex-procurador da Fazenda Nacional de categoria especial (aposentado). Ex-consultor da União (1996-2015). Sócio sênior de serviço do escritório MJ Alves e Burle Advogados e Consultores. Advogado e parecerista. Coordenador de algumas dezenas de livros. Autor de mais de três centenas artigos publicados em livros e em periódicos científicos. É, ainda, diretor científico fundador da *Revista Fórum de Direito Tributário – RFDT* e associado do Fórum de Integração Brasil Europa (FIBE), do Instituto Brasileiro de Estudos de Direito Administrativo, Financeiro e Tributário (IBEDAFT) e da União dos Juristas Católicos de São Paulo (UJUCASP). E-mails: othonsaraiva.filho@gmail.com; othon.saraiva@mjab.adv.br.

Oswaldo Othon de Pontes Saraiva Neto
Sócio do escritório M. J. Alves e Burle advogados e consultores, especializado em Ordem Jurídica e Ministério Público pela Fundação Escola Superior do Ministério Público do Distrito Federal e Territórios (FESMPDFT) e mestrando em Regulação e transformações na Ordem Econômica pela Faculdade de Direito da Universidade de Brasília

(UnB). Membro do Conselho Editorial da *Revista Fórum de Direito Tributário – RFDT* e revisor da *Revista de Direito Setorial e Regulatório (RDSR)* do Núcleo da Faculdade de Direito da UnB. Membro da Comissão de Honorários da Ordem dos Advogados do Brasil Seção do Distrito Federal (OAB/DF) para assuntos tributários. Advogado. *E-mail:* Othon.neto@mjab.adv.br.

Rafael Caldeira Almeida
Pós-Graduando e Bacharel em Direito pelas Faculdades Milton Campos. Advogado.

Ramon Tomazela
Doutorando e Mestre em Direito Tributário pela USP. Master of Laws (LL.M.) em tributação internacional na Universidade Econômica de Viena (Wirtschaftsuniversität Wien). Professor convidado em cursos de pós-graduação. Advogado.

Regina Maria Fernandes Barroso
Mestre em Direito Internacional, Econômico e Tributário pela Universidade Católica de Brasília (UCB-2014). Pós-Graduada em Direito Tributário pela Universidade Católica de Brasília (UCB – 2002). Bacharel em Direito pelo Centro Universitário de Brasília (UNICEUB – 1999). Graduada em Administração de Empresas pelo Centro Universitário do Distrito Federal (UDF – 1983). Graduada em Ciências Contábeis pela Faculdade de Ciências Contábeis e Administrativas Machado Sobrinho de Juiz de Fora (MG – 1978). Tutora da Escola de Administração Fazendária (ESAF) – Programa de Desenvolvimento de Dirigentes Fazendários (PDFAZ), nas disciplinas Fiscalização, Lançamento e Recursos Administrativos. Professora do Curso de Especialização em Planejamento Tributário da Faculdade de Economia, Administração, Contabilidade e Ciência da Informação e Documentação (FACE), Departamento de Ciências Contábeis e Atuariais (CCA) da Universidade de Brasília (UnB), na disciplina Contribuição para o PIS-PASEP e COFINS. Professora do IBMEC, Curso: LLM Direito Tributário, na disciplina Contribuição para o PIS-PASEP e COFINS. Professora do IPOG, Curso: Pós-Graduação em Direito Tributário, na disciplina Imposto sobre a Renda das Pessoas Físicas. Auditora-Fiscal da Secretaria da Receita Federal do Brasil aposentada, tendo exercido os cargos de Assessora Especial do Secretário da Receita Federal. Coordenadora-Geral de Tributação. Coordenadora de Tributos sobre o Patrimônio e a Renda. Chefe da Divisão do Imposto de Renda da Pessoa Física.

Renata Fernandes Barroso
Procuradora da Fazenda Nacional. Graduada em Direito pelo Centro Universitário de Brasília (UNICEUB) e em Ciência Política pela Universidade de Brasília (UnB). Especialista em Direito Tributário e Finanças Públicas pelo Instituto Brasiliense de Direito Público (IDP) e em Ordem Jurídica e Ministério Público pela Fundação Escola Superior do Ministério Público do Distrito Federal e Territórios (FESMPDFT).

Rodrigo Sene Capone
Doutorando em Direito na linha Finanças Públicas, Tributação e Desenvolvimento na Universidade do Estado do Rio de Janeiro (UERJ). Mestre em Direito pela Universidade Católica de Brasília (UCB). Professor de Direito no Centro Universitário do Distrito Federal (UDF) e Advogado em Brasília/DF.

Rogério Campos
Procurador da Fazenda Nacional. Mestre em políticas públicas e governo pela Fundação Getúlio Vargas.

Tarsila Ribeiro Marques Fernandes
Procuradora Federal. Assessora de Ministro do Supremo Tribunal Federal. Doutora em Tributação Internacional pela Radboud University em Nijmegen, na Holanda. Mestre em Direito Tributário pela Universidade Católica de Brasília. Graduada em Direito pela Universidade Federal de Pernambuco.

Tiago Conde Teixeira
Doutorando em Direito. Mestre em Direito Público pela Universidade de Coimbra (Portugal). Bacharel em Direito pelo Centro Universitário de Brasília. Professor de Direito Tributário do Instituto Brasiliense de Direito Público (IDP). Membro efetivo da Câmara de Tributação da FECOMÉRCIO. Consultor e Advogado.

Valter de Souza Lobato
Professor de Direito Financeiro e Tributário da Universidade Federal de Minas Gerais (UFMG). Mestre e Doutor em Direito pela UFMG. Presidente da Associação Brasileira de Direito Tributário (ABRADT). Advogado.

Esta obra foi composta em fonte Palatino Linotype, corpo
10 e impressa em papel Offset 75g (miolo) e Supremo
250g (capa) pela Gráfica Impress.